Julia Bühner

Neue Welten

Eine andere Völkerrechtsgeschichte der Eroberung der Kanarischen Inseln (1402–1496)

Studien zur
europäischen Rechtsgeschichte

Veröffentlichungen des
Max-Planck-Instituts
für Rechtsgeschichte und Rechtstheorie
Frankfurt am Main

Herausgegeben von
Marietta Auer
Thomas Duve
Stefan Vogenauer

Band 349

Vittorio Klostermann
Frankfurt am Main
2025

Julia Bühner

Neue Welten

Eine andere Völkerrechtsgeschichte der Eroberung der Kanarischen Inseln (1402–1496)

Vittorio Klostermann
Frankfurt am Main
2025

Dissertation der Universität Münster

Umschlagbild:
Bronzestatuen der indigenen Heeresführer Fuerteventuras, Guize und Ayose, am Mirador Corrales de Guize, geschaffen vom kanarischen Bildhauer Emiliano Hernández (Foto: Julia Bühner)

Bibliographische Information der Deutschen Nationalbibliothek
Die Deutsche Nationalbibliothek verzeichnet diese Publikation in der Deutschen Nationalbibliographie; detaillierte bibliographische Daten sind im Internet über *http://dnb.dnb.de* abrufbar.

Verlag: Vittorio Klostermann GmbH
Postanschrift: Westerbachstraße 47, 60489 Frankfurt am Main
E-Mail-Adresse: verlag@klostermann.de

Druck und Bindung: docupoint GmbH, Barleben
Typographie: Elmar Lixenfeld, Frankfurt am Main

Gedruckt auf Eos Werkdruck.
Alterungsbeständig ∞ ISO 9706 und PEFC-zertifiziert

Printed in Germany
ISSN 1610-6040
ISBN 978-3-465-04664-6

Inhalt

Meinen Eltern

Vorwort

Die Entstehung einer Dissertation lässt sich als Abenteuer mit unvorhersehbarem Ausgang beschreiben. Die wissenschaftliche Reise dieses Buches begann in Münster, führte nach Las Palmas de Gran Canaria, San Cristóbal de La Laguna auf Teneriffa, Fuerteventura, Lanzarote, Lissabon, Thessaloniki, Wien, London, Durham, Liverpool, York, München, Frankfurt am Main, Köln, Düsseldorf, Bremen, Hannover, Heidelberg und auf die Reichenau, um schließlich im August 2022 eingereicht zu werden. Bereits vor der Veröffentlichung zeitigte das Abenteuer Erfolge, denn die Studie wurde mit mehreren Preisen ausgezeichnet: dem Promotionspreis des Fachbereichs Geschichte / Philosophie der Universität Münster, einer Sonderauszeichnung im Rahmen des Förderpreises der Stadt Münster, mit dem Dissertationspreis der AG Internationale Geschichte im Verband der Historiker und Historikerinnen Deutschlands, dem Johannes Zilkens-Promotionspreis der Studienstiftung des deutschen Volkes und dem Dissertationspreis des Mediävistenverbandes.

Im Masterstudium an der Universität Münster weckten Veranstaltungen meines Doktorvaters Martin Kintzinger zu Völkerrecht und internationalen Beziehungen im Mittelalter mein Interesse an diesem Thema. Nach einigen Monaten der Recherche stieß ich auf ein noch ungeschriebenes Kapitel der Völkerrechtsgeschichte: die Eroberung der Kanarischen Inseln, das sich als höchst ergiebig und anschlussfähig an unterschiedliche historische Disziplinen erweisen sollte. Mit steten Ermunterungen und weisem Rat war Martin Kintzinger ein wunderbarer Wegbegleiter von der Entwicklung des Themas bis hin zum fertigen Text. Dafür danke ich ihm von Herzen.

Martin Kintzingers eigene wissenschaftliche Arbeitsweise ermutigte mich, auch den Pfad der Interdisziplinarität einzuschlagen. Eine Sommerschule des Max-Planck-Instituts für Rechtsgeschichte und Rechtstheorie in Frankfurt am Main knüpfte die Bande zur dortigen Forschung über die Schule von Salamanca und zu meinem Zweitbetreuer und Direktor des Frankfurter Instituts Thomas Duve. Regelmäßige Einladungen ins Frankfurter Doktorandenkolloquium ermöglichten mir Einblicke in Methoden und Debatten der Rechtsgeschichte, die meinen Horizont als Mediävistin erweiterten. Für seine hervorragende Betreuung meiner Dissertation und die Möglichkeit, sie in der Reihe »Studien zur europäischen Rechtsgeschichte« des Max-Planck-Instituts zu veröffentlichen, sei Thomas Duve herzlich gedankt. Hier ist auch die redaktionelle Arbeit Otto Danwerths und Karin Reichsteins dankbar zu erwähnen, die dem Buch den »letzten Schliff« gegeben haben. Darüber hinaus habe ich viele wichtige Anregungen und Hinweise von Christiane Birr und José Luis Egío erhalten, Mitarbeiter im Projekt zur Schule von Salamanca.

Auf meinen Reisen zu den Kanarischen Inseln hatte ich viele freundliche Begegnungen, die ich gar nicht alle aufzählen kann. Marcos Sarmiento Pérez knüpfte für mich die ersten wichtigen Kontakte und unterstützte mich bei meinem Vortrag in der *Casa de Colón* in Las Palmas de Gran Canaria. Die *Biblioteca Insular* in Las Palmas und das *Instituto de Estudios Canarios* in La Laguna stellten wertvolle Literatur auf meiner Forschungsreise bereit, und das *Archivo Histórico Provincial de Santa Cruz de Tenerife* erlaubte mir die Arbeit mit der *Acta de Bufadero*. Diese Reise wie auch meine Promotion wurden von der Studienstiftung des deutschen Volkes finanziell gefördert, die meine Dissertation schließlich auch mit dem Johannes Zilkens-Promotionspreis prämierte. Für ihre Unterstützung und die Auszeichnung, die mir Selbstvertrauen, Kraft und Mut für neue wissenschaftliche Abenteuer schenkt, bin ich der Stiftung stets verbunden.

Noch einmal zurückblickend auf Münster als Entstehungsort dieses Buches möchte ich einige Kolleginnen und Kollegen aus dem freundlichen Umfeld der Forschung am Historischen Seminar im Fürstenberghaus nennen: meine Bürokollegen Nils Bock und Christopher Folkens, Georg Jostkleigrewe, Katharina Michelson und Lara Stukenbrok, Thomas Tippach und Corinna Reich, Marcel Bubert, Colin Arnaud, Christian Scholl, Felix Timmer und Hanno Jansen, Theresa Rudolph und Anna Maria Petutschnig, Rüdiger Schmidt, Anne Kluger, Alexia Ibrahim und Sita Steckel.

Jedes Abenteuer braucht nicht nur Wegbegleiter, sondern auch Wegbereiter: Hier danke ich Carl, Kenner für mich fremder Welten, für viele anregende Gespräche. Und zu guter Letzt möchte ich meinen besten Freunden, meinen Eltern Elisabeth und Werner, meinen Dank aussprechen, die mich unermüdlich bei der Verfolgung meiner Ziele unterstützt haben und ohne die es dieses Buch nicht gäbe.

Münster, im Januar 2025

Julia Bühner

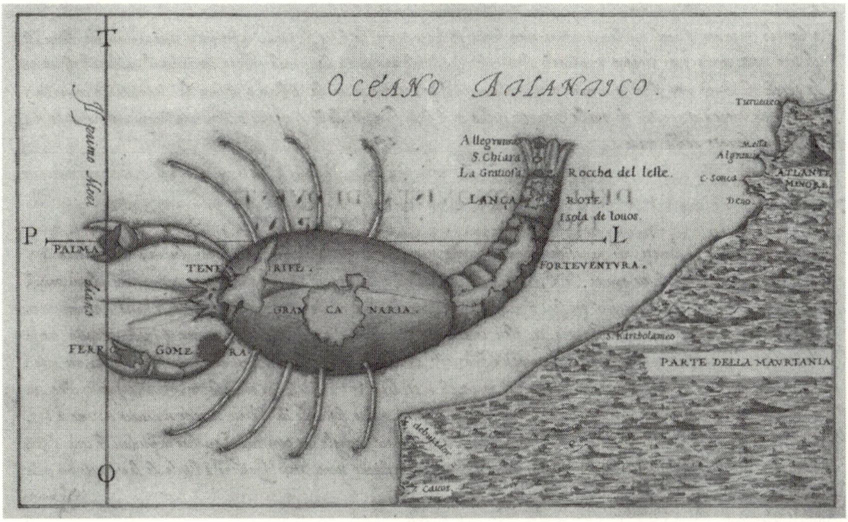

Die Kanarischen Inseln im Zeichen des Krebses, aus: LEONARDO TORRIANI, Descrittione et historia del regno de l'isole Canarie
(https://de.wikipedia.org/wiki/Leonardo_Torriani#/media/Datei: Overo_Fortunate.jpg).

Teil I: Methodische Einleitung

1. Einleitung

Traumstrände und ein immerzu mildes Klima sind gewiss die gängigsten Assoziationen, die die Inselgruppe der Kanaren hervorruft. Neben den Balearen das beliebteste Ziel deutscher Urlauber, waren die Inseln des ewigen Frühlings während der Corona-Pandemie vor allem im Zusammenhang mit Reisewarnungen und als Flüchtlings-Hotspot medial präsent. Der marokkanischen Küste vorgelagert, über 1000 Kilometer von der Iberischen Halbinsel entfernt, hoffen Flüchtlinge über die Kanaren als südlichste Grenze der EU auf das europäische Festland zu gelangen, stranden jedoch zumeist auf einer der östlichen Inseln. Zu den sieben Hauptinseln des Archipels gehören Lanzarote, Fuerteventura, Gran Canaria, Teneriffa, La Gomera, La Palma und El Hierro. Dazu kommen die im Spanischen gerne als »Inselchen« bezeichneten und mit Ausnahme von La Graciosa heute unbewohnten Nebeninseln Alegranza, Montaña Clara, Roque del Este, Roque del Oeste und Los Lobos.

Aufgrund ihrer geographischen Lage sind die Kanaren für die Geschichte der europäischen Expansion von besonderer Bedeutung. Im 14. Jahrhundert wiederentdeckt und in mehreren Eroberungsphasen im Verlauf des 15. Jahrhunderts unter kastilische Herrschaft gebracht, setzten die Entdeckung und Unterwerfung der Kanaren einen Meilenstein bei der Suche eines Seewegs nach Indien. Ebenso in der historischen Rückschau betrachtet, fungierten die Kanaren als Exerzierboden für Eroberungs- und Kolonisationsstrategien. Als einzige Inselgruppe im Atlantik von indigenen Völkern bewohnt, griffen die Konquistadoren Lateinamerikas zu Beginn des 16. Jahrhunderts auf die dort erprobten Taktiken zurück. Auch die Beschreibungen der Alterität der kanarischen Bevölkerung und die argumentativen Strategien zur Legitimation europäischer Herrschaftsansprüche in Übersee führten zu einem Diskurs, an den die Spanische Spätscholastik des 16. Jahrhunderts anknüpfen konnte.

Die Expansionsgeschichte hat die Eroberung der Kanaren bis dato jedoch kaum behandelt. Allenfalls als Station auf dem Weg von der »Alten« in die »Neue Welt« (1492) und eines Seewegs nach Indien (1498) beschrieben, fehlen bislang Darstellungen, die die Eroberung der Kanaren zu ihrem Hauptgegenstand machen. Ebenso wurde dem diskursiven Zusammenhang um die Legitimität der Eroberungen in der Völkerrechtsgeschichte, heute eher anglo-amerikanisch *History of International Law*, bisher wenig Aufmerksamkeit geschenkt; eine Marginalisierung, die mit einer weitgehenden Vernachlässigung der Völkerrechtsgeschichte des Mittelalters in ihrer Gesamtheit zu erklären ist.

Wie in der Geschichtswissenschaft insgesamt erscheint die Epochengrenze zwischen Mittelalter und Früher Neuzeit auch in der Periodisierung der *History of International Law* als einschneidende historische Zäsur. Hier beginnt das »Spanische Zeitalter« (Wilhelm Grewe), das sich durch eine herrschaftliche Dominanz des spanischen Imperiums im europäischen Mächtesystem und die Ausprägung einer ersten völkerrechtlichen Denkschule in Spanien auszeichnet. Der Begründer der so genannten Schule von Salamanca, Francisco de Vitoria (ca. 1483–1546), galt und gilt vielen als Vater des modernen Völkerrechts, seine Theorien als Geburtsstunde der *History of International Law* als Disziplin.

Der intensiven ideengeschichtlichen Erforschung der Völkerrechtstheorien der Spätscholastiker des 16. Jahrhunderts steht eine kaum untersuchte Völkerrechtspraxis des Mittelalters gegenüber, die weder den Begriff des »Völkerrechts« noch ein modernes Staatensystem nach Westfälischem Modell (nach Abschluss des Friedens von Münster und Osnabrück 1648 entstanden) kannte. Dennoch pflegten mittelalterliche Herrscher auch über die Grenzen Europas hinaus internationale Beziehungen, führten auf normativer Basis Kriege miteinander, schlossen persönliche Bande durch Freundschaft und Heirat, verhandelten und tauschten Waren. Obschon Phänomene *avant la lettre*, waren internationale Beziehungen und Internationales Recht im Mittelalter existent und funktionsfähig. Auch an theoretischer Reflexion über Völkerrecht mangelte es nicht, wie die Untersuchungen von Martin Kintzinger und Heinhard Steiger als wissenschaftliche Pionierleistungen gezeigt haben.

Mit der vorliegenden Studie, die Völkerrechtstheorie und Völkerrechtspraxis im Rahmen der Eroberung der Kanarischen Inseln (1402–1496) gleichermaßen untersucht, wird eine Brücke zwischen der vormodernen Geschichte des internationalen Rechts und der Schule von Salamanca geschlagen. Der Begriff des »Modells«, der den Kanaren in Bezug auf Amerika anhaftet, wird hier einer kritischen Prüfung unterzogen, indem die Unterwerfung der Kanaren nicht als »Vorgeschichte« der Eroberung Lateinamerikas und die darum kreisende Denkschule von Völkerrechtstheoretikern nicht als »Vorläufer« der Schule von Salamanca verstanden werden, sondern indem die Eroberung der Kanaren als zentrales Kapitel der Völkerrechtsgeschichte ins Zentrum der Studie gestellt wird. Erst am Ende der Untersuchung steht die Betrachtung der Schule von Salamanca vor dem Hintergrund dieses neu erschlossenen historischen Kontexts und der in diesem Zusammenhang erfolgten Weiterentwicklung des Internationalen Rechts, vor dem die vermeintlichen Innovatoren des 16. Jahrhunderts zu Traditionalisten verblassen.

Mit ihrem Gegenstand verortet sich die Studie zugleich in der Mitte zweier Disziplinen: Der Rechtswissenschaft und der Geschichtswissenschaft oder genauer zwischen der Geschichte des Internationalen Rechts und der Geschichte der mittelalterlichen Expansion. Dabei stellt der Einbezug der Forschung beider Disziplinen und vor allem ihrer Theoriedebatten und methodischen Transformationen eine Herausforderung dar. Insbesondere die Wende zu einer neuen Globalgeschichte, die beide Disziplinen in den letzten Jahren gleichermaßen beschäftigte und wandelte, ist maßgeblich für den in dieser Studie gewählten Ansatz. Denn die Eroberung der Kanaren wird hier nicht als eine Überschreibung normativer Ordnungen, als eine vollständige Durchsetzung der europäischen gegenüber indigenen Rechts- und Normativitätsvorstellungen verstanden, sondern als eine Begegnung, bei der sich zwar die Europäer als dominant erwiesen, aus der jedoch alle Parteien verändert hervorgehen sollten. Damit erteilt diese Studie der eurozentrischen Annahme einer durch Eroberung und Kolonialismus erfolgten, reinen »Europäisierung« fremder Kulturen und eines damit einhergehenden Exports des europäischen Völkerrechts als alleiniger Vorläufer des modernen Internationalen Rechts eine klare Absage. Im Gegensatz dazu wird hier von einem pluralen Ursprung des Völkerrechts ausgegangen, an dessen Konstituierung hin zur Moderne auch außereuropäische Kulturen Anteil hatten.

Nach dem durch den Postkolonialismus beförderten Wandel der traditionellen Kolonialgeschichte hin zur Expansionsgeschichte geht die Studie damit den nächsten Schritt hin zu einer Interaktionsgeschichte. Nicht nur als »Eroberte« und passive Opfer in Anbetracht europäischer Übermacht, sondern als Akteure – Übersetzer, Vermittler oder Gesandte – mit eigenen Interessen und Handlungsspielräumen, erfahren die Kanarier in dieser Studie eine besondere Aufmerksamkeit. Ebenso wie in Bezug auf das Wechselspiel zwischen Völkerrechtstheorie und -praxis wird versucht, auch hier kein einseitiges historisches Bild zu vermitteln, sondern indigene wie europäische Perspektiven gleichermaßen zu berücksichtigen. Vor diesem Hintergrund sind Begriffe wie »Entdeckung« und »Neue Welten« zwar kritisch zu sehen, werden jedoch als Ausdruck der europäischen Perspektive bewusst gebraucht.

Damit ist die Studie, wie der Aufbruch zu Neuen Welten, in dreierlei Hinsicht ein Wagnis: Mit der Fruchtbarmachung der regen kanarischen Regionalgeschichte und ihrer Integration in die Expansions- und Völkerrechtsgeschichte als bisher noch verkannter Raum und Zeitraum, mit der Analyse des Wechselspiels zwischen Völkerrechtstheorie und Völkerrechtspraxis, die bisher nur in wenigen Arbeiten in Zusammenschau untersucht wurden, und mit einer gleichsamen Berücksichtigung indigener wie europäischer Perspektiven. Inwieweit die hier verfolgte Absicht eine »andere Völkerrechtsgeschichte« des kanarischen Archipels zu schreiben eingelöst werden kann, sei der Bewertung des / der aufmerksamen Lesers / Leserin überlassen. Die Studie hätte bereits ein wichtiges Ziel erreicht, wenn es gelänge, dass die Kanaren künftig nicht mehr nur mit einem Urlaubsparadies assoziiert würden, sondern wenn sie es schafft, das Interesse der Leserinnen und Leser an diesem kleinen Raum und seiner großen und fantastischen Geschichte zu wecken.

1.1 Historische Hinführung

> Herr, weil ich weiß, dass Sie sich über den großen Sieg freuen werden, den Unser Herrgott mir auf meiner Reise beschert hat, schreibe ich Ihnen dies, wodurch Sie erfahren sollen, wie ich in 33 Tagen von den Kanarischen Inseln nach Indien gelangt bin mit der Flotte, die mir der berühmteste König und die berühmteste Königin, unsere Herren, gegeben haben, wo ich viele Inseln fand, die von zahllosen Menschen bevölkert waren; und ich habe sie alle für Eure Hoheiten unter öffentlichem Ausruf und gehisster königlicher Flagge in Besitz genommen und mir wurde nicht widersprochen.[1]

Wie der historische Zufall es wollte, brach die Flotte des Christoph Kolumbus (um 1451–1506) zu ihrer Atlantiküberquerung von den Kanarischen Inseln aus auf und wählte damit unwissentlich den aufgrund der günstigen Windverhältnisse kürzesten Weg in die Neue Welt. Die Kanaren, mit dem Vertrag von Alcáçovas seit 1479 offiziell Kastilien zugehörig, bildeten somit den idealen Ausgangspunkt für die Entdeckung Amerikas, das Kolumbus und seine Mannschaft, wie der »Erste Brief aus der Neuen Welt« an die Katholischen Könige Ferdinand und Isabella zeigt, noch für Indien hielten.[2]

1 Alle deutschen Quellen- und Literaturübersetzungen mit Ausnahme von Leonardo Torrianis Werk über die Festungsanlagen und die Eroberungsgeschichte des Archipels, das von Dominik Josef Wölfel ins Deutsche übersetzt wurde, stammen von der Verfasserin. Zur Nachvollziehbarkeit werden die spanischen Originalstellen immer in den Fußnoten mitangegeben. *Señor, porque sé que habréis placer de la gran victoria que Nuestro Señor me ha dado en mi viaje, vos escribo ésta, por la cual sabréis como en 33 días pasé de las islas de Canaria a las Indias con la armada que los ilustrísimos rey y reina nuestro señores me dieron, donde yo hallé muchas islas pobladas con gente sin número; y de ellas todas he tomado posesión por Sus Altezas con pregón y bandera real extendida, y no me fue contradicho*. Kolumbus, Der erste Brief aus der Neuen Welt, S. 43.

2 *Cuando yo llegué a la Juana, seguí yo la costa de ella al poniente, y la hallé tan grande que pensé que sería tierra firme, la provincia de Catayo. Chatay* war eine der Städte des »Mongolenreiches«, die man dem Bericht des Marco Polo folgend zu finden glaubte. Ebd., S. 43 und Kommentar auf S. 54.

Der Archipel fungierte darüber hinaus schon seit Mitte des 14. Jahrhunderts als Station auf der Suche nach einem Seeweg nach Indien um Afrika herum. Portugiesische Expeditionen entlang der afrikanischen Westküste nutzten die Kanaren zur Auffrischung ihrer Vorräte oder zur Schiffsreparatur. Mit der Umsegelung des Kap Bojador, vielleicht auch nur des Kap Juby 200 Kilometer nördlich,[3] gelang dem Portugiesen Gil Eanes 1434 eine erste wichtige Etappe auf dem Seeweg nach Indien, das Vasco da Gama im Jahr 1498 schließlich erreichen sollte.[4]

Diese Funktion als Zwischenstopp nach Indien und Westindien (Amerika) sollte der Archipel durch die Jahrhunderte hindurch behalten.[5] Alle vier Atlantiküberquerungen des Kolumbus nahmen ihren Ausgangspunkt auf den Kanaren, manchmal sogar mit etwas längeren Aufenthalten, wie uns die *Relación* des Miguel Cuneo suggeriert, der eine Liebesbeziehung zwischen der schönen Witwe und Herrin von La Gomera, Beatriz de Bobadilla, und dem Kapitän und Abenteurer Christoph Kolumbus annimmt.[6]

3 Vgl. Disney, A History of Portugal, S. 31.

4 Diese Einschätzung lässt sich bereits bei Zeitgenossen wie Alonso de Palencia finden (1424–1492): La conquista de Gran Canaria en las Décadas de Alonso de Palencia, S. 473. Dennoch sollte beachtet werden, dass es keine historischen Belege dafür gibt, dass die Portugiesen bereits unter Heinrich dem Seefahrer das dezidierte Ziel eines Seewegs nach Indien verfolgten. Disney, A History of Portugal, S. 30. Leonardo Torriani berichtet etwa von Schiffsreparaturen im *El Río*, der Meerenge zwischen dem Norden Lanzarotes und La Graciosa, vgl. Torriani, Descripción e historia del reino de las Islas Canarias, S. 36. Obschon in frühen Quellen, wie in den Annalen Genuas, die von der Fahrt der Vivaldi Brüder im Jahr 1291 berichten, von der Suche eines Seewegs nach Indien die Rede ist, so lässt sich die Indien-Suche als konkretes Vorhaben zu Beginn portugiesischer Entdeckungsfahrten an der afrikanischen Küste nicht belegen. Ein Interesse am Erforschen des Unbekannten, geostrategische Überlegungen im Zusammenhang einer *Neo-Reconquista* und ökonomischer Opportunismus hätten Heinrich »den Seefahrer« (1394–1460) dazu veranlasst, die Entdeckungsfahrten zu fördern. Vgl. Disney, A History of Portugal, S. 30.

5 Vgl. z. B. Torriani, Descripción e historia del reino de las Islas Canarias, S. 207. Der Bauingenieur Leonardo Torriani, der in den 1590er Jahren einige Zeit auf den Kanaren verbrachte, berichtet etwa über den Hafen von San Sebastián auf La Gomera, dass dort Schiffe auf ihrem Weg nach »Indien« oder zu den Kapverden einen Zwischenstopp einlegten. Eine Zusammenstellung von Amerika-Fahrten, die auf den Kanaren einen Zwischenstopp einlegten, bietet Morales Padrón, Las Islas Canarias y América, S. 232–234.

6 »In der folgenden Nacht setzten wir die Segel und am 5. des besagten Monats erreichten wir La Gomera […] und dies geschah wegen der Dame des besagten Ortes, für die unser Admiral einst von Liebe gefesselt war.« *(A la noche siguiente nos hicimos a la vela, y el 5 del dicho mes arribamos a la Gomera […] y esto se hizo a causa de la señora del dicho lugar, por la cual en otro tiempo nuestro Almirante estuvo prendado de amor.)* Cuneo, Sobre las novedades de las islas, S. 239–240. Vgl.

Neben ihrer Funktion als Station für Schiffsreparaturen sowie das Auffrischen von Vorräten und Handel waren die Inseln von Beginn ihrer Entdeckung an im Visier von Sklavenfängern und Seeräubern.[7] So hoffte Sir Francis Drake (1540–1596), um nur den berühmtesten und berüchtigtsten Piraten Elisabeths I. zu nennen, auf seiner geplanten Kaperfahrt in Richtung Karibik mit einem Überfall auf Gran Canaria 1585 auf schnelle Beute, vielleicht aber auch auf eine Inbesitznahme einer der Kanareninseln für die englische Seemacht, der es im Vergleich mit Portugal und Spanien an einem atlantischen Zwischenhalt mangelte.[8] Nach einigen Tagen erbitterten Gefechts mit den Verteidigern der Insel sollte sich dieser Plan jedoch als Desaster entpuppen.[9]

Nicht zuletzt ebnete die Eroberung der Kanaren in den Augen der Geschichtsschreiber des 16. Jahrhunderts auch den Weg für die spanische Expansion in die Neue Welt *(camino para las Indias)*,[10] wie es etwa in Francisco López de Gómaras (1511–1566) *Historia General de las Indias* heißt. Während zu Beginn der zweiten Hälfte des 15. Jahrhunderts die Eroberung der Kanarischen Inseln und die Bekehrung ihrer heidnischen Bevölkerung neben der Vertreibung der Mauren von der Iberischen Halbinsel noch zu den Großtaten der *Reyes Católicos* zählten,[11] wurde sie durch die Entdeckung und Eroberung der Neuen Welt in den Schatten gestellt. Trotz einer regen kanarischen Forschung ist die Eroberung der Kanaren in der Historiographie zur europäischen Expansion wenig präsent;[12] und das, obwohl die Wiederentdeckung und Eroberungen des Archipels fast das gesamte Spätmittelalter hindurch andauerten.

Tejera Gaspar, Para una historia atlántica, S. 115–118. Siehe ebenso Cioranescu, Una amiga de Cristóbal Colón, S. 111–136.

7 Siehe dazu Serra Ràfols, Los primeros ataques piráticos, S. 383–403.

8 Vgl. Muñoz Abad, Corsarios y piratas británicos, S. 96. Über Drakes Angriff berichtet überdies Torriani, Descripción e historia del reino de las Islas Canarias, S. 227–228.

9 Vgl. Gabriel / Rodríguez, La primera imagen de Canarias, S. 24 und 120. Der Bauingenieur und Chronist Leonardo Torriani war während der Attacke von Drake auf den Kanarischen Inseln, deren Befestigungsanlagen er inspizierte und zu verbessern suchte, um den Archipel effektiver vor den zahlreichen Piratenangriffen zu schützen.

10 López de Gómara, Historia de las Indias, Kapitel CCXXI. Ebenso bei Gónzalo Fernández de Oviedo (1478–1557) oder Gonzalo de Illescas (ca. 1518–1583), siehe Quartapelle, Cuatrocientos años de Crónicas de las Islas Canarias, S. 162 und 262.

11 Vgl. Diego de Valera, Crónica de los Reyes Católicos, S. 499.

12 Vgl. Reinhard, Die Unterwerfung der Welt, S. 78–89. Während Wolfgang Reinhard mit Blick auf einen sehr langen Zeitraum die Schlüsselereignisse der kanarischen Eroberung behandelt, geht etwa eine aktuellere Publikation kaum auf die kanarischen Zusammenhänge ein: Yun-Castilla, Iberian World Empires.

Die Phase der so genannten Wiederentdeckung der Kanarischen Inseln *(redescubrimiento)*,[13] deren Betitelung sich auf die Annahme einer antiken Kenntnis der Glückseligen Inseln oder *Insulae Fortunatae* stützt,[14] erstreckt sich über den Zeitraum 1291 bis 1402. Danach folgt eine erste Phase, die die franco-normannische Eroberung der Inseln Lanzarote, Fuerteventura und El Hierro umfasst, sowie die formale Annexion La Gomeras durch Hernán Peraza den Älteren. Die in diesem Zeitraum Erobernden, aus einer mittleren und höheren Adelsschicht stammend, trugen wahrscheinlich einen Königstitel *(Rey)*, standen jedoch in einem Vasallenverhältnis zur kastilischen Krone, weshalb diese Phase auch als *conquista señorial* bezeichnet wird. Während in dieser Periode kommerzielle Interessen am Sklavenhandel Evangelisierungsbemühungen in den Hintergrund rücken ließen, zielte die *conquista realenga* auf die Missionierung der indigenen Bevölkerung und die Kolonisierung der Inseln. Diese letzte Eroberungsphase (1479–1496) erfolgte unter direktem Regiment der Katholischen Könige. Gran Canaria, La Palma und Teneriffa wurden bis 1496 unter spanische Herrschaft gebracht.

Dieser zeitlichen Einteilung, die auf Buenaventura Bonnet y Reverón (1883–1951) zurückgeht, ist die kanarische Forschung bisher weitgehend gefolgt. Javier García de Gabiola hat jedoch eingeräumt, dass die Kampfhandlungen auf Teneriffa erst mit der Gefangennahme des Rebellenführers Archajuaga de Adeje 1501 oder 1505 endeten.[15] Mit Blick auf die indigenen Kulturen auf den Kanarischen Inseln wird demgegenüber zwischen einer Umwandlung der Kanareninseln in Kolonien, einer Phase des gewaltsamen Kontakts mit den Europäern (1402–1496) und der so genannten *prehistoria*, der Geschichte der indigenen Kulturen vor den Eroberungen, unterschieden.[16] Der folgende Überblick über die drei zentralen Phasen der Entdeckung und Eroberung des Archipels dient dazu, die wichtigsten Ereignisse und historischen Figuren vorzustellen, die in der anschließenden systematischen Analyse völkerrechtlicher Theorien und Praktiken dann als bekannt vorausgesetzt werden.

13 Serra Ràfols, El redescubrimiento, S. 219–234; Quartapelle, El redescubrimiento, S. 11–37.

14 Vgl. Plinius Secundus, Naturkunde, Cap. XXXVII, S. 202–205a.

15 Vgl. García de Gabiola, La conquista de las Canarias, S. 158. Für einen Gesamtüberblick über die Geschichte der Eroberung siehe bspw. Pérez Ortega, La conquista de Canarias.

16 Mit der *Prehistoria* beschäftigt sich die unter der Direktion von Antonio Tejera Gaspar in den 1990er Jahren herausgegebene Buchreihe *La prehistoria de Canarias* in sieben Bänden. Die Bände beschreiben jeweils, auf Basis erzählender Quellen und archäologischen Funden, die indigene Kultur auf einer Insel.

1.1.1 *Redescubrimiento* der Kanarischen Inseln 1291–1402

Als Reaktion auf die zunehmende Blockierung des Handels mit Indien durch die Ausbreitung des Islam im Vorderen Orient machten sich die genuesischen Brüder Vivaldi im Jahr 1291 auf die Suche nach einem Seeweg nach Indien.[17] Eine Quellenedition aus dem Jahr 1935 setzt die Vivaldi-Brüder in eine Traditionslinie mit Kolumbus und bezeichnet sie als »Precursori di Colombo«.[18] Doch auch die Geschichte der Wiederentdeckung der Kanaren hat sich die Vivaldi-Brüder in ihr Narrativ einverleibt, als erste bekannte Europäer, die sich in den Gewässern der Kanarischen Inseln aufhielten. Der ungewisse Ausgang der Expedition – die Spur der Genueser verliert sich um das Kap Juby und eine Entdeckung des Archipels lässt sich nicht nachweisen – hat die Kartographen und Historiographen des Spätmittelalters zu verschiedenen Spekulationen über den Verbleib der Vivaldis angeregt.[19]

Der erste Europäer, der wahrscheinlich im Jahr 1339 Fuß auf eine Kanareninsel setzte und als Wiederentdecker *(redescubridor)* des Archipels gilt, ist der Genuese Lancelotto Malocello.[20] Nur in wenigen Quellen im Zusammenhang mit den Kanarischen Inseln erwähnt, ist bisher nichts zur Person Lancelotto Malocellos bekannt. Ebenso wissen wir nicht, warum die Genueser unter seiner Führung die Kanaren bereisten, wann sie dort ankamen, wie lange sie dort verweilten und ob sie alle von dort zurückkehrten.[21] Denn im *Libro del conoscimiento* wird etwa davon berichtet, dass der Namensgeber Lanzarotes auf der Insel durch die Hand von Indigenen den Tod fand: »Die Menschen von dieser Insel töteten einen Genuesen, der sich Lanzarote nannte.«[22]

17 Vgl. Aurie [Doria], Annales ad annum 1291, S. 124.

18 Magnaghi, Precursori di Colombo? Darüber hinaus werden sie auch als Vorläufer von Vasco da Gama beschrieben und die Möglichkeit einer früheren Umsegelung Afrikas diskutiert: Quartapelle, La circunnavegación de África por parte de los hermanos Vivaldi.

19 Im *Libro del conoscimiento* (um 1348) wird etwa von einem Genueser namens Sor Leonis berichtet, der sich in Äthiopien, im Reich des Erzpriesters Johannes, befände und nach seinem Vater Ugolino Vivaldi, der tatsächlich einen Sohn mit diesem Namen hatte, suche. Auch im Hauptwerk des Mediziners und Astrologen Petrus von Abano, *Conciliator differentiarum philosophorum et praecipue medicorum* (1310) ist ein Verweis auf genuesische Schiffe zu finden, die die Säulen des Herkules passiert haben sollen. Im *Itinerarium Ususmaris* (Ende des 15. Jh.) wird darüber hinaus vom Untergang einer Galeere im äthiopischen Meer berichtet und Antoniotto Usodimare will an der Mündung des Gambia auf einen genuesischen Landsmann getroffen haben. Siehe: Libro del conoscimiento, S. 63 und 67–68; Abano, Conciliator differentiarum, S. 46 und Magnaghi, Precursori di Colombo?, S. 24–25 und 28–31.

20 Vgl. Quartapelle, El redescubrimiento, S. 12.

21 Vgl. Tejera Gaspar, Lancelotto Malocello, S. 7.

22 *Las gentes desta isla mataron á vn ginoues que dezian lançarote.* Libro del conoscimiento, S. 50.

Einige Jahrzehnte sollte Lancelotto Malocello der einzige uns bekannte Europäer bleiben, der länger auf einer Kanareninsel verweilte. Im Jahr 1341 brach schließlich eine Flotte aus zwei Schiffen und einem Kriegsschiff unter den Kapitänen Angiolino del Tegghia de Corbizzi und Niccoloso da Recco und mit einer bunt gemischten Besatzung aus Florentinern, Genuesen, Katalanen und anderen Spaniern in See. Die von Handelsinteressen getriebenen Kaufmänner segelten unter portugiesischer Flagge und sammelten erste Erkenntnisse über die Lukrativität von Handelsbeziehungen zu den Kanarischen Inseln.[23] Obwohl man sich von der Wiederentdeckung der Kanaren einen Zugang zum afrikanischen Gold erhofft hatte, sollten doch später andere Güter wie Datteln, Tierfelle, vor allem aber das »Blut« des Drachenbaumes,[24] die Orseille[25] (eine Flechte zur Herstellung von Purpur), und der Handel mit kanarischen Sklaven die Inseln zu einem attraktiven Ziel für kaufmännische Interessen machen.[26] Das früheste Beispiel für ein Kosten-Nutzen-Denken in Bezug auf die Kanaren macht Klaus Herbers in der Chronik Pedro López de Ayalas (1332–1407) aus.[27] So schreibt der Chronist über den Ausgang einer Expedition im Jahr 1393 und die Botschaft der Seemänner an Heinrich III., König von Kastilien und León: »Und man schickte sie um dem König zu sagen, dass es ihnen nicht gelungen sei, die Inseln aber leicht zu erobern seien, wenn es sein Wille sei, und zu einem geringen Preis.«[28]

Um den Besitzanspruch an den Kanarischen Inseln konkurrierten seit Mitte des 14. Jahrhunderts vor allem Portugal und Kastilien. In einer Bulle Papst Clemens' VI. aus dem Jahr 1344 wurde der Archipel Luis de la Cerda oder auch Luis de España, Gesandter des französischen Königs,[29] als Lehen zugesprochen,

23 Vgl. Boccaccio, De Canaria, S. 970, 1–3.

24 Baum (span. *drago*), dessen Pflanzensaft man magische Kräfte zusprach und eine blutrote Farbe hat. Seit der Antike trieb man Handel mit diesem Produkt. »drago«, in: Diccionario Histórico del Español de Canarias (DHECan), S. 530–534.

25 *Urchilla, cierto liquen que vive en las rocas bañadas por el agua del mar o cercanas a la costa. Se usó mucho como tinte (Roccella tintotera).* »orchilla, horchilla, horquilla, hurchilla, orchel, orquilla«, in: ebd., S. 1051–1054.

26 Gaspar Frutuoso (1522–1591) zählt bei seiner Darstellung der Ereignisse der *Conquista* folgende lukrative Handelsgüter auf: »Sklaven, Häute, Talg, Honig, Canfora (Harz), Orchilla, Feigen, Drachenblut und einige andere Dinge, die er nach Spanien schickte« *(esclavos, cueros, sebo, miel, cánfora [resina], orchilla, higos, sangre de drago y aun otras cosas que mandaba a España).* Frutuoso, Las Islas Canarias, S. 89. Vgl. Onrubia Pintado/González Marrero, Gran Canaria 1402–1478, S. 2046. Goldfunde erhoffte man sich natürlich auch auf den Inseln. Vgl. Kicza, Patterns of Early Spanish Overseas Expansion, S. 236.

27 Vgl. Herbers, Die Eroberung der Kanarischen Inseln, S. 57.

28 *E enviaron á decir al Rey lo que alli fallaron, é como eran aquellas islas ligeras de conquistar, si la su merced fuese, é á pequeña costa.* López de Ayala, Crónica del reinado de Enrique III, S. 214.

29 Vgl. Walsingham, Historia Anglicana, S. 256.

wie es unter anderen Thomas Walsingham in seiner *Historia Anglicana* festgehalten hat. Der »Fürst von Fortuna« verstarb jedoch nur wenige Jahre später, ohne seinen Besitzanspruch geltend zu machen.[30]

Den Versuch einer *conquista espiritual* unternahmen mallorquinische Missionare im Jahr 1352, der zu einer jahrzehntelangen Präsenz von franziskanischen Missionaren auf Gran Canaria führte.[31] Im Jahr 1351 erließ Papst Clemens VI. die Bulle *Celestis rex regum*, in der er einen Bischofssitz zur Evangelisierung der Bevölkerung einrichtete und den karmelitischen Ordensbruder Bernard zum ersten Bischof der Fortunaten-Inseln ernannte.[32] Bis zum Beginn der gewaltsamen Eroberung im Jahr 1402 durch die Franco-Normannen Jean de Béthencourt und Gadifer de La Salle war der Archipel erkundet, was auch seinen Niederschlag in mittelalterlichen Karten und Inselenzyklopädien fand.[33] Handel, Sklavenfang, Missionierungsversuche und erste Streitigkeiten um die Besitzrechte an den Kanarischen Inseln während der Phase der Wiederentdeckung verweisen bereits auf die Vielfalt der Akteure und Mächte, die später in die Eroberung der Kanaren involviert sein sollten. Der Einbruch offizieller militärischer Initiativen ist gewiss auch mit dem Ausbruch der Pest im Jahr 1348 und ihren Folgewellen zu erklären, die die Europäer bis 1400 stark beschäftigen sollten.[34]

1.1.2 Die *conquista señorial* 1402–1479

Faire les voyages et les conquestes sur mescreans en esperance de les tourner e conuertir ala foy crestienne[35] ist das erklärte Ziel der Franco-Normannen, deren Unternehmung in der überlieferten Chronik *Le Canarien*, die erste »crónica atlántica«,[36] als ritterliche Aventürefahrt *(chevalier, grans aventures)* inszeniert wird. Doch wie kommt es, dass die ersten Eroberer des Archipels aus der Normandie stammen?

In der kanarischen Forschung wird eine Reihe von Gründen angeführt, die eine frühe Verbindung Frankreichs zu den Kanarischen Inseln aufzeigen. So war Luis de la Cerda Graf von Talmond und Admiral von Frankreich und erhielt sein

30 Vgl. Bula »Tue devotionis sinceritas«, S. 738–744. Über seinen frühen Tod berichtet Abreu Galindo (2021), Historia de la conquista de las siete Islas de Canarias, S. 42.

31 Vgl. Rumeu de Armas, El Obispado de Telde.

32 Vgl. Clemente VI nombra a Fray Bernardo Obispo de las Islas Afortunadas, S. 283–284; Llabrés Martorell, La inspiración Luliana, S. 72.

33 Vgl. Quartapelle, El redescubrimiento, S. 13; Montesdeoca Medina, Los islarios de la época del humanismo.

34 Vgl. Newitt, A History of Portuguese Overseas Expansion, S. 11.

35 Le Canarien, G1v, S. 5.

36 Aznar / Corbella / Pico, Introducción (Le Canarien), S. 11.

Lehen am päpstlichen Hof in Avignon. Darüber hinaus ist von einer französischen Beteiligung an der Fahrt von 1393 auszugehen, an der möglicherweise sogar Jean de Béthencourt, neben Gadifer de La Salle Anführer des Eroberungszugs, selbst teilnahm. Insbesondere kartographisches Wissen und die Anwesenheit von kanarischen Sklaven in Frankreich verschafften den Franco-Normannen wichtige Vorkenntnisse über das Ziel ihrer Expedition.[37] Der entscheidende Faktor war aber gewiss die Verwandtschaft zwischen Béthencourt und Robert de Braquet de Braquemont (ca. 1355–1419), ein normannischer Seefahrer, Heerführer und Botschafter Karls VI. am Hof Heinrichs III., der etwa an den Verträgen von Segovia (1391) und Valladolid (1407) beteiligt war und somit über hervorragende Beziehungen zum kastilischen Hof verfügte.[38]

Unter der »protección de un pariente poderoso«[39] stehend, erhielt Béthencourt durch Braquemonts Vermittlung 1403 die Kanarischen Inseln als Lehen zugesprochen. Als ein Ausdruck französisch-kastilischer Freundschaft wurde Béthencourt so zum *señor de las yslas de Canarias* und *mi vasallo*,[40] wie Heinrich III. ihn in einem seiner königlichen Schreiben bezeichnet. In späteren Quellen wird dieser feudale Akt in gleicher Weise beschrieben, Béthencourt jedoch zum *rey* erhoben: »Dieser Edelmann gab sich mit nichts weniger als dem Königstitel zufrieden«,[41] schreibt Jerónimo de Zurita y Castro (1512–1580) in seinen *Anales de la Corona de Aragón*. Ob Zurita hier seine Abneigung gegen Franzosen zum Ausdruck brachte, die sich latent durch die gesamten Annalen zieht,[42] oder nach einer plausiblen Erklärung dafür suchte, warum ein König einen anderen zum König ernannte, bleibt unklar.[43]

Ob als *señor* oder *rey* des Archipels kehrte Béthencourt nach seinem Aufenthalt am kastilischen Hof auf die Kanaren zurück und traf dort auf seinen verstimmten Kompagnon, Gadifer de La Salle, der sich während seiner Abwesenheit um die weitere Unterwerfung der Inselgruppe bemüht hatte, bei der Belehnung aber nicht bedacht worden war.[44] Mit seinem vermeintlichen

37 Vgl. Aznar Vallejo, Conquistar y colonizar en las *regiones meridionales*, S. 66.

38 Vgl. Mollat, Art. »Braquet de Braquemont, Robert de«, Sp. 578–579.

39 Ladero Quesada, Jean de Béthencourt, Sevilla y Enrique III, S. 27–28.

40 Privilegio de labrar moneda a favor de Bethencourt, S. 75.

41 *Este caballero no se contentó con menor título de rey*, Zurita, Anales de Aragón, Cap. XXXIX.

42 Vgl. Péquignot, Über den Gebrauch von Zurita.

43 Ob Béthencourt tatsächlich zu Lebzeiten einen vom kastilischen König verliehenen Königstitel trug, lässt sich nicht nachweisen. Allerdings erlaubte Heinrich III. seinem Vasallen eine größere Autonomie, indem er ihm das Privileg der Münzprägung zusprach. Vgl. García-Gallo, Los orígenes españoles de las instituciones americanas, S. 26. Siehe dazu auch Abschnitt 6.2.

44 Vgl. Aznar Vallejo, Conquistar y colonizar en las *regiones meridionales*, S. 67 und 83.

Partner wird Jean de Béthencourt, der bereits vor der Eroberung der Kanaren als Korsar zur See fuhr, in der Forschung gern kontrastiert: »Bethencourt hatte keine Tugenden und war brutal, egoistisch und grausam. Und es lässt sich nicht sagen, dass dies ein Produkt der Zeit war, denn Gadifer, sein Zeitgenosse und Begleiter, obwohl ein rauer Soldat, zeigte in all seinen Handlungen eine tadellose Ritterlichkeit.«[45] Ein moralisches Urteil über die beiden Protagonisten der normannischen Eroberung soll hier nicht gefällt werden. Erwähnenswert ist noch die vermutete Lepraerkrankung Béthencourts, aufgrund derer er sich schon zuvor aus dem höfischen Leben zurückgezogen hatte und für die er sich gewiss eine Heilung auf den Glückseligen Inseln erhoffte.[46] Neben der Belehnung wurde in einigen päpstlichen Bullen die Eroberung durch missionarische Absichten legitimiert und zu einem guten Umgang mit der einheimischen Bevölkerung aufgerufen.[47]

Obschon gescheiterte Eroberungsversuche, insbesondere während der *conquista señorial*, vor erfolgreichen Eroberungen überwiegen, gelang Béthencourt und La Salle die Unterwerfung der Inseln Lanzarote, Fuerteventura und El Hierro.[48] Mit der militärischen Unterwerfung verband sich von Beginn an das Interesse zur Besiedlung, denn die Konquistadoren wurden von einigen Frauen aus Poitou begleitet.[49] Der Phase der gewaltsamen Eroberung folgt eine undurchsichtige Phase, was die Herrschaft über die Kanaren betrifft. Denn das Lehen wurde zum Teil weiterveräußert, zum Teil weitervererbt.[50] Zwischen 1412 und 1418 ging das Lehen von Béthencourts Neffen Maciot in kastilische Hände über, womit die *época normanda* der Eroberung 1418 ihr Ende fand.[51]

Nach ersten Auseinandersetzungen zwischen den iberischen Mächten Mitte des 14. Jahrhunderts sah sich Papst Eugen IV. (1341–1447) in den 1430er Jahren wiederum mit den konkurrierenden Herrschaftsansprüchen Kastiliens und Portugals auf der einen und den Bedürfnissen der indigenen Bevölkerung des Archipels auf der anderen Seite konfrontiert.[52] Dieser Streit wurde sowohl bewaffnet auf den Kanarischen Inseln und auf See ausgefochten – vor allem La

45 *Bethencourt careció de virtudes y fué brutal, egoísta y cruel. Y no se diga que esto es producto de la época, porque Gadifer, su coetáneo y compañero, siendo un rudo soldado, mostró una caballerosidad acrisolada en todos sus actos.* Bonnet y Reverón, Las Canarias y la conquista franco-normanda I, S. 15.

46 Vgl. Pietschmann, Art. »Jean de Béthencourt, French nobleman«, Sp. 2083–2084.

47 Vgl. Muldoon, The Avignon papacy and the frontiers of Christendom, S. 194.

48 Vgl. Vázquez de Parga, Redescubrimiento y conquista de las Afortunadas.

49 Vgl. Aznar Vallejo, Conquistar y colonizar en las *regiones meridionales*, S. 74.

50 Vgl. Alzola González, Breve historia de las Islas Canarias, S. 45–46; Pérez Ortega, La conquista de Canarias, S. 45.

51 Vgl. Ladero Quesada, Jean de Béthencourt, Sevilla y Enrique III, S. 31.

52 Vgl. Muldoon, The Avignon papacy and the frontiers of Christendom, S. 192.

Gomera war Schauplatz dieses internationalen Konflikts, der als erster europäischer Kolonialkrieg der Geschichte gilt (1451–1454)[53] – als auch auf argumentativer Ebene. So sollten die italienischen Rechtsgelehrten Antonio Roselli (gest. 1446) und Antonio Minucci da Pratovecchio (1380–1468) eine Antwort auf die Frage finden, inwieweit ein christlicher Fürst Krieg gegen Ungläubige führen und deren Reiche erobern dürfe, wenn diese nicht zuvor ihm oder einem anderen christlichen Herren gehört hätten;[54] eine Frage, die bereits in ähnlicher Weise aber in einem ganz anderen Kontext aufgeworfen worden war: Beim Konstanzer Konzil und im Rahmen des Disputs zwischen Polen-Litauen und dem Deutschen Orden hatte der Gelehrte der polnischen Krone und Rektor der Universität Krakau Paulus Vladimiri (1370–1435) die Legitimität nichtchristlicher Reiche verteidigt.[55]

Argumentative Strategien für die Rechtmäßigkeit der kastilischen Herrschaft am Kanarischen Archipel wurden von Alonso de Cartagena (1384–1456) in seinen *Allegationes super conquesta Insularum Canariae contra portugalenses*[56] entwickelt und beim Konzil von Basel (1431–1449) vorgetragen. Bereits zuvor war der Bischof von Burgos in den Diensten von Kirche und kastilischer Krone diplomatisch tätig und an den Verhandlungen zwischen Kastilien und Portugal federführend beteiligt gewesen. Seine Argumentation beruhte auf juristischem Wissen, das er während seines Studiums an der Universität von Salamanca erworben hatte.[57]

Nach gescheiterten portugiesischen Eroberungsversuchen unter dem Kommando von Fernando de Castro 1424, 1425 und 1427 und einer Besetzung Lanzarotes 1448–1449, entlud sich die Rivalität Kastiliens und Portugals schließlich bei Gefechten auf La Gomera.[58] Obschon La Gomera in den Quellen oftmals zu den durch Jean de Béthencourt eroberten Gebieten gezählt wird, ist gewiss, dass der Franzose nie einen Fuß auf die Insel gesetzt hat. Bis 1418 war La Gomera weder teilweise beherrscht noch erobert oder annektiert worden. 1420 landete Maciot de Béthencourt in der Gegend von Orone / Aurure, einem der vier Stammesgebiete La Gomeras, während sich portugiesische Truppen in den Gebieten Agana / Vallehermoso und Hermigua festsetzten. Die Insel gilt in

53 Vgl. Russell, Prince Henry ›the Navigator‹, S. 256.

54 Vgl. Russell, El Descubrimiento de las Canarias, S. 24–26; Parecer do jurista bolonhés António Minucci da Pratovecchio, S. 285–320; Parecer de António de Rosellis, S. 320–343.

55 Vgl. Kintzinger, From the Late Middle Ages to the Peace of Westphalia, S. 620.

56 Cartagena, Allegationes super conquesta Insularum Canariae contra portugalenses, S. 55–164.

57 Vgl. Livesey, Art. »Alfonsus de Carthagena, Bishop of Burgos, 1384–1456«.

58 Vgl. Russell, Prince Henry ›the Navigator‹, S. 256; vgl. Newitt, A History of Portuguese Overseas Expansion, S. 20 und 28.

dieser Zeit dennoch nicht als erobert *(por ganar)*, denn die Kriegshandlungen zielten nicht auf die Unterwerfung der Indigenen, sondern auf die Vertreibung der konkurrierenden europäischen Macht von der Insel: »Deshalb wurde La Gomera zum ersten Ort des Kampfes zwischen Maciot und den Portugiesen zunächst gegen Guillén de las Casas und einige Zeit später gegen Peraza und Diego García de Herrera.«[59] Die indigenen Stammesgruppen fungierten dabei als Verbündete; ein eindrückliches Beispiel dafür, dass sich Spanier und Kanarier keineswegs einfach als »Eroberer« und »Eroberte« kategorisieren lassen.[60] Teile der indigenen Bevölkerung wurden in dieser Zeit auf friedlichem Wege durch franziskanische Missionare von Fuerteventura christianisiert, was die Existenz einer kleinen Kapelle oder Eremitenzelle auf La Gomera bezeugt.[61]

Im Jahr 1445 veräußerte Guillén de las Casas sein Lehen an Fernán Peraza den Älteren und dessen Frau Inés de las Casas mit ihren Kindern, Inés und Gullién Peraza de las Casas.[62] Letzterer kam 1446 oder 1447 bei dem Versuch ums Leben, die Insel La Palma zu erobern. Das tragische Ereignis fand seinen literarischen Widerhall in den *Endechas a la muerte de Guillén Peraza*, den Klageliedern über seinen Tod, die Fray Juan de Abreu Galindo um 1600 in seiner *Historia de la Conquista de las siete Islas de Canarias* überlieferte:[63]

> Die Damen weinen,
> also schätzt dich Gott
> Guillen Peraza
> der auf La Palma geblieben ist, mit einer welken Blume
> auf seinem Gesicht. […]
>
> Guillén Peraza,
> Guillén Peraza,
> wo ist dein Schwert?
> wo deine Lanze?
> Alles endet
> mit einem schlechten Ausgang.[64]

Fernán Peraza errichtete im Rahmen seiner nominellen Herrschaft über La Gomera einen Wehrturm in San Sebastián. 1452 vererbte er das Lehen seiner

59 *Por ello la Gomera [sic] fue el campo principal de la lucha entre Maciot y los portugueses contra Guillén de las Casas primero, y más tarde contra Peraza y Diego García de Herrera.* Delgado, Primera conquista y cristianización de La Gomera, S. 476.

60 Siehe dazu Bühner, Furchtlos vor der Macht des Schicksals.

61 Vgl. Delgado, Primera conquista y cristianización de La Gomera, S. 474.

62 Vgl. ebd., S. 445–492.

63 Vgl. Eff-Darwich Peña, Dos apuntes sobre las endechas, S. 15.

64 *Llorad las Damas, / asi Dios os vala; / Guillen Peraza / quedó en La Palma: / la flor marchita / de la su cara. […] Guillén Peraza, / Guillén Peraza, / ¿dó está tu escudo? / ¿dó está tu lanza? / Todo lo acaba / la mala andanza*, Abreu Galindo (2021), Historia de la conquista de las siete Islas de Canarias, S. 93.

Tochter, Inés Peraza de las Casas, die zusammen mit ihrem Ehegatten Diego García de Herrera bis 1477 Herren der Insel waren.[65] Dem Tod ihres Sohnes, Hernán Peraza, durch indigene Hand folgte eine militärische Aktion, die die Insel entvölkerte. Dem Hilferuf der Witwe Perazas, Beatriz de Bobadilla, folgend, landete der Konquistador Pedro de Vera auf La Gomera und richtete ein Massaker an, welches die Kastilier schließlich auf blutigem Wege zur Übermacht verhalf und ihre Herrschaft über die Insel sicherte:

> Und da sie nicht erscheinen wollten, wurden sie später zusammengetrieben und mit Waffengewalt gefangen genommen, wobei viele von ihnen starben, und als sie den Ort betraten, verurteilten sie alle die fünfzehn Jahre oder älter waren zum Tode, aber es waren nur wenige Mörder, zum Tode Verurteilte aber viele [...] und diejenigen die durch ihr junges Alter [diesem Schicksal] entkamen, brachten sie an Bord des Schiffes von Juan Cota, wo sie nach ihrem Wert geschätzt und verschifft wurden.[66]

1.1.3 Die *conquista realenga* 1479–1496

Die Auseinandersetzungen zwischen Portugal und Spanien seit der Mitte des 14. Jahrhunderts um die Herrschaftsrechte an den Atlantischen Inseln (Azoren, Madeira, Kanaren, Kapverden) und Einflusssphären entlang der westafrikanischen Küste (in dieser Zeit als »Guinea« bezeichnet)[67] führten schließlich 1479 zum Abschluss des Vertrags von Alcáçovas. Zuvorderst für die Beilegung des kastilischen Erbfolgekrieges ratifiziert, behandeln Kapitel VIII, IX und X die afrikanischen und überseeischen Besitzungen der Iberischen Mächte. Darin sprechen die Katholischen Könige Alfons V. von Portugal die Herrschaft über Fez (Nordafrika), Guinea und anliegende Gebiete und Inseln sowie über Madeira, die Azoren und die Kapverden zu.[68] Die Katholischen Könige,

65 Vgl. Delgado, Primera conquista y cristianización de La Gomera, S. 445–492.

66 *Y como no quisieron parezer, fueron luego sercados y tomados a fuerça de armas, con muerte de muchos de ellos, y entrados en el lugar, sentenciaron a muerte a todos los de quince años arriba, y dado que los matadores fueron pocos, los condenados a muerte fueron muchos [...] y los que por menores de escapauan, enbarcáuanlos en el nauío de Juan Cota para aprovecharse de su valor, y fue cargado.* Conquista de las siete islas de Canarias (Matritense), S. 255. Die minderjährigen versklavten Gomeraner wurden auf den iberischen Sklavenmärkten verkauft, so etwa 42 von ihnen in Valencia. Vgl. Cortés, La esclavitud en Valencia, S. 53.

67 Bereits 1942 wies John William Blake auf die kastilischen Westafrikafahrten hin, die zwischen 1453 und 1480 stattfanden, Kastilien dazu veranlassten, seinen alleinigen Besitzanspruch an Guinea zu reklamieren und in der Forschung bis dahin vernachlässigt worden sind, siehe Blake, Europeans in West Africa, S. 185–186.

68 Siehe dazu auch Rojas Donat, Dos análisis histórico-jurídicos.

obschon in der *Intitulatio* noch nicht mitaufgezählt, erhalten die Kanarischen Inseln:

> For whatever has been found or shall be found, acquired by conquest or discovered within the said limits, beyond what has already been found, occupied, or discovered, belongs to the said King and Prince of Portugal and to their kingdoms, excepting only the Canary Islands, to wit: Lancarote, Palma, Forteventura, Gomera, Ferro, Graciosa, Gran Canary, Teneriffe, and all the other Canary Islands, acquired or to be acquired, which belong to the kingdoms of Castile.[69]

Für Thomas Duve zeichnet sich mit dem Vertrag von Alcáçovas bereits eine Praktik ab, Räume mithilfe von Demarkationslinien zu organisieren, die dann in den Verträgen von Tordesillas (1494) und Zaragoza (1529) weitere Ausformung fand. Die an den Portolankarten orientierten Linien, hier von Ost nach West durchs Wasser gezogen, dienten, so Duve, der Bestimmung von momentanen Besitzrechten, einem Anspruch auf zukünftige Entdeckungen und klärten Einflusssphären und Bereiche der freien Navigation.[70]

Im Nachgang vollzog dieser Vertrag *de jure* also nach, was *de facto* schon fast zur kastilischen Krone gehörte: Bereits 1478 hatten die Katholischen Könige damit begonnen, die noch nicht unter ihrer Herrschaft stehenden Inseln Gran Canaria, La Palma und Teneriffa zu erobern. Nach der Ermordung Juan Rejóns auf La Gomera und dem Prozess gegen den Auftraggeber Hernán Peraza gelang es darüber hinaus, den Herren der *islas señoriales* ihren Titel abzuerkennen:

> [Die Monarchen befahlen Hernán Peraza] sich mit einer Dame des Palastes zu verheiraten, und dass er und alle seine Vasallen, die in den Tod des Kapitän Rejón verwickelt waren, solange wie die Eroberung Gran Canarias dauerte, dabei dienen sollten und befahlen, dass Diego de Herrera, sein Vater, sich nicht mehr König der Kanaren, sondern Herr von vier Inseln nennen dürfe, die ihm Monsieur Jean de Béthencourt verkauft habe, und mit all diesem zufrieden begab sich Hernán Peraza nach La Gomera mit seiner Frau Beatriz de Bobadilla, die sehr zurückhaltend und hübsch war.[71]

69 Treaty Between Spain and Portugal, Concluded at Alcáçovas, September 4, 1479. *Porque todo lo que es fallado e se fallare conquerir o descobrir en los dichos términos, allende de lo que ya es fallado, ocupado, descubierto, finca a los dichos Rey e Príncipe de Portogal e sus reinos, tirando solamente las islas de Canaria, a saber, Lançarote, Palma, Fuerte Ventura, la Gomera, el Fierro, la Graciosa, la Gran Canaria, Tenerife, e todas las otras islas de Canaria ganadas o por ganar, las quales fincan a los reinos de Castilla.* El tratado de Alcáçovas-Toledo (1479–1480), S. 41.

70 Vgl. Duve, Spatial Perceptions, S. 425.

71 *[Hernán Peraça] se casó con vna Dama de Palacio, y que Hernán Peraça y todos los Bassallos que fueron en la muerte del capitán Rejón fuessen a seruirle mientras durasse la conquista de Canaria y mandaron que Diego de Herrera su padre no llamasse Rey de las islas de Canaria sino señor de las quatro islas que le vendió Mosiut Juan de Vetancurt, y con esto Hernán Peraça se vino contento a la Gomera con su esposa Doña Beatriz de Bobadilla que era muy discreta y hermosa.* Conquista de la isla de Gran

Somit stand der königlichen Eroberung *(ganar)*[72] Gran Canarias, Las Palmas und Teneriffas nichts mehr im Wege, die neben Juan Rejón und Pedro de Vera vor allem durch Alonso Fernández de Lugo vorangetrieben wurde. Neben der Eroberung der noch unter indigener Herrschaft stehenden Inseln regierte Lugo in despotischer Weise im Namen der Mündel Guillén Peraza und Inés de Herrera über La Gomera und El Hierro. Darüber hinaus beabsichtigte der Konquistador, Fuerteventura und Lanzarote mit Waffengewalt unter seine Herrschaft zu bringen sowie die kastilische Einflusssphäre in die Sahara auszuweiten. Für seine Verdienste als Eroberer verliehen ihm die Katholischen Könige im Jahr 1502 den Ehrentitel *adelantado*.[73]

Neben seinen militärischen Erfolgen gilt Lugo in der kanarischen Forschung auch als »primer colonizador castellano«,[74] der den Prozess der »hispanización«[75] der Kanarischen Inseln maßgeblich vorangetrieben habe. Nach der Unterwerfung Gran Canarias, zwischen 1484 und 1491, für die er als *repartimiento* die fruchtbare Region Agaete zugesprochen bekommen hatte, sorgte er für den Aufbau einer Infrastruktur auf der Insel und machte das Land urbar. Der Tod seiner Frau, Violante de Valdés, setzte dieser ruhigen Phase seines Lebens jedoch ein Ende. 1492 bemühte sich de Lugo in Santa Fe um ein *capitular* der Krone zur Eroberung von La Palma, wo er auf zwei weitere große historische Figuren traf:[76] Christoph Kolumbus, der ebenfalls bei Hofe um die Unterstützung seiner Indien-Vorhaben warb, und Beatriz de Bobadilla, die er 1498 heiraten sollte.[77]

Die vielleicht wichtigste Figur der *conquista realenga* war jedoch Alonso Jáimez de Sotomayor, der während der gesamten Phase auf den Kanaren präsent war und als der Verfasser einer verschollenen Ursprungschronik angenommen wird.[78] Die wahrscheinlich frühste überlieferte Variante dieser *crónica madre* ist

Canaria hecha por mandado de los señores Reyes Católicos Don Fernando y Doña Isabel (Lacunense), S. 217.

72 Vgl. u. a.: Conquista de las siete islas de Canarias (Matritense), S. 231–233.

73 Vgl. Rumeu de Armas, La conquista de Tenerife, S. 114; Quellenbeleg siehe Abreu Galindo (1977), Historia de la conquista de las siete Islas de Canaria, S. 326.

74 Serra Ràfols, Alonso Fernández de Lugo, S. 35. Zur Phase nach Abschluss der *conquista realenga* siehe insbesondere Aznar Vallejo, Organización económica de las Islas Canarias; Fernández-Armesto, Las Islas Canarias después de la conquista.

75 Rumeu de Armas, La conquista de Tenerife, S. 114.

76 Vgl. ebd., S. 120–121.

77 Serra Ràfols, Alonso Fernández de Lugo, S. 43–44 und 79; Quellenbeleg: Abreu Galindo (2021), Historia de la conquista de las siete Islas de Canarias, S. 266.

78 Vgl. Lobo Cabrera, La conquista de Gran Canaria, S. 39 und 128.

die zwischen 1538 und 1541 verfasste und nach ihrem Fundort Madrid benannte *Crónica Matritense*. Erweiterungen und Variationen der Chronik entstanden bis ins 17. Jahrhundert hinein. Die letzte dieser Gruppe von Texten zugehörige Überlieferung ist die *Historia de la Conquista de las siete Islas de Canarias*,[79] circa 1646 von Francisco López de Ulloa verfasst.[80]

Inhaltlich liegt der Fokus dieser Chroniken auf der Eroberung Gran Canarias, während von der Unterwerfung der Inseln La Palma und Teneriffa nur auf wenigen Seiten berichtet wird. Die Eroberung Gran Canarias und vor allem das Bündnis der Eroberer mit dem indigenen Anführer Tenesor Semidan, der die Konquistadoren bei ihrem weiteren Vorgehen unterstützte, waren ein Meilenstein für die *conquista realenga.*[81] Der indigene Anführer ist das beste Beispiel für die Bedeutung indigener Akteure für den Verlauf der Eroberung des Archipels und wird uns im Folgenden noch näher beschäftigen. Neben friedlichen Missionierungsversuchen ab der zweiten Hälfte des 14. Jahrhunderts hatte bereits Béthencourt versucht, Gran Canaria einzunehmen. Auch die Annexionsbestrebungen von Diego de Herrera und Inés Peraza waren kläglich gescheitert und gingen nicht über eine symbolische Inbesitznahme hinaus.[82] Trotz des massiven Einsatzes von Truppen durch die Katholischen Könige dauerte die Eroberung Gran Canarias bis 1483. Uneinigkeit zwischen den Konquistadoren, die Unwegsamkeit des Geländes sowie die große Zahl indigener Krieger und ihr Kampfgeist zogen die Kriegshandlungen in die Länge.[83]

Die lange Dauer der Auseinandersetzungen – ein Ende der *conquista realenga* zeichnet sich erst 1496 ab – ist vor allem vor dem Hintergrund bemerkenswert, dass die Katholischen Könige in dieser Zeit eine neue Radikalität im politischen Umgang mit Andersgläubigen erkennen lassen. Im Kontext der Ausweisung der Juden 1492 sieht Nikolas Jaspert die Idee eines einheitlichen Staatsgebildes und die Vision eines endgültigen Sieges über Ungläubige heranreifen. Insbesondere die Handlungen der Königin seien von der humanistischen Vorstellung einer wiedervereinten, antik-klassischen *Hispania* geprägt gewesen.[84] In einer Urkunde aus dem Jahr 1481 lässt Isabella in Bezug auf die Eroberung der Inseln La Palma und Teneriffa verlauten: »Gott unser Herr möge uns helfen, dass die besagten

79 López de Ulloa, Historia de la Conquista de las siete Islas de Canarias.

80 Vgl. García Pulido / Rosa, Introducción, S. 20, 33 und 42. Die Herausgeber der Chronik haben auf sehr überzeugende Weise sämtliche Varianten der *crónica madre* zeitlich eingeordnet, orientiert an den Bischofslisten der Kanaren, die den Chroniken als *Apendice* beigefügt sind.

81 Vgl. Diego de Valera, Crónica de los Reyes Católicos, S. 504.

82 Vgl. Lobo Cabrera, La conquista de Gran Canaria, S. 39 und 43.

83 Vgl. ebd., S. 39 und 79.

84 Vgl. Jaspert, Die Reconquista, S. 108–109.

Ungläubigen zu unserem heiligen Glauben konvertiert oder von den besagten Inseln geworfen werden.«[85]

Die Eroberung La Palmas wird nur in späteren Chroniken genauer behandelt, darunter in der *Historia de la conquista de las siete islas de Canarias* des Fray Juan Abreu Galindo aus dem Jahr 1632. Dasselbe gilt für die Eroberung Teneriffas, die Antonio de Viana (1578–1650) in seinem Werk *Antigüedades de las Islas Afortunadas* literarisch verarbeitete.[86] Der auf Teneriffa geborene Viana widmete sein gesamtes Œuvre den Kanarischen Inseln und gilt neben Bartolomé Cairasco de Figueroa als wichtigster Begründer kanarischer Literatur.[87] Fray Alonso de Espinosas *Historia de Nuestra Señora de Candelaria*[88] behandelt ebenfalls die *Conquista* Teneriffas. Im Zentrum der Handlung steht jedoch die legendäre Marienstatue, die *Virgen de Candelaria*. Bereits vor dem ersten Kontakt mit den Europäern soll diese Figur auf Teneriffa aufgetaucht sein. Ihre Wundertaten führten zu einer Verehrung und Anbetung durch die indigenen *Guanchen*, die ihre christliche Bedeutung jedoch noch nicht kannten. Das Gnadenbild, allerdings nicht in seinem Original, das als Schutzpatronin der Kanaren fungiert, wird noch heute in der Basilika von Candelaria auf Teneriffa verehrt.

Dieser Überblick über die aus europäischer Perspektive wichtigsten Ereignisse, Etappen und historischen Figuren der *Conquista* der Kanaren deutet bereits Umfang und Komplexität des hier zu betrachtenden Gegenstands an. Im Folgenden wird diskutiert, inwieweit die Eroberung der Kanaren als Modell für das Amerika-Projekt diente und inwieweit diese historische Zuschreibung haltbar ist. Aus einer Einführung in die *trends* und *turns* der *History of International Law* und einer Suche nach den konzeptionellen Gründen für das Forschungsdesiderat wird anschließend der Ansatz der hier vorliegenden Studie generiert.

85 *Nuestro señor Dios sería servido que los dichos infieles sean convertidos a la dicha nuestra santa fee o sean lançados de dichas yslas.* La reina Isabel de Castilla da a conocer públicamente que »he mandado conquistar las yslas de Tenerife e La Palma, que están en poder de infieles«, S. 414.

86 Vgl. Viana, La Conquista de Tenerife I; Viana, La Conquista de Tenerife II.

87 Vgl. Artiles/Quintana, Historia de la Literatura Canaria, S. 25–27.

88 Espinosa, Origen y milagros de Nuestra Señora de Candelaria, S. 13–88.

1.2 Die Eroberung der Kanaren: Eine Geschichte des Völkerrechts und der internationalen Beziehungen?

1.2.1 Die Eroberung der Kanaren – (nur) ein Modell für Amerika?

1954 charakterisierte Charles Verlinden erstmals die Kanarischen Inseln als »Laboratorium«[89] für die amerikanische Expansion und stellte damit eine These auf, die in der Literatur zu den Kanaren ein vielfaches Echo gefunden hat, das aber selten zu einer systematischen, vergleichenden Darstellung führte. Zugleich stellt sich die Frage, ob dies das richtige Narrativ ist, um die Geschichte der Eroberung der Kanarischen Inseln aus ihrer Existenz im Schatten der amerikanischen Expansion ins Licht zu heben. Außerdem, so Klaus Herbers, vermittle der Begriff des »Laboratoriums« den Eindruck von einem zielgerichteten und planmäßigen Vorgehen und verleite dazu, die Kanaren als Testlabor im Hinblick auf das Großprojekt Amerika zu sehen, von dem die Zeitgenossen aber noch nichts wissen konnten. Dem »Laboratoriums«-Begriff, neben dem auch noch andere Bezeichnungen wie »Modell« oder »Exerzierboden« in der kanarischen Forschung kursieren, zieht Herbers den durch Felipe Fernández-Armesto in die Debatte eingebrachten Begriff der »Alchemieküche«[90] vor, auf deren »Gerichte und Zutaten« man später zurückgegriffen habe. Doch was waren diese »Gerichte und Zutaten« aus denen man angeblich das Rezept für das Amerika-Projekt erstellte?

Ein Blick auf die Literatur der vergangenen drei Jahrzehnte zeigt, dass vor allem auf vier »Zutaten« in der Forschung hingewiesen wurde:[91] Erstens auf die Parallelen zwischen dem kolonialen Gesellschaftssystem auf den Kanaren und in Lateinamerika (Fernández-Armesto u. a.).[92] Ein besonderer Stellenwert kommt dabei dem Plantagensystem zu, denn Zuckerrohr wurde bereits auf Madeira und den Kanaren angebaut (Herbers).[93]

89 Vgl. Verlinden, Précédents médiéveaux de la colonie en Amérique, S. 60.

90 Vgl. Fernández-Armesto, The Canary Islands after the Conquest, S. 201.

91 Gesammelte Beispiele und die entsprechenden Verweise einer Charakterisierung der Kanaren als »Modell«, »Laboratorium« oder »Exerzierboden« bis 1989 siehe Herbers, Die Eroberung der Kanarischen Inseln, S. 51–52.

92 Vgl. Fernández-Armesto, The Canary Islands after the Conquest, S. 201; ebenso Sadourny, Les expéditions de Jean de Béthencourt aux Canaries, S. 201–218.

93 Vgl. Herbers, Die Eroberung der Kanarischen Inseln, S. 78. Zuckerrohr wurde bereits im 12. Jahrhundert auf Zypern angebaut, eine Kolonie der Mittelmeermacht Venedig. Anbau und das dazugehörige Plantagensystem wurden im 15. Jahrhundert auf den Atlantischen Inseln und schließlich in die Karibik importiert, womit der Zuckerrohrpflanze eine kolonialgeschichtliche Pionierrolle zukommt, vgl. Wendt, Vom Kolonialismus zur Globalisierung, S. 26.

Zweitens hätten die Konquistadoren Lateinamerikas wie Hernán Cortés und Francisco Pizarro in Bezug auf Kriegstaktiken und Eroberungsstrategien von Vorbildern wie Béthencourt, Rejón, Vera und Lugo gelernt (Javier García de Gabiola und Antonio Espinosa López).[94] Dabei hätten Geschick, List und Intrigen zu den Erfolgsstrategien der Konquistadoren gehört. Das Vortäuschen von Verhandlungsbereitschaft, die Ermordung indigener Anführer zur Schwächung der gesamten Stammesgruppe, das Zermürben der Bevölkerung durch Plünderung und die Taktik des »divide and rule«[95] (John Mercer) gehörten zum Standardrepertoire der kanarischen wie der lateinamerikanischen Eroberer.[96] Hier war die Eroberung der Kanaren aber gewiss nicht das ausschließliche Vorbild, sondern ebenso die *Reconquista* und andere gegen Andersgläubige geführte Kreuzzüge.[97]

Darüber hinaus wäre durch das Kanaren-Projekt die Organisation einer überseeischen *Conquista* erprobt worden. Aushandlungsprozesse zwischen der Krone und Interessensgruppen wie Eroberern, Händlern, Abenteurern und Geistlichen über die Finanzierung der Unternehmung, die Anteile an der Kriegsbeute oder das Recht auf Landbesitz hätten dazu geführt, dass man für die amerikanischen Unternehmungen bereits auf etablierte Verfahren zurückgreifen konnte (Javier García de Gabiola und José-Luis Machado).[98]

Drittens wurde die Einordnung der fremden kanarischen Völker in das europäisch-christliche Weltbild als eine »prehistoria de la descripción de la alteridad americana«[99] interpretiert (u. a. María Juliana Gandini, Fermín del Pino Díaz und Eyda M. Merediz).[100] In der zweiten Hälfte des 14. Jahrhunderts sei die »discovery of world and of man« in der Moralphilosophie der Renaissance mit der tatsächlichen Entdeckung bisher unbekannter Kulturen einhergegangen (David Abulafia).[101] Ebenso wie in Bezug auf die Entdeckung der Indigenen Lateinamerikas sieht Felipe Fernández-Armesto hier das klassische und überholte Renaissance-Narrativ am Werk, das Entwicklungen und Phänomene im

94 Espinosa López, Granada, Canarias, América, S. 369–398.

95 Mercer, The Canary Islanders, S. 167.

96 García de Gabiola, La conquista de las Canarias, S. 155, 157 und 159. Der Genozid an der kanarischen Bevölkerung wurde jüngst auch als »template« für den Genozid in der Karibik beschrieben: Pérez Tostado, The Spanish Destruction of the Canary Islands, S. 594–621.

97 Für einen ausführlichen Vergleich siehe Zavala, La Conquista de Canarias y América.

98 Vgl. García de Gabiola, La conquista de las Canarias, S. 156; Machado, Del Mediterráneo hacia el Atlántico.

99 Gandini, Las islas de los paganos, S. 22; ebenso Pino Díaz, Paralelismo entre Canarias y América, S. 189.

100 Merediz, Refracted Images.

101 Fernández-Armesto, Before Columbus, S. 223.

ausgehenden Mittelalter und zu Beginn der Frühen Neuzeit als neu und innovativ inszeniere, deren Wurzeln aber bereits eindeutig im Mittelalter zu finden seien.[102] Im Zusammenhang mit der Suche nach Kontinuitätslinien zwischen der mediterranen und atlantischen Expansion (1229–1492) verweist er auf die Begegnungen und Erfahrungen mit den Mongolen sowie mit den europäischen »internal primitives« wie den Basken, Walisern, Iren, Slaven und paganen Skandinaviern. Neben den praktischen Erfahrungen hätte auch die theoretische Reflexion über den Status des Fremden und Anderen auf mittelalterlichen Vorbildern wie Albertus Magnus und Thomas von Aquin aufgebaut,[103] deren Ordnungsvorstellungen bereits hierarchisch angelegt waren: »Zu den aus heutiger Sicht brisantesten Stücken hochscholastischer philosophischer Anthropologie gehört die Annahme naturgegebener, strukturell angelegter Ungleichheiten in der konkreten Ausprägungsweise des Menschseins [...].«[104] So konnten die Spätscholastiker in ihrer Reflexion über den zivilisatorischen Status der Indigenen Lateinamerikas in der ersten Hälfte des 16. Jahrhunderts reich aus den Theorieangeboten eines Thomas von Aquin schöpfen, dem mittelalterlichen Ordnungsdenker schlechthin,[105] der die aristotelische Lehre des »Sklaven von Natur« bereits in sein Schöpfungsmodell integriert hatte.[106] Die bereits gesammelten praktischen Erfahrungen und entwickelten Theorien werfen so die Frage auf, inwieweit und in welcher Hinsicht die Begegnung mit den kanarischen und den amerikanischen Indigenen das europäische Bild des Anderen beeinflusst hat.

Die erste ethnologische Einordnung der kanarischen Kulturen nahmen die Humanisten Francesco Petrarca (1304–1374) und Giovanni Boccaccio (1313–1375) vor. Obschon der Einfluss der Texte Petrarcas und Boccaccios sich auf humanistische Kreise beschränkte,[107] repräsentierten sie, so Alberto Quartapelle, David Abulafia und Marcos Martínez Hernández, zwei Richtungen in der Darstellungsweise primitiver Völker, »dos visiones antitéticas del ›otro‹«,[108] die die Diskurse der nächsten zwei Jahrhunderte prägen sollten: Wohingegen Boccaccios Inszenierung der kanarischen Bevölkerung als erstes in Erscheinung

102 Vgl. Fernández-Armesto, Before Columbus, S. 223–224.

103 Vgl. ebd., S. 224–225.

104 Köhler, Gleiche Menschennatur – naturgegebene soziale Unterschiede, S. 64.

105 Vgl. Wieland, Die Ordnung des Kosmos, S. 22.

106 Vgl. Aquinas, Summa Theologiae, Prima Pars, S. 50–119, Q. 96, A. 4; Aquinas, Summa Theologiae, Prima Secundae, S. 71–114, Q. 105, A. 4.

107 Domenico Bandini und Domenico Silvestri verarbeiten beide diese Texte in ihren Werken.

108 Quartapelle, Cuatrocientos años de Crónicas de las Islas Canarias, S. 29; vgl. Martínez Hernández, Boccaccio y su entorno, S. 105.

treten des »noble Canarian savage«[109] zu interpretieren sei, inszeniere Petrarca den kanarischen Indigenen als »wild animal of the forest«.[110] Zum einen nimmt hier die kanarische Forschung den »Mythos des edlen Wilden« auf, der auf den »mito del ›buen guanche‹« zurückzuführen sei.[111] Zum anderen setzt die Gegenüberstellung der Entwürfe Petrarcas und Boccaccios, die Menschennatur der indigenen Bevölkerung der Kanaren betreffend, eine Klammer zur *Junta* von Valladolid (1550/51). Während Juan Ginés de Sepúlveda wie Petrarca die Inferiorität der Indigenen Lateinamerikas betonte, nahm Bartolomé de las Casas wie Boccaccio eine natürliche Gleichheit zwischen Indigenen und Europäern an; eine gelungene ideengeschichtliche »bipolarización«,[112] deren interpretative Schlichtheit jedoch wenig überzeugt und einer genaueren Untersuchung bedarf (siehe dazu Kapitel 5 dieser Studie).

> It seemed, then, that the negative message preached by Petrarch rather than the positive massage associated with Boccaccio had won the debate over the nature of the islanders; and the outcome of that debate would determine their status and rights, and those of any other peoples who might be discovered out in the Atlantic.[113]

Nach Abulafia besiegelte die Diskussion um die Natur der Kanarier und die damit verbundene Zuschreibung von Status und Rechten dieser Völker das Schicksal der Taínos, Méxicas, Incas, Mayas und all der anderen im 15. und 16. Jahrhundert durch die Europäer »entdeckten« Völker.[114] Damit verweist er zugleich auf die vierte und letzte »Zutat«, den Modellcharakter der Kanaren im Hinblick auf den Völkerrechtsdiskurs der Schule von Salamanca im 16. Jahrhundert: »Die Diskussion der verschiedenen Mächte bereitete das neue Völkerrecht vor, das am Beginn der Neuzeit steht«,[115] so Klaus Herbers. Neben Thomas Duve hat Luis Rojas Donat die Verträge von Alcáçovas und Tordesillas vergleichend beleuchtet.[116] Bezüge zwischen den legitimen Rechtstiteln, allen voran die Belehnung Béthencourts, und den Legitimationsstrategien zur Eroberung des amerikanischen Kontinents hat Antonio Pérez Voituriez in seinem 1958 erschienenen Werk »Problemas jurídicos internacionales de la conquista de

109 Abulafia, Neolithic meets Medieval, S. 300.

110 Vgl. ebd., S. 312–313; siehe ebenso Abulafia, The Boundless Sea, S. 473.

111 Vgl. Martínez Hernández, Boccaccio y su entorno, S. 106.

112 Vgl. Abril-Castelló, La bipolarización Sepúlveda-Las Casas, S. 229–290.

113 Abulafia, The Discovery of Mankind, S. 89.

114 Mit dem spezifischen Status der Kanarier beschäftigt sich Rojas Donat, Derecho natural y cristianización, S. 95–103.

115 Herbers, Die Eroberung der Kanarischen Inseln, S. 94.

116 Rojas Donat, Dos análisis histórico-jurídicos; ders., Derecho Internacional público, S. 131–156.

Canarias«[117] hergestellt. Ebenfalls mit den Rechtstiteln, aber auch mit der portugiesisch-kastilischen Auseinandersetzung um die rechtmäßige Herrschaft über die Kanaren, beschäftigt sich Santiago Olmedo Bernal in »El dominio del Atlántico en la baja Edad Media«.[118]

Doch das Völkerrecht fungierte bei der Eroberung der Kanaren wie bei der Eroberung Amerikas nicht nur als Instrument zur Legitimation von Expansionsinteressen, sondern auch zur Verteidigung der Rechte der Kanarier, insbesondere ihrer Freiheitsrechte, vonseiten der Römischen Kurie (Dominik Josef Wölfel),[119] der Katholischen Könige (Antonio Rumeu de Armas)[120] und kanarischer Bischöfe (Dominik Josef Wölfel).[121] Insbesondere im Hinblick auf Papst Eugen IV. (1431–1447) argumentiert James Muldoon, habe der Schutz der indigenen Bevölkerung von päpstlicher Seite aus das Engagement der Missionare für die Indigenen Amerikas vorweggenommen.[122] Auch im Hinblick auf die Frage nach einem universalen Herrschaftsanspruch des Papstes und seiner Rolle als Schlichter zwischen den konkurrierenden Mächten Portugal und Kastilien bestehe ein diskursiver Zusammenhang zwischen der Eroberung der Kanaren und der Eroberung Amerikas (Luis Rojas Donat).[123]

Vor dem Hintergrund der Traktate der Bologneser Juristen Antonio Minucci da Pratovecchio und Antonio de Roselli erscheine die »Indianerproklamation« von Palacios Rubios aus dem Jahr 1513 weniger neu als bisher angenommen, so Klaus Herbers.[124] Eine These, die ihre Bestätigung in einem Aufsatz von 2020 findet, in dem José Luis Egío und Christiane Birr den Transfer der Konzepte *potestas*, *dominium* und *infidelitas* von Alonso de Cartagena durch Bernadino López de Carvajal und Palacios Rubios auf den neuen amerikanischen Kontext untersuchen.[125] Ebenso stellen sie in einer weiteren Publikation durch einen Vergleich zwischen Francisco de Vitoria und seinen Vorläufern (Alonso de Cartagena) heraus, welche Aspekte in den internationalrechtlichen Überlegungen des Salmantiner Theologen als wirklich innovativ zu bewerten sind.[126]

117 Pérez Voituriez, Problemas jurídicos internacionales.

118 Olmedo Bernal, El dominio del Atlántico en la baja Edad Media.

119 Wölfel, La Curia Romana, S. 1011–1083.

120 Rumeu de Armas, La política indigenista.

121 Wölfel, Don Juan de Frías.

122 Vgl. Muldoon, The Avignon papacy and the frontiers of Christendom, S. 194.

123 Rojas Donat, El origen de la potestad apostólica de los Papas, S. 107–122.

124 Vgl. Herbers, Die Eroberung der Kanarischen Inseln, S. 94. Bezüge zwischen der Diskussion um die Kanarischen Inseln und der *Junta* von Burgos und der *Junta* von Valladolid stellt Luis Rojas Donat her: Rojas Donat, España y Portugal ante los otros.

125 Egío / Birr, Before Vitoria, S. 53–77.

126 Egío / Birr, Alonso de Cartagena, S. 9–36.

In den Augen Peter Edward Russells fällt eine Neubewertung der geistigen Erzeugnisse der Schule von Salamanca vor dem Hintergrund der Völkerrechtsdebatten um die Kanarischen Inseln insgesamt ernüchternd aus: »Die intellektuelle Basis, auf der man im 16. Jahrhundert das Problem der Indianer diskutierte, war von beiden Seiten deutlich weniger innovativ als es zuweilen scheinen mag.«[127] Antonio Tejera Gaspar geht sogar noch einen Schritt weiter und behauptet, dass der einzige Unterschied zwischen dem kanarischen und dem amerikanischen »Fall« in der Dimension des Problems liege.[128] Damit wäre die Eroberung der Kanarischen Inseln nicht nur ein Modell für die Eroberung Amerikas und den vor diesem Hintergrund geführten Völkerrechtsdiskurs am Beginn der Frühen Neuzeit, sondern der eigentliche Motor völkerrechtlicher Entwicklung im ausgehenden Mittelalter. Den vermeintlich einschneidenden Debatten der Schule von Salamanca käme folglich allenfalls der Status eines intellektuellen Nachspiels zu bereits existierenden Völkerrechtstheorien und -praktiken zu.

1.2.2 Die Gründe für das Forschungsdesiderat in der *History of International Law*

In den Gesamtdarstellungen zur Völkerrechtsgeschichte, heute eher angloamerikanisch *History of International Law*, wird auf die spanischen und portugiesischen Expansionen im 15. Jahrhundert nur selten eingegangen. Für Georg Stadtmüller bildet die Eroberung der Kanaren den »Übergang« von den Maurenkriegen zur Eroberung der Neuen Welt.[129] Hier werde eine Entwicklung »unterirdisch vorbereitet, die nur auf den Durchbruch an die Oberfläche« gewartet habe.[130] Auch in Wilhelm Grewes Klassiker »Epochen der Völkerrechtsgeschichte« wird die Bedeutung der voramerikanischen Entdeckungen für die Völkerrechtsgeschichte gering geschätzt: »Weder diese Entdeckungen noch das weitere Vordringen der Portugiesen bis zum Niger und Kamerunfluß haben in der europäischen Staatenwelt jene Probleme aufgeworfen, die durch die Entdeckung Amerikas ausgelöst wurden.«[131] Die Kanaren sind für Grewe nur ein »Sprungbrett«, Ausgangspunkt für die Expeditionen des Christoph Kolumbus am Ende des 15. Jahrhunderts,[132] womit für ihn eine neue Epoche in der

127 *La base intelectual sobre la que se debatía en el siglo XVI el problema de los indios, era, de parte de ambos lados, mucho menos innovadora de lo que a veces se suele suponer.* Russell, El Descubrimiento de las Canarias, S. 30–31.

128 Vgl. Tejera Gaspar, Canarios, taínos y europeos, S. 829.

129 Vgl. Stadtmüller, Geschichte des Völkerrechts, S. 98–99.

130 Vgl. ebd., S. 94.

131 Grewe, Epochen der Völkerrechtsgeschichte, S. 270.

132 Vgl. ebd.

Völkerrechtsgeschichte beginnt, das sogenannte »Spanische Zeitalter«.[133] Im Kontext der Italienkriege ab 1494 sieht Grewe das erste in Erscheinung treten des modernen Staates und der Diplomatie, das mit der Herausbildung des modernen Staatensystems durch den Westfälischen Frieden von Münster und Osnabrück 1648 seine Vollendung gefunden habe.[134] Im Zentrum dieser Darstellungsweise stehen zumeist die Werke einiger spanischer Moraltheologen, allen voran Francisco de Vitoria (1493–1546), der, in der Zwischenkriegszeit forciert durch James Brown Scott (1866–1943) und Camillo Barcia Trelles (1888–1977),[135] vielen bis heute als Begründer der Schule von Salamanca und »Vater« des modernen Völkerrechts schlechthin gilt.[136] Der Spätscholastiker verdiene als Begründer zwischenstaatlichen Rechts und als Verteidiger der Rechtmäßigkeit »heidnischer« Herrschaft einen »Ehrenplatz in jeder Geschichte des Völkerrechts«, so Karl-Heinz Ziegler in seinem Lehrbuch zur Geschichte des Internationalen Rechts.[137]

Seit dem Aufkommen der *Postcolonial Studies* kursiert jedoch noch ein ganz anderes Bild des Salmantiner Theologen in der Forschung: Nicht mehr mutiger Verteidiger der Rechte der Indigenen Lateinamerikas wurde Vitoria von postkolonialen Kritikern in die Nähe eines Juan Ginés de Sepúlveda gerückt, weil er auf ähnliche Weise den Kolonialkrieg gerechtfertigt und das frühneuzeitliche Völkerrecht als ein »instrument of empire« missbraucht habe.[138] Diese kritische Haltung gegenüber dem »Vater des Völkerrechts« führte Anthony Anghie mit seiner Publikation »Imperialism, Sovereignty and the Making of International

133 Vgl. Grewe, Epochen der Völkerrechtsgeschichte, S. 19. Grewes Periodisierung mit typologischer Begriffsbildung folgen seit der Nachkriegszeit die meisten Gesamtdarstellungen, z. B. Preiser, Macht und Norm in der Völkerrechtsgeschichte; Duchhardt, Zwischen Friedensvision und Konturierung des »modernen« Völkerrechts, S. 140; Ziegler, Völkerrechtsgeschichte, S. 117. Die meisten anderen Werke, die den Begriff »Spanisches Zeitalter« nicht verwenden, setzen jedoch um 1500 ebenfalls eine Zäsur und folgen damit der klassischen Trennung zwischen Mittelalter und Früher Neuzeit, darunter Nussbaum, Geschichte des Völkerrechts in gedrängter Darstellung; Wengler, Völkerrecht; Verdross, Völkerrecht; Gaurier, Histoire du droit international.

134 Vgl. Grewe, Was ist »klassisches«, was ist »modernes« Völkerrecht?, S. 120–129.

135 Vgl. Birr/Decock, Recht und Moral in der Frühen Scholastik, S. 77. Zur fundamentalen Rolle von James Brown Scott in der Historiographie zu Francisco de Vitoria siehe Amorosa, Rewriting the History of the Law of Nations.

136 Z. B. Zapatero, Legal Imagination in Vitoria, S. 221–271. Von »Les grandes figures fondatrices« spricht etwa auch Gaurier, Histoire du droit international, S. 143.

137 Vgl. Ziegler, Völkerrechtsgeschichte, S. 132.

138 Siehe unter anderem Todorov, Die Eroberung Amerikas, S. 182 und Williams, The American Indian in Western Legal Thought, S. 108.

Law«[139] in das Forschungsfeld der *History of International Law* ein.[140] Seitdem changieren historische Studien zu Francisco de Vitoria zwischen der Interpretation seiner Vorstellungen einer internationalen Ordnung als Kritik oder als Legitimation der spanischen Eroberungen in der Neuen Welt.[141] Mit der Veröffentlichung von Ignacio Rasilla del Morals »In the Shadow of Vitoria. A History of Law in Spain (1770–1953)« liegt erstmals eine Monographie vor, die sich mit den historiographischen Wurzeln der Glorifizierung des Salmantiner Theologen in der *History of International Law* auseinandersetzt, die in Spanien auch im Kontext von Nationalismus und Franquismus zu sehen sind.[142]

Neben der unüberschaubaren Menge an Publikationen zu Vitoria, seinem Werk und seiner Rolle im relativ jungen Feld der spanischen Historiographiegeschichte des Internationalen Rechts ist der Spätscholastiker auch Protagonist zahlreicher Debatten, die in der *History of International Law* in den vergangenen Jahrzehnten über verschiedene Theorien und Methoden geführt wurden: zu Kontextualisierung und Gegenwartsbezug in der Geschichte des internationalen Rechts, zu Eurozentrismus, Periodisierung und dem Verhältnis zwischen Völkerrechtstheorien und Völkerrechtspraktiken.

Unter dem Eindruck der *Cambridge School*, die eine Kontextualisierung der Ideengeschichte, einen Wandel der *history of ideas* zur *intellectual history* forderte, wurde die Relevanz von Kontext *(context)* und Gegenwartsbezug *(presentism)* in der Völkerrechtsgeschichtsschreibung diskutiert: »Imagination, evaluation and choice are needed, a sense of what is interesting or relevant *today* and what is not.«[143] Während für Martti Koskenniemi Kontextualisierung historische Gegenstände antiquiert und damit einer Entfaltung ihrer Relevanz für die

139 Anghie, Imperialism, Sovereignty, and the Making of International Law.

140 Anthony Anghie zählt zur zweiten Generation von Forscherinnen und Forschern, die sich nach dem Zweiten Weltkrieg, durch die Dekolonisierungsprojekte inspiriert, zur TWAIL-Gruppe (Third World Approaches to International Law) zusammenschlossen und Internationales Recht kritisch als ein »imperial project« verstehen. Vgl. Mutua, What is TWAIL?, S. 31. Im Zentrum ihrer Forschung, die zugleich auch als eine politische Agenda zu sehen ist, steht die Frage: »How does imperialism reproduce itself in the contemporary world?« Anghie, Welcoming the TWAIL Review, S. 2.

141 Vgl. Valenzuela-Vermehren, Empire, Sovereignty, and Justice, S. 261–299; wichtige Beiträge in der *History of International Law*, die eher dem traditionellen Image von Vitoria anhängen sind unter anderem Cavallar, Vitoria, Grotius, Pufendorf, Wolff and Vattel, S. 181–209; Zapatero, Francisco de Vitoria, S. 177–195.

142 Rasilla del Moral, In the Shadow of Vitoria. Als Beispiel für die politische Instrumentalisierung des Salmantiner Theologen durch die *Asociación Francisco de Vitoria* siehe Bühner, Histories Hidden in the Shadow, S. 427–439.

143 Siehe dazu Koskenniemi, Vitoria and Us, S. 127.

Gegenwart entgegensteht, betont Andrew Fitzmaurice, dass Anachronismen nur zu einem verzerrten Verständnis historischer Sachverhalte führten. »Hijacked for political ends« könnten die Aussagen eines Francisco de Vitoria nicht verstanden werden, sondern nur im Kontext ihrer Zeit.[144] Während hier, im Kleid einer Methodendebatte, eigentlich ein Deutungsstreit um die richtige Interpretation von Vitorias Werken geführt wird, tangiert das Problem des *presentism* jedoch auch die Völkerrechtsgeschichte in ihrer Gesamtheit, deren Historiographie von einem Fortschrittsnarrativ dominiert wird: »The idea of progress is omnipresent in international legal discourse«, so Tilmann Altwicker und Oliver Diggelmann.[145] Die Geringschätzung der Bedeutung spätmittelalterlicher Entdeckungen für die Geschichte des Internationalen Rechts ist als eine Folge dieser Fortschrittsidee zu sehen, die jedoch nur paradigmatisch für eine Perspektive auf die Völkerrechtsgeschichte des Mittelalters in ihrer Gesamtheit steht und, so Martin Kintzinger, dringender Revision bedürfe: »The history of international law in the Middle Ages should no longer be understood as a more or less dark pre-history of modern progress but as an important period of development which substantially helped to instigate modern international law.«[146]

Dass die Völkerrechtsgeschichte vor allem als eine *history of progress* geschrieben wird, hängt nicht zuletzt damit zusammen, dass das Recht eine Schlüsselrolle in westlichen Fortschrittsnarrativen einnimmt.[147] Der Vorstellung einer Europäisierung anderer Zivilisationen, die Annahme, dass das Völkerrecht seinem Ursprung nach europäisch sei und schließlich, im Rahmen von Eroberung und Kolonisation, globale Verbreitung gefunden habe, hat der *global* oder *international turn* eine klare Absage erteilt.[148] Die Sonderrolle, die Europa bisher in der Völkerrechtsgeschichtsforschung spielte, manifestiere sich auch in der Rolle Vitorias, so Rasilla del Moral, dessen Überhöhung die Vorstellung eines europäischen Ursprungs des Völkerrechts im »Spanischen Zeitalter« zementiert habe.[149] Als Folge des Eurozentrismus wurde Außereuropa als Untersuchungs-

144 Eine Übersicht über die Debatte liefert Bühner, Histories Hidden in the Shadow, S. 423–426. Diesem Desiderat begegnet ein Langzeitprojekt am Max-Planck-Institut für Rechtsgeschichte und Rechtstheorie in Frankfurt am Main zur Schule von Salamanca: Transkription und Digitalisierung der Texte der Spätscholastiker sowie die Erstellung eines Wörterbuches werden es in Zukunft ermöglichen, die Ideen eines Francisco de Vitoria mit denen anderer Spätscholastiker in Beziehung zu setzen, siehe Duve et al., The School of Salamanca, S. 1–29.

145 Altwicker/Diggelmann, How is Progress Constructed, S. 427.

146 Kintzinger, From the Late Middle Ages to the Peace of Westphalia, S. 618.

147 Vgl. Altwicker/Diggelmann, How is Progress Constructed, S. 431–432.

148 Vgl. Satori, Intellectual History and Global History, S. 208.

149 Vgl. Rasilla del Moral, International Legal Theory, S. 423 und 428.

raum in der Forschung zur Geschichte des Internationalen Rechts bisher weitgehend ausgeklammert.[150] Die Eroberung der Kanaren und die frühen Entdeckungsfahrten an der afrikanischen Küste gehören als Teil der *African Legal Studies* zu den vielen »blind spots«,[151] die durch den lange währenden Fokus der *History of International Law* auf Europa entstanden sind.[152] Neuere rechtsgeschichtliche Ansätze versuchen deshalb zum Beispiel statt von »Rechtspluralismus« von »Multinormativität« zu sprechen, um mit dem weiter gefassten Begriff der »Normen« auch Phänomene, die sonst als »Nicht-Recht« ausgeschlossen würden, in das Untersuchungsspektrum der Rechtsgeschichte zu integrieren. Unter dem »Stichwort der Informalität« gelingt es so auch bisher kaum beachtete nicht-staatliche Gemeinschaften zum Forschungsgegenstand der Rechtsgeschichte zu erklären.[153]

In der Mediävistik hat diese Wende hin zur Globalgeschichte ähnliche Spuren hinterlassen. In klarer Abgrenzung zur Welt- oder Universalgeschichte (Jürgen Osterhammel, Niels Petersson)[154] geht es der Globalgeschichte um Kontakte und Interaktionen zwischen Zivilisationen, um »lokale oder regionale Kulturkontakte und -verflechtungen, die in ihren globalen Zusammenhängen begriffen werden«.[155] Mit der Abkehr von makrohistorischen Zugriffen hin zur Lokalität hat die Globalgeschichte zugleich ein machbares Forschungsdesign entwickelt, das in der *Global Legal History* als *Glocalization* zu einem methodischen Schlüsselansatz erhoben wurde (Thomas Duve).[156] Die Problematisierung

150 Als das nächstgelegene, imperiale Andere haben sich nun Forschungen mit dem Osmanischen Reich beschäftigt, vgl. Özsu, Formalizing Displacement; Arnulf Becker Lorca zeigt in seiner Monographie, wie nicht-westliche Staaten wie Japan und ihre juristischen Vertreter im 19. Jahrhundert versuchten, mithilfe westlichen Völkerrechts ihre Position als »uncivilized nations« zu verbessern, siehe Becker Lorca, Mestizo International Law. Widerstand Indigener auf dem Rechtsweg gegen Enteignung untersucht der Sammelband »Native Claims«. Bei den so bezeichneten »counter-claims« der Indigenen verschiedener Kontinente stellten die Herausgeber fest, dass sie auf ein eigenes Verständnis von Völkerrecht zurückgriffen, siehe Belmessous, Native Claims.

151 Fassbender/Peters, Prospects and Limits of a Global History of International Law, S. 340.

152 Zollmann, African International Legal Histories, S. 897–914.

153 Vgl. Duve, Rechtsgeschichte als Geschichte von Normativitätswissen?, S. 53 und 56.

154 Siehe u. a. Osterhammel, Weltgeschichte und Gegenwartsdiagnose; ders., Weltgeschichte.

155 Vgl. Borgolte, Mittelalter in der größeren Welt, S. 39.

156 Thomas Duve entwickelte insgesamt vier methodische Zugriffe, die in Forschungsarbeiten am Max-Planck-Institut für Rechtsgeschichte und Rechtstheorie praktisch umgesetzt wurden: *Glocalization*, *Multinormativity*, *Typology* und *Translation*. Vgl. Duve, Global Legal History. A Methodological Approach, S. 12–19; ders., Global Legal History: Setting Europe in Perspective, S. 1–29.

teleologischer und eurozentrischer Geschichtsschreibung ist ebenso Teil der globalgeschichtlichen Wende der Mediävistik.[157] Mit »Die Welten des Mittelalters« hat Michael Borgolte jüngst eine erste Globalgeschichte des Mittelalters vorgelegt, die in der Darstellungsweise von den »Peripherien« her erzählt, wie es auch in dieser Studie der Fall sein wird.[158]

Während man die Geschichte des modernen Völkerrechts in Europa in aller Ausführlichkeit behandle, so Georg Stadtmüller 1951, würde die Darstellung der Antike und des Mittelalters stets mit einigen allgemeinen Bemerkungen auf wenigen Seiten abgetan;[159] ein Zustand, an dem sich bis heute nicht viel geändert hat, so Rasilla del Moral 2014 einleitend in seiner Bibliographie zum mittelalterlichen Völkerrecht. Die *History of Medieval International Law* sei und bleibe eine »exclusive domain of rare specialization and occasional amateurish excurses«.[160] Die tausend Jahre Niemandsland, die sich bei einem Blick vor die Epochengrenze um 1500 auftun, wurden bisher nur von wenigen bearbeitet, darunter von Martin Kintzinger mit Studien zu Themen wie *bellum iustum*,[161] Diplomatie[162] und Herrscherbegegnungen,[163] Heinhard Steiger mit seiner Monographie zum »Zwischen-Mächte-Recht«[164] in der Karolingerzeit und von Martti Koskenniemi, der in einem Kapitel seines monumentalen Werkes »To the Uttermost Parts of the Earth« den Konflikt zwischen dem französischen König Philipp IV. und Papst Bonifaz VIII. und das Werk des Beobachters und Dominikaners Johannes von Paris behandelt.[165] Neben dem weitgehenden Ausschluss dieser Epoche aus dem bisherigen Untersuchungsspektrum der *History of International Law*,[166] stellt sich vor dem Hintergrund des von den kanarischen Forschern postulierten engen Zusammenhangs zwischen der Kanaren-Debatte des 15. und der Amerika-Debatte des 16. Jahrhunderts die Frage, inwieweit eine Epochengrenze um 1500 für den spanischen Kontext überhaupt sinnvoll ist. Bisher als fest angenommen und wenig theoretisiert,[167] hat die

157 Vgl. Borgolte, Über europäische und globale Geschichte des Mittelalters, S. 58; Brauner, Das »globale Mittelalter«; Heng, The Global Middle Ages; König et al., Geschichte der Welt 600–1350.

158 Borgolte, Die Welten des Mittelalters.

159 Vgl. Stadtmüller, Geschichte des Völkerrechts, S. 9.

160 Rasilla del Moral, Medieval International Law.

161 Kintzinger, Bellum iustum, S. 3–30.

162 Kintzinger, Diplomatie als Wissen und Professionalisierung, S. 229–239; ders., Ignorantia diplomatica, S. 13–39; ders., Kontakt und Konflikt, S. 275–297; ders., Voyages et messageries, S. 191–229.

163 Kintzinger, Recht und Macht?, S. 9–26; ders., Rex superior, S. 23–50.

164 Steiger, Die Ordnung der Welt.

165 Vgl. Koskenniemi, To the Uttermost Parts of the Earth, S. 19–116.

166 Vgl. Rasilla del Moral, International Legal Theory, S. 423 und 428.

167 Vgl. Diggelmann, The Periodization of The History of International Law, S. 999.

Zäsur zwischen Mittelalter und »Spanischem Zeitalter« dazu geführt, eher Diskontinuitäten denn Kontinuitäten zwischen den beiden Jahrhunderten hervorzuheben.[168] »The ideas of Vitoria opened the way for a new discipline: the study of the rules that govern the relations among political communities.«[169] Als Anfang einer Disziplinengeschichte des Völkerrechts und damit zugleich Ausgangspunkt der Periodisierung des »idealist intellectual approach«[170] zur Geschichte des internationalen Rechts, markieren die Ideen Vitorias zu Beginn der Frühen Neuzeit traditionell also den Anbeginn von etwas Neuem und Innovativem, den Ursprung des modernen Völkerrechts. Doch was berechtigt dazu, die Geburtsstunde des Völkerrechts ins 16. Jahrhundert zu datieren, wenn wir über die vorausgegangenen Jahrhunderte so gut wie nichts wissen?

Insgesamt erscheinen die Diskussionen um Methoden und Theorien in der Völkerrechtsgeschichte, die sich in vielerlei Hinsicht mit der Wende hin zu einer Globalgeschichte des Mittelalters decken, als Ausdruck eines Bedarfs nach neuen, »alternative histories of international law«,[171] die, ungeachtet der Maßstäbe des modernen Völkerrechts, bisher noch unerforschte Räume und Zeiten erschließen. Bei diesem Unterfangen scheinen vor allem zwei Dinge wichtig zu sein: Zum einen, mit einer konzeptionellen Offenheit – und nicht mit einer zementierten modernen Vorstellung davon, was Völkerrecht und internationale Beziehungen sein sollen –, an deren Geschichte heranzutreten. Zum anderen, völkerrechtliche Phänomene in ihrer Gesamtheit zu erfassen, das heißt, nicht nur auf die abstrakten Ideen und Theorien der Höhenkammliteratur zu schauen, sondern die historische Ereignisfolge bestimmenden, konkreten Praktiken zu untersuchen. Neben den grundsätzlichen Überlegungen des Soziologen Pierre Bourdieu zur Praxeologie hat sich der Historiker Wilhelm Janssen mit dem Verhältnis von Praxis und Theorie in der Völkerrechtsgeschichte auseinandergesetzt. Über diese älteren Studien hinaus hat die Fokusverschiebung hin zu den Praktiken bereits verschiedene neue rechtshistorische Zugriffsmöglichkeiten, wie etwa der Weg Thomas Duves über die Wissensgeschichte, hervorgebracht, aus denen im Folgenden der Grundansatz dieser Studie entwickelt wird.

168 Hierbei handelt es sich um eine Eigenschaft, die für jegliche Epochengrenzen gilt Diggelmann, The Periodization of The History of International Law, S. 1003.

169 Zapatero, Legal Imagination in Vitoria, S. 231.

170 Rasilla del Moral, The Problem of Periodization, S. 11.

171 Kemmerer, Towards a Global History of International Law?, S. 289.

1.3 Theorie, Methode, Material und Aufbau der Arbeit

1.3.1 Das Verhältnis von Praxis und Theorie in der Völkerrechtsgeschichte

Im Rahmen des Algerienkrieges absolvierte der französische Soziologe Pierre Bourdieu (1930–2002) in den 1950er Jahren seinen Militärdienst in der ehemals französischen Kolonie. Aus seinen dortigen Studien zur Lebensweise der Berber-Gesellschaften entstand ein »Entwurf der Theorie der Praxis«, welcher zu den fundamentalen Werken gehört, auf denen die Methodik der Praxeologie[172] fußt. Für Bourdieu ist die Praxis von einer »unausschöpflichen Mannigfaltigkeit«, das eigentlich Faszinierende, vor dem die Theorie wie die Harmonielehre vor der musikalischen Erfindungsgabe erblasse.[173] So fungiere etwa ein rationaler Vertrag als Zeitraffer und verschleiere die eigentliche Dauer der Transaktion, die von verschiedenen unerwähnt bleibenden Praktiken wie beispielsweise dem Geschenkaustausch begleitet werden könne.[174] Dies gilt nach Bourdieu ebenso für die Überführung der Praxis in die Theorie, wie auch für die Rückwirkung letzterer auf die Praxis. Entgegen einem reinen Abspielen einer Partitur wäre die Praxis »geregelte Improvisation«,[175] »das Spiel mit der Regel Teil des Spiels«.[176]

Was Bourdieu hier aus seinem soziologischen Blickwinkel über »Theorie« und »Praxis« schreibt, gilt ebenso für das Verhältnis von »Völkerrechtstheorie« und »Völkerrechtspraxis«. Auch die Ideengeschichte des Völkerrechts lässt nur bedingt Aussagen über die Vielfalt völkerrechtlicher Praktiken zu und hat als *pars pro toto* genommen, so der Historiker Wilhelm Janssen, ein problematisches Geschichtsbild zur Folge.[177] Denn es ist fraglich, ob die Rechtslehre stets Spiegel der Rechtswirklichkeit ist. In Bezug auf die Theorie der Kriegsführung bei Francisco de Vitoria weist Ziegler etwa darauf hin, dass »die Praxis der Eroberung [...] bekanntlich vielfach eine andere« war.[178] Die Theorien der bedeutenden Völkerrechtslehrer des 16. Jahrhunderts, so resümiert Grewe, hätten als rechtsgelehrter Überbau lediglich dazu gedient, die außenpolitische Praxis ihrer

172 Eine gute Definition liefert Thomas Duve: »Praxeologie meint eine häufig wissenschaftssoziologische und zumeist machtanalytische, empirische Arbeitsweise, die der Beschreibung von Praktiken dient. Das Ziel liegt darin, kommunikative und körperliche Praktiken und deren implizite gesellschaftliche Logik – und nicht in erster Linie mentale Prozesse, Theorien oder Ideen – in den Fokus zu nehmen.« Duve, Rechtsgeschichte als Geschichte von Normativitätswissen?, S. 55.

173 Vgl. Bourdieu, Entwurf einer Theorie der Praxis, S. 144.

174 Vgl. ebd., S. 336.

175 Ebd., S. 213–226.

176 Ebd., S. 206.

177 Vgl. Janssen, Die Anfänge des modernen Völkerrechts, S. 458.

178 Ziegler, Völkerrechtliche Aspekte der Eroberung Lateinamerikas, S. 14.

Heimatländer zu legitimieren.[179] Darüber hinaus stellt sich die Frage nach der Anwendbarkeit abstrakter Theorien auf die Praxis. Wer sollte etwa in der Praxis, der scholastischen Theorie vom gerechten Krieg folgend, ein Urteil darüber fällen, welche Kriegspartei für die gerechte Sache kämpfte?[180]

Bereits in der 1944 entstandenen Version seines Standardwerks hat Grewe deshalb darauf hingewiesen, dass nur mit einer Untersuchung von Völkerrecht in Theorie und Praxis gleichermaßen ein Gesamtbild über die Geschichte des internationalen Rechts gewonnen werden kann.[181] Wie auch seine Epocheneinteilung auf der jeweils zu einer Zeit dominanten Macht fußt, konzentriert sich seine Untersuchung völkerrechtlicher Praxis auf die internationalen Beziehungen zwischen Staaten.[182] Völkerrechtspraxis ist in der *History of International Law* in erster Linie Staatspraxis, was auch der im *Oxford Handbook of the History of International Law* veröffentlichte Aufsatz von Anthony Carty deutlich macht, der »international law« als »legally relevant intentions of states« versteht.[183] Darüber hinaus hat sich Martti Koskenniemi für eine Sozialgeschichte des Internationalen Rechts ausgesprochen, die sich mit der »professional practice« von »international lawyers« auseinandersetzen solle. Im Kontext der Hinwendung zum Imperium als Zentrum der Erforschung der Geschichte des Internationalen Rechts in der Neuzeit (u. a. Lauren Benton) hat sich der Begriff der »jurispractice« herausgebildet, der die »flexible arenas of social practice and legal thought« in Kolonialkontexten in den Blick nimmt.[184] Als Vorarbeiten für einen Zugriff auf einen mittelalterlichen Eroberungskontext lassen sich diese Arbeiten leider kaum nutzen. Zu groß sind die Unterschiede zwischen modernem und mittelalterlichem Völkerrecht, zu vielfältig und andersartig die Akteure, die sich nicht nur auf Kaiser und Papst und ein paar weitere souveräne Herrscher innerhalb der lateinischen Christenheit beschränken, wie im Folgenden noch zu sehen sein wird.[185]

Wenn man nun den Versuch unternimmt, das oftmals »relativ beziehungslose Nebeneinander« von Völkerrechtstheorie und Völkerrechtspraxis durch ein, »wenn auch spannungsreiches [...] Ineinander« zu ersetzen,[186] stellt sich die Frage nach dem temporalen Verhältnis von Theorie und Praxis. Dabei gibt es

179 Vgl. Grewe, Epochen der Völkerrechtsgeschichte, S. 269.

180 Vgl. Ziegler, Zum »gerechten Krieg«, S. 184.

181 Vgl. Grewe, Epochen der Völkerrechtsgeschichte, S. 20–21.

182 Vgl. ebd., S. 21.

183 Carty, Doctrine versus State Practice, S. 984.

184 Vgl. Koskenniemi, Why History of International Law Today?, S. 66. Einen solchen biographischen Ansatz hat Koskenniemi selbst in seinem bekanntesten Werk vorgeführt: ders., The Gentle Civilizer of Nations; Benton, Made in Empire, S. 474.

185 Vgl. Ziegler, Zum »gerechten Krieg«, S. 180–181.

186 Janssen, Die Anfänge des modernen Völkerrechts, S. 459.

nach Wilhelm Janssen drei Möglichkeiten, die sich erst bei der Betrachtung von Prozessen längerer Dauer, nicht aber von singulären Ereignissen, erkennen lassen:[187]

(I) Die Theorie kann als Reaktion auf Herausforderungen wie Kontakte und Konflikte der Rechtspraxis nachhinken. Dabei kann sie entweder für die Gegenwart irrelevant geworden sein oder auf die diplomatische und politische Praxis zurückwirken.[188]

(II) Theorie und Praxis können zu einem Zeitpunkt übereinstimmen.[189]

(III) Theorien können als Teil geistiger Strömungen auch unabhängig von historischen Ereignissen auftreten: Entweder als reine »Phantasieübungen« oder als »rechtsgelehrte Spekulation«, die das Bild eines künftigen Völkerrechts vorwegnehmen und so ihre Wirkung in der Zukunft entfalten.[190]

Mit Blick auf das Mittelalter erscheint die Theorie, wenn überhaupt existent, als »Wegbegleiter[in]«[191] einer Praxis, die vorausschreitet und das eigentliche *movens* der Völkerrechtsentwicklung ist. Bei seiner völkerrechtlichen Untersuchung des Hundertjährigen Krieges zeigt Martin Kintzinger beispielsweise, dass die Theorie im Nachgang angewandte Völkerrechtspraktiken induktiv beschrieb und zu einer Norm verdichtete. Überdies wird an diesem Zeitverhältnis deutlich, dass eine Völkerrechtspraxis auch ohne eine Theorie existieren kann, was für weite Teile des Mittelalters gilt: »Wieder ist es die Praxis eines Völkerrechts *avant la lettre*, die folglich keinen definitiven Begriff kennt und auch nicht braucht und ebenso keine Theorie, dafür aber einfach faktisch funktioniert hat.«[192] Damit stellt sich zugleich die Frage, wo eigentlich das Moment der Innovation in der Entwicklung des Völkerrechts liegt. Während aus der Perspektive der Ideengeschichte das Neue und Innovative dem Geist des Theoretikers entspringt, der seinen Geniestreich, allenfalls inspiriert durch die Genialität seiner Vordenker, anschließend für die Nachwelt aufs Papier bringt, schreibt die Praxeologie dem Alltagsvollzug eine durchaus »erfinderische und Maßstäbe setzende Kraft zu«. Demgegenüber erschienen Ideen »vergleichsweise blass, leer und steril«.[193]

187 Vgl. Hueck, The Discipline of the History of International Law, S. 197.
188 Siehe dazu auch Kintzinger, From the Late Middle Ages to the Peace of Westphalia, S. 619.
189 Vgl. Janssen, Die Anfänge des modernen Völkerrechts, S. 456.
190 Siehe dazu auch Hueck, The Discipline of the History of International Law, S. 198.
191 Vgl. Grewe, Vom europäischen zum universellen Völkerrecht, S. 469.
192 Kintzinger, Recht und Macht?, S. 19.
193 Brendecke, Von Postulaten zu Praktiken, S. 19.

»Die Tradition ist schweigsam – schweigt sich vor allem aus über sich als Tradition«,[194] so Bourdieu, der damit auf ein fundamentales Problem bei der Untersuchung von Praktiken hinweist: Wenn die Praxis aus vielen unformulierten und undiskutierten Prinzipien besteht, wie kann sie sich dann dem Historiker offenbaren? In Gemeinschaften stehe praktischem, zumeist implizitem und im Habitus[195] inkorporiertem, nur in den Individuen gespeichertem Wissen – das Selbstverständliche, die Natur der Dinge, die unter normalen Umständen keiner Überführung in eine Regel bedürften – Gedachtes, Formuliertes und Diskutiertes, alles Bestandteile des Universums des möglichen Diskurses, gegenüber.[196] Das Selbstverständliche und Alltägliche, die Praktiken, kämen erst im Zuge einer Erfahrung des Außeralltäglichen, einer Krise ökonomischer oder politischer Natur oder bei einem Kontakt mit einer anderen Kultur zur Sprache:[197] so auch bei der Begegnung zwischen Kanariern und Europäern im ausgehenden Mittelalter, die bisher unhinterfragte Völkerrechtspraktiken zutage förderte, wie in dieser Studie zu sehen sein wird.[198]

»The separation between a history of norms, a history of legal scholarship and a history of practice, but above all, the playing off of one against the other, is not at all a new problem in legal history.«[199] Mit Bourdieu und Janssen wurden hier zwei ältere Reflexionen über das Verhältnis von Theorie und Praxis vorgestellt. Nach der von ihnen angestrebten Fokusverschiebung der Forschung von Theorien hin zu Praktiken, wird in neueren rechtsgeschichtlichen Beiträgen, Studien von Thomas Duve sind hier vorrangig zu nennen, auf die eigentliche Untrennbarkeit von Theorie und Praxis hingewiesen. Ebenso wenig wie es eine Theorie ohne Praxis gebe, sei Praxis ohne ein Mindestmaß an Theorie möglich: »Writing a book is as much a practice as writing a court judgement.«[200] Ebenso

194 Bourdieu, Entwurf einer Theorie der Praxis, S. 330.

195 Ein durch Bourdieu geprägter Fachterminus der Soziologie, unter dem Bourdieu eine bestimmte Handlungs-, Wahrnehmungs- und Denkmatrix, die durch Sozialisation einem jeden Individuum eingegeben und durch das Vergessen der eigenen Geschichte ins Unbewusste entrückt ist, versteht. Siehe u. a. ebd., S. 170–178. Hier verstanden als »Verhaltens-Stil«, der das Ergebnis einer kulturellen Prägung ist: »Er ist begründet, in der sozialen Lage, dem kulturellen Milieu und der Biographie eines Individuums. Als eine Art sozialer Grammatik ist der Habitus in die Körper und Verhaltensweisen des Einzelnen eingeschrieben.« Liebsch, Identität und Habitus, S. 73. In neueren Reflexionen über die Bedeutung der Praxis wird der Habitus-Begriff mittlerweile kritisch gesehen. Vgl. dazu Adler, World Ordering, S. 110.

196 Vgl. Bourdieu, Entwurf einer Theorie der Praxis, S. 203, 332 und 362.

197 Vgl. ebd., S. 333.

198 Vgl. Abulafia, Neolithic meets Medieval, S. 291–314.

199 Duve, What is global legal history?, S. 106–107.

200 Ebd., S. 107.

hat etwa Lauren Benton, die sich auch für einen Verzicht auf diese Unterscheidung ausspricht, festgestellt: »All theory under close examination, turns out to have been a form of practice«.[201] Duve spricht bezüglich der Abgrenzung von Praxis und Theorie von einer »reduktionistische[n] und dysfunktionale[n] Entgegensetzung«[202] und versteht angelehnt an Emanuel Adler auch »epistemic communities as communities of practice«.[203] In seinem wissensgeschichtlichen Zugriff erklärt Duve somit auch die ideengeschichtlichen Gipfelstürmer der Schule von Salamanca gleichermaßen zu Praktikern wie Theoretikern.[204]

Die von Duve zurecht betonte Unschärfe der Trennung von Theorie und Praxis manifestiert sich in dieser Studie bereits bei der Auswahl und Einordnung der Quellen. So bezog der kastilische Hofchronist Alonso de Palencia (1424–1492) beispielsweise in seiner Chronik Stellung zu den Rechtsansprüchen der Portugiesen und Kastilier auf den Archipel und könnte somit, wie Francisco de Vitoria, in die Reihe der Theoretiker eingeordnet werden (siehe Abschnitt 7.2). Zugleich liefert er aber auch Berichte über die Ereignisgeschichte, die Eroberungspraxis. Der in dieser Studie unternommene Versuch einer gleichgewichtigen Analyse von Völkerrechtstheorien und Völkerrechtspraktiken und ihrer wechselseitigen Beeinflussung dient folglich auch dazu, die Grenzen einer solchen Unterscheidung zutage treten zu lassen. So kann am Ende dieser Studie sowohl eine Neukonturierung als auch eine Verabschiedung der kategorischen Unterteilung von Theorie und Praxis stehen.

201 Fitzmaurice, Context in the History of International Law, S. 20.

202 Duve, Rechtsgeschichte als Geschichte von Normativitätswissen?, S. 60–61. Für Duve ist »Wissen« die zentrale Kategorie, vgl. ders., Legal History as an Observation of Historical Regimes of Normativity, S. 2 und ders., Legal History as a History of the Translation of Knowledge of Normativity, S. 4.

203 Vgl. Adler, World Ordering, S. 298–299.

204 Vgl. Duve, The School of Salamanca, S. 5. Siehe hierzu auch Scattola, Krieg des Wissens – Wissen des Krieges, S. 54. Scattola verweist auf die verschiedenen politischen Funktionen, die die Schüler Vitorias neben ihren Universitätsprofessuren innehatten. Darin sieht er eine Verbindung von politischem Wissen und praktischem Handeln der Gelehrten als öffentliche und private Berater. Darüber hinaus versteht er die Theologie als praktische Disziplin. Obwohl er diese Vermengungen sieht, erklärt Scattola die Differenz zwischen Wissen und Praxis aber auch nicht für gänzlich hinfällig. Dies zeigt sich insbesondere an folgender Aussage: »Eine praktische Disziplin ist daher ein Mittelding, das einen gewissen Anspruch in sich trägt, weil sie über Gegenstände lehren will, über die kein wahrer Unterricht möglich ist.« Ebd., S. 71.

1.3.2 Überlieferungsmaterial, Entwicklung und Stand der Forschung

Mit einer Analyse sowohl der indigenen als auch der europäischen Völkerrechtspraktiken und Völkerrechtstheorien bei der Eroberung der Kanarischen Inseln im Spätmittelalter beabsichtigt die vorliegende Untersuchung, eine Brücke zwischen der Forschung zur kanarischen Geschichte und der internationalrechtlichen Forschung zu schlagen und damit einen fundamentalen »blind spot« in der *History of International Law* zu beleuchten. Mit einem globalgeschichtlichen Ansatz fragt sie nicht nur danach, was die europäische Expansion für die »kontinentalen« oder »nationalen« Rechtsordnungen in Europa bedeutete,[205] sondern geht einen Schritt weiter, indem sie darüber hinaus die Begegnung von europäischen und indigenen Normativitäts- und Rechtsvorstellungen untersucht. Während bei der Betrachtung der Völkerrechtstheorie im zweiten großen Abschnitt der Arbeit auf die genannten Einzelstudien (siehe Abschnitt 1.2) zurückgegriffen werden kann, wird mit Blick auf die Völkerrechtspraktiken bei der Eroberung im ersten Teil der Arbeit Neuland betreten. Dies gilt insbesondere für das erste Kapitel, welches versucht, sich dem Völkerrechtsverständnis und den Völkerrechtspraktiken einer außereuropäischen Kultur anzunähern. Damit verlässt die Arbeit die etablierten Narrative der *History of International Law* und zielt darauf, eine andere Geschichte des internationalen Rechts und der internationalen Beziehungen zu schreiben, die indigene Völker nicht nur als Eroberte begreift: nicht als passive Opfer, ohnmächtig in Anbetracht europäischer Übermacht, sondern als Akteure, die Anteil an der Entwicklung des modernen Völkerrechts hatten.

Für dieses Unterfangen einer Gesamtschau über Völkerrechtspraxis und -theorie in der *longue durée* von der Mitte des 14. Jahrhunderts bis ins 16. Jahrhundert hinein wird ein Quellenkorpus herangezogen, das über klassisch rechtswissenschaftliche Quellen hinausgeht. Zwar hat schon Wilhelm Janssen darauf hingewiesen, dass die Bearbeitung des Quellenmaterials für eine Völkerrechtsgeschichte der Theorien und Praktiken eine Aufgabe sei, vor der der Einzelne kapitulieren müsse.[206] Doch auch hier liefert die kanarische Forschung mit edierten Quellensammlungen eine gute Übersicht und erleichtert den Zugang zum Material.

Während das monumentale Quellenwerk der Völkerrechtsgeschichte, die *Fontes Historiae Iuris Gentium* von Wilhelm Grewe, nur wenige kanarische Quellen unter dem Abschnitt »Päpstliche Übertragung überseeischer Gebiete an Portugiesen und Spanier«[207] versammelt, ist die Zahl an königlichen

205 Vgl. Duve, Global Legal History. A Methodological Approach, S. 3.

206 Vgl. Janssen, Die Anfänge des modernen Völkerrechts, S. 458.

207 Vgl. Grewe (Hg.), Fontes Historiae Iuris Gentium, Bd. 1, S. 631–649. Wenige weitere ins Deutsche übersetzte Dokumente finden sich bei Verlinden/Schmitt (Hg.), Die mittelalterlichen Ursprünge der europäischen Expansion.

Erlassen, päpstlichen Bullen, Traktaten und Chroniken zur Eroberung der Kanaren groß. Im Vergleich zum Diskurs um die Rechtmäßigkeit der Eroberung Amerikas verfügen wir bezüglich der Kanaren für das 15. Jahrhundert aber weniger über gelehrte oder missionarische Literatur. Ausnahmen bilden die *Información* oder *Pesquisa* des Esteban Pérez de Cabitos, die *Allegationes* Alonso de Cartagenas und die Stellungnahmen der italienischen Gelehrten Antonio Roselli und Antonio Menucci da Pratoveccio, die in den *Monumenta Henricina* ediert sind. »But, to some extent [...] this deficiency can be supplied from two sources: papal or royal documents – which are plentiful especially for the pontificate of Eugenius IV and the reign of Ferdinand and Isabella.«[208] Bezüglich der päpstlichen Bullen und Briefe zum Thema wurde auf die reich vorhandenen gedruckten Quellen zurückgegriffen. 77 der wichtigsten päpstlichen Dokumente, die Bezug auf die Kanaren nehmen, ihren Archivstandort und die vorhandenen Editionen dokumentiert Rumeu de Armas in seiner »Colección de bulas y letras« für die Jahre 1403–1450.[209] Königliche Erlasse finden sich als Transkriptionen im Anhang verschiedener Monographien.[210] Eine Übersicht in Form von Regesten über die Dokumente des *Registro del Sello de Corte* im *Archivo General de Simancas*, bei denen es sich hauptsächlich um Rechtsquellen handelt, die unter die Befugnis des *Consejo Real* und der *Cámara de Castilla* fallen, hat Eduardo Aznar Vallejo zusammengestellt.[211]

Die vorgestellten älteren Forschungsarbeiten zu völkerrechtlichen Aspekten der Eroberung der Kanarischen Inseln fußen vor allem auf dem Studium dieser königlichen und päpstlichen Dokumente. Die zahlreichen erzählenden historiographischen Quellen[212] zur *Conquista* fanden dagegen bisher wenig Beachtung und stehen deshalb im Fokus dieser Studie. Diese lassen sich vornehmlich in drei

208 Fernández-Armesto, Before Columbus, S. 234.

209 Rumeu de Armas, Colección de bulas y letras, S. 109–134.

210 Z. B. als Anhänge der Gesamtdarstellungen der Eroberungen der großen Inseln Gran Canaria und Teneriffa: Rumeu de Armas, La conquista de Tenerife; Lobo Cabrera, La conquista de Gran Canaria; Rumeu de Armas, España en el África Atlántica, Bd. II. Die Erlasse *(reales cédulas)* werden zum Teil von den Königen direkt ausgestellt, zum Teil vom Kronrat *(Consejo Real)*, der aber spätestens ab 1482 unter den Katholischen Königen jegliche Unabhängigkeit verlor und dessen Befugnisse von den mächtigen Sekretären des Königs streitig gemacht wurden. Vgl. Pérez, Ferdinand und Isabelle, S. 129–130.

211 Aznar Vallejo (Hg.), Documentos Canarios en el Registro del Sello.

212 Zu dieser Gruppe gehören Quellenarten wie »Crónicas«, »Relaciones«, »Historias«, »Historias religiosas« und »Producción literaria«. Für diese exemplarische Quelleneinteilung siehe Baucells Mesa, Las fuentes narrativas Canarias, S. 9–34. Auf den Charakter der einzelnen Dokumente und ihre historische Bezeichnung wird bei der Vorstellung der einzelnen Quellen genauer eingegangen (siehe Abschnitt 1.4).

Kategorien einteilen: (1) Texte, die sich direkt mit der Eroberung des gesamten Archipels oder einzelner Inseln befassen, wie etwa *Le Canarien* oder die *Historia de la conquista de la Gran Canaria* von Pedro Gomez de Escudero;[213] (2) Werke über die Herrschaft der kastilischen und der Katholischen Könige, wie Lorenzo Galíndez de Carvajals *Crónica de Enrique IV* oder Diego de Valeras *Crónica de los Reyes Católicos*,[214] und (3) Berichte über Reisen nach Indien und Westindien, die die Kanarischen Inseln mitbehandeln, wie etwa Francisco López de Gómaras *Historia General de las Indias* oder die *Crónica dos Feitos da Guiné* des Gomes Eanes de Zurara.[215] Neben den Verzeichnissen dieser historiographischen Werke über die Kanaren hat Alberto Quartapelle mit seiner Arbeit *Cuatrocientos años de Crónicas de las Islas Canarias*[216] 2015 erstmals eine Quellentranskription vorgelegt, durch die sich ein erster Eindruck von den Dokumenten aus vier Jahrhunderten kanarischer Geschichte gewinnen lässt.[217] Die Analyse der Chroniken gewährt vor allem Einblick in die Praktiken der Konquistadoren und Indigenen bei der Eroberung der Kanaren und ist deshalb von besonderem Interesse. Im Anschluss an die Kapitelübersicht werden sowohl die erzählenden Quellen als auch die Traktate zur kanarischen Frage und ihre Verfasser genauer eingeordnet.

Die im Kapitel zu den Rechtspraktiken bei der Begegnung zwischen Konquistadoren und Indigenen untersuchten Pakte (Kapitel 3) wurden aus den erzählenden Quellen extrahiert und im Anhang dieser Studie zusammengestellt und ins Deutsche übersetzt. Der einzige noch als einzelnes Dokument in Kopie erhaltene Vertrag, die im *Archivo Histórico Provincial de Santa Cruz de Tenerife* befindliche *Acta de Bufadero*, wurde darüber hinaus im Anhang erstmals kritisch ediert.

Obschon nicht Hauptgegenstand der Studie, dient die genaue Untersuchung der kanarischen Zusammenhänge auch dazu, den Gelehrtendiskurs der Schule von Salamanca aus einer neuen Perspektive zu betrachten. Neben der Eroberung der Kanaren ließe sich auch der Modellcharakter der »*Reconquista*«,[218] der Rückeroberung der Iberischen Halbinsel (711–1492), untersuchen, denn auch

213 Cebrián Latasa, Apuntes para un catálogo, S. 109–151; Eff-Darwich Peña, Bibliotheca de autores que han escrito de Canarias, S. 390–481. Eine der ältesten Quellenverzeichnisse stammt darüber hinaus von dem bekannten spanischen Universalgelehrten und Kanarenforscher José Viera y Clavijo (1731–1813), der vielen heutigen kanarischen Historikern noch als autoritatives Referenzwerk gilt: Viera y Clavijo, Biblioteca de los autores Canarios, S. 514–592.

214 Serra Ràfols, Canarias en las »Crónicas de Castilla«, S. 39–46.

215 Zurara, La Crónica de Guinea; Morales Padrón, Canarias en los cronistas de Indias, S. 179–234.

216 Quartapelle, Cuatrocientos años de Crónicas de las Islas Canarias.

217 Wertvolle Hinweise auf neue Editionen finden sich darüber hinaus bei Baucells Mesa, Las fuentes narrativas Canarias, S. 9–34.

218 Der Begriff bleibt insbesondere vor dem Hintergrund seiner Instrumentalisierung im Spanischen Bürgerkrieg problematisch, aber in der deutschen Forschung bisher alternativlos. Vgl. Jaspert, Die Reconquista, S. 14–17.

das Verhältnis zwischen Muslimen und Christen fungiert in den Völkerrechtsdiskussionen der Schule von Salamanca stets als Vergleichsfolie. So argumentierte Francisco de Vitoria, dass den Indigenen der Neuen Welt keinesfalls weniger Rechte zuständen als anderen Ungläubigen, vor allem nicht, da sie *infideles* seien, also schuldlos gegenüber den Christen und aufgrund von Unkenntnis nicht der katholischen Glaubensgemeinschaft angehörig.[219]

Darüber hinaus wurde sowohl während der kanarischen als auch bei der amerikanischen Expansion auf die Praktiken der *Reconquista* zurückgegriffen. In der Inszenierung der Unterwerfung der Indigenen des amerikanischen Kontinents als »Glaubenskampf« zeigt sich beispielsweise ein Fortleben der »mittelalterlichen Expansionsrhetorik«, so Nikolas Jaspert: »Dies ging sogar so weit, dass unmittelbare Parallelen zwischen der indigenen Bevölkerung Südamerikas und Muslimen gebildet wurden, so etwa durch die Bezeichnung ihrer Tempel als Moscheen.«[220] Auch die Verwendung des Schlachtrufs »Santiago«, der »Maurentöter«, im lateinamerikanischen Kontext mache die Parallelisierung zwischen der *Reconquista* und der *Conquista* Mittel- und Südamerikas deutlich. Gleiches gilt für die Kanarischen Inseln, deren heidnische Bevölkerung ebenfalls in einigen Quellen zu »Sarazenen«[221] erklärt und deren Eroberungen auf gleiche Weise beendet werden: So rufen Alonso de Lugo und seine Männer beim Sieg über die *Guanchen* Teneriffas: *¡Santiago! ¡Santiago!*[222]

Überdies, so Jaspert, ließen sich auf der Ebene der Akteure viele Bezüge zwischen der *Reconquista* und der *Conquista* Lateinamerikas feststellen. Denn der kriegerische Adel hätte mit Beendigung der Rückeroberung 1492 ein wesentliches Betätigungsfeld verloren. So hätten viele der Konquistadoren Lateinamerikas auf ihre Erfahrungen im Kampf gegen das Nasridenreich zurückgreifen können. Solche Verbindungen lassen sich ebenso zwischen den europäischen Hauptakteuren der Eroberung der Kanaren und der *Reconquista* knüpfen: Pedro de Vera, der 1480 zum Gouverneur von Gran Canaria ernannt worden war, kämpfte dort gegen die *Canarios*, kehrte nach Spanien zurück und zog gegen das Königreich Granada zu Felde und segelte anschließend, 1485, wieder zum Archipel. Als *capitán* führte er dann wiederum Truppen in den zwei großen königlichen Kampagnen 1486 und 1487 gegen Granada an.[223]

219 Vgl. Valenzuela-Vermehren, Empire, Sovereignty, and Justice, S. 279.

220 Jaspert, Die Reconquista, S. 14–17.

221 Le Canarien, B5r, S. 164.

222 Libro de la conquista de la ysla de Gran Canaria y de las demas yslas (Ovetense), S. 170. Der Schlachtruf findet darüber hinaus auch im afrikanischen Kontext Anwendung, siehe zu den Afrikafahrten der Portugiesen um 1450: Zurara, La Crónica de Guinea, S. 143.

223 Vgl. Ladero Quesada, El gobernador Pedro de Vera, S. 105–116; Quellenbeleg u. a.: Abreu Galindo (2021), Historia de la conquista de las siete Islas de Canarias, S. 195 und 208.

Obwohl also auch die *Reconquista* in vielen Facetten wie den Legitimationsstrategien zur Rückeroberung, Diplomatie, Bündnissen und Friedensverträgen ein Modell, vielleicht auch das maßgebliche Modell für die im kanarischen und lateinamerikanischen Raum angewandten Rechtspraktiken und Rechtstheorien bildete, so ist ein umfassender Vergleich zwischen allen drei Kontexten, dem iberischen, dem kanarischen und dem amerikanischen, im Folgenden nicht angestrebt.[224] Mit Konzentration auf den kanarischen Eroberungskontext, der vielleicht nicht nur Modell, sondern Motor völkerrechtlicher Entwicklung war, können Bezüge zur *Reconquista* hier nur in Ansätzen hergestellt werden.

Simon Karstens hat außerdem darauf hingewiesen, dass Fernández-Armestos überzeugende These vom Modellcharakter der Kanaren für die transatlantische Expansion um die Wirkung der in der Renaissance zentralen antiken Topoi und Deutungstraditionen ergänzt werden müsse.[225] In der *History of International Law* und darüber hinaus sind diese Zusammenhänge aufgrund der Popularität des ideengeschichtlichen Zugriffs jedoch bereits ausgiebig erforscht.[226]

1.3.3 Aufbau der Studie

Die Studie analysiert die Völkerrechtsgeschichte der Eroberung des kanarischen Archipels systematisch, nicht chronologisch. Der einleitende Überblick über die Wiederentdeckung und Eroberung der Kanaren diente deshalb der Orientierung und soll das Verständnis der in den Hauptkapiteln zu diskutierenden Fragestellungen erleichtern (siehe Abschnitt 1.1). Während Praxis und Theorie den theoretischen Überbau der Studie bilden und sie in zwei größere Abschnitte gliedern, stehen weitere theoretische und methodische Zugänge am Anfang der jeweiligen Hauptkapitel. Eine Einführung in die Methodendebatten der *History of International Law* wurde bereits gegeben (siehe Abschnitt 1.2).

Das erste inhaltliche Kapitel dieser Studie, Kapitel 2, untersucht, inwieweit man von kanarischen Völkern im Plural und regelhaften internationalen Beziehungen zwischen ihnen sprechen kann. Einer Identifizierung der völkerrechtlichen Akteure im Eroberungskontext und einer Diskussion der Konzepte »Staat« und »Stamm« folgt in einem ersten Teil des Kapitels die Vorstellung des Analyseschemas Wolfgang Preisers, wann von völkerrechtlichen Einzelerschei-

224 Als weiteren Vergleichshorizont hat Andrew Devereux auf die Parallelen zwischen dem imperialen Ausgreifen Spaniens in den Mittelmeerraum und den Atlantik verwiesen. Vgl. Devereux, The Other Side of Empire, S. 3 und 126.

225 Vgl. Karstens, Gescheiterte Kolonien, S. 46.

226 Siehe z. B. Brett, The Justification of Slavery; Eggensperger, Der Einfluss des Thomas von Aquin; Janssen, Die Theorie des gerechten Krieges, S. 205–244; Pietschmann, Aristotelischer Humanismus und Inhumanität?, S. 143–166; Fernández-Santamaria, The State, War and Peace.

nungen oder sogar von einer vollständigen völkerrechtlichen Ordnung in Außereuropa gesprochen werden kann (Abschnitt 2.1). Preisers Schema wird dann auf den kanarischen Fall angewandt und in einem nächsten Schritt (Abschnitt 2.2) die Herkunft der Indigenen und die Besiedlung der Inseln, ihre Sprache, ihre Ernährung, ihre religiösen Kulte, die Sozialstruktur der Stammesgruppen und insbesondere die Regeln und Tabus ihres Zusammenlebens in den Blick genommen. Anhand der Chronik *Le Canarien*, die nicht nur die erste atlantische Chronik, sondern vielleicht auch das früheste Beispiel pragmatischer normativer Literatur in Übersee ist, werden die immensen kulturellen Unterschiede zwischen Invasoren und Insulanern aufgezeigt. Abschnitt 2.3 untersucht die politische Ordnung auf den Inseln sowie die Beziehungen der Stammesgruppen in Kriegs- und Friedenszeiten. Daran schließt sich die Frage nach Verbindungen, Pakten, Allianzen und Heiratsbeziehungen zwischen den Inseln und sogar über den Archipel hinaus an (Abschnitt 2.4). Am Beispiel der legendären Liebesgeschichte zwischen Hernán Peraza und der Gomeranerin Iballa wird schließlich deutlich, dass bei der Eroberung der Kanaren keinesfalls eine europäische internationale Rechtsordnung auf Völker ohne Recht und Gesetz traf, sondern es sich um eine Begegnung von ganz unterschiedlichen, kulturell geprägten Rechts- und Normativitätsvorstellungen handelte, die zu schweren Interpretationsfehlern führen konnte (Abschnitt 2.5).

Kapitel 3 dieser Studie beschäftigt sich mit den völkerrechtlichen Praktiken bei der Eroberung des Archipels unter besonderer Berücksichtigung der geschlossenen Verträge. Ein erster Teil (Abschnitt 3.1) untersucht nach welchen Regeln Invasoren und Insulaner in Kriegs- und Friedenszeiten (*frontera* und *middle ground*) interagierten. Anschließend werden die zwischen Indigenen und Konquistadoren geschlossenen Pakte auf die Vertragsparteien, ihren Inhalt, ihre Verbindlichkeit und die verwendete Terminologie hin analysiert (Abschnitt 3.2). Auch die beschriebenen symbolischen Akte der Ehrerbietung vonseiten der Indigenen, wie Kniefall und Handkuss, und der Inbesitznahme vonseiten der Konquistadoren werden untersucht, um anschließend die entscheidende Frage nach der Funktion der Verträge zu stellen (Abschnitt 3.3). Aus der Feder der Erobernden geflossen erzeugten die Pakte eine Rechtsfiktion, erklärten die Indigenen zu Vasallen und deuteten damit den außenpolitischen Eroberungskrieg in einen innenpolitischen Konflikt um, bei dem den indigenen Verteidigern der Status von Aufständischen zugeschrieben wurde. Damit fungierten die Verträge zugleich als Herrschafts- und Rechtfertigungsinstrumente. Zum Abschluss des Abschnitts wird das Verhältnis der kanarischen Vasallenverträge zu dem im lateinamerikanischen Kontext verlesenen *Requerimiento* diskutiert. Die Vertragstexte mit deutscher Übersetzung sind im Anhang dieser Studie einzusehen.

Kapitel 4 widmet sich den indigenen Akteuren, ihrer Bedeutung als Übersetzer, Vermittler und Gesandte für den Verlauf der Eroberung und das Schicksal ihrer Völker. In einem ersten Teil wird ein Panorama indigener Nebenrollen gezeichnet sowie nach der Funktion der Erwähnung Indigener in europäischen Quellen und ihrer Überlieferungschance gefragt (Abschnitt 4.1). Die Terminologie, die Bezeichnungen für die Übersetzer wie *intérprete*, *trujáman*, *faraute*, *adalid* und *lengua* und ihre daraus abzuleitende Funktion ist Gegenstand des zweiten Abschnitts des Kapitels (Abschnitt 4.2). Abschnitt 4.3 beschäftigt sich mit der Frage, wie die indigenen hybriden Akteure zu ihren Rollen als Übersetzer kamen, ob sie zufällig ihre Zweisprachigkeit erlangten oder gezielt rekrutiert und ausgebildet wurden. Der nächste Teil des Kapitels zeigt anhand von fünf Indigenen – Don Fernando Guanarteme, Isabel und Alfonso und Tibabin und Tamonante –, dass die hybriden Akteure zumeist mehrere Funktionen erfüllten und sich ihre Aufgabe als Übersetzer nicht nur auf die Translation beschränkte (Abschnitt 4.4). Das Beispiel der Francisca de Gazmira verdeutlicht abschließend, dass die Indigenen nicht nur von den Konquistadoren für deren Interessen instrumentalisiert wurden, sondern auch eigene Handlungsziele verfolgen konnten und die Spielregeln der europäischen internationalen Politik für ihre Ziele zu nutzen verstanden (Abschnitt 4.5).

Mit Kapitel 5 wechselt dann die Perspektive von den Praktiken und der Begegnung zwischen Invasoren und Indigenen auf den Kanarischen Inseln hin zu den Vorstellungen und Theorien der Europäer von der Lebensweise und Kultur der kanarischen Völker und der gezielten Instrumentalisierung dieser Bilder vom Anderen für die Rechtfertigung ihrer Unterwerfung. Der erste Teil des Kapitels (Abschnitt 5.1) fragt zunächst allgemein nach der Funktion der Darstellung des Anderen und dem Verhältnis von Imagination und Realität, Vorwissen und Erfahrungswissen im Spiegel der Quellen. Im Anschluss (Abschnitt 5.2) wird das Heiden- und Barbarenbild in den europäischen Quellen untersucht. Statt eine Schuldlosigkeit der Indigenen an ihrer Unkenntnis der christlichen Heilsbotschaft zu betonen, inszenierten die Konquistadoren sie als Apostaten oder dem Islam Zugehörige. Das Fehlen von Schriftlichkeit, knappe Bekleidung, verwerfliche Sexualpraktiken und eine tyrannische Herrschaft, die sich in der Ausübung des Herrenrechts der kanarischen Stammesfürsten zeige, waren die wichtigsten Elemente des Barbarenbildes, welches die Konquistadoren von den Kanariern zeichneten. Als neuer Typus des Barbaren begegnet in den Quellen der *rusticus*, mit dem die Invasoren Vorstellungen von der Rohheit der europäischen Landbevölkerung auf die Kanarier projizierten. Abschnitt 5.3 diskutiert abschließend eine These James Sweets, der zufolge die Kanarier aufgrund ihrer dunklen Hautfarbe versklavt worden seien und der Umgang mit ihnen als Vorbild für die Behandlung der Indigenen der Neuen Welt fungiert habe. Obschon die Ursprünge rassistisch begründeter Sklaverei mit Blick auf die westafrikanische

Küste ins 15. Jahrhundert zu verorten sind, wurde die Versklavung der Kanarier jedoch noch mit der traditionellen *bellum iustum* Theorie begründet.

Kapitel 6 beschäftigt sich mit den Legitimationsstrategien der rivalisierenden Eroberungsmächte Portugal und Kastilien und nimmt die erste Etappe ihrer Auseinandersetzung (1339–1479) in den Blick. Dabei geht es vor allem um die Frage, wie die Expansionsmächte den indigenen Völkern ihre Herrschaftsrechte absprachen. Ein erster Teil stellt drei zentrale Termini dieses Diskurses vor: *dominium*, *superioritas* und *bellum iustum*, wobei hier nur die spezifische Form eines Krieges zwischen Christen und Nichtchristen beleuchtet wird (Abschnitt 6.1). Abschnitt 6.2 beschäftigt sich mit traditionellen Strategien, wie der Inszenierung der Eroberung der Kanaren als Kreuzzug, die zu ihrer Legitimation herangezogen wurden. In diesem Kontext wird auch die Rolle des Papstes und die »doctrina omni-insular« Luis Weckmanns thematisiert. Die aus dem geographischen Wissen gespeisten neuen Rechtfertigungsstrategien beleuchtet der nächste Abschnitt und verfolgt das Argument der *vicinitas* von der Belehnung Luis de la Cerdas bis zu den *Allegationes* Alonso de Cartagenas (Abschnitt 6.3). Abschließend wird untersucht, inwieweit die Argumente Cartagenas in der *Pesquisa* des Esteban Pérez de Cabitos und im Kontext der Entdeckung Amerikas rezipiert wurden (Abschnitt 6.4).

Kapitel 7 untersucht schließlich die kritischen Stimmen zur Eroberung, den Beitrag der Indigenen zu diesem Diskurs und die Verbindungen zwischen der kanarischen Frage und der Schule von Salamanca. Abschnitt 7.1 stellt zunächst einige Ursprungsnarrative in der Geschichte des Völkerrechts vor, von denen sich diese Studie abgrenzt. Denn hier geht es nicht um die Suche nach der Wiege des Internationalen Rechts, sondern um eine Kontextualisierung der kanarischen Frage, die in der Beschäftigung mit den Lehren Innozenz' IV. und des Hostiensis sowie des Paulus Vladimiri in diesem Abschnitt eine erste Einordnung erfährt. Der nächste Teil analysiert die *consilia* der päpstlichen Berater Antonio Roselli und Antonio Menucci da Pratovecchio sowie eine Passage aus der Chronik Alonso de Palencias, die die Frage nach der Legitimität indigener Herrschaft, nach der Gerechtigkeit des Eroberungskrieges und der Rechtmäßigkeit der Versklavung der indigenen Bevölkerung aufwarfen (Abschnitt 7.2). Der nächste Abschnitt untersucht die Position Bartolomé de las Casas' zur kanarischen Frage, in dessen Person der Zusammenhang zwischen den Debatten des 15. und 16. Jahrhunderts offenkundig wird (Abschnitt 7.3). Zum Abschluss behandelt der Abschnitt den Beitrag der Indigenen zur Entwicklung des Völkerrechts und beleuchtet das Verhältnis der kanarischen Frage zur Schule von Salamanca, die jeweils als eigenständige Phänomene betrachtet werden sollten.

Einige letzte Hinweise seien noch gegeben, bevor wir uns zur Entdeckung Neuer Welten aufmachen. Auch wenn hier stets von »Völkerrecht« gesprochen wird ist dies, ebenso wie »Internationale Beziehungen«, in Bezug auf das

Mittelalter ein klassisches Phänomen *avant la lettre*.[227] Keine Quellenbegriffe, werden die Termini hier erst einmal rein als Arbeits- und Analysebegriffe genutzt. Wo der juristisch ausgebildete Rechtshistoriker vielleicht den Begriff des »Völkerrechts« genauer von dem des »Internationalen Rechts« trennen würde, werden sie hier synonym verwendet, was mich zu meiner letzten Anmerkung bringt. Die Studie ist ein interdisziplinäres Unterfangen. Die *History of International Law* ist ein Forschungsfeld, das von historisch wie juristisch ausgebildeten Rechtshistorikern bedient wird, zwischen denen oftmals eine stärkere Kommunikation wünschenswert wäre,[228] um die – so Wilhelm Janssen – einseitigen Perspektiven beider Fachrichtungen stärker zu einem Gesamtbild zusammenzufügen. Denn der Jurist könne ebenso in die Irre geführt werden wie der Historiker.[229] Wo sich der Historiker größerer Unbefangenheit von rechtswissenschaftlichen Denkschemata erfreue und damit unbelastet, aber zugleich auch nicht mit demselben scharfen Auge an rechtsgeschichtliche Probleme herantrete, könne der Jurist ebenso bei einem »allzu bereitwillige[n] Operieren mit unangemessenen modernen Rechtstermini« bei der historischen Interpretation fehlschlagen. Nichtsdestotrotz, stellt Janssen fest, könne es gelegentlich auch nicht schaden, wenn sich mal ein »›reiner‹ Historiker«, oder in diesem Fall eine reine Historikerin, mit rechtsgeschichtlichen Fragen auseinandersetze.[230]

227 Vgl. Kintzinger, From the Late Middle Ages to the Peace of Westphalia, S. 608.

228 Um hier nur zwei eindrückliche Beispiele zu nennen: Martti Koskenniemi analysiert mittelalterliche Quellen in seinem Aufsatz: Law of Nations and the »Conflict of Faculties«, S. 4–28. Diese wurden aber bereits in zahlreichen Arbeiten zur Völkerrechtsgeschichte des Mittelalters von Martin Kintzinger behandelt, der jedoch in den Fußnoten nicht vorkommt. Darüber hinaus fehlen die Arbeiten von Martin Kintzinger in der Oxford Bibliography von Ignacio de la Rasilla del Moral zum Medieval International Law. Vgl. Rasilla del Moral, Medieval International Law.

229 Die Gegenüberstellung von Historikern und juristisch ausgebildeten Rechtshistorikern wird selbstredend der Vielfalt des Feldes nicht gerecht und soll hier nur sehr vereinfacht auf Grundtendenzen verweisen. Randall Lesaffer unterscheidet demgegenüber etwa zwischen »international lawyers« und »legal historians« und stellt für Erstere fest: »On the whole, the interest displayed by international lawyers in their history is functional and is dictated by current needs. It is rarely born out of curiosity about the past itself.« Lesaffer, International Law and its history, S. 29. Doch gibt es nicht zuletzt seit dem *historical turn* in der *History of International Law* auch »Historiker« in der Bandbreite des Feldes, wenn man diese Fächerzuschreibung anhand des historischen Interesses und der Offenheit für Kontextualisierung bemisst. Verfechterinnen eines »full scale contextualism« sind etwa Lauren Benton und Jennifer Pitts, wohingegen Martti Koskenniemi und insbesondere Anne Orford Gegenwartsbezüge und damit auch Anachronismen nicht für verwerflich, sondern für fundamental halten. Vgl. Fitzmaurice, Context in the History of International Law, S. 5–30.

230 Vgl. Janssen, Die Anfänge des modernen Völkerrechts, S. 451.

Der vor allem an ethnographischen Aspekten interessierte Sergio Baucells Mesa hat den Versuch unternommen, die erzählenden Quellen zur Eroberung der Kanaren zu kategorisieren und unterscheidet dabei zunächst zwischen historischen Zeugnissen (»fuentes históricas«) und Historiographie (»historiografía«).[231] Damit verweist Baucells Mesa auf einen wichtigen Aspekt für die Quelleninterpretation, bei der die Spanne zwischen Berichtzeit und Ereignis (»contemporaneidad de los textos con los hechos«) berücksichtigt werden muss.[232] Späte Abschriften und Kopien verschollener Originale erschweren in manchen Fällen allerdings eine valide Einschätzung der Authentizität der Zeugnisse zur Geschichte der Kanaren.

Neben dieser schwierigen Differenzierung zwischen frühen und späten Zeugnissen zur Eroberung ordnet Baucells Mesa die erzählenden Quellen nach Textarten und bildet dabei sechs Gruppen:

a) »Tratados«, Traktate, die ein konkretes Thema behandeln und dabei die Kanarischen Inseln als Beispiel aufgreifen. Dazu zählt er die *Coloquios matrimoniales* Pedro de Lujáns, der auf die Heiratsriten der Indigenen Bezug nimmt.[233]
b) Zu den »Historias religiosas« gehört Baucells Mesa zufolge das Werk Alonso de Espinosas, der beabsichtigte, das Wirken und die Wundertaten der *Virgen de Candelaria* für die Nachwelt festzuhalten.[234]
c) Zu einer weiteren Gruppe zählt er literarische Werke, darunter etwa die Komödien und Gedichte des Bartolomé Cairasco de Figueroa.[235]
d) Unter einer »historia« versteht Baucells Mesa eine historische Darstellung, die auf einer Zusammenstellung (»composición«) früherer Quellen basiert und fasst darunter etwa das Werk Leonardo Torrianis oder die Passagen zu den Kanaren in Francisco López de Gomaras Schrift zur *Conquista* Amerikas. Im kanarischen Fall unterscheidet er drei Unterkategorien, die auf den Ort und Zusammenhang der Textentstehung abzielen: »las regionales, las peninsulares y las indianas«.[236]
e) »Crónicas« zur *Conquista*, worunter er die Werke der spanischen Hofchronisten und portugiesischen Geschichtsschreiber, die Chroniken zur

231 Vgl. Baucells Mesa, Las fuentes narrativas Canarias, S. 12. Eine Übersicht über die Quellen zur Eroberung der Kanarischen Inseln (Stand 1960) liefert außerdem Viscaya Cárpenter, Textos históricos perdidos, S. 385–404.
232 Vgl. Baucells Mesa, Las fuentes narrativas Canarias, S. 13.
233 Vgl. ebd., S. 21.
234 Vgl. ebd., S. 21–22.
235 Vgl. ebd., S. 23–24.
236 Vgl. ebd., S. 18–20.

Eroberung Gran Canarias (z. B. *Matritense* und Pedro Gómez Escudero) und *Le Canarien* subsumiert.[237]

f) »Relaciones«, in denen die Inseln nicht Hauptgegenstand sind, sondern beispielsweise eine Station auf einer längeren Reise. Baucells Mesa zählt zu dieser Gruppe auch den Spanienreisenden Hieronymus Münzer (1437 oder 1477–1508), dem zwar kanarische Sklaven auf der Iberischen Halbinsel begegneten, der die Kanaren aber nie besuchte (siehe Kapitel 5). Insgesamt sind die Texte in dieser Gruppe sehr heterogen.[238]

Demgegenüber behauptet Francisco Osorio Acevedo, dass es zur Eroberung der Kanaren keine einzige Chronik gebe, da sämtliche Quellen stark persönlich gefärbt seien. Denn für ihn ist eine Hauptcharakteristik von Chroniken die Objektivität des Erzählten sowie eine zeitlich-chronologische Anordnung von Ereignissen.[239] Es handle sich somit im modernen definitorischen Sinne eher um »Relaciones«, obwohl manche Quellen auch mit »Crónica« von ihren Verfassern betitelt worden seien. Allerdings würden diese Begriffe in der Tradition synonym verwendet.[240]

Subjektivität oder Objektivität als Maßstab für eine Kategorisierung der Quellen anzulegen, erscheint selbst als kein objektives Instrument zur Einteilung historischer Zeugnisse. Die von Baucells Mesa vorgenommene Gruppierung nach Quellenarten wirkt überzeugender, ist an manchen Stellen jedoch auch schwammig und lässt im Unklaren, an welcher Stelle sich die Anordnung an Definitionen aus der Forschung und an welcher Stelle an einem zeitgenössischen Verständnis von Textsorten orientiert. Deshalb wird für die folgende Quellenübersicht nur seine Einteilung in historische Zeugnisse und Historiographie bei der kritischen Reflexion über den Aussagewert der Quellen berücksichtigt. Im Folgenden werden ausschließlich Quellen im Detail vorgestellt, die in größerem Umfang von der *Conquista* berichten. Historische Zeugnisse, die nur in einem Satz oder Absatz auf die Kanaren verweisen, werden später im Rahmen der Analyse kurz vorgestellt. Die Kategorisierung der historischen Quellen erfolgt nach ihrem Entstehungszusammenhang, der für den Wissenshintergrund und die Aussageabsicht der Verfasser von zentraler Bedeutung ist. Demnach wird in einem ersten Abschnitt eine Übersicht über die peninsularen Chroniken geliefert, getrennt nach portugiesischen und spanischen Historiographen. Anschließend werden Chroniken vorgestellt, die auf den Kanaren oder von direkt in die *Conquistas* involvierten Personen verfasst worden sind. Der

237 Vgl. Baucells Mesa, Las fuentes narrativas Canarias, S. 14–16.

238 Vgl. ebd., S. 16–18.

239 Vgl. Osorio Acevedo, Presentación de la edición, S. 20.

240 Vgl. ebd., S. 19.

dritte Abschnitt stellt dann die wichtigsten Texte (Rechts-)Gelehrter vor, die sich zur Eroberung der Kanarischen Inseln positionierten.

1.4.1 Chroniken zur Eroberung der Kanarischen Inseln

1.4.1.1 Die peninsularen Chroniken I: Spanische Historiographen

Sowohl die spanischen Herrscherchroniken des 15. und 16. Jahrhunderts als auch die Reichschroniken des 16. Jahrhunderts berichten in unterschiedlicher Ausführlichkeit von der Eroberung der Kanarischen Inseln und ihrer indigenen Bevölkerung. Neben kleineren Passagen zur Menschennatur der autochthonen Bevölkerung in der *Coronica general de toda España* Pero-Antón Beuters (1490–1554),[241] zu einem angeblichen Aufenthalt des Quintus Sertorius auf den Kanarischen Inseln in der *Crónica General de España* Ambrosius de Morales (1513–1591)[242] und zur Rechtmäßigkeit der spanischen Herrschaft über die Kanaren im *Libro de grandezas y cosas memorables de España* Pedro de Medinas (1493–1567),[243] räumen Jerónimo de Zurita y Castro (1512–1580) und Juan de Mariana (1536–1624) der Geschichte der Kanarischen Inseln in ihren historiographischen Werken größere Abschnitte ein. Zurita, offizieller Chronist Aragóns und einer der wichtigsten spanischen Historiker des 16. Jahrhunderts,[244] skizziert in seinen *Anales de la Corona de Aragón* zentrale Stationen der Entdeckung und der Eroberung der Kanarischen Inseln von der päpstlichen Schenkung an Luis de la Cerda bis zur Kapitulation der *Guanchen* Teneriffas.[245] Im Vergleich weniger ausführlich erwähnt Mariana in seiner *Historia general de España* nur einige Ereignisse der *Conquista*, wie eine Attacke auf Lanzarote im Jahr 1393 und einen Konflikt zwischen Maciot de Béthencourt und dem Bischof der Kanaren, die sich auch in den meisten Herrscherchroniken überliefert finden.[246]

So berichtet der Hofchronist Heinrichs III. von Kastilien (1390–1406), Pedro López de Ayala (1332–1407), in seiner *Crónica del reinado de Enrique III de Castilla* als Erster vom Angriff eines spanischen Schiffes auf Lanzarote im Jahr 1393;[247] eine Passage, die Pedro Barrantes Maldonado (ca. 1510–1573) in seiner im 16. Jahrhundert verfassten *Crónica del rey don Enrique terzero deste nombre*

241 Beuter, Primera parte de la Coronica general de toda España, S. 195–196.
242 Morales, Los cinco libros postreros de la Crónica General de España, S. 270.
243 Medina, Grandeza y cosas notables de España, S. 197–200.
244 Siehe zu Zurita Péquignot, Über den Gebrauch von Zurita.
245 Zurita, Anales de Aragón.
246 Mariana, Historia general de España, S. 319–321.
247 López de Ayala, Crónica del reinado de Enrique III de Castilla, S. 214.

übernahm.[248] In den Herrscherchroniken Johanns II. von Kastilien (1406–1454), verfasst von Alvar García de Santa María (1349–1460)[249] und Hernán oder auch Fernán Pérez de Guzmán (ca. 1378–1460),[250] wie in der *Crónica de los Señores Reyes Católicos Don Fernando y Doña Isabel de Castilla y de Aragón* Hernando del Pulgars (1435–1493) werden die Kanaren ebenfalls nur in kurzen Passagen erwähnt.[251]

Demgegenüber berichten Mosén Diego de Valera (1412–ca. 1488), Alonso oder auch Alfonso de Palencia (1423–1492) sowie Andrés Bernáldez (ca. 1450–1513) im Rahmen ihrer Aufzeichnungen über die Herrschaft der Katholischen Könige eingehend von der Eroberung der Kanaren. Vor allem aufgrund der Nähe zwischen Berichtzeit und Ereignis sind die Informationen Diego de Valeras, Palencias und Bernáldez über die Kanaren von großem historischen Wert. Zwar waren sie keine Augenzeugen, die die *Conquista* auf den Kanarischen Inseln direkt miterlebten, erfuhren aber als Zeitzeugen auf der Iberischen Halbinsel, oftmals durch Berichte unmittelbar involvierter Zeitgenossen, vom Fortgang der Eroberung des Archipels.

Mit 15 Jahren war Diego de Valera in die Dienste des kastilischen Königs Johann II. getreten, diente dessen Nachfolger Heinrich III. als Knappe und gehörte ab 1477 dem Beraterkreis *(Consejo)* Isabellas von Kastilien und Ferdinands von Aragón an. Neben seiner Tätigkeit als Geschichtsschreiber war er als Reiter der Kavallerie in die Kriege der spanischen Krone involviert, wurde als Gesandter nach Frankreich und Böhmen geschickt und nahm am Konzil von Basel teil.[252] Dabei wurde seine Haltung stark durch die Lehren des Alonso de Cartagena beeinflusst, der beim Konzil die außenpolitischen Interessen Kastiliens vertrat.[253] Darüber hinaus ist wahrscheinlich, dass Diego de Valera den Bischof von Burgos vor oder nach einem Besuch beim Herzog von Burgund traf und sich beide eine Zeit am Hof Albrechts von Österreich aufhielten.[254] Diego de Valera, der zudem mit den Werken des Bartolus von Sassoferrato vertraut

248 Barrantes Maldonado, Crónica del rey don Enrique terzero deste nombre, S. 187–188.

249 Mata Carriazo, El capítulo de Canarias en la »Crónica de Juan II«, S. 6–8.

250 Vgl. Pérez de Guzmán, Crónica del Señor Rey Don Juan segundo de este nombre en Castilla y en León, S. 374. Der Text des Martínez de la Puente, *Epítome de la Crónica de Juan II*, ist demgegenüber deutlich ausführlicher, greift durch seine späte Abfassungszeit (1678) aber gewiss auch noch auf andere Quellen zurück. Vgl. Martínez de la Puente, Epítome de la Crónica de Juan II, S. 906–918.

251 Vgl. Pulgar, Crónica de los Señores Reyes Católicos, S. 330–331 und 382.

252 Salvador Miguel / Moya García, »Diego de Valera«.

253 Vgl. Moya García, La influencia de Alfonso de Cartagena, S. 14.

254 Vgl. ebd., S. 18.

war,[255] übernahm drei Kerngedanken Cartagenas, wovon die *Crónica abreviada de España* oder auch *Valeriana* Zeugnis ablegt: die Vormachtstellung Kastiliens, dessen Eigenschaft als ältestes Reich und den Gotizismus, die als Argumente Cartagenas etwa für das Vorrecht der Kastilier an den Kanarischen Inseln beim Konzil von Basel angeführt worden waren (siehe Kapitel 6).[256] In seinem »Propagandawerk«[257] über die Herrschaft der Katholischen Könige berichtet Valera auch von ihrem Sieg über die Indigenen der Kanaren und der Kapitulation der *Canarios*, allerdings ohne Einbezug von Rechtsargumenten.[258] Im Gegensatz dazu führt Alonso de Palencia in der Passage seiner *Décadas* zu den Kanarischen Inseln völkerrechtliche Argumente ins Feld, die ihn ebenso als geistigen Schüler des Alonso de Cartagena ausweisen, zu deren Gruppe unter anderen noch Rodrigo Sánchez de Arévalo und Diego Rodríguez de Almela zählten (siehe dazu Kapitel 7).[259]

Alonso de Palencia pflegte seit seiner Jugend eine freundschaftliche Beziehung zum Bischof von Burgos und war ebenso wie Diego de Valera mit dessen Lehren vertraut.[260] Über sein Leben wissen wir nur das Wenige, was er über sich selbst in seinen Werken schreibt.[261] Einer humanistischen Ausbildung in Italien folgte zunächst eine Tätigkeit als *Secretario de Cartas latinas* in den Diensten König Heinrichs IV. (1454–1474) bis er ab 1456 als offizieller Hofchronist der Katholischen Könige fungierte.[262] Über die Ereignisse der Eroberung Gran Canarias erfuhr Palencia durch Gespräche mit den Anführern der Eroberungszüge im Rahmen seiner langjährigen Tätigkeit unter der Schirmherrschaft des Erzbischofs Alfonso de Fonseca des Älteren in Sevilla, wo er an der Einrichtung einer *Santa Hermandad* für die Stadt und an der Organisation verschiedener Expeditionen nach Gran Canaria beteiligt war,[263] wie er uns in seiner Chronik mitteilt: »Dann vertraute [König Fernando] dem Assistenten von Sevilla, Diego de Melo, und mir die Verantwortung über die zukünftige Unternehmung an, damit wir die Schiffe und Soldaten vorbereiten konn-

255 Salvador Miguel / Moya García, »Diego de Valera«.
256 Vgl. Moya García, La influencia de Alfonso de Cartagena, S. 21.
257 Vgl. ebd., S. 14.
258 Diego de Valera, Crónica de los Reyes Católicos, Capítulo XXXVII, S. 497–504.
259 Vgl. Moya García, La influencia de Alfonso de Cartagena, S. 13.
260 Vgl. Real Torres, Apuntes sobre el humanista Alfonso de Palencia, S. 659; Real Torres, Art. »Palencia, Alfonso de«, S. 639; Álvarez Delgado, Alonso de Palencia, S. 56.
261 Vgl. Real Torres, Art. »Palencia, Alfonso de«, S. 639.
262 Vgl. Toro, La conquista de Gran Canaria en la »Cuarta Década«, S. 325.
263 Vgl. Real Torres, La conquista de Canarias en las crónicas de Alfonso de Palencia, S. 639; Real Torres, Las Islas Canarias en el Humanismo, S. 618; Álvarez Delgado, Alonso de Palencia, S. 60.

ten.«[264] Seine Aufzeichnungen zum Hergang der Eroberung befinden sich im vierten Kapitel seiner *Crónica de Enrique IV* oder auch *Décadas* genannt, da sie in vier Perioden von jeweils einer Dekade über die Zeit zwischen 1440 und 1477 berichtet.[265] Nach eigenen Angaben soll er auch ein Werk über die *Costumbres y falsas Religiones de los Canarios* verfasst haben, das für die Forschung heute von unschätzbarem Wert wäre. Leider musste aber bereits Bartolomé de las Casas in der Mitte des 16. Jahrhunderts feststellen, dass Palencia hier wohl nur ein Vorhaben ankündigte, das er nie realisierte.[266]

Auch Andrés Bernáldez, der nach einem Theologiestudium fast ein halbes Jahrhundert in Los Palacios, nahe Sevilla, als Seelsorger tätig war, weshalb er von einigen Geschichtsschreibern auch als *El Cura de Los Palacios* bezeichnet wird, erhielt Informationen über die *Conquista* aus erster Hand.[267] Neben seinen Kontakten und Bekanntschaften mit den großen Figuren der Zeit, darunter Christoph Kolumbus,[268] griff Bernáldez auf mündliche Berichte deportierter Kanarier zurück, die als Sklaven auf der Iberischen Halbinsel lebten. Seine *Memoria del reinado de los Reyes Católicos*[269] verfasste der Historiograph wohl zwischen 1493 und 1513 und berichtet darin über die Jahre von 1454 bis 1513.[270] Während andere Geschichtsschreiber ihr Werk zumeist selbst als *Crónica* bezeichneten, wählte Bernáldez den Titel *Memorias* und fasst damit eine zentrale Eigenschaft seines Werkes, das eher einer Sammlung verschiedener Erzählungen gleichkommt als einer kontinuierlichen Darstellung von Ereignissen.[271]

1.4.1.2 Die peninsularen Chroniken II: Portugiesische Historiographen

Der Grammatiklehrer, Astrologe und Geschichtsschreiber Gomes Eanes de Zurara (ca. 1410–1474), über dessen Leben nur wenig bekannt ist,[272] wurde durch den portugiesischen König Alfons V. zum Nachfolger Fernão Lopes als Reichschronist und, wenige Jahre später, 1454 auch zum Kurator der König-

264 *Entonces [el rey Fernando] confió el peso de la futura empresa al Asistente de Sevilla, Diego de Melo, y a mí, a fin de que preparásemos las naves y soldados [...],* La conquista de Gran Canaria en las Décadas de Alonso de Palencia, S. 485.

265 Der Originaltitel des Werkes lautet *Alphonsi Palentini Gesta Hispaniensia ex annalibus suorum dierum colligentis.* Vgl. Real Torres, Art. »Palencia, Alfonso de«, S. 640.

266 Vgl. Álvarez Delgado, Alonso de Palencia, S. 76.

267 Vgl. Jiménez González, El discreto caso de Andrés Bernáldez.

268 Vgl. Fernández-Carrión, Art. »Bernáldez, Andrés«.

269 Bernáldez, Memoria del reinado de los Reyes Católicos, S. 505–520.

270 Vgl. Fernández-Carrión, Art. »Bernáldez, Andrés«.

271 Vgl. Jiménez González, El discreto caso de Andrés Bernáldez.

272 Vgl. Reitano, La construcción del mundo atlántico, S. 113.

lichen Bibliothek ernannt. Das Original der in dieser Zeit entstandenen *Crónica dos feitos da Guiné*, die als frühestes Zeugnis der portugiesischen Afrikafahrten von unschätzbarem Wert wäre, ist heute leider verschollen.[273]

Die Chronik des portugiesischen Historiographen ist sowohl Loblied auf die Taten Heinrich des Seefahrers als auch ein Bericht über die ersten portugiesischen Afrikafahrten.[274] Während etwa die Darstellung einer Sklavenauktion auf der Iberischen Halbinsel auf einer persönlichen Erfahrung Zuraras beruhte, stützte er sich bei der Beschreibung der Entdeckungsfahrten entlang der westafrikanischen Küste wohl auf einen verlorenen Bericht des Afonso Cerveira.[275] Ebenso basierte seine Beschreibung der Lebensweise und Bräuche der kanarischen Bevölkerung der Inseln Gran Canaria, La Gomera, Teneriffa und La Palma in Kapitel V, LXXIX und LXXXII der Chronik nicht auf eigenen Erlebnissen und Erfahrungen.[276] Gleichwohl ist seine Chronik eine der frühesten überlieferten Quellen, die von den Kanaren berichten und wurde durch Valentim Fernandes, João de Barros (1496–1570) und Bartolomé de las Casas rezipiert, der neben Zuraras Chronik auch auf das Werk des zuvor genannten portugiesischen Historikers zurückgriff.[277]

Eine weitere Quelle, die im Zusammenhang mit den portugiesischen Afrikafahrten von den Kanarischen Inseln berichtet, sind die *Navigazioni* des Alvise Cadamosto (ca. 1432–1483). Strenggenommen passt der Reisebericht Cadamostos nicht in dieselbe Kategorie wie die Chronik Zuraras, da er auf eigenen Erfahrungen beruht und Cadamosto zwar unter portugiesischer Flagge segelte, selbst aber Venezianer war. Über seine eigenen Angaben hinaus gibt es kaum Kenntnisse über die Biographie Cadamostos. Von seiner Ausbildung her war er wohl kein Seefahrer, sondern eher ein Kaufmann, der nach Ausweisung seines Vaters aus der Stadt Venedig versuchte, in Portugal Karriere zu machen. Seine Reisebeschreibung verfasste er vermutlich aus der Erinnerung heraus mithilfe von Notizen aus einem Bordbuch irgendwann nach 1463. Auch in diesem Fall ist uns das Autograph des Manuskripts nicht überliefert.[278] Im Jahr 1455 machte Cadamosto Station auf La Gomera und El Hierro.[279]

273 Vgl. Aznar / Corbella / Tejera, Introducción, S. 15–16.
274 Vgl. ebd., S. 24.
275 Vgl. Russell, Prince Henry ›the Navigator‹, S. 240.
276 Vgl. Aznar / Corbella / Tejera, Introducción, S. 15–79.
277 Vgl. ebd., S. 19.
278 Vgl. Crone, Introduction, S. xx–xxxiii.
279 Vgl. ebd., S. xxi.

1.4.1.3 Die insularen Chroniken

Neben diesen peninsularen Chroniken *(crónicas peninsulares)* sind uns sechs insulare Chroniken *(crónicas insulares)* überliefert, die von der *conquista realenga* und dabei insbesondere von der Unterwerfung Gran Canarias handeln und sich in einer Edition von Francisco Morales Padrón versammelt finden.[280] Gemeinsam ist den Chroniken, dass sie nur als Abschriften oder Auszüge vorliegen, die wahrscheinlich auf eine verlorene Ursprungschronik *(crónica madre)* zurückgehen, die der königliche Bannerträger *(Alférez Mayor)* Alonso Jaimes de Sotomayor oder ein Mitglied seiner Familie verfasst haben soll.[281] Ziel der Niederschrift, so vermutet Francisco Osorio Acevedo, könnte die Forderung Sotomayors nach einer größeren Entlohnung für seinen Einsatz bei der Eroberung gewesen sein.[282]

Die Geschichte des verlorenen Manuskripts, die Beziehungen seiner Kopisten untereinander sowie die Entstehungszeit der Abschriften ist komplex und schwer zu rekonstruieren.[283] Von drei der Quellen, die Chroniken *Matritense*, *Ovetense* und *Lacunense*, wissen wir noch nicht einmal die Namen ihrer Kopisten, weshalb sie in der Forschung nach ihrem Archivstandort benannt wurden (Madrid, Oviedo und La Laguna).[284] Zwei weitere Quellen von Antonio Sedeño und Pedro Gómez Escudero werden von Morales Padrón eher als *Relaciónes* eingestuft. Die ältesten Abschriften dieser Werke sind uns durch Fray José de Sosa überliefert und sind auf das Jahr 1678 zu datieren.[285]

Über Pedro Goméz Escudero wissen wir nur wenig. Allein sein Name gibt Rätsel auf, denn *escudero* lässt sich, so Osorio Acevedo, nicht nur als Teil eines Eigennamens, sondern auch als Funktionsbezeichnung verstehen (*escudero* = Schildknappe).[286] Der Verfasser bezeichnet sich selbst als Lizenziat und Kaplan.[287] Eine Vertrautheit des kanarischen Literaten Antonio de Viana, der in Sevilla die Universität besuchte, mit dem Werk des Gómez Escudero hat die

280 Morales Padrón (Hg.), Canarias: Crónicas de su conquista. Im Falle der Quellen von Antonio Sedeño, Pedro Gómez Escudero und Francisco López de Ulloa liegen mittlerweile aktuellere Editionen vor: Sedeño, Conquista de la isla de Gran Canaria; Escudero, Relación de la Conquista de la Gran Canaria.

281 Vgl. Morales Padrón, Introducción, S. 41.

282 Osorio Acevedo, Presentación de la edición, S. 23.

283 Hier wurden lediglich die jüngsten Arbeiten und Einleitungen zu den neuesten Editionen miteinbezogen. Für ältere Arbeiten zur Quellenkunde vor 1950 etwa von Elías Serra Ràfols und Augustín Millares Torres siehe Morales Padrón, Introducción, S. 105–106.

284 Vgl. ebd., S. 44.

285 Osorio Acevedo, Presentación de la edición, S. 13–14.

286 Ebd., S. 10.

287 Vgl. Morales Padrón, Introducción, S. 41.

Forschung zu der Spekulation angeregt, dass auch Gómez Escudero in Sevilla Medizin studierte.[288] Seine Schrift soll Antonio Vizcaya Carpénter zufolge nach 1550 und vor 1582 abgefasst worden sein.[289]

Antonio Sedeño wurde in Toledo geboren und diente ab 1478 als Konquistador im Heer Juan Rejóns bis er 1496 auf Teneriffa den Tod fand.[290] Die ihm zugeschriebene *Relación* hebt sich durch zwei Besonderheiten von den anderen insularen Chroniken ab. Zum einen wurde sie möglicherweise durch einen der Gouverneure verändert, denn sie hüllt sich bezüglich des Genozids an der Bevölkerung La Gomeras in Schweigen.[291] Darüber hinaus zeichnet sie sich durch eine detaillierte ethnographische Darstellung aus, die Aspekte beinhaltet, die in den anderen Chroniken nicht genannt werden: »Schon beim Einstieg in die Kapitel, die sich der Ethnologie und Anthropologie der indigenen Bevölkerung widmen, sind die Neuheiten unzählbar«, so Morales Padrón.[292] Handelt es sich hierbei tatsächlich um einen ganz anderen Text oder um eine weitere Rekreation ein und derselben Ursprungsquelle? José Barrios García geht davon aus, dass die Abschrift aus dem 17. Jahrhundert auf drei Texten basiert: einer Chronik Sedeños, auf der verlorenen *Crónica de la conquista de Canaria* des Sotomayor sowie auf einem zwischen 1483 und 1520 entstandenen unbekannten ethnographischen Text.[293]

Neben den drei anonymen *Crónicas* und den *Relaciones* von Sedeño und Gómez Escudero lag wohl auch Francisco López de Ulloa für seine *Historia*[294] eine Abschrift oder sogar das verschollene Original der *crónica madre* vor.[295] Über seinen religiösen Stand sowie einen Aufenthalt auf den Kanarischen Inseln für die Abfassung seines Werkes zwischen 1643 und 1644 hinaus, ist über Ulloa wenig bekannt.[296] Im Vergleich mit den anderen Schriften charakterisieren die Herausgeber Daniel García Pulido und Jorge Sörgel de la Rosa sein Werk als einen touristischen Guide für das 17. Jahrhundert (»prácticamente una guía

288 Vgl. Vizcaya Cárpenter, ¿Un médico sevillano autor de una crónica sobre la conquista de Gran Canaria?, S. 111.

289 Vgl. ebd.

290 Vgl. Morales Padrón, Introducción, S. 89.

291 Pedro de Vera ist hier im Verdacht, da er die Verstümmelungen, Hinrichtungen und den Verkauf der Gomeraner befehligte. Vgl. Osorio Acevedo, Presentación de la edición, S. 13–14; siehe dazu ebenso Osorio Acevedo, Introducción (Sedeño), S. 9–27.

292 *Ya al entrar en los capítulos dedicados a la etnología y antropología indígena las novedades son innumerables*. Morales Padrón, Introducción, S. 95.

293 Vgl. Barrios García, La trasmisión textual de la crónica, S. 2 und 21.

294 Vgl. Morales Padrón, Introducción, S. 49.

295 Vgl. García Pulido / Rosa, Introducción, S. 20–21.

296 Vgl. ebd., S. 44.

turística de su tiempo«).[297] Außerdem zeichne sich das Werk durch eine stärkere Parteinahme für die indigene Bevölkerung aus.[298]

Die Datierung der Abschriften und Auszüge – die Fassung *Matritense* wirkt fragmentarisch – birgt große Schwierigkeiten. García Pulido und Rosa haben zuletzt den Versuch unternommen, die Quellen mithilfe der Bischofslisten zu datieren, die jeweils am Ende der Schriften zu finden sind und nehmen den zuletzt genannten Bischof – den Anfang machen die Listen immer mit Don Juan de Frías – als Indikator für die Entstehungszeit der jeweiligen Kopie.[299] Im Ergebnis ist nach García Pulido und Rosa die Version *Matritense* die älteste und soll zwischen 1538 und 1541 entstanden sein. Demgegenüber behauptete Vizcaya Cárpenter 1953, dass die Fassungen *Matritense* und Sedeño zeitgenössisch entstanden seien und Morales Padrón nahm in seiner Einleitung der Edition aus dem Jahr 1978 an, dass die Chronik *Ovetense* der *crónica madre* zeitlich am nächsten liege.[300] García Pulido und de la Rosa nehmen hingegen an, dass die Abschrift *Ovetense* jüngeren Datums ist. Der Version *Matritense* (zwischen 1538 und 1541) folgt ihnen zufolge die *Ovetense* (1639) und schließlich die *Lacunense* aus der Mitte des 17. Jahrhunderts (zwischen 1659 und 1665).[301] Alles in allem ist festzuhalten, dass uns ein Original der insularen Chronik(en) nicht vorliegt und deshalb Veränderungen vor dem zeithistorischen Hintergrund des jeweiligen Kopisten an der *crónica madre* in allen überlieferten Zeugnissen angenommen werden müssen.

1.4.2 Die erste Geschichtsschreibung zur Eroberung der Kanaren

1.4.2.1 Juan de Abreu Galindo

Nach Einschätzung des rumänischen Historikers Alejandro Cioranescu (1911–1999), der 1977 eine Edition des Werkes herausgab,[302] ist die *Historia de la conquista de las siete Islas de Canarias* des Fray Juan de Abreu Galindo die erste historische Schrift über die Kanaren, welche auf den Inseln verfasst wurde.[303] Antonio Rumeu de Armas hingegen sieht die *Historia* am Übergang von chronikalen Werken hin zur Geschichtsschreibung.[304] In großem zeitlichen

297 García Pulido / Rosa, Introducción, S. 53.
298 Siehe auch für einige Beispiele ebd., S. 24–25.
299 Vgl. ebd., S. 29–31.
300 Vgl. Vizcaya Cárpenter, Un médico sevillano, S. 102; Morales Padrón, Introducción, S. 11.
301 Vgl. García Pulido / Rosa, Introducción, S. 33–34.
302 Die neueste Edition stammt von Francisco Osorio Acevedo, ist 2021 herausgekommen und wurde oben schon zitiert.
303 Vgl. Cioranescu, Introducción (Abreu Galindo), S. XLI.
304 Vgl. Rumeu de Armas, Fray Juan de Abréu Galindo, S. 844.

Abstand zu den Ereignissen in den 1590er Jahren verfasst und dem Titelblatt zufolge 1632 veröffentlicht, gibt die *Historia* jedoch nicht nur Bekanntes wieder und führt zuvor entstandene Berichte, wie *Le Canarien* oder das Werk Leonardo Torrianis, zusammen, sondern enthält auch neue Informationen,[305] die der Verfasser nach eigener Angabe aus der mündlichen Überlieferung, im Austausch mit den *antiguos naturales* der Inseln, erhielt.[306]

Nach Ausführungen zum antiken Namensursprung des Archipels und Hypothesen zur Herkunft seiner Bevölkerung folgt eine Darstellung der Ereignisse der Eroberung von der Landung Jean de Béthencourts auf den Inseln bis zur Unterwerfung Teneriffas, wobei die *Conquista* Gran Canarias, wie auch in den bereits vorgestellten Chroniken, den größten Raum einnimmt. Die Kapitel zum Ablauf der Eroberung werden darüber hinaus von Passagen zur indigenen Bevölkerung und ihren Bräuchen durchbrochen. Antonio M. López Alonso charakterisiert das Werk insgesamt als eine Idealisierung der Ereignisse der *Conquista*; eine Wertung, auf die zum Ende dieses Abschnitts zurückzukommen sein wird.[307]

Während Alejandro Cioranescu in seiner Einleitung zur Edition noch versuchte, aus den wenigen persönlichen Angaben in der *Historia* eine Biographie zu rekonstruieren, wird die Verfasserschaft Juan de Abreu Galindos heute in Zweifel gezogen bis hin zur Negation seiner historischen Existenz. Laut Cioranescu war Abreu Galindo ein Franziskaner aus der Provinz Andalusien,[308] der seine Ausbildung durch den Humanisten und Grammatiklehrer Francisco de Támara erhielt, auf dessen Werk, *Costumbres de todas las gentes*, er sich an einer Stelle seiner *Historia* bezieht.[309] Im Gegensatz dazu gehen José Barrios García und José Antonio Cebrián Latasa heute davon aus, dass es sich bei dem Namen »Juan de Abreu Galindo« um ein Pseudonym handelte.[310] Latasa vertritt die These, dass die *Historia* dem Humanisten und größten Genealogen der Frühen Neuzeit, Argote de Molina (1548–1596), zuzuschreiben sei, denn der Schreiber Francisco Pacheco habe in seinem *Libro de descripción de verdaderos retratos de ilustres y memorables varones* aus dem Jahr 1599 darauf hingewiesen, dass Molina bis zu seinem Tod auf Gran Canaria gelebt und dort eine Geschichte der Kanarischen Inseln verfasst habe. Dagegen spreche jedoch, dass keiner der

305 Beispielsweise wird die Indigene María Tazirga nur bei Abreu Galindo erwähnt. Vgl. Abreu Galindo (2021), Historia de la conquista de las siete Islas de Canarias, S. 102–103.

306 Vgl. Cioranescu, Introducción (Abreu Galindo), S. V–VI, X und XIII.

307 Vgl. López Alonso, Esenciales (III).

308 Vgl. Cioranescu, Introducción (Abreu Galindo), S. V–VI.

309 Vgl. Abreu Galindo (2021), Historia de la conquista de las siete Islas de Canarias, S. 73.

310 Vgl. López Alonso, Esenciales (III).

anderen kanarischen Literaten und Historiographen der Epoche, wie Espinosa, Cairasco de Figueroa oder Torriani, auf Molina verweise. Abreu Galindo spricht Cebrían Latasa seine historische Existenz jedoch nicht gänzlich ab, sondern spekuliert, dass Molina der Auftraggeber des Franziskaners und anderer gewesen sein könnte, die gemeinsam ein historisches Werk über die Kanaren verfassten.[311]

Barrios García hat hingegen argumentiert, dass die *Historia* eine Arbeit Alonso Fiescos (1532–1600) sei, der Espinosa zufolge in den 1590er Jahren auf La Palma eine Geschichte der Kanarischen Inseln verfasst habe und dessen Werk immer als verschollen galt.[312] Während der Archetyp der *Historia* sich heute nur aus Abschriften rekonstruieren lässt,[313] wird davon ausgegangen, dass das Werk als Orientierung für einige Schriften des 17. Jahrhunderts fungierte. Als »Kopien« qualifiziert Barrios García das Manuskript Lacunense (ca. 1676), das große Parallelen aufweise, die Werke Núñez de la Peñas (1679) und Arías Marín de Cubas (1687)[314] sowie die von George Glas 1764 veröffentlichte englische Übersetzung.[315] Als Interpolationen in anderen Werken erkennt er die *Historia* in der *Relación* Sedeños (1650) und Escuderos (1687).[316]

1.4.2.2 Alonso de Espinosa

Die *Historia* Abreu Galindos selbst bezieht die vermutlich nur wenige Jahre zuvor entstandene *Historia de nuestra Señora de Candelaria* des Dominikaners Alonso de Espinosa (ca. 1543–1600) mit ein.[317] Für Elías Serra Ràfols einleitend zu seiner Edition von 1952 die erste Chronik zur *Conquista* Teneriffas und für Alejandro Cioranescu die erste Geschichte über Teneriffa (Edition von 1967),

311 Vgl. Rumeu de Armas, Fray Juan de Abréu Galindo, S. 843–844.

312 Vgl. Barrios García, Abreu Galindo, S. 122–123.

313 Cébrian Latasa versucht eine solche in Cebrián Latasa, Gonzalo Argote de Molina, S. 17–104.

314 Vgl. Barrios García, Abreu Galindo, S. 113–121.

315 George Glas (1725–1767) war ein schottischer Seemann, der an der westafrikanischen Küste Handel trieb und sich dort um die Einrichtung eines englischen Handelsstützpunktes an einem Fluss in der Region der Kap Verden und Senegal bemühte, dem so genannten Port Hillsborough. Von spanischer und portugiesischer Seite aus als Eroberung und Einmischung in ihre Handelssphäre interpretiert, wurde Glas auf Teneriffa inhaftiert. 1764 veröffentlichte er *The History of the Discovery and Conquest of the Canary Islands*, siehe dazu Monod, Notes sur George Glas, S. 1–104; Castillo, Las Canarias Orientales en George Glas, S. 47–106; Art. »Glas, George (1725–1765)«, S. 415–417; Rodríguez Yanes, George Glas y su prisión en Canarias, S. 177–197.

316 Vgl. Barrios García, Abreu Galindo, S. 113–121.

317 Vgl. Cioranescu, Introducción (Abreu Galindo), S. XVI–VII.

umfasst das Werk des Dominikaners vier Bücher von unterschiedlichem Interesse für diese Studie. Das erste Buch beinhaltet eine Beschreibung Teneriffas sowie eine Darstellung der Geschichte und Ethnographie der *Guanchen*, das zweite befasst sich mit der Herkunft und dem Erscheinen der *Virgen de Candelaria*, das dritte mit der Eroberung Teneriffas und dem Aufbau der neuen Kolonialordnung. Das vierte Buch ist ein Register über 57 Wunder, die der Jungfrau von Candelaria zugeschrieben wurden, das für den hier untersuchten rechtsgeschichtlichen Zusammenhang von geringem Interesse ist.[318]

Alonso de Espinosa stammte aus Alcalá de Henares, lebte ab seinem siebten Lebensjahr mit seinen Eltern in Guatemala, wo er Artes und Theologie studierte und sich dem Dominikanerorden anschloss.[319] Im Kontext seiner Ausbildung kam Espinosa wohl mit den Lehren des Bartolomé de las Casas in Berührung, dessen Einfluss auf seinen »indirekten Schüler« uns zu einem späteren Zeitpunkt (siehe Kapitel 7) genauer beschäftigen wird.[320] Im Jahr 1580 sammelte er dann Informationen über die Wunder der Jungfrau von Candelaria im Dominikanerkonvent in La Laguna und befragte in diesem Zusammenhang Kinder und Enkel der alten *Guanchen* des Reiches Güímar, bezog also ebenso wie Abreu Galindo – um keine Verwirrung zu stiften, wird sein Name hier beibehalten – mündliche Tradierungen mit ein.[321] Trotz einer frühen Veröffentlichung des Werkes im Jahr 1594 war seine Geschichte über die Jungfrau von Candelaria Jahre später kaum verbreitet, da Espinosa in seiner Schrift einen Konquistadoren diskreditierte, dessen Nachfahren die Drucke seines Werkes zu vernichten suchten.[322]

1.4.2.3 Leonardo Torriani

Wie auch im Falle Abreu Galindos gehen die Quellenkundler davon aus, dass die Schrift Espinosas auf einer frühen, verlorenen Geschichte über die Unterwerfung Teneriffas beruht.[323] Gleiches gilt für die *Descrittione et Historia del Regno de Isole Canarie, già dette le Fortunate, con il parere delle loro fortificationi* des Leonardo Torriani (1560–1628), der sich in seinem Werk auf Abreu Galindo bezieht und eine Zusammenarbeit der Verfasser annehmen lässt.[324] Als gemeinsame Quelle

318 Vgl. López Alonso, Esenciales (VI). Die neueste Edition, die hier benutzt wurde, umfasst lediglich die Bücher 1–3 und spart die Aufzählung der Wundertaten aus, siehe Espinosa, Origen y milagros de Nuestra Señora de Candelaria, S. 13–88.

319 Vgl. Serra Ràfols/Bonnet/Alamo, Introducción, S. XIX; Cioranescu, Introducción (Fray Alonso de Espinosa), S. X.

320 Vgl. López Alonso, Esenciales (VI).

321 Vgl. Martinon Cejas, Nota de la editora, S. 6–7.

322 Vgl. Serra Ràfols/Bonnet/Alamo, Introducción, S. XXI.

323 Vgl. Martinon Cejas, Nota de la editora, S. 7.

324 Vgl. Cioranescu, Introducción (Abreu Galindo), S. XVI–VII.

aller drei Werke nimmt die kanarische Forschung eine verlorene Schrift des Rechtsgelehrten Antonio de Troya an.[325]

Espinosa erwähnt das Werk Torrianis im dritten Buch seiner Historia *(Leonardo Turian, ingeniero, que con sutil ingenio y mucha arte escribe la descripción destas islas y otros que no han salido a luz)*.[326] Doch der Dominikaner war nicht nur mit der Schrift des italienischen Bauingenieurs bekannt, sondern auch persönlich mit ihm befreundet. 1585 befanden sie sich beide auf La Palma, wo sie Augenzeugen eines gefährlichen Naturschauspiels wurden, des Ausbruchs des Vulkans Los Llanos;[327] ein Erlebnis, das Torriani in seiner *Descrittione* unter Einbezug der Erlebnisse Plinius des Älteren und der Eruption des Vesuvs schildert. Er habe geglaubt, das Ende der Welt breche an, so Torriani.[328] Neben diesem dramatischen Ereignis erlebte Torriani während seiner Zeit auf den Kanarischen Inseln zwischen 1584 und 1593 (mit wenigen Unterbrechungen) außerdem den Angriff Sir Francis Drakes auf den Hafen von Las Palmas auf Gran Canaria, der ihn gewiss in seinem Ziel, den Archipel zu befestigen und vor Piratenattacken zu schützen, bestärkte.[329] 1560 in Cremona als Sohn einer adligen italienischen Familie geboren (sein Wappen zeigt einen Turm und lässt einen Rückschluss auf die Namensherleitung zu: Familie della Torre), die mit großer Wahrscheinlichkeit Verbindungen zum spanischen Königshaus pflegte,[330] ist über die Jugend Torrianis nicht viel bekannt. Nachdem er zwei Jahre im Dienst Kaiser Rudolfs von Habsburg gestanden hatte, wurde er 1584 von Phillipp II. beauftragt, als Bauingenieur die Insel La Palma zu befestigen.[331] Damit gehörte er zu einer größeren Gruppe von Architekten und Ingenieuren, die Philipp II. engagiert hatte, um die Außenposten seines riesigen Imperiums zu sichern.[332]

325 Vgl. Barrios García, Abreu Galindo, S. 124; Cioranescu, Introducción (Leonardo Torriani), S. XXXIV.

326 Espinosa, Origen y milagros de Nuestra Señora de Candelaria, S. 47.

327 Bezüglich des heutigen Namens des Vulkans ist sich die Literatur uneinig. Siehe andere Nennungen z. B. bei Gabriel / Rodríguez, La primera imagen de Canarias, S. 26.

328 Vgl. Torriani, Descripción e historia del reino de las Islas Canarias, S. 227–240.

329 Vgl. Gabriel / Rodríguez, La primera imagen de Canarias, S. 24.

330 Vgl. ebd., S. 19; siehe allgemein zum Leben Torrianis: Aparisi y García, Art. »Leonardo Turriano«, S. 82–87.

331 Vgl. Rumeu de Armas, Piraterías y ataques navales, S. 362–373. Die Transkription der *Real Cédula* vom 18. März 1584 befindet sich auf den Seiten 369–370.

332 Fernando Gabriel Martín bespricht in seiner Rezension die dritte Neuauflage der Edition von Torrianis Werk, das erstmals 1959 in kastilischer Sprache von Cioranescu herausgegeben worden ist. 1978 folgte eine zweite überarbeitete Fassung, in der lediglich die Qualität der Abbildungen besser ist. Scharf kritisiert Martín die dritte Auflage, die sich als solche nicht ausgäbe und politisch schiefe Bezüge zwischen dem 16. Jahrhundert und dem heutigen Europa herstelle. Einzig die biographische Erweiterung der Einleitung von Cioranescu zu Torriani

Nach seiner Zeit auf den Kanaren und bis zu seinem Tod lebte Torriani 30 Jahre lang in Portugal, wo man ihn mit der Errichtung von Wasser- und Zivilbauten beauftragt hatte.[333]

Sein Werk, die *Descrittione*, dessen Autograph bis heute in der Universitätsbibliothek von Coimbra liegt,[334] diente in erster Linie dazu, den spanischen Monarchen über den Zustand der Befestigungsanlagen des Archipels zu informieren und Verbesserungsvorschläge zu unterbreiten. Es sollte also eine Schrift von praktischem Nutzen sein, in die Torriani jedoch geographische, ethnographische und historische Aspekte miteingeflochten hat, die für diese Studie von besonderem Interesse sind. Die Inseln werden in der Reihenfolge von Torrianis Besuchen beschrieben, wobei jedes Kapitel jeweils drei Elemente enthält: (1) geographische Beschreibungen und persönliche Beobachtungen Torrianis, (2) eine detaillierte Darstellung der Festungsanlagen mit Zeichnungen sowie (3) eine kurze Schilderung der Eroberung der Insel.[335] Die insgesamt 67 Zeichnungen des Bauingenieurs sind allerdings mit wenigen Ausnahmen vor allem für die Stadt- und Befestigungsgeschichte von Interesse und vermitteln einen ersten, zeitgenössischen Eindruck von den Inseln (»primera imagen auténtica de Canarias«[336]).[337] In seinem Werk verbindet Torriani seine bau- und militärtechnische Expertise mit den Fähigkeiten eines Historikers,[338] wobei Cioranescu ihn weniger als solchen versteht denn als Mittelsmann (»intermediario«), der eine ältere Quelle zur Geschichte der Kanarischen Inseln überliefert habe.[339] Darüber hinaus zeugt sein Werk in zwei Hinsichten von einer humanistischen Ausbildung seines Verfassers: Einerseits erwähnt und zitiert Torriani über 50 antike Autoren in seinem Werk,[340] andererseits vermischt sich

scheint ein Hinzugewinn der neuen Fassung zu sein. Vgl. Martín, Rez. von: Leonardo Torriani, S. 369. Für diese Studie wurde deshalb mit der ersten Auflage der Edition gearbeitet. Für die Übersetzungen ins Deutsche sowie für die begriffsgeschichtlichen Untersuchungen wurde außerdem auf die deutsche Übersetzung von Dominik Josef Wölfel zurückgegriffen: Torriani, Die Kanarischen Inseln und ihre Urbewohner.

333 Vgl. Cioranescu, Introducción (Leonardo Torriani), S. XXII.

334 Vgl. ebd., S. XXV–XXVI.

335 Vgl. ebd., S. XXVIII–XXXI.

336 Vgl. Gabriel / Rodríguez, La primera imagen de Canarias, S. 42.

337 Ausnahmen bilden die Abbildung über die Tempelbauten der *Mahoreros (fquen)*, eine Abbildung, die Kanarier beim Duell zeigt sowie kanarische Indigene der Inseln Gran Canaria, La Gomera und El Hierro. Darüber hinaus zeigt eine Abbildung die mythische achte Insel der Kanaren, San Borondón, sowie einen Zweig des magischen Baumes El Garoé auf El Hierro (siehe dazu Kapitel 5). Erklärungen dazu siehe ebd., S. 70, 77–78, 110, 114 und 126.

338 Vgl. Rumeu de Armas, Piraterías y ataques navales, S. 344.

339 Vgl. Cioranescu, Introducción (Leonardo Torriani), S. XL.

340 Vgl. Gabriel / Rodríguez, La primera imagen de Canarias, S. 19–21.

in seiner Schrift gelebte Realität mit Legende und Mythos, auf die zu einem späteren Zeitpunkt noch genauer eingegangen wird (siehe Kapitel 5).[341]

1.4.3 Rechtsquellen

1.4.3.1 Alonso de Cartagena und Francisco de Vitoria

2012 gaben Cirilo Flórez Miguel, Maximilano Hernández Marcos und Robert Albares Albares ein Werk mit dem Titel »La primera Escuela de Salamanca (1406–1516)«[342] heraus, mit dem sie zugleich auf die lange Vernachlässigung und die große Relevanz der salmantinischen Denkschule des 15. Jahrhunderts, die sie als »Vorgeschichte oder Anfänge der Schule von Salamanca«[343] des 16. Jahrhunderts verstehen, hinwiesen. Darin beschäftigt sich ein Aufsatz mit den Bezügen zwischen Alonso de Cartagena und den Lehren des Erasmus von Rotterdam.[344] Die Theorien Cartagenas und Francisco de Vitorias zu *dominium* und *infidelitas* setzten jüngst Christiane Birr und José Luis Egío García in Beziehung.[345] Letzterer stellte gemeinsam mit Celia Alejandra Ramírez Santos auch eine Bibliographie zur »First School of Salamanca« zusammen, zu der sie auch etwa Juan López de Palacios Rubios und Matías de Paz zählen.[346]

1386 in Burgos geboren entstammte Alonso de Santa María, besser bekannt als Alonso de Cartagena,[347] einer Familie von Konvertiten.[348] Zunächst Rabbiner, war sein Vater mitsamt der Familie zum Christentum konvertiert und seither Bischof von Burgos und Cartagena.[349] Seine Abstammung von *Conversos* veranlasste Cartagena im Zuge einer wachsenden Intoleranz gegenüber konvertierten Juden dazu, 1450 ein Werk mit dem Titel *Defensorium fidei* zu verfassen, mit dem er gegenüber Johann II. die Gleichberechtigung von Konvertiten und

341 Vgl. Cioranescu, Introducción (Leonardo Torriani), S. XXVII.

342 Vgl. Flórez Miguel / Hernández Marcos / Albares Albares (Hg.), La primera Escuela de Salamanca.

343 »prehistoria o los albores de la Escuela de Salamanca«. Martín Gómez, Rez. von: La Primera Escuela de Salamanca, S. 215.

344 Vgl. Estal Sánchez, Rez. von: La Primera Escuela de Salamanca, S. 238.

345 Egío / Birr, Alonso de Cartagena, S. 9–36; dies., Before Vitoria, S. 53–77.

346 Vgl. Ramírez Santos / Egío, The Research on the School of Salamanca (2006–2019), S. 174.

347 Eine Namensänderung, die er selbst 1441 vornahm. Alonso, Art. »Cartagena, Alfonso de«, S. 366.

348 Erste Porträts Cartagenas im ausgehenden 15. Jahrhundert finden sich unter seinen *converso*-Freunden wie Juan de Lucena oder Fernando del Pulgar. Vgl. Lawrance, Art. »Cartagena, Alfonso de«, S. 203–205.

349 Vgl. Armenteros Lizana, García de Santa María, Alfonso.

Altchristen forderte.[350] Nach der Erlangung eines Doktorgrades im Recht 1406 an der Universität von Salamanca, nahm Cartagena verschiedene Ämter im kastilischen Verwaltungsapparat wahr. Anschließend stand er als *Nuntius* in den Diensten Papst Martins V. Dem folgte die für diese Studie entscheidende Lebensphase Cartagenas, während der er zunächst als königlicher Botschafter Kastiliens am portugiesischen Hof weilte und anschließend, in den Jahren 1431 bis 1437, als Mitglied der kastilischen Delegation, dem Konzil von Basel beiwohnte. In diesem Kontext verteidigte er zum einen den Vorzug Spaniens vor England bezüglich der Sitzordnung beim Konzil und zum anderen das Besitzrecht Kastiliens an den Kanarischen Inseln gegenüber dem Rivalen Portugal in einem Traktat mit dem Titel *Allegationes super conquesta Insularum Canariae contra portugalenses*, beides mit Erfolg.[351]

Mit »Mann der Kirche, Jurist, Diplomat, Historiker, Schriftsteller, Erzieher und Übersetzer von Cicero und Seneca und das alles im Feld der Politik«[352] fasst Francisco Castilla Urbano das breite geistige Betätigungsfeld Cartagenas zusammen. Zuvorderst war er jedoch Jurist und erachtete die »Jurisprudenz als wahre Philosophie und sogar als wahre Theologie«.[353] Seine Kenntnisse und Fähigkeiten habe er in den Dienst der Herrschaft gestellt und sich vollkommen, »mit seinem Werk, seinem Wort und seiner Feder«,[354] den Interessen Kastiliens verschrieben, so die Herausgeber der *Allegationes*. Dabei beschäftigten den auch dem »humanismo socio-político«[355] Zugeordneten vor allem aktuelle politische Probleme der Zeit.[356]

Gleichermaßen zu brisanten Themen äußerte sich im 16. Jahrhundert Francisco de Vitoria, Inhaber der *cátedra de Prima de Teologia*. Er agierte im universitären Umfeld,[357] war überzeugter Moraltheologe und stand in scholastischer Tradition. Zwar mittlerweile mehrheitlich als »ängstlicher Zauderer«[358] herabgewürdigt, der das spanische Kolonialsystem in der Neuen Welt zugleich

350 Rosenstock, Against the pagans, S. 119.

351 Vgl. Armenteros Lizana, García de Santa María, Alfonso.

352 »hombre de Iglesia, jurista, diplomático, historiador, tratadista, educador y traductor de Cicerón y Séneca, y todo ello cuando en la política«. Castilla Urbano, Patriotismo y legitimación monárquica, S. 140.

353 »jurisprudencia como la verdadera filosofía e incluso como la vera theologia«. Castilla Urbano, Patriotismo y legitimación monárquica, S. 140.

354 »con su obra, con su palabra y con su pluma«. González Rolán/Hernández González/Saquero Suárez-Somonte, Introducción, S. 16.

355 Ebd., S. 10. Die Herausgeber diskutieren hier auch die verschiedenen Positionen dazu, Cartagena dem Humanismus zuzuordnen, was auch von der Definition des Humanismus abhängig sei.

356 Castilla Urbano, Patriotismo y legitimación monárquica, S. 141.

357 Vgl. Campagna, Francisco de Vitoria, S. 31 und 34.

358 Vgl. Delgado, Die Zustimmung des Volkes, S. 175.

kritisiert und gestützt habe, zeigt Vitorias Position, die er in seinen *Relectiones* zusammenfasste und die als »problemorientierte Wiederholungskurse«[359] zu verstehen sind, eine unabhängige, wissenschaftliche Einschätzung aktueller Ereignisse. Cartagena hingegen habe kein einziges wissenschaftliches Werk verfasst, so sein Biograph Luis Fernández Gallardo.[360] Seine juristischen Schriften seien Gelegenheitsarbeiten, die im Auftrag des Königs oder anderer Magnaten entstanden.[361] Beide in Burgos Geborenen verbindet jedoch, dass sie keinen persönlichen Kontakt zu den Kulturen – den kanarischen und den indianischen – hatten, über die sie urteilten.[362] Darüber hinaus kann auch Cartagena wie Vitoria als Gründer einer Denkschule angesehen werden. Während Vitorias Anhänger sich im geistigen Zentrum des frühmittelalterlichen Spaniens, an der Universität Salamanca, um ihren Lehrer scharten, fungierte zu Cartagenas Zeit der erzbischöfliche Palast in Burgos als Ort des intellektuellen Austausches.[363] Als »Ausbilder zukünftiger Intellektueller«[364] beeinflussten seine Lehren nicht nur die bereits erwähnten kastilischen Historiographen Alonso de Palencia und Diego de Valera, sondern etwa auch Rodrigo Sánchez de Arévalo und Diego Rodríguez de Almela.[365]

Auch bei den *Allegationes*[366] handelt es sich um eine Auftragsarbeit, die Cartagena auf Gesuch des kastilischen Königs für Luis Álvarez de Paz, ebenfalls Doktor des Rechts und Mitglied der Delegation beim Konzil von Basel, verfasste. Auf Basis der darin entfalteten Argumentation für das Herrschaftsrecht Kastiliens an den Kanarischen Inseln sollte Álvarez de Paz den Standpunkt der Krone beim Konzil verteidigen.

359 Grawert, Francisco de Vitoria, S. 114.

360 Vgl. Fernández Gallardo, Las políticas de Alonso de Cartagena, S. 413.

361 Vgl. ebd., S. 414.

362 Vgl. Campagna, Francisco de Vitoria, S. 26–27.

363 Vgl. González Rolán / Hernández González / Saquero Suárez-Somonte, Introducción, S. 13; Castilla Urbano, Patriotismo y legitimación monárquica, S. 141.

364 »formador de futuros intelectuales«. González Rolán / Hernández González / Saquero Suárez-Somonte, Introducción, S. 12.

365 Castilla Urbano, Patriotismo y legitimación monárquica, S. 141.

366 Cartagena, Allegationes super conquesta Insularum Canariae contra portugalenses, S. 57–162; zur Manuskriptgeschichte vgl. González Rolán / Hernández González / Saquero Suárez-Somonte, Introducción, S. 27–33. Die *Allegationes* sind nicht das erste Werk, in dem Cartagena Bezug zu den Kanaren herstellt. Bereits im *Discurso sobre la precendencia* betont er die Zugehörigkeit der Kanaren zu Kastilien. Vgl. Castilla Urbano, Patriotismo y legitimación monárquica, S. 151; zuvor hatte er in seinem Werk *Memoriale virtutum* die Primitivität der Völker des kanarischen Archipels herausgestellt, denen es an Geld als Zahlungsmittel fehle. Vgl. Fernández Gallardo, Alonso de Cartagena. Iglesia, política y cultura, S. 360.

Orientiert an Ciceros Argumentationsstruktur in *De inventione*, besteht die rechtliche Beweisführung Cartagenas aus sechs Abschnitten.[367] Einer Einleitung *(exordium)*[368] folgt ein Bericht zur Sachlage *(narratio)*, zur Anzahl der Kanaren, zum Eroberungsstand und zur diplomatischen Vorgeschichte des Streits zwischen Kastilien und Portugal.[369] Nach einem kurzen Abschnitt *(partitio)*[370] zu den Argumenten Portugals für ihren Herrschaftsanspruch an den Inseln, entfaltet Cartagena seine eigentliche Argumentation, bei der er die Rechtsgründe des kastilischen Königs auf die Probe stellt, um sie dann allesamt als rechtmäßig zu bestätigen *(confirmatio)*.[371] Als Evidenzen greift er auf Chroniken zurück, auf die Texte antiker Weiser *(per sapientes antiquos et per illos uetustos doctores)*, auf Konzilsakten, Rechnungsbücher und die öffentliche Meinung *(per communem populi opinionem)*, worunter er Zeugnisse der mündlichen Überlieferung, wie beispielsweise die Erzählungen von *El Cid*, versteht.[372] Einer Widerlegung der Contra-Argumente *(reprehensio)*[373] folgt schließlich die *conclusio*, in der er eine Empfehlung an den Papst für das weitere Vorgehen ausspricht und dessen Rolle auf den Bereich des Religiösen reduziert.[374]

Während Vitoria die Indianer-Frage als *quaestio* behandelte und mit der Methode scholastischer Wahrheitsfindung das Für und Wider abwog, ist Cartagenas Traktat ein forensischer Diskurs, der eine klare Position vertritt.[375] Im Vergleich mit dem Moraltheologen ist der Jurist hier nicht an dem Verhältnis von Eroberern und Eroberten interessiert oder stellt die Rechtmäßigkeit des kastilischen Vorgehens infrage. Im Gegenteil geht es bei Cartagena einzig darum, die Interessen Kastiliens an den Kanaren gegenüber dem portugiesischen Rivalen zu verteidigen.

367 Vgl. González Rolán / Hernández González / Saquero Suárez-Somonte, Introducción, S. 26. Cartagena charakterisiert sein eigenes Werk auf diese Weise: Cartagena, Allegationes super conquesta Insularum Canariae contra portugalenses, S. 70; Alvar Nuño, Estudio, edición crítica y traducción de la »Compendiosa historia Hispánica« de Rodrigo Sánchez de Arévalo, S. 75.

368 Cartagena, Allegationes super conquesta Insularum Canariae contra portugalenses, S. 57–59.

369 Vgl. ebd., S. 63–68.

370 Ebd., S. 70–74.

371 Vgl. ebd., S. 74–138.

372 Vgl. ebd., S. 76–84.

373 Ebd., S. 138–154.

374 Vgl. ebd., S. 154–162.

375 Vgl. González Rolán / Hernández González / Saquero Suárez-Somonte, Introducción, S. 26.

1.4.3.2 Antonio Roselli und Antonio Menucci da Pratovecchio

Ähnliche Auftragsarbeiten wie Cartagena fertigten die italienischen Juristen Antonio Roselli (1380/81–1466) und Antonio Menucci da Pratovecchio (1380–1468) an, allerdings auf Anfrage des Heiligen Stuhls. Während über Menucci kaum etwas bekannt ist, ist Rosellis Biographie und Œuvre gut erforscht. Sohn einer adeligen aretinischen Familie erlangte Roselli 1406 den Doktorgrad im Recht an der Universität Bologna.[376] Sein Hauptwerk ist die *Monarchia sive de potestate imperatoris et papae*, mit dem er zur Neuformierung des monarchischen Gedankens beigetragen habe.[377] Für Roselli waren die weltliche und geistliche Sphäre strikt getrennt. So war er sowohl ein Verfechter eines absoluten, zentralistischen Papsttums, in dessen Gesetzgebung der Kaiser als *filius ecclesie* eingebunden war, als auch einer von Gott gegebenen kaiserlichen, unabhängigen weltlichen Gewalt. Als *dominus orbis* war jeder Christ, mit Ausnahme von Klerikern, Roselli zufolge an die kaiserliche Gesetzgebung gebunden. Der Papst hingegen war nur, wie jedes andere menschliche Wesen, dem Natur- und Gottesgesetz unterworfen.[378]

Nach einer Lehrtätigkeit in Florenz trat er um 1430 als Notar und Konsistorialadvokat in den Dienst der römischen Kurie. Darüber hinaus vertrat er als päpstlicher Legat und Rechtsberater am römischen Hof das Anliegen Ladislaus' von Polen, trug zur Entspannung des Verhältnisses zwischen Eugen IV. und Kaiser Sigismund bei und war am Hofe Karls VII. von Frankreich für den Heiligen Stuhl tätig. Auch weltliche Fürsten bedienten sich seiner Expertise, so etwa der König von Neapel.[379] Bis er 1438 in den Wissenschaftsbetrieb zurückkehrte und bis zu seinem Tod 1466 in Padua lehrte, stellte vor allem seine Tätigkeit als Rechtsberater »eine Konstante seines Lebens«[380] dar.[381] Unter den verschiedenen Gutachten *(consilia)*, die er erstellte, zählt auch die Bearbeitung folgender Fragestellung: »Inwieweit [es gerecht ist, wenn] ein Fürst oder ein christlicher König, der keinen Höheren über sich anerkennt, einen Krieg gegen Sarazenen beginnen will, die weder Teile seines Reiches besitzen oder besetzen, und diese Gebiete auch keinem anderen Christen gehört haben, wie es in der

376 Vgl. Weitz, Der Traktat des Antonio Roselli, S. 9.

377 Vgl. Prügl, Art. »Roselli, Antonio«, Sp. 1033.

378 Vgl. Rando, Kulturaustausch an der Universität, S. 49–50.

379 Vgl. Weitz, Der Traktat des Antonio Roselli, S. 13–15.

380 Vgl. ebd., S. 27.

381 Vgl. Rando, Kulturaustausch an der Universität, S. 47. Über die Gründe seines Rückzuges von der päpstlichen Politik zur Universität ist viel spekuliert worden. Einer These zufolge wurde ihm das Kardinalsamt verwehrt, weil er schon zweimal verheiratet war, was ihn dazu bewogen habe, seinen Dienst für den Heiligen Stuhl niederzulegen. Vgl. »Roselli (Antoine de)«, S. 731.

Berberei der Fall ist.«[382] Ein zweites Gutachten zu dieser Frage legte Menucci da Pratovecchio Papst Eugen IV. im Oktober des Jahres 1436 vor. Neben Baldus de Ubaldis und Bartolus von Sassoferrato – Rosellis Vater war Schüler des Letztgenannten[383] – stützte sich Roselli bei seiner Argumentation insbesondere auf die Lehren Innozenz' IV.[384] Obschon kein direkter Bezug zu den Kanaren hergestellt wird, soll Cartagena in den beiden *consilia* der renommierten Bologneser Gelehrten eine große Gefahr für die Beschneidung der Herrschaftsrechte Kastiliens gesehen haben, da insbesondere Roselli die legitimen Argumente für eine Invasion christlicher Fürsten in heidnische Gebiete deutlich einschränkte (siehe dazu Kapitel 7).[385]

1.4.3.3 Bartolomé de las Casas

In über dreihundert Schriften verteidigte der Dominikaner Bartolomé de las Casas die Rechte der Indigenen Lateinamerikas. Kaufmannssohn, Besitzer einer *Encomienda*[386] und als Konquistador in die Eroberungszüge in der Karibik involviert, veranlasste der grausame Umgang der spanischen Invasoren mit der indigenen Bevölkerung Las Casas dazu, sich zwischen 1511 und 1514 zu ihrem eifrigsten »Anwalt« zu entwickeln. In seinen Schriften wandte er sich an die spanische Krone und konnte schließlich mit den *Leyes Nuevas* 1542 ein zeitweises Verbot des *Encomienda*-Systems erwirken. In der Praxis versuchte er als Bischof von Chiapas die spanischen Siedler, unter Androhung der Exkommunikation, zu einem humanen Umgang mit der indigenen Bevölkerung zu bewegen.[387] Im Nachgang der *Junta* von Valladolid (1550/51), bei der er sich mit der Position des Humanisten Juan Ginés de Sepúlveda auseinandergesetzt hatte, vollendete er das »goldene Stück in einer breiten advokatorischen Bewegung, die

382 *Quidam princeps seu rex catholicus, non recognoscens superiorem, vult jnducere bellum contra sarracenos, non possidentes nec detinentes terras ipsius regis, sed detinentes terras que fuerunt aliorum christianorum, quemadmodum in Barbariam.* Parecer do jurista bolonhés António Minucci da Pratovecchio, S. 287.

383 Vgl. Weitz, Der Traktat des Antonio Roselli, S. 8.

384 Vgl. Walther, Regnum magis assimilatur dominio quam simplici regimini, S. 386.

385 Vgl. González Rolán / Hernández González / Saquero Suárez-Somonte, Introducción, S. 26.

386 1503 durch Königin Isabella von Kastilien eingeführt, wurden den Konquistadoren und Siedlern, je nach Stand und Verdiensten, Indigene zugeteilt, die für sie in der Landwirtschaft und den Minen arbeiten sollten. Zum Ausgleich waren die *Encomenderos* verpflichtet, die Indigenen im christlichen Glauben zu unterweisen. Vgl. Eggensperger, Einleitung: Die encomienda, S. 69–70.

387 Vgl. Clayton, Bartolomé de las Casas, S. 25, 46 und 98.

alle Aspekte indianischer Kulturen einschloss«,[388] die sogenannte *Apologética Historia Sumaria* (1557). Zunächst als Bestandteil der *Historia de las Indias* gedacht, trennte Las Casas die beiden Werke schließlich in eine *historia general* und eine *historia natural y moral.*[389] In der *historia general* übte er nicht nur Kritik an der Eroberung Lateinamerikas, sondern auch an der Versklavung der Bevölkerung Westafrikas und an den Angriffen der Franzosen und Portugiesen auf die Kanarischen Inseln (Kapitel 1–11 der *Historia de las Indias*). Bei seinen Ausführungen in der später sogenannten *Brevísima relación de la destrucción de África*[390] stützte er sich auf kastilische und vor allem auf portugiesische Quellen, wie etwa die Chronik Alonso de Palencias oder die ersten Dekaden von João de Barros' *Ásia* und Gomes Eanes de Zuraras *Crónica dos Feitos da Guiné*,[391] da der Abschluss der *Conquista* der Kanaren bereits 50 Jahre zurücklag und der Dominikaner hier nicht über eigene Erfahrungen und Erlebnisse berichten konnte. In den 1550er Jahren entstanden, wurde die *Historia de las Indias* durch das Veröffentlichungsverbot Philipps II., das Berichte über Westindien betraf, erst 1875 gedruckt.[392] So ist nur von einer geringen Verbreitung von Las Casas' Gedanken zur »Zerstörung« Westafrikas und der Kanarischen Inseln auszugehen. Ob Espinosa Zugriff auf dieses Werk hatte, von Las Casas' Position im Allgemeinen inspiriert oder völlig unabhängig im Nachgang zu einer kritischen Haltung gegenüber der Eroberung des Archipels gelangte, lässt sich aufgrund fehlender direkter Bezüge deshalb schwer beurteilen.[393]

1.4.4 Schlussfolgerung

Die Vorstellung und Einordnung der Quellen und ihrer Verfasser sollten dazu dienen, in der folgenden Analyse auf eine umfangreiche Einordnung verzichten zu können. Mit Blick auf die juristischen Zeugnisse ist darauf hinzuweisen, dass sie zum Teil im selben Kontext entstanden (Menucci da Pratovecchio und Roselli – Cartagena) beziehungsweise aufeinander reagierten (vermutlich bei Las Casas – Espionsa der Fall). Teils wird im Folgenden aber aufgrund ihrer Thematisierung der Eroberung der Kanarischen Inseln womöglich ein ideengeschichtlicher Zusammenhang zwischen den Quellen hergestellt, der nicht auf zeitgenössischen Bezügen beruht.

388 Delgado, Einleitung, S. 339.
389 Vgl. ebd., S. 329–331.
390 Vgl. Pérez Fernández, Estudio preliminar, S. 11.
391 Vgl. Sánchez-Godoy, Bartolomé de Las Casas, S. 13.
392 Vgl. Pérez Fernández, Fray Bartolomé de Las Casas, S. 147.
393 Vgl. Pérez Fernández, Estudio preliminar, S. 12–14.

Wie dargestellt, liegen bis auf wenige Ausnahmen die meisten der erzählenden Quellen zur *Conquista* der Kanarischen Inseln nur als späte Abschriften vor, deren Überarbeitungsgrad sich schwer abschätzen lässt. Dieser Umstand muss bei ihrer Interpretation und der Beurteilung ihres Aussagewerts unbedingt Berücksichtigung finden. Vor allem das 16. Jahrhundert war geprägt von einem Zusammenwachsen der ursprünglich indigenen mit der neuen spanischen Gesellschaft zu einer kanarischen Mestizenkultur, die ihrer beider Wurzeln zu erinnern suchte. Während die ersten Werke kanarischer Literaten wie Cairasco de Figueroa und Viana von einem Stolz und einer Überhöhung des indigenen Erbes zeugen, weist die Geschichtsschreibung am Ende des Jahrhunderts eine versöhnliche Tendenz auf. Im Gegensatz zu früheren Zeugnissen wächst sowohl die Zahl der Erwähnungen indigener Helferinnen und Helfer, die die Konquistadoren bei der Unterwerfung des Archipels unterstützten (siehe Kapitel 4), als auch die der Darstellung von Pakten (siehe Kapitel 3). Ob die Beschreibung von Verträgen und einer Zusammenarbeit zwischen Eroberern und Eroberten auf historischen Tatsachen beruhte oder als literarischer Topos dazu dienen sollte, die *Conquista* eher als Einvernehmen denn als Eroberung zu inszenieren, muss bei der Analyse und der Einordnung des Aussagewerts der Untersuchungsergebnisse mitgedacht werden.

Außerdem ist zu beachten, dass die Mehrheit der erzählenden Quellen über die *Conquista* der Kanaren vor dem Hintergrund der bereits erfolgten Eroberung Mexikos und Perus bearbeitet worden sind. Aussagen über den Innovationsgrad völkerrechtlicher Praktiken und Theorien in Bezug auf die Kanarischen Inseln und über den Einfluss der kanarischen Erfahrung auf das amerikanische Projekt müssen ebenfalls vor dem Hintergrund dieses Entstehungskontexts der erzählenden Quellen einer kritischen Prüfung unterzogen werden.

Teil II: Völkerrechtspraxis

2. Völkerrecht und internationale Beziehungen bei den Kanariern

Das folgende Kapitel dient zugleich als Einführungs- und als Analysekapitel, da es die kanarische Kultur und Lebensweise zum Zeitpunkt der Entdeckung und Eroberung des Archipels durch die Europäer beschreibt und damit die zentrale Voraussetzung schafft, um die Eroberung der Kanaren als Begegnung von indigenen und europäischen Normativitäts- und Rechtsvorstellungen untersuchen zu können (Abschnitt 2.2). Dabei gilt es zunächst, die Existenz vorkolonialen Völkerrechts und internationaler Beziehungen auf und zwischen den Kanarischen Inseln zu prüfen. Waren die Inseln von mehreren Stammesgruppen bewohnt, die sich gegenseitig als unabhängig verstanden (Abschnitt 2.3)? Gab es interinsulare oder gar transmaritime Beziehungen der Indigenen vor den ersten Kontakten mit den Europäern (Abschnitt 2.4)? Lassen sich Aussagen über eine innere Ordnung oder gar eine Völkerrechtsordnung der Kanarier treffen? Wie erweiterte sich der Kommunikations- und Interaktionsraum der Indigenen im Zuge der Kontakte mit den Europäern? Schließlich wird am Beispiel eines Paktes zwischen Hernán Peraza und Stammesgruppen der Gomeraner gezeigt, dass die sowohl bei den Europäern als auch bei den Indigenen bekannten und gepflegten internationalen Rechtspraktiken große Unterschiede aufwiesen, die zu folgenschweren Missverständnissen führen konnten (Abschnitt 2.5).

2.1 Methodische Vorbemerkungen

Bereits seit den 1950er Jahren wird in der Forschung zur Geschichte des Internationalen Rechts nicht mehr von einem rein westeuropäischen, sondern von einem pluralen Ursprung des Völkerrechts ausgegangen.[1] Obwohl seither einige Arbeiten zur außereuropäischen Völkerrechtsgeschichte entstanden sind,[2]

1 Vgl. Becker Lorca, Eurocentrism in the History of International Law, S. 1035.

2 Für Forschungsarbeiten zur außereuropäischen Völkerrechtsgeschichte des Mittelalters siehe Rasilla del Moral, Medieval International Law.

erfreut sich das Westfälische Modell, die Annahme eines mythischen Ursprungs eines auf Gleichheit und Souveränität basierenden, modernen europäischen Staatensystems mit dem Frieden von Münster und Osnabrück im Jahr 1648, immer noch großer Beliebtheit.[3] Diese Orientierung am Westfälischen Modell, so Rasilla del Moral, führe zu einer Fokussierung der Völkerrechtsgeschichtsforschung auf bestimmte kanonische Ereignisse und im Umkehrschluss zu einer »double exclusionary bias«,[4] einer Vernachlässigung von Perioden und Räumen, in denen keine dem neuzeitlichen Völkerrecht gleichkommende Ordnung vorherrsche.[5] Diese Marginalisierung betrifft, wie einleitend bereits angedeutet, sowohl die Erforschung der Völkerrechtsgeschichte des Mittelalters als auch die des afrikanischen Kontinents; ein Zeit- und Kulturraum, der unmittelbar mit der hier zu analysierenden Völkerrechtsgeschichte des kanarischen Archipels verbunden ist.

Wie für die Erforschung des Mittelalters liegen auch für die Untersuchung der Völkerrechtsgeschichte des afrikanischen Kontinents bisher allenfalls Ansätze vor, was, so Jakob Zollmann, unter anderem in der Problematik des *presentism* begründet sei: »Those researchers who are interested in the origins of *Mindermeinungen* (minority views) or legal provisions that no longer leave traces in present legislation or customs will find it hard to boast about the ›relevance‹ of their research.«[6] Neben dieser Konzentration der Völkerrechtsforschung auf historische Gegenstände, die vor allem die Entwicklung des modernen Internationalen Rechts erhellen sollen, sind dem *Medieval International Law* als Periode und den *African Legal Studies* als Raum noch zwei weitere Charakteristika gemein, die ihre Marginalisierung erklären: Erstens der Mangel an schriftlicher Überlieferung klassischer Rechtsquellen und zweitens die Inexistenz eines Staatensystems, das bei einem engen, modernen Verständnis von Völkerrecht als dessen Voraussetzung angenommen wird.

So ist die Forschung zur Rolle Afrikas in der Geschichte des Internationalen Rechts von zwei Ansätzen bestimmt: Während die »critical theorists« der Frage nachgehen, wie die ausbeutende und imperialistische Tendenz des Völkerrechts gegenüber dem globalen Süden entschärft werden kann, versuchen »contributionists« wie Taslim Olawale Elias afrikanisches Gewohnheitsrecht als dem europäischen Völkerrecht ebenbürtig zu erklären.[7] Bei dem Versuch, die Exotik des Konstrukts »Afrika« zu »normalisieren«, konzentriert sich Elias' Arbeit auf die Periode des Kolonialismus (ca. 1880–1950).[8] Die präkoloniale Epoche

3 Vgl. Rasilla del Moral, International Legal Theory, S. 426.
4 Ebd., S. 423 und 428.
5 Vgl. ebd.
6 Zollmann, African International Legal Histories, S. 897–914.
7 Vgl. Elias, Africa and the Development of International Law, S. 43.
8 Vgl. Zollmann, African International Legal Histories, S. 899.

handelt er mit einer Untersuchung der sozialen Ordnung, der Handelsbeziehungen und Gesandtschaften der »Indigenous African States« auf wenigen Seiten ab. Nordafrika, vor allem aufgrund der Islamisierung und der damit einhergehenden, stärker ausgeprägten Schriftlichkeit der besterforschte Teil des Kontinents, und die Sahara als Austausch- und Handelszone stehen dabei im Fokus der Untersuchung. Damit ist die Arbeit ein Paradebeispiel für eine generelle Tendenz in der völkerrechtlichen Afrikaforschung, sich auf Räume und Zeiten zu konzentrieren, die schriftliche Quellen hervorgebracht haben. Materialkultur, Photographien und Karten würden demgegenüber sehr selten als Dokumente zur Untersuchung völkerrechtlicher Zusammenhänge herangezogen, moniert Zollmann. Dieses »unjuristische Material«[9] sei jedoch unentbehrlich, um eine Völkerrechtsgeschichte des afrikanischen Kontinents zu schreiben. Gerade durch den Einbezug neuer Quellenarten und Forschungsergebnissen aus anderen Disziplinen wie Linguistik, der Archäologie oder der Rechtsethnologie könnten Rechtshistoriker neue Erkenntnisse gewinnen.[10]

Auch für die Zeit des Mittelalters gilt, dass sich europäisches Völkerrecht in dieser Epoche nicht allein aus – wenn überhaupt vorhanden – klassischen juristischen Quellen rekonstruieren lässt. Der neuzeitlichen Tendenz zur Verschriftlichung steht ein mittelalterliches Völkergewohnheitsrecht gegenüber, das nicht in Schrift verewigt wurde, sondern seine Gültigkeit durch Rituale und Symbole erhielt.[11]

»Das Imperium, eine Erfindung früher Zivilisationen, ist der weltgeschichtliche Normalfall, der Nationalstaat die spätneuzeitliche Ausnahme,«[12] so Jürgen Osterhammel. Die enge definitorische Bindung zwischen Völkerrecht und Staat als dessen Subjekt *par excellence* und das damit verknüpfte Prinzip einer fiktiven Gleichrangigkeit hat ebenfalls über lange Zeit und zum Teil bis heute zu einer Marginalisierung von Zeiten und Räumen in der Völkerrechtsgeschichte geführt.[13] So hat die mediävistische Forschung des 20. Jahrhunderts mit Otto

9 Preiser, Die Völkerrechtsgeschichte, S. 25.

10 Vgl. Zollmann, African International Legal Histories, S. 907. Auf die Notwendigkeit eines »multi-disciplinary approach« verweisen ebenso Angelo Dube und Lindelwa Mhlongo. Vgl. Dube/Mhlongo, The Forgotten Continent?, S. 281; Meyer, Mittelalterliche Rechts- und Verfassungsgeschichte, S. 77 und 98–99.

11 Vgl. Kintzinger, From the Late Middle Ages to the Peace of Westphalia, S. 614–615.

12 Osterhammel, Imperien, S. 56.

13 Gleiches gilt für die definitorische Bindung von internationalen Beziehungen und Staaten: »Die gängigste Definition der internationalen oder auch der transnationalen Beziehungen ist zugleich die schlechteste, nämlich die Gleichsetzung von internationalen Beziehungen mit Beziehungen zwischen Staaten«,

Brunner den Staat für das Mittelalter verabschiedet und ihn sich allenfalls als Analysekategorie erhalten.[14] Im weitgehenden Konsens spricht man von einem komplexen System von »Herrschaft«, bereits im Mittelalter als Begriff gebräuchlich *(dominium)*.[15] Trotz dieser vom neuzeitlichen Völkerrecht abweichenden Ordnung ist die Existenz internationaler Beziehungen und des Völkerrechts im Mittelalter anzunehmen:

> No pre-modern international law in a modern sense existed during the Middle Ages and the early modern period, but there were norms and practical measures by which people managed international communications and conflicts and which were theoretically and functionally equivalent to international law.[16]

Geistliche und weltliche Mächte, Fürsten und Bischöfe, der römisch-deutsche König und Kaiser und der Heilige Stuhl sind die Völkerrechtssubjekte des europäischen Mittelalters, in denen sich vereint, was im modernen Völkerrecht abstrakt mit »Staat« bezeichnet wird. Ebenso wie die Nationalstaaten der Moderne tauschten sie Waren, verhandelten miteinander, schlossen Verträge und führten auf normativer Basis Krieg. Die hierarchische Ordnung und die universalen Herrschaftsansprüche von Papst und Kaiser suggerieren dabei das Vorhandensein einer *superioritas*, die dem Prinzip der Gleichrangigkeit moderner Staaten und damit der Existenz eines mittelalterlichen Völkerrechtssystems zu widersprechen scheint. Herrschaft, auch die der vermeintlichen Universalgewalten, war im Mittelalter jedoch konsensual und beruhte auf Aushandlungsprozessen, die als ein völkerrechtliches Äquivalent angesehen werden können. Aufgrund der Manifestation von Herrschaft in Personen sind für das europäische Mittelalter darüber hinaus Freundschaftsbande und Heiratsbeziehungen zwischen Königs- und Fürstenhäusern ein wichtiges Mittel zum Aufbau internationaler Beziehungen. Auch Gesandte, die für ihre Herren stehen und sprechen und diese verkörpern, sind als Völkerrechtssubjekte anzusehen. Darunter fallen auch die Entdecker, Händler und Konquistadoren, die – stellvertretend für ihre Herren – mit indigenen Anführern verhandelten, Waren austauschten,

so Kleinschmidt, Kultur der Diplomatie, S. 71; mit Blick auf die Neuzeit ist hier schon einiges passiert. Vor allem die Arbeiten von Lauren Benton haben Imperien in das Zentrum der Geschichte des Internationalen Rechts gerückt, siehe dazu u. a. Benton/Ford, Rage for Order. Methodisch wird sogar von einem »imperial turn« in der »history of international law« gesprochen, vgl. Benton, Made in Empire, S. 473–478.

14 Christoph Dartmann versucht etwa, »Staatlichkeit« oder auch »maritime Staatlichkeit« als Analysekategorie für mittelalterliche Themen zu rehabilitieren, siehe dazu beispielsweise Dartmann, Politische Interaktion in der italienischen Stadtkommune, S. 21–22.

15 Vgl. Kintzinger, Bellum iustum, S. 7.

16 Kintzinger, From the Late Middle Ages to the Peace of Westphalia, S. 616.

Kriege erklärten und Frieden schlossen. Im zu Beginn zitierten Brief des Christoph Kolumbus spricht dieser deshalb ganz selbstverständlich davon, dass er die neu entdeckten Gebiete stellvertretend für die spanische Krone in Besitz genommen habe.

Doch welche Bezeichnungen lassen sich für die Subjekte dieser funktionalen Äquivalenz finden, wenn der Blick über die Grenzen Europas hinausgeht? Eine frühe Publikation zur vorkolonialen Geschichte des Völkerrechts in Außereuropa ist Wolfgang Preisers »Frühe völkerrechtliche Ordnungen der außereuropäischen Welt«.[17] Alt-Amerika, die polynesische Inselwelt, Schwarzafrika, der indische Subkontinent sowie China und angrenzende ostasiatische Gebiete werden auf die Ausbildung eines völkerrechtlichen Systems hin untersucht, allerdings unter der Prämisse, dass das europäische Völkerrecht nach der Eroberung dieser Gebiete die alten Ordnungen verdrängt habe.[18] »Als Subjekte dieser [vorkolonialen] Ordnung kommen neben ausgebildeten Staatswesen auch Stammesverbände in Betracht«,[19] so Preiser. Doch vermag der Begriff »Stamm« die Subjekte der vielgestaltigen außereuropäischen Völkerrechtsordnungen fassen?

Die ethnologische und archäologische Forschung zu den Kanarischen Inseln spricht von »tribu« oder »sociedad tribal« einerseits in Bezug auf die sozialen Organisationsformen der autochthonen kanarischen Bevölkerung, andererseits in Bezug auf die Berberstämme Nordafrikas, die Herkunftsregion der Kanarier, weshalb sich hier ein ethnologischer Vergleich aufdrängt.[20] Die Indigenen der Kanaren pflegten einen Ahnenkult, manchmal auf einen Stammvater, manchmal auf eine Stammmutter zurückgehend, der in Form eines Ursprungsmythos des jeweiligen Volkes mündlich tradiert wurde. Auf Teneriffa etwa leisteten die indigenen Anführer, die »Menceyes«, bei ihrer Einsetzung einen Schwur ab, bei dem ein gemeinsamer mythischer Vorfahr des »Stammes« symbolisch erinnert

17 Preiser, Frühe völkerrechtliche Ordnungen. In einer biographischen Arbeit zu »Wolfgang Preiser (1903–1997) und sein ›Institut für Geschichte des Völkerrechts‹ an der Universität Frankfurt. Denkräume und Sozialwelten eines Völkerrechtshistorikers«, die demnächst in der Reihe »Studien zur Geschichte des Völkerrechts« erscheinen wird, charakterisiert Miloš Vec Preisers Werk über die außereuropäische Welt als »ungewöhnliche Monographie«, in der er seine Einschätzung Preisers als »Einzelgänger, Innovator und Pionier« bestätigt findet. Denn mit dem Versuch, die Existenz völkerrechtlicher Ordnungen in der außereuropäischen Welt zu belegen und sich überhaupt mit ihnen zu beschäftigen, unternahm Preiser 1976 bereits etwas, was heute in der Forschung zur Völkerrechtsgeschichte unter dem Eindruck des *global turn* eingefordert wird.

18 Vgl. Preiser, Frühe völkerrechtliche Ordnungen, S. 8.

19 Ebd., S. 9.

20 Zum Beispiel bei Tejera Gaspar/González Antón, Las culturas aborígenes canarias.

wurde. Der *Mencey* schwor einen Eid, indem er den Totenschädel seines Ahnen über seinen Kopf hielt *(El día que elegían Rei juraban i votaban de cumplir i guardar aquellas leyes i preheminencias que les era vso; sobre una calauera de el primer antesesor sui poniéndola sobre su caueza).*[21] Mit Verweis auf Abreu Galindo und somit auf eine spätere Quelle beschreiben Antonio Tejera Gaspar und Ráfael González Antón dieses »Krönungsritual« etwas anders: So habe der *Mencey*, um seine Ernennung zu legitimieren, vor dem versammelten *Tagoror*,[22] dem Großen Rat, einen Knochen seines Vorfahren geküsst. Auch diese Variante sei nicht unwahrscheinlich, da sich ein ähnlicher Brauch auch bei den Berberstämmen Nordafrikas fände.[23] Darüber hinaus legte die autochthone Bevölkerung großen Wert auf Abstammungslinien und Verwandtschaftsbeziehungen, wie im Folgenden noch zu sehen sein wird.[24]

Doch, obschon die Kanarier damit die Grundvoraussetzung für Stammesgesellschaften, die sich aus Clans zusammensetzen, die wiederum aus Familien gleicher Abstammung bestehen,[25] erfüllen, hat der Begriff »Stamm« eine hochproblematische Färbung, die sich im Zuge von Kolonialismus und Imperialismus entwickelt hat. Ohne den Begriff »Stamm« zu verwenden, war das Fehlen von Recht und Ordnung bereits im 15. und 16. Jahrhundert ein häufig vorzufindendes Argument, wenn es darum ging, die Inferiorität fremder Völker zu betonen. Denn aus der Bewertung des Organisationsgrades – handelte es sich um organisierte Gemeinschaften oder um eine *terra nullius* – konnte ein Recht auf Eroberung abgeleitet werden. So wies etwa Francisco de Vitoria das Argument zurück, bei der Neuen Welt handele es sich um eine *terra nullius*, denn die entdeckten Gebiete wären nicht herrenlos, sondern es hätten bereits souveräne

21 Sedeño, Naturalesa y costumbres particulares, S. 379. Dieses Kapitel hat der Herausgeber der neuesten Edition, Francisco Osorio Acevedo, aus der hier sonst zitiert wird, nicht mitediert.

22 Manchen Ethnologen zufolge handelte es sich beim *Tagoror* um einen großen Rat, anderen zufolge um die Bezeichnung des Versammlungsorts, der rund und mit Steinen umgeben gewesen sein soll, wie von den Berberkulturen bekannt. *Lugar llano y circular, cercado de piedras que servían de asiento, donde se celebraban las asambleas de los antiguos habitantes de las islas, presididas por el guanarteme o el mencey, y la asamblea misma.* »tagóror o tagoror, taboror, tagoro, tahoror«, in: Diccionario Histórico del Español de Canarias (DHECan), S. 1346–1348.

23 Vgl. Tejera Gaspar/González Antón, Las culturas aborígenes canarias, S. 88–89; Quellenbeleg, vgl. Espinosa, Origen y milagros de Nuestra Señora de Candelaria, S. 22–23. Kombiniert als Ritual beschrieben bei Torriani, Descripción e historia del reino de las Islas Canarias, S. 177. Er überliefert darüber hinaus den Schwur, den die *Menceyes* leisteten: *por el hueso de aquél por quien te hiciste grande* (für den Knochen desjenigen, aus dem du erwachsen bist). Siehe darüber hinaus Tejera Gaspar, Parentesco, familia y matrimonio, S. 321–332.

24 Vgl. ebd., S. 321–324.

25 Vgl. Sneath, Tribe.

indigene Gemeinwesen existiert.[26] Demgegenüber deutete Juan Ginés de Sepúlveda (1490–1573) dieses *ius* gänzlich anders aus: *Sed iam iure gentium, quo quae nullius sunt fiunt occupantium, iactum est ut horum barbarorum imperium ad Hispanos proprie pertineat.*[27] Während Vitoria also unter *terra nullius* von organisierten Gesellschaften gänzlich unbesiedelte Gebiete verstand, galt Sepúlveda jegliches Land, welches nicht unter der Herrschaft eines Christen stand, als *terra nullius*.

Im 19. Jahrhundert wurde der Begriff »Stamm« dann vermehrt auf ethnische Gruppen und Naturvölker angewandt:[28] »The notion of the tribe took on a very particular role in the era of colonial expansion. It became the social unit – and characteristic life-organising social form – of peoples considered more primitive than the Euroamerican colonists.«[29] Während der Katalanische Weltatlas von 1375 den Herrscher über Guinea, Musse Melly, noch auf einem Thron sitzend mit goldener Krone, Zepter und goldener Kugel zeigt und als reichen und edlen König beschreibt,[30] ging die sich im Verlauf der Frühen Neuzeit durchsetzende Annahme einer Inferiorität Afrikas mit einer Degradierung afrikanischer Titel und Organisationsformen einher. Die Idee einer Königin in England und einer Königin in Afrika war nicht vereinbar mit diesem hierarchischen Weltbild, statt von Nationen oder Staaten sprach man von afrikanischen »Stämmen« und ihren »Häuptlingen«.[31]

Der »Stamm« steht dem »Staat« folglich nach und bezeichnet eine Vorform in einem Fortschrittsnarrativ menschlicher Organisationsformen, das im 19. Jahrhundert mit einer Entwicklung von Wildheit und Barbarismus (siehe dazu Abschnitt 5.2) hin zur Zivilisation assoziiert wurde. Dass wir von diesem Fortschrittsdenken auch heute nicht frei sind, zeigt sich nicht zuletzt an der Forschung zur autochthonen Bevölkerung der Kanarischen Inseln. So spricht Juan José Jiménez González für Gran Canaria aufgrund der soziokulturellen Komplexität der Stammesgruppen auf dieser Insel von Ordnungen, denen

26 Hafner/Loretan/Spenlé, Naturrecht und Menschenrecht, S. 137.

27 Sepúlveda, Democrates secundus, sive de iustis belli causis, S. 100.

28 Vgl. Wirth, Art. »Stamm«, Sp. 42.

29 Sneath, Tribe.

30 Der Katalanische Weltatlas vom Jahre 1375, Erstes Doppelblatt, rechte Seite; Vgl. Fauvelle, Das Goldene Rhinozeros, S. 216.

31 Vgl. Dube/Mhlongo, The Forgotten Continent?, S. 275–276. Bereits Abreu Galindo weicht Ende des 16. Jahrhunderts davon ab, den kanarischen Anführern allesamt den Titel *rey* zuzuerkennen. Bei seiner Beschreibung der Herrschaftsstruktur auf La Palma spricht er von *capitanías*: *Los naturales de esta isla de La Palma antes que cristianos vinieran á conquistarla se regían y gobernaban por capitanías como los africanos.* Abreu Galindo (2021), Historia de la conquista de las siete Islas de Canarias, S. 219.

bereits ein »potencial de Estado« innewohne.[32] Ebenso wurde und wird in jüngsten Publikationen, wie in David Abulafias »The Boundless Sea«,[33] das Zusammentreffen der kanarischen Völker mit den europäischen Eroberern als die Begegnung einer neolithischen mit einer mittelalterlichen Kultur beschrieben. Zwar macht die Zuordnung zur Epoche der Steinzeit insofern Sinn, als dass die Kanarier mit Holz und Keramik arbeiteten, aber kein Metall herstellen konnten, doch klassifiziert man sie damit zugleich als primitive Kulturen, die nicht so weit »entwickelt« waren wie ihre europäischen Zeitgenossen. In diesem Zusammenhang ist auch der Begriff der »Prehistoria«[34] für die Phase indigener Geschichte vor dem ersten Kontakt mit den Europäern zu problematisieren, denn er suggeriert, dass die eigentliche Geschichte des Archipels erst mit der Landung der Europäer auf den Inseln im 14. Jahrhundert beginnt.

Unweigerlich schriebe man sich also durch einen unreflektierten Gebrauch des Begriffs »Stamm« in Kolonial- und Imperialismusdiskurse ein. Aufgrund dieses dunklen Kapitels der Begriffsgeschichte und fehlender definitorischer Schärfe bleibt die Frage nach einem geeigneten Terminus, um die Organisationsform der Völker der Kanarischen Inseln zu fassen, offen.[35] Da auch die Quellen nur europäische Projektionsbegriffe bieten, wie etwa *bandos*,[36] wird hier die weniger belastete, terminologische Notlösung »Stammesgruppe« verwendet, die auch in der US-amerikanischen Forschung für indigene Gruppen benutzt wird.[37]

Bei der Bezeichnung der Stammesgruppen wird auf den irreführenden Sammelbegriff »Altkanarier« verzichtet, der durch den österreichischen Kanarenforscher Dominik Josef Wölfel (1888–1963) geprägt wurde und mit der »Prähistorie« des kanarischen Archipels zusammenhängt. Stattdessen wird die deutsche Übersetzung »Kanarier« von *Canarios* verwendet, die auch schon die europäischen Zeitgenossen nutzten, um die Gesamtbevölkerung des Archipels oder die Bewohner Gran Canarias zu benennen. Um Verwechslungen zu vermeiden, wird der spanische Begriff *Canarios* hier ausschließlich für die indigene Bevölkerung Gran Canarias gebraucht.

Neben »Konquistadoren« wird im Folgenden auch die Sammelbezeichnung »Europäer« für die Entdecker und Eroberer des Archipels benutzt, welche jedoch

32 Vgl. Jiménez González, Gran Canaria y los Canarios, S. 83.

33 Vgl. Abulafia, The Boundless Sea, S. 472; ebenso Devereux, The Other Side of Empire, S. 103.

34 Z. B. Peraza de Ayala, El Derecho en la Prehistoria de las islas Canarias, S. 17–24.

35 Vgl. Sneath, Tribe.

36 Z. B. Conquista de las siete islas de Canarias (Matritense), S. 246; Abreu Galindo (2021), Historia de la conquista de las siete Islas de Canarias, S. 174.

37 Siehe beispielsweise Bungert, Die Indianer, S. 10.

Westeuropäer meint und insofern anachronistisch ist. Denn Europa fungierte im Spätmittelalter zwar als konstruierte Einheit, als »bekannter Erfahrungsraum«, der eine identitäre Selbstverortung erlaubte, als Quellenbegriff wurde er in Reiseberichten der Zeit aber eher zurückhaltend benutzt. Die Entdecker und Konquistadoren verstanden sich selbst in erster Linie nicht als »Europäer«, sondern als »Christen«.[38]

Einige der Namen der indigenen Stammesgruppen, soweit nachvollziehbar, gehen auf europäische Namensgebungen zurück, von der eine bereits aus der Antike stammt. In seinem enzyklopädischen Werk zur Naturkunde berichtet Plinius der Ältere von der Reise Jubas II. (ca. 50–23 v. Chr.) zu den *Insulae Fortunatae.*[39] Dem König von Mauretanien, der über eine große Bibliothek griechischer und lateinischer Literatur verfügte, lagen wahrscheinlich Berichte karthagischer Seefahrer vor, die ihn dazu veranlassten, auf der Suche nach Purpur den Archipel selbst zu erforschen.[40] Vermutlich dem verlorenen Reisebericht Jubas folgend, nennt und beschreibt Plinius Secundus sieben Inseln, deren natürliche Gegebenheiten auf die Kanaren zu verweisen scheinen. Eine davon ist die von großen Hunden *(canes)* bewohnte Insel *Canaria*; eine Namensgebung, die sich bis heute in der Bezeichnung der Insel Gran Canaria, aber auch in der des gesamten Archipels erhalten hat.[41] La Palma und die *Palmeros* (alternativ auch *Auaritas*,[42] Bezeichnung prähispanischen Ursprungs) scheinen ihren Namen durch die spanischen Invasoren erhalten zu haben.[43] *Majos* (alternativ *Mahos*) als Bezeichnung für die autochthone Bevölkerung Lanzarotes und *Majoreros* (alternativ *Mahoreros*) für die Bewohner Fuerteventuras scheint dagegen eher indigenen Ursprungs zu sein.[44] Denn das Wort *Maoh* oder *Mahoh*

38 Vgl. Oschema, Bilder von Europa im Mittelalter, S. 246–248.

39 Plinius Secundus, Naturkunde, Cap. XXXVII, S. 202–205a; siehe dazu Tejera Gaspar, Sobre las Fortunatae Insulae de Plinio el Viejo, S. 205–213.

40 Vgl. García García, Juba II.

41 Vgl. Martínez Hernández, Las Islas Afortunadas, S. 61; »canario, ria«, in: Diccionario Histórico del Español de Canarias (DHECan), S. 307–313. Diese Namensgebung hat bereits Leonardo Torriani am Ende des 16. Jahrhunderts nachvollzogen: *Canaria no cambió nunca su antiguo nombre, del cual recibieron el suyo todas las demás.* Torriani, Descripción e historia del reino de las Islas Canarias, S. 10. Frenschkowski geht dagegen davon aus, dass der Name bereits von Juba II. übernommen wurde und eigentlich berberischen Ursprungs ist, zumal einem dort auch der Stamm der *Canarii* begegne, siehe Frenschkowski, Fortunatae Insulae, S. 61.

42 »auarita«, in: Diccionario Histórico del Español de Canarias (DHECan), S. 144.

43 So als Erklärung bei Leonardo Torriani zu finden: Torriani, Descripción e historia del reino de las Islas Canarias, S. 221.

44 »majorero, ra, maforeiro, mahorero, maohereri (pl.), maxarero, maxorero, maxovero«, in: Diccionario Histórico del Español de Canarias (DHECan), S. 934–936.

bedeutet im Lybisch-Berberischen so viel wie das »Land« oder die »Erde«.[45] Ebenso soll der Name der *Gomeros*, der indigenen Bewohner La Gomeras, auf *Gombara* zurückgehen, womit sie ihre Insel bezeichneten.[46] Das Wort *Guanchen* für die Bewohner Teneriffas hat seinen Ursprung angeblich in einem zusammengesetzten Nomen aus dem Berberischen: *Guan-Achinech*, was so viel wie »Mensch von der Insel« bedeuten soll.[47] Der Ursprung der Bezeichnung *Bimbaches* für die Bevölkerung El Hierros ist ungeklärt.[48] Die Inselnamen gehen größtenteils auf europäische Benennungen zurück, wie im Falle der Insel Lanzarote, deren Name von dem ihres Entdeckers Lancelotto Malocello abgeleitet ist.[49] Die Bezeichnung ihrer Heimatinseln durch die Indigenen sind uns in manchen Fällen durch die europäischen Chronisten überliefert, so hieß La Palma bei den Indigenen wohl *Benahoare*, »Heimat«.[50]

Darüber hinaus geht mit der Hinwendung zur *global history* die Frage nach der begrifflichen Fassbarkeit außereuropäischer Geschichte und den Transfermöglichkeiten geschichtswissenschaftlicher Terminologie einher. Thomas Bauer beispielsweise lehnt die Epochenbezeichnung »islamisches Mittelalter« strikt mit dem Argument ab, dass man durch den europäisch besetzten Begriff die islamische Welt auf imperialistische Weise in Beschlag nehme.[51] Aufgrund der analogen zeitlichen Eingrenzung der Epoche vom 8. bis zum 15. Jahrhundert und der Vernetzung Afrikas mit der alten Welt über den Kontinent hinaus spricht François-Xavier Fauvelle hingegen in seiner Monographie »Das goldene Rhinozeros« ganz bewusst von einem »afrikanischen Mittelalter«.[52]

45 Vgl. Cabrera Pérez, Fuerteventura y los Majoreros, S. 16.

46 Vgl. Navarro Mederos, La Gomera y los Gomeros. Einem anderen Hinweis in den Quellen zufolge ist der Namensursprung La Gomeras europäischer Herkunft. Torriani erklärt die Kanarier am Ende des 16. Jahrhunderts zu Nachfahren eines Sohns von Jafet namens Gomero. Ob diese Überlegung schon zuvor geäußert worden ist und mit der Benennung in direktem Zusammenhang steht, lässt sich bisher nicht nachweisen. Vgl. Torriani, Descripción e historia del reino de las Islas Canarias, S. 17–18; »gomero, ra, guomero«, in: Diccionario Histórico del Español de Canarias (DHECan), S. 726–728.

47 Vgl. Tejera Gaspar, Tenerife y los Guanches, S. 27; »guanche, cha, ganche, g(u)ancho, gua(n)che(n), guanachinet, guanhe«, in: Diccionario Histórico del Español de Canarias (DHECan), S. 747–754.

48 Vgl. Jiménez Gómez, El Hierro y los Bimbaches, S. 20; »bimbache, bembacho, bimbacho, bimbapa, bimbape, bimbapo«, in: Diccionario Histórico del Español de Canarias (DHECan), S. 220–221.

49 Vgl. Quartapelle, El redescubrimiento, S. 17–19.

50 Vgl. Torriani, Descripción e historia del reino de las Islas Canarias, S. 221; ebenso Abreu Galindo (2021), Historia de la conquista de las siete Islas de Canarias, S. 214.

51 Vgl. Bauer, Der Orient und das Mittelalter.

52 Vgl. Fauvelle, Das Goldene Rhinozeros, S. 20–22.

Gewiss auch einer Alternativlosigkeit geschuldet, ermöglicht die Verwendung gleicher Termini eine sprachliche Annäherung und damit einen internationalen Dialog über Geschichte. Obwohl ein kritisches postkoloniales Bewusstsein bei der Beschäftigung mit »außereuropäischer« Geschichte – allein dieser Begriff ist schon eurozentrisch – nicht fehlen darf, so müssen wir doch zu einem gewissen Grad hinnehmen, dass wir in den Grenzen unseres eigenen sprachlichen Vermögens gefangen sind, um rede- und aussagefähig zu bleiben.

Neben der Problematik des Vokabulars wirft die Alterität von Völkerrecht und seinen Funktionsweisen in anderen Zeiten und Räumen als dem neuzeitlich-europäischen die Frage auf, mit welchen Methoden sich diese analysieren lassen. Wolfgang Preiser beschreibt in seiner methodischen Abhandlung zur außereuropäischen Welt zwei Analyseschritte: Zunächst sei immer mit dem »sozialen Substrat« zu beginnen, da ein stabiles inneres Ordnungssystem als Grundvoraussetzung für die Ausbildung einer internationalen Ordnung fungiere. Als zweiter Schritt sei bei der Betrachtung der internationalen Ordnung zu klären, ob es sich nur um völkerrechtliche Einzelerscheinungen handele oder um eine vollständige völkerrechtliche Ordnung.[53] Deren Existenz ließe sich anhand von drei Kriterien bestimmen: »Als Erstes müssen, damit von einer völkerrechtlichen Ordnung gesprochen werden kann, mindestens zwei durchaus unabhängige, von der Herrschafts- oder Befehlsgewalt eines Dritten freie, völkerrechtliche unbeschränkt funktionsfähige Rechtssubjekte nebeneinanderstehen.«[54] Zwischen diesen müsse, zweitens ein kontinuierlicher Verkehr vorherrschen, eine Eigenschaft, die Zollmann mit dem Begriff der »internationality«[55] fasst: »Nur wo Beziehungen kultureller, wirtschaftlicher, politischer Art laufend Tatsachen schaffen, die rechtliche Konsequenzen nach sich ziehen oder die selbst in rechtliche Form gebracht werden müssen, kann sich ein System internationaler Rechtsformen entwickeln.«[56] Drittens bedürfe es einer rechtstreuen Gesinnung der Beteiligten. So müsse die Ordnung von der Überzeugung der Beteiligten getragen werden, dass »die durch Vereinbarung oder Gewohnheit entstandenen Regeln, nach denen er sich vollzieht, nicht nur deshalb befolgt werden, weil es so dem Herkommen entspricht, sondern daß es sich bei ihnen um bindende Sätze einer Rechtsordnung handelt«.[57]

Im Folgenden wird anhand dieser zwei Schritte, einer Untersuchung des inneren und des äußeren Ordnungssystems der kanarischen Stammesgruppen, der Frage nachgegangen, ob zwischen den kanarischen Völkern auch schon vor

53 Vgl. Preiser, Die Völkerrechtsgeschichte, S. 21.

54 Ebd., S. 30.

55 Zollmann, African International Legal Histories, S. 900.

56 Preiser, Die Völkerrechtsgeschichte, S. 31.

57 Ebd., S. 32.

der europäischen Invasion Kontakte bestanden und inwieweit dieser internationale Verkehr auf einer normativen Basis fußte. Für diese Untersuchung von Normativität, Recht, Völkerrecht und den internationalen Beziehungen der indigenen Völker des kanarischen Archipels wird nicht nur unter Einbezug von Bild- und Schriftquellen historisch gearbeitet, sondern es werden auch Forschungsergebnisse aus der Linguistik, Archäologie und Ethnologie herangezogen. In einem ersten Schritt werden die indigenen Kulturen auf den Inseln unter besonderer Berücksichtigung ihrer inneren Ordnung und des »innerstaatlichen« Rechts und seiner Normativität beschrieben. Denn das innere Recht fungierte oftmals als Analogon zum Völkerrecht und fand somit auch bei Außenkontakten Anwendung.[58] Im Anschluss wird mit einem Ausblick in die Zeit der *Conquista* untersucht, inwieweit die kanarischen Stammesgruppen auf den Inseln unabhängig waren und sich gegenseitig als souverän erachteten. Der dritte Abschnitt des Kapitels beleuchtet mit Blick auf die Insularität die Beziehung der Kanarier zum Atlantischen Ozean. Dabei steht die Frage im Zentrum, inwieweit die kanarischen Stammesgruppen interinsulare oder sogar transmaritime Außenbeziehungen pflegten und auf welchem rechtlichen Fundament diese standen. Anhand der berühmten Liebesgeschichte zwischen dem Konquistadoren Hernán Peraza und der Gomeranerin Iballa versucht der vierte und letzte Teil dieses Kapitels, die Unterschiede zwischen indigenen und europäischen Rechtsvorstellungen und Völkerrechtsgewohnheiten herauszuarbeiten.

2.2 Das »soziale Substrat« der indigenen Stammesgruppen

2.2.1 Allgemeine Eigenschaften

»Der Anfang und die Herkunft der Leute von dieser Insel [Gran Canaria] scheint unmöglich mit Sicherheit zu wissen, weil es keine Schrift oder eine andere Form der Erinnerung darüber gibt, so ist es nur die Weise zu zählen und in einigen Namen der Dörfer, dass sie sich mit denen von Mauretanien ähneln, an die sie angrenzen.«[59] 1678 fügte der Franziskaner José de Sosa den *Relaciones* des

58 Vgl. Preiser, Die Völkerrechtsgeschichte, S. 26.

59 *El principio y origen de la gente desta Isla [Gran Canaria] parece imposible saberlo cierto por no tener escritura ni otra manera de memoria, solo es la manera de contar y en algunos nombres de pueblos, se encuentran con Mauritania de quien son vecinos.* Sedeño, Conquista de la isla de Gran Canaria, S. 32. Diese Herkunftsannahme schreibt sich auch in späteren Quellen fort. So nimmt Torriani einen numidischen Ursprung der kanarischen Bevölkerung an und erkennt in der Sprache der indigenen *Mahos* und *Mahoreros* arabische Wörter, weshalb er die indigene Sprache als eine *corrupción del arábigo* bezeichnet, siehe Torriani, Descripción

Antonio Sedeño, der bei den ersten Kämpfen auf Teneriffa zu Tode kam, eine Art Vorwort oder erstes Kapitel hinzu.[60] Seine Spekulation über eine nordafrikanische Herkunft der kanarischen Bevölkerung, die er im Hinblick auf die Nähe zur afrikanischen Küste und bestimmte linguistische Ähnlichkeiten äußert, findet in den heutigen Erkenntnissen ihre Bestätigung. Obwohl in der Forschung kein Konsens und keine Gewissheit darüber herrscht, wann genau der Archipel besiedelt wurde, woher die ersten Bewohner kamen und wie sie dorthin gelangten,[61] legt die Untersuchung indigener Inschriften zwei Migrationsschübe nahe: Zeugnisse einer archaischen Berberkultur aus dem 6. Jahrhundert v. Chr. sind auf El Hierro, Gran Canaria, La Palma und La Gomera zu finden. Eine romanisierte Amazigh-Kultur scheint sich im Zuge der Erkundung der Inseln durch den mauretanischen König Juba II. auf Lanzarote, Fuerteventura sowie Teilen von Gran Canaria und Teneriffa entwickelt zu haben.[62]

Anstelle dieser nachweislich nordafrikanischen Herkunft der Kanarier versuchte die Forschung des ausgehenden 19. Jahrhunderts zunächst, die kanarische in den Kreis europäischer Kulturen wie die der Kelten und Iberer zu integrieren. Diese im Kontext von Evolutions- und Rassentheorien erfolgte Europäisierung der Kanarier ermöglichte es aber zugleich, die »Prähistorie« der Inseln in die Weltgeschichte einzuschreiben.[63] Im Zuge der afrikanischen Aspirationen des Franco-Regimes behaupteten dann Archäologen wie José Pérez Barradas (1897–1981) eine gemeinsame rassische und kulturelle Herkunft der ersten Siedler der Kanarischen Inseln, der Iberischen Halbinsel und der Spanischen Sahara.[64] Erst zum Ende der 1960er Jahre wurden diese Annahme schrittweise hinterfragt.[65]

Ebenso widersprach die durch Migrationsschübe und Diffusion entstandene kulturelle Vielfalt der Inseln, die gern als »miniature continents«[66] bezeichnet

e historia del reino de las Islas Canarias, S. 20 und 40. Abreu Galindo zufolge stammen die Kanarier aus de *provincia llamada Mauritania*. Vgl. Abreu Galindo (2021), Historia de la conquista de las siete Islas de Canarias, S. 34; auch für Fray Alonso de Espinosa sind die Kanarier aufgrund der geographischen Nähe zu Afrika sowie sprachlicher und kultureller Gemeinsamkeiten ihrer Herkunft nach Afrikaner. Vgl. Espinosa, Origen y milagros de Nuestra Señora de Candelaria, S. 17.

60 Vgl. Osorio Acevedo, Introducción (Sedeño), S. 21.

61 Vgl. Farrujia de la Rosa / Pichler / Rodrigue, The colonization of the Canary Islands, S. 84.

62 Vgl. ebd., S. 96.

63 Vgl. ebd., S. 84.

64 Vgl. Farrujia de la Rosa, The Canary Islands under Franco's dictatorship, S. 210–212.

65 Vgl. Farrujia de la Rosa, En busca del pasado guanche, S. 215 und 218 ff.

66 Abulafia, The Discovery of Mankind, S. 33.

werden, den Propagandazielen der spanischen Diktaturen unter Miguel Primo de Rivera (1923–1930) und Francisco Franco (1936–1975), die die spanische Nation als historische Einheit inszenieren wollten.[67] Die einzige akzeptierte Teilung war diejenige zwischen einer westlichen und einer östlichen Inselgruppe, die die administrative Separierung des Archipels in zwei Provinzen legitimieren sollte.[68] Die Sammelbezeichnung *Guanchen* (wie dargestellt eigentlich nur Name der Bevölkerung Teneriffas) für alle Bewohner des Archipels entstammt dieser politisch instrumentalisierten Forschung.

Das Wissen über das Leben der indigenen Kulturen auf den Kanaren wird heute weitgehend aus den europäischen Schriftzeugnissen rekonstruiert, wobei linguistische, ethnologische und archäologische Forschungsergebnisse als Korrektiv für die perspektivischen Quellen herangezogen werden. Darüber hinaus ist zu berücksichtigen, dass die kanarische Bevölkerung bereits vor der eigentlichen Eroberung unterschiedlich früh und unterschiedlich intensiv mit europäischen Händlern und Missionaren in Berührung gekommen war, uns die indigenen Kulturen in den Quellen daher nicht mehr in »Reinform« begegnen, sondern in manchen Fällen bereits Prozesse der Transkulturation angenommen werden müssen.[69]

Mit der Entdeckung der sieben Kanareninseln trafen die Europäer im 14. und 15. Jahrhundert auf sieben Neue Welten, die, im Gegensatz zu Madeira, den Azoren oder den Kapverden bewohnt waren. *Non tamen ultra hoc eas dicunt ydiomatibus adeo inter se ese diversas ut invicem nullo modo intelligantur*, so Giovanni Boccaccio 1341 in dem von ihm übersetzten Brief *De Canaria*.[70]

67 Vgl. Farrujia de la Rosa/Arco Aguilar, La arqueología en canarias, S. 8. Ein Beispiel: Im Jahr 1926 veröffentlichte Buenaventura Bonnet y Reverón (1883–1951) einen Artikel zu den Einwohnern El Hierros vor der Eroberung. Von 1924 bis 1927 Direktor der Zeitschrift *Revista de Historia*, in der auch der Artikel zu El Hierro unter der Rubrik ›Estudios etnográficos‹ publiziert wurde, legitimiert Bonnet y Reverón wissenschaftlich die propagandistische Version der Prähistorie der Kanarischen Inseln der 1920er Jahre, beispielsweise wenn er argumentiert, dass die Bewohner von La Palma und El Hierro von Teneriffa stammten: »A nuestro juicio, entre los guanches tinerfeños, palmeros y herreños, existen conexiones marcadísimas desde el punto de vista etnográfico y filológico«, so gab es seiner Meinung nach starke philologische und ethnographische Verbindungen zwischen Teneriffa, La Palma und El Hierro. Zum Beweis ihrer Verwandtschaft erklärt er, dass *Bimbachos* – die Selbstbezeichnung der indigenen Bevölkerung von El Hierro – in afrikanischen Berbersprachen »Söhne« oder »Nachkommen« von Teneriffa bedeuten würde. Darüber hinaus behauptet er, dass die *Bimbachos* von El Hierro der arischen Rasse angehört hätten. Bonnet y Reverón, Los primitivos habitantes de Canarias, S. 98–100.

68 Vgl. Farrujia de la Rosa, The Canary Islands under Franco's dictatorship, S. 214.

69 Vgl. Jiménez González, Textos etnohistóricos de las Islas Canarias, S. 45.

70 Boccaccio, De Canaria, S. 974–976. Die Annahme von sieben unterschiedlichen Sprachen auf den sieben Hauptinseln des Archipels trägt sich in der Über-

Obwohl bei Boccaccio von sieben verschiedenen Sprachen die Rede ist, werden die linguistischen Unterschiede zwischen den Inseln eher aus dem Lybisch-Berberischen entwickelten Dialekten geglichen haben, wie sie auch der 1494 durch Spanien reisende Nürnberger Mediziner Hieronymus Münzer beschreibt: »[Die Kanarier] verstehen sich kaum untereinander, so wie es auch mit dem Ober- und Niederdeutschen ist.«[71] Eine Besonderheit ist *El Silbo*, die Pfeifsprache, die es den Kanariern erlaubte, auf große Distanzen über Täler und Schluchten hinweg zu kommunizieren. Heute nur noch auf La Gomera als Relikt der alten Kulturen gepflegt, ist die Existenz von *El Silbo* in der Frühgeschichte auf allen okzidentalen Inseln des Archipels anzunehmen.[72] Die sozialen, kulturellen und sprachlichen Divergenzen auf den Inseln wurden bisher dadurch erklärt, dass die Kanarier nach der Besiedlung ihre Fähigkeit zur Seefahrt verloren und sich somit vollkommen isoliert entwickelt hätten; eine Erklärung, die im Verlauf des Kapitels noch weiter erhellt wird.

Große Unterschiede bestanden in der Bevölkerungsdichte der Inseln, die nicht nur durch ihre Fläche, sondern auch durch die vorhandenen Ressourcen bedingt war. Den *Bimbaches* mangelte es beispielsweise an Wasserquellen und ihr Überleben war nur durch das Tauwasser gesichert, das ihnen durch einen Baum geschenkt wurde, den sie als Heiligtum verehrten. Obwohl die Erzählung über den sagenhaften Baum *El Garoe* auf El Hierro wie eine Legende klingt, ist seine Existenz in Quellen bis ins 17. Jahrhundert hinein bezeugt.[73] Der durch die Insularität bedingte begrenzte Raum führte in der Frühgeschichte der Kanaren gelegentlich zu Überbevölkerung, der mit demographischen Kontrollmechanismen wie dem Infantizid weiblicher Nachkommen begegnet wurde.[74]

lieferung fort, so ist sie z. B. auch in der Reisebeschreibung des Venetianers Alvise da Cadamosto (ca. 1432–1483), der die Kanaren 1455 besuchte und der von Andrés Bernáldez (ca. 1450–1513) verfassten Chronik über die Herrschaft der Katholischen Könige zu finden: The Voyages of Alvise Cadamosto and Pedro de Sintra, S. 12; Bernáldez, Memorias del reinado de los Reyes Católicos, S. 509.

71 Münzer, Itinerarium Hispanicum, S. 58. Die sprachlichen Unterschiede erklären sich die Chronisten zumeist mit einer in die Besiedlungszeit mythisch-entrückten Erzählung: Nach einem Krieg zwischen Römern und Karthagern hätten die Römer den Besiegten die Zungen abgeschnitten und sie ins Meer geworfen. Diese hätten dann die Inseln besiedelt und ihre Nachkommen hätten eine neue Sprache erfinden müssen. Siehe bspw. Frutuoso, Las Islas Canarias, S. 94 und Espinosa, Origen y milagros de Nuestra Señora de Candelaria, S. 17. Als monumentales Werk, das sich mit den Dialekten der autochthonen Bevölkerung beschäftigt, siehe Wölfel, Monumenta Linguae Canariae.

72 Vgl. Jiménez Gómez, El Hierro y los Bimbaches, S. 100.

73 Vgl. Tejera Gaspar / González Antón, Las culturas aborígenes canarias, S. 39–40; vgl. Torriani, Descripción e historia del reino de las Islas Canarias, S. 215–216.

74 Vgl. Tejera Gaspar / González Antón, Las culturas aborígenes canarias, S. 63–64.

Vor der Eroberung jedoch war die Bevölkerung auf manchen Inseln bereits durch Sklavenfang stark dezimiert worden, was auf Lanzarote sogar zu einer Destabilisierung der Ordnung der Stammesgruppen führte: »Und die Seemänner verließen die Insel Lanzarote und nahmen den König und die Königin der Insel, mit 160 Personen mit, an einem Ort; und verschleppten noch viele andere Bewohner der besagten Insel.«[75] Wenn man hier den Zahlenangaben der mittelalterlichen Chronik trauen darf, wurden neben dem »König« und der »Königin« Lanzarotes bei der kastilischen Unternehmung im Jahr 1393 mehr als 160 *Mahos* von der Insel verschleppt, was eine geringe Bevölkerungsdichte zum Zeitpunkt der Eroberung annehmen lässt. In einer spekulativen Hochrechnung aus den Quellenmaterialien geht García de Gabiola zu Beginn der Eroberung für die dichtbevölkerten Inseln Teneriffa und Gran Canaria von 30.000–35.000 und 35.000–40.000 Bewohnern aus, davon etwa 10 % Krieger.[76]

Mit der bildlichen Darstellung von Burgen und Wehrmauern suggeriert uns die überarbeitete Version der Chronik *Le Canarien* vom Ende des 15. Jahrhunderts, dass die Franco-Normannen auf den Kanaren einen Kreuzzug gegen Sarazenen führten, die sich in schwer einnehmbaren Festungen verschanzten. Doch in Wirklichkeit waren die Festungen der Kanarier Höhlen und aus Stein gebaute Rundhäuser, deren Fundamente zum Teil heute noch existieren. Während auf den meisten Inseln kleinere dörfliche Ansiedlungen anzunehmen sind, gab es auf Gran Canaria urbane Zentren, die teils aus größeren Bauten bestanden. So versorgten die Konquistadoren ihre Verletzten im *pueblo de Gáldar* in einem *casa grande*.[77] Bei einem versuchten Angriff auf Gran Canaria durch den Portugiesen Diego de Silva wurden er und seine Männer auf einem Platz inmitten eines solchen Pueblos zusammengetrieben, der als Richtplatz diente *(El [lugar] era como vna gran plaza y rredondo de dos tapias en alto, y la pared ancha de grandes piedras. Tenía dos entradas, frontero la vna de la otra, y en este lugar hazían justiçia de los malhechores)*.[78] Auch die Behausung der indigenen Anführer Gran Canarias, der *Guanartemes*,[79] wird näher beschrieben *(tenían estos Guadartemes*

75 *E los Marineros salieron en la isla de Lancarote, é tomaron el Rey é la Reyna de la isla, con ciento é sesenta personas, en un logar: é trajeron otros muchos de los moradores de la dicha isla*. López de Ayala, Crónica del reinado de Enrique III de Castilla, S. 214.

76 Vgl. García de Gabiola, La conquista de las Canarias, S. 161–162.

77 Conquista de la isla de Gran Canaria hecha por mandado de los señores Reyes Católicos Don Fernando y Doña Isabel (Lacunense), S. 222. Eine Zeichnung einer indigenen Behausung findet sich bei Torriani, Descripción e historia del reino de las Islas Canarias, S. 100.

78 Conquista de las siete islas de Canarias (Matritense), S. 233; siehe bspw. ebenso Abreu Galindo (2021), Historia de la conquista de las siete Islas de Canarias, S. 100–101.

79 »König« der *Canarios. Entre los indígenas de Gran Canaria, rey.* »guanarteme, guadalterme, guadarteme, guadartheme, guanartemy, guanartheme, guanarthe-

casas de consellas enserradas, a manera de emparedamientos [...] y estas tales las llamaban las Maguadas).[80] Ein Jahrhundert nach der Eroberung Gran Canarias schließt der Bauingenieur Leonardo Torriani aus mündlichen Überlieferungen und den noch vorhandenen Ruinen indigener Häuser, dass die Stadt Telde vor der Eroberung 1400 Häuser zählte.[81]

Die *Canarios* waren darüber hinaus die einzigen Stammesgruppen, die in größerem Stil Ackerbau betrieben. Teile des Korns wurden gesammelt und dienten als Opfergaben für den religiösen Kult oder zur Versorgung der Oberschicht. Ein anderer Teil wurde in Getreidesilos aufbewahrt; eine Strategie, mit der man für schlechte Ernten vorsorgte.[82] Aus dem Getreide wurde *gofio*[83] hergestellt, das als Hauptnahrungsmittel diente *(Sebada, que tostaban y molían, y aquella harina amasaban con leche y cossina, y otros con agua y sal, y éste era su pan quotidiano, y llamábanle gofio).*[84] Darüber hinaus ernährten sich die Indigenen vornehmlich von Ziegenmilch und Ziegenkäse sowie von Schafsmilch und Schweinefleisch. Sie hielten Hunde zur Bewachung ihrer Häuser und Herden. Neben der Nutzung der natürlichen Ressourcen und der Pflege kleiner Gärten fingen die Kanarier Fische und sammelten Meeresfrüchte.

Als Aufbewahrungsorte, zur Zubereitung und zum Verzehr von Speisen, dienten verschiedenste Formen von Tongefäßen. Die zum Teil mit geometrischen Figuren bemalte Keramik konnte sich in ihrer künstlerischen Ausgestaltung selbst zwischen den Stammesgruppen auf einer Insel unterscheiden. Auch menschliche und tierische Figuren formten die Kanarier aus Ton, die gewiss mit ihrem religiösen Kult in Verbindung zu bringen sind. Denn neben

my, guadarme, guadarseme, guarnateme«, in: Diccionario Histórico del Español de Canarias (DHECan), S. 746–747.

80 Libro de la conquista de la ysla de Gran Canaria y de las demas yslas (Ovetense), S. 162.

81 Vgl. Torriani, Descripción e historia del reino de las Islas Canarias, S. 169.

82 Vgl. Libro de la conquista de la ysla de Gran Canaria y de las demas yslas (Ovetense), S. 162.

83 Wort indigener Sprache zur Bezeichnung von geröstetem Hirse-, Weizen- oder Gerstenmehl. Es wurde auch aus anderen Getreidesorten wie Kichererbsen, Erbsen, Lupinen oder Kokossamen und sogar Farnwurzeln hergestellt. *Harina de millo, trigo o cebada tostados. El elaborado con cebada fue el único conocido por los antiguos habitantes de las islas. Se ha hecho también de otros granos, como garbanzos, arvejas, chochos o semillas de cosco e incluso raíces de helecho.* »gofio, gofio, gofia, gosio«, in: Diccionario Histórico del Español de Canarias (DHECan), S. 716–722. *Gofio* als Hauptnahrungsmittel der Kanarier findet in fast allen Berichten über die Eroberung Erwähnung und wird bis heute in traditioneller Weise auf den Kanaren hergestellt.

84 Conquista de la isla de Gran Canaria hecha por mandado de los señores Reyes Católicos Don Fernando y Doña Isabel (Lacunense), S. 188.

dem Gedenken ihrer Ahnen verehrten die Kanarier Naturgottheiten wie den Mond oder die Sonne.[85]

Ebenso kunstvoll sind die Holzarbeiten, die als Grabbeigaben die Zeit überdauert haben. Dazu zählen etwa Holzstangen, die von den *Auaritas* als *Mocas* bezeichnet wurden, und der so genannte *Añepa*,[86] eine Lanze von 1,2 bis 2 m Länge, die aus dem Holz der Kanarischen Kiefer gefertigt wurde und dem *Mencey*,[87] dem Stammesfürsten auf Teneriffa, als Machtsymbol und Erkennungszeichen diente.[88] Obschon nur aus Holz, schrieben die Konquistadoren den Waffen der Indigenen eine hohe Effektivität zu. So habe ein großer Krieger der *Canarios*, Doramas, nur mit einem Holzschwert bewaffnet *(con su espada de madera)* den Spaniern Beine und Arme abgehackt, als sei seine Waffe aus Eisen *(cortaba braso o pierno como si fuera de hierro)*.[89]

2.2.2 Regeln und Tabus

Männer und Frauen konnten Funktionen im religiösen Kult innehaben. Auf Gran Canaria war der so genannte *Fayâk* die höchste religiöse Instanz *(El ser facay era dignidad muy principal, como sacerdote)*.[90] Außerdem gab es noch eine Gruppe heiliger Frauen, die unter anderem als *Harimaguadas* bezeichnet werden, Zeremonien und Opferungen durchführten, lange Haare hatten und männerlos in den Bergen lebten.[91] Felsen und Höhlen dienten als natürliche Sakralorte für

85 Vgl. Tejera Gaspar / González Antón, Las culturas aborígenes canarias, S. 138.

86 Der Begriff ist prähispanischer Herkunft: *Lanza o vara de tea, símbolo de la realeza guanche, en la cultura aborigen.* »añepa«, in: Diccionario Histórico del Español de Canarias (DHECan), S. 87.

87 »Könige« der *Guanchen. Entre los guanches, rey.* »mencey, mancey, mencei, mensei, mensey, menzei«, in: Diccionario Histórico del Español de Canarias (DHECan), S. 985–986.

88 Vgl. Tejera Gaspar, Tenerife y los Guanches, S. 68; Tejera Gaspar / González Antón, Las culturas aborígenes canarias, S. 39–40. Dieser Holzstab wurde auch im Krieg als Waffe eingesetzt, Quellenbeleg siehe Espinosa, Origen y milagros de Nuestra Señora de Candelaria, S. 23.

89 Libro de la conquista de la ysla de Gran Canaria y de las demas yslas (Ovetense), S. 145. Ebenso bei Torriani, Descripción e historia del reino de las Islas Canarias, S. 109. Ebenso bei Cadamosto: Das Holz ihrer Waffen sei so hart gemacht wie Eisen, vgl. The Voyages of Alvise de Cadamosto, S. 13.

90 Im Rang dem *Guanarteme* nachstehend. *Entre los indígenas, sacerdote que seguía en rango al guanarteme.* »faicán, caifagh, fagçam, fagzam, faicag, faiçan, faisaj, faisaje, faisan, faisán, fayacan, faycag, faycan, fayçán, faycay, faysán, fayzán«, in: Diccionario Histórico del Español de Canarias (DHECan). Abreu Galindo (2021), Historia de la conquista de las siete Islas de Canarias, S. 105 und vgl. Tejera Gaspar / González Antón, Las culturas aborígenes canarias, S. 111–112.

91 Vgl. ebd., 116–118.

den religiösen Kult. Auf Gran Canaria nutzte man Höhlen auch als Gräber, in denen die Kanarier ihre Leichen konservierten; eine Form der Einbalsamierung und Mumifizierung, die an die vorchristlichen ägyptischen Kulturen erinnert und wiederum den Vergleich mit Verhältnissen der Jungsteinzeit aufgedrängt hat.[92]

Dabei stünde dem veralteten Bild von »culturas neolíticas pobres« auch die zum Teil komplexe soziale Ausdifferenzierung der kanarischen Stammesgesellschaften entgegen, so Antonio Tejera Gaspar. Die zumeist stark hierarchisch und weniger paritätisch aufgebauten Stammesgruppen unterschieden sich in ihrer Komplexität jedoch zwischen den einzelnen Inseln. Während für El Hierro nur eine Stammesgruppe mit einem Oberhaupt und kaum soziale Stratifikation anzunehmen ist,[93] lassen sich für die Stammesgruppen auf den großen und dichtbevölkerten Inseln mehrere soziale Schichten nachweisen. Auf Teneriffa standen der *Mencey* und seine Familie an der Spitze der Stammesgesellschaften, gefolgt vom Hochadel *(Achimencey)*, Adel *(Cichiquitza)* und dem gemeinen Volk *(Achicaxna)*.[94] Haar- und Bartlänge sowie Kleidung markierten auf Gran Canaria äußerlich die unterschiedlichen Schichtzugehörigkeiten von *nobles* und *villanos*.[95] Eine aufwendigere Bekleidung mit Tierfällen und das Tragen langer Haare waren der Oberschicht vorbehalten.[96]

Über die verwandtschaftliche Nähe zum Stammesoberhaupt hinaus konnten Reichtum, die Größe der Viehherden und kriegerische Leistungen die soziale Stellung in der Stammesgemeinschaft beeinflussen.[97] Auch mit dem Tod wurden soziale Unterschiede nicht aufgehoben und so differierten die Bestattungsrituale nach Schichtzugehörigkeit, wobei eine Mumifizierung dem Adel vorbehalten war.

»Danach starb Miguel de Moxica und der größte Teil [seiner Männer vom Golf von Biscaya] und daraufhin viele edle Eroberer, was beim Gouverneur Pedro de Vera große Gefühle auslöste; und er befahl Don Fernando, die Verstorbenen zu begraben und er tat es.«[98] Nach einer verlorenen Schlacht

92 Vgl. Tejera Gaspar/González Antón, Las culturas aborígenes canarias, S. 92–93.

93 Vgl. Jiménez Gómez, El Hierro y los Bimbaches, S. 104.

94 Vgl. Tejera Gaspar/González Antón, Las culturas aborígenes canarias, S. 87. Als Quellenbeleg siehe Torriani, Descripción e historia del reino de las Islas Canarias, S. 178 und Espinosa, Origen y milagros de Nuestra Señora de Candelaria, S. 23.

95 Vgl. Conquista de la isla de Gran Canaria hecha por mandado de los señores Reyes Católicos Don Fernando y Doña Isabel (Lacunense), S. 223.

96 Vgl. Torriani, Descripción e historia del reino de las Islas Canarias, S. 108.

97 Vgl. Tejera Gaspar, Tenerife y los Guanches, S. 64.

98 *Murió después el buen Miguel de Moxica y la mayor parte de sus vizcaínos, y lluego muchos caballeros Conquistadores, que le causó gran sentimiento a el Gob.r Vera;*

gegen die *Canarios*, bei der viele Konquistadoren zu Tode kamen, strafte Pedro de Vera seinen indigenen Verbündeten Don Fernando Guanarteme (Tenesor Semidan) für sein diplomatisches Versagen, die verbleibenden wehrhaften *Canarios* von einer Kapitulation zu überzeugen, indem er ihn die Gefallenen bestatten ließ. Eine große Demütigung für den *Guanarteme*, dem es in seiner Stellung an der Spitze der Stammesgesellschaft der *Canarios* eigentlich untersagt war, Leichen zu bestatten und zu berühren; ein Tabu, das den Konquistadoren offenkundig bekannt war. Dazu zählte auch das *tabú de la sangre*, mit dem ein Kanarier sich nicht beflecken durfte.[99] Scharfrichtern und Schlachtern kam in den Stammesgruppen die unterste soziale Position zu, weshalb unter den Kanariern lebende christliche Geiseln zumeist die Arbeiten eines Metzgers verrichten mussten.[100] Außerdem war es dem Adel auf Gran Canaria verboten, auf dem Feld zu arbeiten. Neben dem Fischfang und dem Sammeln von Meeresfrüchten wurde die kanarische Elite durch das Abgabensystem mitversorgt.[101]

Diese wenigen gesellschaftlichen Tabus, die uns von den indigenen Kulturen der Kanarischen Inseln überliefert sind, zeigen jedoch, dass es sich um komplexe Gemeinschaften mit ganz eigenen Normativitäts- und Rechtsvorstellungen handelte. Dass der indigene Kult als Quelle normativer Vorstellungen fungierte, scheint plausibel, lässt sich aber schwer nachweisen. Bekannt ist, dass heilige Höhlen als Zufluchtsorte Delinquenten Schutz vor Verfolgung boten und Schuld durch Feuerrituale ähnlich dem im christlichen Europa praktizierten Gottesurteil ermittelt wurde.[102] Darüber hinaus wurden Bündnisse und Allianzen an sakralen Orten geschmiedet.[103]

pidióle a Don Fernando que hiciese enterrar a los difuntos y así lo hizo. Escudero, Relación de la Conquista de la Gran Canaria, S. 113.

99 Vgl. Tejera Gaspar, Tenerife y los Guanches, S. 64.

100 Vgl. Sedeño, Conquista de la isla de Gran Canaria, S. 54; Zurara, La Crónica de Guinea, S. 256; Abreu Galindo (2021), Historia de la conquista de las siete Islas de Canarias, S. 130; Espinosa, Origen y milagros de Nuestra Señora de Candelaria, S. 54.

101 Vgl. Tejera Gaspar/González Antón, Las culturas aborígenes canarias, S. 104–105.

102 Vgl. Jiménez González, Gran Canaria y los Canarios, S. 87 und 92: »En algunas sociedades, los especialistas mágico-religiosos, a menudo desempeñan una importante labor al movilizar la opinión pública y eliminar fuentes persistentes de conflicto. La tarea consistente en identificar al culpable mediante el arte de la adivinación o clarividencia. Entre los canarios vemos establecida la adivinación por el fuego, que se practica en los sacrificios, sin que dejaran de existir otras clases de augurios.« Torriani berichtet bspw. von einer Urteilsfindung, bei der den möglichen Schuldigen ein harziges, glühendes Stück Holz in die Hand gelegt wurde. Diejenigen, die es als Erstes fallen ließen, wurden für schuldig befunden, vgl. Torriani, Descripción e historia del reino de las Islas Canarias, S. 103.

103 Z. B. Tindaya auf Fuerteventura, siehe Cabrera Pérez, Fuerteventura y los Majoreros, S. 98.

2.2.3 *Le Canarien* als normativ pragmatische Literatur

Mit Ankunft der Europäer trafen diese Rechts- und Normativitätsvorstellungen der Kanarier auf ein Normensystem, das stark von der christlichen Religion geprägt war. Das Christentum, so Thomas Duve, habe in Europa zur Formation einer spezifisch westlichen Rechtstradition geführt,[104] die man dann bei der Entdeckung und Kolonisierung der Neuen Welten exportierte. Denn nicht nur die gewaltsame Durchsetzung einer europäischen Ordnung durch die Konquistadoren, sondern auch die Missionierung fungierte als eine Form der Anpassung indigener Lebensweise an das eigene Norm- und Wertesystem.[105] Vor diesem Hintergrund rückte die »pragmatic normative literature«, wie etwa missionarische Beichthandbücher, als Quelle normativer Vorstellungen in den Fokus der rechtshistorischen Forschung: »it refers to the fact that these handbooks are themselves normative, meaning that they give instruction on how to act rightly [...] and more importantly, they are normative in the sense that they contain specific knowledge for the production of a normative statement.«[106] Die sakramentale Macht der Kleriker hätte diese Handbücher im lateinamerikanischen Kontext in eine Quelle richterlicher und sozialer Autorität verwandelt, so Michael Sievernich. Dabei übte der Beichtvater als Richter über den Büßer eine normative Verhaltenskontrolle aus, die etwa darauf zielte, die Indigenen zu einer Abkehr ihres Götzenglaubens zu bewegen oder die unter aztekischen Eliten gepflegte Polygamie zu unterbinden. Die normativ-christlichen Texte orientierten sich dabei zumeist am Dekalog, wurden aber regional und situativ angepasst.[107]

Le Canarien ist nicht nur die erste atlantische Chronik,[108] sondern vielleicht auch das frühste Beispiel einer solchen pragmatischen Literatur, die der Bekehrung von Ungläubigen in einem überseeischen Gebiet dienen sollte.[109] Denn

104 Vor allem mit Blick auf die Säkularisierungsthese stellt Duve fest: »Whereas this history has traditionally been written with a clear focus on the rediscovery of Roman law in the Middle Ages and seen as a cultural-historical process of scientification, secularisation and professionalisation that led to modern state-hood, in the last three decades important contributions have emphasised the fundamental role of canon law, Church actors and Religion in this history.« Duve, Pragmatic Normative Literature, S. 4–5; insbesondere die Schriftlichkeit begünstigte die Internationalisierung religiöser und damit auch normativer Vorstellungen. Siehe dazu mit Bezug auf Jack Goody: Angenendt, Verschriftlichte Mündlichkeit, S. 3.

105 Allgemein zum Verständnis von Normen und ihrem Verhältnis zum Recht siehe Green, The Normativity of Law.

106 Duve, Pragmatic Normative Literature, S. 21.

107 Vgl. Sievernich, Recht und Mission in der frühen Neuzeit, S. 125–137.

108 Vgl. Aznar / Corbella / Pico, Introducción (Le Canarien), S. 11.

109 Im Vergleich mit anderen höfisch-ritterlichen Texten der Zeit werden in *Le Canarien* die missionarischen Absichten insgesamt stärker hervorgehoben. Vgl. Turner, Paratext and the Politics of Conquest, S. 229.

der Darstellung der Ereignisse des Eroberungszugs von 1402 folgt eine kurze Einführung in den christlichen Glauben, deren Abfassung von Gadifer de La Salle in Auftrag gegeben wurde:

> Et por ce a gadiffer ordenne vne jnstruction ainsi quil a sceu faire et ordõner, le plus legieremẽt quil a peu pour introduyre ceuls que nous baptisons pardessa. Ce sont les choses de quoy nous pensons a introduyre les Canarez demourans es parties de mydi lesquelz sont mescreans et ne recognoyssent leur createur et viuent en partie cõme bestez et sont leur ames en voye de perdicion.[110]

Die Passagen aus der Heiligen Schrift sollten in Anbetracht bereits erfolgreicher Bekehrungen dem weiteren Vorhaben der Missionierung dienlich sein und indigene Getaufte in die Lehren des christlichen Glaubens einführen, deren Seelen sonst der Verdammnis geweiht seien. Der Vergleich der Lebensweise der Kanarier mit derjenigen von Tieren oder Bestien verweist zugleich auf die zivilisatorische Funktion, die man der Evangelisierung beimaß. Die Chronik wurde von zwei Klerikern verfasst, den Kaplanen Pierre Boutier und Jean Le Verrier, die die franco-normannische Eroberungsfahrt von 1402 begleiteten. Während Le Verrier auf Lanzarote nach der Eroberung mit der kirchlichen Verwaltung betraut *(cura-párroco)* und zum *administrador del obispado* in Rubicón ernannt wurde, missionierte Boutier vermutlich die *Mahoreros* Fuerteventuras. Die Kaplane erstellten mehrere Abschriften von *Le Canarien*, wobei davon auszugehen ist, dass eine Kopie des Textes auf den Kanaren blieb und von ihnen und anderen Missionaren dort als praktische Anleitung zur Bekehrung der Kanarier genutzt wurde.[111]

Während der Originaltext verschollen ist, sind uns heute noch zwei Fassungen unterschiedlichen Datums, Länge und Qualität von *Le Canarien* erhalten. *Texto G*, eine Version, die mit Gadifer de La Salle sympathisiert, beschreibt die Ereignisse bis zum Jahr 1404. Diese Abschrift war mit großer Wahrscheinlichkeit dem Herzog von Burgund, Johann Ohnefurcht (1371–1419), gewidmet, wurde erst nach seiner Ermordung auf der Brücke von Montereau fertiggestellt und ging so in den Besitz seines Sohnes Philipp dem Guten (1396–1467) von Burgund über. Bis zur Mitte des 17. Jahrhunderts verblieb das Manuskript in der Bibliothek der Herzöge von Burgund. Danach lange Zeit in Privatbesitz erwarb das British Museum 1858 das Manuskript, wo es bis heute liegt.[112]

Diesem Kodex, der in einer Miniatur auf dem Deckblatt die Eroberer auf ihrer Schiffsreise zeigt und in seiner Kunstfertigkeit an die *Grandes Chroniques de France* erinnert, steht eine weitere Variante des Textes mit weniger eindrucks-

110 Le Canarien, G22r, S. 86; B31v, S. 271.

111 Aznar/Corbella/Pico, Introducción (Le Canarien), S. 16; zur Biographie Le Verriers siehe Alonso Morales, Jean Le Verrier, S. 1–19.

112 Vgl. ebd., S. 17–18.

vollen, schwarzweißen Federzeichnungen gegenüber. *Texto B*, im Auftrag eines Nachfahren Béthencourts, Jean de Béthencourts V., um 1490 verfasst, inszeniert ihn als den großen Konquistadoren der Kanaren und berichtet über 1404 hinaus auch von der Herrschaftsetablierung der Franco-Normannen bis zum Tod des Eroberers in Frankreich. Erstmals 1629/30 von Pierre Bergeron ediert, liegt das Manuskript heute in der Bibliothèque municipale de Rouen.[113]

Vier der insgesamt 85 Federzeichnungen dieser Fassung zeigen Bibelpassagen, darunter auch die Szene von der Überreichung der Zehn Gebote durch Gott an Mose.[114]

Abb. 1: Ein klassisch dargestellter, gehörnter Mose vermittelt die Zehn Gebote. *Comme on doit croire / les dix commendemens de la loy /*. Le Canarien. Histoire de la conquête des Canaries, in: Bibliothèque municipale de Rouen (Ms mm-129, fol. 34v).

113 Vgl. ALONSO MORALES, Jean Le Verrier.
114 Vgl. ebd., S. 19.

Die drei weiteren Schwarzweißbilder zeigen die Arche Noah, die Aufteilung der Erde unter den Söhnen Noahs und den Heiligen Geist in Gestalt einer Taube; eine Erzählfolge, die sich, wie Etelvina Fernández González zeigt, mit den in der ersten Hälfte der Chronik dargestellten Ereignissen der *Conquista* parallelisieren lässt:

> Die Parallele mit den Eroberern der Kanaren, ihre Ankunft in einem noch nicht christianisierten Territorium, ihre missionarische Arbeit und die Tatsache, dass sie den Indigenen eine neue sozialrechtliche Ordnung schenkten, ist evident. Auf diese Weise, mithilfe der Bilder, bestärkte sich ein Argument der *Conquista*.[115]

Den textuellen Ursprung des zweiten Teils von *Le Canarien* hat José Sánchez Herrero in den französischen Synoden des 13. Jahrhunderts ausgemacht.[116] Darüber hinaus markiere der Abschnitt pragmatischer Literatur in *Le Canarien* nur den Anfang einer Tradition, einer Reihe von Texten, die bereits auf den Kanaren wie auch später in Amerika auf die Vermittlung der basalen Grundsätze des christlichen Glaubens zielten.[117] Auch hier steht noch aus zu untersuchen, inwieweit die auf den Kanaren verwandte pragmatische Literatur als Modell für die im lateinamerikanischen Kontext entstandenen Beichthandbücher diente.

Der Text selbst zeigt eine Anpassung der christlichen Doktrin an die Adressaten, indem er vor allem auf drei kulturelle Spezifika der Kanarier eingeht: Auch auf den Kanaren sind verschiedene Formen der Polygamie insbesondere für die Eliten anzunehmen, denn sexuelle Abstinenz unter Erwachsenen wurde als Strafe empfunden und sexuelle Potenz als Ausdruck kriegerischer Stärke verstanden.[118] Außerdem waren Loslösungen aus Eheversprechen für Partner beiderlei Geschlechts ohne weiteres möglich.[119] Demgegenüber vermittelten die Missionare mit der Paradieserzählung und mit Adam und Eva als Idealbild eines Paares die christliche, normative Vorstellung von der unauflöslichen, monogamen Ehe.[120] Während es in *Texto G* heißt, dass nur ein Mann und eine Frau im Paradies gewesen seien und alles andere eine Todsünde darstelle, verschärft die Version B die Aussage dahingehend, dass nur die

115 »El paralelo con los conquistadores de las Canarias, su llegada a un territorio sin cristianizar, su labor evangelizadora y el hecho de dotar a los indígenas de un nuevo ordenamiento jurídico-social, es evidente. De esta manera, mediante las imágenes se refuerza uno de los argumentos de la conquista.« Fernández González/Galván Freile, La ilustración de los manuscritos de *Le Canarien*, S. 201.

116 Vgl. Sánchez Herrero, El tratado de doctrina cristiana, S. 761.

117 Vgl. ebd., S. 763.

118 Vgl. Jiménez González, Gran Canaria y los Canarios, S. 64.

119 Libro de la conquista de la ysla de Gran Canaria y de las demas yslas (Ovetense), S. 162.

120 Vgl. Sánchez Herrero, El tratado de doctrina cristiana, S. 749.

Vereinigung zwischen einem Mann und einer Frau erlaubt und alles andere Sünde sei.[121] Außerdem werden die Sünden des von Gott auserwählten Volkes der Israeliten beschrieben und verurteilt: sexuelles Vergnügen mit Frauen, die nicht unter Gottes Gesetz leben, und die Anbetung von Götzen.[122]

Detailliert erklärt der Text darüber hinaus im Zusammenhang mit dem letzten Abendmahl den Unterschied zwischen gesäuertem und ungesäuertem Brot und seine Verwendung in der östlichen und westlichen Christenheit:

> Et mengerent celui aignel auecqs pain azime cest sans leuain et auecques just de lestuez champestrez lequel pain nous par figure q len doit faire le sacrement de la messe de pain sans leuain mais les grieufx ont le contraire et pour que nre seigneur sauoit quil deuoit morir le vendredi a denonsa il sa pasque et la fit le jeudi et peust estre quil la fist de pain leue mais nous qui tenons la loy de Rõme disons quil la fist de pain sans leuain.[123]

Diese Erklärung zielte gewiss nicht nur darauf, den Kanariern die Unterschiede zwischen der orthodoxen und der lateinischen Kirche zu erklären, sondern auch ihnen eine Vorstellung von Brot als europäisches Grundnahrungsmittel und in seiner liturgischen Funktion näher zu bringen, welches den *gofio* essenden Kanariern fremd war.[124] Die Vermittlung des christlichen Glaubens und seiner Normen stellte also nicht nur in sprachlicher, sondern auch in kultureller Hinsicht einen erheblichen Translationsaufwand dar.

Die veränderte Fassung *Texto B* war zwar nachweislich nicht als Anleitung zur Unterweisung der Indigenen auf den Kanarischen Inseln im Gebrauch, spiegelt aber ein aus europäischer Sicht drittes Spezifikum kanarischer Kultur wider, das eine Erklärung der Konstruktion und der Eigenschaften einer Arche notwendig machte: Das angebliche Fehlen von Schiffen und die damit einhergehende Unfähigkeit zur Navigation der Indigenen; ein in den Quellen überlieferter Mythos, der sich hartnäckig bis in die moderne Forschung hält, wie wir in einem der folgenden Kapitel noch sehen werden.[125]

Aus dem Dekalog zitiert die Passage nur zwei der wichtigsten göttlichen Gesetze, und zwar den Glauben an den einen allmächtigen Gott und das Gebot man solle dem anderen nichts antun was dieser einem selbst nicht antun

121 Vgl. Le Canarien, G22v, S. 89. Le Canarien, B32r, S. 272.

122 Vgl. ebd., G23v, S. 93.

123 Ebd., G24v–25r, S. 97–98; ähnliche Formulierung in B35v, S. 287.

124 Sánchez Herrero, El tratado de doctrina cristiana, S. 753. Ähnliches Erstaunen riefen die Mongolen hervor, die ebenfalls kein Brot kannten. Auch hier war man bei den Missionsversuchen mit dem Problem konfrontiert, Brot als Grundnahrungsmittel aber vor allem in seiner liturgischen Bedeutung verständlich zu machen. Vgl. Schmieder, Europa und die Fremden, S. 226–227.

125 Vgl. Abbildung der Arche Le Canarien, B32v, S. 274, Beschreibung der Arche B33r, S. 276.

solle.[126] Darüber hinaus vermittelt der Text die antijüdische Haltung der Zeit, die den Juden die Schuld am Tod Christi zuweist. Nicht nur das christliche Ideal der monogamen Ehe, sondern auch das Verhältnis zwischen Mann und Frau wird am Beispiel von Adam und Eva verdeutlicht. Im zeitgenössisch-europäischen Bild kommt der Frau als Tochter Evas, die Adam zum Verzehr der Früchte des Paradiesbaumes verleitete, mit ihrer zweifachen Verfluchung eine im *ordo*[127] dem Mann untergeordnete Stellung zu;[128] ein Geschlechterverhältnis, das für die Kanarier keinesfalls selbstverständlich war, wie im Folgenden noch näher ausgeführt wird.

Als globale Eliten und kulturelle Vermittler der Krone qualifizierte Guillermo Wilde in einem 2020 erschienenen Aufsatz die in Lateinamerika tätigen Missionare.[129] Auch im kanarischen Kontext kam den Missionaren eine Schlüsselrolle bei der Vermittlung europäisch-christlicher Kultur, Religion und damit einhergehender Normativitätsvorstellungen zu. Die großen sprachlichen und vor allem kulturellen Unterschiede machten die Unterweisung in den christlichen Glaubenssätzen zu einer Translationsleistung, die bereits bei so basalen und gleichzeitig fundamentalen Kategorien wie dem »Brot« ansetzen musste. Die christlichen Normvorstellungen trafen bei der Begegnung zwischen Europäern und Kanariern auf Kulturen mit ganz eigenen und zum Teil gegensätzlichen Normen, Tabus, Geboten und Verboten. Im Zuge der Unterwerfung der autochthonen Bevölkerung fungierte schließlich nicht nur Gesetz und Gewalt als Mittel zur Durchsetzung europäischer Normativitäts- und Rechtsvorstellungen, sondern auch – wie im lateinamerikanischen Kontext am Beispiel der Beichtväter in der Forschung nachgewiesen – der Appell an das Gewissen. Sünden und Sündenstrafe im Dies- und Jenseits und das Drohszenario der ewigen Verdammnis dienten der Verhaltensregulierung, was sich an *Le Canarien*, dem frühsten Beispiel normativer pragmatischer Literatur, das auf die Evangelisierung heidnischer Völker in Übersee zielte, deutlich zeigt.

126 Vgl. Le Canarien, G24v, S. 97.

127 *Ordo* ist allgemein ein Grundbegriff der Theologie und Philosophie und umfasst jegliches Nachdenken über politisch-soziale Ordnungen. Dabei ist *ordo* als Inbegriff einer »Harmonie in der Ungleichheit« zu verstehen. Hier und im Folgenden bezieht er sich auf die Ordnungsvorstellungen der Christen, die versuchten, die Kanarier in ihre Weltvorstellung einzuordnen, vgl. Oexle, Art. »Ordo (Ordines)«, Sp. 1436–1441.

128 Vgl. Le Canarien, G24r, S. 94.

129 Vgl. Wilde, Forging the Catholic Monarchy, S. 304, 307 und 310.

2.3 Zur Unabhängigkeit der Rechtssubjekte auf den Inseln

Für das Vorhandensein einer Völkerrechtsordnung hat Preiser, wie einleitend dargestellt (siehe Abschnitt 2.1), die Existenz von zwei »durchaus unabhängige[n], von der Herrschafts- oder Befehlsgewalt eines Dritten freie, völkerrechtlich unbeschränkt funktionsfähige[n] Rechtssubjekte[n]«[130] vorausgesetzt. Dies gilt in jedem Fall für die sieben kanarischen Hauptinseln. Deren Bevölkerung wurde von den Europäern als unabhängige Gruppen mit spezifischen kulturellen und sprachlichen Eigenheiten wahrgenommen, wovon nicht zuletzt die Chroniken zur Eroberung zeugen, die die Inseln und ihre Bewohner immerzu gesondert benennen.[131] Auf den Inseln waren die kulturellen und sprachlichen Unterschiede zwischen den Stammesgruppen jedoch gering. Für Preiser zählt allerdings nur die »Selbstständigkeit der politischen Gebilde«, der eine »Übereinstimmung in Volkstum, Sprache und Religion« nicht entgegenstünde.[132] Nachdem gezeigt werden konnte, dass die Kanarier über stabile und zum Teil komplexe innere Ordnungssysteme verfügten, geht es also nun um die Frage nach der Existenz und Anzahl politisch unabhängiger Stammesgruppen der *Canarios, Guanchen, Gomeros, Bimbaches, Auaritas, Majoreros* und *Majos* auf den Inseln.

Eine der Abbildungen in der späten Version von *Le Canarien* zeigt die Insel Fuerteventura: *Sy parle de lille derbanye dit fortauenture en la quelle y auoit deulx roys.*[133] Die in der Bildunterschrift als »Könige« bezeichneten Herrscher der Insel, *Guise* und *Ayose*, die ein kanarischer Künstler 2008 auf einer Anhöhe in der Nähe der alten Hauptstadt Betancuria in zwei monumentalen Bronzefiguren verewigte (siehe Titelbild der Studie), waren jedoch keine Herrscher im europäisch-dynastischen Verständnis, sondern »jefes de guerra«, Heeresführer, die nur in Krisenzeiten von den *Majoreros* für kriegerische Zwecke ernannt wurden.[134]

Die Wahl einer *superioritas* für die Dauer einer wirtschaftlichen Krise oder eines Krieges ist ein Phänomen, das sich auch auf anderen Inseln findet. Die zwölf Stammesgruppen der *Auaritas* siedelten in den Tälern und Schluchten an den Hängen der Vulkankette, die La Palma in zwei Hälften teilt. Auch sie wählten in Gefahrensituationen einen Anführer, zeichneten sich aber ansonsten durch das Fehlen einer dauerhaften Zentralgewalt aus. Nach dem Tod des ernannten Anführers Tazo bei den Angriffen der Konquistadoren auf die Insel, ergaben sich die *Auaritas* den Spaniern.[135] Auf Teneriffa gab es neun *Menceya-*

130 Preiser, Die Völkerrechtsgeschichte, S. 30.

131 Z. B. in Le Canarien, G32r–36v, S. 126–145.

132 Vgl. Preiser, Frühe völkerrechtliche Ordnungen, S. 61 und 63.

133 Le Canarien, B49r, S. 340, Abbildung siehe S. 342.

134 Vgl. Cabrera Pérez, Organización política de los aborígenes de Fuerteventura, S. 217.

135 Vgl. Tejera Gaspar / González Antón, Las culturas aborígenes canarias, S. 69–70.

tos,[136] von denen der *Mencey* von Taoro von den Konquistadoren als »Kaiser« der Insel angenommen wurde *(el rrei de Taoro […] que era el mayor rrei y emperador de la ysla).*[137] Der *Mencey* von Taoro war gewiss der mächtigste Stammesfürst Teneriffas, aber die Territorialherrschaften waren »estructural, funcional y políticamente independientes«.[138] Dies zeigt sich auch an ihrem Verhalten während der *Conquista*, denn einige der Stammesgruppen, die in den europäischen Quellen als *bandos de paces* bezeichnet werden, verbündeten sich mit den Spaniern, wohingegen andere, die *bandos de guerra*, gegen die Konquistadoren kämpften.[139] »Auf der Insel La Gomera gab es vier Banden, eine war die von Agana, eine andere von Acene, eine andere von Pala und wieder eine andere von Amulagua.«[140] Auf La Gomera, wo das Territorium der Insel unter vier Stammesgruppen aufgeteilt war, agierten diese manchmal gemeinsam, manchmal aber auch unabhängig voneinander. Wie eingangs bereits dargestellt, gingen zwei der Stammesgruppen der *Gomeros* zeitweise eine Allianz mit den Portugiesen ein, während die anderen zwei sich mit den Spaniern verbündeten (siehe Abschnitt 1.1).

Zur Legitimation der Teilung der Inseln unter der Herrschaft von mehreren Stammesfürsten dienten mythische Erzählungen. So ist uns für Gran Canaria überliefert, dass am Beginn der Herrschaftslinie der *Canarios* Attidamana den starken Krieger Gomidafe geheiratet habe und sie zusammen alle anderen Anwärter einer Herrschaft über die Insel besiegt hätten. Dann hätten sie zwei Söhne, Egonaiga und Bentagoihe, bekommen, unter denen die Insel in die zwei Reiche Telde und Gáldar aufgeteilt worden sei; eine Reichsteilung, die bis zum Beginn der *Conquista* fortbestand.[141]

Auf Gran Canaria fungierte der Große Rat, *El Sabor*, und auf Teneriffa der *Tagoror* neben den Anführern der Stammesgruppen als wichtigste Instanz: »Der

136 *Cada uno de los reinos guanches en que se dividía la isla de Tenerife: Anaga, Tegueste, Tacoronte, Taoro, Icod, Daute, Adeje, Abona y Güímar.* »menceyato«, in: Diccionario Histórico del Español de Canarias (DHECan), S. 986–987.

137 Libro de la conquista de la ysla de Gran Canaria y de las demas yslas (Ovetense), S. 168.

138 Vgl. Tejera Gaspar / González Antón, Las culturas aborígenes canarias, S. 86 und 90.

139 Über das Schicksal der *Menceyes*, die eine Allianz mit den Konquistadoren eingingen, wissen wir deutlich mehr als über die der *bandos de guerra*, siehe Gambín García, Un rey guanche, S. 125–158.

140 *Auía en la isla de la Gomera quatro bandos entre los gomeros, vno de los de Agana, otro de Acene, otro de Pala y el otro del Amulagua.* Conquista de las siete islas de Canarias (Matritense), S. 254.

141 Vgl. Torriani, Descripción e historia del reino de las Islas Canarias, S. 96–97; Abreu Galindo (2021), Historia de la conquista de las siete Islas de Canarias, S. 141.

Rat war das mächtigste und wichtigste Organ in allen Stammesgesellschaften. Er entschied über Kriegserklärungen, Friedensschlüsse und war das höchste Rechtstribunal.«[142] Jede Stammesgruppe verfügte über einen solchen Rat, der damit nicht als Superstruktur über allen Stammesgruppen stand, sondern als das höchste regulative Organ der jeweiligen Stammesgruppe fungierte.

Die Territorien der Stammesgruppen und vor allem ihre Weideflächen waren in der Regel durch natürliche Gegebenheiten wie Bergketten, Flüsse und die Küsten der Inseln abgegrenzt. Eine Ausnahme bildet Fuerteventura, wo eine Mauer die Insel teilte.

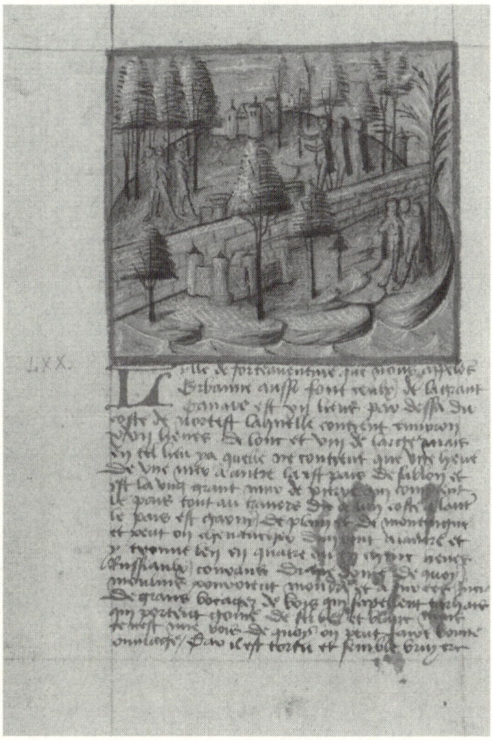

Abb. 2: Zwei Reiche auf der Insel Fuerteventura, getrennt durch eine Mauer. *Sy parle de lille / derbanye dit fort fortauenture en la / quelle y auoit deulx roys /.* Le Canarien. Histoire de la conquête des Canaries, in: Bibliothèque municipale de Rouen (Ms mm-129, fol. 49v).

142 *El consejo constituye el órgano de poder más importante en todas las jefaturas tribales […]. Decide las declaraciones de guerra, las firmas de paz y constituye el máximo tribunal de justicia.* Cabrera Pérez, Lanzarote y los Majos, S. 97; Quellenbeleg: Abreu Galindo (2021), Historia de la conquista de las siete Islas de Canarias, S. 249.

Abb. 3: Hier ebenso im Hintergrund die Mauer, im Vordergrund die zwei indigenen »Könige« der Insel mit Gefolge, die sich ergeben und taufen lassen wollen. *Comment les deulx roys sarazins / de lille darbanye parlementerent por eulx rendre et faire Crestiens Car / Jlz voient que ilz ne pouent plus durer /.* Le Canarien. Histoire de la conquête des Canaries, in: Bibliothèque municipale de Rouen (Ms mm-129, fol. 59v).

In der Forschung weckte die hier dargestellte Mauer, die die zwei Reiche *Maxorata* und *Jandía*[143] voneinander getrennt haben soll, besonderes Interesse. Obzwar die Abbildungen in der Version Jean V. de Béthencourts mit Burgen und Festungsanlagen in europäischem Stil auf den Inseln eher fantastische denn realistische Darstellungen des Archipels sind, so ist die Existenz der Mauer auch in anderen Quellen bezeugt und archäologisch nachweisbar.[144] Auf die europäischen Entdecker, die Mauern allenfalls als Wehrmauern von Burgen und Städten, aber nicht als Manifestation symbolischer Herrschaftsgrenzen kannten,

143 Die bis heute währende Bezeichnung der Regionen stammt nicht aus den Quellen, wie Cabrera Pérez, Fuerteventura y los Majoreros, S. 80–81, anmerkt, sondern vom »Urvater« der kanarischen Historiographie, José Viera y Clavijo (1731–1813).

144 *Y partía estos dos señoríos una pared de piedra que va de mar á mar cuatro leguas.* Abreu Galindo (2021), Historia de la conquista de las siete Islas de Canarias, S. 56.

muss diese Mauer eine besondere Faszination ausgeübt haben. Reste der ursprünglich 6 km langen und 1,5 m hohen Mauer zwischen *Jandía* und *La Pared*, dem schmalsten Stück der Insel, sind noch heute vorhanden und haben die Frage nach der Funktion der Mauer für die *Majoreros* aufgeworfen.[145] Handelte es sich hier um eine Einzäunung oder Trennung von Ziegenherden, hatte die Mauer also eine ökonomische Funktion für die autochthone Bevölkerung? Oder diente die Mauer tatsächlich als Territorialgrenze und war damit die in Stein gemeißelte Trennung von zwei Herrschaftsbereichen?

Gegen letztere Annahme spricht die Lage des *Pared de Jandía*, der die Insel in eine kleine (ca. 200 km^2) und eine sehr große Fläche (ca. 1450 km^2) teilt. Ein Ungleichgewicht, das sich allenfalls mit der Fruchtbarkeit *Jandías* begründen lässt.[146] Die Europäer, die auch von zwei »Königen« auf Fuerteventura ausgingen, scheinen die Mauer als »politische Grenze«[147] interpretiert zu haben, die zwei Reiche mit jeweils einer Festung voneinander abgrenzte. In Anbetracht der Tatsache, dass die beiden Stammesgruppen auf Fuerteventura Leonardo Torriani zufolge über eine dauerhafte übergeordnete Herrschaft verfügten – zwei Frauen, von denen eine für den religiösen Kult zuständig war und die andere als Schlichterin zwischen den beiden Stammesgruppen vermittelte – ist aber eher von einer ökonomischen Funktion der Mauer auszugehen.[148] Die Funktion der Mauer als »politische Grenze« ist damit ein rein europäisches »Konstrukt«.[149]

Zurück zu den Inseln bewohnt von mehreren Stammesgruppen mit einer fehlenden Zentralgewalt, stellt sich die Frage, welche Beziehungen sie untereinander unterhielten. Für La Gomera wie auch für Teneriffa, Gran Canaria und La Palma ist anzunehmen, dass die Stammesgruppen Waren austauschten, rituelle Spiele durchführten und Pakte und Allianzen schlossen, wobei den Heiratsbeziehungen ein besonderer Stellenwert zukam.[150] Komplexe Gebote und Verbote regelten das Heiratsverhalten der Kanarier innerhalb der Stammesgruppen, aber auch zwischen ihnen. Die Herrscherlinie auf Gran Canaria heiratete beispielsweise nur endogam, also unter sich, um der Reinheit der

145 Es wird auch noch über eine weitere Mauer spekuliert, die die Insel südlich von Betancuria, der alten Hauptstadt der Insel, die im Zuge der franco-normannischen Eroberung gegründet wurde, getrennt haben soll. Vgl. Cabrera Pérez, Fuerteventura y los Majoreros, S. 80–81.

146 Vgl. Tejera Gaspar, Majos y europeos, S. 45.

147 Bock/Jostkleigrewe/Walter, Politische Grenzen als Faktum und Konstrukt, S. 19.

148 Für mehr Details zu Tibiabin und Tamonante siehe Kapitel 4 zu den indigenen Vermittlern bei der Eroberung. Vgl. Torriani, Descripción e historia del reino de las Islas Canarias, S. 75.

149 Vgl. Bock/Jostkleigrewe/Walter, Politische Grenzen als Faktum und Konstrukt, S. 12.

150 Vgl. Tejera Gaspar/González Antón, Las culturas aborígenes canarias, S. 53–54.

Blutlinie willen, wovon auch Geschwisterehen nicht ausgenommen waren. Alle anderen Mitglieder der Stammesgruppe waren hingegen verpflichtet, exogam zu heiraten. Darüber hinaus wurde Herrschaft auf manchen Inseln zwar durch einen Mann ausgeübt, wie auf Gran Canaria durch den *Guanarteme*, aber über die weibliche Linie vererbt. Diesen Regeln folgend konnten nur der Bruder der »Königin«, der Mann der »Königin« oder ihr Sohn *Guanarteme* sein.[151] Auch eine Übernahme der Macht durch die »Königin« selbst war möglich. Insgesamt ist die Rolle der Frau in den kanarischen Stammesgesellschaften höher einzuschätzen als im Europa des Spätmittelalters. So feuerten die Kanarierinnen ihre Männer im Kampf nicht nur mit wildem Geschrei an, verpflegten sie und trugen ihre Leichen vom Schlachtfeld zum Bestattungsplatz,[152] sondern konnten auch selbst als Kriegerinnen in die Schlacht ziehen.[153]

> Es gibt keinen Zweifel bezüglich des kriegerischen und kämpferischen Charakters der prähistorischen kanarischen Gesellschaften, die sich im langen Widerstand manifestiert, mit dem sie sich gegen die europäischen Konquistadoren stellten und die häufigen Machtkämpfe zwischen den Stammesfraktionen auf Teneriffa, Gran Canaria, La Palma und La Gomera.[154]

Der Gelehrte Thomas Walsingham (gest. 1422) verwies in seiner *Historia Anglicana* bereits auf eben jenen kriegerischen Zug der Kanarier, indem er seinen Eintrag zum Jahr 1344 zur päpstlichen Schenkung der *Insulae Fortunatae* an Luis de la Cerda mit *Creatur novus Princeps Insularum Balearium*[155] überschrieb. Die Bewohner der Balearen, deren indigene Kultur noch bis zum Ende des 1. Jahrhunderts nach Christus gepflegt wurde,[156] galten in der Antike als die besten Schleuderer im gesamten Mittelmeerraum. Auch im Gallischen Krieg machte sich Julius Caesar die Kampfkunst der Schleuderer von den Balearen zunutze. Ihre Kunstfertigkeit und Effizienz habe auch die Dichtkunst inspiriert, die dem gelehrten englischen Mönch Walsingham gewiss in großen Teilen

151 Vgl. Jiménez González, Gran Canaria y los Canarios, S. 74.

152 Vgl. Abreu Galindo (2021), Historia de la conquista de las siete Islas de Canarias, S. 248.

153 Vgl. Tejera Gaspar / González Antón, Las culturas aborígenes canarias, S. 72. Siehe z. B. für La Palma: Torriani, Descripción e historia del reino de las Islas Canarias, S. 225.

154 *No existe ninguna duda acerca del carácter belicoso y guerrero de las sociedades prehistóricas canarias, manifestado por la dura resistencia que oponen a los conquistadores europeos y por las frecuentes luchas intestinas dirimidas entre fracciones tribales en Tenerife, Gran Canaria, La Palma o La Gomera*. Cabrera Pérez, Fuerteventura y los Majoreros, S. 31.

155 Walsingham, Historia Anglicana, S. 256. Der Vergleich der Kampftechnik des Schleuderns mit den Mallorquinern findet sich auch bei Torriani, Descripción e historia del reino de las Islas Canarias, S. 111.

156 Vgl. Panzram, Kleine Geschichte der Balearen, S. 9.

bekannt war: »Für Lucan zum Beispiel stand die Schnelligkeit der wirbelnden Schnur einer Balearenschleuder einem rückwärts geschossenen Partherpfeil in nichts nach.«[157] Isidor von Sevilla führte schließlich die durch die Einwohner der Inseln *Maiorca et Minorca* gepflegte Kampfkunst als etymologische Erklärung für die Bezeichnung der Inselgruppe an: *In his primum insulis inventa est funda qua lapides emittuntur, une et Baleares dictae*.[158] Im Mittellateinischen blieb diese Bedeutung des Wortes erhalten und wurde weiterhin vor allem mit der Kampfkunst des Steinschleuderns assoziiert.[159] Zum Zeitpunkt der Abfassung der Chronik durch Thomas Walsingham war sicher weitreichend bekannt, dass die Kanarier im Kampf miteinander aber auch gegen die Europäer, Steine und Felsbrocken auf ihre Feinde warfen.[160] Dem englischen Chronisten scheint diese Parallelität zur ursprünglichen Bevölkerung der Balearen aufgefallen zu sein, mit denen er die kanarische Bevölkerung einzuordnen suchte. Auch den Bauingenieur Leonardo Torriani, der die Kanaren am Ende des 16. Jahrhunderts besuchte, scheint die Kampfweise der indigenen Kanarier an die autochthone Bevölkerung der Balearen erinnert zu haben: »Diese waren so geschickt darin, einen Stein mit der Hand zu werfen und die Dartpfeile ohne Eisenspitze, also mit verbrannter Spitze, mit denen sie meiner Meinung nach die Mallorquiner bei weitem geschlagen hätten.«[161] Bei der Darstellung der Regeln und des Ablaufs eines traditionellen kanarischen Duells stellt Torriani außerdem fest, dass bei diesen Völkern niemand als tapfer angesehen werde, der nicht unbesiegbar sei.[162]

Geschuldet war dieser kämpferische und kriegerische Charakterzug der indigenen Bevölkerung vor allem dem Bevölkerungsdruck, der durch Überbevölkerung und Ressourcenknappheit entstehen konnte und sich dann in kriegerischen Auseinandersetzungen entlud.[163] Der unter den Stammesgruppen gepflegte Kriegerkult findet auch darin seinen Ausdruck, dass kriegerische Erfolge sozialen Aufstieg ermöglichten, wie etwa im Falle des Doramas, der zwar von niederer Herkunft war, aber aufgrund seiner Leistungen zum Heeresführer der *Canarios*

157 Panzram, Kleine Geschichte der Balearen, S. 9.

158 Isidorus Hispalensis Episcopus, De insvulis, vi, 44.

159 *balearis* »concerning a ballistic weapon«, Mediae latinitatis lexicon minus, S. 79.

160 Vgl. z. B. Zurara, La Crónica de Guinea, S. 245 und 265.

161 *Estos fueron tan ágiles en tirar las piedras con la mano, y los dardos sin punta de hierro, es decir con la punta quemada, que me parece que vencieron con mucho a los mallorquines*. Torriani, Descripción e historia del reino de las Islas Canarias, S. 200. Ein Hinweis auf Verwechslungen zwischen den Balearen und den Kanaren und die etymologische Erklärung findet sich ebenso in: Abreu Galindo (2021), Historia de la conquista de las siete Islas de Canarias, S. 23–24.

162 Vgl. Torriani, Descripción e historia del reino de las Islas Canarias, S. 111.

163 Vgl. Cabrera Pérez, Fuerteventura y los Majoreros, S. 47.

aufstieg *(Se había hecho Capitán sin licencia del rey)*.[164] Ehrentitel für Krieger, wie der des *altahay* auf Fuerteventura, bezeugen darüber hinaus die Relevanz eines kriegerischen Heldentums bei den kanarischen Stammesgruppen.[165]

Heiraten konnte bei kriegerischen Auseinandersetzungen, wie auch im mittelalterlichen Europa, eine schlichtende Funktion zukommen. So unterlag auf La Palma Atogmatoma einer von Tanausú angeführten Stammesgruppe und zur Ausbildung einer Konföderation sowie zur Friedensstiftung übergab er seine Tochter Tinabuna, um ein Ehebündnis einzugehen.[166]

Nicht nur Heiratsverbindungen waren bestimmten Regeln unterworfen, sondern auch die Kriegsführung. So war es etwa auf Gran Canaria üblich, Krieger aus der Adelsschicht zu verschonen, statt sie zu töten. Dafür tötete man oftmals die ihnen Untergebenen oder ließ die gefangenen Adeligen im Tausch gegen Vieh oder Dienstleistungen wieder frei *(El qe. era noble se afrentaba de matar, sino yendo peleando al qe. derribaba, á los e. eran villanos qe. lo matasen.)*[167] Umso schockierter reagierten die Indigenen als deutlich wurde, dass sich die Konquistadoren nicht an diese Regel hielten: »Als die *Canarios* vom Tod Adargomas erfuhren, wurden sie von großem Zorn gegen die Christen erfüllt und das war der Grund dafür, dass sie diejenigen, die sich vorher ergaben, nicht am Leben ließen.«[168] Die *Canarios* passten daraufhin ihr Verhalten an und töteten ebenso ausnahmslos alle Konquistadoren, die sie in ihre Gewalt bekamen. Außerdem war es bei den *Canarios* üblich, bei Plünderungen von Dörfern die Kinder und Frauen der Feinde zu verschonen und die Gebetshäuser der feindlichen Stammesgruppe nicht zu betreten, sondern diese sowie alle für den religiösen Kult gebrauchten Gegenstände zu achten.[169] Kriege wurden vor allem um Viehherden und Weideflächen geführt oder durch den Raub von Vieh provoziert. Die Missachtung der Regel durch die Konquistadoren, sich nicht an fremden Viehherden zu bedienen, führte in einigen Fällen zur Beendigung friedlicher Koexistenz, wie wir im Folgenden noch sehen werden.[170]

164 López de Ulloa, Historia de la Conquista de las siete Islas de Canarias, S. 84.

165 Vgl. Cabrera Pérez, Fuerteventura y los Majoreros, S. 86–87.

166 Rodríguez Martín, La Palma y los Auaritas, S. 22; Quellenbeleg Abreu Galindo (2021), Historia de la conquista de las siete Islas de Canarias, S. 227.

167 Sedeño, Conquista de la isla de Gran Canaria, S. 102. Siehe ebenso Torriani, Descripción e historia del reino de las Islas Canarias, S. 106.

168 *Subida la muerte de Adargoma por los Canarios tomaron gran corage contra los Cristianos y fue causa de que no diesen fida de ahí adelante á los qe. rendian.* Sedeño, Conquista de la isla de Gran Canaria, S. 65.

169 Vgl. Torriani, Descripción e historia del reino de las Islas Canarias, S. 75; ebenso Abreu Galindo (2021), Historia de la conquista de las siete Islas de Canarias, S. 134–135.

170 Vgl. ebd., S. 140; ebenso Espinosa, Origen y milagros de Nuestra Señora de Candelaria, S. 23.

Alles in allem sind die Stammesgruppen auf den großen und dichtbevölkerten Inseln aufgrund einer fehlenden, dauerhaften Zentralgewalt als politisch unabhängige Einheiten anzusehen und wurden als solche auch von den Europäern wahrgenommen.[171] Sie konnten selbstständig Bündnisse und Allianzen eingehen, was sich in ihrem Verhalten gegenüber den Konquistadoren bestätigt findet. Die Interaktion der Stammesgruppen basierte in Krieg und Frieden auf Regeln, wie sich an Heiratsriten und der Kriegsführung ablesen lässt. Für die in Friedenszeiten geltenden Heiratsregeln werden wir im Folgenden noch ein eindrückliches Beispiel sehen.

2.4 Die kanarischen Kulturen und der Atlantische Ozean

2.4.1 Nautische Fähigkeiten

> Der Drachenbaum, der nur in den angebauten Strichen der Kanarien, auf Madeira und Porto Santo vorkommt, ist eine merkwürdige Erscheinung in Beziehung auf die Wanderung der Gewächse. Auf dem Kontinent von Afrika ist er nirgends wild gefunden worden, und Ostindien ist sein eigentliches Vaterland. [...] auf welchem Wege ist der Baum nach Teneriffa verpflanzt worden, wo er gar nicht häufig vorkommt? Ist sein Dasein ein Beweis dafür, daß in sehr entlegener Zeit die Guanchen mit anderen, mit asiatischen Völkern im Verkehr gestanden haben?[172]

Der Naturforscher Alexander von Humboldt (1769–1859) verbrachte im Rahmen seiner fünfjährigen Forschungsreise durch Lateinamerika und die USA im Jahr 1799 eine Woche auf Teneriffa. Dabei interessierte ihn besonders die Pflanzenwelt der Insel und er bestieg, vermaß und zeichnete den Pico del Teide, den drittgrößten Inselvulkan der Welt.[173] Obwohl Humboldt mit seiner Einschätzung über das Vorkommen des Drachenbaumes fehlging, denn er ist im gesamten nordafrikanisch-makronesischen[174] Raum endemisch, spricht er mit der Frage nach den Verbindungen der Inselbewohner einen für die Völkerrechtsgeschichte des Archipels vor ihrer »Entdeckung« durch die Europäer wichtigen Punkt an.

171 Vgl. z. B. Aufzählung der Stammesgruppen auf La Palma: Abreu Galindo (2021), Historia de la conquista de las siete Islas de Canarias, S. 219–221.

172 Humboldt, Reise in die Aequinoctial-Gegenden des neuen Continents, S. 99–100.

173 Siehe dazu Cioranescu, Alejandro de Humboldt.

174 Mit »makronesisch« sind in der Biogeographie die atlantischen Inseln Madeira, die Kapverden, die Azoren und die Kanaren gemeint. Der Begriff geht auf die griechische Bezeichnung der Fortunaten-Inseln zurück. Vgl. Abulafia, The Boundless Sea, S. 483.

Wie im vorherigen Abschnitt festgestellt, gab es auf den Inseln zum Teil mehrere Stammesgruppen, die unabhängig voneinander waren und zwischen denen Austauschprozesse stattfanden, die auf einer normativen Basis fußten. Die natürlichen Territorialgrenzen der Stammesgruppen sind deshalb in den dargestellten Fällen als Außengrenzen zu verstehen. Darüber hinaus ist zu fragen, ob die Kanarier auch Kontakte zu benachbarten Inseln oder gar, wie Humboldt hier spekuliert, zu Völkern über den Archipel hinaus pflegten. War der Atlantische Ozean für sie eine Zone des Kontaktes und des Austausches oder eine natürliche und unüberwindbare Grenze ihres Handlungsraumes?

> The islanders, also of Berber origin, had arrived long before Islam swept into north Africa, and had lost the art of navigation, leaving them isolated in their (to all intents) Stone Age existence on all seven major islands, which probably did not even have contact among themselves.[175]

Für Abulafia verloren die Indigenen nach Ankunft auf den Inseln ihre Fähigkeit zur Seefahrt. Durch fehlende Außenkontakte wurden sie in ihrem steinzeitalterlichen Zustand »eingefroren«, um dann von den mittelalterlichen Europäern wiederentdeckt zu werden. Dass die Kulturen keinesfalls im Zustand des Neolithikums verblieben sind und es sich um komplexe Stammesgemeinschaften handelte, wurde eingangs bereits gezeigt. Den Verlust navigatorischer Fähigkeiten führt José Trujillo Cabrera für La Gomera auf schlechte Erfahrungen zurück, die die Indigenen mit ihrem Leben in Küstennähe machten. Infolge der häufigen Angriffe auf die Inseln und der Verschleppungen hätten sie das Meer irgendwann zu einer Tabuzone erklärt.[176] Auch die Beobachtung der Franco-Normannen, die die *Majos* bei ihrer Landung im Jahr 1402 zurückgezogen im tiefsten Inneren Lanzarotes vorfanden, stützt die Annahme, dass Sklavenfang und Piraterie das Meer und die Küsten für viele der Inselbewohner in einen gefährlichen und unliebsamen Ort verwandelt hatten.[177]

Ein ambivalentes Verhältnis der Indigenen zum Ozean spiegeln auch die kanarischen Klagelieder wider. Bereits in vielen Chroniken wird auf die Gesänge der Bevölkerung verwiesen, die sich zur Gattung der *Endechas de Canarias* entwickeln sollten: »Es waren liebliche Leute [die Bimbaches] und ihre Gesänge waren sehr traurig, kurz, wie Klagelieder, und sehr gefühlvoll […].«[178]

175 Vgl. Abulafia, The Boundless Sea, S. 472.

176 Vgl. Trujillo Cabrera, Episodios gomeros del siglo XV, S. 44–45. Peter Edward Russell behauptet dies sogar für alle Inseln: Russell, Prince Henry ›the Navigator‹, S. 401.

177 Le Canarien, G4r.

178 *Hera gente afable [los Bimbaches] y sus cantares muy lastimeros, cortos, a manera de endechas, y muy sentidos.* Conquista de las siete islas de Canarias (Matritense),

Ursprünglich auf den Kanarischen Inseln entstanden und in indigener Sprache gesungen, erhielten die Lieder durch den Kontakt mit den Spaniern eine in Europa gängige, strophische Form.[179] Als Mestizenprodukt verbreiteten sie sich im 16. Jahrhundert auf der gesamten Iberischen Halbinsel und erfreuten sich dort großer Beliebtheit.[180] So ist das berühmte Delfin-Lied allein in drei spanischen Liedersammlungen aus der Mitte des 16. Jahrhunderts nachzuweisen.[181]

Margit Frenk Alatorre hat über hundert dieser Klagelieder, die uns Einblicke in das Erleben der Indigenen bei der Begegnung mit den Europäern gewähren, gesammelt.[182] Nach der Eroberung lebten die meisten Kanarier entweder als Sklaven auf der Iberischen Halbinsel oder im Zuge von Zwangsumsiedlungen auf einer anderen Atlantikinsel, fernab von ihrem Herkunftsort.[183] Für die Verschleppten war der Blick auf das Meer Ausdruck von Sehnsucht nach der Heimat, die in unerreichbarer Ferne lag. So wird in den Klageliedern der Wunsch geäußert, dass sich das Meer doch teilen solle, um eine Rückkehr in die Heimat zu ermöglichen.[184] Auch die Schiffe der Europäer *(caravelas)* sind Symbol der Verschleppung und Trennung von der Heimat und den Liebsten.[185]

> Schon legt die Karavelle ab
> Mein Herz bleibt in Gefangenschaft
> Die Schlüssel trägt sie mit sich.[186]

So würden die Geliebten, die Schlüssel zum Herzen, auf europäischen Schiffen über das Meer davonsegeln und der seelische Schmerz komme und gehe wie die

S. 232. Weitere Verweise finden sich etwa gesammelt bei: Reyes García, Dos endechas en el amazighe insular, S. 2276–2296. Zur Fortuna-Motivik in den Klageliedern siehe Bühner, Furchtlos vor der Macht des Schicksals.

179 Vgl. Lama, Dos endechas canarias indígenas, S. 110–111; Reyes García, Dos endechas en el amazighe insular, S. 2281; Artiles / Quintana, Historia de la Literatura Canaria, S. 11–12; Trapero, Las endechas »De Canarias«, S. 51–113; Dolores Corbella geht hingegen davon aus, dass die *Endechas* spanischen Ursprungs sind und sich dann, auf die Kanarischen Inseln importiert, zur ersten kanarischen Folklore entwickelten. *Antiguas canciones de raíces hispánicas, de carácter lamentoso, que constituyen unas de las primeras muestras del folclore isleño, y que se conocen a través de varias fuentes españolas de mediados del siglo XVI.* »endecha«, in: Diccionario Histórico del Español de Canarias (DHECan), S. 568.

180 Vgl. Artiles / Quintana, Historia de la Literatura Canaria, S. 12.

181 Vgl. Lama, Dos endechas canarias indígenas, S. 112.

182 Vgl. Trapero, Las endechas »De Canarias«, S. 51–113.

183 Vgl. Lobo Cabrera, La conquista de Gran Canaria, S. 174.

184 Siehe dazu etwa Klagelied 2 und 3, 55 b) und c) in Frenk Alatorre, Studia Hispanica in honorem R. Lapesa, S. 254 und 260.

185 Siehe dazu etwa Klagelied 7 und 54 in: ebd., S. 254 und 259.

186 *Ya se parte la caravela / Mi coraçón en prisones queda / las llaves consigo las lleba*, ebd., S. 254, Nr. 10.

Wogen des Ozeans *(mis penas son como ondas del mar)*.[187] Das berühmte Delfin-Lied ist uns sowohl in indigener Sprache und in italienischer Übersetzung bei Leonardo Torriani als auch im Kastilischen in den Liedsammlungen überliefert.[188]

> Wenn die Delfine ihre Liebsten haben
> es macht mich traurig, was haben dann die Menschen!
> Die so zarte Herzen haben.[189]

Das schöne Bild von den sich liebenden Delfinen wirft die Frage auf, ob der Ozean für die Kanarier nicht doch auch ein Ort war, der sie nicht begrenzte, sondern den sie beherrschten. Bedeuteten die Weiten des Meeres für die Kanarier nur eine Gefangenschaft, der sie nicht entrinnen konnten?

Das hier gezeichnete, ambivalente Bild des Verhältnisses der Indigenen zum Atlantischen Ozean scheint sich vor allem mit dem zunehmenden Kontakt mit den Europäern entwickelt zu haben. Auch die Argumente für einen Verlust navigatorischer Fähigkeiten, die eine lange Forschungstradition haben, stützen sich auf Belege aus der Zeit der Wiederentdeckung und der Eroberung des Archipels.[190] Mit dem Veto-Recht der erzählenden Quellen und archäologischen Zeugnissen haben Alfredo Mederos Martín und Gabriel Escribano Cobo jedoch gezeigt, dass die Kanarier keinesfalls isoliert auf ihren Inseln lebten.[191] Denn ihre jeweils direkten Inselnachbarn lagen bereits in sichtbarer Nähe.[192]

Schon in den frühen Quellen zur *conquista realenga* wird immer wieder betont, dass die Kanarier exzellente Schwimmer waren und sich wie Fische im Wasser bewegen konnten *(nadaban como peses todos ellos y ellas)*.[193] Dass sie sich unter anderem von Meeresfrüchten ernährten, stützt die Annahme, dass sich die Kanarier das Wasser als Teil ihres Lebensraumes erschlossen hatten. Geradezu

187 Siehe dazu etwa Klagelied 25, 26 und 27 in: Frenk Alatorre, Studia Hispanica in honorem R. Lapesa, S. 256.

188 Vgl. Lama, Dos endechas canarias indígenas, S. 112.

189 *Si los delfines tienen amores, / ¡triste de mí, qué harán los honbres! Que tienen tiernos los corazones*. Frenk Alatorre, Studia Hispanica in honorem R. Lapesa, S. 257, Nr. 36.

190 Siehe Mederos Martín / Escribano Cobo, Los aborígenes Canarios, S. 851.

191 Vgl. ebd., S. 849–867. Ebenso argumentierte für El Hierro: Jiménez Gómez, El Hierro y los Bimbaches, S. 24–27.

192 Vom Pico del Teide, mit 3715 m der höchste Berg Spaniens, ist sogar ein weiter Blick über die Nachbarinseln hinaus möglich, wie bereits Leonardo Torriani feststellt: Torriani, Descripción e historia del reino de las Islas Canarias, S. 175.

193 Libro de la conquista de la ysla de Gran Canaria y de las demas yslas (Ovetense), S. 162. Für weitere Belege siehe Mederos Martín / Escribano Cobo, Los aborígenes Canarios, S. 852. Auch Abreu Galindo betont, dass die Kanarier gute Schwimmer gewesen seien. Vgl. Abreu Galindo (2021), Historia de la conquista de las siete Islas de Canarias, S. 53 und 132.

von einer Furchtlosigkeit vor den unbändigen Gewalten des Atlantiks und seinen Bewohnern zeugen die überlieferten, heroischen Erzählungen über die Kanarier.[194]

> Es gab auf dieser Insel [La Gomera] tapfere Männer, deren Andenken in ihren Liedern bis heute andauert. [...] hauptsächlich wird von diesem Gralhegueya erzählt, dass er eines Tages Meeresfrüchte fischen wollte, wie es bei ihnen üblich war. Sie betraten einen Felsen im Meer, zu dem sie geschwommen waren; und als das Meer hoch war kam ein Schwarm Makohaie vorbei, die entlang dieser Küste sehr groß sind, die sie nicht zum Land zurückkehren ließen; und dieser Gralhegueya, der von großem Körper und großer Kraft war, warf sich entschlossen ins Wasser und kämpfte mit dem Makohai und beide gingen zum Meeresboden hinab, sich windend, und dabei fest umschlugen; und mit den Schlägen, die der Hai mit seinem Schwanz ausstieß, erschreckte er die anderen Haie und sie flohen, und die Gomeraner hatten die Chance, an Land zu gehen; und nachdem er ihn losgeworden war, ging er auch an Land. Die Erinnerung daran hält bis heute an.[195]

Ob es sich beim Kampf zwischen dem Gomeraner Gralhegueya und einem Makohai um eine Legende, einen kanarischen Heldenmythos, oder um eine wahre Begebenheit handelt, lässt sich schwerlich ausmachen. Dasselbe gilt für die Heldengeschichte über den *Canario* Mananidra. Bei einem Scharmützel zwischen *Canarios* und Konquistadoren auf der einen und den Bewohnern Teneriffas auf der anderen Seite seien die *Guanchen* ins Meer geflüchtet, um ihren Gegnern zu entkommen. Einige *Canarios* folgten ihnen daraufhin ins Wasser und wurden von einem großen Hai angegriffen und getötet. Am nächsten Tag hätte sich Mananidra, Anführer der *Canarios*, aufgemacht, um die Bestie mit einem Dolch zu töten und das Meer wieder sicher zu machen.[196]

194 Vgl. Mederos Martín / Escribano Cobo, Los aborígenes Canarios, S. 854.

195 *Hubo en esta isla [La Gomera] hombres valientes, cuya memoria en sus cantares dura hasta hoy. [...] Principalmente se cuenta desta Gralhegueya que, yendo un día mariscar, que éste era su mantenimiento, entraron a una peña dentro en la mar nadando; y, crecida la mar, vino a un bando de marrajos, que por aquella costa los hay grandes, que no los dejaban salir a tierra; y que este Gralhegueya era de grande cuerpo y fuerza y, determinando, se echó al agua y se abrazó con uno de los marrajos, y ambos se fueron al fondo, dando vueltas, y que lo tuvo fuertemente abrazado; y con los zapatazos que el marrajo con la cola daba, espantó a los demás marrajos y huyeron, y los gomeros tuvieron lugar de salir a tierra; y, desasiéndose de él, salió también a tierra. Dura la memoria desto hasta hoy.* Abreu Galindo (2021), Historia de la conquista de las siete Islas de Canarias, S. 81.

196 Vgl. Mederos Martín / Escribano Cobo, Los aborígenes Canarios, S. 854; Quellenbeleg: »Anónimo Salazar«, S. 79–80. Eine weitere Erzählung findet sich in Torriani, Descripción e historia del reino de las Islas Canarias, S. 200: *Tuvieron gigantes, y de tanta fuerza, que se sabe que uno de ellos, señor de la cuarta parte de la isla, llamado Gralhequia, habiendo salido un día a pescar, junto con otros, encima de un peñasco alejado de la tierra, halló que, al regresar, les cortaba el paso un gran pez*

Ob Mythos oder wahre Begebenheit zeigen diese Geschichten, dass sich der Lebensraum der Kanarier über die Küsten der Inseln hinaus bis ins Meer und sogar bis auf benachbarte Inseln erstreckte. Denn bei Leonardo Torriani ist von einer indigenen Frau die Rede, die mithilfe von zu einem Floß zusammengebundenen Schläuchen *(con ayuda de odres atadas juntas)* von der Playa del Papagayo im Süden Lanzarotes bis nach Fuerteventura geschwommen sei.[197] Bei einer Distanz zwischen den Inseln von 15 km und in Anbetracht der Tatsache, dass die kleine Insel Los Lobos noch dazwischen liegt, eine durchaus überwindbare Strecke.[198]

Die Quellen zur *conquista realenga* berichten zwar von der Verwunderung der Indigenen, dass aus den Schiffen der Europäer so viele Menschen herausgekommen seien.[199] Diese mangelnde Vertrautheit mit hochseetüchtigen Schiffen schließt aber die Existenz von kleineren Transportmitteln nicht aus.[200] So haben Mederos Martín und Escribano Cobo etwa darauf hingewiesen, dass die Kanarier, wie oben bereits an einigen Beispielen gezeigt, Gegenstände aus Holz, wie etwa Sarkophage, fertigen konnten. Warum dann nicht auch Kanus?[201]

Die erzählenden Quellen und archäologischen Funde legen nahe, dass die Indigenen Flöße aus verschiedenen Materialien wie Tierhäuten herstellen konnten, mit denen sie Waren zu benachbarten Inseln transportierten und Raubzüge durchführten, die sprachlich-kulturelle Austauschprozesse förderten:

> Die *[Canarios]* stellten auch Boote aus dem Drachenbaum her, den sie aushöhlten, danach mit Steinen beschwerten, und mit Rudern und einem Segel aus Palmen um die Küsten der Inseln segelten; und außerdem war es üblich, nach Teneriffa

carnívoro. Entonces él se tiró a nado y se abrazó estrechamente con él, nadando ora debajo, ora sobre el agua, hasta tanto que sus compañeros pasaron a salvo, y después lo soltó, sin haber recibido ningún daño.

197 Vgl. Torriani, Descripción e historia del reino de las Islas Canarias, S. 64. Siehe ebenso Mederos Martín / Escribano Cobo, Los aborígenes Canarios, S. 92.

198 Bei einem jährlich stattfindenden Schwimmwettbewerb, dem *Travesía Internacional La Bocaina*, durchqueren Sportler noch heute die Meerenge zwischen Lanzarote und Fuerteventura. Der Frauenrekord für die 15 km lange Strecke zwischen Playa Blanca und Corralejo liegt bei 3.37 h. Vgl. Travesía Internacional La Bocaina.

199 Vgl. Escudero, Relación de la Conquista de la Gran Canaria, S. 90.

200 Dieselbe Verwunderung schreiben die portugiesischen Seefahrer den Indigenen an der Westküste Afrikas zu: *Mientras navegaban por aquellas costas, los que estaban en tierra avistaron la carabela, de lo que se marvillaron grandemente, pueste que al parecer nunca habían visto ni habían oído hablar de algo semejante. Unos pensaban que era un pez, otros creían que era un fantasma y otros decían que podia tratarse de un ave que se deslizaba sobre el mar.* Zurara, La Crónica de Guinea, S. 176. Manche Bevölkerungsgruppen betrieben darüber hinaus Fischfang vor der afrikanischen Küste. Vgl. Disney, A History of Portugal, S. 49.

201 Vgl. Mederos Martín / Escribano Cobo, Los aborígenes Canarios, S. 852.

> oder nach Fuerteventura überzusetzen, um zu rauben. Aufgrund dieser Seefahrten ähnelten sie sich immer mehr mit denen der anderen Inseln, sowohl in der Sprache als auch in einigen Bräuchen, wie man es von denjenigen von Fuerteventura sagte, die den *Canarios* in ihrer Weise Recht zu sprechen nachahmten.[202]

Auch lassen die Erzählungen Heiratsverbindungen zwischen Nachbarinseln vermuten.[203] »In all diesen Fällen erscheinen die Erwähnungen logisch und suggerieren sporadische Kontakte zwischen benachbarten Inseln, dem Süden Teneriffas mit La Gomera, zwischen La Gomera und El Hierro oder Teneriffa und Gran Canaria.«[204] Die Materialkultur belegt ebenfalls sporadische Kontakte zwischen den Bewohnern des Archipels.[205] Ein Blick über die historischen und archäologischen Forschungsergebnisse hinaus in die moderne Genetik bestätigt die gewonnenen Erkenntnisse: »The great similarity found between the aboriginal population of La Palma and Tenerife [as one example] is against the idea of an island-by-island independent maritime colonization without secondary contacts. Our data better fit to an island model with frequent migrations between islands.«[206]

2.4.2 Interinsulare Beziehungen und Kontakte in Übersee

Ob die Kanarier über den Archipel hinaus vor ihrer »Entdeckung« durch die Europäer Kontakt mit anderen Kulturen hatten, lässt sich bisher nicht nachweisen. Mit Blick etwa auf das Kriegervolk der Niominka, die vor der afrikanischen Küste fischten und mit ihren großen Kanus an weiten Teilen der Küste Handel trieben und die möglichen neuen »Entdecker« Amerikas, die Polynesier, die mit Kanus die Ozeane kreuzten, sind weitergehende, überseeische Verbindungen zwar unwahrscheinlich, aber nicht völlig auszuschließen.[207] Nachweisbare Kontakte vor der Eroberung gingen jedoch stets von den Europäern

202 *También hacían barcos [los Canarios] del árbol drago, que cavaban entero, y después le ponían lastre de piedra, y navegaban con remos y con vela de palma alrededor de las costas de la isla; y también tenían por costumbre pasar a Tenerife y a Fuerteventura y robar. Por esta navegación llegaron a parecerse con los demás isleños, tanto en el lenguaje como en algunas costumbres, como se dijo de los de Fuerteventura, los cuales imitaron a los canarios en su modo de hacer justicia.* Torriani, Descripción e historia del reino de las Islas Canarias, S. 113–114.

203 Vgl. Mederos Martín / Escribano Cobo, Los aborígenes Canarios, S. 857.

204 »En todos los casos, las menciones resultan lógicas y sugieren contactos esporádicos entre islas vecinas, el Sur de Tenerife con La Gomera, La Gomera con El Hierro, o Tenerife con Gran Canaria.« Ebd., S. 856.

205 Vgl. Farrujia de la Rosa, Neighbouring lands … neighbouring cultures?, S. 35.

206 Fregel et al., The maternal aborigine colonization of La Palma, S. 1314.

207 Vgl. Disney, A History of Portugal, S. 49.

aus. Doch wie sah es mit Verbindungen zur nordafrikanischen Küste aus, die immerhin für die *Majos* und *Majoreros* in Sichtweite lag?

Trotz der geographischen Nähe zwischen dem Maghreb und den Kanarischen Inseln, erhielten die muslimischen Sultane erst mit der Wiederentdeckung des Archipels um die Mitte des 14. Jahrhunderts Kunde von den kanarischen Kulturen. So berichtet der Geschichtsschreiber Ibn Jaldún (1332–1406) vom Verkauf kanarischer Sklaven an den Küsten Marokkos durch Männer, die er als »francos« bezeichnet, weshalb sich nicht gesichert sagen lässt, ob es sich um eine durch andere Quellen bereits bekannte Fahrt zu den Kanaren oder um eine bisher noch gänzlich unbekannte Unternehmung handelt. Höchst unwahrscheinlich ist, dass Ibn Jaldún mit dem Begriff »francos« Männer aus Frankreich gemeint hat; wohl eher, so die von Elías Serra Ràfols angestellte Vermutung, Katalanen bzw. Männer der »frontera superior«, denn Frankreich meine eine andere Region auf arabischen Karten.[208] Am überzeugendsten scheint jedoch die Erklärung, dass hier der Begriff »Franken«, wie in vielen anderen arabischen Quellen der Zeit, die Daniel König untersucht hat, als Äquivalent zum Begriff der »Lateinischen Christenheit« benutzt wurde; eine Sammelbezeichnung, die die genaue Herkunft der Kaufmänner im Dunkeln lässt.[209] Obschon wir über die Verkäufer wenig wissen, so verrät die Quelle Ibn Jaldúns etwas über das Schicksal der kanarischen Sklaven:

> Diese verkauften Gefangenen gelangten in den Dienst des Sultans, und als sie die arabische Sprache gelernt hatten, gaben sie ihm Auskünfte über ihre Inseln, und sie erzählten, dass sie die Erde mit Hörnern bearbeiten, da es kein Eisen auf ihrem Land gebe, dass sie sich von Getreide ernährten, dass ihre Herden aus Ziegen bestünden, dass sie mit Steinen kämpften, die sie zurückschleuderten und dass ihr Kult darin bestünde, sich vor der aufgehenden Sonne niederzuwerfen, da sie keine andere Religion hätten und dass bisher keine prophetische Mission zu ihnen gekommen sei.[210]

In den Diensten des Sultans wurden die Kanarier zu Informanten über ihre Kultur, ihre Art und Weise Krieg zu führen und ihren religiösen Kult, der davon zeugte, dass auf die Inseln noch keine christlichen Herrscher vorgedrungen

208 Vgl. SERRA RÀFOLS, Los árabes y las Canarias prehispánicas, S. 173–174 und DERS., Los mallorquines en Canarias, S. 205.

209 Vgl. KÖNIG, Muslim Perception(s) of »Latin Christianity«, S. 40. Diese Sammelbezeichnung findet sich darüber hinaus auch in äthiopischen Texten, vgl. LOWE, ›Representing‹ Africa, S. 118.

210 *Estos cautivos vendidos, pasados al servicio del Sultán, una vez que aprendieron la lengua árabe, dieron noticias sobre sus islas, diciendo que remueven la tierra para la sementera con cuernos, por no existir hierro en su suelo; que se alimentan de cebada, que sus rebaños son de cabras, que pelean con piedras, que tiran atrás, y que su culto consiste en prosternarse ante el sol saliente, pues no tienen otra religión ni ha llegado hasta ellos ninguna misión profética.* IBN JALDÚN, al-Muqaddima, S. 171–172.

waren. Das Reich der Meriniden unter den Sultanen Abul-Hasan und Abu Inan sah sich zunehmend durch das Ausgreifen der Christen bedroht und versuchte, durch gezielte Expansion und Intervention seine Macht weiter auszubauen. Neben Eroberungszügen in Zentral- und Ost-Maghreb und Interventionen in Mali, die den Zugriff der Meriniden auf die Trans-Sahara-Handelsroute sichern sollten, versuchten die Sultane vor allem, sich in den Handel Aragóns und Kastiliens mit dem Sudan einzumischen und so diplomatischen Druck auf die christlichen Herrscher auszuüben; ein Kontext, in dem auch die Reise Ibn Battutas zum Sudan im Jahr 1352 stand.[211]

Wie die christlichen Unternehmungen in dieser Zeit und in den folgenden Jahrzehnten auf die Auskundschaftung des Feindes und des Aufwands für einen Eroberungszug auf die Kanaren zielten, so versuchten auch die merinidischen Sultane, dies abzuschätzen. Über spätere Unternehmungen von muslimischer Seite aus ist uns nichts überliefert, was nicht heißt, dass es sie nicht gegeben hat. Denn für die Muslime war der Atlantik im Gegensatz zu den Christen dieser Zeit kein *mare tenebroso.*[212] Darüber hinaus sahen die Christen in der Lage der Kanaren eine geostrategisch vorteilhafte Position, die ihnen eine Hintertür zur islamischen Welt öffnen sollte. Somit ist das verstärkte Interesse an den Kanarischen Inseln nach ihrer Wiederentdeckung auch im Zusammenhang christlich-muslimischer Auseinandersetzungen auf der Iberischen Halbinsel und in Nordafrika zu sehen.[213] Wie die bereits beschriebenen Ambitionen der muslimischen Herrscher in Nordafrika, sollten auch mögliche Pläne einer Eingliederung der Kanaren in das Maghreb-Imperium nicht realisiert werden. »Even the most energetic Muslim armies seem to have found the inhabitants of the islands too fierce for comfort, and they were left alone by both Almoravids and Almohads in their triumphant re-Islamisation of north-west Africa.«[214]

211 Vgl. Abun-Nasr, A History of the Maghrib in the Islamic Period, S. 112–113.

212 Vgl. Abulafia, The Boundless Sea, S. 467.

213 Vgl. García del Rosario, Comentarios históricos sobre la obra de Boccaccio, S. 53.

214 Vgl. Abulafia, Neolithic meets Medieval, S. 291. Al-Idrisi (1100–1166) verweist in seinem geographischen Werk auf die Fortunaten-Inseln mithilfe verschiedener antiker Autoren. Die Beschreibung von Steinbauten auf den Inseln lassen Fahrten von muslimischer Seite aus annehmen. Die Inselbewohner werden als *bêtes féroces* charakterisiert, vgl. Description de l'Afrique et de l'Espagne par Edrisi, S. 34. Die Untersuchung der präkolonialen Beziehungen der Kanarischen Inseln zum Maghreb sind noch in Arbeit, weshalb die Aussage Abulafias nicht auf festem Fundament steht. Auch Abreu Galindo stellt Vermutungen über Entdeckungsreisen von der afrikanischen Küste aus an, vgl. Abreu Galindo (2021), Historia de la conquista de las siete Islas de Canarias, S. 121. Eine intensive Untersuchung arabischer Quellen kann hier jedoch nicht geleistet werden, vgl. dazu: Viguera Molíns, Eco árabe de un viaje genovés a las Islas

Ab der Mitte des 14. Jahrhunderts waren die Kanarischen Inseln nicht nur zu einer geographischen Größe für Araber und Europäer geworden. Ihre Bewohner wurden auf den Sklavenmärkten des Mittelmeerraums gehandelt. Erstmals bezeugt ist der Verkauf einer kanarischen Sklavin in mallorquinischen Notariatsakten aus dem Jahr 1342.[215] Die Sklavin namens Tamanizazen wurde vermutlich zusammen mit vielen anderen Indigenen auf einer der vier Reisen verschleppt, die im selben Jahr stattfanden und den Beginn mallorquinisch-katalanischer Erkundungsfahrten zu den Kanaren markieren.[216]

Mit diesen Reisen nahmen auch Missionierungsversuche im Geiste des mallorquinischen Franziskaners Raimund Llull (1232–1316) ihren Anfang, die der militärischen Eroberung ein halbes Jahrhundert vorausgingen.[217] Dieser hatte seinen Mitbrüdern nicht nur eine auf Überzeugung und Beispiel beruhende, friedliche Mission ans Herz gelegt und das Erlernen der Sprachen nichtchristlicher Völker in mallorquinischen Klöstern gefördert, sondern auch in den Herrschaftsgebieten Andersgläubiger, wie etwa in Nordafrika, den christlichen Glauben gepredigt.[218] Dieses Konzept, weitergetragen durch seine Schüler, prägte die ersten Christianisierungsversuche franziskanischer Missionare in Telde auf Gran Canaria. Das indigene Wort *Almogaren*,[219] mit dem die *Canarios* die Gebetshäuser der Mönche bezeichneten, sollte zum Schlagwort für die friedliche Evangelisierung durch *doctrina uerbi pariter et exempli*[220] werden.[221] Die Missionare wurden bei ihrem Vorhaben von zwölf Kanariern unterstützt, die als Sklaven nach Mallorca verschleppt worden waren. Freigekauft, getauft und in der katalanischen Sprache unterrichtet, begleiteten sie die Fahrt von 1352 zu den Kanarischen Inseln:[222] *id posse effici faciliter, Deo propicio, arbitraminj, potissime quia quasdam personas de jnsulis antedictis dudum regeneratas fonte baptismatis et sumpibus uestris de captiuitate redemptas ac in eadem*

Canarias, S. 257–258; Vernet, Textos árabes de viajes por el Atlántico, S. 401–472.

215 Vgl. Acta notarial – venta de una esclava canaria, S. 55.

216 Vgl. Serra Ràfols, Los mallorquines en Canarias, S. 195–209.

217 Die Mission auf den Kanarischen Inseln wurde auch später noch von Bettelorden dominiert. So berichtet Leonardo Torriani über die Einrichtung eines Franziskanerkonvents in Betancuria auf Fuerteventura in den 1580er Jahren und über deren Besitz einiger philosophischer Schriften, darunter aus der Hand von Raimund Llull stammende Werke. Vgl. Torriani, Descripción e historia del reino de las Islas Canarias, S. 85.

218 Vgl. Llabrés Martorell, La inspiración Luliana, S. 65.

219 *Entre los indígenas canarios, lugar de oración, templo [...], lugar de reunión.* »almogaren, almogarén«, in: Diccionario Histórico del Español de Canarias (DHECan), S. 87.

220 Bula Dum diligenter, S. 237–239.

221 Llabrés Martorell, La inspiración Luliana, S. 63.

222 Vgl. Colom, Los viajes medievales, S. 29, 39–40.

fide instructas et cathalanorum ydiomate informatas.[223] Mit der zunehmenden Ablösung mallorquinisch-aragonesischer Aktivitäten in kanarischen Gewässern durch Kastilien gingen schließlich Piraterie und Eroberungsbestrebungen einher, die zur Zerstörung des friedlichen Missionsprojekts auf Gran Canaria führten.[224] In den Wirren der Piratenüberfälle oder aufgrund des vermeintlichen Verrats von den *Canarios* umgebracht, wurde die bis in die 1390er Jahre in Telde ansässige franziskanische Mission ausgelöscht.[225]

Obschon die Kanarier also vermutlich nicht über den Archipel hinaus den Ozean bereisten, landeten sie bereits vor Ankunft der Franco-Normannen im Jahr 1402 unfreiwillig auf europäischem und afrikanischem Boden. Kein singuläres Phänomen für die Kanarischen Inseln, gehörten Sklaven neben Kaufleuten, Seemännern und Pilgern doch seit Jahrhunderten zu den »(unfreiwilligen) Protagonisten der Seefahrt und der seegestützten Kommunikation«.[226] Während Muslime und Christen versuchten, durch Befragungen kanarischer Sklaven an Informationen über den Archipel zu gelangen, blieben auch die Indigenen durch die Mission auf Gran Canaria nicht unwissend, was die Existenz anderer Völker und Kulturen und die Lebensweise der Europäer anbelangte. Leonardo Torriani betont mit Verweis auf die vielen gescheiterten Eroberungsversuche Gran Canarias, dass die *Canarios* schon an den Krieg gegen unterschiedliche Nationen gewöhnt gewesen seien.[227] Bereits im Verlauf des 15. Jahrhunderts entstand ein maritimes Netzwerk, das sowohl die Atlantischen Inseln als auch die europäischen Seemächte miteinschloss, zwischen denen Güter und Arbeitskräfte ausgetauscht wurden. So siedelte man indigene *Guanchen* von Teneriffa aus nach Madeira um, portugiesische Arbeiter immigrierten auf die Kanaren und Flamen und Genueser landeten auf dem Archipel.[228] Durch das weitere Vordringen der iberischen Mächte über den Atlantischen Ozean hinaus sollte es dann zum Ende der *Conquista* zu einer internationalen Begegnung der besonderen Art kommen, in der sich die Entstehung einer global vernetzten Welt abzeichnet: Zu einem Zusammentreffen der Alten mit den

223 Bula Dum diligenter, S. 237–239.

224 Vgl. Llabrés Martorell, La inspiración Luliana, S. 75; Le Canarien, G18v.

225 Vgl. Sánchez Rodríguez, Panorama histórico-geográfico del establecimiento de la jerarquía episcopal, S. 16. Zum weiteren Schicksal der Mission siehe Torriani, Descripción e historia del reino de las Islas Canarias, S. 118–119. Die *Canarios* bezeichneten die Gotteshäuser der Missionare als *Almogaren*, was von ihrer lange währenden Präsenz zeugt, vgl. Abreu Galindo (2021), Historia de la conquista de las siete Islas de Canarias, S. 128.

226 Vgl. Rando, »Cum barbaris nationibus et linguis incobnitis commercia humanitatis«, S. 314.

227 Vgl. Torriani, Descripción e historia del reino de las Islas Canarias, S. 120.

228 Vgl. Abulafia, The Boundless Sea, S. 488.

Neuen Welten der Kanaren und der tatsächlich so genannten »Neuen Welt«, als am Hof der Katholischen Könige in Burgos die *Menceyes* von Teneriffa in Begleitung des Alonso de Lugo auf die karibischen Kaziken trafen, die Christoph Kolumbus von seiner zweiten Reise nach Westindien mitgebracht hatte.[229]

2.5 Kanarier und Europäer: Eine Begegnung normativer Ordnungen

Kulturkontakte sind stets von komplexen Prozessen der Translation begleitet, die nicht nur die Sprache betreffen. Sitten und Gebräuche, Rituale und Symbole können mitunter stark variieren, insbesondere bei transmaritimen Verbindungen von ganz unterschiedlichen Welten,[230] und zu Fehlinterpretationen dieser Codes und damit zu Missverständnissen führen. Bei der Entschlüsselung solcher Missverständnisse kann der Historiker gleich in mehreren Hinsichten fehlgehen, indem er glaubt, etwas zu erkennen, was den Zeitgenossen nicht bewusst war. Von der retrospektiven Herstellung von Kausal- und Ereigniszusammenhängen bis hin zu einem problematischen Verständnis von »Kultur« ist die historische Entschlüsselung von Missverständnissen höchst spekulativ. Bereits von anderen theoretisiert, soll hier der Verweis auf diese Analyseproblematik genügen, vor deren Hintergrund die folgenden Ausführungen zu beurteilen sind.[231]

Heike Bungert führt in ihrer Monographie über die Geschichte der indigenen Nationen der USA ein eindrückliches Beispiel für ein kulturell bedingtes Missverständnis an. Während des so genannten *Middle Ground*, eine der wenigen Phasen friedlicher Kooperation zwischen Indianern und Europäern, bezeichneten einige Indianergruppen den französischen Gouverneur als »Vater«. Aus dieser Bezeichnung hätten die Euroamerikaner geschlossen, dass die Indianer dem Gouverneur eine patriarchalische und machtvolle Position über die Stammesgruppen zuschrieben. Für die matrilinear denkenden Stammesgruppen war der »Vater« jedoch eine Person mit wenig Einfluss, der allenfalls zwischen seinen »Kindern« vermitteln konnte und Geschenke zu verteilen hatte. Autoritär-patriarchalisch konnte er nur in Kriegszeiten handeln.[232] Missverständnisse dieser Art können auch Aufschluss über die unterschiedlichen normativen Ordnungen und Rechtsvorstellungen geben, die bei Kulturkontakten aufeinandertreffen, und sind somit von großem Interesse, wenn es um die Frage geht, ob

229 Vgl. Tejera Gaspar, Para una historia atlántica, S. 65.

230 Vgl. Abulafia, The Boundless Sea.

231 Vgl. u. a. Brauner, Don't Let Me Be Misunderstood, S. 81–108. Die hier angeführte Interpretation – für die viel spricht – handelt nicht von einem taktisch inszenierten Nichtwissen, sondern von einem Missverständnis, das durch faktisches Unwissen zustande kam. Vgl. Kintzinger, Ignorantia diplomatica, S. 13–39.

232 Vgl. Bungert, Die Indianer, S. 55.

außereuropäische Völker vor ihrem Kontakt mit den Europäern internationale Beziehungen pflegten und ein Völkergewohnheitsrecht praktizierten.

Die Chroniken zur *Conquista* der Kanaren sind reich an heroischen und romantischen Erzählungen. Die Heldentaten indigener Krieger, wie etwa der beim Angriff auf den Wehrturm in San Sebastián umgekommene Hautacuperche,[233] und die Liebesbeziehungen zwischen indigenen Frauen und spanischen Eroberern tragen sich bis heute in kanarischen Volksliedern und literarischen Werken fort.[234] Eine der berühmtesten Erzählungen handelt von der Liebesbeziehung zwischen Hernán Peraza dem Jüngeren und Iballa, einer schönen Indigenen auf La Gomera. 1482 hielt sich Peraza am Hof der Katholischen Könige auf, gezwungen, sich für den Tod Juan Rejóns auf La Gomera zu verantworten. Obschon sich eine harte Strafe für den Konquistadoren und Herrn der Insel abzeichnete, habe die Königin Isabella Gnade vor Recht ergehen lassen, so die Chronisten. Dies tat sie jedoch nicht aus Mitleid, sondern aus einem ganz persönlichen Motiv. Neben der Ablegung des Königstitels und einer Beteiligung Perazas und gomeranischer Krieger an der *Conquista* Gran Canarias, sollte der in Ungnade Gefallene eine Dame ehelichen, die der Königin schon seit längerer Zeit ein Dorn im Auge war *(en aquella ocasión [la rreina] tenía muchos selos de vna dama llamada doña Biatris de Bobadilla, muy hermosa y discreta, a quien el rrey le paressía que miraba y estimaba más que a las otras, y uiendo que era buena ocasión para quitarla delante de los ojos).*[235] Und so verheiratete die Katholische Königin die lästige Nebenbuhlerin Beatriz de Bobadilla, die ihrem Gatten offenkundig einmal zu oft schöne Augen gemacht hatte, in den entlegensten Winkel ihres Reiches. Peraza, so die Quellen, hätte sein Glück nicht fassen können, statt einer Strafe die reizende Beatriz de Bobadilla zur Frau bekommen zu haben, doch, so die Chronisten, sollte sie ihm nicht genügen.[236] Sowieso habe er ein lasterhaftes und lotterhaftes Leben auf La Gomera geführt, das ihn dazu veranlasste, eine Beziehung mit einer schönen Indigenen namens Iballa einzugehen, die ihn nichts weniger gekostet hätte als sein Leben. Bei einem nächtlichen Besuch der Geliebten in ihrer Höhle wurde Peraza 1488 nämlich von einer Gruppe indigener Krieger überwältigt und getötet. Während die Chronisten Peraza als abschreckendes und moralisch verwerfliches Beispiel eines Lustmolchs inszenieren, der seine gerechte Strafe erhält, hätten die indigenen

233 Vgl. Tejera Gaspar/González Antón, Las culturas aborígenes canarias, S. 60.

234 Vgl. Trapero, La Gomera entre la historia, S. 237–252.

235 Libro de la conquista de la ysla de Gran Canaria y de las demas yslas (Ovetense), S. 151–152.

236 Vgl. Libro de la conquista de la ysla de Gran Canaria y de las demas yslas (Ovetense), S. 172. Ähnlich bei López de Ulloa, Historia de la Conquista de las siete Islas de Canarias, S. 179.

Stammesgruppen die Verführung Iballas zu einem Affront gegen die Familienehre *(caso de honra)* erhoben. Die Ermordung Perazas hätte also darauf gezielt, Rache zu nehmen und die Ehre der Familie wiederherzustellen *(ellos trasa de bengarse y de rrestaurar su onrra que perdián o afrenta rresibidia)*.[237] Ein Urteil, dem Peraza gewiss vehement widersprochen hätte, denn als Herr der Insel war für ihn eine außereheliche Beziehung mit einer untergebenen, indigenen Frau, ein normaler, legitimer Akt.[238] Die Aussage, dass die Indigenen Iballa aufgrund ihrer Schönheit allein für sich haben wollten, stützt diese Interpretation eines Normen übertretenden, verwerflichen Liebesdramas und verweist indirekt auf die Möglichkeit, dass Iballa bereits einem Indigenen versprochen war,[239] wofür etwa der Anführer des Todeskommandos, Hautacuperche, infrage kommt.[240]

Wie Juan Álvarez Delgado und Maximiano Trapero angemerkt haben, bewerten die Chronisten die Beweggründe der Indigenen vor dem Hintergrund ihrer eigenen, europäisch-christlichen Normvorstellungen von Ehre, Ehe und Sexualität, die sich, wie wir gesehen haben, stark von denen der Kanarier unterschieden:[241] »Ich bin absolut davon überzeugt, dass die Beschwerden über die anrüchige Liebschaft Perazas mit Iballa allein der christlichen Mentalität unserer Chronisten entsprungen ist, nicht derjenigen der Indigenen und ihrer Zeitgenossen.«[242]

Der Interpretation als Liebesdrama zieht Álvarez Delgado deshalb die des Tyrannenmords vor, für die Abreu Galindo etwa plausible Hinweise liefert:[243] »Nach einigen Tagen kam Hernán Peraza schlecht mit seinen Vasallen aus, behandelte sie mit Strenge und Härte und wünschte Freunden und Feinden nur das Schlechteste.«[244] Nach dem Tod Perazas flüchtete und verschanzte sich seine Witwe Beatriz de Bobadilla im Wehrturm von San Sebastián und ersuchte die Hilfe Pedro de Veras, unter dessen Führung gerade die Insel Gran Canaria unterworfen worden war. Vera reagierte mit einem Straffeldzug gegen die *Gomeros*, der zu einem Genozid an der indigenen Bevölkerung führte, von der

237 Libro de la conquista de la ysla de Gran Canaria y de las demas yslas (Ovetense), S. 173.

238 Vgl. Pérez Saavedra, El episodio de Iballa, S. 425.

239 Vgl. López de Ulloa, Historia de la Conquista de las siete Islas de Canarias, S. 180.

240 Vgl. García de Gabiola, La conquista de las Canarias, S. 173.

241 Vgl. Álvarez Delgado, El Episodio de Iballa, S. 334.

242 »Estoy firmemente persuadido de que esas lamentaciones por los inmorales amores de Peraza con Iballa nacieron sólo en la mentalidad cristiana de nuestros cronistas, no en la de los indígenas o sus contempóraneos.« Ebd., S. 345.

243 Siehe ebenso Trujillo Cabrera, Episodios gomeros del siglo XV, S. 188.

244 *Pasados algunos días Hernán Peraza se avenía mal con sus vasallos, tratándolos con rigor y aspereza, deseándole los amigos y enemigos todo mal.* Abreu Galindo (2021), Historia de la conquista de las siete Islas de Canarias, S. 202.

ein großer Teil hingerichtet und der Rest in die Sklaverei verkauft wurde. Vera hätte dabei alle, nicht nur die direkt Verantwortlichen, wie Rebellen behandelt, die ihren Herrn ermordet hätten *(contra ellos como conttra rrebeldes y pertinases matadores de su señor)*.[245] Nicht als Rebellion, sondern als legitimer Ungehorsam gegenüber einer despotischen Herrschaft verstanden, fungierte die Liebesbeziehung zwischen dem Konquistadoren und Iballa nicht als Grund für den Tod Perazas, sondern lediglich als Vorwand, um sich seiner unliebsamen Herrschaft zu entledigen, so Álvarez Delgado. Dafür spricht etwa die strategische Planung des Attentats, an der die vier Stammesgruppen La Gomeras unter der Weisung des indigenen Stammesfürsten Hupalupa beteiligt waren. Wie wir schon gesehen haben, ernannten manche der kanarischen Stammesgesellschaften in Krisenzeiten einen Anführer, dessen Funktion aber mit Bewältigung des Problems erlosch. Dieser stand einem Rat vor, der aus Vertretern der Stammesgruppen bestand.[246] Bei der geheimen Versammlung auf dem vorgelagerten Felsen Tuguluche hätten die Indigenen sich gemeinsam zur Hinrichtung Perazas entschlossen. Für das Attentat bot der nächtliche Besuch Perazas bei seiner Geliebten, unbegleitet von seinen Soldaten, dann die perfekte Gelegenheit, um ihm aufzulauern und ihn zu töten.[247]

Den Historiographen Abreu Galindo und Marín de Cubas zufolge, riefen die Indigenen nach der Hinrichtung Perazas *ya se quebró el gánigo de Guahedún*.[248] Darin sieht Álvarez Delgado den Verweis auf einen Pakt, der wahrscheinlich 1484 zwischen den Indigenen und Peraza geschlossen worden war. Daran waren möglicherweise alle vier, vielleicht aber auch nur die Stammesgruppen Ipalan[249] und Hermigua[250] beteiligt, die in den Quellen zu den Verantwortlichen am Tod von Hernán Peraza gezählt werden.[251] Der Begriff

245 Libro de la conquista de la ysla de Gran Canaria y de las demas yslas (Ovetense), S. 174.

246 Vgl. Tejera Gaspar / González Antón, Las culturas aborígenes canarias, S. 55–58.

247 Vgl. Álvarez Delgado, El Episodio de Iballa, S. 334. Siehe ebenso Trapero, La Gomera entre la historia, S. 237–252. Siehe ebenso Tejera Gaspar / González Antón, Las culturas aborígenes canarias, S. 58.

248 Abreu Galindo (2021), Historia de la conquista de las siete Islas de Canarias, S. 204. Abreu Galindo fügt dem direkt eine Erklärung der Bedeutung des *gánigo* an: *Ya el gánigo de Guahedun se quebró; y gánigo es como cazuela grande de barro en que comen muchos juntos, y porque todos iban á hacer reverencia y acatamiento á Hernán Peraza, decían iban á beber leche en él como gánigo.* Marín de Cubas, Conquista de las siete yslas de Canaria, S. 296.

249 Alternativ auch »Pala« oder »Hipalan«.

250 Alternativ auch »Mulagua« oder »Amulaga«.

251 Vgl. Álvarez Delgado, El Episodio de Iballa, S. 317; siehe dazu ebenfalls ausführlich Tejera Gaspar, El pacto de Colón y Guacanagarí, S. 129–136.

gánigo[252] verweist dabei auf ein Tongefäß, das womöglich bei dieser Zeremonie zum Einsatz kam.[253] Denn bei den nordafrikanischen Berberstämmen, die in verschiedenen Arbeiten zu den kanarischen Kulturen als ethnologische Vergleichsfolie herangezogen werden, gab es verschiedene Formen von Pakten, die mit einem Milchritual geschlossen wurden. Dabei handelte es sich stets um mündliche, auf Rechtsgewohnheiten beruhende Vereinbarungen, die nicht schriftlich fixiert wurden. Das Urteil von mehreren anwesenden Personen, in manchen Fällen auch der gesamten Stammesgruppe, fungierte als Prüfstein für die Rechtmäßigkeit des Abkommens. Milch kam dabei auf verschiedene Weise zum Einsatz. So konnte sie von den am Pakt beteiligten Parteien gemeinsam über die Erde am Ort der Zeremonie vergossen werden oder es wurde ein Gefäß mit Milch herumgereicht, aus dem alle sich an den Vertrag bindenden Parteien tranken und dabei ihren Schwur leisteten.[254] Mit dem Ausruf »und da zerbricht der *gánigo* von Gahedún« hätten die Indigenen, wobei das Tongefäß hier symbolisch für den Pakt steht, ihren Vertrag mit Hernán Peraza aufgekündigt und sich von seiner Oberherrschaft befreit.

In Abgrenzung von der Interpretation als Melodrama einer verbotenen Liebe oder als Tyrannenmord und Befreiung eines malträtierten Volkes liefern Tejera Gaspar und Francisco Pérez Saavedra noch eine dritte Deutung der Ereignisse, die darüber hinaus die Normativitätsvorstellungen der Indigenen berücksichtigt. Dem Historiographen Franzisco López de Ulloa zufolge, hätten die Indigenen einen Mord an ihrem »natürlichen« Herrn verübt *(cometido contra su señor natural)*.[255] Doch waren die Herrschaftsverhältnisse auf La Gomera für die Indigenen eben so klar wie für die Europäer?

252 Wort indigenen Ursprungs, mit dem die Kanarier ein Tongefäß mit unterschiedlichen Abmessungen, zumeist aber Tassengröße, bezeichneten, das vor allem für die Vorbereitung von Speisen, dann aber auch für die eigene Reinigung oder zur Säuberung von Kleidung genutzt wurde. *Cazuela de barro de dimensiones variables, aunque lo más habitual es que sea un poco mayor que una taza y tenga la forma de un barreño. También se denomina asía a otros recipientes de parecida forma, aunque de distinta materia. Fue empleado por los antiguos habitantes de las islas para preparar sus alimentos, si bien ha tenido después usos muy diversos, como la limpieza persona o el lavado de la ropa.* »gánigo o ganigo, ganeguito, guánigo, guanigo«, in: Diccionario Histórico del Español de Canarias (DHECan), S. 694–697.

253 Der *gánigo* fand auch im sakralen Kult bei den *Mahos* von Lanzarote Verwendung: *Adoraban á un Dios, levantando los manos al cielo y le hacían sacrificios en las montañas derramando leche de cabras con vasos que llaman gánigos hechos de barro.* Abreu Galindo (2021), Historia de la conquista de las siete Islas de Canarias, S. 54.

254 Vgl. Álvarez Delgado, El Episodio de Iballa, S. 336.

255 López de Ulloa, Historia de la Conquista de las siete Islas de Canarias, S. 180.

La Gomera war bis zu diesem Zeitpunkt nicht militärisch, sondern nur durch den besagten Pakt mit der indigenen Bevölkerung unter die vermeintliche Herrschaft der Europäer gelangt. Der Pakt erlaubte es Peraza, einen Wehrturm in San Sebastián auf dem Gebiet der Ipalan zu errichten und Orseille als Tribut zu fordern. Nach Tejera Gaspar und Pérez Saavedra schloss Peraza mit dem Trinken der Milch aus dem *gánigo* einen sakralen Pakt, den sogenannten *Tada* oder *Pacto de colactoación y del hermanamiento*, der auch ihm Verpflichtungen auferlegte, und zwar sich an die Regeln des Zusammenlebens der Stammesgruppen zu halten. Denn in den Augen der Indigenen machte der Pakt Peraza nicht zu ihrem Herrn, sondern zu einem Mitglied ihrer sozialen Gruppe, zu ihrem »Blutsbruder«. Damit war Peraza auch den indigenen Heirats- und Sexualregeln unterworfen, die zwar, was die Loslösung aus Eheversprechen und außerehelichen Geschlechtsverkehr betraf, ziemlich lax waren, dafür aber bei der Partnerwahl genaue Vorgaben machten. So war es den Mitgliedern der Stammesgruppen ausschließlich erlaubt exogam zu heiraten, also außerhalb ihrer Gruppe. Im Falle des dualistischen Systems auf La Gomera bedeutete dies, dass Frauen der Stammesgruppe Ipalan nur Männer aus der Stammesgruppe Hermigua und vice versa heiraten durften. Heiraten mit den anderen beiden Stammesgruppen Agana und Orone[256] waren untersagt, die wiederum nur unter sich heiraten durften.[257] Iballa gehörte zum Stamm der Ipalan und war deshalb verpflichtet, einen Mann aus Hermigua zu heiraten; eine Stammesgruppe der vermutlich der ihr versprochene Hautacuperche angehörte.[258] Sexualverkehr und Ehen innerhalb der Gruppen, die sich als blutsverwandte Familie verstanden, galten deshalb als Inzest und waren verboten.[259] Mit dem Pakt der Brüderlichkeit war Peraza Stammesmitglied der Ipalan unter der Herrschaft von Hupalupa. Iballa war somit im indigenen Verständnis seine Schwester und die als Inzest verstandene sexuelle Beziehung zwischen Iballa und Peraza wurde mit der Exekution des Letzteren geahndet.[260]

Von europäischer Warte aus als Ehrenmord und von indigener Seite aus als Ahndung eines Inzest-Vergehens interpretiert zeigt sich hier, was für unterschiedliche kulturell geprägte Normativitäts- und Rechtssysteme bei der Eroberung des kanarischen Archipels aufeinanderprallten, die unter Umständen zu schweren Interpretationsfehlern führen konnten: Während sich Peraza durch eine Fehlinterpretation des *Pacto de colactoación* als Unterwerfungsakt als Herr der Insel wähnte, verstanden die Indigenen ihn als ihresgleichen und damit auch

256 Alternativ auch »Aurure« oder »Orona«.

257 Vgl. Pérez Saavedra, El episodio de Iballa, S. 420–422.

258 Vgl. ebd., S. 426 und 441.

259 Vgl. ebd., S. 427.

260 Vgl. ebd.

ihren Rechten und Pflichten unterworfen. Hier liegt kein Fall eines auf Gleichheit beruhenden völkerrechtlichen Vertrages zwischen Europäern und Indigenen vor, denn beide Seiten verstanden die jeweils andere als Ergebnis des Paktes als der eigenen Herrschaft und dem eigenen Recht unterworfen. Vielmehr zeigt dieser Fall die Verschiedenheit der Kulturen auf und verdeutlicht die Notwendigkeit von Vermittlern und Übersetzern, auf die in Kapitel 4 noch genauer eingegangen wird. Außerdem zeigt sich eindrücklich, dass die Kanarier keinesfalls *idólatras sin ley* waren, wie der Chronist der Katholischen Könige Andrés Bernáldez behauptete und wie es die eurozentrische Forschung für Außereuropa fortgeschrieben hat, sondern nach ganz eigenen Normativitäts- und Rechtsvorstellungen lebten und handelten, die in kulturspezifischen Ritualen und Symbolen ihren Ausdruck fanden.[261]

2.6 Schlussfolgerung

Forschungsergebnisse aus Linguistik, Archäologie und Ethnologie konnten hier für Fragen der Völkerrechtsforschung fruchtbar gemacht werden. Der Verweis auf die Bedeutung von *gánigo*, die archäologischen Überreste einer Mauer oder der Vergleich zwischen den nordafrikanischen Berberstämmen und den kanarischen Stammesgruppen erlaubten es, sich den Beziehungen zwischen den kanarischen Stammesgruppen und ihrer normativen Basis anzunähern. Dabei hat sich gezeigt, dass es weder Schriftlichkeit noch staatlicher Strukturen bedarf, damit man von einem außereuropäischen, vormodernen Äquivalent zum modernen Völkerrecht sprechen kann. Denn ebenso wie die Europäer ihrer Zeit handelten die Kanarier untereinander, schmiedeten Bündnisse und Allianzen, gingen Eheverbindungen ein und führten auf Grundlage der bei ihnen geltenden Normen Kriege miteinander.

Während Preiser für die polynesische Inselwelt nur »isolierte völkerrechtliche Erscheinungen« nachweisen konnte, da die Polynesier zwar ein Kriegsvölkerrecht gekannt, aber keine »vielseitigen, ununterbrochenen Beziehungen friedlicher Natur [unterhielten], die einer Regelung bedurft hätten«,[262] lässt sich im Falle der Kanarier nach Preisers Kriterien für die großen Kanareninseln und ihre Stammesgruppen von internationalen Beziehungen und einer Völkerrechtsordnung sprechen. Dabei können der Bruch der Heirats- und Sexualregeln zwischen den Stammesgruppen auf La Gomera und die anschließende Sanktion, die Ermordung Perazas, als Ausdruck ihrer »rechtstreuen Gesinnung« gelesen werden. Insgesamt fügt sich die Analyse präkolonialen, kanarischen Völkerrechts in

261 Vgl. Bernáldez, Memorias del reinado de los Reyes Católicos, S. 510.
262 Preiser, Frühe völkerrechtliche Ordnungen, S. 71.

den positiven Befund Preisers ein, der für die Mehrheit der vorkolonialen und außereuropäischen Zivilisationen die Existenz einer Völkerrechtsordnung annimmt. Einschränkungen sind zum Teil gewiss auf die schlechte Überlieferungslage der vornehmlich oralen Kulturen zurückzuführen.

Archipele, so zeigen auch andere Beispiele, bildeten trotz oder gerade aufgrund der räumlichen Trennung der Inseln durch das Meer über Jahrhunderte ganz eigene Beziehungsgeflechte.[263] Dabei konnte das Meer zugleich trennen und verbinden, die Verflechtung und Zirkulation von Menschen, Waren und Ideen ermöglichen und verhindern.[264] So lässt sich annehmen, dass die Beziehungen der Kanarier erst über die sporadischen interinsularen Kontakte hinausreichten, als die Europäer sie »entdeckten«. So wurden die Kanarier Teil der im 15. Jahrhundert insbesondere von den iberischen Mächten vorangetriebenen Globalisierung der Welt, die im Zusammentreffen der *Menceyes* von Teneriffa mit den Kaziken der Karibik am Hof der Katholischen Könige ihren symbolischen Höhepunkt fand.

Als eine weitere Besonderheit des Archipels können die durch das Meer bedingten, klaren Grenzziehungen gesehen werden. Während sich Grenzen auf dem Land verändern lassen, erst durch Aushandlungsprozesse und Vereinbarungen symbolisch aufgeladen und damit manifest werden, dadurch »Faktum und Konstrukt«[265] zugleich sind, ist das Meer die wohl härteste, vorstellbare Grenze, die gewiss die Vorstellung der europäischen Zeitgenossen von ganz unterschiedlichen Sprachen und Kulturen auf den einzelnen Inseln gefördert hat. Die Eigenschaft der Kanaren als Inseln und Archipel, die bei den Europäern einerseits Paradies-Assoziationen hervorrief und andererseits einen besonderen Präzedenzfall herrschaftlichen Anspruchs schuf, wird uns auch noch in den folgenden Kapiteln (3, 5 und 6) beschäftigen.

Mit Blick auf die *Conquista* ist deutlich geworden, dass die Indigenen bei der Begegnung mit den Konquistadoren auf die zwischen ihren Stammesgruppen gepflegten Rechtsgewohnheiten zurückgriffen. Wie Pierre Bourdieu herausgestellt hat, offenbart insbesondere der Kulturkontakt die sonst unerwähnt bleibenden Praktiken, hier die Rechtsgewohnheiten, der beteiligten Völker. Weitere Beispiele werden wir dazu im nächsten Kapitel zu den Völkerrechtspraktiken bei der Begegnung von Konquistadoren und Indigenen sehen. Aber auch die Konquistadoren ließen sich offenkundig auf indigene Praktiken, wie das Milchritual, ein, um ihre Verhandlungsziele zu erreichen.

263 Vgl. Borgolte/Jaspert, Maritimes Mittelalter, S. 19.

264 Vgl. ebd., S. 22.

265 Bock/Jostkleigrewe/Walter, Politische Grenzen als Faktum und Konstrukt, S. 12.

Deutlich wurden auch der sprachliche und kulturelle Translationsaufwand, der bereits auf die große Bedeutung indigener Übersetzer und Vermittler verweist. Obschon man zunächst an einen kleinen, insularen Raum mit einer »primitiven« Hirtenbevölkerung denkt, die sich die Spanier vor der großen Entdeckung Amerikas noch einverleibt haben, deutet sich bereits an, dass die über hundert Jahre währende Begegnung der komplexen kanarischen Stammesgesellschaften mit den europäischen Konquistadoren auf beiden Seiten Spuren hinterlassen haben muss. Im Ergebnis muss von einer Transformation der Verfahrensformen beider Parteien ausgegangen werden, die auch das vermeintlich rein europäische, internationale Recht betrifft.

3. Die Eroberung der Kanaren als Zusammentreffen indigener und europäischer Völkerrechtsgewohnheiten

> Ein Vertrag setzt eine geltende Rechtsordnung voraus. Wo Verträge zwischen politischen Einheiten faktisch geschlossen (und sogar eingehalten) werden, gilt also auch eine Rechtsordnung, ein Völkerrecht, gleichgültig, ob dies innerhalb der Parteien theoretisch akzeptiert wird oder nicht. Die Praxis, nicht die Theorie, gibt den Ausschlag.[266]

Dieses überzeugende Argument von Jörg Fisch, seiner universalgeschichtlichen Studie zu den Formelementen des Friedensschlusses entnommen, unterstreicht die Relevanz der Praxis, die Völkerrecht erst konstituiert.[267] Während es im vorherigen Kapitel zunächst darum ging, die Völkerrechtsgewohnheiten der indigenen Stammesgruppen des kanarischen Archipels und der europäisch-christlichen Welt des Spätmittelalters zu studieren, sollen hier nun sowohl die Anwendung dieser Völkerrechtspraktiken als auch die Entwicklung neuer völkerrechtlicher Verfahrensweisen im Kontext der Begegnung zwischen Eroberern und Eroberten untersucht werden.

Die *Conquista* der Kanaren nahm ihren Anfang mit der Landung Béthencourts auf Lanzarote im Jahr 1402 und endete erst nach fast einem Jahrhundert mit der Kapitulation der *Guanchen* Teneriffas 1496. Während dieses langen Zeitraums kämpften Konquistadoren und Indigene nicht durchgängig gegeneinander, was die Frage nach der Art und Weise einer möglichen Koexistenz der Völker zwischen den Eroberungszügen aufwirft. Inwieweit die Lage zwischen bereits christianisierten und noch in indigener Hand befindlichen Inseln oder Inselteilen auch zwischen den Gefechten einem dauerhaften Kriegszustand glich oder eine friedliche Koexistenz erlaubte, wird in einem ersten Teil dieses Kapitels

266 Fisch, Krieg und Frieden im Friedensvertrag, S. 15.

267 Zum Thema der konstituierenden Funktion von Verträgen vgl. Lesaffer, Introduction, S. 2–3.

untersucht (Abschnitt 3.1). Dabei ist vor allem von Interesse, ob es während der Eroberung der Kanaren nur ein Kriegs- oder auch ein Friedensvölkerrecht gab und auf der Basis welcher Normen und Regeln die Akteure im jeweiligen Zustand agierten.

Dass der Kampf um die Kanaren nicht ausschließlich auf den Lavafeldern und zwischen den steilen Hängen der unwirtlichen Inseln, sondern auch am Verhandlungstisch ausgefochten wurde, belegt die Überlieferung zahlreicher Verträge zwischen Indigenen und Invasoren, die im Anhang dieser Studie zusammengestellt und in deutscher Übersetzung vorgestellt werden. Die in den Vertragstexten verwendete Terminologie, die Vertragspartner, die Vertragsinhalte sowie ihre Verbindlichkeit werden in einem zweiten Abschnitt (3.2) untersucht. Die überlieferten symbolischen Akte, wie Gesten und Rituale, lassen eine erste Typologisierung der zwischen Konquistadoren und Indigenen geschlossenen Abkommen zu.

Der letzte Teil des Kapitels beschäftigt sich dann mit der Funktion der Pakte (Abschnitt 3.3). Während die Verträge zwischen Christen und Muslimen im Kontext der *Reconquista* als Völkerrechtsverträge zwischen zwei souveränen Entitäten verstanden wurden,[268] handelte es sich bei den zwischen Indigenen und Konquistadoren geschlossenen Abkommen aus europäischer Perspektive mehrheitlich um Vasallenverträge. Infolgedessen interpretierten die Eroberungsmächte die Kriege auf den Kanaren nicht mehr als eine außenpolitische, sondern als eine innenpolitische Angelegenheit, infolgedessen die indigenen Krieger von Verteidigern ihrer Heimat zu Aufständischen degradiert wurden. Zugleich lieferte diese Umdeutung eine Rechtfertigung für die Angriffskriege auf den Archipel. Inwieweit sich die kanarischen Verträge als Vorläufer des sogenannten *Requerimiento* verstehen lassen, das die Indigenen der Neuen Welt zu einer Unterwerfung unter spanische Herrschaft aufforderte, wird zum Abschluss des Kapitels diskutiert.

3.1 Friedens- und / oder Kriegsvölkerrecht

Bei der Betrachtung des Zeitraums der Eroberung der Kanarischen Inseln (1402–1496) fällt zum einen auf, dass eher von mehreren Eroberungsphasen oder von Eroberungen im Plural gesprochen werden kann als von einem kontinuierlichen Feldzug.[269] Zum anderen war die *Conquista* der Kanaren ein Wechselspiel zwischen Krieg und Koexistenz, wobei die Dauer der Phasen des

268 Vgl. Gibson, Conquest, Capitulation, and Indian Treaties, S. 3.

269 Bezüglich einer möglichen Einteilung des Jahrhunderts in Eroberungsphasen siehe die historische Hinführung in der Einleitung dieser Studie (Abschnitt 1.1).

Friedens oder Waffenstillstandes deutlich überwiegt.[270] Hier stellt sich die Frage nach der Existenz und der Ausgestaltung von Normen und Regeln in den Phasen zwischen den *Conquistas*. Glich das Verhältnis zwischen indigenen Kanariern und französischen, portugiesischen und spanischen Siedlern und Konquistadoren der Situation an der christlich-muslimischen *frontera* auf der Iberischen Halbinsel? Oder war auch ein friedliches Nebeneinander oder sogar Miteinander zwischen heidnischen und christlichen Gesellschaften, den noch in indigener Hand befindlichen und bereits eroberten Inseln oder Inselteilen möglich *(middle ground)*?

3.1.1 *Frontera*

Mit *frontera* wird hier nicht allgemein das Phänomen der Grenze,[271] sondern die spezifische Situation des dauerhaften Grenzkonflikts und Kriegszustands zwischen Muslimen und Christen im Rahmen der *Reconquista* auf der Iberischen Halbinsel in den Blick genommen und mit der Situation auf den Kanarischen Inseln verglichen. *Frontera* ist Nikolas Jaspert zufolge im Zusammenhang mit der *Reconquista* eine Grenze, die sich insbesondere durch die Gegnerschaft und Abgrenzung zum jeweils anderen definiert. Als Hauptmerkmale der *frontera* auf der Iberischen Halbinsel weist er ihre Eigenschaft als Grenze zwischen den Religionen sowie ihre Fluktuation aus, da sich ihre Lage im Raum stets im Zuge von militärischen Siegen und Niederlagen derer verschob, die sie umkämpften.[272]

An der *frontera* zwischen Christen und Muslimen entwickelten sich außerdem über die Jahrhunderte hinweg Gemeinschaften, für die der immerwährende Krieg Teil ihrer Lebensweise war.[273] Emilio Mitre Fernández spricht sogar von einem allgemeinen »espíritu de frontera« und von »hombre[s] de la frontera«, wofür El Cid das Paradebeispiel sei.[274] Der dauerhafte Kriegszustand bedeutete für die Menschen an der *frontera* nicht selten Grenzübergriffe in Form

270 Die Eroberungen umfassen die Jahre 1402–1404 für die gewaltsame Unterwerfung Lanzarotes, Fuerteventuras und El Hierros, 1451–1454 für den Kolonialkrieg auf La Gomera zwischen den Gomeranern, Portugiesen und Spaniern, 1478–1483 für Gran Canaria, 1492–1493 für La Palma und schließlich 1494–1496 für die Eroberung Teneriffas. Ebenso wird die *Conquista* als Wechselspiel von Krieg und Frieden beschrieben bei Le Brun, Un aspect de la conquête des îles Canaries, S. 210.

271 Auf dieses bereits gut untersuchte Forschungsfeld kann hier nicht näher eingegangen werden.

272 Vgl. Jaspert, Die Reconquista, S. 71.

273 Vgl. Mitre Fernández, Los límites entre estados, S. 106.

274 Vgl. ebd., S. 107–108.

von bewaffneten Überfällen, Geiselnahmen und Sklavenfang.[275] Bei den sogenannten *cabalgadas*, die auch als *entradas* oder *saltos* bezeichnet wurden, handelte es sich um schnelle, überraschende, privat organisierte Attacken an unterschiedlichen Orten mit dem Ziel, Menschen oder Vieh zu rauben.[276] Geiselnahmen waren so häufig, dass Orden und Bruderschaften entstanden, die auf den Gefangenenloskauf spezialisiert waren.[277] Das Geschäft mit gekidnappten Glaubensgegnern beförderte darüber hinaus die Entstehung weiterer Expertengruppen wie Befreiungsagenten (*exeas* = Führer / Kompagnon in Aragón und Katalonien, *alfaqueque* in Kastilien), die mit den muslimischen Entscheidungsträgern die Auslösung verhandelten und sich um die finanzielle Transaktion kümmerten. Dazu traten lokale Informanten (*rastreros* oder *fieles del rastro*) deren Aufgabe es war, die Gefangenen ausfindig zu machen und ihren Aufenthaltsort anzuzeigen.[278] Gefangennahmen endeten oftmals in der Sklaverei, wobei hier die Glaubensgrenze nicht örtlich an die Kriegsfront auf der Iberischen Halbinsel gebunden war. So galten Gefangennahmen und Versklavungen im Kontext von Raubzügen auf See beispielsweise als eine erweiterte Form der *Reconquista* und damit ebenfalls als rechtens.[279]

»War die *frontera* [mit dem Ende der *Reconquista*] untergegangen?«[280] Für Jesús Felipe Salafranca Ortega ist die Grenzlinie mit dem Fall der letzten muslimischen Bastion in Granada im Jahr 1492 nur gewandert. Sie habe den Atlantik überquert und sich schließlich auf dem kanarischen Archipel niedergelassen.[281] Dort sei der Konflikt zwischen Christen und Muslimen nun in Form von Überfällen auf die nordafrikanische Küste und umgekehrt auf die Kanarischen Inseln im 16. Jahrhundert weiter ausgetragen worden.[282] Die Entstehung dieser *frontera* zwischen den Kanaren und der Berberei, den Küstenländern in Nordwestafrika, sei zeitlich jedoch schon 90 Jahre zuvor anzusiedeln. Bereits der Anführer des französischen Eroberungszuges, Jean de Béthencourt, führte den Quellen zufolge einen Raubzug an der afrikanischen Küste durch und segelte

275 Vgl. Ladero Quesada, Reconquista y definiciones de frontera, S. 691.

276 Vgl. Alfaro Hardisson, Los moriscos de Tenerife, S. 2288.

277 Vgl. Grieser / Priesching, Einleitung, S. XIII.

278 Vgl. Jaspert, Die Reconquista, S. 75.

279 Vgl. Phillips, Slavery in Medieval and Early Modern Iberia, S. 34.

280 »¿Había muerto la frontera?« Salafranca Ortega, La cuestión de las cabalgadas, S. 499.

281 Vgl. ebd.

282 Vgl. Alfaro Hardisson, Los moriscos de Tenerife, S. 2287–2299. Siehe ebenso für das 16. Jahrhundert: Fajardo Spínola, Las víctimas del Santo Oficio; als prominente Figur siehe Agustín de Herrera, der jährlich *cabalgadas* an der afrikanischen Küste durchführte. Vgl. Lobo Cabrera / Bruquetas de Castro, Don Agustín de Herrera y Rojas; Rumeu de Armas, El señorío de Fuerteventura en el siglo XVI, S. 18–127.

mit reicher Beute zurück auf die Iberische Halbinsel: »Die Mauren, die sie gefangen nahmen (60 Seelen), brachten sie nach Spanien, um sie zu verkaufen, mit all den anderen, die sie auf diesen Inseln ergriffen hatten.«[283] Einen ersten Höhepunkt erreichte die Durchführung der bewaffneten Raubzüge ab 1467 unter der Führung Diego de Herreras, der einen »wahren Grenzkrieg« geführt habe, so Salafranca Ortega.[284] Mit der Unterwerfung Gran Canarias avancierte dann ab 1484 die neugegründete Hafenstadt Las Palmas zum Ausgangspunkt für die *cabalgadas* und zum größten Umschlagplatz des Archipels für den Handel mit Sklaven.[285]

Neben der Grenze zur islamischen Welt sieht Marcos Sarmiento Pérez in den Kanarischen Inseln auch eine Grenzregion des Herrschaftsbereiches der Krone von Kastilien sowie in Bezug auf die indigene Bevölkerung eine Grenze der Kolonisation.[286] Ebenso spricht Eduardo Aznar Vallejo im Hinblick auf die Integration der Kanarischen Inseln in das wachsende spanische Imperium von einer »sociedad de frontera«.[287] Darüber hinaus bezeichnet er diejenigen Spanier und Indigenen wie beispielsweise Juan Mayor oder Don Fernando Guanarteme (siehe Kapitel 4), die sich zwischen den Welten von Eroberern und Eroberten zu bewegen vermochten, als »hombres de la frontera«.[288]

Auch der »espíritu de frontera« der *Reconquista* fand seinen Widerhall in den *Conquistas* auf den Kanarischen Inseln, die von den spanischen Monarchen selbst, aber auch von anderen Zeitgenossen als ein Projekt, ein Kampf gegen andersgläubige Völker verstanden wurden.[289] Dies zeigt sich etwa an der Bezeichnung der indigenen Herrscher als Sarazenen, an dem Einsatz einiger Konquistadoren als Soldaten sowohl bei der Rückeroberung der Iberischen Halbinsel als auch bei der Eroberung der Kanarischen Inseln und der Übernahme bestimmter Kriegsrituale wie der Beendigung von Gefechten mit dem Schlachtruf: *¡Santiago! ¡Santiago!*[290]

283 *Los moros que tomaron cautivos se llevaron á vender á España, con lo demás que en las islas se cogía.* Abreu Galindo (2021), Historia de la conquista de las siete Islas de Canarias, S. 63 und siehe ebenso S. 85.
284 Vgl. Salafranca Ortega, La cuestión de las cabalgadas, S. 500–501.
285 Vgl. ebd., S. 505.
286 Vgl. Sarmiento Pérez, La mediación en la frontera, S. 70.
287 Aznar Vallejo, La integración de las Islas Canarias, S. 276.
288 Vgl. Aznar Vallejo, La conquista en primera persona, S. 373.
289 Vgl. Zavala, La Conquista de Canarias y América, S. 20.
290 Le Canarien, B5r, S. 164. Das beste Beispiel für den militärischen Einsatz sowohl bei der *Reconquista* als auch bei den *Conquistas* ist der Konquistador Pedro de Vera, vgl. Ladero Quesada, El gobernador Pedro de Vera, S. 105–116; Quellenbeleg u. a.: Abreu Galindo (2021), Historia de la conquista de las siete Islas de Canarias, S. 195 und 208; Libro de la conquista de la ysla de Gran Canaria y de

Die Eroberung der Kanaren wurde nicht umsonst mit der *Reconquista* parallelisiert oder gar als ein Teil von ihr interpretiert. Wie auf der Iberischen Halbinsel existierte auch hier fast ein Jahrhundert lang eine *frontera* zwischen heidnischen und christlichen Inselreichen oder Inselteilen; eine Glaubensgrenze, die ebenso je nach militärischer Lage sich vor und zurück bewegen konnte. Zwischen den Eroberungskriegen herrschten auch hier die Regeln des Krieges, was die Gefangennahme und Versklavung der indigenen Bevölkerung betrafen. Die Interpretation der *Conquistas* als dauerhafter Kriegszustand an einer *frontera* zwischen Heiden und Christen lieferte auch die rechtliche Grundlage zur Versklavung der gefangenen Indigenen. Wie auch die Muslime, galten sie als ungläubige Gefangene, deren die Christen in einem *bellum iustum* habhaft geworden waren (siehe Abschnitt 5.3).[291]

So führten die Bewohner der bereits unterworfenen Insel El Hierro regelmäßig *cabalgadas* auf La Palma durch, um Viehherden der Einheimischen oder Menschen zu rauben.[292] Von Lanzarote und Fuerteventura aus wurden zahlreiche bewaffnete Überfälle auf Gran Canaria unternommen *(entradas)*, wie Abreu Galindo berichtet.[293] Auf Teneriffa nannte man den El Hierro zugewandten Küstenstreifen *Punta de los Christianos*, so die Quellen, weil die Christen diesen Ausläufer der Insel angefahren hätten, um *Guanchen* gewaltsam gefangen zu nehmen, um nur einige Beispiele zu nennen.[294] Trotz ihrer Möglichkeit zur eingeschränkten Navigation wird aber nicht von Attacken indigener Krieger auf bereits eroberte Inseln berichtet. Hier war der Atlantische Ozean im Gegensatz zur *frontera* auf der Iberischen Halbinsel eine schwieriger zu überwindende Barriere.[295] Dennoch entwickelten die Kanarier Strategien, den Angriffen von See aus mit einer Flucht ins Inselinnere oder Gegenangriffen auf die Schiffe zu begegnen.[296]

las demas yslas (Ovetense), S. 170. Der Schlachtruf findet darüber hinaus auch im afrikanischen Kontext Anwendung, siehe zu den Afrikafahrten der Portugiesen um 1450: Zurara, La Crónica de Guinea, S. 143.

291 Vgl. Cortés, La conquista de las Islas Canarias, S. 501.

292 Vgl. Abreu Galindo (2021), Historia de la conquista de las siete Islas de Canarias, S. 230.

293 Vgl. ebd., S. 109.

294 Vgl. »Anónimo Salazar«, S. 72.

295 Zu den besonderen Bedingungen des Ozeans als »barrera física«, die sich nur mit technischen Hilfsmitteln überwinden lässt, siehe González Zalacain, El mar como frontera, S. 113 und 116.

296 Siehe z. B. Abreu Galindo (2021), Historia de la conquista de las siete Islas de Canarias, S. 109.

3.1.2 *Middle Ground*

Der sogenannte »Middle Ground«, ein aus der Forschung zu den Indigenen Nordamerikas bekannter Begriff, war zugleich Ort und Art und Weise kultureller Interaktion.[297] Als Ort bezeichnete der »Middle Ground« einen Grenzraum zwischen zwei Kulturen, als Art und Weise der interkulturellen Beziehung eine Annäherung zwischen zwei Bevölkerungsgruppen, die mit bestimmten Praktiken wie dem Austausch von Geschenken und Allianzen einherging. In Nordamerika kam es auf der Basis von Friedensverträgen zwischen 1650 und 1815 zu engeren Beziehungen zwischen den Irokesen und den Franzosen in der Region der Großen Seen, die die Franzosen als *pays d'en haut* bezeichneten. Dieses freundschaftliche Verhältnis entstand und hielt allerdings nur so lange an, wie ein Mächtegleichgewicht von Indianern und Euroamerikanern bestand.[298]

Eine ebensolche Balance zwischen Siedlern und Konquistadoren unter der Herrschaft des Territorialfürsten Diego de Herrera (ca. 1417–1485) und seiner Gattin Inés Peraza auf der einen und den indigenen Stammesgruppen der *Canarios*, *Auaritas* und *Guanchen* auf der anderen Seite herrschte in den Jahren 1454 bis 1477 auf dem Archipel vor. Trotz seines Königstitels verfügte Herrera nicht über die nötige Macht und die militärischen Mittel, um die großen und dichtbevölkerten Inseln des Archipels zu unterwerfen. Deshalb schlug er diplomatische Wege ein und versuchte durch eine »Politik der Verhandlungen und Verträge«[299] die Erschließung des Archipels weiter voranzutreiben. Beendet wurde diese Phase durch die Aberkennung des Königstitels Herreras und den Übergang des Eroberungsrechts in die Hände der Katholischen Könige.

Sowohl mit den *Canarios* (*Acta de Las Isletas*, 1461) als auch mit den *Guanchen* (*Acta de Bufadero*, 1464) schloss Diego de Herrera Abkommen zur Errichtung von Festungen, die zugleich als Wehrtürme und Handelskontore dienten.[300] Die Siedler und Konquistadoren, die nach der Besiegelung des Paktes und der Errichtung der Festungen auf den Inseln verblieben, lebten eine Zeit lang friedlich auf dem Territorium der indigenen Stammesgruppen. Manuel Lobo

297 Vgl. White, The Middle Ground, S. XIII; siehe ebenso Bungert, Die Indianer.

298 Bei Jaspert und Kolditz findet der Begriff Anwendung für die Beziehungen zwischen Christen und Muslimen, vgl. Jaspert/Kolditz, Christlich-muslimische Außenbeziehungen im Mittelmeerraum, S. 21; White, The Middle Ground, S. XIII.

299 »una política de parlamentos y pactos«. Sarmiento Pérez, La mediación en la frontera, S. 71; siehe ebenso Rumeu de Armas, La conquista de Tenerife, S. 98 und López Alonso, Los pactos indígenas de Gran Canaria y Tenerife, S. 47.

300 Vgl. für die *Acta de Las Isletas* Conquista de las siete islas de Canarias (Matritense), S. 234; Libro de la conquista de la ysla de Gran Canaria y de las demas yslas (Ovetense), S. 119 und Conquista de la isla de Gran Canaria hecha por mandado de los señores Reyes Católicos Don Fernando y Doña Isabel (Lacunense), S. 195;

Cabrera spricht sogar von Momenten der Harmonie zwischen Spaniern, Portugiesen und Kanariern.[301] Auf der Basis des durch seinen Vater gemachten Friedens handelte Sancho de Herrera nicht nur die Errichtung eines Turmes im Hafen von Santa Cruz mit dem *Mencey* von Güímar aus, sondern einigte sich mit ihm auch auf Regeln *(poniendo leyes y conciertos)*,[302] die eine friedliche Koexistenz von *Guanchen* und Spaniern auf Teneriffa ermöglichen sollten. Leider schildern die Historiographen Juan de Abreu Galindo und Alonso de Espinosa nicht das gesamte Regelwerk dieses Friedensvölkerrechts, sondern nur eine wichtige Übereinkunft:

> Sie machten eine Regel, dass wenn irgendein Christ ein Delikt oder ein Unrecht verübte, dann würde er ihnen ausgeliefert, damit sie nach ihrem Willen mit ihm verfahren konnten, und wenn ein Indigener gegen einen Spanier, machten sie es umgekehrt. Das ist das Gesetz oder die Zweckvereinbarung [...].[303]

Als Reaktion auf ein Vergehen der Spanier, die eine Viehherde geraubt hatten, einigten sich Herrera und der *Mencey* von Güímar auf diese Regel zum Erhalt ihrer Freundschaft *(para conservar la amistad entre ellos firmada)*, wie Espinosa berichtet. Bei ihrer Umsetzung stieß die konsensual entstandene Bestimmung jedoch auf Grenzen, als Gleiches nicht mit Gleichem vergolten wurde. Während der *Mencey* von Güímar bei der Verurteilung einiger Spanier habe Milde *(clemencia)* walten lassen, hätten die Siedler mit grausamer Rechtsprechung *(cruel justicia)* Vergehen der *Guanchen* geahndet.[304] Von Seiten der Indigenen als Vertragsbruch gewertet, führte dieses Verhalten der Spanier schließlich zu einem blutigen Konflikt, in dessen Folge Sancho de Herrera und seine Männer von Teneriffa vertrieben wurden.

Im Verlauf der Eroberung der Kanarischen Inseln gab es folglich sowohl Zeiten des Konflikts als auch Phasen der Koexistenz zwischen Indigenen und Konquistadoren. In den Phasen zwischen den Eroberungskriegen konnten zugleich

Abreu Galindo (2021), Historia de la conquista de las siete Islas de Canarias, S. 97–98 und 106–107; Torriani, Descripción e historia del reino de las Islas Canarias, S. 126–127; Sedeño, Conquista de la isla de Gran Canaria, S. 53–54; Escudero, Relación de la Conquista de la Gran Canaria, S. 45–46; López de Ulloa, Historia de la Conquista de las siete Islas de Canarias, S. 77–78. Für die *Acta de Bufadero* siehe die Edition der Verfasserin im Anhang dieser Arbeit.

301 Vgl. Lobo Cabrera, La conquista de Gran Canaria, S. 44–45.

302 Abreu Galindo (2021), Historia de la conquista de las siete Islas de Canarias, S. 256–257.

303 *hicieron una ley: que si algún cristiano cometiese delito alguno o les agraviase en algo, que se lo entregasen ellos, para que hiciesen dél a su voluntad, y si natural contra español, por el contrario. Hecha esta ley o convenviencia [...].* Espinosa, Origen y milagros de Nuestra Señora de Candelaria, S. 48.

304 Vgl. ebd.

Regeln des Kriegs- und des Friedensvölkerrechts gelten. Während Gesetze für die friedliche Koexistenz der Völker im Konsens entstanden, gemeinsam also Recht geschaffen und gesetzt wurde, schrieben die beiden Parteien die Regeln des Kriegszustandes selbst und passten sie gegebenenfalls, wie in Abschnitt 2.3 für den Umgang der Indigenen mit besiegten Konquistadoren geschildert, in der Praxis an das Verhalten des Gegners an.

Im Zuge der Entstehung einer *frontera* sowohl zwischen den Inseln des Archipels als auch zwischen den Kanaren und der nordafrikanischen Küste, übertrugen die spanischen Konquistadoren die Rechtsgewohnheiten der *Reconquista* auf die *Conquista* der Kanaren; eine These, die im Kapitel zur Versklavung der indigenen Bevölkerung noch weiter untermauert wird (Abschnitt 5.3). Friedliche Beziehungen zu den indigenen Völkern mussten erst im Einvernehmen aufgebaut werden und manifestierten sich neben Eheschließungen und diplomatischem Verkehr vor allem in Vertragsabschlüssen, die im Folgenden genauer untersucht werden.

3.2 Verträge zwischen Indigenen und Konquistadoren

> Da kam der König Igo, mit großer Bereitschaft
> und wollte sich tatsächlich zum Christen bekehren,
> und kam, um dem Unsrigen die Hand zu küssen,
> um für seinen Gehorsam die Freiheit zu bekommen.
> Doch das Gesetz, das sie hatten, war vergänglich,
> er betete weiter Steine und Stöcke an
> und pflegte wie üblich mit den Bösen zu reden,
> im Glauben, diese hätten die höchste Macht.[305]

Einem Gedicht der *Los Veinte Triunfos* des Dichters Vasco Díaz Tanco (gest. 1560) entnommen,[306] beschreibt diese Passage die Unterwerfung und Christianisierung des indigenen Königs Igo unter die Herrschaft der spanischen Konquistadoren und seine spätere Apostasie, die einem Bruch des Gefolgschaftsversprechens gleichkam. Zwar nur ein fiktives Ereignis, kommt sie der historischen Realität, die die Eroberer mithilfe der Verträge schufen, doch sehr nahe, wie sich im Verlauf der folgenden Analyse zeigen wird.

Während hier von einem »vergänglichen Gesetz« die Rede ist, so konnte bereits am Beispiel des Paktes von Guahedún in Kapitel 2 gezeigt werden, dass

305 *Do el Rey Igo, home con gran voluntad, / quiso de hecho tornarse cristiano, / y vino a besarle al nuestro la mano, /que por su obediencia le dió libertad. / La ley que tenían era vanidad, / Contino adorando las piedras y palos, / y siempre solían hablar con los malos / creyendo que habían summa potestad.* Los Triunfos Canarios de Vasco Días Tanco, S. 23–24.

306 Siehe zur Biographie und den Werken des Literaten: Pérez Priego, »Díaz Tanco de Frenegal, Vasco« und Rodríguez Moñino, Preliminar, S. 12–13.

die Konquistadoren des christlichen Abendlandes bei ihrer Eroberung des kanarischen Archipels auf Stammesgruppen mit eigenen Regeln des inner- und zwischengemeinschaftlichen Zusammenlebens, unterschiedlichen Dialekten und spezifischen Ritualen stießen, deren tieferes Verständnis den Eroberern jedoch verschlossen blieb.[307] Die *Consuetudines*, welche die Beziehungen zwischen den indigenen Stammesgruppen auf und zwischen den Inseln des Archipels ordneten, umfassten komplexe Heirats- und Sexualregeln,[308] Verbote zur Verletzung der Territorialgrenzen einer Stammesgruppe, Sanktionen für den Raub fremder Viehherden und vieles mehr.[309] Ein eindrückliches Beispiel hierfür ist die Tötung Guillén Perazas 1474 durch indigene Hand, die Antonio Tejera Gaspar mit dem unerlaubten Betreten des Territoriums der *Auaritas* erklärt.

Neben diesen Rechtsgewohnheiten sind einige wenige kanarische Rituale und Symbole bekannt, die bei den Vertragsabschlüssen eine Rolle spielten. Während man im Europa des Spätmittelalters das gemeinsame Mahl oder den Trunk zur Bekräftigung eines Paktes kannte,[310] opferten die Kanarier ihren Göttern Speisen und tranken gemeinsam Milch aus einem Tongefäß.[311] Als Örtlichkeit wählte man zumeist Felsen oder Hügel aus, um bei den sakralen Akten den verehrten Naturgottheiten nahe zu sein.[312] Demgegenüber traf man sich in Europa vorzugsweise auf neutralem Boden, auf unterschiedlichen Seiten eines Flusses oder auf einer Brücke, um einen reibungslosen und vor allem sicheren Ablauf der Verhandlungen zu gewährleisten.[313]

Die Beziehungen zwischen den Kaziken der *Taíno*-Indianer der Karibik und Christoph Kolumbus wurden durch den regen Austausch von Geschenken gestärkt, wie im *Ersten Brief aus der Neuen Welt* an verschiedenen Stellen berichtet wird. Hier behauptet der Entdecker seiner Mannschaft verboten zu haben, Wertloses wie Schüsseln, Schalen und Gläser, Nägel oder Löffel gegen Gold einzutauschen.[314] Ebenso ein Zeichen für ein großes Unverständnis der anderen Kultur und ihrer Wertmaßstäbe sind Vergleichsbeispiele aus dem kanarischen Kontext nicht bekannt. Nur an wenigen Stellen in den Quellen ist von der Übergabe von Geschenken die Rede.[315]

307 Vgl. Tejera Gaspar, El pacto de Colón y Guacanagarí, S. 32–34.

308 Siehe bzgl. der Heiratsallianzen zwischen den Stammesgruppen Le Brun, Un aspect de la conquête des îles Canaries, S. 58–62.

309 Vgl. Pérez Saavedra, El episodio de Iballa, S. 420–422.

310 Vgl. Epp, Amicitia, S. 229.

311 Vgl. Tejera Gaspar, El pacto de Colón y Guacanagarí, S. 90–97.

312 In *Le Canarien* ist von einem solchen *certain lieu* die Rede: Le Canarien, G4r, S. 14.

313 Vgl. Kintzinger, Der neutrale Ort, S. 111–115.

314 Vgl. Kolumbus, Der erste Brief aus der Neuen Welt, S. 20 und 22.

315 Vgl. Abreu Galindo (2021), Historia de la conquista de las siete Islas de Canarias, S. 111–112 oder etwa auch Le Canarien, B60r, S. 384.

Demgegenüber war den *Taíno*-Indianern das Stellen von Geiseln als Versicherung für einen Vertrag völlig fremd. Für die Kanarier jedoch war es ein bekanntes Verfahren, junge Frauen und Kinder als Gewähr in die Obhut eines Gegners zu übergeben.[316] Wie auch im Kontext der *Reconquista* praktiziert und durch das Mittelalter hindurch als Mittel zur Friedenssicherung bekannt,[317] tauschten Kanarier und Konquistadoren im Rahmen der Eroberung zu ganz unterschiedlichen Gelegenheiten Geiseln und Gefangene aus. Die wohl Bekannteste ist die Übergabe von 30 Kindern von Lanzarote im Rahmen des Paktes von *Las Isletas* 1461 in die Hände der *Canarios*. Auf Grundlage dieser Gewähr gestatteten die Insulaner Diego de Herrera die Errichtung eines Wehr- und Handelsturmes.[318]

Nur durch die Entschlüsselung von kleineren Hinweisen in der europäischen Historiographie und durch ethnologische Rückbezüge zu den lybisch-nordafrikanischen Berberkulturen, von denen die Kanarier abstammten,[319] lassen sich diese völkerrechtlichen Gewohnheiten, Vertragspraktiken, Symbole und Rituale der indigenen Stammesgruppen der Kanaren rekonstruieren. Die Passagen in der Historiographie sowie die überlieferten Dokumente zu den zwischen Konquistadoren und Indigenen geschlossenen Pakten, die im Folgenden analysiert werden, schweigen über diese rechtskulturellen Spezifika der kanarischen Völker. Ihr Charakter und ihre Darstellung sind rein europäisch.

3.2.1 Literatur, Quellen und Kontext

Insbesondere in den vergangenen zwei Jahrzehnten sind einige einschlägige Arbeiten zu den zwischen Indigenen und Konquistadoren abgeschlossenen Verträgen entstanden, auf deren Erkenntnissen die folgenden Ausführungen aufbauen. 2003 hat Nathalie Le Brun eine Dissertation zu den während der Eroberung der Kanaren geschlossenen Pakten vorgelegt.[320] 2016 publizierte

316 Vgl. Tejera Gaspar, El pacto de Colón y Guacanagarí, S. 103–105.

317 Zur *Reconquista* siehe Abschnitt 1 dieses Kapitels. Für einen Überblick über das gesamte Mittelalter siehe Kintzinger, Geiseln und Gefangene, S. 41–59.

318 Vgl. Conquista de las siete islas de Canarias (Matritense), S. 234; Libro de la conquista de la ysla de Gran Canaria y de las demas yslas (Ovetense), S. 119; Conquista de la isla de Gran Canaria hecha por mandado de los señores Reyes Católicos Don Fernando y Doña Isabel (Lacunense), S. 195; bei Abreu Galindo sind es nur 12, Abreu Galindo (2021), Historia de la conquista de las siete Islas de Canarias, S. 105–106; Torriani, Descripción e historia del reino de las Islas Canarias, S. 126–127; Sedeño, Conquista de la isla de Gran Canaria, S. 53–54; Escudero, Relación de la Conquista de la Gran Canaria, S. 45–46; López de Ulloa, Historia de la Conquista de las siete Islas de Canarias, S. 77–78.

319 Vgl. Tejera Gaspar, El pacto de Colón y Guacanagarí, S. 36.

320 Le Brun, Un aspect de la conquête des îles Canaries.

Antonio M. López Alonso eine Monographie mit dem Titel »Los pactos indígenas de Gran Canaria y Tenerife con el señorío de las islas de Canaria: una revisión cronológico-contextual«, die eine chronologische Einordnung und insbesondere eine genaue Datierung der *Acta de Bufadero*, der *Acta de Las Isletas* und der *Acta de Zumeta* vornimmt.[321] Einen Vergleich zwischen dem mittelamerikanischen und dem kanarischen Kontext hat jüngst Antonio Tejera Gaspar angestellt, auf dessen Erkenntnisse über die zwischen Kolumbus und den indigenen Stammesfürsten der Karibik abgeschlossenen Verträge eingangs bereits zurückgegriffen wurde. Diese vergleicht er im Rahmen seiner Arbeit mit dem ersten Vertrag, den die *Mahos* mit den Franco-Normannen 1402 auf Lanzarote schlossen.[322] Mit Ausnahme von Pérez Voituriez' 1977 erschienenem Aufsatz mit dem Titel »Aspectos jurídicos internacionales«[323] wird jedoch in keinem der Werke die rechtliche Funktion der abgeschlossenen Verträge für die Indigenen und Konquistadoren eingehender diskutiert, die hier im Zentrum des Interesses steht.

> Die ersten überseeischen Unternehmungen der Spanier erfolgten auf den Kanarischen Inseln. [...] Vertragstexte sind nicht bekannt. Die Chronisten, auf denen die Angaben beruhen, haben erst sehr viel später geschrieben, so daß auf Einzelheiten kein Verlaß ist.[324]

Glücklicherweise ist die Quellensituation zur Untersuchung der Verträge keinesfalls so misslich, wie Jörg Fisch sie in seiner universalgeschichtlichen Studie zu den Grundlagen und Formelementen des Friedensschlusses beschreibt. Obschon Fisch zuzustimmen ist, dass die aus den erzählenden Quellen überlieferten Passagen zu den Verträgen mehrheitlich erst in späten Zeugnissen, wie in der *Historia* Juan de Abreu Galindos, zu finden sind, liefern sowohl die *Pesquisa de Cabitos* aus dem Jahr 1477 als auch die zu Beginn des 16. Jahrhunderts entstandenen Untersuchungsprotokolle zu den Ansprüchen der Margarita Fernández Guanarteme *(Información Guanartémica)* oder der Catalina Guerra *(Información Guerra)* zahlreiche Hinweise auf die Verträge, welche während der Eroberung der Kanarischen Inseln zwischen Indigenen und Konquistadoren geschlossen wurden.[325] Darüber hinaus verweisen Dokumente des *Registro del*

321 López Alonso, Los pactos indígenas de Gran Canaria y Tenerife.

322 Tejera Gaspar, El pacto de Colón y Guacanagarí; weitere Arbeiten, die hier zum Vergleich mit dem amerikanischen Eroberungskontext herangezogen wurden, sind Gibson, Conquest, Capitulation, and Indian Treaties, S. 1–15; García-Gallo, El pactismo en el Reino de Castilla, S. 143–168; Levaggi, Los tratados entre la Corona y los indios, S. 81–91.

323 Pérez Voituriez, Aspectos jurídicos internacionales, S. 330–380.

324 Fisch, Krieg und Frieden im Friedensvertrag, S. 573.

325 Die Zeugenaussagen weisen insbesondere auf die Bemühungen des Don Fernando Guanarteme bei der Conquista Teneriffas hin und seine Beteiligung an

Sello auf Abkommen zwischen Indigenen und Konquistadoren. So finden sich Hinweise auf einen Pakt zwischen dem Konquistadoren Pedro de Vera und den Stammesfürsten der indigenen Reiche Adeje, Abona und Güímar auf Teneriffa 1490 und schließlich auf ein weiteres Abkommen zwischen Lope de Salazar und zwei Stammesfürsten der *Auaritas*, vermittelt durch eine indigene Frau namens Francisca de Gazmira.[326]

Ungeachtet dessen ist nach der Funktion der vermehrten Darstellung und Ausschmückung von Pakten in den späten, erzählenden Quellen zur *Conquista* der Kanaren zu fragen. Insgesamt lässt sich für die narrativen Quellen des 16. Jahrhunderts – zumindest für diejenigen, die vom Diskurs der Schule von Salamanca und ihrer Kritik an der gewaltsamen Eroberung Lateinamerikas unberührt scheinen – sowohl eine Revitalisierung des indigenen Erbes als auch eine eher versöhnliche Darstellung der *Conquista* feststellen, wobei die Beschreibung von Pakten dazu dienen konnte, die gewaltsame Eroberung eher als friedliches Einvernehmen zwischen Indigenen und Konquistadoren zu inszenieren.[327]

Neben dieser Hervorhebung diplomatischen Handelns lassen sich auch persönliche Motive der Historiographen nicht ausschließen. So ist für den Geschichtsschreiber Juan de Abreu Galindo, mit aller Wahrscheinlichkeit ein Pseudonym Gonzalo Argote de Molinas, anzunehmen, dass er die Vorherrschaft der Familie Herrera-Peraza, zu der er sich durch seine im Jahr 1586 geschlossene Ehe mit Constanza de Herrera zugehörig fühlte, zu verteidigen suchte.[328] Diese

den dortigen Friedensverhandlungen zwischen den spanischen Konquistadoren und den *Guanchen*-Fürsten, siehe Información de méritos de don Fernando Guanarteme, S. 230; ebenso verweisen die Zeugenaussagen der Untersuchung zu den Verdiensten des Fernán Guerra auf Friedensverhandlungen mit den *Guanchen* Teneriffas, siehe Información de méritos de Fernán Guerra, z. B. S. 48; Pesquisa de Cabitos, S. 186.

326 Vgl. Rumeu de Armas, Los problemas derivados del contacto, S. 92. Als Quellenmaterial siehe dazu: Pérez Voituriez, Problemas jurídicos internacionales, apéndice N.° 1, S. 241–242; vgl. Aznar Vallejo (Hg.), Documentos Canarios en el Registro del Sello, Nr. 123, S. 29, Nr. 364, S. 75, Nr. 397, S. 82, Nr. 446, S. 92; Reformación del repartimiento de Tenerife en 1506, S. 93 und 195–196.

327 Siehe dazu den Aufsatz der Verfasserin, Bühner, Furchtlos vor der Macht des Schicksals; in Bezug auf die Kreuzzüge hat Tim Weitzel eine ähnliche Ambivalenz zwischen Gewaltexzessen auf der einen und Vertragsabschlüssen auf der anderen Seite ausgemacht. Dabei ist für ihn das Handeln der Kreuzfahrer normgeleitet. Sie hätten sich am Deuteronomistischen Kriegsgesetz orientiert, welches die ambivalenten Handlungsmöglichkeiten in sich vereine. Siehe dazu Weitzel, Kreuzzug als »Heiliger Krieg«?

328 Vgl. Rumeu de Armas, El señorío de Fuerteventura, S. 102; López Alonso, Los pactos indígenas de Gran Canaria y Tenerife, S. 102; Cebrián Latasa, Gonzalo Argote de Molina, S. 17–104. 1482 hatten die Katholischen Könige, nach dem Tod Juan Rejóns auf La Gomera, den verantwortlichen Herren von La Gomera,

Entstehungskontexte der Quellen sind bei der Interpretation der Pakte unbedingt zu berücksichtigen (zur detaillierten Quellenkritik siehe 1.4 der Einleitung).

Darüber hinaus ist Fischs Aussage zu widersprechen, dass es keine überlieferten Vertragstexte gebe. Insgesamt verweisen die erzählenden Quellen auf drei Verträge, die verschriftlicht und notariell beglaubigt und zwischen den indigenen Herrschern Gran Canarias und Teneriffas auf der einen und Diego García de Herrera und seiner Frau Inés Peraza de las Casas auf der anderen Seite auf den Kanarischen Inseln geschlossen wurden: die *Acta de Las Isletas* (Gran Canaria, 16. August 1461), die *Acta de Bufadero* (Teneriffa, 21. Juli 1464) und die *Acta de Zumeta* (Lanzarote, 11. Januar 1476). Während die *Acta de Zumeta* (benannt nach ihrem Schreiber) und die *Acta de Las Isletas* (auf einer Halbinsel im Nordosten Gran Canarias verabschiedet) beide lediglich in den historiographischen Quellen paraphrasiert werden, liegt die *Acta de Bufadero*, der Vertragstext über den Pakt zwischen den *Menceyes* von Teneriffa und Diego de Herrera, als fragmentarische Kopie vor und wird bis heute im *Archivo Histórico Provincial* in Santa Cruz de Tenerife aufbewahrt.[329] Erstmals in Form einer Edition mit Einleitung und Literaturverzeichnis sowie einer Übersetzung ins Deutsche kann der Vertragstext im Anhang dieser Studie eingesehen werden.[330]

Ein weiterer Vertragstext über einen Pakt, der nicht auf den Kanaren, sondern auf der Iberischen Halbinsel zwischen einer Delegation von *Canarios* und den Katholischen Königen 1481 in Calatayud geschlossen wurde, liegt ebenfalls als Kopie vor, integriert in eine Urkunde, die Johanna I., auch die Wahnsinnige genannt, 1515 ausgestellt hat. Mit der Urkunde reagierte die Königin auf ein Gesuch von zwei christianisierten *Canarios*, Juan Beltrán und Juan Cabello, die die Einhaltung einer von den Katholischen Königen unterzeichneten *Real Cédula* vom 30. Mai 1481 forderten. Das Abkommen beinhaltete eine rechtliche Gleichstellung der *Canarios* mit den Untergebenen der spanischen Krone, dazu gehörte etwa ein Schutz vor Versklavung sowie das Recht im spanischen Hoheitsgebiet zu reisen und Handel treiben zu dürfen.[331]

In der Summe sind uns zehn Vertragstexte in unterschiedlicher Ausführlichkeit überliefert,[332] die im Anhang dieser Studie sowohl in spanischer,

Hernán Peraza den Jüngeren an ihren Hof zitiert. Als Strafe für sein Vergehen wurde ihm das Recht aberkannt, weitere Inseln des Archipels zu erobern. Vgl. Libro de la conquista de la ysla de Gran Canaria y de las demas yslas (Ovetense), S. 151–152.

329 Acta de Bufadero.

330 Siehe Anhang, S. 401–417.

331 Vgl. López Alonso, El Pacto de Calatayud (1/3).

332 Nathalie Le Brun zählt in ihrer Dissertation insgesamt 21 Pakte (Lanzarote 2, El Hierro 4, La Gomera 5, Gran Canaria 2, Teneriffa 5 und La Palma 3), die sie im Anhang ihrer Arbeit tabellarisch aufgeführt hat, siehe Le Brun, Un aspect de la

französischer und italienischer Sprache als auch in einer durch die Verfasserin der vorliegenden Studie angefertigten deutschen Übersetzung eingesehen werden können:

I)	Lanzarote (1402):	Pakt zwischen den Franco-Normannen Gadifer de La Salle und Jean de Béthencourt und dem indigenen *Maho*-Herrscher Guadarfía
II)	Gran Canaria (1461):	Pakt zwischen Diego de Herrera und den *Guanartemes* von Telde (und Gáldar) *(Acta de Las Isletas)*
III)	Teneriffa (1464):	Pakt zwischen Diego de Herrera und den *Menceyes* von Teneriffa *(Acta de Bufadero)*
IV)	Gran Canaria (1476):	Pakt zwischen Diego de Herrera und den *Guanartemes* von Telde und Gáldar *(Acta de Zumeta)*
V)	Gran Canaria (1478):	Pakt zwischen den Portugiesen und dem *Guanarteme* von Gáldar
VI)	Calatayud (1481):	Pakt zwischen den Katholischen Königen und einer Delegation der *Canarios*
VII)	Teneriffa (o. D.):	Verhandlungsversuche des Sancho de Herrera oder Diego de Herrera mit den *Menceyes* von Teneriffa um die Herausgabe der *Virgen de Candelaria*
VIII)	Teneriffa (o. D.):	Pakt zwischen Sancho de Herrera und dem Herrscher von Güímar zur Errichtung eines Turmes
IX)	La Palma (1490):	Pakt zwischen Alonso de Lugo und den Stammesfürsten der *Auaritas*
X)	Teneriffa (1493):	Pakt zwischen Alonso de Lugo und einigen Stammesgruppen der *Guanchen*

Die Auswahl der Verträge beschränkt sich auf Abkommen, die zwischen den Indigenen der Kanarischen Inseln und den erobernden Mächten Frankreich, Portugal und Kastilien geschlossen wurden. Übereinkünfte zwischen den Eroberern und den Eroberungsmächten (im Falle Béthencourts *contrato-homenaje*, später *capitulaciones*), Pakte zwischen Konquistadoren verschiedener Nationalität wie etwa zwischen Diego de Herrera und dem Portugiesen Diego da Silva und Verträge zwischen Portugal und Kastilien über die Herrschaftszugehörigkeit des Archipels wie der Vertrag von Alcáçovas (1479) können im Rahmen dieses Kapitels nicht eingehender behandelt werden.[333]

conquête des îles Canaries, S. 400–410. Bei den zusätzlichen Pakten, die Le Brun berücksichtigt hat, die hier aber nicht näher untersucht werden, handelt es sich nicht um Verträge die als Texte vorliegen, sondern um schlichte Erwähnungen bis hin zu Spekulationen über den Abschluss von Verträgen aus Quellenaussagen (wie z. B. im Falle des *Pacto de Guahedún*). Die Ausführungen dieses Kapitels konzentrieren sich hingegen nur auf Verträge, die an verschiedenen Stellen und detailreich überliefert sind.

333 Abschnitt 6.3 dieser Studie setzt sich unter anderem mit dem Vertrag von Alcáçovas auseinander. Für den Friedensschluss zwischen Diego de Herrera und Diego da Silva siehe Abreu Galindo (2021), Historia de la conquista de las siete Islas de Canarias, S. 100; für die *capitulaciones*: Gambín Garcia, »En nombre del

Der erste Vertrag (I) wurde direkt bei Ankunft der französischen Eroberer zwischen Jean de Béthencourt und Gadifer de La Salle auf der einen und dem indigenen Stammesfürsten Lanzarotes auf der anderen Seite geschlossen. Erst nach der Besiegelung des Paktes kam es der Chronik *Le Canarien* zufolge durch Verrat auf beiden Seiten zu gewaltsamen Auseinandersetzungen zwischen Franzosen und *Mahos*, die mit einer Kapitulation und einer Taufeinwilligung des indigenen Herrschers Guadarfía ein Ende fanden. Pakte im Rahmen der Eroberung der Inseln El Hierro und Fuerteventura sind nicht überliefert. Allerdings wird im Kontext der Eroberung Fuerteventuras sowohl in *Le Canarien* als auch in späteren Zeugnissen auf Verhandlungen zwischen den französischen Invasoren auf der einen und den indigenen Heeresführern und zwei indigenen Frauen, Tibabin und Tamonante (siehe Abschnitt 4.4), auf der anderen Seite verwiesen.[334]

Wie auch die Eroberungsinitiativen und -erfolge in den nächsten Jahrzehnten ins Stocken gerieten, so sind keine Verhandlungen oder Abkommen zwischen Indigenen und Konquistadoren bis zu Beginn der 1450er Jahre überliefert. In den ersten Jahren der zweiten Hälften des 15. Jahrhunderts lassen sich diplomatische Kontakte zwischen den vier Stammesfürsten der Insel La Gomera und dem portugiesischen Königshaus nachweisen. Dem Chronisten und Augenzeugen Gomes Eanes de Zurara zufolge besuchten zwei der indigenen Stammesfürsten namens Bruco und Piste den portugiesischen Hof an der Algarve und erklärten sich zu Vasallen Heinrichs des Seefahrers.[335] Anschließend unterstützten sie zusammen mit weiteren gomeranischen Kriegern portugiesische Korsaren wie Alvaro Gonçalvez d'Atayde bei Überfällen und Sklavenfang auf La Palma.[336]

Die Pakte II–IV mit den *Guanartemes* von Gran Canaria (*Acta de Las Isletas* 1461 und *Acta de Zumeta* 1476) und den *Menceyes* von Teneriffa (*Acta de Bufadero* 1464) stehen für einen Kurswechsel im strategischen Vorgehen Diego de Herreras und seiner Frau Inés Peraza, der bereits im ersten Abschnitt dieses Kapitels angesprochen wurde. Nach zahlreichen gescheiterten Versuchen, die großen Inseln des Archipels mit Waffengewalt zu unterwerfen, wählten sie den

Rey«; Rumeu de Armas, La conquista de Tenerife; García-Gallo, Los orígenes españoles de las instituciones; für den *contrato-homenaje* zwischen Jean de Béthencourt und Heinrich III. von Kastilien: Pérez Voituriez, Problemas jurídicos internacionales, Kapitel I, S. 13–74; Pérez Voituriez, Aspectos jurídicos internacionales, S. 363–372.

334 Siehe Le Canarien, B60r, S. 384; Abreu Galindo (2021), Historia de la conquista de las siete Islas de Canarias, S. 56–57 und 71; Torriani, Descripción e historia del reino de las Islas Canarias, S. 75.

335 Vgl. Zurara, La Crónica de Guinea, S. 234–244 und 246.

336 Vgl. ebd., S. 245 und 272.

Weg der Diplomatie und schlossen Verträge mit den indigenen Herrschern Teneriffas und Gran Canarias ab.

Wie auf La Gomera intervenierten die Portugiesen auch in die *Conquista* Gran Canarias und schlossen ein Bündnis mit den indigenen Stammesgruppen, um die Kastilier als konkurrierende Macht von der Insel zu vertreiben (V). Nachdem sich die Portugiesen zurückgezogen hatten, reisten zwei Delegationen der Kanarier auf die Iberische Halbinsel, um sich zu Vasallen der Katholischen Könige zu erklären. Eine Abordnung der Ranghöchsten *Canarios* von Telde kehrte mit Zusicherungen für ihr Volk von Calatayud 1481 (VI) auf ihre Heimatinsel zurück.[337] Mit dem *Pacto de Calatayud* trugen die Spanier einen diplomatischen Sieg davon, der möglicherweise auch auf einer erfolgreichen Schlacht beruhte.[338] 1482 gastierte dann der *Guanarteme* von Gáldar, Tenesor

337 Ein Jahrzehnt lang versuchte der kanarische Historiker Antonio Rumeu de Armas die Behauptung zu widerlegen, Don Fernando Guanarteme sei der im Pakt von Calatayud genannte *Guanarteme*. Die historische Fehlannahme wurde durch einen Artikel in der *Falange* von Domingo Navarro Navarro bestärkt, der auf die Veröffentlichung der Urkunde im Jahr 1959 durch Dominik Josef Wölfel reagierte und diesen Namen ins Spiel brachte. Zuvor hatten bereits Emilio Hardisson y Pizarroso und Buenaventura Bonnet y Reverón den genannten *Guanarteme* als sehr wahrscheinlich mit dem Herrscher von Gáldar identifiziert. Daraufhin publizierte Rumeu de Armas einige Artikel, darunter einen mit dem Titel »Don Fernando nunca estuvo en Calatayud«, um den anhand der Quellen nicht zu belegenden Mythos aus der Welt zu schaffen. Aus seiner Sicht sei der *Guanarteme* in der Urkunde der Katholischen Könige mit Armide Yacocón, Bruder des *Guanarteme* von Telde, zu identifizieren. Miguel Santiago Rodríguez ist der Auffassung, dass der *Guanarteme* von Telde selbst nach Calatayud reiste. Für Manuel Lobo Cabrera wiederum handelte es sich um einen *Guayre* von Telde. Das Treffen zwischen Don Fernando Guanarteme und den Katholischen Königen fand ihm zufolge nicht in Calatayud, sondern in Córdoba statt. Neuesten Untersuchungen zufolge lässt die Quellenlage keine gesicherte Aussage über die gemeinte Person zu. Dies liegt vor allem daran, dass die Herrschaftsstruktur des Reiches Telde auf Gran Canaria zur Zeit der *Conquista* in den Quellen höchst undurchsichtig ist. Insgesamt spricht aber viel dafür, dass es sich um *Canarios* höheren Ranges aus dem Herrschaftsbereich Telde handelte. Vgl. Hardisson y Pizarroso, Sobre la rendición de Gran Canaria, S. 46; Bonnet y Reverón, La conquista de Gran Canaria, S. 314–315; Santiago y Rodríguez, Los viajes de Don Fernando Guanarteme, S. 333; Fernando Guanarteme en Calatayud, un »falso mito« sobre la Conquista de Canarias; López Alonso, El Pacto de Calatayud (3/3). Die polemische und propagandistische Arbeit Navarro Navarros – in der Urkunde sah man die Verschmelzung der Kanarischen Inseln mit Spanien zu einer Einheit – führte zur Errichtung von Büsten, Benennung von Straßen und Plätzen in Calatayud zu Ehren des Don Fernando Guanarteme und zu einer Städtepartnerschaft zwischen Calatayud und Gáldar. Siehe dazu López Alonso, El Pacto de Calatayud (2/3).

338 Vgl. Hardisson y Pizarroso, Sobra la rendición de Gran Canaria, S. 46.

Semidan, aus freien Stücken oder als Gefangener am spanischen Hof, stellte sich in die Dienste des Königspaares und erhielt dafür eine Aufenthaltserlaubnis und Land für sich und 40 seiner Angehörigen auf Gran Canaria (siehe Abschnitt 4.4).[339]

Der dritte Sohn Diego de Herreras namens Sancho bemühte sich im Anschluss an den zwischen seinem Vater und den *Menceyes* von Teneriffa geschlossen Pakt *(Acta de Bufadero)* um engere Beziehungen zu den Stammesfürsten. So verhandelte er über die Errichtung eines Turmes und die Herausgabe der *Virgen de Candelaria* (VII und VIII), bei der auch die bereits besprochenen Gesetze des Friedensvölkerrechts entstanden (siehe Abschnitt 3.1). Die Marienstatue, wahrscheinlich an die Küsten der Insel von einem gekenterten Schiff angeschwemmt, wurde von den *Guanchen* bereits vor Landung der Christen auf ihrer Insel verehrt und galt den Eroberern deshalb als Zeichen für die Möglichkeit einer natürlichen Gotteserkenntnis.[340]

Im Zuge seiner militärischen Interventionen schloss auch Alonso de Lugo Bündnisverträge mit den Stammesgruppen der *Guanchen* und *Auaritas*. Der Vertrag mit einigen indigenen Anführern La Palmas kam durch die Mediation einer getauften indigenen Übersetzerin namens Francisca de Gazmira zustande (siehe Abschnitt 4.5).[341] Durch die Verstärkung seiner Truppen durch indigene Krieger gelang es Lugo schließlich, den jeweils mächtigsten Inselfürsten, im Falle Teneriffas Bencomo von Taoro und im Falle La Palmas Mayantigo, zu stürzen.

Diesem Überblick über die Vertragstexte und ihre historischen Entstehungskontexte folgt zunächst eine genaue Untersuchung der Terminologie. Wie werden die Pakte zwischen Indigenen und Konquistadoren bezeichnet? Gibt es weitere charakteristische Begriffe einer europäisch-mittelalterlichen Vertragssprache, die im Zusammenhang der Übereinkünfte zwischen Kanariern und Europäern Anwendung fanden?

339 Vgl. Libro de la conquista de la ysla de Gran Canaria y de las demas yslas (Ovetense), S. 156.

340 Dass Sancho de Herrera nach gescheiterten Verhandlungen mit den *Menceyes* die Statue stahl und diese sich solange wehrte, bis er sie zurück nach Teneriffa brachte, hält der kanarische Historiker Rumeu de Armas für eine Legende. Dass die Marienstatue eine zeitlang von der Insel gebracht wurde, etwa durch die dort missionierenden Geistlichen, deren Beziehung zu den *Guanchen* sich zunehmend verschlechtert hatten, schließt er jedoch nicht aus. Vgl. Rumeu de Armas, La conquista de Tenerife, S. 93.

341 Vgl. Serra Ràfols, Alonso Fernández de Lugo, S. 44.

3.2.2 Terminologie

3.2.2.1 *Acuerdo, concierto, confederación, pacto* und *paz*

Wenn in der kanarischen Historiographie von Verträgen zwischen Konquistadoren und Indigenen die Rede ist, dann fallen Begriffe wie *acuerdo, concierto, confederación*, *pacto* und vor allem *paz.*[342] Unter einem *acuerdo* ist eine »Übereinkunft zwischen zwei oder mehr Parteien«[343] zu verstehen, die sich entschließen, »gemeinsam zu handeln«.[344] *Concierto* wurde synonym zu *acuerdo*

342 *ACUERDO: accord* in Bezug auf den ersten Vertrag zwischen Franco-Normannen und *Mahos*, vgl. Le Canarien, G4r, S. 14; *acuerdo*, *asentando paces*, vgl. ABREU GALINDO (2021), Historia de la conquista de las siete Islas de Canarias, S. 111–112; *accordo*, vgl. TORRIANI, Die Kanarischen Inseln und ihre Urbewohner, S. 138. *CONCIERTO: concierto*, vgl. Libro de la conquista de la ysla de Gran Canaria y de las demas yslas (Ovetense), S. 127–128; *concierto*, vgl. Conquista de la isla de Gran Canaria hecha por mandado de los señores Reyes Católicos Don Fernando y Doña Isabel (Lacunense), S. 200; *contratar, concierte*, vgl. ABREU GALINDO (2021), Historia de la conquista de las siete Islas de Canarias, S. 256; *contratar*, ESPINOSA, Origen y milagros de Nuestra Señora de Candelaria, S. 48; *concertado*, vgl. LÓPEZ DE ULLOA, Historia de la Conquista de las siete Islas de Canarias, S. 91–92. *CONFEDERACIÓN*: *confederatione*, vgl. TORRIANI, Die Kanarischen Inseln und ihre Urbewohner, S. 199; *confederatione, Ré confederati*, TORRIANI, Die Kanarischen Inseln und ihre Urbewohner, S. 168 und 170. *PACTO: pacto*, vgl. SEDEÑO, Conquista de la isla de Gran Canaria, S. 54; *el pacto de paz*, vgl. ESCUDERO, Relación de la Conquista de la Gran Canaria, S. 49. *PAZ: hacer paz*, vgl. Conquista de las siete islas de Canarias (Matritense), S. 234; *trató pases [sic]*, vgl. Libro de la conquista de la ysla de Gran Canaria y de las demas yslas (Ovetense), S. 119 und Conquista de la isla de Gran Canaria hecha por mandado de los señores Reyes Católicos Don Fernando y Doña Isabel (Lacunense), S. 195; *hacer paz, hechas sus paces*, vgl. SEDEÑO, Conquista de la isla de Gran Canaria, S. 53–54; *hacer paces*, vgl. ESCUDERO, Relación de la Conquista de la Gran Canaria, S. 45–46; *trató paces*, vgl. LÓPEZ DE ULLOA, Historia de la Conquista de las siete Islas de Canarias, S. 77–78; *asentando paces*, vgl. ABREU GALINDO (2021), Historia de la conquista de las siete Islas de Canarias S. 111–112; *confederáronse, haciendo paces y amistad*, vgl. ABREU GALINDO (2021), Historia de la conquista de las siete Islas de Canarias, S. 151; *hacer paces, firmadas las paces*, vgl. ESPINOSA, S. 39; *vía de paz y treguas*, ABREU GALINDO (2021), S. 306; *por conservar la paz y amistad*, vgl. ABREU GALINDO (2021), S. 256; *tratar de paces*, ESPINOSA, S. 48; *confirmar las paces*, ESPINOSA, S. 52; *quebró esta Paz*, Pesquisa de Cabitos, S. 186.

343 »Convenio entre dos o más partes.« Siehe »acuerdo«, in: Diccionario de la lengua española. Real Academia Española.

344 »Decisión tomada por dos o más personas para obrar conjuntamente.« Siehe »acuerdo«, in: Diccionario del castellano del siglo XV en la Corona de Aragón. Auch in der Bedeutung *resolución*, *propósito* und *intención*, was wiederum den Beschluss oder die Entscheidung zu gemeinsamen Handlungsabsichten betont. Vgl. »Acuerdo«, in: Diccionario Medieval Español, Bd. I, S. 124–125.

gebraucht.[345] Beide Begriffe bezeichnen eine Einigung bei der es zunächst darum geht, nicht gegeneinander, sondern miteinander an einer Sache zu arbeiten, wie etwa dem Bau eines Wehrturms oder der Eroberung einer Insel. Somit handelte es sich bei einem *acuerdo* oder *concierto* eher um eine zweckgebundene Konföderation als um einen auf Dauer angelegten Frieden.

In eine ähnliche Richtung zielt die Begriffsbedeutung von *confederación*, die in modernen Definitionen eine Union oder Allianz meint, die auf die Verfolgung gemeinsamer Interessen zielt. Eine *confederación* ist selbstredend keine Vertragsform, sondern kann »Aktion und Ergebnis des Abschlusses eines Paktes oder eines Abkommens«[346] sein.

Mit *pacto* (als Pendant zum Lateinischen *pactum* und ursprünglich abgeleitet von *pax*, was bereits auf die Grundfunktion von Verträgen, die Friedensstiftung, hinweist)[347] konnte sowohl die Übereinkunft zwischen zwei oder mehreren Personen oder Körperschaften gemeint sein, die sich zu seiner Einhaltung verpflichten, als auch die verschriftlichte Fassung des Vertrages.[348] Damit kann hinter der Erwähnung eines *pacto* in den Quellen zur *Conquista* einerseits nur eine mündliche Übereinkunft, andererseits aber auch eine mündliche Übereinkunft und zudem ihre von Seiten der Konquistadoren verschriftlichte Fassung stehen.

Paz ist der am häufigsten in den Quellen zur *Conquista* vorkommende Begriff, der oft in Verbindung mit verschiedenen Verben wie »machen« *(hacer)*, »aus-

345 »concierto«, in: Diccionario de la lengua española und »concierto«, in: Diccionario del castellano del siglo XV en la Corona de Aragón; »Concierto«, in: Diccionario Medieval Español, Bd. I, S. 744.

346 »Unión o alianza entre Estados que conservan su soberanía, asentada sobre la base de un tratado, para gestionar la defensa, las relaciones exteriores y otros intereses comunes.« »confederación«, in: Diccionario de la lengua española; »Acción y resultado de establecer un pacto o convención de ayuda mutua.« Siehe »confederación«, in: Diccionario del castellano del siglo XV en la Corona de Aragón; hier nur als Verb »Confederar«, in: Diccionario Medieval Español, Bd. I, S. 750.

347 Nebrija vermerkt als lateinische Synonyme von *pacto conventum* (Übereinkunft) und *condictum* (Verabredung), siehe: »pacto«, in: Diccionario del castellano del siglo XV en la Corona de Aragón. Mit Blick auf das moderne Castellano wäre auch *tratado* zu erwarten gewesen, was sich im Spätmittelalter aber nur mit Traktat übersetzen ließ. »tratado«, in: Diccionario del castellano del siglo XV en la Corona de Aragón. *Contrato* wurde auch gebraucht, allerdings nur für Vertragsdokumente: »Documento público del acuerdo entre dos o más partes, por el que cada una de ellas se obliga a dar o a hacer algo.« »contrato«, in: Diccionario del castellano del siglo XV en la Corona de Aragón.

348 »Convenio entre dos o más personas o entidades que se obligan a su observancia.« »Pacto«, in: Diccionario Medieval Español, Bd. II, S. 1463, siehe ebenso »pacto«, in: Real Academia Española. Diccionario de la lengua española.

handeln« *(tratar)*, »bestätigen oder bekräftigen« *(firmar* und *confirmar)* gebraucht wird. Moderne Definitionen verweisen bereits auf den Antagonismus zwischen Krieg und Frieden: Der gegenteilige Zustand eines Friedens ist der bewaffnete Konflikt.[349] Diese Definition ex negativo gilt auch für das Spätmittelalter, weil unter *paz* die »Situation der Abwesenheit von Krieg« verstanden wurde.[350] Darüber hinaus war *paz* als Tugend mit dem Gemütszustand einer Person assoziiert, der dann auf eine gesamte Bevölkerungsgruppe übertragen wurde (»öffentliche Ruhe und Gelassenheit«).[351]

Demgegenüber sind im Kontext der *Reconquista* vor allem zwei Termini präsent: Der *tregua*, ein befristeter Waffenstillstand, sowie die *capitulación*, die entgegen unserem heutigen Verständnis von Kapitulation eher einem Vertrag glich: »But in all the cases that we know the capitulations were as much the outcome of negotiations between the two parties as were the peace treaties themselves, and they were very close to treaties in their historical significance and role.«[352] Kapitulationen gab es natürlich auch am Ende der *Conquistas* der Kanarischen Inseln, sie werden aus der vorliegenden Untersuchung jedoch ausgeklammert.[353]

Insgesamt ist für das 15. und 16. Jahrhundert ein Aufweichen der Kategorien zu bemerken, die mit einem wachsenden Zweifel an der Bindekraft von Verträgen oder der Beständigkeit eines dauerhaften Friedens einhergingen.[354] So wurden längerfristige Waffenstillstände auch als *pax* bezeichnet, obwohl der Begriff ursprünglich nur für auf Dauer angelegte Friedensverträge verwendet wurde.[355]

349 »paz«, in: Diccionario de la lengua española.

350 »Situación de ausencia de guerra.« Siehe »paz«, in: Diccionario del castellano del siglo XV en la Corona de Aragón.

351 »pública tranquilidad y sosiego«, siehe »Paz«, in: Diccionario Medieval Español, Bd. II, S. 1479.

352 Gibson, Conquest, Capitulation, and Indian Treaties, S. 3–4.

353 Zu den Eheschließungen zwischen indigenen Frauen und Konquistadoren und der Übergabe indigener Prinzessinnen im Kontext von Kapitulationen und ihrer symbolischen Bedeutung für die kanarischen Stammesgruppen siehe Bühner, *Menceyes* und *Guanartemes*.

354 Vgl. Kintzinger, Strategien des Scheiterns, S. 147.

355 Hier ist zwischen der ewigen Dauer für Menschen *(perpetuitas)* und der nicht erreichbaren himmlischen Ewigkeit *(aeternitas)* zu unterscheiden. Vgl. Fisch, Krieg und Frieden im Friedensvertrag, S. 351–353. Noch feinere Unterscheidungen hat Martin Kintzinger ermittelt, in: Strategien des Scheiterns, S. 147 und 173 sowie in Westbindungen im spätmittelalterlichen Europa, S. 348–358. Für das Mittelalter stellt er eine Unterscheidung zwischen auf Dauer angelegtem Frieden *(pax / paix)* und einem instrumentell-befristeten Waffenstillstand *(treuga / trêve)* fest. Drei Vorstellungen von Frieden hat Kintzinger im Werk des Dichters Marrasius Siculus ausgemacht: Eine theologisch bestimmte *aeterna pax*, einen

3.2.2.2 *Amigos* und *enemigos*

»Das Phänomen der Freundschaft ist in den letzten Jahren in die Rolle eines ›Kernkonzepts‹ für unser Verständnis der Gesellschaften in der europäischen Vormoderne eingerückt.«[356] Wie Gerd Althoff als Erster hervorgehoben hat, waren Freundschaftsbande für das Funktionieren der mittelalterlichen Ordnung genauso elementar wie Lehensbindungen und Verwandtschaftsbeziehungen.[357] Dementsprechend groß ist die Menge an Literatur zum mittelalterlichen Konzept der *amicitia*, das nicht in den Bereich von Recht und Gesetz, sondern in den der Gewohnheiten und politischen Spielregeln fällt.[358] Dabei ist die »politisch motivierte Freundschaft mit pragmatischer Ausrichtung« von der »individuelle[n], auf gegenseitige[r] Verbundenheit basierende[n] Freundschaft« abzugrenzen.[359] Im Bereich der politischen Freundschaft interessiert hier die Funktion der – modern gesprochen – »zwischenstaatlichen« oder »außenpolitischen« *amicitia.* Denn *amigo* und *enemigo* waren Kernbegriffe der Beschreibung der Beziehung der Konquistadoren zu den kanarischen Stammesgruppen.[360]

ideell und utopisch gedachten *pax totius orbis* und eine auf die praktische Politik bezogene *tranquilia pax*, die darauf zielte, einen Frieden herzustellen. Für eine statische Friedensordnung konnte Kintzinger eine starke Rezeption des Begriffspaares *pax* und *iustitia* ermitteln.

356 Oschema, Einführung, S. 9.

357 Vgl. Althoff, Friendship and political order, S. 100.

358 Grundlegend ist hier Althoff, Spielregeln der Politik im Mittelalter, S. 187. Auf Freundschaftsphänomene in anderen Kontexten als dem internationalen kann hier nur verwiesen werden: So spielt Freundschaft in der geistigen Kultur eine große Rolle. Vgl. Jussen, Verwandtschaftssysteme, S. 168–171. Hier setzt die Dissertation von Sita Steckel an, die, neben vielen anderen Aspekten, *amicitia* im Kontext von Lehrer-Schüler-Verhältnissen und gelehrter Kommunikation untersucht: Steckel, Kulturen des Lehrens im Früh- und Hochmittelalter. Darüber hinaus ist auf die Dissertation Klaus Oschemas zu verweisen, die sowohl Freundschaftsdiskurs als auch Freundschaftspraxis im Burgund der Valois-Herzöge zum Thema hat: Oschema, Freundschaft und Nähe im spätmittelalterlichen Burgund.

359 Vgl. Garnier, Amicus amicis – inimicus inimicis, S. 3. Insbesondere die anglophone Forschung unterscheidet zwischen »expressiver« und »instrumentaler« Freundschaft: Oschema, Einführung, S. 9.

360 Mit dem Titel ihrer Dissertation »Amicus amicis – inimicus inimicis«, mit dem Claudia Garnier auf eine von Papst Stephan II. und Pippin im Jahre 754 verwendete Formel verweist, fasst sie auch die elementaren Kategorien der von ihr untersuchten deutschen Vertragstexte des 13. Jahrhunderts. Im kanarischen Kontext ist sowohl in frühen zeitgenössischen Quellen als auch in der späteren Historiographie von »Freundschaft« zwischen Indigenen und Konquistadoren die Rede. Im direkten Zusammenhang der Berichte über Pakte zwischen Indigenen und Konquistadoren kommen vor: *amis*, vgl. Le Canarien, G4r, S. 14, G5r,

Eines der wichtigsten Charakteristika internationaler Freundschaftsbeziehungen von der Antike bis in die Neuzeit hinein ist die fiktive Gleichrangigkeit. Diese reicht von einem bewussten Überspielen ungleicher Machtverhältnisse bis hin zur reinen Fiktion, etwa bei der Beschreibung einer Beziehung zwischen einem Vasall und seinem Herrn, die oftmals bereits durch die Einseitigkeit der Anwendung des Freundschaftsdiskurses deutlich wird, denn nur der Untergebene durfte als *Freund* bezeichnet werden.[361] *Et se misterent en la mistance des cheualiers dessus / dis cõme amis nõmie cõme subgiez [...],*[362] heißt es in *Le Canarien* über den ersten Pakt, der zwischen Eroberern und Indigenen 1402 auf Lanzarote geschlossen wurde. Schon das Imperium Romanum zur Prinzipatszeit habe eine »indirekte Weltherrschaft per amicos, durch Klientelkönige und Föderaten«[363] verfolgt. Dabei handelte es sich um formlose, völkerrechtliche Freundschaftsverhältnisse, die unter wechselseitiger Anerkennung der Partner feindliche Handlungen ausschlossen.[364] Die Entscheidung für ein Freundschaftsverhältnis zu Rom musste jedoch unbedingt vor einer vollständigen militärischen Unterwerfung erfolgen, denn: »Ebenso wie sich der Klient / Gefolgsmann vom Sklaven abgrenzte, war die Freiheit notwendige Bedingung von amicitia auch im außenpolitischen Feld.«[365]

Ebenso hat Verena Epp für das Frühmittelalter herausgearbeitet, dass die *amicitia* »in der Praxis meist der moralischen Rechtfertigung imperialer Machtinteressen des stärkeren Partners« diente und damit »de facto informelle Hegemonie absicherte«.[366] Auch für den lateinamerikanischen Kontext des 16. Jahrhunderts hat Jörg Fisch festgestellt, dass in offiziellen Dokumenten oftmals von Frieden und Freundschaft (*paz* und *amistad*) die Rede sei, diese in der spanischen Kolonialsprache aber fast durchgängig eine einseitige Bedeutung hätten. So

S. 18 und B5r, S. 164; *amistad*, vgl. Abreu Galindo (2021), Historia de la conquista de las siete Islas de Canarias, S. 96–97 und ebd., S. 105–106; *amigos*, vgl. ebd., S. 97–98; *confederáronse, haciendo paces y amistad*, vgl. ebd., S. 151; *amistad*, vgl. Espinosa, Origen y milagros de Nuestra Señora de Candelaria, S. 39; *por conservar la paz y amistad*, vgl. Abreu Galindo (2021), Historia de la conquista de las siete Islas de Canarias, S. 265; *conservar la amistad*, Espinosa, Origen y milagros de Nuestra Señora de Candelaria, S. 48; *amistad*, Abreu Galindo (2021), Historia de la conquista de las siete Islas de Canarias, S. 233–234; *amistades*, vgl. ebd., S. 233–234.

361 Vgl. Eickels, Freundschaft im (spät)mittelalterlichen Europa, S. 25–26.

362 Le Canarien, G4r, siehe ebenso B5r.

363 Epp, Amicitia, S. 194; siehe dazu Baltrusch / Wilker (Hg.), Amici – socii – clientes?

364 Auch für das Mittelalter hat Georg Jostkleigrewe festgestellt, dass politische *amicitia* »oft nicht viel mehr als den Verzicht auf gegenseitige Schädigung« bedeutete. Jostkleigrewe, Vom Umgang mit Verträgen, S. 17.

365 Epp, Amicitia, S. 176 und 180.

366 Ebd., S. 233.

erscheine *paz* in der Regel mit Begriffen wie Unterwerfung, Gehorsam und Gefolgschaft (*sumisión*, *obediencia* oder *vasallaje*) und verweise damit also nicht auf einen Friedensvertrag, sondern auf Unterwerfung und Anerkennung der spanischen Herrschaft durch die indigene Bevölkerung.[367] Die gleichen Begriffskonstellationen finden sich für den kanarischen Kontext etwa in der *Acta de Bufadero.*[368] Ebenso hat Alonso de Cartagena (1384–1456) in seinen *Allegationes* zum Herrschaftsrecht Kastiliens über die Kanarischen Inseln neben einer auf Gleichrangigkeit beruhenden Freundschaft auch die Möglichkeit einer Freundschaft zwischen König und Untertan, basierend auf einer *mutuum amorem*, eingeräumt.[369] Auch Gerd Althoff resümiert: »We do not see only equals coming together as friends during the Middle Ages. On the contrary, friendship was commonly used in order to stabilize or to control lordship.«[370] Damit ist die Interpretation des Beschwörens einer Freundschaft zwischen den europäischen Eroberern und den kanarischen Stammesgruppen zunächst offen, denn ein *amicitia*-Verhältnis konnte sowohl Ausdruck einer Freundschaft zwischen formal gleichrangigen Völkerrechtssubjekten als eines Übereinkommens auch zwischen Vasallen und ihren Herren sein.

Eine Schwurfreundschaft war darüber hinaus nicht nur eine einfache Floskel, sondern konnte die Bindekraft eines Vertrages haben, der konkrete Rechte und Pflichten mit sich brachte.[371] Grundsätze einer Freundschaftsbeziehung waren etwa die wechselseitige Friedenswahrung sowie die Verpflichtung zu einer gegenseitigen militärischen Unterstützung.[372] Für die Kanarier bedeutete die Knüpfung eines Freundschaftsbandes mit den Konquistadoren in der Regel eine ebensolche militärische Unterstützung bei der Unterwerfung der noch in indigener Hand befindlichen Inseln.[373]

367 Vgl. Fisch, Krieg und Frieden im Friedensvertrag, S. 570–571.

368 Der Begriff *obediencia* taucht auch im Kontext der Verträge zwischen Indigenen und Konquistadoren auf den Kanarischen Inseln auf, so etwa im Kontext des ersten Paktes von 1402 bei Abreu Galindo (2021), Historia de la conquista de las siete Islas de Canarias, S. 47–48, in der Beschreibung des Paktes zwischen Diego de Herrera und den Guanartemes von Telde und Gáldar aus dem Jahr 1476 (ebd., S. 111–112) und der Beschreibung eines Paktes zwischen Alonso de Lugo und den Stammesfürsten der *Auaritas* aus dem Jahr 1490 (ebd., S. 233–234) sowie in der *Acta de Bufadero* und in deren Wiedergabe bei Espinosa (Espinosa, Origen y milagros de Nuestra Señora de Candelaria, S. 48), ebenso der Begriff *vasallo* als Bezeichnung für die *Menceyes* von Teneriffa in der *Acta de Bufadero.*

369 Vgl. Cartagena, Allegationes super conquesta Insularum Canariae contra portugalenses, S. 112 und 114.

370 Althoff, Friendship and political order, S. 91–94.

371 Vgl. Althoff, Verwandte, Freunde und Getreue, S. 96.

372 Vgl. Epp, Amicitia, S. 215–216.

373 Siehe dazu etwa das Beispiel des Don Fernando Guanarteme in Kapitel 4.

Die Beschwörung einer Freundschaft folgte außerdem einem festen formalen Ablauf. Kernelement war dabei der Schwur, der auf dem Konsens basierte, dass den beteiligten Parteien bekannt war, wie sie sich gegenüber einem Freund zu verhalten hatten.[374] Dazu konnte die Darstellung außenpolitischer *amicitia* durch Geschenke oder Tribute, die Stellung von Geiseln oder das gemeinsame Mahl zur Bekräftigung des Bündnisses treten.[375] Auch die im Mittelalter zunehmende Schriftlichkeit vermochte diese rechtsrituellen Handlungen nicht zu ersetzen, sondern integrierte diese allenfalls in die vertraglichen Verfügungen.[376] Im Falle der Begegnung zwischen Kanariern und Europäern ist hier nach der Vermittelbarkeit des Freundschaftskonzeptes zu fragen, denn die Übersetzung kultureller Codes war bei den Verhandlungen zwischen Indigenen und Konquistadoren eine immense Verständnishürde.

Neben Freundschaftsbekundungen war die Verwendung von familiärem Vokabular auch für nicht Blutsverwandte im internationalen Raum üblich.[377] So versicherte Diogo de Azambuja im Jahr 1482 einem lokalen Machthaber an der afrikanischen Goldküste, der sich Ansah nannte, dass er mit der Taufe zum »Bruder« und Verbündeten des portugiesischen Königs würde.[378]

3.2.2.3 *Bandos de paces* und *bandos de guerra*

Neben der Bezeichnung als Freunde oder Feinde (*amigos* oder *enemigos*) in den Quellen zur *Conquista* der Kanarischen Inseln werden die friedlichen Stammesgruppen der Kanarier als *bandos de paces*, die kriegerischen als *bandos de guerra* bezeichnet.[379] Während das Wort *bando* im Diccionario Histórico del Español de Canarias ursprünglich im Kontext der Seefahrt verortet wird,[380] führen

374 Vgl. Althoff, Friendship and political order, S. 100.

375 Vgl. Epp, Amicitia, S. 218–229.

376 Vgl. Garnier, Amicus amicis – inimicus inimicis, S. 299.

377 Im Althochdeutschen etwa gehen die Begriffe noch zusammen: So bedeutete *friunt* sowohl Freund als auch Verwandter. Vgl. Garnier, Amicus amicis – inimicus inimicis, S. 5.

378 Vgl. Disney, A History of Portugal, S. 58.

379 Nur *bando* ohne genaue Spezifizierung, ob es sich um eine friedliche oder feindliche indigene Stammesgruppe handelte: mit Bezug auf La Gomera, vgl. Conquista de la isla de Gran Canaria hecha por mandado de los señores Reyes Católicos Don Fernando y Doña Isabel (Lacunense), S. 172 und 174; Conquista de las siete islas de Canarias (Matritense), S. 246, 248, 254 und 255; López de Ulloa, Historia de la Conquista de las siete Islas de Canarias, S. 179; mit Bezug auf die neun Stammesgruppen Teneriffas: La conquista de Gran Canaria en las Décadas de Alonso de Palencia, S. 474.

380 »banda, vanda«, in: Diccionario Histórico del Español de Canarias (DHECan), S. 175–177.

sowohl das Diccionario de la lengua española als auch das Diccionario Medieval Español *bando* auf das gotische Wort *bandwo (= signo, bandera, estandarte)* zurück.[381] Mit *bando* als Bezeichnung einer Gruppe, die unter einer gemeinsamen Flagge kämpft, beschrieben die Historiographen also die Haltung der indigenen Stammesgruppen gegenüber den Konquistadoren.

Darüber hinaus konnte *banda* oder auch *vanda* eine Einheit von Personen mit einem gleichen Ziel,[382] eine bewaffnete Gruppe von Personen oder auch eine Schar, Horde oder Herde bezeichnen *(bandada, manada)*.[383] Deutlich wird, dass die Historiographen allein die kriegerische Position der Stammesgruppen mit dem Begriff *bando* zu markieren versuchten. Die indigenen Stammesgruppen erscheinen durch diese Bezeichnung weniger als politisch-autonome Einheiten oder Völkerrechtssubjekte (*gente* oder *nación*[384]) denn als rebellische Gruppen, die sich noch der legitimen Herrschaft der Konquistadoren erwehrten. Auch die tierische Konnotation des Begriffs verstärkt die Ungleichheit der Kriegsparteien in der Darstellung der europäischen Historiographen.

Interessant ist darüber hinaus an den genannten Dichotomien (*amigo – enemigo* und *bandos de paces – bandos de guerra*), die als zentrale »strukturierende Konzepte personaler Beziehungen und politischer Bindungen«[385] fungierten, die offenkundig fehlende Option der Neutralität. Von der Antike, die in der Tradition des Rechts der römischen Herrschaft nur Freunde oder Feinde aber keine Unentschiedenen kannte, bis ins ausgehende Mittelalter gab es keine eindeutige semantische Bestimmung der *neutralitas*.[386] Anstelle seine Neutralität zu erklären, versuchte man bei Unentschlossenheit sich um die Freundschaft beider Seiten zu bemühen.[387] Neutralität bedeutete eine Position der Schwäche, die Vermeidung einer klaren Selbstverortung und einer Involvierung in das Kriegsgeschehen. »Die Selbstpositionierung aus eigener Stärke liegt hingegen beispielsweise in der Stellung eines Mediators, der sich anderen, gleichstarken

381 »banda«, in: Diccionario de la lengua española; »Banda«, in: Diccionario Medieval Español, Bd. I, S. 488.

382 »Conjunto de personas agrupadas para una finalidad.« Siehe »banda«, in: Diccionario del castellano del siglo XV en la Corona de Aragón; »Parcialidad o número de gente que favorece y sigue el partido de alguien.« Siehe »banda«, in: Diccionario de la lengua española.

383 »banda«, in: Diccionario de la lengua española.

384 »Conjunto de personas unidas por vínculos históricos, culturales o lingüísticos comunes.« Siehe »nación«, in: Diccionario del castellano del siglo XV en la Corona de Aragón.

385 Oschema, Auf dem Weg zur Neutralität, S. 82.

386 Vgl. Kintzinger, Der neutrale Ort, S. 116–123. Der abstrakte Begriff taucht zunächst in Kontexten von Grammatik und Medizin auf, siehe dazu: Oschema, Auf dem Weg zur Neutralität, S. 87–89.

387 Eickels, Freundschaft im (spät)mittelalterlichen Europa, S. 31.

Parteien als unabhängiger Vermittler oder gar Schiedsrichter anbietet«, so Martin Kintzinger, der festgestellt hat, dass Neutralität als »Konzept der Selbstverortung« erst im Kontext des Konzilskonflikts im 15. Jahrhundert überhaupt denkbar wurde.[388] Trotz der Weiterentwicklung des Völkerrechts blieb die Neutralität noch bis ins 16. Jahrhundert hinein eine defizitäre Handlungsalternative. Vor allem diejenigen, denen es an einer freundschaftlichen Gesinnung fehle, neigten zur Neutralität, urteilte Niccolò Machiavelli.[389]

Für den kanarischen Kontext finden sich erst in den Berichten über die Eroberung der Kanaren vom ausgehenden 16. Jahrhundert Beschreibungen einer neutralen Position indigener Stammesgruppen:

> Diejenigen vom Reich Güímar, abgeschreckt durch die, die die Spanier am vergangenen Tag benutzt hatten, zeigten sich dieses Mal neutral, blieben auf einem Aussichtspunkt über einem Berg, um zu sehen, wer auf dem Feld blieb. Und da die von Tegueste, Tacaronte und Taoro das Schlimmste ertragen hatten und auf der Flucht waren, schlossen sie sich den Spaniern an und dienten ihnen mit dem, was auf Erden war, mit viel Willen und Treue.[390]

Doch sowohl bei Espinosa als auch bei Abreu Galindo, der einen Durchmarsch der Truppen von Alonso de Lugo durch Gebiete neutraler Stammesgruppen beschreibt, handelt es sich immer um eine Neutralität oder eine friedliche Koexistenz auf Zeit. Denn schlussendlich blieb den Kanariern nur eine Entscheidung für eine Unterwerfung und eine Annahme der Lebensweise der europäischen Christen, denn die Alternative bedeutete entweder den Tod oder Deportation und Versklavung.[391]

Abschließend lässt sich festhalten, dass die Verträge zwischen Indigenen und Konquistadoren mehrheitlich als *paz* bezeichnet wurden, womit im Spätmittelalter jedoch kein auf Dauer angelegter Friedensvertrag gemeint war. Wie stark die Bindekraft der Bündnisse die Vertragspartner zu ihrer Einhaltung verpflichteten, wird im Abschnitt zur Verbindlichkeit noch eingehender thematisiert. Dass der Status eines »Freundes« zugleich der eines »Vasallen« sein konnte und sich in den Vertragstexten beide Bezeichnungen nebeneinander finden, ist die

388 Vgl. Kintzinger, Der neutrale Ort, S. 116–123.

389 Oschema, Auf dem Weg zur Neutralität, S. 93.

390 *Los del reino de Güímar, escarmentados de los que con ellos habían los españoles usado la jornada pasada, se mostraron esta vez neutrales, estando a la mira sobre un monte hasta ver por quién quedaba el campo. Y viendo que los de Tegueste, Tacaronte y Taoro habían llevado lo peor e iban de huída, se juntaron con los españoles, sirviéndoles con lo que en la tierra había, con lo que en la tierra había, con mucha voluntad y fidelidad.* Espinosa, Origen y milagros de Nuestra Señora de Candelaria, S. 60.

391 Als Beleg für die Deportation der Bevölkerung siehe u. a. Aznar Vallejo, Los inicios de la bula de cruzada en Canarias, S. 210.

zweite wichtige Erkenntnis, die aus der begriffsgeschichtlichen Untersuchung gewonnen werden kann. Dieser Befund sowie die Bezeichnung der indigenen Stammesgruppen als *bandos* führt zu der Annahme, dass es sich aus der Perspektive der europäischen Invasoren bei den Verträgen nicht um Völkerrechtsverträge handelte, die auf der Anerkennung des Vertragspartners als Souverän beruhen sollten; eine These, die sich im weiteren Verlauf noch erhärten wird.

3.2.3 Vertragspartner und andere beteiligte Personen

Wie Randall Lesaffer in seiner Arbeit zu den Friedensverträgen vom Spätmittelalter bis zum Ersten Weltkrieg unterstrichen hat, schlossen im Mittelalter und in der Frühen Neuzeit keine politischen Entitäten wie Staaten oder Fürstentümer Verträge miteinander, sondern Herrscher: »It was the rulers who entered the treaties and that only they were directly bound to the treaty. Only through their mediation, their territories, vassals and subjects were bound to the treaty.«[392] Während der gesamten Zeit der Eroberung wurde der Archipel jedoch nie von einem französischen, portugiesischen oder kastilischen König bereist. Wer ging hier also in wessen Namen, mit welchen Befugnissen und Rechten einen Vertrag mit den indigenen Stammesfürsten ein? War es aus Sicht der europäischen Christen des Spätmittelalters möglich, mit den heidnischen Herrschern einen Vertrag abzuschließen, solange sie noch ihrem alten Glauben anhingen?

Der personale Charakter von Herrschaft und internationaler Politik machte es für die mittelalterlichen Monarchen notwendig, vertrauenswürdige Personen als ihre Repräsentanten in die entlegensten Winkel der ab dem Spätmittelalter wachsenden Imperien zu entsenden. Mit seinem Werk über die ersten Gouverneure der Kanarischen Inseln, »En nombre del Rey«, weist Mariano Gambín García auf eben diese Rolle hin, die die Anführer der Eroberungszüge ausfüllten: »Sie waren an solchen Orten seine Repräsentanten, wo der König nicht zu Fuß hinkommen konnte.«[393] Distanz bedeutete zugleich größere Autonomie, denn eine *Real Audiencia* als Kontrollinstitution wurde erst im 16. Jahrhundert auf den Kanarischen Inseln eingerichtet.[394] Die Anführer der *Conquistas* gingen mit dem spanischen Königshaus einen bindenden Vertrag ein, eine *Capitulación*, wie man sie vor allem im Kontext der Reisen des Christoph Kolumbus kennt. Doch während Kolumbus' erste Reise über den Atlantischen Ozean zu dreiviertel der Kosten von den Katholischen Königen finanziert (*Capitulación* von Santa Fe vom

392 Lesaffer, Peace Treaties, S. 17–18.

393 »Era su representante en aquellos lugares a donde el Rey no podía llegar a pie.« Gambín García, »En nombre del Rey«, S. 373.

394 Vgl. ebd., S. 373–374.

17. April 1492),[395] die Restkosten durch seine guten Beziehungen zu genuesischen Geldgebern abgedeckt wurden und er sich ansonsten nur um die technischen Vorbereitungen und die Navigation kümmern musste, steuerte das Königspaar bei den kanarischen Unternehmungen keinen einzigen Maravedí bei.[396]

Eine erste solche Vereinbarung trafen Isabella von Kastilien und Ferdinand von Aragón mit dem Bischof Juan de Frías im Jahr 1478, dem sie für die Eroberung Gran Canarias ein Monopol auf den Orseille-Handel zusicherten. Da der Bischof offenkundig nicht über die nötigen Mittel verfügte, die Insel einzunehmen, schlossen die Katholischen Könige bereits im Jahr 1480 eine weitere *Capitulación* für die Unterwerfung Gran Canarias ab, die wiederum selbst finanziert werden sollte.[397] Auch in den *Capitulaciones* mit Alonso de Lugo (1491 für La Palma und 1492 für Teneriffa) bestimmte das Herrscherpaar, dass der Konquistador die Kosten für die Eroberung selbst zu tragen habe.[398] Bei erfolgreicher Unterwerfung der Inseln würde er zum königlichen Gouverneur ernannt und mit der Verleihung des Titels des *Adelantado* über sämtliche andere Autoritäten der Inseln stehen. Darüber hinaus stellte man ihm eine teilweise Befreiung vom Fünften *(el quinto)*[399] und 700.000 Maravedís in Aussicht, sollte es ihm gelingen, die Insel La Palma in weniger als einem Jahr zu unterwerfen.[400] Für die Finanzierung seiner Unternehmung musste Lugo jedoch auf private Geldgeber, Freunde und Verwandte zurückgreifen. Der drückende Schuldenberg des Konquistadors sowie die Aussicht auf fürstliche Entlohnung seiner Dienste sind gewiss eine plausible Erklärung für sein rigoroses Vorgehen bei der Unterwerfung der letzten beiden, noch in indigener Hand befindlichen Inseln sowie den Verkauf großer Teile der indigenen Bevölkerung in die Sklaverei; ein Vorgehen, das in zahlreichen Gerichtsprozessen mündete und in den Folgekapiteln noch Thema sein wird.[401]

395 Vgl. Rumeu de Armas, La conquista de Tenerife, S. 162.

396 Vgl. García-Gallo, Los orígenes españoles de las instituciones americanas, S. 28–29.

397 Vgl. Rumeu de Armas, La conquista de Tenerife, S. 163–165.

398 Vgl. Gambín García, »En nombre del Rey«, S. 375–376.

399 Der fünfte Teil aller eigenen Erträge, etwa bei Ernten, musste als Abgabe an die spanische Krone entrichtet werden. Siehe »quinto«, in: Diccionario básico de canarismos.

400 Vgl. García-Gallo, Los orígenes españoles de las instituciones americanas, S. 28–29; Vgl. García de Gabiola, La conquista de las Canarias, S. 156.

401 Einen tabellarischen Überblick über die Befreiungsprozesse der *Guanchen* siehe Baucells Mesa, Aculturación y etnicidad, S. 315–317. Daneben gab es zahlreiche Klagen von Seiten der *Guanchen* über unrechtmäßig geraubte Besitztümer: ebd., S. 319.

Bereits für den Beginn des 15. Jahrhunderts ist festzustellen, dass mit der Erweiterung des geographischen Horizonts auch Bündnisse mit andersgläubigen Herrschern in Betracht gezogen und von päpstlicher Seite aus gebilligt wurden, wenn sie schlussendlich der eigenen Sache, der Verbreitung des Christentums, dienlich waren.[402] So wurden auch die indigenen Stammesfürsten der Kanaren getauft wie ungetauft als Vertragspartner akzeptiert. Aus einer Bulle Papst Pius II., in der er dem Bischof von Rubicón, Diego de Illescas, im Jahr 1462 einige Privilegien zuteilte, geht sogar der direkte Auftrag zur Schließung von Abkommen mit den Kanariern hervor: *ad aliquam Insulam ipsorum infidelium te transferre, & antequam ad illam accedas, cum ipsis infidelibus pactum pacis, & confederationis.*[403] Hinweise auf eine vor Abschluss des Vertrags durchgeführte Christianisierung der indigenen Herrscher und ihrer Untertanen sind nur in der *Acta de Calatayud* und sehr vereinzelt in späten Berichten über die Eroberung zu finden.[404]

Während die Anführer der Eroberungszüge, wie Jean de Béthencourt und Gadifer de La Salle, Diego de Herrera oder Alonso de Lugo, sowohl in eigener Sache als auch als Repräsentanten im Auftrag ihres Königs agierten, sprachen die indigenen Stammesfürsten, wie die *Menceyes* von Teneriffa oder die *Guanartemes* von Gran Canaria, für sich selbst.[405] Als Verhandlungspartner fungierten somit

402 Vgl. Weber, Toward a Global Crusade?, S. 13; Rumeu de Armas, Los problemas derivados del contacto, S. 80–82.

403 Bula del Papa Pio II, S. 621–625.

404 Vgl. Escudero, Relación de la Conquista de la Gran Canaria, S. 45–46. Eine Ausnahme bildet Gran Canaria, wo schon sehr früh missioniert wurde und wo 1481 davon auszugehen ist, dass ein Teil der Bevölkerung bereits getauft war. Vgl. Pacto de Calatayud (siehe Anhang).

405 Lanzarote 1402, Gadifer de La Salle, Jean de Béthencourt und dem König des Landes *(le Roy du pais)* als Vertragspartner, vgl. Le Canarien, G4r, S. 14 und B5r, S. 164. Gran Canaria 1461, Diego de Herrera und der Guanarteme von Telde, vgl. Conquista de las siete islas de Canarias (Matritense), S. 234; Libro de la conquista de la ysla de Gran Canaria y de las demas yslas (Ovetense), S. 119; Conquista de la isla de Gran Canaria hecha por mandado de los señores Reyes Católicos Don Fernando y Doña Isabel (Lacunense), S. 195; López de Ulloa, Historia de la Conquista de las siete Islas de Canarias, S. 77–78; bei Abreu Galindo ist auch noch der Bischof von Rubicón, Diego López de Illescas, und einige andere wichtige Persönlichkeiten von Seiten der Konquistadoren anwesend. Neben dem Guanarteme von Telde ist in dieser Fassung auch der Guanarteme von Gáldar Vertragspartner, vgl. Abreu Galindo (2021), Historia de la conquista de las siete Islas de Canarias, S. 105–106; bei Sedeño ist der Faican von Telde Vertragspartner, vgl. Sedeño, Conquista de la isla de Gran Canaria, S. 53–54, ähnlich Escudero, Relación de la Conquista de la Gran Canaria, S. 45–46. Teneriffa 1464 *(Acta de Bufadero)*, Diego de Herrera und alle neun *Menceyes* von Teneriffa, vgl. Acta de Bufadero (Edition siehe Anhang), ebenso Espinosa, Origen y milagros de Nuestra Señora de Candelaria, S. 48. Gran Canaria, 1476

die jeweils ranghöchsten der beteiligten Parteien – die kastilischen Könige wurden repräsentiert durch die Konquistadoren (mit Ausnahme des Paktes von Calatayud)[406] –, deren Anwesenheit eine Bedingung zum Abschluss der Verträge darstellte. So wartete beispielsweise La Salle auf seinen Kompagnon Béthencourt, bevor er mit dem »König« von Lanzarote einen Pakt verabschiedete *(gadifer ne vouloit mie faire nul accord a euls sans/Bettencourt son compaignon)*.[407]

Neben der Anwesenheit der Vertragspartner war auch die von weiteren Personen obligatorisch, Zeugen oder sogar eine (Teil-)Öffentlichkeit, die die Verbindlichkeit des Verabredeten stärken und bestätigten sollten.[408] So ist in *Le Canarien* von vielen Edelleuten die Rede, die dem Vertragsabschluss zwischen Béthencourt und Guadarfía im Jahr 1402 beigewohnt hätten *(en la pnce gadiffer pleusieurs autres gentiz/hommes)*[409] und in der *Acta de Zumeta* wird die Anwesenheit hochrangiger *Canarios* betont *(guanartemes y gayres y los facays y los más principales de los pueblos)*.[410] Von einer größeren Öffentlichkeit, einem Zusammenkommen eines Großteils der Inselbewohner, wird beispielsweise in der *Acta*

reiste eine Delegation *(embajadores)* aus zehn Botschaftern der *Canarios* nach Lanzarote, um vor die Herren der Kanarischen Inseln, Diego de Herrera und Inés Peraza, zu treten, vgl. Abreu Galindo (2021), Historia de la conquista de las siete Islas de Canarias, S. 111–112. Gran Canaria 1478, über die Portugiesen, die mit einigen *Canarios* verhandelten und einen Pakt schlossen, erfahren wir nichts Genaueres, vgl. u. a.: ebd., S. 151; u. a. in der Chronik Matritense wird ein *Guanarteme* erwähnt: Conquista de las siete islas de Canarias (Matritense), S. 127–128; Teneriffa o. D., Pakt zwischen Sancho de Herrera oder Diego de Herrera und dem *Mencey* von Güimar, vgl. Espinosa, Origen y milagros de Nuestra Señora de Candelaria, S. 39; Abreu Galindo (2021), Historia de la conquista de las siete Islas de Canarias S. 253–254. Teneriffa o. D., Sancho de Herrera verhandelt mit dem *Mencey* von Güimar, vgl. ebd., S. 256. La Palma 1490, Alonso de Lugo schließt einen Pakt mit den Stammesfürsten der *Auaritas*, siehe u. a. ebd., S. 233–234. Teneriffa 1493, Alonso de Lugo schließt einen Pakt mit drei Stammesgruppen der *Guanchen*, siehe u. a. Torriani, Descripción e historia del reino de las Islas Canarias, S. 183 und 185.

406 In diesem Fall reiste eine Delegation der *Canarios* auf die Iberische Halbinsel und trat vor die Katholischen Könige. Vgl. Pacto de Calatayud (siehe Anhang). Es ist von *Guanartemes* im Plural die Rede und einigen Edelleuten. Es kann aber nur der *Guanarteme* von Telde gemeint sein, nicht der *Guanarteme* von Gáldar, Tenesor Semidan, der im darauffolgenden Jahr den Hof der Katholischen Könige in Córdoba besucht.

407 Le Canarien, G4r, S. 14.

408 Siehe u. a. Jostkleigrewe, Vom Umgang mit Verträgen, S. 29; Althoff, Zur Bedeutung symbolischer Kommunikation, S. 374–383.

409 Le Canarien, B5r, S. 164.

410 Abreu Galindo (2021), Historia de la conquista de las siete Islas de Canarias, S. 111–112.

de Bufadero gesprochen.[411] Zeugenlisten finden sich, zum Teil unter Nennung von Herkunft und Amt der Person, in der *Acta de Las Isletas* wie auch in der *Acta de Bufadero*.[412] Für vier der insgesamt zehn Pakte lässt sich mit Gewissheit sagen, dass sie nicht nur mündlich verabredet, sondern auch schriftlich fixiert wurden. Die *Acta de Las Isletas* und die *Acta de Bufadero* wurden von einem Schreiber namens Hernando de Párraga festgehalten, die *Acta de Zumeta* von Juan Ruiz de Cumeta und den *Pacto de Calatayud* formulierte ein Sekretär der Katholischen Könige namens Alonso de Ávila.[413]

Wie in Kapitel 2 bereits problematisiert, stellte sowohl die nonverbale Verständigung, in Form von unterschiedlichen kulturellen Codes und einer jeweils eigenen Symbol- und Ritualsprache, als auch die verbale Kommunikation zwischen den Vertragsparteien eine große Hürde dar. Zumindest die sprachliche Barriere wurde, wie sich aus den Vertragstexten ermitteln lässt, von Übersetzern durchbrochen, die stets anwesend sein mussten und mit denen sich das Folgekapitel eingehend auseinandersetzt.[414]

3.2.4 Vertragsinhalte

1492, nach der ersten erfolgreichen Atlantiküberquerung, schloss der Entdecker Christoph Kolumbus einen Pakt mit dem *Taíno*-Kaziken Guacanagarí auf La Española. Der Vertrag war eine defensive Allianz, denn sowohl Kolumbus und seine Männer als auch der Kazike bedurften des Schutzes. Nachdem die Flotte des Entdeckers ein Schiff, die Santa María, eingebüßt hatte, musste die Mannschaft dringend mit Nahrung versorgt werden. Der Stammesfürst der *Taínos*

411 Acta de Bufadero (Edition siehe Anhang).

412 Ebd.

413 Abreu Galindo (2021), Historia de la conquista de las siete Islas de Canarias, S. 97–98; Acta de Bufadero (Edition siehe Anhang); Espinosa, Origen y milagros de Nuestra Señora de Candelaria, S. 48; Abreu Galindo (2021), Historia de la conquista de las siete Islas de Canarias, S. 111–112; Pacto de Calatayud (siehe Anhang).

414 Acta de Bufadero (Edition siehe Anhang); beim Pakt zwischen Portugiesen und *Canarios* 1478, vgl. Abreu Galindo (2021), Historia de la conquista de las siete Islas de Canarias, S. 151; beim Pakt zwischen Alonso de Lugo und den *Auaritas*, vgl. López de Ulloa, Historia de la Conquista de las siete Islas de Canarias, S. 177. Im Zusammenhang mit dem Vertrag von 1461 ist von einer jungen Kanariern die Rede, die die Konquistadoren als Botin aussandten, vgl. Sedeño, Conquista de la isla de Gran Canaria, S. 53–54. Im Zusammenhang mit dem Konflikt zwischen Portugiesen und Kastiliern auf Gran Canaria wird ein Indigener erwähnt, der entweder als Bote oder als Spion mit beiden Lagern kommunizierte, vgl. Escudero, Relación de la Conquista de la Gran Canaria, S. 61.

wiederum lag im Streit mit einem anderen, mächtigeren Kaziken der Insel und war damit offen für ein Bündnis mit den Fremden.[415]

Während die Spanier in diesem Fall aus einer Notlage heraus einen Vertrag mit den Indigenen schlossen, kamen die kanarischen Verträge allesamt aus strategischem Kalkül zustande. Zum einen schlossen die Konquistadoren Pakte mit den Indigenen, um Wehrtürme zu errichten: 1402 bauten die Franco-Normannen eine Festung an den *Playas de Papagayo* auf Lanzarote, etwa 1445 entstand der so genannte *Torre del Conde*, den Hernán Peraza in San Sebastián auf La Gomera erbauen ließ, zwischen 1457 und 1459 wurden dann der *Torre de Gando* auf Gran Canaria durch die Männer Diego de Herreras und schließlich der *Torre de Añazo* 1464 auf den Befehl Sancho de Herreras hin auf Teneriffa errichtet.[416] Die befestigten Türme dienten den Konquistadoren nicht nur als Handelskontor, um mit den Indigenen Waren auszutauschen und diese zu lagern, sondern auch als Stützpunkte für ihr weiteres militärisches Ausgreifen auf den Archipel oder ins Inland der jeweiligen Insel.[417] Bereits für Béthencourt nimmt Tejera Gaspar an, dass er den Plan verfolgte, sich auf Lanzarote ein Hauptquartier für den Handel und weitere Eroberungszüge einzurichten.[418] Zum anderen schlossen die Konquistadoren Bündnisverträge mit den indigenen Stammesgruppen, Differenzen und Feindseligkeiten zwischen ihnen ausnutzend, um ihren Heeren mit der Unterstützung durch kanarische Krieger die nötige Schlagkraft zur Unterwerfung der Inseln zu verleihen.[419] Doch was boten die Konquistadoren den Kanariern im Tausch für ihre militärische Unterstützung oder die Erlaubnis zur Errichtung eines Turmes an? Welche Vorteile brachten die Vertragsabschlüsse den indigenen Stammesgruppen?

Sämtliche Verträge sind als reziprok im Hinblick auf die Rechte und Pflichten der Beteiligten zu charakterisieren. Der Vertrag von 1402 zwischen Béthencourt und La Salle auf der einen und dem Stammesfürsten der *Mahos* auf der anderen Seite verspricht die bereits dezimierte Bevölkerung vor Korsarenangriffen und der Verschleppung in die Sklaverei zu schützen *(que les pmi / drent a garder tous ceuls qui leur voudroient / mal faire)*, wofür die Konquistadoren in Rubicón einen Wehrturm erbauen durften.[420] In der *Acta de Las Isletas* stellte Diego de Herrera

415 Vgl. Tejera Gaspar, El pacto de Colón y Guacanagarí, S. 36.

416 Vgl. ebd., S. 74.

417 Vgl. ebd.

418 Vgl. ebd., S. 69.

419 Hierbei wurden die Eroberten oftmals zu Eroberern, vgl. Conquista de las siete islas de Canarias (Matritense), S. 231 und 247; Torriani, Descripción e historia del reino de las Islas Canarias, S. 80; López de Ulloa, Historia de la Conquista de las siete Islas de Canarias, S. 65; Valera, Crónica de los Reyes Católicos, S. 504.

420 Le Canarien, G4r, S. 14 und B5r, S. 164; bei Abreu Galindo wird nur der Festungsbau erwähnt: Abreu Galindo (2021), Historia de la conquista de las siete Islas de Canarias, S. 47–48.

30 Kinder seiner Vasallen als Geiseln, und die *Canarios* erlaubten ihm dafür, einen Turm in Gando zu errichten und versorgten ihn mit einem wertvollen Handelsgut, der Orseille.[421] Die *Roccella canariensis* wächst an den Felsen und Klippen der Kanarischen Inseln. Aus der violetten Flechte ließ sich der kostbare Farbstoff Purpur gewinnen und war damit neben der Sklaverei das einträglichste Handelsgut der Kanaren.[422] Bei der Erneuerung dieses Abkommens im Jahr 1474 ging es wiederum um die Belieferung Diego de Herreras und Inés Perazas mit Orseille, die im Gegenzug alle Gefangenen *Canarios* in ihrem Herrschaftsgebiet wieder in die Freiheit entließen.[423] Die *Acta de Bufadero* (1464) und der *Pacto de Calatayud* (1481) forderten Gefolgschaft und Gehorsam von den Indigenen. Die Katholischen Könige garantierten dafür den *Canarios* in Calatayud Schutz vor Versklavung und eine Handels- und Reisefreiheit innerhalb ihres Reichsgebietes. Darüber hinaus wird in der Urkunde all denjenigen mit Strafe gedroht, die die *Canarios* in ihren Rechten zu beschneiden suchten.[424] Diego de Herrera sprach den *Guanchen*-Fürsten für ihre bedingungslose Gefolgschaft die Verwaltung ihrer *Menceyatos* als seine Vasallen zu.[425]

Die militärischen Bündnisverträge zwischen Kastiliern oder Portugiesen auf der einen und indigenen Kanariern auf der anderen Seite, Gran Canaria 1478, La Palma 1490 und Teneriffa 1493, waren ebenso reziprok im Sinne einer gegenseitigen Bündnistreue.[426] Bei diesen Pakten konnten die Konquistadoren

421 Conquista de las siete islas de Canarias (Matritense), S. 234; Libro de la conquista de la ysla de Gran Canaria y de las demas yslas (Ovetense), S. 119; Conquista de la isla de Gran Canaria hecha por mandado de los señores Reyes Católicos Don Fernando y Doña Isabel (Lacunense), S. 195; López de Ulloa, Historia de la Conquista de las siete Islas de Canarias, S. 77–78. Bei Torriani erfolgt der Turmbau heimlich: Torriani, Descripción e historia del reino de las Islas Canarias, S. 126–127; bei Sedeño hat Diego de Herrera eine List benutzt und vorgegeben, ein Gebetshaus zu bauen. Stattdessen ließ der Konquistador einen Wehrturm errichten, vgl. Sedeño, Conquista de la isla de Gran Canaria, S. 53–54; Abreu Galindo (2021), Historia de la conquista de las siete Islas de Canarias, S. 105–106.

422 »(Roccella canariensis) Liquen de color gris o blanquecino, que crece en los riscos y peñas que miran al mar y del que se obtiene un tinte de color purpúreo.« »orchilla«, in: Diccionario básico de canarismos.

423 Vgl. Abreu Galindo (2021), Historia de la conquista de las siete Islas de Canarias, S. 111–112.

424 Vgl. Pacto de Calatayud (siehe Anhang).

425 Acta de Bufadero (Edition siehe Anhang). Von einer formalen Inbesitznahme berichten ebenso die Chroniken von Abreu Galindo und Espinosa, vgl. Abreu Galindo (2021), Historia de la conquista de las siete Islas de Canarias, S. 97–98; Espinosa, Origen y milagros de Nuestra Señora de Candelaria, S. 48.

426 Vgl. Libro de la conquista de la ysla de Gran Canaria y de las demas yslas (Ovetense), S. 127–128; Conquista de la isla de Gran Canaria hecha por mandado de los señores Reyes Católicos Don Fernando y Doña Isabel (Lacunense), S. 127–128; López de

oftmals auf schon bestehende Beziehungen oder frühere Bündnisse aufbauen, so etwa zwischen einigen Stammesgruppen La Palmas, deren Herrschaftsbereiche an dem El Hierro zugewandten Küstenstreifen lagen, und den Bewohnern ihrer Nachbarinsel.[427] Das Bündnis von 1493 zwischen einigen *Menceyes* von Teneriffa und Alonso de Lugo mit dem Ziel, den mächtigen Stammesfürsten von Taoro zu stürzen, wird als Bekräftigung des zuvor zwischen den *Guanchen* und Diego de Herrera geschlossenen Friedensvertrages dargestellt.[428]

Darüber hinaus sind auch Eigeninteressen und Absichten der Stammesfürsten nicht auszuschließen, mit der militärischen Unterstützung der Spanier beispielsweise, feindliche indigene Gruppen zu bekriegen.[429] Außerdem schützten die Bündnisverträge mit den Invasoren die Kanarier während und nach Beendigung der *Conquista* vor dem Verkauf in die Sklaverei, was mit der Zeile »um für seinen Gehorsam die Freiheit zu bekommen«[430] im oben zitierten Gedicht von Días Tanco angedeutet wird.[431] So garantierte etwa Alonso de Lugo den *Auaritas* im Jahr 1490, dass sie beabsichtigten, sie gut zu behandeln und sie nicht ihrer Ländereien und Güter zu berauben.[432] Darüber hinaus boten die Pakte den Indigenen eine juristische Argumentationsgrundlage, auf der sie ihr Recht auf Freiheit vor den Gerichten der Iberischen Halbinsel einklagen konnten (siehe dazu die Abschnitte 4.5 und 5.3).

Ulloa, Historia de la Conquista de las siete Islas de Canarias, S. 91–92. In diesen Fassungen der *crónica madre* wird beschrieben, dass die *Canarios* die Portugiesen mit Nahrungsmitteln versorgten.

427 Vgl. Abreu Galindo (2021), Historia de la conquista de las siete Islas de Canarias, S. 233–234; ebenso von einem Bündnis spricht Torriani, Descripción e historia del reino de las Islas Canarias, S. 226; bei Ulloa ist von einem Pakt in allen Stammesgruppen und ihrer Christianisierung die Rede, was dazu geführt habe, dass Alonso de Lugo La Palma ohne Blutvergießen habe unterwerfen können, vgl. López de Ulloa, Historia de la Conquista de las siete Islas de Canarias, S. 177.

428 Vgl. Torriani, Descripción e historia del reino de las Islas Canarias, S. 183 und 185; Abreu Galindo (2021), Historia de la conquista de las siete Islas de Canarias, S. 258; Espinosa, Origen y milagros de Nuestra Señora de Candelaria, S. 52.

429 Vgl. Tejera Gaspar, El pacto de Colón y Guacanagarí, S. 26–27; Baucells Mesa, Aculturación y etnicidad, S. 299.

430 *por su obediencia le dió libertad.* Los Triunfos Canarios de Vasco Días Tanco, S. 23–24; zum gleichen Ergebnis, dass Vertragsabschlüsse Kanarier vor Versklavung schützen konnten, gelangte auch Le Brun, Un aspect de la conquête des îles Canaries, S. 153.

431 Vgl. Gibson, Conquest, Capitulation, and Indian Treaties, S. 7.

432 Siehe Fußnote 427.

3.2.5 Verbindlichkeit der Verträge

Formalismus ist das Stichwort der Beweissicherung mittelalterlicher Verträge, die durch »religiöse Eide, rechtsförmliche Instrumente und symbolische Inszenierungen, die auch außerhalb diplomatischer Kontexte zum Einsatz kamen«,[433] bekräftigt wurden. »Die enge Bindung an die Form gab dem Recht [...] Verläßlichkeit, Festigkeit und Bestand und schützte es vor Willkür und Belieben.«[434] Mit dem Wandel von der Mündlichkeit zur Schriftlichkeit wurden symbolische Rituale bei Vertragsabschlüssen zwar nicht abgelöst, veränderten sich jedoch in ihren Formen – Jack Goody spricht von einer Verschiebung vom Mund zur Hand – und wurden um ein gewichtiges Beweismittel ergänzt.[435]

Bei den interkulturellen Vertragsabschlüssen während der *Conquista* begegneten die kanarischen Stammesfürsten und die Konquistadoren nun drei Herausforderungen, die die Einhaltung der Verträge unmittelbar gefährdeten: erstens der Schwierigkeit, die eigene Symbolsprache der jeweils anderen Partei in ihrer Bedeutung verständlich zu machen. Die »unterschiedlichen Symboluniversen« erforderten so »komplexe Übersetzungsleistungen«,[436] dass es sehr leicht zu Missverständnissen kommen konnte, wie am Pakt von Guahedún gezeigt werden konnte (siehe Abschnitt 2.5), in den Passagen zu den Pakten in der Historiographie wie in den überlieferten Vertragsdokumenten jedoch kein Thema ist.

Darüber hinaus waren, zweitens, diese kulturspezifischen Rechtstraditionen und damit auch die Beglaubigungsstrategien stark von religiösen Werten geprägt.[437] Insbesondere bei der Ratifizierung eines Vertrages durch einen Eid spielten religiöse Zeremonien wie der Schwur auf die Heilige Schrift oder das Heilige Kreuz eine große Rolle, die Abkommen Bindekraft und Bestand verleihen sollten.[438] Im Kontext der interreligiösen Diplomatie auf der Iberischen Halbinsel zwischen Christen und Muslimen hatte man für diese Problematik bereits eine Lösung entwickelt, indem jede Partei auf das ihr jeweils Heilige ihren Eid ablegte.[439] Diese »demonstrative Herausstellung der eigenen religiösen Identität und die Verwendung intrareligiöser Beglaubigungsformen« habe sogar eher »das Vertrauen der Gegenseite in die eigene Vertragstreue« erhöht als verringert.[440]

433 Jostkleigrewe, Vom Umgang mit Verträgen, S. 22–23.
434 Ebd.
435 Vgl. Goody, Die Logik der Schrift, S. 247–248.
436 Jostkleigrewe, Vom Umgang mit Verträgen, S. 24–27.
437 Vgl. ebd.
438 Vgl. Lesaffer, Peace Treaties, S. 22–24; ders., The Medieval Canon Law of Contract, S. 183.
439 Vgl. Jaspert, Interreligiöse Diplomatie im Mittelmeerraum, S. 155.
440 Vgl. Jostkleigrewe, Vom Umgang mit Verträgen, S. 24–27.

Ähnlich wird es sich bei den Vertragsabschlüssen zwischen Kanariern und Konquistadoren abgespielt haben, doch auch hierüber schweigen die Quellen.

Drittens konnten die Kanarier aufgrund der ihnen zwar nicht völlig unbekannten (epigrafische Zeugnisse sind uns überliefert), jedoch im Kontext von alltäglichen Geschäften und Verträgen fremden Verwendung der Schrift an der schriftlichen Fixierung der Verträge kaum aktiv mitwirken, geschweige denn bei der Gestaltung des Inhalts der schriftlichen Fassung mitreden.[441] Im Kontext der Handelskontakte mit den afrikanischen Kulturen sind uns etwa Beispiele einer Anpassung an die Schriftkultur der christlich-europäischen Reiche für den Bereich der wirtschaftlichen Beziehungen überliefert.[442] Im Falle der kanarischen Bevölkerung ist zwar im Verlauf der *Conquista* von einer wachsenden Zahl an sprachkundigen Übersetzern auszugehen (siehe Kapitel 4). Dass diese Akteure jedoch umfassend gebildet, das heißt auch des Kastilischen nicht nur in Wort, sondern auch in Schrift mächtig waren, ist stark zu bezweifeln. Auch die vermeintliche Unterzeichnung der *Acta de Bufadero* durch die *Menceyes* von Teneriffa wird allenfalls von den Indigenen als Ritual verstanden worden sein. Ihre Unterschrift wird dem Vollziehungsstrich eines illiteraten Herrschers gleichgekommen sein *(trataron de paces y amistad, y la firmaron con el dicho Diego de Herrera ante Fernando de Párraga).*[443] Somit mussten sich die Kanarier auf die Worttreue der Konquistadoren verlassen.

Die mangelnde Partizipationsmöglichkeit der Indigenen an der schriftlichen Aufsetzung der Verträge erklärt die »europäische« Ausgestaltung der Texte, die die indigenen Stammesfürsten als Teilnehmer eines »europäischen« Rechtsaktes inszenieren.[444] Denn ebenso wie die Beglaubigungsmittel entstammen auch die im Folgenden näher beleuchteten symbolischen Akte einer christlich-mittelalterlichen Rechtstradition. Die einseitige Entstehung der Vertragstexte und ihre Unzugänglichkeit für die Kanarier ist außerdem eine Erklärung dafür, warum die Indigenen hier in einer untergeordneten Position dargestellt werden können, die den realen Machtverhältnissen keinesfalls entsprach.

441 Wie im Folgenden noch ausführlich erklärt wird, gibt es zahlreiche Verweise in der Historiographie, aber auch in den *Reales Cédulas* darauf, dass die Konquistadoren die Verträge mit den Kanariern schriftlich festhielten. Siehe dazu López Alonso, Los pactos indígenas de Gran Canaria y Tenerife, S. 47 und 85. Bis heute ist leider nur eine dieser Vertragsurkunden als fragmentarische Kopie überliefert.

442 Vgl. Goody, Die Logik der Schrift, S. 174–175.

443 Siehe dazu Álvarez Delgado, La División de la isla de Tenerife en nueve reinos, S. 72.

444 Ebenso charakterisiert Antonio Tejera Gaspar die Darstellung der Kanarier als Vasallen der Franco-Normannen als eine ethnozentrische Perpektive, vgl. Tejera Gaspar, El pacto de Colón y Guacanagarí, S. 70.

3.2.6 Symbolische Akte

»Da kam der König Igo […], um dem Unsrigen die Hand zu küssen.«[445] Symbolische Gesten, wie hier der Handkuss im Gedicht von Díaz Tanco, sind insbesondere in denjenigen Pakten beschrieben, die auch als Rechtsdokumente vorlagen und teilweise heute noch vorliegen: in der *Acta de Bufadero* und in der Darstellungsvariante Abreu Galindos der *Acta de Las Isletas* und der *Acta de Cumeta*,[446] die wie Abschriften von Originalurkunden erscheinen und gewiss auf den Zugang des Verfassers zum Archiv Herrera-Peraza zurückzuführen sind.[447] Diese Verschriftlichungen dienten dem Festhalten des Geschehens, als Sicherung der Ereignisse und als zukünftiges Beweismittel, lösten jedoch keineswegs die symbolischen Praktiken ab, die als Begründung der Verträge als Rechtsakte fungierten.[448]

So hätten die Indigenen, die *Guanartemes* von Gran Canaria und die *Menceyes* von Teneriffa, ebenso wie der fiktive König Igo, dem Konquistadoren Diego de Herrera die Hand geküsst, heißt es in der *Acta de Las Isletas (Y el domingo siguiente 16 de agosto le besaron la mano los dichos Guanartemes […])*,[449] der *Acta de Bufadero (e todos los sobredichos nueue reies juntamente fizieron reuerencia e beßaron las manos Al sobre dicho señor Diego DE ferrera)*[450] und der *Acta de Zumeta (besasen la mano)*.[451] Während verschiedene Kussformen in der christlich-europäischen Symbolsprache eine unterschiedliche Bedeutung haben konnten, war der Handkuss eine eindeutige Geste der Unterwerfung: »In Castile, the ceremonial kissing of the hand was primarily an act of submission performed both by great lords and by lowly royal officials.«[452]

Ebenso galt das Niederknien als ritueller Ausdruck eines Machtverhältnisses: »Social hierarchies at the time (unlike today) were indicated through symbolic

445 *Do el Rey Igo […] vino a besarle al nuestro la mano, / que por su obediencia le dió libertad.* Los Triunfos Canarios de Vasco Días Tanco, S. 23–24.

446 Vgl. Abreu Galindo (2021), Historia de la conquista de las siete Islas de Canarias, S. 97–98 und 111–112.

447 Während diese Passage nur bei Abreu Galindo so zu finden ist (ebd., S. 97–98) und wie eine Hinzufügung wirkt, weist die Beschreibung des Paktes in einer anderen Passage eher Ähnlichkeiten zu den Darstellungen in den anderen historiographischen Quellen auf: ebd., S. 105–106.

448 Vgl. Althoff, Belehnung und symbolische Dienste, S. 252–253. Althoff konstatiert sogar einen wachsenden Stellenwert dieser Formen von öffentlicher Kommunikation. Vgl. ders., Die Macht der Rituale, S. 170.

449 Abreu Galindo (2021), Historia de la conquista de las siete Islas de Canarias, S. 97–98.

450 Acta de Bufadero.

451 Abreu Galindo (2021), Historia de la conquista de las siete Islas de Canarias, S. 111–112.

452 Duque, Kissing the Hand, S. 23.

translations into vertical distances between bodies.«[453] Sowohl in der *Acta de Bufadero* wie auch in der bebilderten Fassung der Chronik *Le Canarien* wird der Kniefall indigener Herrscher dargestellt. Während für die Verhandlungen zwischen Béthencourt und Guadarfía auf Lanzarote in der Version B leider keine Abbildung existiert, finden sich jedoch viele andere Szenen in bildlichen Darstellungen, in denen Indigene in kniender Haltung zu sehen sind. Während die Verhandlungen zwischen dem indigenen Verräter oder legitimen Thronprätendenten Afche, nur mit einem Lendenschurz bekleidet, mit Gadifer de La Salle noch in stehender Haltung der Beteiligten dargestellt sind,[454] zeigt die Szene, in der Guadarfía von Béthencourt die Taufe zum christlichen Glauben

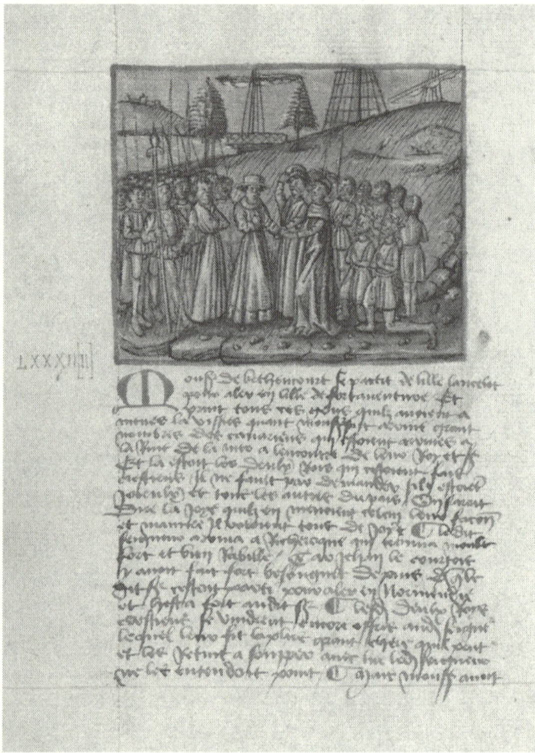

Abb. 4: Béthencourt wird von seinen neuen Vasallen auf Fuerteventura begrüßt. *Cõme led – s^r aryua a lille de fortauenture et la las / deulx rois vidrent au deuant et tout le pais / faire la reuerence /*, Le Canarien. Histoire de la conquête des Canaries, in: Bibliothèque municipale de Rouen (Ms mm-129, fol. 66v).

453 Zakharine, Medieval perspectives in Europe, S. 347; Althoff, Die Macht der Rituale, S. 170.

454 Vgl. Le Canarien, B22v, S. 235.

erbittet, den indigenen *Maho*-Herrscher und seine Gefolgsleute auf einem Bein kniend, zum Zeichen der Huldigung, und mit zum Gebet gefalteten Händen.[455] Auf einer weiteren Abbildung sehen wir Guadarfía ebenfalls in kniender Haltung vor einem Altar.[456] Des Weiteren kniet ein Bote der *Mahoreros* vor Jean de Béthencourt und die Stammesfürsten von Fuerteventura knien ebenfalls bei ihrer Taufe zum Christentum nieder.[457]

Besonders prominent sticht die Unterwerfungshaltung der vormaligen Herrscher Fuerteventuras in dieser Abbildung (Abb. 4) hervor. Béthencourt und sein Gefolge werden entweder von beiden oder auch nur von einem der Missionare feierlich empfangen, die den Eroberungszug begleiteten und zur Bekehrung der indigenen Bevölkerung auf Fuerteventura geblieben waren. Während sowohl seine alten als auch seine neuen Untertanen, die *Mahoreros*, stehen, wird der Blick des Betrachters direkt auf die zwei, hinter den Geistlichen knienden Figuren, die ehemaligen »Könige« von Fuerteventura, gelenkt, die hier leicht durch Bart und Krone zu identifizieren sind.[458]

Was sagen diese symbolischen Praktiken nun über den Charakter der zwischen Indigenen und Konquistadoren abgeschlossenen Verträge aus? Niederknien, als Ausdruck des Ranggefälles, und ein Kuss (der in mittelalterlichen Quellen aber nicht durchgängig bezeugt ist) waren neben dem Handgang (*inmixtio manuum* bzw. *homagium*) und dem Treueversprechen die wichtigsten symbolischen Praktiken bei der Belehnung eines Gefolgsmannes.[459] Ein Lehen definiert Harald Müller als eine »Gesamtheit von Institutionen, die zwischen einem Freien – genannt Herr oder lateinisch *senior* – und einem anderen Freien – Mann oder Vasall genannt – wechselseitige Verbindungen schaffen und Regeln«.[460] Durch das Lehen kommt »ein Vertrag zustande, der die beteiligten Partner gegenseitig bindet«.[461] Dabei ist die Freiwilligkeit des Eintritts in dieses asymmetrische Vertragsverhältnis von besonderer Wichtigkeit, das für die loyalen Dienstleistungen und Treue *(fidelitas)* des Gefolgsmannes Kleidung, Nahrung und Schutz versprach.[462] Die Dienstleistungen des Gefolgsmannes wurden mit der Formel *consilium* und *auxilium*, folglich Beratung und Waffendienst, beschrieben.[463]

455 Vgl. ebd., B31v, S. 271.
456 Vgl. ebd., B35v, S. 287.
457 Vgl. ebd., B60r, S. 384 und B61r, S. 388.
458 Vgl. ebd., B66v, S. 411. Ebenso werden sie auf Folio 61 *recto* kniend dargestellt, vgl. ebd., B61r, S. 388.
459 Vgl. Althoff, Belehnung und symbolische Dienste, S. 252–253.
460 Müller, Das Mittelalter, S. 69.
461 Ebd.
462 Vgl. ebd., S. 69–70.
463 Vgl. ebd., S. 71.

Wenn die Verträge zwischen Konquistadoren und Indigenen aus Sicht der Europäer mehrheitlich eben solche Lehensverträge waren, dann handelte es sich nicht um eine Belehnung auf Initiative des Gefolgsmannes, sondern gewissermaßen um eine Selbsteinsetzung und eine Selbsterklärung des Superioritätsanspruches durch den Lehensherrn. Treueversprechen *(besasen la mano y le diesen la obediencia)*[464] und Gehorsamsschwüre *(hizo juramento)*[465] in den Vertragstexten unterstreichen die These, dass aus Perspektive der europäischen Eroberer Lehensverträge mit den Indigenen geschlossen wurden.

Die *Menceyes* von Teneriffa hätten ihren Gehorsam bekundet *(obedecen)* als treue Vasallen *(vassallos)* sich der Herrschaft Diego de Herreras zu unterstellen *(dabaxo de su señoria)*, der nun rechtmäßiger Herrscher und Besitzer Teneriffas sei *(posecion, propiedad)*. Die *Menceyes* legten ihre Macht in die Hände Diego de Herreras *(desapoderan dela tenencia e propiedad e possecion E señorio e juz que en la dicha isla thienen)*, heißt es in der *Acta de Bufadero*. Auch die Freiwilligkeit des Eintritts in das Lehensverhältnis wird im Vertragsdokument betont.[466]

Des Weiteren widerspricht die bereits festgestellte Reziprozität der Vertragsinhalte nicht einer entsprechenden Einordnung der während der *Conquista* der Kanaren geschlossenen Pakte. Ein Lehensverhältnis war eine Rechtsbeziehung, die – bildlich gesprochen – einen normativen Rahmen aus Rechten und Pflichten um die Beteiligten spannte, bei dessen Übertretung beide Parteien mit Konsequenzen rechnen mussten.

Als der indigene Herrscher von Gáldar, Tenesor Semidan, in den Kleidern Ferdinands von Aragón vor den König und seine Gemahlin trat, umarmte Ferdinand den *Guanarteme* und nahm ihn so in den Kreis seiner *familia* auf.[467] Auch diese Freundschaftsgeste ebenso wie Freundschaftsbekundungen waren nicht Ausdruck einer gegenseitigen Anerkennung als Gleichrangige, sondern typische Zeichen einer Beziehung zwischen Herrn und Vasall. So werden in der *Acta de Bufadero* die neun *Menceyes* sowohl als »Freunde« als auch als »Vasallen« bezeichnet.[468] Gleiches galt bereits für den ersten Pakt zwischen Konquistado-

464 Abreu Galindo (2021), Historia de la conquista de las siete Islas de Canarias, S. 111–112.

465 Acta de Bufadero.

466 Vgl. ebd. Zu ähnlichen Formulierungen greift auch die zweite Fassung der Chronik *Le Canarien* und die Beschreibung des Paktes bei Abreu Galindo: hier tritt der Begriff des Gehorsams hinzu *(lobeissance)*, vgl. Le Canarien, B5r, S. 164. Auch Abreu Galindo inszeniert den Pakt zwischen *Mahos* und Kastiliern als Akt zur Befriedung der »Heiden« und ihres Gehorsams *(quietud y obediencia)*, vgl. Abreu Galindo (2021), Historia de la conquista de las siete Islas de Canarias, S. 47–48.

467 Vgl. Conquista de la isla de Gran Canaria (Lacunense), S. 223; ebenso López de Ulloa, Historia de la Conquista de las siete Islas de Canarias, S. 152.

468 Vgl. Acta de Bufadero.

ren und Indigenen auf den Kanaren. Hier ist Tejera Gaspar zu widersprechen, der die *amicitia*-Formulierungen in *Le Canarien* als Sarkasmus interpretiert hat, da zugleich von Freunden und von Untergebenen die Rede sei (*amis* und *subgiez*).[469] Denn wie in der mediävistischen Forschung hinlänglich untersucht und wie hier im Abschnitt zur Terminologie entfaltet, waren Freundschaftsbekundungen und Unterwerfungen kein Widerspruch.

In gleicher Weise wie die symbolischen Gesten der indigenen Stammesfürsten Zeichen ihrer Unterwerfung und ihrer Unterstellung unter die Herrschaft der Konquistadoren und der Katholischen Könige waren, werden in der *Acta de Bufadero* performative Akte der Inbesitznahme durch Diego de Herrera beschrieben. Juan Negrín, Herold und Wappenträger habe das Banner in die Höhe gehalten und zur Besiegelung des Paktes dreimal laut »Teneriffa« gerufen. Anschließend berührte Herrera zum Zeichen der Inbesitznahme der Insel ihren Boden mit den Füßen (*follando la tierra con sus pies*) und schnitt einige Äste von den Bäumen (*cortando ramas de arboles*), heißt es in der *Acta de Bufadero*. Die Indigenen hätten Herrera den Vollzug dieser Rituale gewährt, die auf sie exotisch gewirkt haben müssen und deren Bedeutung ihnen nicht bekannt gewesen sein kann.[470] Für die Europäer handelte es sich jedoch um typische rituelle Handlungen der Inbesitznahme,[471] deren rechtliche Elemente sich auch begrifflich in der *Acta de Bufadero* wiederfinden. So wiederholt der Vertragstext die *tenencia e posesion e propiedad e señorio* des Diego de Herrera.[472] Was hier synonym anmutet und in manchen Wörterbüchern als gleichbedeutend ausgegeben wird,[473] wurde

469 Vgl. Tejera Gaspar, El pacto de Colón y Guacanagarí, S. 41 und ders., Majos y europeos, S. 135–141.

470 Vgl. López Alonso, Los pactos indígenas de Gran Canaria y Tenerife, S. 56, siehe zur Relevanz des Verständnisses von rituellen Akten Althoff, Die Macht der Rituale, S. 186.

471 Vgl. Owensby, Empire of Law and Indian Justice in Colonial Mexico, S. 91. Ebensolche Rituale hat Stephen Greenblatt auch in den Quellen der Entdecker und Konquistadoren der Neuen Welt ausgemacht: »From other documents in the period one can expand the list of common symbolic acts: placing stones, cutting grass, raising mounds or pillars, erecting crosses, even drinking water. Captains would in effect select from the repertory and, within its generic limits, improvise a formal ceremony.« Cortés etwa sei von einem zum anderen Ende des Landstriches gelaufen, habe Sand geworfen und einige Bäume mit seinem Schwert angeschlagen. Indigene sind an diesen Ritualen der Inbesitznahme im mittelamerikanischen Kontext nicht beteiligt. Der Formalismus mache die Indigenen im amerikanischen Kontext nicht zu Unterworfenen, sondern man habe damit das Land von Menschen geleert und zu einer *terra nullius* erklärt, so Greenblatt, Marvelous Possessions, S. 56 und 60.

472 Vgl. Acta de Bufadero.

473 »tenencia«, »posesión« und »propriedad«, in: Diccionario del castellano del siglo XV en la Corona de Aragón.

etwa in den *Siete Partidas* Alfons' des Weisen (1221–1252) bereits genauestens differenziert. *Propriedad*, dem *señorío* semantisch nahestehend, fasste das grundsätzliche Recht oder den Besitz an einer Sache *(dominium)*,[474] *posesión* hingegen, der *tenencia* semantisch näher, die momentane Besetzung mit dem Ziel, eine Sache für sich zu behalten.[475] Damit verweist die *Acta de Bufadero* nicht nur auf die Legitimität der Herrschaft Diego de Herreras durch den Akt der Inbesitznahme, sondern untermauert diesen mit einem grundsätzlichen Herrschaftsanspruch *(dominium)* auf den gesamten Archipel.

3.3 Von Verteidigern zu Rebellen

3.3.1 Funktion der Verträge

Die Spanier wollten den Indigenen, ihren Freunden und Nachbarn (*amigos* und *vecinos*), weder ihr Land noch ihre Behausungen nehmen *(no iban por quitarles su tierra ni hacienda)*, heißt es in der durch Abreu Galindo wiedergegebenen Fassung der *Acta de Bufadero*. Als Ergebnis des Vertragsabschlusses formuliert er allerdings: »Und im Einvernehmen mit den Einheimischen nahm Diego de Herrera Besitz von der Insel Teneriffa.«[476] Dieser Widerspruch ist in den Vertragstexten kein Einzelfall. Ebenso gegensätzlich wie hier Zusicherung und Vertragsergebnis erscheinen, wirkt auch der in der Mehrheit der Verträge formulierte Herrschaftsanspruch der Konquistadoren im Angesicht der realen Machtverhältnisse auf dem Archipel mehr als absurd. Sowohl Abreu Galindo als auch Espinosa und Torriani verweisen darauf, dass Diego de Herrera sich in Anbetracht der militärischen Übermacht der Indigenen gezwungen sah, den

474 »Derecho o facultad de gozar y disponer de una cosa con exclusión del ajeno arbitrio y de reclamar de la devolución de ella si está en poder de otro. [...] Cosa que es objeto del dominio, sobre todo si es inmueblo o raíz.« »Propiedad«, in: Diccionario Medieval Español, Bd. II, S. 1525; »Dominio o mando sobre una cosa. [...] Territorio perteneciente al señor.« »Señorío«, in: ebd., S. 1580.

475 »Acto de poseer o tener una cosa corporal con ánimo de conservarla para sí o para otro, y por extensión se dice también de las cosas incorpóreas, las cuales en rigor no poseen.« »Posesión«, in: Diccionario Medieval Español, Bd. II, S. 1512; »Ocupación y posesión actual y corporal de una cosa. [...] A ganar alguna cosa por desampararla o perder la tenencia della.« »Tenencia«, in: ebd., S. 1593–1594; Las Siete Partidas del Rey Don Alfonso el Sabio, Bd. II, S. 370; für eine aktuellere Edition, allerdings in englischer Übersetzung, siehe Las Siete Partidas, Bd. 3, Part III, Title II, Law XXVII, S. 549–550.

476 *Y con consentimiento de los naturales tomó posesión de la isla de Tenerife Diego de Herrera.* Abreu Galindo (2021), Historia de la conquista de las siete Islas de Canarias, S. 97–98.

Weg der Diplomatie einzuschlagen.[477] Darüber hinaus verdeutlichen die Zugeständnisse der Konquistadoren in den Verträgen, dass die indigenen Stammesfürsten hier die Bedingungen stellten, die die Konquistadoren für ihre Forderungen zu erfüllen hatten. So ist etwa in der *Acta de Las Isletas* von einer Inbesitznahme Gran Canarias durch Diego de Herrera *(tomó posesión)*[478] die Rede. Zugleich mussten die Spanier allerdings, um einen Turm auf dem Herrschaftsgebiet der *Canarios* errichten zu dürfen, 30 Geiseln als Gewähr in die Hände der Insulaner übergeben.[479]

> Es handelt sich, wie man sehen kann, um einen rein symbolischen Akt, der weder einen Wert noch eine rechtliche Auswirkung hatte, da der Zweck der Geltendmachung von Rechten in mehr oder weniger unmittelbarer Zukunft weder als Stütze gegen die Krone noch gegen Dritte erkennbar ist.[480]

Für den kanarischen Historiker Antonio Rumeu de Armas war die *Acta de Bufadero*, auf die er sich hier bezieht, eine Rechtsfiktion ohne reale Konsequenz. Denn es gelang Herrera weder *de jure* gegenüber den Katholischen Königen oder Dritten, wie zum Beispiel den Portugiesen, den Herrschaftsanspruch auf die großen Inseln des Archipels für sich zu reklamieren, noch *de facto* ihn militärisch durchzusetzen. Wohingegen Rumeu de Armas die Verträge, die mit Ausnahme der militärischen Bündnisse als Vasallenverträge zu qualifizieren sind, als nutzlos bewertet, wird hier die These vertreten, dass den Verträgen neben ihrem praktischen Nutzen, den sie boten – »un mode de conquête«[481] oder mit der

477 Vgl. Torriani, Descripción e historia del reino de las Islas Canarias, S. 126–127; Abreu Galindo (2021), Historia de la conquista de las siete Islas de Canarias, S. 97–98 und Espinosa, Origen y milagros de Nuestra Señora de Candelaria, S. 48. Dasselbe gilt für seinen Sohn Sancho de Herrera. Der Vertrag zwischen Béthencourt und den *Mahos* ist hier auszuklammern, da Lanzarote bei Ankunft der Franzosen bereits durch Piratenangriffe entvölkert war. Vgl. Le Canarien, G4r, S. 14.

478 Vgl. Abreu Galindo (2021), Historia de la conquista de las siete Islas de Canarias, S. 97–98.

479 Vgl. Conquista de las siete islas de Canarias (Matritense), S. 234; Libro de la conquista de la ysla de Gran Canaria y de las demas yslas (Ovetense), S. 119; Conquista de la isla de Gran Canaria hecha por mandado de los señores Reyes Católicos Don Fernando y Doña Isabel (Lacunense), S. 195; bei Abreu Galindo sind es nur 12, Abreu Galindo (2021), Historia de la conquista de las siete Islas de Canarias, S. 105–106; Torriani, Descripción e historia del reino de las Islas Canarias, S. 126–127; Sedeño, Conquista de la isla de Gran Canaria, S. 53–54; Escudero, Relación de la Conquista de la Gran Canaria, S. 45–46; López de Ulloa, Historia de la Conquista de las siete Islas de Canarias, S. 77–78.

480 *Se trata, como puede verse, de un acto meramente simbólico, sin valor ni efecto jurídico alguno, como no quepa descubrir el propósito de invocación de derechos en un futuro más o menos inmediato, bien como respaldo frente a la corona, bien contra terceros.* Rumeu de Armas, La conquista de Tenerife, S. 100.

481 Le Brun, Un aspect de la conquête des îles Canaries, S. 232.

Errichtung der Wehrtürme »une tactique d'installation«[482] –, eine fundamentale völkerrechtliche Funktion zukam.

Von Beginn an begleiteten die Unternehmungen der Konquistadoren die Frage nach dem rechtlichen Fundament des Eroberungskrieges. Denn dem traditionellen Verständnis eines gerechten Krieges *(bellum iustum)* folgend waren die Konquistadoren die Aggressoren und die *causa iusta*, der gerechte Grund für diesen Krieg, lag nüchtern betrachtet bei den sich verteidigenden Indigenen. Während diese moralisch-rechtliche Frage auch theoretisch behandelt wurde (siehe Kapitel 5–7), mussten vor allem in der Praxis Wege gefunden werden, den Eroberungskrieg in einen *bellum iustum* zu verwandeln. Und hier kommen die Verträge ins Spiel.

> War is of two kind, one bad, the other good. [...] [The one] is called justa, in Latin, which means, in Castilian, founded upon right. This happens where a man engages in it to recover his own property from the enemy, or to protect himself and it from them; the second is called, in Latin, injusta, which means a war instituted through pride, and contrary to what is right.[483]

Auf völkerrechtlicher Ebene ließ sich durch diese universelle Vorstellung von einem gerechten Krieg, zu dem nur die Selbstverteidigung berechtigte, schwerlich ein legitimer Rechtsgrund für die gewaltsame Eroberung des Archipels finden. Auch die Kreuzzugsdoktrin, obschon noch prominent, genügte nicht als Rechtfertigung, um einen Krieg gegen Heiden zu führen, die sich nicht einer Bekehrung verweigerten, sondern bisher in Unkenntnis des christlichen Glaubens gelebt hatten.[484] Mit einer formalen Unterstellung der Kanarier als Vasallen der spanischen Krone und einer damit einhergehenden Umwertung des außenpolitischen Konflikts zu einer innenpolitischen Angelegenheit ließ sich dieser Legitimationsdruck jedoch in einen Rechtsgrund umwandeln. Denn bei der Niederschlagung eines Aufstandes, und hier sei nochmals aus den *Siete Partidas* Alfons' des Weisen zitiert, hatten die europäischen Eroberungsmächte die *justicia* auf ihrer Seite:

> In a war with foreign enemies there is nothing extraordinary, as the people are not under the obligation attaching to citizenship, or sovereignty; but greater dishonor

482 Le Brun, Un aspect de la conquête des îles Canaries, S. 238.

483 Las Siete Partidas, Bd. 2, Title XXIII, Law I, S. 439. *Guerra es cosa que ha en sí dos naturas, la una de mal, la otra de bien [...]. La primera llaman, en latin justa, que quiere tanto decir en romance como derechurera; et esta es quando home la face por cobrar lo suyo de los enemigs, ó por amparar á sí mismo et á sus cosas dellos: la segunda manera llaman injusta, que quiere tanto decir como Guerra que se mueve con soberbia et sin derecho.* Die dritte und die vierte Form des Krieges sind Bürgerkriege. Las Siete Partidas del Rey Don Alfonso el Sabio, Bd. II, S. 226–227.

484 Entgegen Zavala, La Conquista de Canarias y América, S. 19; eher im Einklang mit Lemistre, Les origines du »Requerimiento«, S. 179.

> arises from sedition instigated by the king's own subjects where vassals are desirous of making themselves equal to their lord, and contend with him audaciously and with pride. [...] Hence, for these reasons, all persons, as soon as they hear of it, should form an army, not waiting for the orders of the king [...] Wherefore, those who institute an insurrection of this kind are traitors, and should lose their lives and all their property.[485]

Eine solche Umdeutung eines »internationalen« zu einem »nationalen«, »innerstaatlichen« Konflikt ist auch aus anderen historischen Kontexten als Legitimationsstrategie bekannt. So etwa im Zusammenhang mit den Sachsenkriegen. Als Karl der Große mit der *Capitulatio et partibus saxoniae* im Jahr 782 das sächsische Gebiet zu seinem eigenen Jurisdiktionsbereich erklärt hatte, galten die Sachsen nicht mehr als Gegner in einem äußeren Krieg, sondern als Aufständische und Rebellen in einem reichsinternen Konflikt.[486] Dasselbe hat kürzlich Jean-Marie Moeglin für den Hundertjährigen Krieg postuliert. Mit dem Vertrag von Troyes (20. Mai 1420) zwischen Karl VI. und Heinrich V., der nicht als Friedensvertrag, sondern als Gesetz verstanden werden müsse, zwang der englische König die Franzosen unter Ablegung eines Eides zu dessen Einhaltung. Bei Zuwiderhandlung galten die Franzosen dann nicht mehr als Kriegsgegner, sondern als Widerständler, die man etwa ohne weitere Legitimation enteignen durfte.[487] Für den lateinamerikanischen Kontext haben etwa Jörg Fisch und Henry Kamen auf diese Umdeutung der Konflikte und des Status der Indianer aufmerksam gemacht.[488] Letzterer sei hier zitiert: »If the natives did not accept the Spanish obedience and the Christian religion they would be treated as rebels, dispossessed of their property and enslaved.«[489]

485 Las Siete Partidas, Bd. 2, Title XIX, Law III, S. 403. *Ca en la Guerra que le viene de los enemigos de fuera no ha maravilla ninguna, porque no han con él debdo de naturaleza nin de señorío, mas de la que se levanta de los suyos mismos, desta nasce mayor deshonra como en querer los vasallos egualarse con el señor et contender con él orgullosamente et con soberbia [...] Et por todas estas razones deben todos venir luego que lo sopieren á tal hueste como esta non atendiendo mandado del rey [...] onde los que tal levantamiento como este facen son traidores et eben morir por ello et perder todo quanto hobieren.* Las Siete Partidas del Rey Don Alfonso el Sabio, Bd. II, S. 181–182.

486 Vgl. Schubert, Die Capitulatio de partibus Saxoniae, S. 5.

487 Zur Diskussion um die Qualität des Abkommens von Troyes als Friedensvertrag siehe Moeglin, Récrire l'histoire de la Guerre de Cent Ans, S. 887–919. Seine hier paraphrasierte Argumentation entfaltete Jean-Marie Moeglin bei einem Vortrag mit dem Titel »Der Hundertjährige Krieg als ewige Suche nach einem unmöglichen Frieden« auf der Tagung »Strukturbildungen in langfristigen Konflikten des Spätmittelalters (1250–1500)« am 9. und 10. Dezember 2021, der in einem gleichnamigen Tagungsband erscheinen wird.

488 Vgl. Fisch, Krieg und Frieden im Friedensvertrag, S. 564.

489 Kamen, Empire, S. 97.

Der Statuswandel ist wiederum für die Kanarischen Inseln auch an der verwendeten Terminologie abzulesen. Bei der ersten Landung auf den Inseln *(entrada)* wird bei einer feindlichen Reaktion der Indigenen noch von *defensa* gesprochen.[490] So beispielsweise auch bei der Ankunft Diego de Herreras 1461 auf Gran Canaria *(los canarios, como verion los navión, apellidóse toda la isla y vinieron a defenderles)*.[491] Als jedoch nach dem Pakt von *Las Isletas* den Spaniern eine Landung auf Gran Canaria von indigener Seite aus verwehrt wurde, ist plötzlich von *resistir* die Rede.[492] Nicht nur der Begriff des Widerstandes, sondern auch der der Rebellion ist in den Quellen für die Gegenwehr der Indigenen zu finden, sobald sie formal als Vasallen der spanischen Krone galten. So betitelt Abreu Galindo eines seiner Kapitel seiner *Historia* mit *Comó los palmeros se rebelaron contra Alonso Fernández de Lugo.*[493] Damit fungierten die Verträge als Wendemarken bei der Umdeutung der Eroberung von einer außenpolitischen militärischen Intervention hin zu einer innenpolitischen Befriedung eines Aufstandes.

Entgegen der Behauptung Rumeu de Armas also hatten die Verträge für die spanischen Konquistadoren und Monarchen eine elementare rechtliche Funktion, denn sie dienten, wie José Viera y Clavijo bereits im 18. Jahrhundert konstatierte, als Beglaubigungen auf Pergament (»una gran certificación en pergamino«);[494] als Beweismittel einer angeblichen Unterwerfung der Indigenen unter christliche Herrschaft, die es ermöglichte, den Eroberungskrieg gegen die Kanarier zu legitimieren. Damit waren die im Rahmen der *Conquista* der Kanaren geschlossenen Verträge, mit Robert A. Williams gesprochen, für die Eroberungsmächte ein »instrument of empire«.[495]

490 Vgl. Abreu Galindo (2021), Historia de la conquista de las siete Islas de Canarias, S. 48 und 49.

491 Ebd., S. 115.

492 Vgl. ebd., S. 116. Gleiches gilt nach dem Vertragsabschluss zwischen den *Guanchen* und Diego de Herrera, vgl. ebd., S. 288.

493 Ebd. Obschon hier viele Beispiele aus der späten *Historia* des Abreu Galindo geliefert wurden, ist dieser terminologische Wandel auch z. B. in *Le Canarien* festzustellen: Siehe Le Canarien, G13r. Darauf hat bereits Antonio Tejera Gaspar hingewiesen, vgl. Tejera Gaspar, El pacto de Colón y Guacanagarí, S. 70. Zum Gebrauch des Begriffs der Rebellion in einer päpstlichen Bulle vgl. Zavala, La Conquista de Canarias y América, S. 17–18.

494 Viera y Clavijo, Historia de Canarias, Bd. I, S. 675.

495 Williams, The American Indian in Western Legal Thought, S. 93 und 107–108; siehe dazu ebenso Todorov, Die Eroberung Amerikas, S. 182.

3.3.2 Vasallenverträge als Vorläufer des *Requerimiento*

> Whether one considers such treaties to be true treaties under international law or not is immaterial. What is important is that no clear distinction existed yet between internal and international treaty practice. It is a first indication that an autonomous, international law regarding treaties did not exist at the beginning of the period studied here.[496]

Randall Lesaffer konstatiert hier in seinem Werk zu europäischen Friedensverträgen, in dem er das ausgehende Mittelalter, beginnend mit dem Vertrag von Lodi 1454, mitbehandelt, dass es noch keine Differenzierung zwischen einer internen und einer externen Vertragspraxis gegeben habe. Doch ist die beschriebene Erklärung der Kanarier zu Vasallen der spanischen Krone und damit die Umdeutung des internationalen Konflikts zwischen Europäern und Indigenen zu einer inneren politischen Angelegenheit nicht der beste Beleg dafür, dass man eine klare Unterscheidung von Innen- und Außenpolitik kannte und diese sogar strategisch zu nutzen wusste?[497]

Schon 1977 kam Antonio Pérez Voituriez zu dem Ergebnis, dass man von einem Feudalrecht als von einem europäischen öffentlichen Recht und seiner Transformation in das klassische internationale Recht als von einem zwischenstaatlichen Recht in horizontaler, globaler Expansion sprechen könne.[498] Ebenso stellte Fisch in seiner universalhistorischen Studie zu den Friedensverträgen fest, dass das Lehnrecht oftmals als Grundlage völkerrechtlicher Vertragsprakti-

496 Lesaffer, Peace Treaties, S. 16.

497 In Anlehnung an Dieter Berg definiert Georg Jostkleigrewe »Diplomatie« und »Außenpolitik« als »Interaktion […], die den Bereich des Herrschaftsverbandes überschreiten, denen die Akteure angehören«, vgl. Jostkleigrewe, Vom Umgang mit Verträgen, S. 18. Nikolas Jaspert und Sebastian Kolditz hingegen bevorzugen mit Blick auf die arabische Welt, die ebenso wie die lateinische keine abstrakten Begriffe für Außenkontakte kannte, Termini wie »politische Außenbeziehungen« oder »äußere Kontakte« und verzichten auf den modern konnotierten Terminus »Außenpolitik«. Vgl. Jaspert/Kolditz, Christlich-muslimische Außenbeziehungen im Mittelmeerraum, S. 6. Hier wird der Begriff »Außenpolitik« jedoch bewusst verwendet, um zu fassen, inwieweit und zu welchem Zeitpunkt die kastilischen Könige die Eroberung der Kanarischen Inseln als »innere« oder »äußere« politische Angelegenheit verstanden. Die politisch-militärische Einmischung und die Verfolgung eines konkreten Ziels, die Unterwerfung und Eingliederung der Kanarischen Inseln in den eigenen Herrschaftsbereich, stehen für eine strategische äußere Machtpolitik, bei der ein Terminus wie »Außenbeziehungen« zu kurz greift.

498 »Se puede hablar del derecho feudal como derecho público europea y su transformación en el derecho internacional clásico […] como derecho interestatal en plana expansión mundial.« Vgl. Pérez Voituriez, Aspectos jurídicos internacionales, S. 349.

ken verwendet wurde.[499] Die Anwendung mittelalterlicher Praktiken des Lehenswesens im Eroberungskontext der Kanaren, die Übertragung also eines »innenpolitischen« Verfahrens auf eine neue »außenpolitische« Herausforderung, ist als praktischer Ursprung einer Legitimierungsstrategie zu sehen, die in der Formulierung des berühmten *Requerimiento* im Jahr 1513 durch den spanischen Juristen Juan López de Palacios Rubios (1450–1524) ihren theoretischen Niederschlag finden sollte.

Im Gegensatz zur *Reconquista*, bei der Verträge zwischen den christlichen und muslimischen Reichen als souveräne Entitäten geschlossen worden seien, hätten die spanischen Konquistadoren bei der *Conquista* Lateinamerikas keine völkerrechtlichen Vereinbarungen mit der indigenen Bevölkerung getroffen, so Charles Gibson. Denn für die Spanier seien die Indigenen königliche Subjekte gewesen, »inappropriate for the kinds of bargaining and negotiation that might have resulted in treaties«.[500] Noch vor ihrer Entdeckung, so konstatiert es auch Fisch, seien die überseeischen Gebiete als spanische Provinzen und ihre Bewohner als Untertanen der spanischen Krone erachtet worden: »[Diese] Rechte mussten nicht erworben, sondern nur noch angetreten werden.«[501] Denn mit der als Schenkung interpretierten Bulle *Inter Ceterae* Papst Alexanders VI. vom 3. Mai 1493 waren die Entdeckungen des Christoph Kolumbus' formal in den Besitz der Katholischen Könige übergegangen. Zugleich hatte man damit die indigene Bevölkerung der Neuen Welt zu Vasallen der spanischen Monarchen erklärt.[502] Schließlich bedurfte es nur noch einer formalen Willensbekundung und der Zustimmung der Indigenen (»voluntary vassalage«[503]), um dieses

499 Vgl. Fisch, Krieg und Frieden im Friedensvertrag, S. 86–88. Bereits Heinrich Mitteis bezeichnete das Lehnrecht 1950 mit Blick auf die Rechtsgeschichte des Mittelalters als »Wiege des Völkerrechts«: Mitteis, Politische Verträge im Mittelalter, S. 122.

500 Gibson, Conquest, Capitulation, and Indian Treaties, S. 2. Hier ist Gibsons Aussage dahingehend zu entschärfen, dass er sich auf formale, offizielle Verträge bezieht. Bündnisverträge, etwa zwischen Hernán Cortés und einigen Völkern des Aztekenreiches, die ihn militärisch bei der Eroberung Tenochtitláns unterstützten, hat es auch im lateinamerikanischen Kontext gegeben und sind ebenso als Eroberungsstrategie zu qualifizieren.

501 Fisch, Krieg und Frieden im Friedensvertrag, S. 564.

502 Vgl. Levaggi, Los tratados entre la Corona y los indios, S. 83; García-Gallo, El pactismo en el Reino de Castilla, S. 160. James Muldoon hat dagegen postuliert, dass die Verlesung des *Requerimiento* dafür stehe, dass man indigene Herrschaft *(dominium)* grundsätzlich anerkannt habe. In Anbetracht der praktischen Anwendung des Dokuments und seinem Bezug zur Schenkungsbulle scheint diese These fragwürdig. Überdies reduziert er die Aussage des *Requerimiento* dahingehend, dass man von den Indigenen keine Bekehrung zum Christentum, sondern nur dessen Predigt verlangt habe. Auch hier geht der Quellentext weiter. Vgl. Muldoon, John Wyclif and the Rights of the Infidels, S. 312.

503 Gibson, Conquest, Capitulation, and Indian Treaties, S. 12–14.

Herrschaftsrecht *de jure* in einen *de facto*-Zustand zu überführen, wozu die Verlesung des berühmten *Requerimientos* diente.[504]

Im Nachgang der *Junta* von Burgos hatte König Ferdinand von Aragón zwei Rechtsgelehrte, Matías de Paz (1468/70–1524) und Juan López de Palacios Rubios (1450–1524), aufgefordert, die päpstliche Schenkung als Rechtsgrundlage für das spanische Herrschaftsrecht über die Neue Welt unterstützend zu kommentieren.[505] In diesem Kontext entstand der Text des *Requerimiento* (zu dt. *Aufforderung*), der von Palacios Rubios verfasst wurde.[506] Der Jurist, dessen Expertise insbesondere in der Lehre vom Gerechten Krieg liegt,[507] wurde lange auf seine Rolle als Verfasser des *Requerimiento* reduziert, so Christiane Birr. Seitdem seinem Traktat, *Libellus de insulis oceanis quas vulgus indias appelat*, mehr Aufmerksamkeit geschenkt wird, zähle man ihn zu den Rechtsgelehrten der »pre-Vitorian phase«.[508] Was der Text des *Requerimiento* nicht vermuten lässt, ist die Tatsache, dass Palacios Rubios von seinen Zeitgenossen in seinem Urteil als besonders neutral geschätzt wurde, da seine Meinung weder durch eigene Erfahrungen in der Neuen Welt noch durch eine Gewinnbeteiligung an den Eroberungen beeinflusst worden sei. Darüber hinaus arbeitete Palacios Rubios gemeinsam mit Bartolomé de las Casas und Antonio de Montesinos (1475–1540) an der Frage nach der Legitimität der spanischen Eroberung Amerikas, die man zuvor als seine Gegenspieler in diesem Diskurs charakterisiert habe, wie Birr eindrücklich zeigt.[509]

Der Text des *Requerimiento* beinhalte bereits den Gedanken einer Inferiorität der indianischen Völker (»implique l'idée d'infériorité«[510]), so Annie Lemistre, sei als »charter of conquest«[511] verfasst und als Ultimatum gebraucht worden, so Robert A. Williams, und habe schlussendlich nicht nur dazu gedient, »Unterwerfung und Konversion der Einheimischen zu erwirken, sondern vor allem die spanische Präsenz und den Krieg zu rechtfertigen«,[512] so Abelardo Levaggi. Wie

504 Vgl. Gibson, Conquest, Capitulation, and Indian Treaties, S. 12–14.

505 Vgl. Williams, The American Indian in Western Legal Thought, S. 89.

506 Vgl. Hanke, The Spanish Struggle for Justice, S. 31. Die detaillierteste Biographie über den Juristen stammt aus dem Jahr 1927. Der Verfasser versucht Palacios Rubios in einem guten Licht darzustellen und betont die Unsicherheit der Autorschaft des *Requerimiento*. Vgl. Bullón y Fernandez, Un colaborador de los Reyes Católicos, S. 135.

507 Vgl. Gibson, Spain in America, S. 38.

508 Siehe dazu Birr, *Dominium*, S. 264–283 und vgl. Devereux, The Other Side of Empire, S. 95–126.

509 Vgl. Birr, *Dominium*, S. 265 und 268.

510 Lemistre, Les origines du »Requerimiento«, S. 161.

511 Williams, The American Indian in Western Legal Thought, S. 91–92.

512 »Dicho requerir equivalía tanto como a desplegar una política de atracción de los indios. En cambio, el »Requerimiento« de 1514, redactado por Juan López

Patricia Seed es treffend fast, kreierten die Spanier mit dem *Requerimiento* selbst ihr Recht auf Herrschaft.[513] Neben dieser juristisch-legitimatorischen Funktion wäre es auch darum gegangen, das Gewissen der Monarchen, der Konquistadoren und Soldaten zu erleichtern, so Lewis Hanke, Héctor José Tanzi und Matthew Restall.[514]

Bereits 1514 kam das Dokument erstmals in der Neuen Welt zum Einsatz. Über seinen praktischen Gebrauch schreibt Lewis Hanke, dass man das *Requerimiento* vor Bäumen, leeren Hütten oder schlafenden Indianerdörfern verlesen habe.[515] Aufgrund der Unverständlichkeit des spanischen Dokuments wurde 1526 festgelegt, dass sein Inhalt den Indigenen durch Übersetzer vermittelt werden müsse.[516] Während die Theorie einer universalen Jurisdiktionsgewalt des Papsttums bald verworfen wurde, die hier als Grundlage für den Herrschaftsanspruch der Spanier propagiert wurde, gebrauchte man das *Requerimiento* im Kontext der Eroberungspraxis in Amerika bis zum Jahr 1556.[517] Mit dem Wandel spanischer Kolonialbemühungen von einer militärischen Eroberung hin zu einem Missionsunterfangen endete die Anwendung der formalen Herrschaftsdeklaration, die als Paradebeispiel dafür stehe, wie Recht, das die Europäer lange für sich als Instrument der Zivilisation reklamiert hätten, zu einem »instrument of empire« gemacht worden sei, so Williams.[518] In welchem Verhältnis steht aber nun das *Requerimiento* zu den Vasallenverträgen der Kanaren?

> [...] die Methoden der Eroberung und Kolonisation, die sich in den Jahrhunderten der Reconquista herausgebildet hatten, [waren] bei einer Angliederung der kanarischen Inseln fortentwickelt worden. Es war ein Vorspiel zur großen überseeischen Machtausbreitung, zu der die spanische Monarchie durch den Kampf mit Portugal weitergedrängt wurde.[519]

Bereits in Georg Stadtmüllers »Geschichte des Völkerrechts« von 1951 findet sich der Verweis, dass im Kontext der Eroberung der Kanarischen Inseln *Requerimientos* an die indigene Bevölkerung gerichtet worden seien, mit denen man sie

Palacios Rubios, fue ya un documento formal, cuyo objetivo no fue sólo la sumisión y conversión de los naturales sino, sobre todo, la justificación de la presencia española y de la guerra.« Levaggi, Los tratados entre la Corona y los indios, S. 83.

513 Vgl. Seed, Ceremonies of Possession, S. 2.

514 Vgl. Hanke, The »Requerimiento« and its Interpreters, S. 28; Tanzi, El derecho de guerra en la América Hispana, S. 90; Restall, Seven Myths of the Spanish Conquest, S. 98.

515 Vgl. Hanke, The Spanish Struggle for Justice, S. 34.

516 Vgl. Morales Padrón, Teoría y leyes de la conquista, S. 337.

517 Vgl. Tanzi, El derecho de guerra en la América Hispana, S. 90.

518 Vgl. Williams, The American Indian in Western Legal Thought, S. 93.

519 Stadtmüller, Geschichte des Völkerrechts, S. 100.

zur freiwilligen Taufe und Anerkennung der spanischen Herrschaft aufgefordert habe. Bei Zuwiderhandlung wäre man mit der ganzen Härte des »mittelalterlichen Kriegsrechts« gegen die Kanarier vorgegangen, so der Verfasser.[520] Auch Jörg Fisch konstatiert, dass bei der Eroberung öfters *Requerimientos* verlesen worden seien und man »in anderen Situationen [...] Verträge« geschlossen habe, »meistens Unterwerfungsverträge, in denen die Herrschaft der spanischen Könige anerkannt wurde gegen Zusicherung von persönlicher Freiheit und von gewissen Privilegien«.[521] In ähnlicher Weise argumentiert Silvio Zavala in seiner vergleichenden Arbeit zu »Conquistas de Canarias y América«, dass das *Requerimiento* in der Praxis der Eroberung der Kanaren entstanden und schließlich im Kontext der Amerikafahrten komplettiert und perfektioniert worden sei.[522] Ebenso stellt Francisco Morales Padrón fest, dass die Stellung einer Forderung vor Kriegsbeginn nichts Neues sei und man dies auch schon im kanarischen Kontext praktiziert habe. Lediglich die Eigenschaft des *Requerimiento* als formales Dokument und seine Rechtfertigungsfunktion qualifiziere es als neu.[523] Als einziger Beleg dafür, dass auch im Kontext der Eroberung der Kanaren *Requerimientos* verlesen worden seien, zitieren Zavalo und Antonio Tejera Gaspar eine Passage aus der *Historia* des Juan de Abreu Galindo:

> Der Kommandant Juan Rejón, um sein Anliegen zu rechtfertigen, schickte einen Boten, um ihnen mitzuteilen, dass sie im Auftrag der Katholischen Könige, ihrer Herren Don Fernando und Doña Isabel, Könige von Kastilien gekommen seien, um sie zu Christen zu bekehren, und dass er sie unter Schutz und Bewachung empfangen wolle, niemand sie stören würde, wenn sie friedlich und ruhig auf ihrem Land blieben, mit ihren Frauen und Kindern, Vieh und ihren Behausungen; aber, wenn sie nicht tun würden was er ihnen befohlen, müssten sie sie verfolgen bis sie sie getötet hätten, oder sie auf Schiffe verfrachten und von der Insel fortschaffen.[524]

520 Vgl. Stadtmüller, Geschichte des Völkerrechts, S. 99.

521 Fisch, Krieg und Frieden im Friedensvertrag, S. 573.

522 Vgl. Zavala, La Conquista de Canarias y América, S. 33.

523 Vgl. Morales Padrón, Teoría y leyes de la conquista, S. 333.

524 *El capitán Juan Rejón, por justificas su causa, envió un faraute, para que les dijese cómo ellos eran venidos de parte de los Reyes Católicos sus señores, don Fernando y doña Isabel, reyes de Castilla, para que, tornándose cristianos, los recibiese debajo de su guarda y amparo, y ninguno los inquitase y estuviesen pacíficos y quietos en su tierra, con sus mujeres y hijos, ganados y hacienda; pero que, no haciendo lo que se les mandaba a decir, los habían de perseguir hasta hacerlos morir, o embarcarlos y sacarlos de la isla.* Abreu Galindo (2021), Historia de la conquista de las siete Islas de Canarias, S. 182. Wird als Beleg angegeben von Tejera Gaspar, Canarios, taínos y europeos, S. 820; siehe dieselbe Erwähnung in: Tejera Gaspar, Para una historia atlántica, S. 25–26 und Zavala, La Conquista de Canarias, S. 29–30; Abreu Galindo (2021), Historia de la conquista de las siete Islas de Canarias, S. 182.

Obschon Lemistre in ihrem Aufsatz »Les origines du ›Requerimiento‹« einräumt, dass bei der Eroberung der Kanarischen Inseln dieselbe Begründungsnot vorgeherrscht habe wie bei derjenigen Amerikas, verweist sie jedoch zurecht auf die Unsicherheit dieses Quellenbelegs: »La critique adressée à Zavala vient de ce qu'il a pris ses textes dans des chroniques de beaucoup postérieures aux événements, parfois de plusieurs siècles.«[525] Wie eingangs im Rahmen der Quellenkritik ausgeführt, ist die *Historia* Abreu Galindos eine der reichhaltigsten Quellen zur Eroberung der Kanarischen Inseln. Nichtsdestotrotz kann sie hier aufgrund ihrer Entstehungszeit am Ende des 16. Jahrhunderts nicht als Beweis dafür angeführt werden, dass das *Requerimiento* bereits bei der Eroberung der Kanaren Anwendung gefunden habe. Denn immerhin lag dem Verfasser das ganze Ausmaß der Entdeckung eines neuen Kontinents sowie die Praktiken seiner Eroberung vor Augen. Belege aus früheren Quellen konnten im Rahmen der Arbeiten zu dieser Studie zwar nicht für eine exakte Anwendung oder sogar Betitelung des *Requerimiento* in früheren kanarischen Quellen gefunden werden, jedoch ein funktionales Äquivalent und damit der praktische Vorläufer des *Requerimiento*: die im Kontext der Eroberung der Kanaren abgeschlossenen Vasallenverträge.

Ebenso wie bei den Vasallenverträgen der Kanarischen Inseln geht es auch im Dokument des Palacios Rubios um »Inseln«, da das amerikanische Festland erst 1513, im Jahr der Redaktion, entdeckt wurde.[526] Anders als in den Vasallenverträgen der Kanarischen Inseln erfolgte die formale Inbesitznahme direkt durch die Katholischen Könige. Darüber hinaus wird Bezug auf die Schenkungsbulle genommen und eine Anerkennung der universalen Herrschaft des Papsttums durch die Indigenen gefordert *(y reconoscays a la Yglesia por señora y superiora del universo mundo, y al Sumo Pontifiçe, llamado Papa, en su nonbre, y al Rey y a la Reyna nuestro señores en su lugar, como a superiores e señores y reyes desas yslas y tierra firme, por virtud de la dicha donaçion)*.[527] Während die Kanarier Diego de Herrera huldigten, sich also zu Vasallen eines Vasallen der Katholischen Könige erklärten, und die päpstliche Gewalt oder eine Bekehrung in den kanarischen Verträgen keine Bedingung waren, so scheinen die Umdeutung des Konflikts von einer außenpolitischen zu einer innenpolitischen Angelegenheit und die Strafandrohung im *Requerimiento* denjenigen in den kanarischen Verträgen sehr ähnlich zu sein. Bei Zustimmung verspricht der Text des *Requerimiento* den Indigenen Freiheit, bei Zuwiderhandlung hingegen Krieg, Raub ihres Eigentums und Versklavung.[528] Es würde folglich mit ihnen umgangen wie mit

525 Lemistre, Les origines du »Requerimiento«, S. 188.

526 Ebd., S. 181.

527 El Requerimiento (1514), S. 339.

528 Ebd., S. 340.

Vasallen, die sich gegen ihren Herrn erheben würden *(y vos haré todos los males e daños que pudiere, como a vasallos que no obedeçen ni quieren reçibir a su señor y la resisten y contradizen)*.[529] Zum Abgleich hier nochmals die Formulierung aus der *Acta de Bufadero*: *é incurren aquellos que ván contra su señor, é non facen, ni cumplen las cosas que buenos y leales vasallos pueden, ó deben hacer cumplir.*[530] Auch hier geht es um Gefolgschaft und Gehorsam der Indigenen, der Empfang von Missionaren und die Taufe erscheinen aber im Vergleich zum *Requerimiento* keinesfalls obligatorisch.[531] Bei Zustimmung verspricht das *Requerimiento* wie der *Pacto de Calatayud* eine Gleichstellung der Indigenen mit den Untertanen der spanischen Krone *(y Sus Altezas los reçibieron alegre y begninamente, y ansy los mandó tratar como a los otros sus subditos y bassallos)*.[532]

In gleicher Weise stellte Le Brun in ihrer Dissertation aus dem Jahr 2003 als Ergebnis ihres Vergleichs der kanarischen Pakte mit dem *Requerimiento* fest: »Nous avons ici quelques grands principes qui caractérisent le Requerimiento américain rédigé par Palacios Rubios en 1513.«[533] Als die drei gemeinsamen Prinzipien stellte sie ebenso die Verfahrensweise heraus, dass bei einer Akzeptanz der Pakte von Seiten der Indigenen ihnen Schutz und Freiheit und bis zu einem gewissen Grad sogar eine Anerkennung ihrer Herrschaftsstrukturen zugesichert wurde. Bei einer Ablehnung des Vertragsangebotes oder einem Vertragsbruch hätten Kanariern und Indigenen Lateinamerikas hingegen Krieg, Gefangennahme und der Verkauf in die Sklaverei gedroht.[534]

Ebenso konstatierte Charles Verlinden, dass das *Requerimiento* im Kontext der Kanaren zwar nicht als Begriff und formalisiertes Dokument verwendet wurde, mit den Indigenen der Sache nach aber in gleicher Weise wie mit den Indigenen Lateinamerikas verfahren worden sei.[535] Neben einem Verweis auf Espinosas *Historia de Nuestra Señora de Candelaria*, bei der man aufgrund ihrer Abfassungszeit auf dieselbe Belegproblematik stößt wie bei Abreu Galindo, zitiert Verlinden eine Passage aus der Herrscherchronik des Andrés Bernáldez (1450–1513), die die Annahme unterstützt, dass *Requerimientos* in der Praxis der Eroberung der Kanaren bereits angewandt wurden. So berichtet die Quelle von der Haltung der Konquistadoren, die unter der Führung Alonso de Lugos versuchten, die *Guanchen* zu unterwerfen, zu den Angeboten des *Requerimiento*:

529 El Requerimiento (1514), S. 340.
530 Vgl. Acta de Bufadero.
531 El Requerimiento, S. 339.
532 Ebd.
533 Le Brun, Un aspect de la conquête des îles Canaries, S. 287.
534 Vgl. ebd.
535 Vgl. Verlinden, El encuentro con el requerimiento en Canarias, S. 100.

> Und sie sagten ihnen, wenn sie gerne Christen und frei sein würden, wenn sie keinen Krieg wollten, dass man sie in ihren Behausungen und auf ihren Ländereien als Vasallen des Königs und der Königin von Kastilien lassen würde. Dies wurde aus vielen Gründen nicht begrüßt: Der Erste war aufgrund der großen Aufwendungen, die von den Leuten schon gemacht worden waren, die daran teilnahmen. Und zum Zweiten, weil man sie bereits viele Male aufgefordert und ihnen mitgeteilt hatte, sich dem König und der Königin zu ergeben, Christen und frei zu sein, und sie dies nicht hatten machen wollen. Und zum Dritten, weil sie ihnen nicht vertrauten, selbst wenn sie es taten, und weil sie Einheimische und Herren in ihrem Land waren und rebellieren und sich erheben könnten, aufgrund der Schroffheit des Landes.[536]

Neben diesen praktischen verortet Luis Rojas Donat die ideengeschichtlichen Ursprünge des *Requerimiento* ebenfalls in den Kontext der Eroberung der Kanarischen Inseln. So sei der Gedanke einer *ad hoc*-Entscheidung für Krieg und Frieden durch die Indigenen bereits in den *Allegationes* Alonso de Cartagenas (1384–1456) zu finden, als er den Vorschlag einräumt, man könne die heidnischen Völker doch zu einer spontanen Bekehrung auffordern.[537] Dies lässt sich darüber hinaus um eine weitere Aussage Cartagenas ergänzen, die die ideengeschichtliche Ähnlichkeiten mit dem *Requerimiento* noch weiter unterstreicht: *et pugnare contra infideles resistentes, est quid pium et honestium.* Ein Krieg gegen Heiden zu führen, die sich einer Annahme des christlichen Glaubens verweigerten, sei etwas Ehrenhaftes und Frommes.[538]

Als eine weitere Quelle hat Patricia Seed islamische Rechtspraktiken ausgemacht, die während der *Reconquista* angewandt wurden und den iberisch-christlichen Rechtsgelehrten als Vorbild gedient haben könnten; ein Zusammenhang, der bereits von Zeitgenossen wie Las Casas betont worden sei.[539] So verweist Seed auf die terminologischen und rituellen Gemeinsamkeiten zwischen dem *Jihad* im Sinne der auf der Iberischen Halbinsel dominanten Lehre des *Mālik* und dem *Requerimiento* des Palacios Rubios. »The title of the

536 *E ellos dixieron que querían ser cristianos e libres, que no querían guerra, que los dexasen en sus casas e tierras por basallos del rey e de la reina de Castilla. Lo qual no les fue acogido, por muchas cabsas: Lo primero, por los grandes gastos que ya estavan echos de la gente que sobre ellos iva. E lo segundo, porque ellos avían sido requeridos muchas vezes que se diesen al rey e a la reina, e fuesen cristianos e libres, e non lo avían querido hazer. E lo tercero, por que no confiavan dellos, aunque se diesen, e seiendo ellos naturales e señores en su tierra temíanse que cada que quisiesen se podían rebelar e alçar, por ser la tierra muy áspera.* Bernáldez, Memorias del reinado de los Reyes Católicos, S. 518–519.

537 Vgl. Rojas Donat, Derecho político y derecho natural en América, S. 132; *ad fidem catholicam sponte conuertantur* lautet die Stelle aus Cartagena, Allegationes super conquesta Insularum Canariae contra portugalenses, S. 150.

538 Vgl. Cartagena, Allegationes super conquesta Insularum Canariae contra portugalenses, S. 72.

539 Vgl. Seed, Ceremonies of Possession, S. 73 und 92.

[Requirement] signifies inviting people to accept a new religion, a Catholic summons to God.«[540] In gleicher Weise wäre der *Jihad* mit einer öffentlichen Ankündigung begonnen worden, dass der Islam als neue Religion anzuerkennen sei. Die gleiche Terminologie, der Begriff für den Botschafter dieser Nachricht (arab. *rasūl*) und die Aufforderung (arab. *da'ā* = span. *requerir*), weise den islamischen *Jihad* als Vorbild für das *Requerimiento* aus. Auch in ihrer Kernidee glichen sich beide Verfahrensweisen: »The central idea of the Requirement – summoning people to acknowledge a superior religion or be attacked – is thus the same as the core of the summons as understood in the Islamic legal tradition of the Iberian peninsula.«[541] Nach der Unterwerfung der indigenen Lateinamerikas wäre man überdies in derselben Weise mit ihnen umgegangen, was etwa Tributzahlungen und die Organisation indigener Gemeinschaften anbelangte, wie die Muslime auf der Iberischen Halbinsel mit besiegten Christen verfuhren.[542]

Zwar in der Form eines Vertrages und nicht als direkte Aufforderung zur Unterwerfung formuliert, war die Funktion der im Kontext der Eroberung der Kanaren zwischen Konquistadoren und Indigenen geschlossenen Vasallenverträge dieselbe wie diejenige des *Requerimiento*. Sie dienten Krone und Konquistadoren als Rechtfertigung für einen Eroberungskrieg und verwandelten die indigenen Krieger von Verteidigern ihrer Inseln zu ungehorsamen Rebellen. Durch den muslimischen *Jihad* inspiriert, in der Praxis der Eroberung der Kanaren entwickelt und erprobt, bei Alonso de Cartagena erstmals in seinen Grundzügen theoretisiert, dann 1513 durch Palacios Rubios zu einem schriftlichen Niederschlag gebracht und schließlich auf einen neuen Kontext, der Eroberung Amerikas angewandt, zeitgleich dann in seiner Theorie einer universalen Jurisdiktionsgewalt des Papsttums wieder verworfen, ist die Entwicklung des *Requerimiento* ein eindrückliches und zugleich trauriges Beispiel für die gestalterische und innovative Kraft der Praxis.

3.4 Schlussfolgerung

Insgesamt erscheinen die Verträge, die die Konquistadoren mit den indigenen Stammesfürsten der Kanaren schlossen, als Instrumente, die sowohl das militärische Vorgehen als auch das Gewissen der Konquistadoren und der Krone erleichtern sollten. Während die Bündnisverträge wichtiger Bestandteil der

540 Seed, Ceremonies of Possession, S. 76; siehe dazu auch Nuzzo, Law, Religion and Power.

541 Seed, Ceremonies of Possession, S. 78.

542 Vgl. ebd., S. 84–86.

Eroberungsstrategie waren (V, IX und X),[543] dienten die Lehensverträge als juristisches Mittel zur Rechtfertigung des Eroberungskrieges und des eigenen Herrschaftsanspruchs (I–IV, VI). Einzig die Verträge zwischen Sancho de Herrera und den *Menceyes* von Teneriffa (VII und VIII) stehen beispielhaft für eine friedliche Koexistenz von Insulanern und Invasoren, deren Zusammenleben durch die eingangs beschriebenen Gesetze des Friedensvölkerrechts geregelt wurde. Sie sind die Verträge, die nicht nur eine fiktive, sondern auch eine reale Gleichrangigkeit der Vertragspartner vermitteln.

Während die Mehrheit der überlieferten Pakte also ein Bild von der *Conquista* als Begegnung von legitimen Herren und ihren neuen Vasallen erzeugen, ist die Begründungsnot der Eroberungsmächte, die sich mit diesen Verträgen manifestiert, doch zugleich Ausdruck einer grundsätzlichen Anerkennung der indigenen kanarischen Stammesgruppen als Souveräne. Denn offenkundig reichte die Eigenschaft der Kanarenvölker als Heiden in der Praxis nicht aus, um den Eroberungskrieg damit zu begründen, dass es hier an einer *superioritas* fehlte. Etwas, dass in den Elfenbeintürmen der Gelehrsamkeit von Papst Innozenz IV. über die italienischen Gelehrten Antonio Roselli und Antonio Menucci da Pratoveccio bis hin zu Francisco de Vitoria minutiös durchdacht und argumentativ belegt wurde (siehe Kapitel 7), wird in der Praxis zwar später *de jure* umgangen, *de facto* jedoch zunächst anerkannt.

Diese Anwendung klassischer Vasallenverträge im außenpolitischen Kontext steht darüber hinaus beispielhaft für die Entwicklungswege des Völkerrechts. Eine Entstehung aus der Praxis internationaler Beziehungen heraus und durch Analogismen zwischen »innerstaatlichem« und »außerstaatlichem« Recht sind bis heute typische Wege, wie auf internationaler Ebene neues Recht geschaffen wird. Wie an Vergleichsbeispielen wie den Römern und ihren Klientelkönigen, Karl dem Großen und den Sachsenfürsten und England und Frankreich im Hundertjährigen Krieg, gezeigt, war die strategische Umdeutung des außenpolitischen Eroberungskrieges zur innenpolitischen Niederschlagung eines Aufstandes eine altbekannte Strategie, Recht für Expansionszwecke zu instrumentalisieren. Neu hingegen ist dann die theoretische Reflexion über und schließlich schriftliche Fixierung der in der Praxis der Eroberung der Kanaren erprobten Unterwerfungsverträge in der Form des 1513 durch Juan López de Palacios Rubios verfassten *Requerimiento*.

Die funktionale Nähe zwischen den kanarischen Vasallenverträgen und dem *Requerimiento* drängt zudem die Frage auf, ob eine Gewalteskalation im Nach-

543 Zur selben Einschätzung gelangte Pérez Voituriez, Aspectos jurídicos internacionales, S. 346: »en la realidad han sido considerados como nuevas tácticas de expansión«.

gang des Vertragsabschlusses von den Konquistadoren intendiert war, um dann mit Fug und Recht einen Krieg eröffnen zu können. Wie in der begriffsgeschichtlichen Untersuchung gezeigt, begründete ein *paz* im Verständnis der Zeitgenossen nicht mehr einen auf Dauer angelegten Frieden. Auch die Menge der Beweis- und Beglaubigungsmittel, Zeugenlisten, öffentliche Inszenierungen durch Symbole und Gesten sowie die Verschriftlichung der Verträge sprechen dafür, dass die Konquistadoren sehr darauf bedacht waren, die Rechtskraft der Verträge zu stärken, um sie im Falle eines Konflikts als Legitimationsgrundlage für einen *bellum iustum* gegen die dann als ungehorsam verstandenen kanarischen Vasallen zu nutzen.

Wohingegen die analysierten Verträge in ihrer Darstellung ausschließlich die europäische Perspektive wiedergeben und indigene Völkerrechtsgewohnheiten keine Rolle spielen, gibt es doch neben dem *Pacto* von Guahedún noch weitere eindrückliche Beispiele für kulturelle Missverständnisse zwischen Indigenen und Konquistadoren, die die Verfasserin bereits an anderer Stelle genauer analysiert hat. So wurden zum Ende der Eroberungen oftmals indigene Frauen der kanarischen Herrschergeschlechter in die Hände der Konquistadoren übergeben. Bei der Kapitulation der *Canarios* übergab man beispielsweise eine kleine kanarische Königin in die Hände Pedro de Veras. Auf Lanzarote heiratete die Tochter des indigenen *Maho*-Herrschers Teguise den Neffen des französischen Konquistadoren Jean de Béthencourt. In den Augen der paternalistisch denkenden Eroberer ein symbolisches Zeichen für die erfolgreiche Eroberung der Insel, waren diese Frauen für die Indigenen jedoch, die die Macht in ihren Stammesgruppen matrilinear übertrugen, die Trägerinnen ihrer Herrschaftslinie, in die sie die Konquistadoren so einverleibten.[544]

Die Verträge vermitteln darüber hinaus ein Bild der Kanarier als passive Figuren in einem Gestaltungsprozess, der von den Europäern vorangetrieben wurde, die die militärische und rechtliche Macht auf ihrer Seite hatten. Dass die Indigenen jedoch nicht nur Schachfiguren waren, die im strategischen Spiel der Eroberungsmächte beliebig versetzt werden konnten, sondern anfingen, die Spielregeln der Eroberer zu durchschauen und für ihren Vorteil zu nutzen, wird das nächste Kapitel dieser Studie zeigen.

4. Zur völkerrechtsgeschichtlichen Bedeutung indigener Akteure

Im Zentrum dieses Kapitels steht die Frage nach der Rolle der Kanarier bei der Eroberung des Archipels. Inwieweit und zu welchem Zweck werden Indigene in den europäischen Quellen erwähnt und welche Rollen werden ihnen dort

544 Siehe Bühner, *Menceyes* und *Guanartemes*.

zugeschrieben (Abschnitt 4.1)? Welche Begriffe finden wir in den zeitgenössischen Quellen für kulturell hybride Akteure, also diejenigen Europäer oder Kanarier, die sich in der jeweils anderen Kultur durch Kenntnis der Sprache und der kulturellen Codes bewegen konnten (Abschnitt 4.2)? Wie kamen sie zu ihren Rollen als Übersetzer, Vermittler und Gesandte? Handelte es sich um gezielte Rekrutierungen oder eine zufällige »Berufung«, die sich etwa durch die Lebensumstände als Gefangene und Sklaven ergab? Inwieweit beförderte der neue Bedarf an Sprach- und Kulturspezialisten durch die wachsende Vernetzung der iberischen Mächte und ihrer Entwicklung hin zu Imperien im 15. Jahrhundert eine gezielte Ausbildung von Vermittlern und Gesandten (Abschnitt 4.3)? Waren die Kanarier lediglich Marionetten, die dazu instrumentalisiert wurden, den Konquistadoren als Vertrauenspersonen der Indigenen den Weg für die Übernahme der Herrschaft über den Archipel zu ebnen? Inwieweit behielten sie selbst die Fäden in der Hand, konnten vermittelnd auf drohende Konflikte einwirken und als Gesandte eigene Handlungsziele verfolgen (Abschnitt 4.4)? Und abschließend: Inwieweit machten sie sich die Kenntnisse der völkerrechtlichen Normativitäts- und Rechtsvorstellungen der Europäer zunutze, um ihre persönlichen Interessen oder die ihrer Völker zu verteidigen (Abschnitt 4.5)?

4.1 Methodische Vorbemerkungen

1878 fertigte der weltbekannte französische Schriftsteller Jules Verne (1828–1905), dessen Werke wie »Die Reise zum Mittelpunkt der Erde« und »20.000 Meilen unter dem Meer« sich noch heute großer Beliebtheit erfreuen, eine biographische Zusammenstellung berühmter Reisender und Entdecker der Geschichte an, die so genannte »Histoire générale des grands voyages et des grands voyageurs«. Unter die großen Entdecker des Mittelalters und der Frühen Neuzeit, wie Marco Polo, Ibn Batutah und Christoph Kolumbus, reihte der Intellektuelle auch den französischen Eroberer der Kanarischen Inseln, Jean de Béthencourt, ein. An der Fassung *B* der Chronik *Le Canarien* orientiert, die Béthencourt als Helden des Eroberungszuges inszeniert,[545] kommt Verne zu folgendem Urteil über den Charakter des Konquistadoren: »Die Eroberung der Kanaren veranlasste ihn als frommen Mann, der er war, die Kanarier zum katholischen Glauben zu bekehren. [Jean de Béthencourt] war ein mutiger,

545 Verne präsentiert Béthencourt als Held der Eroberung, da ihm nur die Fassung *B* von *Le Canarien* vorlag. Fassung *G* der Chronik über die franco-normannische Eroberung, die mit Béthencourts Sozius Gadifer de La Salle sympathisiert, wurde erst 1896 wiederentdeckt und veröffentlicht. Siehe die Einleitung zu Verne, Jean de Béthencourt, S. 15–17.

intelligenter, aufrechter und feiner Edelmann.«[546] Im Gegensatz dazu gelangte einer der frühen Historiker der Kanarischen Inseln, Buenaventura Bonnet y Reverón (1883–1951), 1944 in Kenntnis der Fassung *G* zu einer anderen Einschätzung über den Eroberer des Archipels: »Bethencourt hatte keine Tugenden und war brutal, egoistisch und grausam. Und es lässt sich nicht sagen, dass dies ein Produkt der Zeit gewesen wäre, denn Gadifer, sein Zeitgenosse und Weggefährte, bewies als zäher Soldat in all seinen Handlungen eine tadellose Ritterlichkeit.«[547]

Während die Glorifizierung von Entdeckern und Eroberern heute in der Forschung wie in der Öffentlichkeit aus unterschiedlichen Gründen vielfach kritisch diskutiert wird,[548] so ist doch vor allem auffällig, dass diese historischen Figuren immer noch im Zentrum des Interesses von Historikern und der Allgemeinheit stehen und ihre Bekanntheit durch ihre vermeintlichen Pionierleistungen in der Welterschließung ungebrochen ist. So ist Heinrich mit dem irreführenden Beinamen »der Seefahrer« (1394–1460) die besterforschte historische Gestalt Portugals und gilt als Gründungsvater der globalen, europäischen Expansion, obwohl er selbst gar nicht zur See fuhr.[549] Während seine Verdienste um die Erforschung der afrikanischen Küstengebiete um die Jahrhundertmitte eigentlich anderen zukommen, so waren auch die afrikanischen Gesellschaften, auf die die Europäer dort trafen, keine »passiven Partner eines umfangreichen globalen Systems, in das sie sich eingliederten, sondern entschlossene Akteure, bestrebt, ihren Gewinnanteil am Handelsaustausch zu sichern [und die] Konditionen dieses Austauschs zu verhandeln«,[550] so François-Xavier Fauvelle. Um als gleichwertige Partner anerkannt zu werden, gingen sie sogar so weit, ihre Identität zu verändern.[551]

Nicht nur im Zuge von Entdeckungsreisen und außereuropäischem Handel, sondern auch im Kontext gewaltsamer Eroberungen führt der auf die Europäer

546 *La conquista de las Canarias le incitó, como hombre piadoso que era, a convertir a los canarios a la fe católica. [Jean de Béthencourt] era un caballero valeroso, inteligente, recto, y acuadalado.* Verne, Jean de Béthencourt, S. 22.

547 *Bethencourt careció de virtudes y fué brutal, egoísta y cruel. Y no se diga que esto es producto de la época, porque Gadifer, su coetáneo y compañero, siendo un rudo soldado, mostró una caballerosidad acrisolada en todos sus actos.* Bonnet y Reverón, Las Canarias y la conquista franco-normanda I, S. 15.

548 Hier ist die Bandbreite groß und reicht von postkolonial motivierter Kritik an europäischen Entdeckern und der Zerstörung ihrer Denkmäler durch gegen Rassismus Demonstrierende bis hin zu Diskussionen über den Anspruch auf eine Entdeckung (Magellan-Diskussion zwischen Portugal und Spanien), siehe dazu bspw.: Who First Circled the Globe? Not Magellan, Spain Wants You to Know; Fünf vor acht / Denkmalstürze. Gegen die Statuen – und das ganze System.

549 Vgl. Disney, A History of Portugal, S. 28.

550 Fauvelle, Das Goldene Rhinozeros, S. 26.

551 Vgl. ebd.

verengte Blick zu einer Reduktion der Vielschichtigkeit der Prozesse. Stefan Rinke hat etwa im Hinblick auf die Eroberung Lateinamerikas durch Hernán Cortés hervorgehoben, dass die Eigenständigkeit und Souveränität indigener Akteure viel stärker berücksichtigt werden müsse: »Gerade die indigenen Quellen zeigen, dass das, was die spanischen Chroniken als glorreiche Eroberung darstellten, ein komplexer Prozess von Bündnissen und Verhandlungen war.«[552] Auch die nordamerikanische Forschung versteht seit dem Aufkommen der *New Indian History* der 1980er Jahre die Geschichte der Indianer Nordamerikas »als Interaktion verschiedener indianischer und euroamerikanischer Kulturen mit daraus resultierender Transformation aller Beteiligten«,[553] so Heike Bungert.

In gleicher Weise sprach sich Volker Matthies in seiner Monographie zu den indigenen Begleitern europäischer Forschungsreisender für eine »Entkolonisierung und Entheroisierung der europäischen Entdeckungsgeschichte aus« und für eine »Interaktionsgeschichte europäischer und nicht-europäischer Kulturen und Gesellschaften«.[554] Mit Blick auf die Quellen und die Historiographie zur Geschichte von Entdeckern und Forschungsreisenden attestiert Matthies klassischen Darstellungen einen »Kulturchauvinismus«, der Indigene als »passive Objekte europäischer Tatkraft« und als »Teil der Wildnis« inszeniere, »den es zu verdrängen galt«.[555] Entgegen der etablierten »individualisierenden Abenteuer- und Pioniergeschichtsschreibung« europäischer Entdeckungsreisender zeigt er, dass es zumeist Indigene waren, deren Fähigkeiten den Erfolg der Unternehmungen garantierten. Denn ohne die Landes- und Sprachkenntnisse, Reise- und Überlebenstechniken sowie diplomatischen Fähigkeiten im Umgang mit lokalen, politischen Akteuren ihrer indigenen Begleiter wären die Vorhaben vieler europäischer Forschungsreisender wohl kläglich gescheitert.[556]

Von dieser neuen Hinwendung zu den bisher vernachlässigten Akteuren der Geschichte, den Verlierern, Besiegten, Gescheiterten und Eroberten, zeugen

552 Rinke, Conquistadoren und Azteken, S. 21. In gleicher Weise merkt Vitus Huber in seiner im selben Jahr erschienenen Monographie zu den Konquistadoren Lateinamerikas an, dass das Bild der *Conquista* samt ihren Akteuren lange Zeit zu eurozentrisch gewesen sei. Darüber hinaus stellt er fest, dass bei den Auseinandersetzungen mehrheitlich nicht blutige Kämpfe, sondern friedliche Verhandlungen zum Ziel führten. Vgl. Huber, Die Konquistadoren, S. 117. Die Eroberung Amerikas durch eine »handful of adventurers« zählt Matthew Restall zu den sieben Mythen über die *Conquista*, siehe zur Geschichte dieses Narrativs Restall, Seven Myths of the Spanish Conquest, S. 1–26.

553 Bungert, Die Indianer, S. 8.

554 Matthies, Im Schatten der Entdecker, S. 9; im selben Jahr erschienen und mit einer gleichen Fokusverschiebung: Malzner/Peiter, Der Träger.

555 Matthies, Im Schatten der Entdecker, S. 9.

556 Vgl. ebd., S. 19–20 und 63.

ebenso zahlreiche mediävistische Arbeiten, auf die hier verwiesen sei.[557] Auf die Fokusverschiebung der (Völker-)Rechtsgeschichte von einer eurozentrischen hin zu einer globalen Perspektive wurde bereits einleitend hingewiesen (siehe Abschnitt 1.2). Obwohl es sich nicht leugnen lässt, dass die Europäer die Schlüsselfiguren in der Entwicklung des modernen Völkerrechts waren, ist die Forschung auch hier bestrebt, das klassische Bild vom Europäer als Hauptdarsteller und Indigenen als Statisten aufzubrechen.[558]

4.1.1 Indigene Nebenrollen – ein Panorama

In den Schriften zur *Conquista* spielen die Kanarier als Verbündete, Helden auf dem Schlachtfeld und Geliebte der Konquistadoren, Gäste und Gefangene an den iberischen Höfen, Ratgeber, Boten und Missionare sowie Übersetzer, Vermittler und Gesandte zentrale Nebenrollen, deren Beitrag zum Gelingen der Unternehmungen hervorgehoben wird. Wie von Stefan Rinke konstatiert und an den zahlreichen Pakten in Kapitel 3 verdeutlicht, war die Eroberung der Kanaren wie die *Conquista* Lateinamerikas ein komplexer Prozess aus Bündnissen und Verhandlungen zwischen Eroberern und Eroberten, in dem einige Stammesgruppen der Kanarier selbst zu Eroberern mit eigener Handlungsfähigkeit *(agency)* und klaren Handlungszielen wurden.[559]

Immer wieder wird in den Quellen auf die Unterstützung der Konquistadoren durch indigene Krieger hingewiesen.[560] So seien an der Eroberung La Palmas beispielsweise einige *naturales canarios* beteiligt gewesen, wie Alonso de Espinosa berichtet: »Guanarteme, Maninidra, Gonzalo Méndez Castellano, Pedro Mayor, Pedro de Ervas, Ivone de Armas, Juan Dara, der früher den Namen Dutindana trug, Juan Pascual, mit einigen anderen […].«[561] Auch bei

557 Siehe u. a. Clauss, Kriegsniederlagen im Mittelalter; siehe vor allem den Tagungsband von Rike Szill und Andreas Bihrer, Eroberte im Mittelalter, in dem die Verfasserin einen Beitrag mit dem Titel »Furchtlos vor der Macht des Schicksals« veröffentlicht hat.

558 Vgl. Kirmse, Sleepy Side Alleys, Dead Ends, and the Perpetuation of Eurocentrism, S. 309; Matthies, Im Schatten der Entdecker, S. 23.

559 Siehe Bühner, Furchtlos vor der Macht des Schicksals.

560 Siehe zum Beispiel die Unterstützung Diego de Herreras durch den berühmten indigenen Anführer Nenedan, Abreu Galindo (2021), Historia de la conquista de las siete Islas de Canarias, S. 145.

561 *Guanarteme, Maninidra, Gonzalo Méndez Castellano, Pedro Mayor, Pedro de Ervas, Ivone de Armas, Juan Dara, que por su nombre antiguo llamaban Dutindana, Juan Pascual, con otros muchos […].* Espinosa, Origen y milagros de Nuestra Señora de Candelaria, S. 52. Die Schreibweise der Namen Indigener variiert oft leicht zwischen den Quellen. Zur Erleichterung der Lesbarkeit wird hier die zunächst erwähnte Variante – außer in Originalzitaten – beibehalten.

der Eroberung Teneriffas kämpften unter der Führung Alonso de Lugos *Canarios*, *Gomeros* und *Majoreros*.[562] Der Franziskanerpater Juan de Abreu Galindo listet insgesamt 38 Namen von Eroberern auf, die bei den Attacken auf die *Guanchen* Teneriffas ab 1495 beteiligt waren. Drei der gelisteten Konquistadoren konnte der Herausgeber der *Historia*, Alejandro Cioranescu, eindeutig als Indigene identifizieren, darunter Pedro de la Lengua, ebenfalls *Canario*, dessen Name bereits auf seine Funktion als Übersetzer verweist und der für seine Verdienste vom Adelantado ein *Repartimiento*[563] in der Gegend von Taoro auf Teneriffa erhielt.[564] Bis auf die *Gomeros*, die als Bestrafung für ihre angebliche Schuld am Tod Juan Rejóns als Kämpfer im Heer von Pedro de Vera dienten,[565] basierte die Beteiligung indigener Krieger an der *Conquista* auf freiwilliger Unterstützung. Damit bricht die kategoriale Grenze zwischen Eroberern und Eroberten, Europäern und Indigenen, Christen und Nichtchristen und verweist auf eine höhere Komplexität des Geschehens. Denn mit der Beteiligung indigener Krieger und Stammesfürsten an der Eroberung und ihrer Behandlung durch die Katholischen Könige, die sie als Vasallen anerkannten und ihnen Land und Freiheit versprachen, wurden die Indigenen angeblich selbst zu Konquistadoren.[566] Die Annahme setzt allerdings die Verlässlichkeit der Quellen voraus, die, wie einleitend erläutert, kritisch gesehen werden muss. Ebenso gut wie die Erwähnung von angeblichen Pakten, deren Anzahl und Ausgestaltung in späteren Berichten über die Eroberung zunimmt, so kann auch die häufige Betonung einer Zusammenarbeit zwischen Konquistadoren und

562 Vgl. Espinosa, Origen y milagros de Nuestra Señora de Candelaria, S. 58.

563 System zur Aufteilung von Land und Wasser für Personen, die an der *Conquista* der Inseln teilgenommen hatten. *Sistema de reparto de tierras y aguas entre las personas que habían participado en la conquista de las islas*. »repartimiento, repartimento«, in: Diccionario Histórico del Español de Canarias (DHECan), S. 1235–1236.

564 Vgl. Abreu Galindo (1977), Historia de la conquista de las siete Islas de Canaria, s. Anm. S. 322–323.

565 Vgl. Abreu Galindo (2021), Historia de la conquista de las siete Islas de Canarias, S. 181.

566 Vgl. Aznar Vallejo, La integración de las Islas Canarias, S. 260. Dies gilt auch für die *bandos de paces* Teneriffas, vgl. Rumeu de Armas, La colaboración del Mencey de Güímar, S. 54; gleiches ist für den lateinamerikanischen Kontext postuliert worden, hier in jedem Fall allein schon aufgrund der Zahlenverhältnisse zwischen Konquistadoren und Indigenen anzunehmen: »Whether in the heart of the Mexica empire or down on the Chilean frontier, the Spaniards were by no means the sole conquistadors«, schreibt Matthew Restall und zählt die Annahme einer alleinigen Eroberung Lateinamerikas durch die spanischen Konquistadoren zu einem der sieben Mythen über die *Conquista*: Restall, Seven Myths of the Spanish Conquest, S. 63.

Kanariern darauf abgezielt haben, die gewaltsame Unterwerfung des Archipels im Nachgang stärker als Einvernehmen denn als Eroberung zu inszenieren.[567]

Darüber hinaus begegnen uns Kanarier in den erzählenden Quellen zur *Conquista* als furchtlose Krieger und schöne Geliebte der Konquistadoren. Als *hombres señalados de muy valientes* der *Canarios* werden namentlich genannt Doramas,[568] Adargoma,[569] und Mananidra,[570] bekannt für sein legendäres Ringen mit einen Hai (siehe Abschnitt 2.4), sowie Nenedan, Abentaho, Bentagai und Guanhaben in der *Relación* des Pedro Gomes Escudero.[571] Als schöne Kanarierinnen erzählen die Chroniken von der *Maho* Ico, deren Mutter, Königin der Insel, sie mit einem Caballero vom Golf von Biscaya, Martín Ruíz de Avendaño zeugte.[572] Die Liebesbeziehung zwischen der Gomeranerin Iballa und Hernán Peraza war bereits Thema in Abschnitt 2.5 dieser Studie. In der anonymen Chronik *Ovetense* heißt es, es gäbe noch weitere berichtenswerte Großtaten Indigener, aber der Chronist wolle nicht zu weit ausgreifen.[573] Auch hier kann der Frage nach dem Wie und Warum der Erwähnung dieser Gruppe Indigener, die zumeist anekdotisch ist und einen mythen- und legendenhaften Charakter hat, nicht weiter nachgegangen werden. Die Fußnoten verdeutlichen die große Zahl an Nennungen dieser Indigenen in den Quellen, für die eine systematische Gesamtuntersuchung noch aussteht.

567 Zeitgenössische Dokumente aus dem Registro del Sello verweisen aber auch auf eine indigene Beteiligung an den *Conquistas*. Vgl. Concierto entre el capitán Alonso del Lugo y diversos indígenas de la Gomera y Gran Canaria, S. 231.

568 Libro de la conquista de la ysla de Gran Canaria y de las demas yslas (Ovetense), S. 123–124 und 144–145; Conquista de la isla de Gran Canaria (Lacunense), S. 212–213; Conquista de las siete islas de Canarias (Matritense), S. 244; Escudero, Relación de la Conquista de la Gran Canaria, S. 90–92; Abreu Galindo (2021), Historia de la conquista de las siete Islas de Canarias, S. 110, 142, 149 und 168–169; Sedeño, Conquista de la isla de Gran Canaria, S. 102–104.

569 Libro de la conquista de la ysla de Gran Canaria y de las demas yslas (Ovetense), S. 126–127. Ebenso Conquista de la isla de Gran Canaria (Lacunense), S. 199; Sedeño, Conquista de la isla de Gran Canaria, S. 64–65; Escudero, Relación de la Conquista de la Gran Canaria, S. 55; Abreu Galindo (2021), Historia de la conquista de las siete Islas de Canarias, S. 142–143, 149–150, und 170.

570 Escudero, Relación de la Conquista de la Gran Canaria, S. 55; Abreu Galindo (2021), Historia de la conquista de las siete Islas de Canarias, S. 130; »Anónimo Salazar«, S. 79–80; Espinosa, Origen y milagros de Nuestra Señora de Candelaria, S. 54.

571 Escudero, Relación de la Conquista de la Gran Canaria, S. 164; siehe dazu ebenso Abreu Galindo (2021), Historia de la conquista de las siete Islas de Canarias, S. 144–145.

572 Vgl. ebd., S. 57–58.

573 Vgl. Libro de la conquista de la ysla de Gran Canaria y de las demas yslas (Ovetense), S. 124.

Als Gäste und Gefangene, wie einige Quellen erahnen lassen, waren kanarische Indigene im Verlauf des 15. Jahrhunderts auch an den iberischen Höfen präsent. So berichtet der Gesandte Friedrichs III., Nicholas Lanckman, in seinem Tagebuch von tanzenden Kanariern als Teil der Abendunterhaltung im Rahmen der Festivitäten zu Ehren der Hochzeit Friedrichs III. mit Leonora von Portugal im Jahr 1451 in Lissabon:[574] »This was presumably the famous jumping dance known as the *canario* which became so popular in sixteenth-century Castile.«[575] Über den sozialen Status dieser Gruppe, ob sie Freie oder Teil der Sklavengemeinschaft Lissabons waren, erfahren wir nichts.

Neben dieser Inszenierung von Unbekanntem und Exotischem, die im Zuge der Intensivierung der Kontakte mit dem afrikanischen Kontinent zunahm und dazu führte, dass etwa Giraffen, Elefanten und Nashörner zu begehrten Gastgeschenken avancierten,[576] zielte die Einladung von Herrschern aus fremden und weitentfernten Gegenden darauf, mit der Selbstinszenierung einer Vernetzung in die entlegensten Ecken der Welt die eigene Macht und das eigene Prestige zu steigern. So empfing Prinz Heinrich von Portugal die Stammesführer von La Gomera als Ehrengäste, wie Zurara berichtet,[577] um alle daran zu erinnern, wie sein Biograph Peter Edward Russell den Infanten einschätzt, dass »thanks to Henry, Portugal was now closely linked to new worlds quite unknown to the generation before him«.[578] Auch die Päpste »welcomed embassies from extra-European countries as a way of raising their profile«.[579]

Die durch die Berichtenden als »Könige« und »Fürsten« bezeichneten Oberhäupter der neuentdeckten, fremden Völker gelangten jedoch nicht nur freiwillig und auf Einladung an die iberischen Höfe. So diente dem Konquistador Alonso de Lugo die Präsentation des gefangenen *Guanarteme* von Gran Canaria und der besiegten *Menceyes* von Teneriffa vor den Katholischen Königen dazu, seinen Triumph über die kanarischen Stammesfürsten zur Schau zu stellen. Die *Menceyes* der kriegerischen Stammesgruppen der *Guanchen* wurden sogar für

574 Vgl. Lanckmann, Historia desponsationis Frederici III cum Eleonora lusitana, S. 103; Rosa Olivera, Bailadores Canarios en unas bodas reales europeas en 1451, S. 661.

575 Vgl. Russell, Prince Henry ›the Navigator‹, S. 259–260. Verweise auf die typische kanarische Tanzweise finden sich auch in den Quellen: So berichtet Lorenzo d'Anania (1545–1609), italienischer Geograph und Theologe, in der zweiten Hälfte des 16. Jahrhunderts von dem *amable baile llamado Canario*. D'Anania, L'universale fabbrica del mondo, S. 273; ebenso Botero Benese, Relationi universali, S. 106.

576 Vgl. Lowe, ›Representing‹ Africa, S. 103.

577 Vgl. Zurara, La Crónica de Guinea, S. 243–244.

578 Vgl. Russell, Prince Henry ›the Navigator‹, S. 277.

579 Lowe, ›Representing‹ Africa, S. 106. Zum Besuch Gomeranischer Stammesfürsten in Rom siehe Wölfel, Un jefe de tribu de Gomera.

längere Zeit am Hof festgehalten.[580] Als Gefangene von Adeligen, die für ihre Assimilierung an die kastilische Kultur sorgen sollten, wurden sie Gästen als exotische Trophäen präsentiert.[581]

Wenngleich nicht in allen Fällen die Funktion der Erwähnung indigener Akteure in den europäischen Quellen zutage tritt, so lässt sich doch eine Aussage über die Überlieferungschance indigener Akteure treffen. Männliche Indigene höheren sozialen Standes, Stammesfürsten, Heeresführer und einzelne, durch ihren Mut hervorstechende Krieger werden in den Quellen deutlich häufiger erwähnt als Frauen, Kinder und Kanarier niederen sozialen Standes. Dabei unterschätzten die Konquistadoren, ähnlich wie im lateinamerikanischen Kontext, die Rolle der indigenen Frau (siehe Kapitel 3).[582] Außerdem finden sich die Namen von Verbündeten und den Europäern zugeneigten Kanariern *(amigos)* eher in den Quellen als diejenigen der besiegten, zumeist getöteten oder in die Sklaverei verkauften kanarischen Feinde *(enemigos)*.[583] Neben den Anführerfiguren und militärischen Verbündeten erfahren wir in den Quellen außerdem von Indigenen, die als Ratgeber, Boten und Missionare zum Erfolg der Unternehmungen der Konquistadoren beitrugen. Nach der Landung Juan Rejóns auf Gran Canaria ergreifen die Späher des Heereszuges einen alten Kanarier *(vn canario viejo)*, der den Konquistadoren wichtige Informationen geliefert habe, darunter den Hinweis auf einen Lagerplatz mit besonderen strategischen Vorteilen, wie einem direkten Zugang zur See und einer freien Sicht auf herannahende feindliche Schiffe. Dem Rat des Alten folgend, sollen die Eroberer ihr Lager an der Stelle aufgeschlagen haben, wo später die Stadt Real de las Palmas gegründet worden ist.[584] Beim nachfolgenden Eroberungsversuch Gran Canarias durch den Konquistadoren Pedro de Vera ist von einem gemeinsamen Beratschlagen mit den Obersten der neuen Siedlung *(con acuerdo de los principales del Real)* und übergelaufenen, getauften Kanariern, die sich im Real angesiedelt

580 Vgl. Gambín García, Los procesos judiciales, S. 6.

581 Vgl. Gambín García, Un rey guanche, S. 137.

582 Vgl. Viña Brito, La mujer en Canarias en el siglo XVI, S. 185.

583 Siehe zum Beispiel die Arbeiten zum Schicksal der *Menceyes* der *bandos de guerra* im Vergleich zu denen der *bandos de paces*: Rosa Olivera, Notas sobre los reyes de Tenerife, S. 1–17; Rosa Olivera, El Rey Don Diego de Adexe, S. 175–217; Gambín García, Un rey guanche, S. 125–158.

584 Vgl. Conquista de la isla de Gran Canaria (Lacunense), S. 199. Ebenso Conquista de las siete islas de Canarias (Matritense), S. 236; López de Ulloa, Historia de la Conquista de las siete Islas de Canarias, S. 89; Escudero, Relación de la Conquista de la Gran Canaria, S. 53; Torriani, Descripción e historia del reino de las Islas Canarias, S. 131. Die Quellen liefern zum Teil mehr oder weniger Informationen über den alten Kanarier, widersprechen sich in ihren Aussagen jedoch nicht. Einzig bei Abreu Galindo kommt der Rat für den Lagerplatz des Heeres von einer Frau. Vgl. Abreu Galindo (2021), Historia de la conquista de las siete Islas de Canarias, S. 147.

hatten *(algunos canarios que andaban en el Real)*, die Rede. Gemeinsam beschließen sie einen Angriff auf die andere Stammesgruppe *(banda)* Gran Canarias in der Region von *Lagaete* und *Gáldar.*[585]

Bei einer gescheiterten Attacke des Gouverneurs Pedro del Algaba, des Dekans Don Juan Bermúdez und des Kapitäns Pedro Hernández Cabrón auf Gran Canaria im Jahr 1479 habe ein christianisierter *Canario* die Konquistadoren vor dem Betreten der Insel gewarnt, weil ein großes Heer kanarischer Krieger schon versteckt auf der Lauer läge, um sie anzugreifen. Nach zwei Tagen des Abwartens habe schließlich Hernández Cabrón hochmütig verkündet, er fürchte sich nicht vor einem Haufen nackter Leute *(no tenía temor á gente desnuda)*, wie es bei Abreu Galindo heißt. Kurz nach Beginn des Gefechts sahen sich die Konquistadoren jedoch bereits gezwungen, die Insel fluchtartig zu verlassen.[586] Auch diese Hilfestellungen leisteten die Kanarier in manchen Fällen freiwillig, in anderen gezwungenermaßen. Die Nützlichkeit ihrer Dienste für die Konquistadoren steigerte gewiss die Überlieferungschance derartiger Berichte.

Alonso de Palencia, Hofchronist und *Comisario* der *Conquista*,[587] berichtet wiederum von einer namenlosen Indigenen, die eine Geheimbotschaft von Lanzarote nach Gran Canaria überbracht habe. Inés Peraza, die Palencia als Intrigantin inszeniert, habe einer ihrer indigenen Sklavinnen die Freiheit geschenkt und sie zu ihrer Heimatinsel Gran Canaria zurückgeschickt, um die Indigenen vor dem Herannahen kastilischer Schiffe zu warnen. Nicht am Wohlergehen oder am Verbleib der Insel in indigener Hand interessiert, sei Inés Peraza bestrebt gewesen, den Portugiesen, und damit ihrem Schwiegersohn Diego da Silva, eine Herrschaftsetablierung auf Gran Canaria zu ermöglichen.[588]

Der mit Taufnamen so genannte Antón, wurde von Diego de Herrera beim Fischen von Meeresfrüchten an der Küste Teneriffas überfallen und nach Lanzarote gebracht *(vn guanche que auía tomado Diego de Herrera andando mariscando y lo llebó a Lançarote)*.[589] Anschließend nach La Gomera verschleppt, gelangte er nach einem Fluchtversuch wiederum in die Hände der Konquistadoren.[590] Der *Guanche* erlernte schließlich die kastilische Sprache, wurde mit den Glaubenssätzen des Christentums vertraut gemacht, nach Teneriffa zurück-

585 Vgl. Abreu Galindo (2021), Historia de la conquista de las siete Islas de Canarias, S. 174.

586 Vgl. ebd., S. 161.

587 Ebd., S. 159.

588 Vgl. La conquista de Gran Canaria en las Décadas de Alonso de Palencia, S. 479.

589 Libro de la conquista de la ysla de Gran Canaria y de las demas yslas (Ovetense), S. 168; Espinosa, Origen y milagros de Nuestra Señora de Candelaria, S. 33.

590 Vgl. Libro de la conquista de la ysla de Gran Canaria y de las demas yslas (Ovetense), S. 168; López de Ulloa, Historia de la Conquista de las siete Islas de Canarias, S. 172.

gebracht und mit der schwierigen Aufgabe betraut, den *Guanchen* die wahre Bedeutung der *Virgen de Candelaria* zu vermitteln, die sie unwissentlich verehrten.[591] Antóns missionarische Bemühungen, den Indigenen die christliche Vorstellung von der Jungfrau Maria näher zu bringen, scheinen erfolgreich gewesen zu sein, wie Alonso de Espinosa berichtet.[592] Die Vermittlung Antóns führte auch dazu, dass der Stammesfürst des Herrschaftsgebietes, der *Mencey* von Güímar, den Konquistadoren bei ihrer anschließenden Landung auf der Insel wohlgesonnen war.[593] Neben diesen Kanariern, die den Konquistadoren wertvolle Dienste leisteten und ihnen die Unterwerfung der Inseln erleichterten, treten in den Quellen vor allem die Namen derjenigen indigener Akteure hervor, die als Übersetzer, Vermittler und Gesandte zum Gelingen der Unterwerfung des Archipels beitrugen. Solche, im Hinblick auf die internationalen Beziehungen zwischen Indigenen und Europäern interessanten historischen Akteure, stehen im Zentrum dieses Kapitels.[594]

4.2 Terminologie

»Voraussetzung für eine außenpolitische Interaktion ist stets, dass eine gemeinsame ›Sprache‹ gefunden wird«,[595] so Andrea Schmidt-Rösler. Doch ebenso wie bei den Erstkontakten mit der arabischen Welt mangelte es auch bei der Begegnung zwischen Kanariern und Europäern an einer solchen *lingua franca*, die, wie etwa im Falle des Lateinischen beim diplomatischen Verkehr zwischen den Christen des Abendlandes, eine Kommunikation über die Sprachgrenzen hinweg ermöglichte.[596] Wie in zahlreichen Quellen überliefert, hatten die Bewohner der Kanareninseln keine gemeinsame Sprache, sondern kommunizierten in sieben verschiedenen Dialekten, die allesamt jedoch auf dem Lybisch-Berberischen basierten.[597] Durch die linguistische Verwandtschaft erleichterte die Kenntnis eines Dialekts somit zwar das Erlernen weiterer Varianten des

591 Vgl. López de Ulloa, Historia de la Conquista de las siete Islas de Canarias, S. 168; siehe dazu auch Rumeu de Armas, La conquista de Tenerife, S. 65–68.

592 Vgl. Espinosa, Origen y milagros de Nuestra Señora de Candelaria, S. 34–35.

593 Vgl. Rumeu de Armas, La colaboración del Mencey de Güímar, S. 49.

594 »Übersetzer« wird in diesem Zusammenhang als mündliche Übersetzung, Dolmetschen, von einer Sprache oder einem Dialekt in eine andere oder anderen verstanden. Schriftlichkeit spielte durch die Oralität der kanarischen Kulturen erst im Verlauf der *Conquista*, z. B. beim Aufsetzen von Testamenten, eine Rolle.

595 Schmidt-Rösler, »Uneinigkeit der Zungen« und »Zwietracht der Gemüther«, S. 171.

596 Jankrift, Missverständnisse im »Haus des Krieges«, S. 137.

597 Vgl. Boccaccio, De Canaria, S. 974–976; The Voyages of Alvise Cadamosto and Pedro de Sintra, S. 12; Bernáldez, Memorias del reinado de los Reyes Católicos, S. 509; Münzer, Itinerarium Hispanicum, S. 58.

Kanarischen, dennoch bedurften die Konquistadoren bei ihrem Vordringen für jede Insel eigens der Unterstützung eines Sprach- und Kulturexperten. Die Zahl solcher Spezialisten, die mehrerer kanarischer Dialekte mächtig waren, wuchs mit der Intensivierung der Kontakte. Der von den *Canarios* gesprochene Dialekt sollte während der *conquista realenga*, in deren Verlauf sich die Insel Gran Canaria zum zentralen Ausgangspunkt für weitere Eroberungszüge entwickelte, zu einem »dialecto franco«[598] werden.[599] Der portugiesische Geschichtsschreiber Gaspar Frutuoso (ca. 1522–1591) etwa lässt den *Canario* Antón Delgado in den *Saudades da Terra* von sich behaupten, dass er drei Sprachen verstünde, nämlich diejenige von Gran Canaria, von Teneriffa und von La Gomera, die alle sehr der Sprache der Mauren ähnelten.[600] Einige wenige indigene und europäische Übersetzer, mit denen sich eine Monographie von Marcos Sarmiento Pérez mit dem Titel »Cautivos que fueron intérpretes« intensiv befasst, waren darüber hinaus auch des Arabischen mächtig und kamen so nicht nur bei der *Conquista* des Archipels, sondern auch im Rahmen der bewaffneten Überfälle auf die westafrikanische Küste zum Einsatz.[601]

Übersetzer sollten die Missionsarbeit erleichtern, Handel ermöglichen und Verhandlungen und Verträge sprachlich vermitteln. Darüber hinaus waren sie in den Auftakt entscheidender Schlachten involviert und verhandelten die Kapitulation der Unterlegenen, um nur einige der bedeutenden Handlungsfelder der Übersetzer zu nennen.[602] Nach der Eroberung behielten viele Indigene zunächst ihre einheimische Sprache bei, so dass sie für die Interaktion mit der neuen Kolonialgesellschaft auf die Vermittlung von Insulanern angewiesen waren, die kastilisch sprachen.[603] Übersetzungsbedarf gab es außerdem bei der

598 Vgl. Sarmiento Pérez, Cautivos que fueron intérpretes, S. 30.

599 Im Kontext der portugiesischen Afrikafahrten entwickelte sich das *Fala de preto*, übersetzt »Sprache der Schwarzen«, das in der Sklavengemeinschaft in Lissabon von den Afrikanern gesprochene Portugiesisch, zu einer *lingua franca* der Sklaven unterschiedlicher Herkunft. Vgl. Russell, Some socio-linguistic problems, S. 10.

600 *[…] yo entiendo tres lenguas, a saber la de [Gran] Canaria, la de Tenerife y la de La Gomera y todas se parecen mucho a la lengua de los moros*. Frutuoso, Las Islas Canarias, S. 94–95.

601 Siehe Sarmiento Pérez, Cautivos que fueron intérpretes.

602 Vgl. ebd., S. 13. Er verweist darüber hinaus auf die Bedeutung von Übersetzern bei der Rettung von Gefangenen, beim Verhör von Spionen, militärischen Absprachen, Hilfe zum Abfassen von Dokumenten wie Testamenten. Darüber hinaus begleiteten sie Angeklagte vor den Gerichten der Inquisition. Neben diesen eher besonderen Einsatzmöglichkeiten waren Übersetzer auch elementar für die alltägliche Kommunikation von Fremden und Einheimischen. Bei Essenseinladungen, gesellschaftlichen Ereignissen, trivialen Gesprächen und eventuell auch bei der Vermittlung von Liebesbeziehungen seien Übersetzer gefragt gewesen.

603 Vgl. Sarmiento Pérez, The role of interpreters, S. 166.

Befragung von Gefangenen der *conquista realenga*, die Ende des 15. Jahrhunderts die Sklavenmärkte der Iberischen Halbinsel überschwemmten, und bei Prozessen der ab 1492 auf Gran Canaria eingerichteten Inquisition.[604]

Im Rahmen seiner Arbeiten zu Übersetzern, die ihre linguistischen Fähigkeiten durch ein zeitweiliges Leben in Gefangenschaft auf den Kanaren oder der Iberischen Halbinsel erhielten, hat Sarmiento Pérez fünf Begriffe ermittelt, mit denen die indigenen und europäischen Sprachkundigen in den Quellen zur *Conquista* bezeichnet werden: *intérprete*, *trujamán*, *faraute*, *adalid* und *lengua.*[605] *Intérprete* tauche nur in den Texten über die frühen Expeditionen zu den Kanareninseln auf.[606] Der Begriff ist nicht die häufigste Bezeichnung für Übersetzer, hier ist Sarmiento Pérez zu widersprechen, doch er findet sich auch in der späteren Historiographie zur Eroberung des Archipels. Alonso de Espinosa etwa bezeichnet den Spanier Guillén Castellano,[607] der während der Verhandlungen zwischen Alonso de Lugo und dem *Mencey* von Taoro, Benitomo, auf Teneriffa übersetzte, als *intérprete.*[608] Im Mittelalter auch im Kontext von Textdeutungen gebraucht, verweist der Begriff *intérprete* bereits darauf, dass die simultane Überführung des gesprochenen Wortes in einem Dialog durch einen Dritten, den Übersetzer, immer durch dessen Interpretation gefärbt ist.[609] So hat José Carlos de la Puente Luna für die Eroberung Lateinamerikas herausgestellt, dass die Integrität und damit die Legitimität eines indigenen Übersetzers von ihrer Loyalität und ihrer Vertrauenswürdigkeit abhing. Loyalität wurde dabei zuneh-

604 Vgl. Sarmiento Pérez, The role of interpreters; Anaya Hernández, Creación y primeros años del Tribunal del Santo Oficio de la Inquisición de las Islas Canarias, S. 2019. Der erste Prozess richtete sich allerdings gegen einen konvertierten Juden, von denen einige sich auf den Kanareninseln angesiedelt hatten.

605 Sarmiento Pérez, The role of interpreters, S. 170.

606 Vgl. Sarmiento Pérez, Cautivos que fueron intérpretes, S. 37.

607 Leopoldo de la Rosa Olivera führt in einem Aufsatz Argumente ins Feld, warum es sich bei Guillén Castellano auch um einen Indigenen von Lanzarote gehandelt haben könne. Hier zeigt sich wiederum, dass es gerade für die auf den schon zu Beginn des 15. Jahrhunderts eroberten Inseln Lanzarote, Fuerteventura und El Hierro ausgebildeten Übersetzer schwierig ist zu bestimmen, ob sie indigene Wurzeln hatten, also Mestizen waren, aus Spanien, Portugal oder Italien zugezogene Siedler, Nachfahren der französischen Konquistadoren oder vollständig indigener Herkunft. Vgl. Rosa Olivera, Guillén Castellano, S. 23. Auch Marcos Sarmiento Pérez präsentiert ihn als »intérprete canario«, siehe Sarmiento Pérez, La mediación en la frontera, S. 71.

608 Vgl. Espinosa, Origen y milagros de Nuestra Señora de Candelaria, S. 52. Bei Pedro Goméz Escudero wird Juan Mayor ebenfalls als *intérprete* des Don Fernando Guanarteme bezeichnet. Vgl. Escudero, Relación de la Conquista de la Gran Canaria, S. 106.

609 »Intérprete«, in: Diccionario Medieval Español, Bd. II, S. 1265; »intérprete«, in: Diccionario de la lengua española.

mend nicht nur als Treue zum König, sondern auch zur Sprache, einer wortgetreuen Wiedergabe des Gesprochenen, verstanden.[610] Durch seine lateinische Herkunft (*interpres* = »Vermittler« und »Unterhändler«) beinhaltet der Begriff über das reine Überführen von Worten einer Sprache in eine andere hinaus auch ein erweitertes Verständnis von Translation,[611] das diesen Vorgang nicht nur als sprachliche Überführung, sondern auch als Übersetzung kultureller Codes versteht.[612]

Trujamán entstammt dem Arabischen des al-Andalus (kl. ar. *turǧumān* = *intérprete*) und wurde synonym für *intérprete* gebraucht, wie Antonio de Nebrija (1444–1522) in seinem *Diccionario latino-español* (1492) und seinem *Vocabulario español-latino* (1494) vermerkt.[613] Als zweite Bedeutung des Begriffs konnte *trujamán* eine Person bezeichnen, die mit den Eigenheiten des Handels, Tauschens und Verkaufens einer fremden Kultur vertraut war. Somit konnte ein *trujamán* neben seiner sprachlichen Expertise auch über Kenntnisse verfügen, die den Aufbau von Handelsbeziehungen ermöglichten.[614] Der Begriff wird insbesondere in *Le Canarien* für die Übersetzer verwendet, die den Eroberungszug der Franco-Normannen begleiteten: Isabel, Alfonso und Pedro el Canario.[615] Darüber hinaus fungierte *trujamanía* als offizielle Amts- und Berufsbezeichnung von Übersetzern, die sich allerdings so nicht in den Quellen zur Eroberung der Kanaren findet.[616]

Die Begriffe *faraute* und *adalid* entstammen beide einem militärischen Kontext. So waren die Aufgaben eines *faraute* funktional äquivalent zu denen des Herolds.[617] Teil eines Heeres, trug der *faraute* Nachrichten zwischen Personen in großer Distanz hin und her.[618] Neben diesen Botengängen konnte er auch Übersetzungsleistungen erfüllen, weshalb der Begriff auch als Synonym für *mensajero de guerra* und *intérprete* gebraucht wurde.[619] Ein Bote der Indigenen, der Pedro de Vera über die baldige Ankunft der kleinen Königin der

610 Vgl. Puente Luna, The Many Tongues of the King, S. 146.

611 »intérprete«, in: Diccionario del castellano del siglo XV en la Corona de Aragón.

612 Schmidt-Rösler, »Uneinigkeit der Zungen« und »Zwietracht der Gemüther«, S. 186.

613 »trujamán«, in: Diccionario del castellano del siglo XV en la Corona de Aragón.

614 »Trujamán, -na«, in: Diccionario Medieval Español, Bd. II, S. 1606; trujamán, na«, in: Diccionario de la lengua española.

615 Vgl. Sarmiento Pérez, The role of interpreters, S. 170. Darüber hinaus auch als Begriff zu finden, den ein Konquistador bei einer Zeugenaussage über die Geschehnisse der *Conquista* und die Rolle des Don Fernando Guanarteme tätigte. Vgl. Información de méritos de don Fernando Guanarteme, S. 222.

616 »Trujamán, -na«, in: Diccionario Medieval Español, Bd. II, S. 1606.

617 »faraute«, in: Diccionario de la lengua española.

618 »Faraute«, in: Diccionario Medieval Español, Bd. II, S. 1127.

619 Vgl. Sarmiento Pérez, Cautivos que fueron intérpretes, S. 37–40.

Canarios informieren sollte, wird bei Antonio Sedeño etwa als *faraute* bezeichnet.[620]

Auch *adalid* wurde vornehmlich in einem militärischen Zusammenhang verwendet. Der Begriff arabischer Herkunft (kl. ar. *dalīl*) entstand im Kontext der *Reconquista* und war seit dem 13. Jahrhundert in Gebrauch. *Adalid* bedeutete so viel wie »Heeresführer« *(caudillo de gente de guerra)*, konnte aber auch im außermilitärischen Kontext eine Person bezeichnen, die etwas anführte oder leitete *(guía o cabeza de algún partido, corporación, escuela guerrilla, etc.)*. Als Anführer eines Heeres zeichnete sich ein *adalid* durch Ortskenntnis aus, einer Vertrautheit mit dem Gebiet und der Geographie und war somit dafür verantwortlich, den sicheren Marsch einer Armee zu gewährleisten.[621] Bereits in den *Siete Partidas* sind vier Qualitäten und Eigenschaften, die ein *adalid* besitzen sollte, aufgeführt:

> They should be intelligent, in order to protect armies and enable them to avoid bad measures and dangers; and they should be wise, so as to be able to guide armies and expeditions, not only those that are openly, but also those that are secretly conducted, directing them to places where they can find water, wood, and grass, and all take their rest together; they should, moreover, be acquainted with localities which are favorable for placing ambuscades of infantry as well as cavalry, and know how to instruct them to remain silent while there, and to come forth when it is necessary. [...] and therefore they were called adalides, which means guides, because they must possess all the qualities aforesaid, in order to be able properly to direct armies and foraging parties in time of war.[622]

In der heute so genannten *Información Guanartémica*, einer Untersuchung, bei der Margarita Fernández Guanarteme im Jahr 1526 ihren Status als einzige

620 Vgl. Sedeño, Conquista de la isla de Gran Canaria, S. 91.

621 »adalid«, in: Diccionario del castellano del siglo XV en la Corona de Aragón; »Adalid«, in: Diccionario Medieval Español, Bd. I, S. 128–129; siehe ebenso »adalid«, in: Diccionario de la lengua española und »Adalid«, in: Diccionario Histórico de la Lengua Española, Bd. I, S. 187–188 und »adalid«, in: Diccionario del Español Medieval, Bd. I, S. 679–680. Bei Bodo Müller (Diccionario del Español Medieval) hat *adalid* noch eine weitere Bedeutung, die eines Zugtieres oder Leittieres einer Herde *(animal guía de un rebaño)*.

622 Las Siete Partidas, Bd. 2, Title XXII, Law I, S. 433–434. *Et otrosi deben seer sabidores por do han de pasar las huestes et las cabalgadas, Tambien las paladins como las que facen ascondidamente, guiándolas á tales logares do fallen agua, et leña et yerba, et do puedan todos posar de so uno. Otrosi deben saber los logares que son buenos para echar celadas también de peones como de caballeros, et de cóno deben estar callando en ellas ó salir ende quando lo hobiesen meester: [...] et por eso los llaman adalides, que quiere tanto decir como guardadores, porque ellos deben haber en sí todas estas cosas sobredichas para saber bien guiar las huestes et las cabalgadas en tiempo de guerra*. Las Siete Partidas del Rey Don Alfonso el Sabio, Bd. II, S. 220 und 222. Marcos Sarmiento Pérez nimmt ebenso Bezug auf diese Passage, in: Sarmiento Pérez, La mediación en la frontera, S. 75.

Nachfahrin des indigenen Anführers Don Fernando Guanarteme und dessen Verdienste um die *Conquista* der Kanaren zu beweisen suchte,[623] wird dem vormaligen Herrscher von Gáldar in einer der gestellten Fragen an die Zeugen das Amt des *adalid* zugeschrieben: »Ob sie ebenso wissen, dass der besagte D. Fernando Guadnarteme der oberste Heeresführer *[adalid]* bei der Eroberung der besagte Insel und des Landes Gran Canaria war [...].«[624] Dies war aber nur eine der facettenreichen Aufgaben, die der Guanarteme im Dienste der Konquistadoren erfüllte, wie im Folgenden noch zu sehen sein wird. Die Existenz der Position eines *adalid mayor* – der *Información* der Catalina Guerra zufolge, füllte Fernán Guerra dieses Amt bei der *Conquista* Gran Canarias aus und wurde dabei durch einen Indigenen namens Juan de Telde, mit dem er befreundet war, unterstützt – lässt darauf schließen, dass die Heereszüge von mehreren *adalid*, einer ganzen Gruppe Ortskundiger angeführt wurden, die sich aus Indigenen (Don Fernando Guanarteme und Juan de Telde) und Spaniern (Fernán Guerra) zusammensetzte.[625] Auch hier wird auf die Ortskenntnis als Spezialwissen abgehoben: »Und er [Fernán Guerra] war der *adalid* [dieser Unternehmung] und die besagte Armada wurde zur besagten Insel gebracht und er zeigte ihnen die Häfen dieser; und sie betraten die besagte Insel und ihr besagter Vater zeigte ihnen die Wege und Pfade der besagten Insel.«[626] Auch im Zusammenhang der von den Kanaren aus durchgeführten bewaffneten Überfälle auf die westafrikanische Küste *(cabalgadas)* zum Fang von Sklaven und zum Raub von Vieh, Gold und anderen wertvollen Handelsgütern kamen diese Heeresführer *(adalid)* zum Einsatz. Dabei handelte es sich zumeist um konvertierte Mauren, die als Sklaven auf die Kanaren gelangt waren und nun zugleich als »Übersetzer, Späher und Spione«[627] fungierten.

Lengua ist der am häufigsten in den Quellen zur *Conquista* der Kanaren gebrauchte Begriff für die indigenen und europäischen Übersetzer, der später auch bei der Eroberung des Aztekenreiches etwa für die bekannte Sprachver-

623 Vgl. López Alonso, Esenciales (XI).

624 *Iten si saben que en la conquista de dicha Isla é tierra de la Gran Canaria el dicho D. Fernando Guadnarteme fué el principal adalid [...].* Información de méritos de don Fernando Guanarteme, S. 208.

625 Información de méritos de Fernán Guerra, S. 665 und 677; Sarmiento Pérez hat dasselbe für den im Rahmen der *cabalgadas* an der afrikanischen Küste eingesetzten *adalid* festgestellt, siehe Sarmiento Pérez, La mediación en la frontera, S. 77.

626 *[...] fue por adalid della e llevó la dicha armada a la dicha ysla e lo mostró los puertos della; e saltaron en la dicha ysla e el dicho su padre les mostró los caminos e veredas de la dicha ysla.* Información de méritos de Fernán Guerra, S. 665.

627 *intérprete, escucha y espía*, Sarmiento Pérez, La mediación en la frontera, S. 74–76.

mittlerin Malinche benutzt wurde.[628] Gewissermaßen als *pars pro toto* – *lengua* bedeutet übersetzt »Zunge«[629] – taucht er manchmal mit, manchmal ohne Namensnennung der Übersetzerin oder des Übersetzers auf. So wurden die Verhandlungen zwischen Diego de Herrera und den *Guanartemes* auf Gran Canaria im Jahr 1461 mittels einer *lengua* geführt, die Herrera mitgebracht hatte *(por medio del lengua que traía)*.[630] Auch die Portugiesen verfügten über eigene Übersetzer und brachten Sprachkundige nach Gran Canaria mit *(los portugueses enviaron a los canarios a un conocedor de su idioma)*,[631] die ihnen bei ihren Verhandlungen mit den Einheimischen die Verständigung ermöglichten *(por lenguas que tenían cautivos)*.[632] Sarmiento Pérez weist außerdem darauf hin, dass *lengua* ebenfalls in der Bedeutung »Spion« *(espía)* verwendet wurde und die Übersetzer der *Conquista* gelegentlich Geheimaufträge ausführten.[633]

Auch bei der Beschreibung ihrer Handlungen, die oft stärker ihre Rollen veranschaulichen, denn die eigentlichen Personenbezeichnungen, wird deutlich, dass die Funktion der *lenguas* über die von Übersetzern weit hinausging. Im Kontext von Kapitulationen und friedlicher Akzeptanz europäischer Herrschaft durch die Indigenen wird in den Quellen häufig auf den Beitrag der Vermittler hingewiesen, ihre Landsleute durch *persuasión* von einer Unterwerfung überzeugt zu haben.[634] Hier argumentierten die hybriden Akteure eigenständig und appellierten an die Vernunft ihrer Landsleute.

628 Da die Quellen zur *Conquista* oftmals, wie in Abschnitt 1.4 erläutert, nicht zeitgenössisch sind, zwar auf eine »Crónica Madre« zurückgehen, aber frühestens zu Beginn des 16. Jahrhunderts in ihrer heutigen Fassung entstehen, lässt sich nicht belegen, ob der Begriff *lengua* zuerst im kanarischen oder im amerikanischen Kontext verwendet wurde. Fest steht, dass keines der konsultierten Wörterbücher zum mittelalterlichen Spanisch auf die Bedeutung des Begriffs als Übersetzer eingeht (siehe Fußnote 73), womit diese Bedeutung des Begriffs etwa um 1500 entstanden sein muss.

629 »lengua«, in: Diccionario del castellano del siglo XV en la Corona de Aragón. Die übertragene Bedeutung »Übersetzer« ist in den Wörterbüchern interessanterweise nicht angegeben: »Lengua«, in: Diccionario Medieval Español, Bd. II, S. 1301; »lengua«, in: Diccionario Histórico del Español de Canarias (DHECan), S. 882.

630 Abreu Galindo (2021), Historia de la conquista de las siete Islas de Canarias, S. 97.

631 La conquista de Gran Canaria en las Décadas de Alonso de Palencia, S. 480.

632 Abreu Galindo (2021), Historia de la conquista de las siete Islas de Canarias, S. 151.

633 Sarmiento Pérez, Cautivos que fueron intérpretes, S. 37–40; siehe dazu auch »lengua«, in: Diccionario de la lengua española.

634 Siehe u. a. *persuasero* in Torriani, Die Kanarischen Inseln und ihre Urbewohner, S. 76 (Edition von Cioranescu siehe S. 38); Conquista de la isla de Gran Canaria (Lacunense), S. 159.

Wie im Folgenden noch eingehender diskutiert wird, waren die hybriden Akteure auch Experten mit wertvollem sprachlichen und kulturellen Spezialwissen. Der Begriff »Experte« *(experto)* taucht zwar in den Quellen auf, allerdings nur im Zusammenhang mit der Erfahrung und Expertise der Konquistadoren und bezog sich im Spanischen vor allem auf praktisches Erfahrungswissen *(conocimiento adquirido en la práctica y los negocios de la vida)*.[635] So sei Juan Rejón bei seiner Unternehmung vom Dekan von Rubicón, Don Juan Bermúdez, begleitet worden, der ein Experte für die Kanarischen Inseln sei *(por ser experto en estas islas)*.[636] Ebenso charakterisiert Juan de Abreu Galindo den Gouverneur Pedro de Vera als einen Mann mit großem Expertenwissen und Erfahrung in der Eroberung des Archipels *(hombre experto y cursado en aquella conquista)*.[637]

Während im europäisch-christlichen Kontext, insbesondere durch die päpstliche Kurie, im Spätmittelalter bereits zwischen verschiedenen Typen von Gesandten unterschieden wurde *(ambaxiator, nuntius, procurator, legatus)*,[638] so finden wir in den *Crónicas*, *Relaciones* und *Historias* zur Eroberung der Kanaren nur bei Abreu Galindo das spanische Pendant *embajador* in Bezug auf eine indigene Gesandtschaft der *Canarios*.[639] Nur in dieser vom Ende des 16. Jahrhunderts stammenden Quelle begrifflich gefasst, erfüllten gewiss eine größere Zahl Indigener in der Praxis, eben *avant la lettre*, diplomatische Dienste. In früheren Quellen ist der erwähnte Begriff *faraute*, der sich mit »Bote« übersetzen lässt, jedoch der einzige, der eine solche Funktion indigener Akteure annähernd semantisch greift.

Im Ergebnis verweist die Beschäftigung mit der Terminologie bereits auf die Vielfalt der Einsatzgebiete der *lenguas* der *Conquista*, die im Folgenden an konkreten Beispielen noch eingehender beleuchtet wird. Neben ihrer Tätigkeit als Übersetzer wurden indigene Sprachkundige als Spione, Boten, Heeresführer und (Unter-)Händler eingesetzt. So nutzten die Konquistadoren nicht nur das Expertenwissen der hybriden Akteure bezüglich Sprache und Kultur der Einheimischen, sondern auch Wissen von militärisch-strategischer Relevanz: die Kenntnisse der Indigenen über die Geographie der Inseln, über die Beschaffenheit des Geländes, die ihre Heereszüge sicherten und ihnen zu vorteilhaften Lager- und Siedlungsplätzen verhalfen. Die Vertrautheit mit den Landsleuten

635 »Experiencia«, in: Diccionario Medieval Español, Bd. II, S. 1110.

636 Abreu Galindo (2021), Historia de la conquista de las siete Islas de Canarias, S. 146.

637 Ebd., S. 169–170.

638 Kintzinger, Voyages et messageries, S. 210.

639 Abreu Galindo (2021), Historia de la conquista de las siete Islas de Canarias, S. 112.

erlaubte den hybriden indigenen Akteuren außerdem, als Spione Informationen zu sammeln oder sie als Unterhändler und Vermittler von Handlungen und Entscheidungen im Sinne der Interessen der Konquistadoren zu überzeugen. Wie sie zu ihren Sprachkenntnissen gelangten und inwieweit sie Helfer der Konquistadoren oder selbstständig Handelnde waren, wird im Folgenden näher untersucht.

4.3 Übersetzer bei der *Conquista*: Rekrutierung und Ausbildung

4.3.1 Rekrutierung

»Ich befehle dir so weit zu fahren wie du kannst und einen Übersetzer unter diesen Leuten zu bekommen, um jemanden zu fangen, der uns wahre Informationen liefern kann, denn es ist sehr wichtig für mich darauf zählen zu können, ich wünsche es mir, mit jemandem sprechen zu können, der die Situation gut kennt.«[640] Nach der erfolgreichen Umsegelung des Kap Bojador durch Gil Eanes im Jahr 1434 unternahm Afonso Gonçalvez Baldaya im Auftrag Heinrich des Seefahrers zwei Reisen, um die afrikanischen Küstengebiete südlich des Kaps in der Gegend des *Rio de Ouro* (Goldfluss) zu erkunden und einen Einheimischen einzufangen, der als Übersetzer fungieren sollte. Für den kanarischen Kontext ist uns ein solcher Befehl zur Zwangsrekrutierung eines Indigenen nicht überliefert. Was die Stelle aus der Chronik von Zurara, der dem Infanten von Portugal diese Worte zuschreibt, zeigt, ist der dringende Bedarf nach einem Dolmetscher, der einen Erstkontakt mit der westafrikanischen Bevölkerung ermöglichen soll. Über die Fähigkeit der Sprachbeherrschung hinaus beinhaltet der Auftrag des Infanten keine weiteren Details zu Stand, Geschlecht oder Alter des zukünftigen Übersetzers.

Malyn Newitt zufolge etablierten die Portugiesen ein ganzes »system of interpreters« mit an der Küste Westafrikas gefangenen oder gekauften Sklaven.[641] Diese vom portugiesischen Herrscher verfolgte Strategie sei jedoch nicht neu, sondern basiere, so eine These von Marcos Sarmiento Pérez, auf dem Vorgehen des Ramon Llull (1232–1316), das bis zur Eroberung der Kanaren und der Erkundung der westafrikanischen Küste fortgewirkt hätte.[642] Das Ideal des Franziskaners einer auf Überzeugung *(disputatio)* und Beispiel beruhenden

640 *Os encomiendo que vayáis lo más adelante que podáis, y que os afanéis en conseguir un trujamán de esa gente, capturando a alguien que os pueda dar información veraz, pues será muy importante para mí contar, como deseo, con alguna persona que conozca bien la situación.* Zurara, La Crónica de Guinea, S. 135.

641 Vgl. Newitt, A History of Portuguese Overseas Expansion, S. 27.

642 Vgl. Sarmiento Pérez, The role of interpreters, S. 170.

Missionierung, die in erster Linie das Erlernen der Sprachen von Nichtchristen oder deren direkten Einsatz als getaufte Christen voraussetzte, prägte den ersten friedlichen Evangelisierungsversuch auf den Kanaren in der zweiten Hälfte des 14. Jahrhunderts.[643] Zusammen mit zwölf Kanariern, die freigekauft, getauft und des Katalanischen mächtig waren, brachen die Schüler des Ramon Llull im Jahr 1352 nach Gran Canaria auf, um dort zu missionieren.[644] Doch während die mallorquinische Expedition in klarem personellen Zusammenhang mit Ramon Llull steht, lässt sich dies für die späteren, gewaltvollen Unternehmungen nicht nachweisen. Bemerkenswert ist jedoch, dass nach Abkehr von friedlichen Evangelisierungsversuchen von portugiesischer und kastilischer Seite aus weiterhin an der Strategie festgehalten wurde, eingefangene Indigene als Sprach- und Kulturvermittler auszubilden und einzusetzen. In der mangelnden Sprachfähigkeit von Missionaren und Bischöfen und dem Verlass auf indigene Dolmetscher ist jedoch eher ein Bruch mit den Zielen des Ramon Llull zu lesen, der mit seinen Sprachschulen beabsichtigte, eine Glaubensvermittlung ohne ein verfälschendes Intermedium zu ermöglichen.[645]

Sarmiento Pérez hat in seiner Monographie, »Cautivos que fueron intérpretes«, überdies festgestellt, dass fast alle indigenen und europäischen Übersetzer eine Zeit in irgendeiner Form von Gefangenschaft auf den Kanarischen Inseln oder auf dem europäischen Festland verbrachten, durch die sie die jeweils andere Kultur und Sprache kennenlernten.[646] Die ersten indigenen Übersetzer gerieten durch Sklavenfang und durch die Eroberungszüge als Gefangene oder Besiegte bereits seit dem ausgehenden 14. Jahrhundert in die Hände europäischer Händler und Konquistadoren.[647] Wahrscheinlich bei einer Attacke auf Lanzarote im Jahr 1393 auf den Kontinent verschleppt, verbrachten die *Mahos* Isabel und Alfonso neun Jahre in der Fremde, bevor sie als erste Übersetzer bei der *Conquista* der Franco-Normannen zur Unterwerfung ihrer Heimatinsel eingesetzt wurden. Inwieweit sie zufällig aus der Gruppe von, wie uns die Chronisten der kastilischen Könige berichten, 160 Sklaven ausgewählt oder bereits gezielt für eine solche Unternehmung ausgebildet wurden, lässt sich aus den Quellen nicht erschließen.[648]

Während der ersten Phase der gewaltsamen Eroberung des Archipels, der *conquista señorial* (1402–1479), griffen die Konquistadoren insgesamt vor allem

643 Vgl. Llabrés Martorell, La inspiración Luliana, S. 65.
644 Vgl. Colom, Los viajes medievales, S. 29 und 39–40.
645 Vgl. Vones, Schule, Theologie und Mission, S. 335, 341 und 342.
646 Vgl. Sarmiento Pérez, Cautivos que fueron intérpretes, S. 12 und 247.
647 Zum ersten Nachweis über den Verkauf einer kanarischen Sklavin auf dem Sklavenmarkt auf Mallorca siehe Abschnitt 2.4.
648 Siehe u. a. López de Ayala, Crónica del reinado de Enrique III, S. 214.

auf indigene Vermittler und Übersetzer zurück, da es bis dahin keine Europäer gab, die die kanarischen Dialekte verstehen konnten. Neben den kanarischen Sklaven Alfonso, Isabel und Pedro el Canario nutzten die franco-normannischen Eroberer bei ihrer Erkundung des Archipels das geographische Wissen der so genannten *farfens*, wie sie in *Le Canarien* bezeichnet werden.[649] Der Franziskaner Juan de Abreu Galindo liefert in seiner *Historia* eine Erklärung des Begriffs: *Farfanes* seien Männer, die in Afrika unter den Mauren gelebt hätten, jedoch der christlichen Glaubensgemeinschaft angehörten.[650] Im Arabischen eher als abwertender Begriff gebraucht, bezeichneten nordafrikanische oder andalusische Muslime mit dem Wort *farkh* christliche Söldner, frühere Kriegsgefangene oder politische Exilierte, die durch muslimische Herrscher rekrutiert worden waren.[651] Nachfahren dieser christlichen Söldner, die zum Ende des 14. Jahrhunderts auf die Iberische Halbinsel zurückgekehrt waren, wo sie oftmals als Unterhändler herangezogen wurden, werden in den Quellen als *farfanes* bezeichnet.[652] Wie nützlich das Wissen dieser kulturell hybriden Akteure war, verraten uns die Quellen zur Eroberung der Kanaren nicht.

Auch bei einigen Bischöfen der Diözese Rubicón (Lanzarote) ist anzunehmen, dass sie sich zum Zwecke der Missionierung der indigenen Bevölkerung die kanarische Sprache aneigneten.[653] So sollen Diego López de Illescas und Don Juan de Frías (gest. 1485) kanarische Dialekte beherrscht haben. Letzterer übersetzte vermutlich bei den Gesprächen zwischen dem *Guanarteme* Tenesor Semidan und den Katholischen Königen, da dabei ein Übersetzer von höherer sprachlicher Gewandtheit, sozialer Kompetenz und mit Kenntnissen des höfischen Zeremoniells benötigt wurde.[654] Hier auf höchster Ebene bedurfte doch

649 Vgl. Le Canarien, G26v, S. 105. Sarmiento Pérez zählt zu dieser Gruppe außerdem den Indigenen Augerón, der ebenfalls von den Franco-Normannen bei der Eroberung El Hierros eingesetzt wurde. Als Bruder des dortigen Herrschers muss auch er einige Jahre auf der Iberischen Halbinsel als Sklave verbracht haben. Vgl. Le Canarien, B69r; Sarmiento Pérez, The role of interpreters, S. 169 und 180–182.

650 *Unos caballeros que llamaban los Farfanes que habían venido de África entre los moros, en la santa fe católica* [...]. Abreu Galindo (2021), Historia de la conquista de las siete Islas de Canarias, S. 45.

651 Vgl. Lower, The Papacy and Christian Mercenaries, S. 601 und 612.

652 Vgl. ebd., S. 601 und 612; Jaspert/Kolditz, Christlich-muslimische Außenbeziehungen im Mittelmeerraum, S. 19.

653 In der Version B von *Le Canarien* wird berichtet, dass Béthencourt den spanischen König um die Einsetzung eines Bischofs auf den Kanaren gebeten habe, der die Landessprache beherrchen sollte. Alberto de Las Casas wird daraufhin auf die Kanaren entsandt, der der indigenen Sprache auf Lanzarote mächtig gewesen sein soll. Vgl. Le Canarien, B76r, S. 448; B77r, S. 452 und B78r, S. 456.

654 Vgl. Sarmiento Pérez, Cautivos que fueron intérpretes, S. 35.

jedwede Kommunikation zwischen Indigenen und Konquistadoren nicht nur einer sprachlichen, sondern auch einer kulturellen Expertise.[655] Insgesamt ist festzustellen, dass eine bewusste Sprachaneignung von europäischer Seite in erster Linie von Geistlichen ausging, was sicherlich auf dem Anspruch einer korrekten Vermittlung der christlichen Heilsbotschaft beruhte. Im diplomatischen und militärischen Kontext verließ man sich demgegenüber auf indigene und europäische Übersetzer, die durch verschiedene Umstände die jeweilige Fremdsprache erlernt hatten.

Im Zuge der *conquista realenga* (1479–1496) wuchs die Zahl europäischer Übersetzer und Vermittler, die in die Eroberung der dichtbevölkerten Inseln des Archipels, Gran Canaria, La Palma und Teneriffa, involviert wurden.[656] Dabei handelte es sich oftmals um Christen, die – eigentlich darauf aus, Kanarier in die Sklaverei zu verschleppen – bei Attacken auf die Inseln von den Indigenen gekidnappt worden waren. So berichtet etwa der Venezianer Alvise de Cadamosto, der 1455 La Gomera und El Hierro besuchte,[657] von Christen, die auf Teneriffa unter den *Guanchen* als Gefangene gelebt hätten und ihm deshalb genauere Informationen über Aussehen und Höhe des Pico del Teide liefern konnten. Die Kanarier, so erfahren wir, töteten ihre Gefangenen nicht, sondern ließen sie die niedrigste Arbeit verrichten: das Schlachten von Tieren und das Zubereiten von Fleisch.[658]

Einige der wichtigsten Vermittlerfiguren der *conquista realenga*, darunter Juan Mayor, lebten bereits als Kinder unter den *Canarios*. Im Jahr 1461 hatten Diego de Herrera und Inés Peraza mit den *Guanartemes* von Telde und Gáldar einen Pakt geschlossen *(Acta de Las Isletas)*, bei dem sie als Garantie 30 Kinder ihrer Vasallen von Lanzarote und Fuerteventura als Geiseln in die Obhut der *Canarios* übergaben (siehe Kapitel 3). Das jahrelange Zusammenleben mit den Indigenen ermöglichte es etwa Juan Mayor, nicht nur einen kanarischen Dialekt zu

655 Vgl. Schmidt-Rösler, »Uneinigkeit der Zungen« und »Zwietracht der Gemüther«, S. 186.

656 Demgegenüber entwickelte sich an der afrikanischen Küste das Portugiesische zur allgemeinen Verständigungssprache. In diesem Kontext ist die Rolle der *lançados* hervorzuheben, die aus einer Gefangenschaft von den Kap Verden aus nach Westafrika geflüchtet waren, um dort illegal zu siedeln. Vgl. Russell, Some socio-linguistic problems, S. 1–13.

657 Vgl. Crone, Introduction, S. xxi.

658 *And if I should be asked how these things are known, my reply is that the inhabitants of the four Christian islands, and to seize these heathen Canarians, both men and women, whom they send to Spain to be sold as slaves. And it happens that at times some from these galleys are taken prisoner: the Canarians do not put them to death, but make them kill and skin goats, and prepare the meat, which they hold to be the most vile and despicable occupation, and they make them serve thus until they are ransomed by some means or other.* The Voyages of Alvise Cadamosto and Pedro de Sintra, S. 12–13.

erlernen. Mit großer Wahrscheinlichkeit beherrschte er über den Dialekt der *Canarios* hinaus auch die Sprachvarianten der *Guanchen* und *Palmeros.*[659] Ob es sich bei den Geiseln um »reine« Europäer handelte, ist schwer zu ermitteln. Denn bereits zu dieser Zeit bezeichneten sich die Bewohner der Insel Lanzarote, deren Eroberung 50 Jahre zurücklag, ob indigen, europäisch oder mestizisch, als *naturales de la isla.*[660]

Fernán Guerra, der sich als Aufständischer vor den Übergriffen der *Señores* der Insel, Inés Peraza und Diego de Herrera, von Lanzarote auf die Iberische Halbinsel flüchten musste, hatte ebenfalls eine Zeit in Gefangenschaft auf Gran Canaria verbracht *(quera onbre que sabía mucho en las dichas yslas, porque estubo en ellas cativo)*,[661] wie sich aus den Zeugenaussagen einer durch seine Tochter posthum eingeleiteten Untersuchung aus dem Jahr 1502 schließen lässt. Sowohl durch seine Gefangenschaft als auch durch die zahlreichen Überfälle *(almogavereando e faziendo entradas e salidas, como almogávar,*[662] *en las dichas yslas* und *fazia cabalgadas*[663] *en las dichas yslas)*[664] auf die noch in indigener Hand befindlichen Inseln und Handelspakte mit den freien Stammesgruppen, war er ein nützlicher Informant für die spanischen Monarchen und wurde in die Planung und Durchführung der *Conquista* Gran Canarias als *adalid mayor* involviert.[665]

Hier ist noch einmal auf die Besonderheit zu verweisen, die in Kapitel 3 schon einmal Thema war, dass sich nach der Besetzung der Inseln Lanzarote, Fuerteventura und El Hierro eine Situation zwischen bereits in spanischen und noch in indigener Hand befindlichen Inseln ergab, die der *frontera* zwischen Muslimen und Christen auf der Iberischen Halbinsel ähnelte. Zu den Besonderheiten einer

659 Vgl. Sarmiento Pérez, Cautivos que fueron intérpretes, S. 197–198; siehe ebenso Sarmiento Pérez, The role of interpreters, S. 162.

660 Sarmiento Pérez zählt zu dieser Gruppe, die vermutlich von einer indigenen Mutter und einem europäischen Vater abstammte und sowohl kanarische Dialekte als auch das Kastilische beherrschte, Juan Negrín, Mateo Alonso, Juan Mayor und Guillén Castellano. Vgl. ebd., S. 169. Eine mögliche indigene oder mestizische Herkunft wurde etwa auch für Guillén Castellano diskutiert, vgl. Rosa Olivera, Guillén Castellano, S. 23.

661 Información de méritos de Fernán Guerra, S. 667, siehe ebenso S. 674.

662 »Del ár. hisp. almuḡáwir, y este del ár. clás. muḡāwir. 1. m. En la milicia antigua, soldado de una tropa escogida y muy diestra en la guerra, que se empleaba en hacer entradas y correrías en las tierras de los enemigos.« Vgl. »almogávar«, in: Diccionario de la lengua española.

663 Zunächst nur auf die »Reiterei« bezogen, erweiterte sich die Begriffsbedeutung im 13. Jahrhundert und konnte auch so viel wie »Beute« oder »Geisel« meinen, hier in diesem Kontext Raub- bzw. Beutezüge. Vgl. »Intérprete«, in: Diccionario Medieval Español, Bd. I, S. 564.

664 Información de méritos de Fernán Guerra, S. 671 und 679.

665 Vgl. ebd., S. 666.

solchen Grenzregion gehört auch ihre Eigenschaft als »natural home of interpreters and translators«,[666] welche Verbindungen zu beiden Seiten pflegten, sich oftmals schwertaten, ihre neue Kultur und Religion anzunehmen und sich in die ihnen zunächst oft feindlich gesinnte neue Gesellschaft zu integrieren.[667]

Zwar stärker und manifest durch das Meer voneinander getrennt, so ist dennoch im Verlauf des Jahrhunderts von einer Intensivierung der Kontakte zwischen Indigenen und Europäern auszugehen, die Gelegenheit zum Erlernen des Kastilischen oder kanarischer Dialekte bot.[668] Bei der Landung Diego da Silvas auf Gran Canaria in der Region Gáldar etwa weisen die Chronisten darauf hin, dass der Eroberer bereits mit einigen Indigenen kommunizieren konnte:[669] »Es gab einige Canarios die viele kastilische Wörter kannten, die die Sprachen seit dem Beginn der Eroberungen gelernt hatten und diese sprachen für alle.«[670] In die Fänge der *Canarios* geraten und auf ihrem Richtplatz zusammengedrängt, waren es, wie Abreu Galindo berichtet, die hybriden Akteure, die die Rettung Silvas und seiner Männer ermöglichten:

> Es gab im Dorf Gáldar eine Frau, eine Verwandte des Guanarteme von Gáldar, die sich María Tazirga nannte, und die als Gefangene auf Lanzarote gewesen war, und ausgelöst und befreit von den Christen wieder zu ihren Eltern gegeben worden war. Sie wusste sehr gut in beiden Sprachen zu sprechen; sie kannte Juan Mayor und Guillén Castellano sehr gut, in deren Häusern sie gewesen war.[671]

666 Jaspert, Interreligiöse Diplomatie im Mittelmeerraum, S. 181.

667 Vgl. Sarmiento Pérez, La mediación en la frontera, S. 86.

668 Mit Blick auf die Indigenen besteht diese Gruppe Sarmiento Pérez zufolge aus Francisca de Gazmira, Juan de La Palma, Fernando Guanarteme und Pedro Delgado (de la Lengua), wobei Letzterer auch der Berbersprache mächtig war. Sarmiento Pérez, The role of interpreters, S. 169.

669 Vgl. Salicrú i Lluch, Más allá de la medicación de la palabra, S. 422. Dieselbe Zunahme von hybriden Akteuren, insbesondere auch durch die Verbindung von zumeist europäischen Männern mit indigenen Frauen, ist für den afrikanischen Kontext festzustellen: »*Lançado* and Afro-Portuguese traders regularly travelled for hundreds of kilometres along the rivers and across the portages of Upper Guinea. They knew the country and the people far better than visiting Europeans. Because of this, and because of their mixed cultural heritage and local language skills, they were the usual intermediaries in European trade with West Africa. Outside slave-traders, whatever their nationality, from the sixteenth to the early nineteenth century routinely sought out their services.« Disney, A History of Portugal, S. 52.

670 *Auía algunos canarios que sabían muchas palabras castellanas aprendidas de las lenguas desde su principio de las conquistas y éstos hablauan por todos*. Libro de la conquista de la ysla de Gran Canaria y de las demas yslas (Ovetense), S. 117. Ebenso Conquista de la isla de Gran Canaria (Lacunense), S. 193; López de Ulloa, Historia de la Conquista de las siete Islas de Canarias, S. 74.

671 *Había en el pueblo de Gáldar una mujer pariente del Guanarteme de Gáldar que se decía María Tazirga, que había estado cautiva en Lanzarote, y en trueco y rescate de*

Das Beispiel der María Tazirga verdeutlicht, dass insbesondere durch die Verschleppung in die Sklaverei und den Austausch von Geiseln an der *frontera* die Zahl hybrider Akteure wuchs, die sich in beiden Kulturen zu bewegen vermochten. Auffallend ist hier überdies, dass sich die Übersetzer untereinander kannten – María Tazirga hatte offensichtlich mit Juan Mayor und Guillén Castellano auf Lanzarote zusammengelebt und womöglich auch von ihnen kastilisch gelernt – und somit von einer Vernetzung der Sprachexperten auszugehen ist. Eine solche Vernetzung konnte Puente Luna, allerdings bereits für die Kolonialzeit, auch am Beispiel indigener Übersetzer in Lima festmachen. Durch ihre Zweisprachigkeit in einflussreicher und privilegierter Position, spielten die Übersetzer eine gewichtige Rolle beim Aufbau des transatlantischen Imperiums der Habsburger und verbanden dabei nicht nur Kolonie und Mutterland, sondern die soziale Welt der Indigenen mit der der Spanier.[672]

4.3.2 Ausbildung

Aus dem portugiesischen Kontext der westafrikanischen Entdeckungsfahrten ist uns nicht nur der direkte Befehl des Infanten zur Rekrutierung eines Übersetzers bekannt, sondern auch Details zur Unterweisung in der portugiesischen Sprache und, je nach Einsatzzweck, zur Vermittlung weiterer nützlicher Kenntnisse. Einen Beleg für eine solche gezielte Ausbildung von Übersetzern finden wir etwa in der Chronik Zuraras, der von einem afrikanischen Jungen am Hofe des Infanten berichtet, der zum Missionar ausgebildet werden sollte:

> Nach einiger Zeit befahl der Infant, dass diesem jungen Mann das Lesen und Schreiben beigebracht werden solle und dass er alle Dinge wissen müsse wie ein Christ, sogar einige Dinge, die die meisten Christen nicht so gut wissen, wie er sie gelernt hat, denn man brachte ihm das *Pater Noster* Gebet bei, das *Ave Maria*, die Glaubenssätze, die Gebote, die Werke der Nächstenliebe, und viele andere Dinge. Einige sagen, dass der Infant ihn instruieren wollte, damit er als Priester in seine Heimat zurückkehren und dort predigen könne. Aber soweit ich weiß, ist er wenig später verstorben, noch in jungen Jahren.[673]

cristianos le habían dado á sus padres; sabía muy bien hablar entrambas lenguas; conocía muy bien á Juan Mayor y á Guillén Castellanos, en cuyas casas había estado. Abreu Galindo (2021), Historia de la conquista de las siete Islas de Canarias, S. 102.

672 Vgl. Puente Luna, The Many Tongues of the King, S. 144–145 und 154–155.

673 *Con el tiempo el Infante mandó que enseñaran a este joven a leer y escribir y que aprendiera todas las cosas que debía conocer un Cristiano, incluso hay muchos cristianos que no las llegan a saber tan bien como él las aprendió, pues le fue enseñada la oración del Pater noster, el Ave María, los artículos de la fe, los mandamientos, las obras de misericordia y muchas otras cosas. Algunos decían que el Infante lo había hecho instruir para que fuera sacerdote con la intención de volver a enviarlos a aquella*

Hier zielte die Ausbildung nicht nur auf den Spracherwerb, sondern umfasste auch die Vermittlung der zentralen Inhalte des christlichen Glaubens. Schreib- und Lesekenntnisse stellen hier gewiss einen Sonderfall bei der Ausbildung zum Geistlichen dar, denn diese Fähigkeit ist uns von anderen hybriden Akteuren nicht überliefert. Auch der Spanienreisende Hieronymus Münzer berichtet von Sklaven in Lissabon, denen man Portugiesisch beibrächte und sie zu Priestern ausbildete.[674] Sie sollten dazu dienen, Kontaktaufnahmen mit der westafrikanischen Bevölkerung zu erleichtern, als *línguas* zu übersetzen und Frieden auszuhandeln.[675] Ein kurzer Hinweis auf Übersetzer in der *Crónica de los Señores Reyes Católicos* des Hernando de Pulgar (1435–1493) lässt annehmen, dass Sevilla als Pendant zu Lissabon zur Ausbildung kanarischer Sklaven in der kastilischen Sprache fungierte.[676] Auch bei den Erstkontakten mit den Indigenen der Neuen Welt setzte man auf die bereits etablierte Strategie, die die Portugiesen an den Küsten Senegambias und des oberen Guinea und Kastilier wie Portugiesen auf den Kanarischen Inseln erprobt hatten: Taíno-Indianer einzufangen, zu taufen, ihnen die spanische Sprache beizubringen und sie dann als Übersetzer wieder mit in die Karibik zu nehmen.[677] Die Beispiele verweisen auf eine Doppelfunktion hybrider Akteure als Übersetzer und Vermittler der christlichen Religion, die auch für den kanarischen Kontext gilt und die die obersten Ziele der iberischen Mächte verdeutlicht: Mission und Expansion in Form von Landnahmen oder der Einrichtung von Handelsstützpunkten.

Mit ihren Sprach- und Kulturkenntnissen verfügten die Übersetzer über eine, für manche Eroberungsphasen, einzigartige Expertise. So sagen die Zeugen in der *Información* über den Spanier Fernán Guerra, der wie bereits erwähnt als *adalid* den Heereszug bei der Eroberung Gran Canarias anführte, aus, dass dieser über Kenntnisse verfüge, die kein anderer habe *(que ningún otro sabia)* und dass ausschließlich er um das Geheimnis gewusst habe, wie man die Insel einer christlichen Herrschaft unterstellen könne *(secreto de la conquista desta dicha ysla)*.[678] Die Rarität der Sprach- und Kulturexperten spiegelt darüber hinaus die in Portugal gängige Praxis wider, afrikanische Übersetzer mit sprachlichem und darüber hinaus religiösem oder kaufmännischem Spezialwissen für hohe Sum-

tierra a predicar la fe de Jesucristo. Pero creo que murió poco más tarde, siendo todavía joven. Zurara, La Crónica de Guinea, S. 226.

674 Insgesamt ist die Bedeutung der Sklavengemeinschaft Lissabons für die Rekrutierung und Ausbildung von Interpreten nicht zu unterschätzen. Vgl. Russell, Some socio-linguistic problems, S. 5–6.

675 Vgl. Mendes Drumond Braga, Imagenes de África nos textos de Ehingen, Rosmital, Popplau e Münzer, S. 61.

676 Vgl. Pulgar, Crónica de los Señores Reyes Católicos, S. 331.

677 Vgl. Green, The Rise of the Trans-Atlantic Slave Trade, S. 183.

678 Información de méritos de Fernán Guerra, S. 677.

men zu verleihen.[679] Der Verlust eines Übersetzers bedeutete zugleich einen herben Rückschlag für die expansiven Ziele der Portugiesen und Kastilier.[680] Denn wie die oftmals große zeitliche Differenz zwischen Gefangennahme und Rekrutierung zum Übersetzer verdeutlicht, war das Erlernen der Fremdsprache eine zeitintensive und mühevolle Ausbildung. Nach dem Tod oder der Abtrünnigkeit eines Übersetzers ließ sich folglich nicht direkt jemand finden, der von heute auf morgen flüssig mit den kanarischen oder den westafrikanischen Stammesgruppen kommunizieren konnte.

Obwohl für den portugiesischen Kontext eine klare Strategie zur Gewinnung und Ausbildung von Übersetzern ablesbar ist, die in gleicher Weise gewiss für die Eroberung der Kanaren gilt, so war es allein dem Zufall überlassen, wen man als Übersetzer rekrutieren konnte, wie Andrea Schmidt-Rösler zurecht festgestellt hat:

> Häufig erscheint die Auswahl der Übersetzer [...] als ein zufälliger Akt, der der unmittelbaren Notwendigkeit geschuldet war und deshalb oft Qualifikationskriterien außer Acht lassen musste. Gefangene, Angehörige »fremder Nationen« und sogar Analphabeten wurden notgedrungen als Übersetzer eingesetzt.[681]

Im Vergleich etwa mit den indigenen Übersetzern im kolonialen Lima, wo sich Indigene als Zugehörige einer Elite von »wielders of pen and paper« und durch eine souveräne Beherrschung der »language of law and empire« auszeichnen mussten,[682] war die Rekrutierung indigener Kanarier als Übersetzer zunächst einmal voraussetzungslos. Wie nützlich sich die gefangenen Personen für die Zwecke der Konquistadoren erweisen sollten, war folglich ebenfalls im Regelfall ein Produkt des Zufalls. Im Ergebnis bildete sich eine sehr heterogene Gruppe von Sprach- und Kulturspezialisten von unterschiedlicher Herkunft, Stand, Alter und Geschlecht. Obschon von unterschiedlichem Nutzen steigerte aber allein die Verfügbarkeit von Übersetzern die Erfolgschancen der Iberischen Mächte bei der Verfolgung ihrer expansiven Interessen.

4.4 Zur Funktion der indigenen Akteure im Verlauf der *Conquista*

Wie in Kapitel 2 gezeigt, waren die kulturellen Unterschiede zwischen den Völkern der Kanarischen Inseln und den europäisch-christlichen Invasoren

679 Vgl. Newitt, A History of Portuguese Overseas Expansion, S. 27. Im Tausch für seine Freiheit musste ein afrikanischer Übersetzer vier Sklaven stellen. Für seinen Besitzer hatte ein sprachkundiger Sklave also einen Wert von vier Sklaven. Vgl. Russell, Some socio-linguistic problems, S. 7–8.

680 Vgl. ebd., S. 6–7.

681 Schmidt-Rösler, »Uneinigkeit der Zungen« und »Zwietracht der Gemüther«, S. 193.

682 Vgl. Puente Luna, The Many Tongues of the King, S. 144.

immens. So hat Dolores Corbella in Bezug auf das Know-how der Übersetzer hervorgehoben, dass dies über eine reine Sprachkenntnis hinausreiche, eine interkulturelle Kompetenz und, abhängig von der Art ihrer Aufträge, auch eine politische oder ökonomische Expertise umfassen musste.[683] Auf dieses Spezialwissen über andere Kulturen, das die Translation von Symbolen, Ritualen und normativem Wissen erlaubte, verweist auch der im Kontext zur höfischen Forschung im Mediterraneum entwickelte Begriff des »Cultural Brokers«, der Gelehrte, Schreiber, Diplomaten, religiöse Experten, Übersetzer von Wort und Schrift in ihrer Funktion als Kulturvermittler zusammennimmt.[684] Folglich ist die Leistung des »Übersetzens« im Kontext der Unterwerfung der Kanaren eher mit dem Begriff der »Cultural Brokerage« oder »Mediation« zu fassen denn in einer schlichten sprachlichen Translation. Denn Übersetzen ist und war immer eine »persönliche Leistung«, »in der sich individuelle Kenntnisse und Einstellungen spiegeln«.[685]

Mit ihrem Wissen waren Indigene und Europäer, die die jeweils andere Kultur und Sprache kannten, zugleich ausgewiesene Experten; ein Begriff, der sich auch in den Quellen findet, wie wir in Abschnitt 4.2 zur Terminologie bereits gesehen haben, allerdings nur im Zusammenhang mit der Erfahrenheit von Konquistadoren. Der Status der im Rahmen des Göttinger DFG-Graduiertenkolleg 1507 »Expertenkulturen des 12. bis 18. Jahrhunderts« bis 2018 erforschten »Experten« leite sich aus einer Fremd- und Selbstzuschreibung ab, die sie als Träger von Sonderwissen auszeichneten, so Frank Rexroth.[686] Darüber hinaus inszenierten Experten ihren Status und machten sich somit als Träger von Fachwissen erkennbar: »Titulatur, Rangordnung, Fachsprache oder bestimmte Instrumente wiesen den Experten symbolisch als solchen aus.«[687] Eine Brücke zwischen der Experten- und der Diplomatieforschung lässt sich mit Michael Borgolte schlagen, für den Gesandte »besondere Experten der Fremde«[688] sind.

Die hybriden, indigenen Akteure der Kanaren, die sich auch als transkulturelle Experten verstehen lassen, zeichneten sich demgegenüber durch ihre Zweisprachigkeit, ihre Expertise in den Dialekten der Kanarischen Inseln und der indigenen Ritual- und Symbolsprache aus. Darüber hinaus war ihre Hybridität gewiss auch äußerlich sichtbar, indem zwar Haartracht und Statur auf ihre

683 Vgl. Corbella, Lenguas y trujamanes, S. 189.

684 Vgl. Jaspert / Oesterle / Von der Höh, Courts, Brokers and Brokerage in the Medieval Mediterranean, S. 23 und 26.

685 Vgl. Schmidt-Rösler, »Uneinigkeit der Zungen« und »Zwietracht der Gemüther«, S. 186.

686 Vgl. Rexroth / Schröder-Stapper, Woran man Experten erkennt, S. 12.

687 Füssel / Rexroth / Schürmann, Experten in vormodernen und modernen Kulturen, S. 10.

688 Borgolte, Experten der Fremde, S. 949.

kanarische Herkunft verwiesen, sie aber nach ihrer Christianisierung Gewänder in europäischem Stil trugen. Das Verhältnis zwischen Experten und Gesellschaft beschreiben Rexroth und andere als höchst ambivalent, die Haltung der Gesellschaft gegenüber den Experten gar als kritisch und skeptisch,[689] denn mit der Abhängigkeit von Experten gingen auch ein Kontrollverlust und eine Beschränkung ihrer Handlungs- und Entscheidungsautonomie einher,[690] was sich in der Sorge um die Vertrauenswürdigkeit indigener hybrider Akteure widerspiegelt. Durch die wachsende Vielfalt und Zahl an Experten hätten diese, so ein Ergebnis des DFG-Graduiertenkollegs, zunehmend in Konkurrenz gestanden.[691] Der »Markt« der Sprach- und Kulturexperten der Kanarischen Inseln, die darüber hinaus die Sprache der Konquistadoren beherrschten, war zum Zeitpunkt der Eroberung jedoch gering, sodass nicht die Experten miteinander konkurrierten, sondern die iberischen Mächte um die Rekrutierung von Experten wetteiferten. Ihre Rarität und ihre Besonderheit ermöglichten den hybriden Akteuren, einen größeren Einfluss auf die Geschehnisse zu nehmen. Inwieweit der Erfolg der europäischen Unternehmungen von ihnen abhing und auf welches Wissen der indigenen Experten die Konquistadoren zurückgriffen, wird im Folgenden am Beispiel der Übersetzer Isabel und Alfonso gezeigt, die den Eroberungszug der Franco-Normannen ab 1402 begleiteten.

Die kanarischen Mediatoren erfüllten über ihre Funktion als Vermittler zwischen Invasoren und Insulanern hinaus auch Aufträge diplomatischer Natur. Wie im Falle von Außenpolitik, internationalen Beziehungen und Völkerrecht handelt es sich bei der mittelalterlichen Diplomatie um ein Phänomen *avant la lettre*.[692] Im Folgenden kann weder ein gesamter Überblick über die besonders im französischen Raum intensiv erforschte Geschichte der Diplomatie im Mittelalter noch eine genaue Darstellung des diplomatischen Verkehrs im christlich-europäischen Raum geliefert werden. Orientiert an Arbeiten von Martin Kintzinger zur Diplomatie im spätmittelalterlichen Frankreich und von Nikolas Jaspert und Sebastian Kolditz zur interkulturellen Diplomatie zwischen Christen und Muslimen auf der Iberischen Halbinsel soll es hier genügen, wesentliche Züge dieser Gesandtschaftswesen zu skizzieren, um auf dieser Grundlage einige Besonderheiten des diplomatischen Verkehrs zwischen Europäern und Kanariern aufzuzeigen.

Im spätmittelalterlichen Frankreich begegnet uns sowohl die dauerhafte wie auch die fallweise Beschäftigung von Gesandten, die zum Abschluss von

689 Vgl. Füssel / Rexroth / Schürmann, Experten in vormodernen und modernen Kulturen, S. 11.

690 Vgl. Rexroth / Schröder-Stapper, Woran man Experten erkennt, S. 14.

691 Vgl. Füssel / Rexroth / Schürmann, Experten in vormodernen und modernen Kulturen, S. 11.

692 Vgl. Kintzinger, Voyages et messageries, S. 201.

Friedensverträgen, Heiratsverhandlungen oder zur Pflege freundschaftlicher Beziehungen zwischen Herrschern unterschiedlichen Ranges zwischen den Höfen verkehrten. Dabei sicherte ihnen ein Geleitbrief Schutz und Immunität zu *(salvus conductus)*. Bei der Auswahl von Gesandten wurde auf eine gewisse Repräsentativität der Person und ihr Auftreten geachtet, da der Gesandte stellvertretend für seinen Herren sprach und Gesandtenempfänge öffentlich inszeniert wurden. So wählte ein Herrscher je nach Funktion zumeist ein geistliches oder weltlich-adliges Mitglied seiner Familie oder einen anderen, nahestehenden Vertrauten, den er mit einem diplomatischen Auftrag betraute.[693] Dabei, so stellt es Óscar Villarroel González für das spätmittelalterliche Kastilien fest, kam es weniger auf eine universitäre Bildung der Gesandten an denn auf ihre machtvolle Stellung; eine Gewichtung, die sich zur Frühen Neuzeit hin jedoch verlagern sollte.[694]

Gerade im Fall von ersten Kontakten mit fremden Kulturen war die Aussendung von Übersetzern als Boten und Gesandte mit einem hohen Risiko verbunden. So belegen einige Quellen aus dem westafrikanischen und dem kanarischen Kontext Todesfälle von hybriden Akteuren.[695] Da auch Frauen und Personen niederen Standes zu Übersetzern, Vermittlern und Gesandten wurden und kulturelle Unterschiede etwa bezüglich Kleidung und sprachlichem Ausdruck einer Repräsentativität nach europäischem Verständnis widersprachen, versuchte man, diese »Defizite« zu kompensieren. Einerseits wurden indigene Gesandte von hochrangigen Übersetzern begleitet (auf die Begleitung des *Guanarteme* von Gálder durch den Bischof Don Juan de Frías wurde schon hingewiesen). Andererseits europäisierte man die Indigenen, was am Beispiel des Don Fernando Guanarteme im Folgenden noch eingehender beleuchtet wird.

Die Sorge vor Doppelloyalitäten und die mögliche politische Bedeutung und Brisanz von Nachrichten – Gesandte waren immerhin »Mund und Ohr«[696] ihrer Herren – veranlasste europäisch-christliche Herrscher dazu, Gesandte bevorzugt aus dem Kreis der eigenen Familia zu wählen.[697] Im Gegensatz dazu bestimmten muslimische Herrscher oftmals Christen als Gesandte, die als Söldner in den Heeren nordafrikanischer Herrscher gedient hatten:

693 Vgl. Kintzinger, Voyages et messageries, S. 207–221.

694 Vgl. Villarroel González, La formación de los diplomáticos, S. 133; siehe ebenso Kleinschmidt, Kultur der Diplomatie, S. 92.

695 Vgl. Russell, Some socio-linguistic problems, S. 6–7.

696 Borgolte, Experten der Fremde, S. 949; siehe ebenso Kintzinger, Servir deux princes, S. 456 und 458.

697 Vgl. Kintzinger, Westbindungen im spätmittelalterlichen Europa, S. 227.

> Man könnte an den islamischen Höfen der Meinung gewesen sein, dass ein tieferes Verständnis kultureller Eigenheiten, wie sie die christlichen Söldnerführer mitbrachten, für den Erfolg ihrer Mission wichtiger waren als bloße Sprachkenntnisse. In der Tat scheint die islamische Diplomatie in dieser Hinsicht die Rolle der Gesandten als kulturelle Mittler im interreligiösen Kontakt und die Bedeutung des Vertrauens für den diplomatischen Erfolg genauer als die Christen begriffen und dadurch einen strategischen Vorsprung gehabt zu haben.[698]

Trotz der scheinbar geringeren Furcht vor Illoyalität christlicher Gesandter stellte man ihnen aber im Regelfall muslimische Dienstleute an die Seite.[699] Im Falle der Kontakte mit Kanariern und dem subsaharischen Afrika konnten die christlichen Herrscher der Iberischen Halbinsel nicht in gleicher Weise vorgehen, denn wozu sollten Gesandte aus dem engen Familienkreis taugen, die weder Sprache noch Kultur der neuentdeckten Völker kannten? So mussten die europäischen Mächte gezwungenermaßen bezüglich der Auswahl von Vermittlern und Gesandten nach der muslimisch-arabischen Strategie verfahren, die sich als Erfolgsrezept erweisen und einen Wandel in der christlich-europäischen Diplomatie befördern sollte.

In den Quellen wird die Gefangennahme des bereits mehrfach erwähnten *Guanartemes* von Gran Canaria, Tenesor Semidan, als besonderer Glücksfall beschrieben. Bei einem nächtlichen Überfall geriet der Stammesfürst von Gáldar in die Hände der Konquistadoren, wurde anschließend den Katholischen Königen vorgeführt und entwickelte sich schließlich zum wichtigsten Verbündeten der Eroberer bei der Unterwerfung seiner Heimatinsel Gran Canaria.[700] Als Stammesfürst versprachen sich die Konquistadoren einerseits von der Taufe des *Guanarteme* eine schnelle Annahme des Christentums durch seine Untertanen. Andererseits werden bei den Versuchen des nun so genannten Don Fernando Guanarteme, seine rebellierenden Untertanen von einer Kapitulation zu überzeugen, immer wieder das Vertrauen und der Respekt betont, die die Indigenen ihrem Anführer entgegenbrachten, was schließlich zur erfolgreichen Unterwerfung der aufständischen Gruppen der *Canarios* unter spanische Herrschaft beitrug. So heißt es in der *Historia* des Abreu Galindo: »Fernando von Gáldar […] vor dem die Canarios Respekt hatten«,[701]

698 Jaspert, Interreligiöse Diplomatie im Mittelmeerraum, S. 180–181.

699 Vgl. Jaspert/Kolditz, Christlich-muslimische Außenbeziehungen im Mittelmeerraum, S. 38.

700 Vgl. Conquista de la isla de Gran Canaria (Lacunense), S. 219.

701 *Fernando de Gáldar […] á quien los canarios tuvieron respeto.* Abreu Galindo (2021), Historia de la conquista de las siete Islas de Canarias, S. 190.

»sie nahmen den Rat des Fernando de Gáldar an und ergaben sich«,[702] »ihre Waffen niederlegend, begaben sie sich in die Hände des Don Fernando de Gáldar«.[703]

Der Vertrauensbonus spielt darüber hinaus auch bei der franco-normannischen *Conquista* eine Rolle, denn Alfonso gehörte als Neffe des Afche wahrscheinlich zu einer vormaligen Herrscherfamilie von Lanzarote.[704] Der wehrhafte Stammesfürst von La Palma, Tanausú, wurde überdies durch einen Verwandten, nun als *adalid* im Heer des Alonso de Lugo dienend, betrogen und in eine Falle gelockt, die zu seinem Untergang und damit zum Ende der Herrschaft der *Auaritas* über ihre Insel führte.[705]

Innerhalb der christlichen Sphäre folgten der Empfang und der Aufenthalt von Gesandten an fremden Höfen darüber hinaus einem zwischen den Parteien als höfisches Ideal konsensual anerkannten Programm. Dazu gehörte auch der Gebrauch eines spezifischen Vokabulars, dessen geschickte Verwendung einen gewissen Bildungsgrad der Diplomaten voraussetzte.[706] Auf der Iberischen Halbinsel hatte sich durch die jahrhundertelange christlich-muslimische Kontaktzone eine Gruppe von Fachleuten mit einem »hohe[n] Maß an interreligiöser Expertise« herausgebildet, überspitzt gesagt, »›Berufsdiplomaten‹ mit einem eigenen ›Ressort Islamische Welt‹«.[707] Obschon Jaspert mit einiger Vorsicht von »Berufsdiplomaten« spricht, so manifestiert sich hier doch ein wesentlicher Unterschied zu den kanarischen Gesandten: Durch ihre Lebensumstände zu Mediatoren und Gesandten »berufen«, wurde hier weder nach Bildungsgrad, Stand oder Geschlecht ausgewählt. So kamen schier durch Zufall zum Beispiel Frauen oder Personen niederen Standes in die Position, das Schicksal ihrer Völker entscheidend mitzubestimmen, wie im letzten Abschnitt dieses Kapitels am Beispiel der Francisca de Gazmira zu sehen sein wird.

Wie in Bezug auf die indigenen Übersetzer, Vermittler und Gesandte, die nicht nur Instrumente der Konquistadoren waren, sondern ihre Handlungsspielräume für die Verwirklichung eigener Interessen nutzten, so waren auch die

702 Hier die Stelle im Original im Zusammenhang: *Visto por los canarios que andaban con Tajarte que las fuerzas de los cristianos cada día crecían y que la aspereza de la tierra y riscos no los defendía, que era donde tenían puesta toda su confianza, determinaron tomar el consejo que D. Fernando de Gáldar les daba, que era rendirse.* Abreu Galindo (2021), Historia de la conquista de las siete Islas de Canarias, S. 188.

703 *[…] y lanzando las armas se pusieron en manos de D. Fernando de Gáldar.* Ebd., S. 192.

704 Vgl. Tejera Gaspar, Majos y europeos, S. 128.

705 Vgl. Abreu Galindo (2021), Historia de la conquista de las siete Islas de Canarias, S. 236–237.

706 Vgl. Kintzinger, Voyages et messageries, S. 207–221.

707 Jaspert, Interreligiöse Diplomatie im Mittelmeerraum, S. 177.

Rekrutierung und Ausbildung von »Cultural Brokers« nicht alleiniges Metier der Europäer, sondern die Indigenen wurden hier auch mit eigenen Interessen selbst tätig. Wie in Kapitel 2 mithilfe der Analysekategorien Preisers gezeigt, pflegten die Indigenen der Kanaren bereits vor ihrer »Entdeckung« durch die Europäer internationale Beziehungen untereinander, die in Frieden und Krieg auf einer normativen Basis fußten. Natürlich ist in diesem Zusammenhang auch von einer Existenz von Boten, Gesandten und Vermittlern auszugehen. Auch hierfür liefern die Quellen ein eindrückliches Beispiel: Tibiabin und Tamonante, die bereits als Mediatorinnen zwischen den Stammesgruppen Fuerteventuras fungierten und zwischen den *Mahoreros* und den Franco-Normannen vermittelten, werden uns im dritten Teil dieses Abschnitts genauer beschäftigen.

4.4.1 Isabel und Alfonso

Drei Kanarier begleiteten den Eroberungszug unter der Führung von Jean de Béthencourt und Gadifer de La Salle im Jahr 1402: Pedro el Canario *(Pietre le Canare)*, der bei einem Aufenthalt der franco-normannischen Schiffe vor der Küste Gran Canarias ausgesandt wurde, um den »König« der Insel ausfindig zu machen und mit ihm zu verhandeln, aber nicht zurückkehrte,[708] sowie die Indigenen Isabel und Alfonso. Ihr jeweiliges Einsatzgebiet legt die Vermutung nahe, dass Pedro ein *Canario* war und die Gelegenheit beim Schopf ergriff, den Konquistadoren zu entfliehen, um auf seiner Heimatinsel zu bleiben. Alfonsos Verwandtschaft mit dem *Maho* Afche und seine und Isabels Übersetzungstätigkeiten auf Lanzarote lassen annehmen, dass die beiden von der Insel stammten.[709] Die geographische Nähe zwischen Lanzarote und Fuerteventura und die zuvor wahrscheinlich vorhandenen interinsularen Kontakte zwischen den *Mahos* und den *Mahoreros* (siehe Abschnitt 2.4) erklären, warum es Alfonso und Isabel auch möglich war, bei der Eroberung Fuerteventuras zwischen den Franco-Normannen und den *Mahoreros* zu übersetzen. Doch wie wurden diese Indigenen zu hybriden Akteuren?

Wie im Abschnitt zur Rekrutierung bereits angedeutet, wurden Alfonso und Isabel einige Jahre zuvor von Sklavenfängern geraubt und landeten so auf dem europäischen Kontinent. Ob sie bei der Attacke auf die Insel Lanzarote im Jahr 1393 entführt wurden oder, wie es Torriani behauptet, durch ein Schiff mit

708 Vgl. Le Canarien, G17v, S. 69; G18v, S. 73 und G32r, S. 126.

709 *[…] alfonce lêql / Bettencourt auoit amene pour estre truchement / cõme dessus est dit lequel demouraiot continuelm̂t / auecques not et sauoit nr̂e conuine et nr̂e pourete / et tiroit du tout a nr̂e destruction.* Le Canarien, G13v, S. 53; B22r, S. 232. Version B führt hier noch stärker aus, dass Alfonso wusste, dass die Franco-Normannen nicht mehr viele waren und nur wenige davon Männer für den Kampf.

Männern vom Golf von Biscaya im Jahr 1385 in Gefangenschaft gerieten, lässt sich nicht ermitteln.[710] Fest steht, dass Isabel und Alfonso – wir erfahren nur ihre Taufnamen – einige Jahre, wenn nicht sogar Jahrzehnte vor ihrer Rückkehr zu den Kanaren als Sklaven in Europa lebten: *[...] et auecques ce detenoit deux Canares vn / nõme alfonce et vne fẽme nõmee ysabel lequelz lesdis / cheualies auioent amenez pour estre leurs truchem̃s / en lisle de lancelot.*[711]

In *Le Canarien* durchgängig als *trujamán* bezeichnet stellt sich die Frage, welche Kenntnisse und Fähigkeiten der Indigenen über die Kommunikation mit den *Mahos* hinaus den Konquistadoren bei ihrem Vorhaben von Nutzen waren. Aufschluss darüber gibt eine dramatische Szene, bei der Pierre Boutier und Jean Le Verrier, die den Eroberungszug als Missionare begleiteten, die Kanarierin Isabel der Chronik zufolge mit einem Boot aus den Fluten retteten. Zur Erkundung des Archipels aufgebrochen, hatte Gadifer de La Salle die Führung und Aufsicht über die verbleibenden Franco-Normannen und den Wehrturm von Rubicón einem seiner Männer, Bertin de Berneval, übertragen. Der immer wieder als »Verräter« in Le Canarien gebrandmarkte und mit Judas Iskariot verglichene Berneval[712] bricht jedoch das Abkommen mit den Indigenen, das ihnen Sicherheit vor dem Verkauf in die Sklaverei gewähren sollte (siehe Kapitel 3.2), was schließlich zu blutigen Auseinandersetzungen zwischen Invasoren und Insulanern führte. Unter einem Vorwand lässt er 23 *Mahos* zur Küste bringen, wo ein spanisches Schiff darauf wartete, sie in die Sklaverei zu verschleppen. Neben Guadarfía, dem Stammesführer der *Mahos*, gelingt auch Alfonso die Flucht. Isabel hingegen ist bereits auf dem Schiff und scheint verloren, bis die Geistlichen Berneval anflehen: *[...] bertin, [...] laissiez nous isabel la canare Car nous ne saurions / parler aux hĩtans qui demourent en ceste isle.*[713] Daraufhin lässt Berneval sie einfach über Bord ins Meer werfen, doch Boutier und Le Verrier gelingt ihre Rettung.

Nicht nur für die Translation bei Verhandlungen unabdingbar, unterstützten Isabel und Alfonso die Missionare gewiss auch bei der Bekehrung der *Mahos* zum Christentum. Darüber hinaus befanden sich die Konquistadoren bei ihrem Eroberungszug immer wieder in Notsituationen, wenn etwa ihre Versorgungsschiffe vom Festland nicht eintrafen, in denen sie auf die unmittelbare Hilfe der Insulaner angewiesen waren. Hier lässt sich eine Parallele zu den Aborigines-

710 Vgl. Torriani, Descripción e historia del reino de las Islas Canarias, S. 38 (auf eine mögliche Fahrt im Jahr 1385 weist eine Fußnote des Herausgebers hin).

711 *[...] et auecques ce detenoit deux Canares vn / nõme alfonce et vne fẽme nõmee ysabel lequelz lesdis / cheualies auioent amenez pour estre leurs truchem̃s / en lisle de lancelot.* Le Canarien, G9r, S. 34; B10v, S. 187.

712 Vgl. ebd., B11v, S. 191.

713 Ebd., G12r, S. 46; B15v, S. 207.

Führern erkennen, die den Zugang zu Wasser und damit überhaupt die europäische Erforschung Australiens ermöglichten.[714] Denn auch auf Lanzarote versorgten die Indigenen durch die Vermittlung der Übersetzer die auf Lanzarote unter Hunger und Durst leidenden Franco-Normannen und garantierten somit nicht nur den Erfolg des Vorhabens, sondern auch ihr Überleben.[715]

Des Weiteren waren Isabel und Alfonso nicht nur anwesend, als die Franco-Normannen mit den *Mahos* einen Pakt schlossen,[716] sondern wurden auch als Gesandte losgeschickt. So überbrachte ein Bote der *Mahoreros* die Nachricht, dass sich die indigenen Anführer (in der Chronik werden sie irreführenderweise als »Könige« bezeichnet, obwohl sie nur Heeresführer waren, wie wir im Folgenden noch sehen werden) taufen lassen wollten. Daraufhin wurde Alfonso beauftragt, den Boten zu begleiten, um mit den Anführern Fuerteventuras die Kapitulation und einen Treffpunkt auszuhandeln.[717]

Alfonso kam in der indigenen Gesellschaft wahrscheinlich eine gehobenere Stellung zu, worauf seine Verwandtschaft mit Afche verweist, bei dem es sich um einen – europäisch ausgedrückt – potenziellen Thronprätendenten handelte. Von Seiten der prähistorischen Forschung zur Geschichte des Archipels wird vermutet, dass auf Lanzarote vor der Attacke von 1393 zwei »Könige« herrschten. Durch die Entführung des einen und die starke Dezimierung der Bevölkerung regierte zum Zeitpunkt der Ankunft der Franco-Normannen jedoch nur noch ein Stammesfürst.[718] Demzufolge könnte es sich bei Afche um einen Nachfahren der zweiten Herrscherlinie gehandelt haben. Die nahe Verwandtschaft zu einem »adligen« Mitglied der Stammesgruppe – Alfonso war Afches Neffe – erlaubte dem Übersetzer eine größere Einflussnahme auf seine Landsleute, wie Sarmiento Pérez herausstellt:

> […] the interpreters Alfonso and Isabel were able to win over the islanders. This would have been especially true of Alfonso, who was the nephew of a man of some importance in Lanzarote society. The two interpreters not only spoke French and had become familiar with European customs and ways of life, but more importantly, they knew the terrain of their island and the psychology of its people.[719]

Béthencourt habe gewusst, so Torriani in seiner Darstellung der *Conquista* der Franco-Normannen, dass er mit der Hilfe der beiden Lanzaroteñer die Indige-

714 Vgl. Matthies, Im Schatten der Entdecker, S. 51.

715 Auch die *bandos de paces* Teneriffas versorgten das Heer der Konquistadoren Alonso de Lugos mit Nahrungsmitteln. Vgl. Rumeu de Armas, La colaboración del Mencey de Güímar, S. 55.

716 Ihre Anwesenheit bleibt unerwähnt, scheint aber ohne Zweifel, sonst hätten die Konquistadoren mit den Insulanern nicht sprechen können. Vgl. Le Canarien, G4r, S. 14 und B5r, S. 164.

717 Vgl. ebd., B60v, S. 387.

718 Vgl. ebd., G4r, S. 14.

719 Sarmiento Pérez, The role of interpreters, S. 160.

nen besser besiegen könne als mit der Gewalt von Waffen.[720] Und so spricht Torriani den Verdienst um die schnelle Unterwerfung Lanzarotes Isabel und Alfonso zu:

> Sie überredeten die Insulaner dazu, sich mit dem Versprechen von Frieden und Freiheit von Seiten der Franzosen zu ergeben, obwohl sie schon Aufstellung genommen hatten, um ihre Heimat zu verteidigen ergaben sie sich, nahmen Béthencourt als ihren Herrn an und konnten mit Leichtigkeit getauft und in der christlichen Lehre unterrichtet werden.[721]

Bei Torriani handelt es sich gewiss um eine im Nachgang vereinfachte Darstellung des Geschehens, die eher das Einvernehmen zwischen Konquistadoren und Indigenen denn Krieg und Gewalt bei der Eroberung hervorzuheben suchte. Während Alfonso zusammen mit Isabel zunächst eine friedliche Verständigung gewährleistete, änderte sich mit Ausbruch der Konflikte jedoch seine Position, wie wir in *Le Canarien* erfahren. So habe er zusammen mit seinem Onkel Afche einen Komplott geschmiedet, um nicht nur den Stammesfürsten *Guadarfía* zu stürzen, sondern auch die Franco-Normannen zu vernichten: *alfonce lêql / Bettencourt auoit amene pour estre truchement / cõme dessus est dit lequel demouraiot continuelm̃st / auecques not et sauoit nr̃e conuine et nr̃e pourete / et tiroit du tout a nr̃e destruction.*[722] Zuvor als Experte für die Geographie und Ressourcen Lanzarotes sowie die Lebensweise, Kultur und Sprache der *Mahos* ein wertvolles Werkzeug zur Durchsetzung der Interessen der Konquistadoren, wird Alfonso nun durch sein strategisches Wissen zum gefährlichsten Widersacher der Franco-Normannen.[723] Obwohl der Plan von Afche und Alfonso nicht aufging und die Franzosen die Insel im Jahr 1404 unterwarfen, zeigt dieses Beispiel doch eindrücklich, dass die indigenen »Cultural Brokers« nicht nur Instrument der Europäer waren, sondern auch eigene Handlungsziele verfolgten.

720 Vgl. Torriani, Descripción e historia del reino de las Islas Canarias, S. 39: *Quizá con aquel movimiento aludía el francés a los dos lanzaroteños que había llevado consigo, con los cuales sabía que podía vencer a los bárbaros de estas islas, mejor que con la fuerza de las armas.*

721 *[...] persuadieron a los isleños a que se rindiesen, con prometerles de parte del francés paz y libertad; de modo que los isleños, aunque estuviesen ya puestos en orden para defender su patria, se rindieron, y recibieron a Lentancurt por su señor, siendo bautizados e instruidos con facilidad en la doctrina cristiana.* Torriani, Descripción e historia del reino de las Islas Canarias, S. 38.

722 Le Canarien, G13v, S. 53; B22r, S. 232. Version B führt hier noch stärker aus, dass Alfonso wusste, dass die Franco-Normannen nicht mehr viele waren und nur wenige davon Männer für den Kampf.

723 Im karibischen und lateinamerikanischen Eroberungskontext sind darüber hinaus kulturelle Übertritte von Konquistadoren bezeugt. So entschloss sich etwa der Spanier Roldán unter den *Taínos* in der Karibik zu leben, die er im Tausch für Nahrung und Ansehen mit Waffen und militärischem Wissen versorgte. Stevens-Arroyo, The Inter-Atlantic Paradigm, S. 530–531.

4.4.2 Don Fernando Guanarteme

Der *Guanarteme* von Gáldar auf Gran Canaria, der vor seiner Taufe den Namen Tenesor Semidan trug, ist der bis heute berühmteste indigene Herrscher des kanarischen Archipels. Über kaum einen anderen Indigenen erfahren wir so viel aus den Quellen zur Eroberung der Kanaren, was nicht zuletzt seiner entscheidenden Rolle als Verbündeter der Spanier während der *conquista realenga* geschuldet ist. Neben längeren Passagen über seine Gefangennahme, seinen Aufenthalt und seine Taufe am Hof Isabellas von Kastilien und Ferdinands von Aragón sowie seine Taten bei der Eroberung Gran Canarias, La Palmas und Teneriffas in den *Crónicas*, *Relaciones* und *Historias* zur *Conquista*, wird der *Guanarteme* in einigen Dokumenten des *Registro del Sello* und in den Rechnungsbüchern der Jahre 1481 und 1482 zur Eroberung Gran Canarias erwähnt.[724] Darüber hinaus sind uns Testamente seiner Töchter sowie die in der Forschung so betitelte *Información Guanartémica*, ein Ersuchen *(peticion)* seiner Tochter Doña Margarita Fernández de Guanarteme (vor ihrer Taufe Guayarmina)[725] und ihres Ehemannes Miguel de Trejo Carvajal, Konquistador Gran Canarias, aus dem Jahr 1526 überliefert.[726] Mithilfe von insgesamt neun Zeugenaussagen, darunter denjenigen von acht in die *conquista realenga* involvierten Eroberern und einem Geistlichen,[727] versuchte das Ehepaar die Position des Don Fernando

724 Der erste Erlass zitiert zwei Bevollmächtigte herbei, der eine im Auftrag des Don Fernando Guanarteme, der andere für Pedro de Vera vorsprechend, die anscheinend einen Gerichtsprozess um Ziegenherden und Geld führten. Vgl. Aznar Vallejo (Hg.), Documentos Canarios en el Registro del Sello, Nr. 310, S. 64. Der zweite Erlass, ebenfalls aus dem Jahr 1491, ordnet eine Untersuchung auf Gran Canaria an, bei der ermittelt werden soll, ob sich nur Don Fernando Guanarteme und 40 seiner Verwandten auf der Insel aufhielten und alle *Canarios* über eine entsprechende Genehmigung verfügten, siehe ebd., Nr. 305, S. 62–63. Eine Transkription des Dokuments liegt ebenfalls vor: Rosa Olivera, Dos cédulas reales sobre don Fernando de Guanarteme, S. 139–140; zu den Rechnungsbüchern siehe Ladero Quesada, Las cuentas de la conquista de Gran Canaria, S. 11–104.

725 Vgl. Pérez Saavedra, Una matriarca insular, S. 997.

726 Eine Verwirrung entstand lange Zeit in der Forschung, als Dacio Darias ein im Anhang der Chronik des Pedro Gomez Escudero überliefertes Testament dem *Guanarteme* von Gáldar zuschrieb. Heute scheint es relativ sicher, dass dieses Testament nicht von ihm stammt, sondern von einem Namensvetter, denn der *Guanarteme* verstarb früher und war nicht auf Teneriffa ansässig. Siehe dazu ebd., S. 994 und vgl. Testamento de Don Fernando de Guanartheme, S. 197–198. Vgl. Información de méritos de don Fernando Guanarteme, S. 203.

727 Dass hier ausschließlich Spanier befragt wurden und keine *Canarios* mag zunächst verwundern, lässt sich im Zusammenspiel mit der *Real Cédula* von 1491 aber erklären: Neben den spanischen Konquistadoren, deren Aussagen vermutlich auch größeres Gewicht hatten als die indigener Zeugen, lebten nur

an der Spitze der indigenen Stammesgesellschaft, seine Taten in den Diensten der spanischen Krone und sein anschließendes Leben in Armut auf Teneriffa *(murió en la de Tenerife y pobre segun la calidad de su persona)*[728] sowie den alleinigen Erbanspruch der Doña Margarita Fernández de Guanarteme nach dem Tod ihrer Schwester nachzuweisen.[729] Bekannt und so zahlreich belegt, monierte der Historiker Manuel Lobo Cabrera vor einigen Jahren jedoch, dass sich die historische Forschung noch nicht ausreichend mit Don Fernando Guanarteme beschäftigt habe; eine Lücke, die im Folgenden zumindest in einigen Aspekten geschlossen werden soll.[730]

Der Status des Tenesor Semidan bis zur Herrschaftsübernahme der Spanier als *Guanarteme* von Gáldar im Nordosten der Insel *(era llamado Guadnarteme, que en lengua de Canarios quiere dezir Rey)* wird in der *Información* von allen Zeugen bestätigt. Widersprüchlich sind die Aussagen hingegen in Bezug auf die vermeintliche Gefangennahme des indigenen Herrschers. Einigen Zeugen zufolge war Tenesor Semidan nicht durch einen nächtlichen, gewaltsamen Überfall in die Hände der Konquistadoren geraten, sondern habe sich durch einen Pakt mit den Spaniern verbündet.[731] Sowohl in den erzählenden Quellen als auch nach Aussage des Schatzmeisters und Kanonikers der Kathedralkirche von Gran Canaria, Sr. D. Fernando de Alvarez, der während der *Conquista* in den Diensten des Bischofs Don Juan de Frías stand und Teil der Delegation war, die den Herrscher von Gáldar zum Hof der Katholischen Könige begleitete, wurde Tenesor Semidan jedoch als Gefangener auf die Iberische Halbinsel verschleppt.[732]

Bei Ankunft der Delegation in Sevilla seien die Straßen überfüllt gewesen, so wird es in den Quellen zur *Conquista* Gran Canarias berichtet. Auf dieser

noch ein paar Verwandte des *Guanarteme* auf Gran Canaria. Deren familiäre Nähe zum vormaligen Herrscher Gáldars war gewiss ein Ausschlusskriterium.

728 Información de méritos de don Fernando Guanarteme, S. 230.

729 Vgl. ebd., S. 207.

730 Vgl. Fernando Guanarteme en Calatayud, un »falso mito« sobre la Conquista de Canarias.

731 Fernando del Castillo, Juan de Soria, Gonzalo de Aguilar, Gonzalo de Fuente, allesamt Konquistadoren von Gran Canaria, sprechen von friedlichen Verhandlungen und einem Pakt, was den *Guanarteme* dazu veranlasste, die Katholischen Könige auf der Iberischen Halbinsel aufzusuchen. Vgl. Información de méritos de don Fernando Guanarteme, S. 212, 224 und 231.

732 Vgl. Información de méritos de don Fernando Guanarteme, S. 221–222; auch Antonio López Alonso hält diese Variante für plausibler, vgl. López Alonso, El Pacto de Calatayud (3/3); ein späteres Quellenzeugnis berichtet von zwei Königen von Gran Canaria, die zu den Katholischen Königen gereist seien. Vielleicht waren hier auch ein König und eine Königin, Don Fernando Guanarteme und seine Frau gemeint? Siehe dazu López Alonso, Dos Reyes Canarios.

Grundlage ist nicht auszuschließen, dass der indigene Herrscher zunächst als eine Art Kriegstrophäe präsentiert wurde. Emilio Hardisson y Pizarroso vermutet hierbei auch die Anwesenheit Boabdils, des letzten Emirs von Granada.[733] Die Quellen schreiben ihm zu, er sei beeindruckt von den Palästen und edlen Herren gewesen, die ihm begegneten. Begleitet wurde der indigene Stammesfürst nicht nur vom Bischof Don Juan de Frías, mit dem er später auch zu Tisch gesessen haben soll,[734] und dem Pfarrer Sr. D. Fernando de Alvarez, sondern ebenso von Miguel de Moxica, einem Abenteurer vom Golf von Biscaya und Juan Mayor *(por su lengua)*, der von Lanzarote stammte, eine Zeit in Gefangenschaft auf Gran Canaria verbracht hatte und sich als Übersetzer schließlich zum ständigen Begleiter Tenesor Semidans entwickeln sollte.

»Der besagte Guanarteme war ein großer Mann, gut gebaut, mit einem schwarzen Bart und einem majestätischen Antlitz.«[735] Obwohl die Chroniken dem *Guanarteme* hier eine gewisse königliche Aura zusprechen, sah sich Tenesor Semidan dennoch gezwungen, sich den Kleidernormen der Europäer für seine Präsentation vor dem Katholischen Königspaar zu unterwerfen,[736] um nicht verhöhnt zu werden: »Ritual ›Europeanisation‹ was required even before entrance, and cultural assumptions about dress were very rigid«,[737] hält Kate Lowe analog zum Besuch afrikanischer Gesandter und Prinzen an italienischen Höfen fest. Sr. D. Fernando Alvarez berichtet sogar, Tenesor Semidan habe Kleider König Ferdinands erhalten sowie ein Pferd und einen Platz im Reiterzug des Monarchen *(lo mandaban traer en cabalgado como caballero y le mandaron dar caballo de su caballeria y de las própias ropas del Rey Católico [...])*.[738] Dies bestätigt auch das Rechnungsbuch des Pedro de Arévalo, der die Gouverneure Pedro de Vera und Miguel de Muxica mit Waren und Material für ihren Feldzug belieferte und auch die Reise des *Guanarteme* und seines Geleits *(compañera)* zum Hof der spanischen Monarchen ausstaffierte. Die Kosten für einen neuntägigen Aufenthalt von drei Sklaven sowie sieben weiteren Personen bei Hofe werden dokumentiert. Die sieben Personen, die hier nicht namentlich genannt werden, bekommen Schnürstiefel, ein Wams, Gewänder, einen Speer und weiteres

733 Vgl. Hardisson y Pizarroso, Sobre la rendición de Gran Canaria, S. 58.

734 Vgl. Información de méritos de don Fernando Guanarteme, S. 223.

735 *El dicho Guadarteme era onbre alto, muy bien dispuesto, barba negra, y un rrostro de mucha magestad*. Libro de la conquista de la ysla de Gran Canaria y de las demas yslas (Ovetense), S. 155.

736 Vgl. López de Ulloa, Historia de la Conquista de las siete Islas de Canarias, S. 144. Gleiches gilt für die Gomeraner Bruco und Piste am portugiesischen Hof, die ebenfalls reich eingekleidet wurden. Vgl. Zurara, La Crónica de Guinea, S. 243.

737 Lowe, ›Representing‹ Africa, S. 119.

738 Información de méritos de don Fernando Guanarteme, S. 222.

Equipment für ihre Pferde. Ob Don Fernando Guanarteme noch von weiteren indigenen Adeligen begleitet wurde (ihre Bezeichnung als *cavalleros canarios* im Rechnungsbuch spricht für diese These) oder ob auch seine spanischen Begleiter dieser Ausstattung bedurften, bleibt offen.[739]

Die Begegnung mit Isabella von Kastilien und Ferdinand von Aragón wird mit Unterwerfungsformeln und symbolischen Gesten der Freundschaft inszeniert. Es würde ihm sehr gefallen, ein Vasall solch großer und mächtiger Könige zu sein, so die Worte, die der *Guanarteme* angeblich an die Katholischen Könige richtete.[740] Ferdinand umarmt seinen neuen Gefolgsmann und nimmt ihn damit in den Kreis der Familia auf. Der König fungiert auch als Taufpate des nun so genannten Don Fernando Guanarteme,[741] dessen Taufzeremonie der einer königlichen Person gleichgekommen wäre, so die Quellen *(como a persona rreal)*.[742] Als Gefangener in Ketten zum Herrschaftssitz der Katholischen Könige geführt, europäisiert und christianisiert, verlässt der *Guanarteme* den Hof als geadelter Verbündeter und Vasall des spanischen Königspaares. Doch das Verhältnis zur Krone und den Konquistadoren und Don Fernandos Status waren höchst ambivalent. Sein Taufname, *Don Fernando Guanarteme*,[743] sicherte ihm sowohl die Anerkennung durch die indigene Bevölkerung als auch den Respekt der Spanier zu. Denn sein indigener Herrschertitel *(guanarteme)* wurde hier mit dem spanischen Titel des *don* verknüpft (abgeleitet vom Lateinischen *dominus*),[744] der später auch den Kaziken Lateinamerikas verliehen wurde und mit verschiedenen sozialen Privilegien verbunden war, wie das Recht ein Schwert zu tragen, ein Pferd zu reiten oder ein Wappen zu führen.[745]

Ebenso wie Tenesor Semidan erhielten auch die gefangenen Stammesfürsten der *Guanchen* nach ihrer Taufe diesen Titel, der eine symbolische Anerkennung

739 Vgl. Ladero Quesada, Las cuentas de la conquista de Gran Canaria, S. 49.

740 *[…] gustaba mucho de ser basallo de tan grandes y poderosos Reyes.* Libro de la conquista de la ysla de Gran Canaria y de las demas yslas (Ovetense), S. 155.

741 Taufpaten der *Canarios* zum Ende der Conquista sind die Anführer der Konquistadoren, vgl. Conquista de la isla de Gran Canaria (Lacunense), S. 223; ebenso López de Ulloa, Historia de la Conquista de las siete Islas de Canarias, S. 152.

742 Libro de la conquista de la ysla de Gran Canaria y de las demas yslas (Ovetense), S. 156. Ebenso Conquista de la isla de Gran Canaria (Lacunense), S. 219–220; Conquista de las siete islas de Canarias (Matritense), S. 249; López de Ulloa, Historia de la Conquista de las siete Islas de Canarias, S. 143–144; Sedeño, Conquista de la isla de Gran Canaria, S. 80–81; Escudero, Relación de la Conquista de la Gran Canaria, S. 103–107.

743 U.a. Libro de la conquista de la ysla de Gran Canaria y de las demas yslas (Ovetense), S. 156.

744 Vgl. Aznar Vallejo, La integración de las Islas Canarias, S. 271.

745 Vgl. Villella, Indigenous Elites and Creole Identity in Colonial Mexico, S. 33 und 44.

der königlichen Abstammung der *Menceyes* zum Ausdruck brachte, sie jedoch nicht davor bewahrte, ihr Dasein mehrheitlich in einer Art überwachter Freiheit im Haushalt von Höflingen fristen zu müssen, das an den Hausarrest Oppositioneller in asiatischen Ländern der Gegenwart erinnert:[746] »Man war frei, wenn man Christ war, aber dennoch der Herrschaft unterstellt«,[747] so Leopoldo de la Rosa Olivera zu ihrem Status. Auch die Nachfahren des Diego de Adexe, der als Einziger von neun *Menceyes* nach der *Conquista* auf seiner Heimatinsel lebte und in seinem ehemaligen Herrschaftsgebiet *repartimientos* zugesprochen bekam, sowie nahe Verwandte der Stammesfürsten spielten eine geringe soziale Rolle in der neuen spanischen Gesellschaft. Im Gegensatz dazu nahmen einige *Guanchen*, vor allem diejenigen, wie Rosa Olivera vermutet, die den Spaniern bei der Unterwerfung der Insel behilflich gewesen waren, bedeutende Posten in der Kolonialgesellschaft ein.[748] Don Fernando Guanarteme erhielt erst 1508 ein Privileg zu seinem Adelsstand und ein Wappen; ebenso ein typischer Vorgang zur Anerkennung des königlichen Status' fremder Fürsten,[749] denn auch die portugiesischen Herrscher wiesen afrikanischen »Königen« und »Adligen« Wappen zu.[750]

Doch die vermeintlich ranghohe Titulatur, die den *Guanarteme* als Mitglied der spanischen Königsfamilie auswies, verschleiert seinen wahren Status als Konquistador unter der Befehlsgewalt Pedro de Veras. Zwei Passagen aus den Chroniken zeigen deutlich die untergeordnete Stellung des indigenen Herrschers. So musste er Pedro de Vera um Erlaubnis bitten *(pidió licencia)*, als er mit einigen aufständischen *Canarios* verhandeln wollte.[751] Nach einer Niederlage der Konquistadoren, bei der sie hohe Verluste zu beklagen hatten und für die Pedro de Vera die gescheiterten Verhandlungsversuche Don Fernandos verantwortlich machte, fügte er dem früheren Herrscher von Gáldar eine große Demütigung zu: »Danach starben der gute Miguel de Moxica und die meisten seiner Leute vom Golf von Biscaya und viele weitere ritterliche Eroberer, was den Gouverneur Vera zutiefst bewegte: Und er bat Don Fernando, die Ver-

746 Vgl. Aznar Vallejo, La integración de las Islas Canarias, S. 6; Rumeu de Armas: La colaboración del Mencey de Güímar en la conquista de Tenerife, S. 55. Zur Überführung der *Menceyes* auf die Iberische Halbinsel, vgl. Rumeu de Armas, La conquista de Tenerife, S. 295–298.

747 *Se era libre si se era cristiano, pero era hombre de señorío.* Rosa Olivera, El Rey Don Diego de Adexe, S. 177.

748 Vgl. Rosa Olivera, Notas sobre los reyes de Tenerife, S. 2; Rosa Oliver, El Rey Don Diego de Adexe, S. 176 und 187.

749 Escudo de Armas de Don Fernando de Guadartheme, S. 201–202; Vgl. Rosa Olivera, Canarios en la Conquista y Repoblación de Tenerife, S. 30.

750 Vgl. Lowe, ›Representing‹ Africa, S. 107.

751 Vgl. Abreu Galindo (2021), Historia de la conquista de las siete Islas de Canarias, S. 233.

storbenen zu begraben, und er tat es.«[752] Im Wissen um die Tabus der *Canarios*, die es Mitgliedern der Oberschicht untersagten, Blut und tote Körper zu berühren (siehe Abschnitt 2.2), inszenierte Pedro de Vera öffentlich seine Gewalt über den *Guanarteme*, der hier, seiner Handlungsmacht beraubt, nur als Werkzeug der Spanier erscheint. Auch die Beziehung zwischen europäischen Entdeckungsreisenden und indigenen Begleitern, die als Schicksalsgefährten vermeintlich durch dick und dünn gingen, beschreibt Volker Matthies in gleicher Weise als asymmetrisch, hierarchisch und paternalistisch.[753]

Die Rolle des Don Fernando Guanarteme als Konquistador belegt das Versprechen eines *Repartimiento*, das Land *(Guayedra)* und ein Aufenthaltsrecht für ihn, 40 seiner Verwandten und ihren Nachkommen auf Gran Canaria umfasste, welches er von den Katholischen Königen erhielt.[754] Dass es sich hier um eine besondere Genehmigung handelte, zeigt eine *Real Cédula* aus dem Jahr 1491. Der königliche Erlass reagierte auf eine Beschwerde der Bewohner Gran Canarias, die ein Ungleichgewicht von Christen und Indigenen auf der Insel und die latente Gefahr von Aufständen monierten, weshalb der Befehl erging, letztere von der Insel zu deportieren. Nur in seltenen Fällen blieben indigene Kanarier nach der Eroberung des Archipels auf ihrer Heimatinsel. Ein Verkauf in die Sklaverei oder die Deportation auf eine andere Kanareninsel sollten Rebellionen und Unruhen vorbeugen. Allein Don Fernando Guanarteme und seiner Familie, wie es in dem Erlass heißt, sei es erlaubt, auf Gran Canaria zu bleiben.[755]

Obschon seiner ehemaligen machtvollen Stellung als Herrscher von Gáldar beraubt, schreiben sämtliche Chronisten Don Fernando Guanarteme ein großes Verdienst an der Unterwerfung Gran Canarias, La Palmas und Teneriffas zu.[756] So habe er durch sein Verhandlungsgeschick vielen Christen das Leben gerettet, heißt es etwa in der Chronik Ovetense und bei Antonio Sedeño,[757] und die langwierige *Conquista* zu einem Ende geführt.[758]

752 *Murió después el buen Miguel de Moxica y la mayor parte de sus vizcaínos, y lluego muchos caballeros Conquistadores, que le causó gran sentimiento a el Gob.r Vera; pidióle a Don Fernando que hiciese enterrar a los difuntos y así lo hizo.* Escudero, Relación de la Conquista de la Gran Canaria, S. 113.

753 Vgl. Matthies, Im Schatten der Entdecker, S. 76.

754 Vgl. Libro de la conquista de la ysla de Gran Canaria y de las demas yslas (Ovetense), S. 156.

755 Vgl. Rosa Olivera, Dos cédulas reales sobre don Fernando de Guanarteme, S. 139–140.

756 Vgl. Conquista de la isla de Gran Canaria (Lacunense), S. 227.

757 Vgl. Libro de la conquista de la ysla de Gran Canaria y de las demas yslas (Ovetense), S. 158; Sedeño, Conquista de la isla de Gran Canaria, S. 85.

758 Vgl. ebd., S. 159; Escudero, Relación de la Conquista de la Gran Canaria, S. 109.

> [Don Fernando Guanarteme] kehrte, nachdem er getauft worden war, nach [Gran] Canaria zurück und half im Krieg in der Weise, dass er mit Waffen und mit der Zunge kämpfte, als christlicher Redner, war er der Grund dafür, dass sich viele Canarios dem Glauben unterwarfen [...] und die Christen, mit Hilfe des Fernando, siegten schlussendlich.[759]

Die Konquistadoren, die 1526 für die Tochter des *Guanarteme* ihre Aussagen machten, berichten überdies von der Schlacht von Ajodar, bei der Don Fernando Guanarteme seine Loyalität als Verbündeter der Spanier bewiesen habe. Ein Leichtes wäre es ihm gewesen, die geschwächten Spanier bei diesem Gefecht zu verraten, sich der Überzahl rebellischer *Canarios* anzuschließen und die Konquistadoren zu vernichten. Doch er und seine *Canarios* hätten sich ihren Landsleuten nicht angeschlossen und sich somit als vertrauenswürdig erwiesen.[760] Auch sein Wappen, das gänzlich in europäischem Stil und ohne den Gebrauch indigener Symbolik Palmen, einen Turm, die Krone von Kastilien und zwei Hunde gezeigt habe, habe neben seinem Namenszug das Wort »Treue« *(lealtad)* getragen.[761] Spätestens nach seiner Beteiligung an der erfolgreichen Unterwerfung seiner Heimatinsel und La Palmas sei Don Fernando Guanarteme für die Spanier gewiss ein »Mann mit einer makellosen Loyalität«[762] gewesen, so Antonio Rumeu de Armas.

Doch warum lief der indigene Stammesfürst nicht wieder zu seinen Leuten über? Warum entsagte er den Spaniern nicht seine Freundschaft und vertrieb sie von seiner Insel? Während die erzählenden Quellen das Verhalten Don Fernando Guanartemes damit erklären, dass er in Anbetracht der Übermacht der Katholischen Könige resigniert, die Zeichen der Zeit, die Notwendigkeit eines Herrscherwechsels und eine Christianisierung seines Volkes erkannt habe,[763] legt das Rechnungsbuch über die Aufwendungen des Juan de Frías (Alcaide der

759 *[Don Fernando Guanarteme] después de haber sido bautizado, volvió a [Gran] Canaria y ayudó en la guerra, de modo que, combatiendo con las armas y con la lengua, como orador cristiano, fue causa que los canarios se redujeron a la fe. [...] tuvieron los cristianos, con ayuda de Fernando, la última victoria.* Torriani, Descripción e historia del reino de las Islas Canarias, S. 138.

760 Información de méritos de don Fernando Guanarteme, S. 213, 217, 220, 225, 228 und 232. Darüber hinaus habe der *Guanarteme* bei einem Gefecht den verschwundenen Alonso de Lugo nicht aufgegeben, sondern eine Truppe versammelt und den Adelantado gesucht, vgl. ebd., S. 215 und 232. Die Zahl der kanarischen Krieger, die mit und unter der Befehlsgewalt des Don Fernando Guanarteme kämpften, variiert in den Zeugenaussagen, mal sind es 30, mal 60. Vgl. z. B. ebd., S. 214.

761 Vgl. ebd., S. 203–204.

762 »hombre de lealtad sin mácula«. Rumeu de Armas, La conquista de Tenerife, S. 255.

763 Vgl. López de Ulloa, Historia de la Conquista de las siete Islas de Canarias, S. 145.

Gemeinde Alcázarez de Córdoba, nicht zu verwechseln mit dem Bischof von Rubicón)[764] eine andere Deutung nahe. Dort ist belegt, dass der *Alcaide* fast ein Jahr lang eine Königin von Gran Canaria *(reyna de Canaria)* beherbergte, die in dieser Zeit eine Tochter zur Welt brachte.[765] Obschon keine direkte Verbindung zu Don Fernando Guanarteme hergestellt wird, so scheint es plausibel, dass es sich bei dieser Indigenen um die Frau des Herrschers von Gáldar handelt, die mit ihm auf die Iberische Halbinsel verschleppt worden war und sich nach Rückkehr ihres Mannes auf die Kanaren immer noch in Spanien aufhielt. Im Rechnungsbuch berichtet der Bischof über große Schmerzen dieser Frau, einen von ihm bestellten Mediziner und die Kosten für die Behandlung,[766] was annehmen lässt, dass die indigene Herrscherin bei der Rückkehr Don Fernando Guanartemes nach Gran Canaria vermutlich nicht reisefähig war. Die Beschreibung des Juan de Frías der Rückreise der kanarischen Königin lässt neben einem schlechten Gesundheitszustand jedoch noch eine weitere Interpretation zu: »Was ich für die besagte Königin von Canaria aufwand, für ihren Aufenthalt von elfeinhalb Monaten, die ich sie in meiner Gewalt hatte, bis zum fünfzehnten Tag des Augusts, als ich sie ihrem Mann aushändigte auf Befehl des Königs, unseres Herrn, um sie in ihre Heimat zurückzubringen [...].«[767] Obschon *poder*[768] hier auch im Sinne einer Art Obhut auf die patriarchische Hausmacht verweisen könnte, so kann die Formulierung *en mí poder* ebenso als Hinweis darauf gelesen werden, dass die spanischen Monarchen die Frau des *Guanarteme* als Druckmittel nutzten, um ihn für ihre Zwecke gefügig zu machen. Auch in den Zeugenaussagen der *Información* wird die Frage nach der Freiwilligkeit der Unterstützung des *Guanarteme* aufgeworfen.[769] Nach dem bis zu diesem Zeitpunkt vorliegenden Quellenmaterial lässt sich hier aber kein abschließendes Urteil fällen.

764 Vgl. López Alonso, Esenciales (X).

765 Einem Genealogisten des 18. Jahrhunderts zufolge soll die Frau des Guanarteme mit Taufnamen Ana Chabeneguer geheißen haben. Bei der neugeborenen Tochter wird es sich wahrscheinlich um Catalina Hernández Guanarteme gehandelt haben. Vgl. ebd.

766 Vgl. Ladero Quesada, Las cuentas de la conquista de Gran Canaria, S. 59.

767 *Que gastó con la dicha reyna de Canaria, de su mantenimiento de once meses e medio que la tove en mi poder, fasta quinçe días de agosto que la entregué a su marido por mandado del Rey nuestro señor, para la llevar a su tierra [...].* Ebd., S. 60.

768 Drei Bedeutungen gibt das Wörterbuch zum mittelalterlichen Spanisch an: »1. Tener facultad de hacer algo. 2. Posesión actual o tenencia de una cosa. 3. Potestad, posibilidad«. Die Konnotation von Gewalt, Macht und Besitz findet sich hier wieder. Vgl. »Poder«, in: Diccionario Medieval Español, Bd. II, S. 1505.

769 Vgl. Información de méritos de don Fernando Guanarteme, S. 214.

Neben dieser kriegerischen Unterstützung der Truppen Pedro de Veras und Alonso de Lugos führte Don Fernando Guanarteme als Ortskundiger das Heer der Konquistadoren als *adalid* an (siehe Abschnitt 4.2 zur Terminologie).[770] Während die Chroniken zur *Conquista* Gran Canarias über die Verhandlungen mit den rebellischen *Canarios* von Telde berichten, erfahren wir durch die Zeugenaussagen einiger Konquistadoren Teneriffas in der *Información* von Don Fernandos Beitrag zur Eroberung der Nachbarinseln. Auch hier fungiert er als Vermittler, wird durch die Konquistadoren etwa zum *Mencey* von Anaga und nach Taoro geschickt, das nach dem Fall des mächtigen Stammesfürsten Benitomo in der Schlacht von La Laguna nun durch dessen Sohn Bentor, den letzten *Mencey* von Taoro beherrscht wurde,[771] um mit ihnen einen Frieden mit den Spaniern auszuhandeln.[772] Dabei hätten die *Guanchen*-Fürsten dem vormaligen Herrscher von Gáldar großes Vertrauen entgegengebracht *(confiar)*, so einer der Zeugen.[773] Der Aussage Juan Baxos zufolge, bedurfte Don Fernando Guanarteme dabei nicht der Hilfe eines Übersetzers, da er den Dialekt der *Guanchen* beherrscht habe, was wiederum auf interinsulare Kontakte vor Landung der Europäer auf den Inseln schließen lässt (siehe Abschnitt 2.4).[774] Einer der Zeugen verweist darüber hinaus auf die Unantastbarkeit, die indigene Herrscher in den Stammesgesellschaften genossen *(ellos era al costumbre é tenían é guadarban por ley que en ninguna manera ellos podían herir ni matar ni ofender la persona de su Rey)*; eine Immunität, die sie aus europäischer Perspektive als Vermittler, Gesandte und Boten prädestinierte.[775]

Der Fall des Don Fernando Guanarteme unterstreicht nochmals die Vielgestaltigkeit der Rollen indigener Akteure.[776] Zu seinen Funktionen als Konquistador, Vermittler und Prediger (durch sein Beispiel wären viele Indigene zum Real gekommen und hätten sich taufen lassen)[777] im Auftrag der Spanier, tritt die des Gesandten und Fürsprechers für die Belange der indigenen Bevölkerung Gran Canarias hinzu. Insgesamt mindestens drei-, vielleicht sogar auch viermal reiste Don Fernando Guanarteme nach Spanien zum Hof der Katholischen Könige, wie Antonio Rumeu de Armas herausgefunden hat.[778] 1487 wurde er

770 Vgl. Información de méritos de don Fernando Guanarteme, S. 208.

771 Vgl. Rumeu de Armas, La conquista de Tenerife, S. 252–253.

772 Vgl. Información de méritos de don Fernando Guanarteme, S. 214 und 230.

773 Vgl. ebd., S. 219.

774 Vgl. ebd., S. 215.

775 Ebd., S. 209.

776 Beispiele dazu hat auch gesammelt: Le Brun, Un aspect de la conquête des îles Canaries, S. 181.

777 Vgl. Información de méritos de don Fernando Guanarteme, S. 217 und 231.

778 Santiago Rodríguez hält mindestens drei Reisen zwischen 1482 und 1486–1487 für gewiss. Vgl. Santiago y Rodríguez, Los viajes de Don Fernando Guanarteme, S. 332.

dabei von seiner Tochter Margarita Fernández und seiner Nichte Catalina begleitet,[779] die er dort mit dem Hidalgo Fernando de Guzmán verheiratete.[780] Neben dieser Pflege seiner Beziehungen zur spanischen Krone setzte er sich auch für die Verbesserung der Lebensumstände versklavter *Canarios* ein, wie wir im Folgenden noch sehen werden.

Der Umgang mit dem fremden Herrscher am Hofe der Katholischen Könige steht bereits beispielhaft für die Sicht der Spanier auf die Völker der Kanarischen Inseln und ihren untergeordneten Status in der Hierarchie von Menschen und Völkern in der christlichen Weltvorstellung, die sich mit dem Begriff *ordo* greifen lässt (siehe Kapitel 5). Darüber hinaus manifestieren sich hier die Spielregeln der internationalen, europäischen Politik des Spätmittelalters und der Frühen Neuzeit gegenüber nicht-christlichen Völkern. Voraussetzung für eine Anerkennung ihrer Stellung und eine Aufnahme internationaler Beziehungen war, sobald das Mächteverhältnis zugunsten der Europäer ausfiel, stets die Veränderung des Fremden in Form einer Angleichung an das Eigene: erst in abendländischer Gewandung, unter Einhaltung des höfischen Zeremoniells und als getaufter Christ zollten die Katholischen Könige dem Herrscher von Gáldar Respekt. In den Quellen zur *Conquista* der Kanaren und zur Erkundung Afrikas im 15. und 16. Jahrhundert noch als »Könige« bezeichnet, verloren indigene Herrscher mit Zunahme des imperialistischen, europäischen Ausgreifens ihre Anerkennung. Die Kanarier, Afrikaner und Indianer der Karibik der hier beschriebenen Epoche sollten für lange Zeit die letzten indigenen Herrscher sein, die die Europäer als Gäste und Gesandte empfingen.

4.4.3 Tibiabin und Tamonante

Die *Mahoreros* lebten in mindestens zwei voneinander getrennten Stammesgruppen auf Fuerteventura. Ob ihre Reiche durch den *Pared de Jandía*, eine bis heute existierende Mauer, die einst *Jandía* und *Maxorata* voneinander getrennt haben soll, abgegrenzt wurden, lässt sich heute nicht mehr mit Gewissheit sagen (siehe Abschnitt 2.3). Frühe Quellen nehmen die Existenz von zwei Reichen mit jeweils einem Stammesfürsten auf Fuerteventura an. So empfängt Béthencourt die taufwilligen Anführer Guize und Ayose in *Le Canarien* und zwei große Bronzestatuen der Indigenen säumen heute erhaben den Weg nach Betancuria, der alten Hauptstadt Fuerteventuras (siehe Titelbild der Studie).[781]

779 Manuel Lobo Cabrera vermutet eher, dass Don Fernando Guanarteme bei seiner Reise von zwei Töchtern begleitet wurde, vgl. Lobo Cabrera, Nuevos datos sobre la descendencia de Don Fernando Guanarteme, S. 142.

780 Vgl. Rumeu de Armas, Don Fernando Guanarteme y las princesas Guayarmina y Masequera, S. 38–39.

781 Vgl. Le Canarien, B60r, S. 384.

Späte Quellen berichten demgegenüber – und die ethnologische Forschung hält diese Variante für plausibel –, dass die Macht über die Insel zur Zeit ihrer Eroberung durch die Franco-Normannen eigentlich in den Händen von zwei Frauen lag und Guize und Ayose lediglich Heeresführer waren, die in Krisenzeiten ernannt und von den Konquistadoren irrtümlicherweise als »Könige« Fuerteventuras angenommen wurden. So berichtet Torriani, dass die Insel von einigen Herzögen und zwei obersten Frauen namens Tibiabin und Tamonante, Abreu Galindo zufolge Mutter und Tochter, beherrscht worden sei. Tibiabin, in der Forschung gerne mit einer Schamanin verglichen,[782] war die höchste religiöse Instanz der *Mahoreros* und für die Durchführung von Zeremonien und Ritualen zuständig. Auch auf Gran Canaria gab es eine Gruppe heiliger Frauen und auch Priesterinnen sind – ebenso wie die von Torriani gezeichneten, ominösen runden Tempelbauten *(fquenes)*, von denen heute keine Spuren mehr zu finden sind – von den nordafrikanischen Berberkulturen bekannt.[783]

Auf der einen Seite als Wahrsagerin diffamiert, die im Pakt mit dem Teufel stehe und den Offenbarungen der Dämonen lausche, auf der anderen Seite hochgelobt als weise und bereits vor ihrer Christianisierung vom Heiligen Geist beseelte Prophetin, sollen sowohl Tibiabin als auch Tamonante aus Sicht der Historiographen eine *Conquista* Fuerteventuras ohne Blutvergießen ermöglicht haben.[784] Während Tibiabin die *Mahoreros* durch eine Prophezeiung auf die Ankunft der Europäer vorbereitet und eine Annahme des christlichen Glaubens durch die *Mahoreros* befördert habe, indem sie sich als Erste taufen ließ,[785] sei es vor allem die Vermittlung Tamonantes gewesen, die die *Mahoreros* von einer Akzeptanz der Herrschaft der Franco-Normannen überzeugte. Denn die Funktion der Mediatorin habe Tamonante bereits in der indigenen Gesellschaft eingenommen: »Die eine nannte sich Tamonante, die über die Dinge der Gerechtigkeit herrschte und die Streitigkeiten und Meinungsverschiedenheiten, die zwischen den Herzögen und Hauptmännern der Insel aufkamen, entschied, und in allen Dingen war sie höher in ihrer Herrschaft.«[786]

Ihre Erfahrung in der Mediation zwischen den Indigenen prädestinierte Tamonante dazu, auch als Vermittlerin eine Einigung zwischen den Stammes-

782 Vgl. Cabrera Pérez, Fuerteventura y los Majoreros, S. 103.

783 Vgl. Tejera Gaspar / González Antón, Las culturas aborígenes canarias, S. 151 und 154.

784 Vgl. Abreu Galindo (2021), Historia de la conquista de las siete Islas de Canarias, S. 56–57.

785 Ebd., S. 68; Torriani, Descripción e historia del reino de las Islas Canarias, S. 81.

786 *La una se decía Tamonante, la cual regía las cosas de la justicia y decidía las controversias y las disensiones que ocurrían entre los duques y los principales de la isla, y en todas las cosas era superior en su gobierno.* Torriani, Descripción e historia del reino de las Islas Canarias, S. 75.

gruppen und den eindringenden Franco-Normannen zu erzielen. Die Rollen der beiden Frauen verdeutlichen zum einen, dass Mediation auch unter den Indigenen der Kanarischen Inseln ein bekanntes Verfahren war. Zum anderen verweisen Tibiabin und Tamonante – leider sind sie die einzigen überlieferten Beispiele – auf eine weitere Gruppe von Vermittlern und Gesandten, die bereits unter den Kanariern existierte und nicht erst durch die Europäer rekrutiert und ausgebildet werden musste.

4.5 Verdienst, Agency und Impact

Wie Sarmiento Pérez in seiner Monographie zurecht feststellt, erleichterten die hybriden Akteure das kulturelle und religiöse Eindringen der Eroberer und ermöglichten in einigen Fällen friedliche Unterwerfungen oder den Aufbau von Handelsbeziehungen.[787] Auch Dolores Corbella betont die große Relevanz von Übersetzern, Vermittlern und Gesandten für den Erfolg der atlantischen Expansion im Spätmittelalter: »Accordingly, the role played by interpreters as linguistic mediators and intercultural bridges had a special relevance. They made possible the advancement towards the South Atlantic during the *quattrocento* and their competence had a direct influence on the results of the expeditions.«[788] Inwieweit es sich, wie oben bereits angedeutet, jedoch um eine gezielte Darstellung der Chronisten und Historiographen handelt, die zumeist im Nachgang ganz im Sinne der neuen Mestizenkultur auf den Kanaren beabsichtigten, die *Conquista* eher als eine Geschichte des Einvernehmens denn des Eroberns zu präsentieren, lässt sich nur vermuten. Dass den hybriden Akteuren eine wichtige Rolle bei der Eroberung zukam und sie deren Verlauf maßgeblich beeinflussen konnten, ist jedoch unbestreitbar. Doch nicht nur ihre tatsächlichen Handlungen wie Botengänge, Übersetzungs- und Vermittlungsleistungen, sondern schon ihre Rolle als Indigene in europäischen Diensten erfüllte eine wichtige Funktion, diejenige eines *exemplum*:

> [Jean de Béthencourt] ging von Lanzarote zur Eroberung der Insel Fuerteventura über, nahm mit sich den Bischof von San Marcial und viele Lanzaroteñer […] er schickte einige christianisierte Lanzaroteñer zu ihnen zum Sprechen, die ihnen Frieden und Freiheit versprachen; diejenigen, ihnen durch ihre eigene Person ein Beispiel gebend, überredeten die besagten Insulaner in solcher Weise, dass sie sich ergaben und [Béthencourt] als ihren König annahmen.[789]

787 Vgl. Sarmiento Pérez, Cautivos que fueron intérpretes, S. 11; vgl. Sarmiento Pérez, The role of interpreters, S. 172.

788 Corbella, Lenguas y trujamanes, Abstract S. 181 und 183.

789 *Juan de Letancort desde Lanzarote pasó a conquistar esta isla de Fuerteventura, llevando consigo al obispo de San Marcial y a muchos lanzaroteños […] mandó hablar con ellos a algunos lanzaroteños cristianos, prometiéndoles paz y libertad; los cuales,*

Die *Mahos* dienten hier als Beispiel für die gute Behandlung durch die Konquistadoren, die ihnen die Furcht vor den Folgen einer Unterwerfung und einer Bekehrung zum Christentum nehmen sollte. Den größten Einfluss auf eine Stammesgruppe erreichte eine Christianisierung ihres Anführers, der zumeist als Erster getauft wurde;[790] eine Taktik, die die gute Behandlung der gefangenen kanarischen Stammesfürsten an den iberischen Höfen erklärt. Doch waren die Indigenen nur Instrumente für eine effektive Durchsetzung der Herrschaftsinteressen der Europäer, wie Corbella und Sarmiento Pérez behaupten? Immerhin können die freiwillige Unterwerfung und die Annahme des Christentums durch indigene Herrscher, wie Heike Bungert für die nordamerikanischen Indianerhäuptlinge gezeigt hat,[791] auch als eine Strategie zum Schutz des eigenen Volkes verstanden werden.

Am Beispiel des Alfonso konnte bereits gezeigt werden, dass die hybriden Akteure nach ihren Möglichkeiten ganz eigene Ziele verfolgten und sich dabei ihr Wissen über die Eroberer zunutze machten. In der Mehrheit der Fälle unfreiwillig in die Hände der Konquistadoren gelangt, warten die Quellen auch mit einem Beispiel gezielter Spionage auf. Ventagoya, ein *Gayre*[792] der *Canarios* (Anführer einer Gruppe von Kriegern und Ratgeber des *Guanarteme*), der in Schlachten sehr bezeichnende Dinge vollbracht habe, wie es bei Abreu Galindo heißt, und sich nicht fürchtete, sein Leben zu riskieren, habe sich eines Tages zum *Real* begeben und den Konquistadoren verkündet, er wolle sich taufen lassen.

> Er war einige Tage im Real, schaute wo und wie man einen nennenswerten Schaden anrichten könne, wenn sich die Gelegenheit ergab, bezog auch die Art und Weise sowie die Ordnung der Regierung und der Wache mit ein. Und, nachdem er dort einige Tage war, kehrte er zu den Seinen ins Gebirge zurück; und danach machte er viele nächtliche Überfälle, tötete Wächter und Wachposten, Pferde und Christen, die zum Sammeln von Meeresfrüchten, Orchilla und Fischen an die Küste gingen, wozu sie die Umstände zwangen.[793]

dándoles ejemplo con sus proprias personas, persuadieron de tal modo a los dichos isleños, que se rindieron, y recibieron por su rey a Letancurt. Torriani, Descripción e historia del reino de las Islas Canarias, S. 80.

790 Um nur zwei Inseln als Beispiel anzuführen: Auf Lanzarote wird der indigene *Maho*-Stammesführer Guadarfía als Erster getauft, auf Fuerteventura Torriani und Abreu Galindo zufolge Tibiabin und Tamonante, in *Le Canarien* die Heeresführer Guize und Ayose. Vgl. Le Canarien, B59r, S. 380 und B61r, S. 388; Abreu Galindo (2021), Historia de la conquista de las siete Islas de Canarias, S. 62; Torriani, Descripción e historia del reino de las Islas Canarias, S. 81.

791 Vgl. Bungert, Die Indianer, u. a. S. 71 und 73.

792 *Entre los indígenas canarios, noble y especialmente el que aconseja al guanarteme.* »guaire, gaire, gayre, guayre«, in: Diccionario Histórico del Español de Canarias (DHECan), S. 744–745.

793 *Estuvo algunos días en el Real mirando por dónde y cómo podría hacer algún notable daño cuando se le ofreciese ocasión, considerando su manera y orden de gobierno y*

Obschon es den Indigenen nicht gelang, eine Herrschaftsübernahme durch die Europäer abzuwenden, so nahmen sie doch im Verlauf der Eroberung und Kolonisation der Kanaren maßgeblich Einfluss auf das Schicksal ihrer Landsleute. In einer Monographie mit dem anachronistischen Titel »La política indigenista de Isabel la Católica« hat einer der großen kanarischen Historiker des 20. Jahrhunderts, Antonio Rumeu de Armas, verschiedene Fälle zusammengetragen, die sich mit der Befreiung von einzelnen oder gar ganzen Gruppen von Indigenen aus unrechtmäßiger Versklavung befassen.[794] Bereits sehr früh sind solche Fälle überliefert, bei denen es zumeist um Kanarier geht, die zum Zeitpunkt ihrer Gefangennahme bereits Christen waren oder im Begriff waren, sich taufen zu lassen, dann jedoch in die Sklaverei verkauft wurden.

Als ersten Beleg berichten verschiedene Quellen von einer Beschwerde des Bischofs der Kanaren über Maciot de Béthencourt, der ein solches Vergehen begangen habe.[795] Auch eine weitere Beschwerde *(queja)*, die den Katholischen Königen vorgetragen wird, stammt von einem Bischof der Kanaren, Don Juan de Frías. Nach dem Massaker an den *Gomeros*, die angeblich Schuld am Tod ihres Herren Hernán Peraza getragen hätten, und dem Verkauf junger Gomeraner in die Sklaverei, verurteilt der Bischof die Taten Pedro de Veras, die gleichermaßen göttliches wie menschliches Recht verletzten *(contra ley divina y humana)*, und erwirkte eine Befreiung der unrechtmäßig gefangenen Kanarier im Jahr 1489.[796]

Doch nicht nur von europäischer Seite aus und durch Geistliche erreichten die Gerichte auf der Iberischen Halbinsel Klagen über zu Unrecht versklavter Kanarier, sondern insbesondere auch von Seiten der Indigenen, die die kastilische Sprache beherrschten. So erwirkte Juan de Guzmán im Jahr 1491 die Befreiung seiner Tante Juana la Canaria. Zusammen mit seinem Bruder, Juan de la Torre, hatte er im Heer von Alonso de Lugo bei der Eroberung Teneriffas mitgekämpft; eine Gelegenheit, bei der er Sprache und Kultur der Invasoren kennenlernen konnte. Juanas Mann war bereits zuvor durch einen Verrat Pedro de Veras in Gefangenschaft geraten. Der Konquistador hatte vorgegeben, Teneriffa mithilfe kanarischer Krieger erobern zu wollen, hatte diese auf ein Schiff gebracht, in die Sklaverei verkauft, um so die Zahl kanarischer Krieger auf

guarda, y estando algunos días se volvió á los suyos á la sierra, y después hizo muchas entradas de noche, matando centinelas y guardas, caballos y cristianos que salían á la costa á mariscar, pescar y coger orchilla, que la necesidad les forzaba hacerlo. Abreu Galindo (2021), Historia de la conquista de las siete Islas de Canarias, S. 175.

794 Vgl. Rumeu de Armas, La política indigenista.

795 Vgl. Garibay de Zamalloa, Compendio historial de las crónicas y universal historia, S. 89.

796 Vgl. Abreu Galindo (2021), Historia de la conquista de las siete Islas de Canarias, S. 206–207.

Gran Canaria zu verringern. Ohne ihren Mann schutzlos, geriet auch die bereits getaufte Juana in Gefangenschaft und wurde als Sklavin an einen Nicolás Muñoz in Jerez verkauft. Nach Vorlage einiger Beweismittel, deren Inhalt nicht überliefert ist, konnte Juan de Guzmán die Befreiung seiner Tante erwirken.[797]

Von manchen als Verräter angesehen, der den Spaniern zum Sieg über die Völker des kanarischen Archipels verhalf, urteilte Manuel Lobo Cabrera über den letzten König von Gáldar, dass dieser ein Stratege gewesen sei, der versucht habe, sein Volk vor einem schlimmeren Schicksal zu bewahren, wofür der unermüdliche Einsatz Don Fernando Guanartemes für seine Landsleute spricht.[798] Bei einer seiner Reisen nach Kastilien gelang ihm die Befreiung und Rückführung von 40 *Canarios*, die ihr Sklavendasein in Sevilla fristeten.[799] Darüber hinaus reagierten am 30. August 1485 die Katholischen Könige auf eine Beschwerde und eine Bitte des ehemaligen Herrschers von Gáldar, die Lebensumstände derjenigen *Canarios* in Sevilla zu verbessern, die dort als Sklaven lebten, weil sie zum Zeitpunkt ihrer Versklavung keine Christen *(no ser cristianos)* und in einem ihrerseits gerechten Krieg gefangen genommen worden waren *(cautivos de buena guerra)*. Das spanische Königspaar verfügte daraufhin ihre gute Behandlung und verbot die Trennung von Ehepartnern.[800] Außerdem setzte sich der vormalige Herrscher von Gáldar nach der Eroberung der Kanaren dafür ein, dass indigene Krieger nicht mehr zur Teilnahme an den Angriffen auf die westafrikanische Küste *(cabalgadas)* verpflichtet werden sollten, indem er ein diesbezügliches Schreiben an die Katholischen Könige richtete.[801]

Bevor wir uns näher mit der indigenen, hybriden Akteurin Francisca de Gazmira befassen, sei noch darauf hingewiesen, dass eine gerichtliche Anklage oder eine Beschwerde vor der Krone nicht die einzigen Wege waren, die die Kanarier nutzten, um ihre Landsleute zu befreien. Freikauf und testamentarische Freilassungen waren ebenfalls gängige Strategien, um anderen Indigenen zur Freiheit zu verhelfen. So erwarb einer der *Menceyes* der *bandos de paces*, Don Hernando de Anaga, vom Gouverneur von Gran Canaria einige seiner indigenen Sklaven und entließ sie anschließend in die Freiheit. In diesem Vorgehen, das von vielen Kanariern zur Befreiung von Freunden und Familienangehörigen als

797 Vgl. Rosa Olivera, Canarios en la Conquista y Repoblación de Tenerife, S. 42–43.

798 Vgl. Fernando Guanarteme en Calatayud, un »falso mito« sobre la Conquista de Canarias.

799 Vgl. Rumeu de Armas, Don Fernando Guanarteme, S. 37.

800 Vgl. Provisión de los Reyes Católicos, gestionada por don Fernando Guanarteme, S. 231.

801 Vgl. Poder otorgado por Don Fernando Guanarteme y otros, S. 213–221; Lobo Cabrera, Los indígenas tras la conquista, S. 229.

Strategie angewandt wurde, sahen die Ratsmitglieder der Insel[802] eine Bedrohung für die Ordnung.[803]

Ebenso hat Manuel Lobo Cabreras Untersuchung von 32 überlieferten, indigenen Testamenten der Inseln Gran Canaria, Teneriffa und La Gomera ergeben, dass alle Vermächtnisse Indigener auf die Befreiung oder Unterstützung versklavter Landsleute zielten. So setzten die Kanarier ihr Erbe ein, um ihre Verwandten freizukaufen, ihnen Kleidung und andere Güter zu vermachen oder einen ihrer afrikanischen für einen kanarischen Sklaven einzutauschen.[804] Der Einbezug von Schreibern, die des Kastilischen mächtig waren und sich mit den Formalitäten und rechtlichen Aspekten auskannten, ist beim Aufsetzen dieser Testamente anzunehmen.

4.5.1 Francisca de Gazmira

Sarmiento Pérez zufolge erlernte die *Auarita* mit dem Taufnamen Francisca de Gazmira die kastilische Sprache im Haushalt eines *Regidor* (Gemeinderats) namens Diego de Zurita auf Gran Canaria und wurde durch den Gouverneur der Insel Francisco Maldonado und den Kanoniker Pedro Valdés auf ihre Heimatinsel zurückgeschickt, um dort mit den Stammesfürsten der *Auaritas* zu verhandeln.[805] Weder über die Position der *Auarita* in der indigenen Stammesgesellschaft noch über ihre Verhandlungen bei ihrem Aufenthalt auf La Palma, auf die erst eine *Real Cédula* aus dem Jahr 1506 verweist,[806] wissen wir Genaueres. Doch dank ihres Verhandlungsgeschicks wurde sie bei ihrer Rückkehr von zwei Stammesfürsten von La Palma begleitet, die sich taufen ließen, um anschließend auch ihre Untertanen zum christlichen Glauben zu bekehren;[807] eine Evangelisierung, in die die Neophytin Francisca de Gazmira Felipe

802 Die *islas realengas* verfügten jeweils über eine Inselregierung, die aus dem Gouverneur (hier Alonso de Lugo), *Consejo* (»organo popular«) und *Cabildo* (»institución oligárquica«) bestand, die die soziale Ordnung auf den Inseln widerspiegelten. Die größte Macht kam jedoch den Gouverneuren zu, die die wichtigsten Ämter vergeben durften. Vgl. Fernández-Armesto, Las Islas Canarias después de la conquista, S. 189.

803 Vgl. Gambín García, Los procesos judiciales, S. 1–10.

804 Vgl. Lobo Cabrera, Los indígenas tras la conquista, S. 244–245.

805 Vgl. Sarmiento Pérez, Cautivos que fueron intérpretes, S. 100.

806 Vgl. Rumeu de Armas, La política indigenista, S. 82.

807 Abreu Galindo zählt und benennt zwölf Stammesgruppen auf La Palma, die zum Teil miteinander kollaboriert haben sollen. Bei der *bando de Gazmira*, auf die in den Quellen verwiesen wird, könnte es sich um einen solchen Zusammenschluss gehandelt haben oder aber um jene Stammesgruppe, zu der die Verwandten der *Auarita* gehörten. Vgl. Rodríguez Martín, La Palma y los Auaritas, S. 18–19; Sarmiento Pérez, Cautivos que fueron intérpretes, S. 100.

Fernández-Armesto zufolge involviert gewesen sein soll.[808] Zugleich ein gutes Beispiel für eine eher außergewöhnliche Mittlerfigur – eine Frau unbekannten Standes, die Kim M. Phillips unter die Kategorie der »auxiliary woman«[809] fasst –, soll uns hier weniger der Einsatz Francisca de Gazmiras als Übersetzerin und Mediatorin denn ihre Rolle als Verteidigerin der Freiheit ihrer Landsleute beschäftigen.

1494 richtete die *Auarita* ein Ersuchen an die Monarchen, Kanarier der *bandos de paces* von La Palma wieder aus der Sklaverei zu befreien. Entgegen des ursprünglichen Pakts mit den Indigenen, der ihnen Freiheit garantierte, hatte Alonso de Lugo zwischen 1493 und 1498 einen Großteil der *Palmeros* der friedlichen Gruppen in die Sklaverei verkauft oder sie zu Unfreien auf La Palma gemacht,[810] darunter auch die Kinder von Francisca de Gazmira, die sie angeblich als Garantie für die Einhaltung des Paktes hatte ausliefern müssen.[811] Doch entgegen dem Versprechen des Gouverneurs wurden ihre Kinder zusammen mit anderen jungen *Palmeros*, insgesamt 25, nicht als Friedenspfand zu den Katholischen Königen gebracht, wo sie ihre Treue hätten schwören sollen, sondern in die Sklaverei verkauft.[812] Zunächst versuchte Alonso de Lugo zu verhindern, dass die *Auarita* zu den Katholischen Königen reiste und beraubte sie ihrer Besitztümer.[813] Doch Francisca de Gazmira gelang schließlich die Überfahrt auf die Iberische Halbinsel, wo sie Alonso de Lugo anklagte, einerseits für die Versklavung der 25 Jugendlichen und andererseits für eine unrechtmäßige Versklavung Indigener der *bandos de paces* verantwortlich zu sein, unter denen sich weitere Verwandte Francisca de Gazmiras befanden, die im Rahmen einer *razzia* gefangen genommen worden waren.[814]

Alonso de Lugo hingegen behauptete, die *bandos de paces* seien den Spaniern zwar zunächst friedlich gesonnen gewesen, dann jedoch abtrünnig geworden *(deslealtad)*, womit er beabsichtigte, sie in den Augen der Monarchen als Rebellen und Aufständische zu präsentieren, um ihrer Versklavung den Anschein von Legalität und Legitimität zu verleihen. Der kanarische Historiker

808 Vgl. Fernández-Armesto, Before Columbus, S. 210–211.

809 Phillips beschäftigt sich mit Frauen in mittelalterlichen Kolonialkontexten und ihrer Rolle als Helferinnen der Eroberer, siehe Phillips, Gendering the Medieval Expansion of Europe, S. 10.

810 Vgl. Aznar Vallejo, La integración de las Islas Canarias, S. 263–264; ein Dokument über den Verkauf von Sklaven in Valencia belegt Lugos Handel mit Sklaven von La Palma: La esclavitud en Valencia Junio, 28, 1494, Valencia, Nr. 350, S. 269.

811 Vgl. Phillips, Gendering the Medieval Expansion of Europe, S. 3.

812 Vgl. Rumeu de Armas, La política indigenista, S. 84–85.

813 Vgl. ebd., S. 93.

814 Vgl. ebd., S. 85.

Antonio Rumeu de Armas sieht in dieser Rechtfertigung des Adelantado eine neue argumentative Strategie, die im Rahmen der Eroberung der Kanarischen Inseln entwickelt worden sei und später im amerikanischen Kontext vielfach Anwendung gefunden habe und die uns im Kapitel zur Sklaverei (Abschnitt 5.3) noch eingehender beschäftigen wird: »Alonso de Lugo etablierte auf bösartige Weise eine neue Doktrin, die im Laufe der Zeit in Amerika Fuß fassen sollte: die sogenannten *»cautivos de segunda guerra«*, aufgrund ihrer Rebellion zu legalen Sklaven gemacht im Anschluss an ein zunächst friedliches Verhalten.«[815]

Zusammen mit dem Gouverneur von Gran Canaria, Alonso Fajardo, sprach Francisca de Gazmira sich am Hof der Katholischen Könige für eine Befreiung der unrechtmäßig Versklavten aus.[816] Der Beschwerde folgte eine Welle von Prozessen, die, im Jahr 1497 eröffnet, schnell durch weitere Anklagen gegen Alonso de Lugo und illegalen Sklavenhandel mit den *Guanchen* Teneriffas überschattet wurden und auch 1500 noch zu keinem Ende fanden.[817] Denn im Falle La Palmas und Teneriffas war die Rechtmäßigkeit oder Unrechtmäßigkeit von Versklavungen Indigener im Zuge der Eroberung schwierig zu klären. Entgegen der Versklavung auf Gran Canaria, wo sich die Freiheit oder Unfreiheit indigener Individuen danach bemaß, wie sie sich gegenüber den Konquistadoren verhalten hatten (»actitud personal«), gingen die Konquistadoren auf Teneriffa und La Palma nach geographischen Zonen (»un área geográfica delimitada«) vor (siehe dazu auch Kapitel 5) und unterteilten die Inseln in Stammesgebiete friedlicher und kriegerischer Gruppen.[818] Francisca de Gazmira konnte zumindest eine Untersuchung der Legalität der Versklavungen durch Alonso Fajardo erwirken, dessen *Información* leider nicht überliefert ist.[819] Obschon ihr vorgeworfen wurde, Bestechungsgeld von Doña Inés Peraza angenommen zu haben, die verlangte, dass die *Auarita* ihre Klage gegen Alonso de

815 »Alonso de Lugo estaba sentando, con maldad, una nueva doctrina que con el tiempo iba a arraigar en América: los llamados ›cautivos de segunda guerra‹, reducidos a esclavitud legal por su rebeldía, tras una primera actitud pacifista.« Rumeu de Armas, La política indigenista, S. 85.

816 Vgl. Gambín García, Un rey guanche, S. 143.

817 Vgl. Aznar Vallejo (Hg.), Documentos Canarios en el Registro del Sello, Nr. 501, S. 103. Gambín García, Los procesos judiciales, S. 2. Siehe dazu die Transkriptionen der Dokumente aus dem Registro del Sello aus den Jahren 1495 und 1500 von Rumeu de Armas: La emisaria indígena Francisca Gazmira logra la alianza de dos de los bandos indígenas de la isla de La Palma, S. 311–312; Denuncia formulada contra Alonso de Lugo por la inicua cautividad de doscientos palmeses del bando aliado de Gazmira, S. 342–343; La emisaria indígena Francisca de Gazmira reclama la información testifical efectuada, S. 357–358.

818 Vgl. Rumeu de Armas, La política indigenista, S. 83.

819 Vgl. ebd., S. 94.

Lugo fallen lassen solle, ist Francisca de Gazmiras Ruf als Verteidigerin der Freiheit der Indigenen ungebrochen.[820]

Nicht nur als Kläger, sondern auch als Zeugen waren hybride Akteure in die Prozesse um die Verteidigung indigener Kanarier involviert.[821] Obwohl sich hier nicht von einem Völkerrecht im Sinne eines *ius inter gentes* oder gar eines *ius gentium* sprechen lässt, da sich die Indigenen den Völkerrechtsgewohnheiten der Europäer unterwerfen mussten, die beispielsweise nur eine Versklavung von Nichtchristen nach einem *bellum iustum* erlaubten, und die Inseln zum Zeitpunkt der Prozesse bereits in das spanische Imperium eingegliedert waren, zeigt das Beispiel der Francisca de Gazmira doch eindrücklich, dass die indigenen Kanarier die Spielregeln der europäischen, internationalen Politik der Zeit kannten und sie für die Befreiung ihrer Landsleute zu nutzen versuchten.

4.6 Schlussfolgerung

Aus der Makroperspektive eine Unterwerfung durch eine erobernde europäische Macht war die *Conquista* der Kanarischen Inseln in der hier unternommenen, beispielhaften Mikrostudie, die auf die indigenen Akteure fokussierte, ein komplexer Prozess, bei dem sich Indigene und Europäer nicht klar den Rollen von Eroberern und Eroberten, Siegern und Besiegten oder Aktiven und Passiven zuteilen lassen. Durch die Eroberung entstand einerseits zwischen den Kanarischen Inseln in indigener und in europäischer Hand und andererseits zwischen den Kanarischen Inseln und der westafrikanischen Küste eine Grenze *(frontera)*, die sowohl von friedlichen Austauschprozessen wie von kriegerischen Handlungen geprägt und mit der *frontera* zwischen Muslimen und Christen auf der Iberischen Halbinsel vergleichbar war.

In diesem Grenzraum bewegten sich hybride Akteure, die zumeist zufällig Erfahrungen mit der jeweils fremden Kultur und Sprache gemacht hatten, ein eigenes Netzwerk bildeten und ebenso die indigene und die spanische Welt auf den Kanaren wie auch die Peripherie mit dem imperialen Zentrum verbanden. Dabei verschleiern die begrifflichen Rollenzuschreibungen in den Quellen die komplexen Handlungsfelder der hybriden Akteure, die als Übersetzer, Händler, Heeresführer, Gesandte, Vermittler oder Versorger der Konquistadoren wirken konnten und die sich wohl am besten mit dem Analysebegriff »Cultural Brokers« fassen lassen. Dabei waren die Europäer oftmals stark von diesen indigenen Helfern abhängig, die, entgegen europäischen Rollenvorstellungen

820 Vgl. Aznar Vallejo (Hg.), Documentos Canarios en el Registro del Sello, Nr. 491, S. 101. Aznar Vallejo, La conquista en primera persona, S. 370.
821 Ebd., S. 373.

des Mittelalters, auch einer niederen sozialen Schicht entstammen oder weiblich seien konnten.[822] Ihre Akzeptanz durch die Franco-Normannen, Spanier und Portugiesen setzte, wie am Beispiel des Don Fernando Guanarteme gezeigt werden konnte, jedoch ihre Anpassung an die dominante europäisch-christliche Kultur voraus.

Zum Teil in ihre Rolle gezwungen oder erpresst, seltener umworben, zum Teil bereits in ihrer Herkunftsgesellschaft mit ähnlichen Aufgaben betraut, verfügten die hybriden Akteure über Handlungsspielräume, die ihnen durch ihr rares Wissen ermöglicht wurden, das sie aus Sicht der Eroberer zugleich zu gefährlichen und unliebsamen, aber auch unabdingbaren Experten im kulturellen Austausch machte. Zu diesem Wissen zählt auch das Verständnis der Spielregeln internationaler, europäischer Politik, die die indigenen, hybriden Akteure für ihre Zwecke zu nutzen wussten, am Ende jedoch davor kapitulieren mussten, dass die Regeln des Völkerrechts in dieser Zeit des imperialen Ausgreifens der Europäer durch die Mächtigen geschrieben und auch umgeschrieben werden konnten.

Nicht beleuchtet wurden hier die Gesandtschaften aus Missionaren und Kanariern, die versuchten, mit der römischen Kurie Beziehungen aufzubauen und einen Schutz ihrer Freiheitsrechte von päpstlicher Seite aus zu erwirken. Zwar wird dies von Dominik Josef Wölfel am Beispiel der Verbindungen der Stammesfürsten der *Gomeros* zur römischen Kurie untersucht, eine breitere Erforschung der internationalen Beziehungen zwischen den indigenen Stammesgesellschaften der Kanarischen Inseln und dem Papsttum steht allerdings noch aus.[823] Ein Beispiel wird uns noch im letzten Kapitel dieser Studie begegnen (siehe Abschnitt 7.3).

Alles in allem konnte in diesem Kapitel gezeigt werden, dass die Bewohner des kanarischen Archipels von Beginn der ersten Kontakte mit den Europäern an nicht nur Ware auf Sklavenmärkten und passive Opfer in Anbetracht europäischer Übermacht waren, sondern – freiwillig oder unfreiwillig – zu Akteuren im Prozess der Europäisierung und Christianisierung der Inseln wurden. Als Informanten, Übersetzer, Missionare, Vermittler, Gesandte ihrer Völker und schließlich Bindeglieder zwischen alter und neuer Herrschaft nahmen sie Einfluss auf diesen Prozess. Im Unterschied zur Eroberung Amerikas war dies vor allem durch die geographische Nähe zwischen »Zentrum« und »Peripherie« möglich. So bedurfte es keines Bartolomé de las Casas, der als »Anwalt der

822 Von der »conqueror's dependence on a woman« spricht Phillips, Gendering the Medieval Expansion of Europe, S. 10.

823 Vgl. Wölfel, Un jefe de tribu de Gomera. Darin bezieht sich Wölfel u. a. auf ein päpstliches Schreiben, das dem Gomeraner Pedro Chymboyo freies Geleit zusicherte: Salvo-conduto Deuotionis tue, S. 87–89.

Indianer«[824] die Rechte der amerikanischen Indigenen bei der *Junta* von Valladolid verteidigte, sondern die Kanarier traten selbst als Advokaten ihrer Freiheitsrechte auf. Obwohl die Eroberer nach ihren eigenen Spielregeln agierten und die Indigenen nicht als gleichrangig ansahen (siehe Kapitel 3), wurden die Kanarier damit nicht ihrer Handlungsfähigkeit beraubt. Bei allen maßgeblichen Situationen wie den Verhandlungen von Pakten, Friedensgesprächen oder Kapitulationen anwesend und als Übersetzer in die entscheidenden Gespräche involviert, verfügten die hybriden Akteure über etwas, dass sie unentbehrlich machte und ihnen eine große Einflussnahme auf das Geschehen erlaubte: die Macht zu sprechen.

824 1516 war Bartolomé de las Casas vom Interimsregenten Kardinal Cisneros zum *protector y defensor de los indios,* zum »Beschützer und Verteidiger der Indianer«, ernannt worden; ein Titel, den die Bischöfe in der Neuen Welt später von Amts wegen trugen. Vgl. EGGENSPERGER, Der Einfluss des Thomas von Aquin, S. 41.

Teil III: Völkerrechtstheorie

5. Inferiorität als Legitimationsargument im Diskurs um die Eroberung der Kanaren

In diesem Kapitel werden die von europäischer Seite angeführten Inferioritätsargumente und deren Ausformung zur völkerrechtlichen Begründung des Herrschaftsanspruchs an den Kanarischen Inseln und der Versklavung der indigenen Bevölkerung untersucht. In einem ersten Teil (Abschnitt 5.1) stehen neben methodischen Vorbemerkungen zur Xenologie vor allem Aussagewert und Aussageabsicht der Quellen zur Debatte. Denn ob es sich um auf Erfahrungswissen beruhende »Realitätsbeschreibungen« oder um aus gelehrtem Wissen gespeiste Imagination handelt, ist aus den europäischen Quellen schwer zu ermitteln. Darüber hinaus bewegen sich die Aussagen europäischer Kaufmänner, Konquistadoren und Könige über die Lebensweise der Kanarier stets zwischen einer Faszination für Kurioses und Exotisches und politischem und wirtschaftlichem Kalkül.

Der zweite Abschnitt des Kapitels (Abschnitt 5.2) liefert dann eine Gesamtschau über die Facetten und die Herkunft der Topoi, mithilfe derer die Eroberer die Indigenen als Barbaren und Heiden diskreditierten. Hier zeigt sich, dass die Europäer bei der Beschreibung und Einordnung der Kanarier in das Weltbild des christlichen Abendlandes sowohl auf traditionelle Kategorien zurückgriffen als auch neue Zuschreibungen entwickelten, wofür der Barbarentopos des *rusticus* ein eindrückliches Beispiel darstellt. Insgesamt steht auch hier die Frage im Zentrum, inwiefern der den Indigenen zugeschriebene negative ontologische Status in abendländisch-christlichen Ordnungsvorstellungen als ein Argument für die Rechtmäßigkeit der Herrschaftsübernahme der Portugiesen und Spanier in den Chroniken, Bullen, Briefen und Traktaten angeführt wurde.

Der letzte Teil des Kapitels (Abschnitt 5.3) beschäftigt sich dann mit der Legitimation der Versklavung der indigenen Bevölkerung des Archipels. Mit Bezugnahme auf den Beginn des transatlantischen Sklavenhandels geht es vor allem um die Frage, ob die Hautfarbe der Kanarier, wie im Fall der Afrikaner, als Rechtfertigung ihrer Versklavung fungierte oder ob es andere Gründe gab, mit denen die Sklavenhändler ihren Verkauf für legal erklärten. Hierzu wird auch eine Spurensuche nach den Anfängen des Rassismus und seiner Beziehung zur Geschichte der Sklaverei unternommen. Zeitlich parallel im 15. Jahrhundert verlaufend, steht abschließend der Zusammenhang zwischen der Versklavung der indigenen Bevölkerung der Kanaren im Zuge der *Conquista* und der Raub und Kauf von afrikanischen Sklaven an der Küste Guineas zur Debatte.

5.1 Methodische Vorbemerkungen

Vielfältig sind die Vorstellungen, die mit Inseln in Literatur und Film verbunden sind. Dies liegt insbesondere an ihrer geographischen Beschaffenheit, fernab vom Festland und umgeben von Wasser. Der Zivilisation auf dem Festland entgegengesetzt herrschen hier die Naturgewalten und können entweder zu einem exotischen Idyll ursprünglicher oder einem Ort archaischer, entfesselter Lebensweise werden, wofür die Kannibalen in Daniel Defoes »Robinson Crusoe« gewiss das bekannteste literarische Beispiel darstellen.

Dem einen Versuchung, dem anderen Verdammnis ist die Isolation und Abgelegenheit von Inseln.[1] Schwer zu erreichen und noch schwerer von ihnen zu entkommen, fungierten sie in Geschichte und Literatur als Exil oder ausbruchssicheres Gefängnis. So verbrachte Napoleon Bonaparte etwa seine Verbannungen auf den Inseln Elba und St. Helena und Alexandre Dumas' »Graf von Monte Christo« hielt man im gleichnamigen Roman unrechtmäßig im Château d'If gefangen. Zugleich sind Inseln aber für »grollende Eremiten« oder jeglicher Art von gesellschaftlichen Aussteigern ein beliebter Rückzugsort; ein »glücksspendender Ort, von dem man sich Zuflucht, Muße und Kontemplation und Beschaulichkeit, Konzentration auf das Wesentliche« erhofft. Als Hort von Schätzen und als Jenseitsreiche üben Inseln eine Faszination für all jene aus, die sich auf der Suche nach Abenteuern, materiellem oder immateriellem Reichtum befinden.[2]

In der antiken Mythologie bildet sich diese assoziative Bandbreite bereits ab und lässt die zum Teil realen, zum Teil fiktiven Inseln entweder als Orte des Grauens oder der Glückseligkeit erscheinen. Zu letzterer Kategorie zählen die *Insulae Fortunatae*, deren Beschreibung auf eine rudimentäre Kenntnis der Kanarischen Inseln in der Antike verweisen.[3] Mit den Elysischen Feldern oder

1 Im britischen Kolonialdiskurs etwa assoziierte man die Abgelegenheit von Inseln mit Rückständigkeit. Vgl. STEINBERG, Insularity, sovereignty and statehood, S. 254–255.

2 Vgl. BRITTNACHER, Inseln.

3 Plinius der Ältere benennt und beschreibt die *Insulae Fortunatae* in seiner Historia naturalis: Auf *Pluvialia* etwa gebe es kein Wasser außer Regen, so Plinius, womit die Inseln Lanzarote, Fuerteventura oder El Hierro gemeint sein

dem Garten der Hesperiden identifiziert,[4] galten die Glückseligen Inseln in der Antike als idyllisches Jenseitsland. Als »Stätte der Heroen« waren sie jedoch »mehr fröhlich-lockeres Walhalla« denn »irdisches Paradies«.[5]

Aus diesem Grund distanzierte sich vermutlich der Kirchenvater Isidor von Sevilla (um 560–636) von einer Verortung des Paradieses auf die Glückseligen Inseln, indem er die antike Überlieferung in seiner Etymologie, dem wichtigsten Werk für das lateinische Mittelalter nach der Heiligen Schrift,[6] wie folgt kommentierte: »Hence the mistake of pagans and the poems by worldly poets, who believed that these isles were Paradise because of the fertility of the soil.«[7] Die Heidenvölker sowie Dichter weltlicher Lyrik hätten fälschlicherweise geglaubt, dass es sich bei den Glückseligen Inseln aufgrund ihrer Fruchtbarkeit um das Paradies handele, welches im Laufe des Mittelalters auf Karten und in geographischen Darstellungen zunehmend vom Westen in den Osten entrückt wurde.[8] Diese Entmystifizierung der *Insulae Fortunatae* in mittelalterlichen Schriften, so Kevin Rodríguez Wittmann, habe den Weg zur Wiederentdeckung der Kanarischen Inseln geebnet.[9]

Doch machten die antiken Mythen um die Glückseligen Inseln im Verlauf des Mittelalters neuen fantastischen Erzählungen Platz. Eine der im Mittelalter beliebtesten Legenden ist die zwischen 795 und 950 entstandene *Navigatio Sancti Brendani*, eine eher fiktionale denn historische Erzählung, die von der Suche des irischen Abtes Brendan und seiner Mitbrüder nach dem Paradies berichtet. Auf ihren Reisen besuchen die Mönche angeblich zahlreiche fantastische Inseln, von denen eine, die Brendan-Insel, auf mittelalterlichen Karten in die Nähe der Kanarischen Inseln verortet wurde und schließlich zur geheimnisvollen, achten Insel des Archipels avancierte.[10] Zahlreiche Expeditionen habe es in den ver-

könnten. Eine weitere Insel bezeichnet er als *Capraria*, was sich mit »Ziegeninsel« übersetzen lässt, und auf Canaria gebe es Dattelpalmen und Piniennüsse. Außerdem spricht Plinius von einer Insel, auf der immerzu Schnee liege, womit gewiss Teneriffa und die schneebedeckte Spitze des Pico del Teide, des dritthöchsten Inselvulkans der Welt, gemeint sein könnte. Vgl. Plinius Secundus, Naturkunde, Cap. XXXVII, S. 202–205a und Erläuterungen auf S. 248–249.

4 Vgl. Schmieder, Paradise Islands in the East and West, S. 10–16.

5 Frenschkowski, Fortunatae Insulae, S. 48.

6 Vgl. Barney et al., Introduction (Isidore of Seville), S. 3.

7 Isidore of Seville, The Etymologies, Book XIV, vi, 8. *Vunde gentilium error et saecularium carmina poetarum propter soli fecunditatem easdem esse Paradisum putaverunt.* Isidorus Hispalensis Episcopus, De insvulis, vi, 8.

8 Vgl. Rodríguez Wittmann, ›Closest to Where the Sun Sets‹, S. 72.

9 Vgl. Rodríguez Wittmann, Plinio, Isidoro de Sevilla, Hugo de San Víctor, S. 74.

10 Vgl. Mackley, The Legend of St Brendan, S. 1. Leonardo Torriani beschreibt und zeichnet *San Borondón* als achte Kanareninsel, vgl. Torriani, Descripción e historia del reino de las Islas Canarias, S. 250–256; ebenso Abreu Galindo (2021), Historia de la conquista de las siete Islas de Canarias, S. 272–282.

gangenen Jahrzehnten gegeben, die sich auf die Suche nach *San Boróndon* begeben hätten, so der italienische Ingenieur Leonardo Torriani zum Ende des 16. Jahrhunderts. Doch die Insel, so Torriani in seiner Beschreibung der Verteidigungsanlagen des Archipels, sei nur eines der Geheimnisse, die in den Weiten des Atlantischen Ozeans noch verborgen liegen würden.[11]

»[Isidor's] aims were not novelty but authority, not originality but accessibility, not augmenting but preserving and transmitting knowledge.«[12] Obschon Ideen und Innovation existierten, war doch die Konservierung und Tradierung alter Wissensbestände *(auctoritates)* Hauptaufgabe mittelalterlicher Gelehrter. Zu den meistzitierten Passagen zu den *Insulae Fortunatae* zählt diejenige aus der *Historia Naturalis* Plinius' des Älteren (23/24–79 n. Chr.). Von Isidor von Sevilla in seine Etymologie weitgehend übernommen, blieb Plinius' Beschreibung fundamental für die mittelalterliche gelehrte Kenntnis der Kanaren und taucht in fast jeder *Crónica*, *Relación* oder *Historia* zur Eroberung des Archipels einleitend auf.[13]

Auch mit der Wiederentdeckung der Kanaren in der ersten Hälfte des 14. Jahrhunderts wurde dieses Wissen keinesfalls durch das neue Erfahrungswissen ersetzt, sondern überdauerte zunächst in einer Art Parallelexistenz. So verfasste der in humanistischen Kreisen agierende Grammatik- und Rhetoriklehrer Domenico Bandini (ca. 1335–1418) in seiner am Ende des 14. Jahrhunderts entstandenen Enzyklopädie *Fons memorabilium universi* zwei Einträge unter der Überschrift *Canaria*. Während sich der erste an Plinius' Beschreibung anlehnt, berichtet der zweite von kürzlich durch genuesische Schiffe entdeckten Inseln.[14] Obschon Bandini insgesamt wohl freier mit alten Vorlagen umging, verwarf er sie jedoch keinesfalls in Anbetracht neuen Erfahrungswissens.[15] Ebenso finden sich auch im *Isolario De insulis et earum proprietatibus* seines Namensvetters und Freundes Domenico Silvestri (ca. 1335–1411) zwei Einträge unter dem Lemma *Canaria*.[16] Nicht zuletzt knüpft Silvestri auch mit seiner Werkform einer alphabetisch geordneten Inselenzyklopädie, die sich im

11 Vgl. Torriani, Die Kanarischen Inseln und ihre Urbewohner, S. 216–218 und ders., Descripción e historia del reino de las Islas Canarias, S. 250.

12 Barney et al., Introduction (Isidore of Seville), S. 10–11.

13 Vgl. Martínez Hernández, Las Islas Afortunadas, S. 76. Aus fast jedem Jahrhundert existieren Schriften, die die Glückseligen Inseln, die Inseln der Seligen oder die Ewigen Inseln erwähnen, im Rahmen dieser Einleitung aber nicht im Einzelnen vorgestellt werden können, siehe dazu deshalb beispielsweise Rodríguez Wittmann, El mar verde de la melancolía, S. 348–354.

14 Siehe Bandini, Fons memorabilium universi, S. 116–121.

15 Vgl. Meyer, Das Enzyklopädiekonzept des »Fons memorabilium universi«, S. 220–226.

16 Siehe Silvestri, De insulis et earum proprietatibus, S. 109–116.

14. Jahrhundert neu herausbildete, an antike Vorbilder an.[17] Erst der 1450 geborene italienische Miniaturmaler Benedetto Bordone benennt offen die Diskrepanz zwischen den Informationen der Seefahrer seiner Epoche und den antiken Wissensüberlieferungen.[18]

Doch auch für die Sammler neuen Erfahrungswissens, die vor Ort und mit eigenen Augen Neues entdeckten, galt dieses Neue nicht zwangsläufig gewichtiger als das gelehrte Vorwissen. So verweist nicht zuletzt das berühmte Beispiel des Christoph Kolumbus, der glaubte, nach erfolgreicher Überquerung des Atlantiks das mongolische Festland erreicht zu haben,[19] auf die noch vorhandene Prominenz alten Wissens:

> Man erwartete [...] nicht, in unbekanntes Gebiet vorzudringen, weil eigentlich alles aus der antiken, biblischen, literarischen Überlieferung bekannt war. [...] Das Weltbild war vollständig, festgefügt und gottgegeben, Erweiterbarkeit oder prinzipielle Veränderbarkeit des Wissens von der Welt war dementsprechend nicht zu erwarten.[20]

Erst in Anbetracht zunehmender Welterschließung im 15. und 16. Jahrhundert und des damit wachsenden »Erfahrungsdruck[s]«, so die Historikerin Felicitas Schmieder bezüglich des Wissenszuwachses in der Geographie, gewannen Augenschein, Erfahrung und Experiment *(moderni)* langsam Vorrang vor der jahrhundertewährenden Dominanz der Tradition (*veteres* oder *antiqui*).[21]

Ebenso blieben »Ratio und Aberglaube«[22] lange Zeit nebeneinander bestehen. So behauptete etwa Hernán Cortés (1485–1547), der zwischen 1519 und 1521 das Aztekenreich unterwarf, dass am Hof des Montezuma deformierte menschliche Wesen lebten, womit er die gängige, mittelalterliche Vorstellung und Erwartung bestätigte, an den Rändern der Welt auf monströse Kreaturen zu stoßen: »Er [Montezuma] hatte ein anderes Haus, wo er viele monströse Männer und Frauen, in dem er Zwerge, Bucklige und Missgestaltete, und andere mit anderen Deformitäten, und eine jede Art von Monster in einem Raum für sich

17 Überdies sollte sein Werk als Ergänzung des *De montibus et silvis, de fontibus et lacubus et fluminibus ac etiam de stagnis et paludibus nec non et de maribus seu diversis maris nominibus* seines Meisters Giovanni Boccaccio (1313–1375) dienen. Vgl. Montesdeoca Medina, Los islarios de la época del humanismo, S. XXXVI, XXXVIII und XLIV.

18 Vgl. Bordone, Isolario nel qual si ragiona de tute l'isole del mondo, S. 103. Eine harmonische Auflösung findet statt in: Canarias en el llamado »Manuscrito Valentim Fernandes«, S. 540. Hier heißt es: *De Insulis Fortunatis, quae nunc de Canaria vocantur.*

19 Vgl. Kolumbus, Der erste Brief aus der Neuen Welt, S. 43–44.

20 Schmieder, »Den Alten den Glauben zu entziehen, wage ich nicht [...]«, S. 66–67.

21 Vgl. ebd.

22 Ebd., S. 72–73.

hielt […].«[23] Erstmals in Kolumbus' Bordbuch erwähnt, sind auch die Amazonen ein gängiges Element der häufig fantastisch wirkenden Berichte aus Amerika. Zurecht monierte jedoch die Historikerin Delia González de Reufels, dass »die These von der simplen Übertragung eines abendländischen Mythos […] der Komplexität der amerikanischen Amazonenfrage noch nicht gerecht« werde.[24] Leicht als Fiktion abzutun, könne der Begriff »Amazone« doch auch gebraucht worden sein, um indigene, kämpfende Frauen zu beschreiben. Nicht jeder Rückgriff auf einen Mythos ist also zur Fiktion zu erklären, so wie nicht jede real anmutende Beschreibung in den Quellen zur Entdeckungs- und Eroberungsgeschichte ein Spiegel der historischen Wirklichkeit ist.

Dieses komplexe Zusammenspiel von Imagination und Realität, Vorwissen und Erfahrungswissen bestimmt auch die Darstellung der Alterität der kanarischen Völker in den europäischen Quellen. Im Gegensatz zum ersten Kapitel dieser Studie, in dem versucht wurde, mithilfe von Archäologie und Ethnologie die kanarische Lebensweise, ihre Rechts- und Völkerrechtspraktiken aus den Quellen zu rekonstruieren, wird hier weniger nach der Plausibilität und dem Realismus der Quellenaussagen gefragt, sondern nach der Funktion der jeweiligen Darstellung des kanarischen *xenos*[25] in den Quellen. Diese changiert zwischen einer Wahrnehmung der Indigenen als »das Feindliche und das Böse« und ihrer Lebensweise als »das Verkehrte, der Widersinn alles Greifbaren und Begreifbaren« auf der einen und das »begehrenswerte Ferne« auf der anderen Seite.[26] In einem Brief König Alfons' IV. von Portugal an Papst Clemens VI., mit dem er auf die Investitur Luis de la Cerdas zum »Fürst von Fortuna« im Jahr 1344 reagierte, hob er die Notwendigkeit zur Missionierung der indigenen

23 *Tenía [Montezuma] otra casa donde tenía muchos hombres y mujeres mostruos, en que había enanos, corcobados y contrechos, y otros con otras disformidades, y cada una manera de mostruos en su cuarto por sí […].* Cortés, Cartas de relación, S. 245–246.

24 Vgl. González de Reufels, Amazonen in der Neuen Welt, S. 456.

25 Als Initiator und Klassiker der Forschungsrichtung der Xenologie gilt der kamerunische Soziologe und Politologe Munasu Duala-M'bedy mit seinem Buch »Xenologie«. In der Xenologie wird dezidiert vom *xenos*, »Fremden«, und nicht vom »Anderen« gesprochen. M'bedy zufolge ist der »Fremde« ein »spezieller Fall des Anderen«, der sich vor allem durch den Aspekt der Ferne vom »Anderen« unterscheidet: »Der Begriff des Fremden bedeutet also die Potenzierung von Alterität, wie sie z. B. durch einen Angehörigen eines anderen geographischen Raumes verkörpert wird.« Darüber hinaus hafte dem »Fremden« als Antonym zum »Eigenen« eine negative Konnotation als »negative Kehrseite des eigenen Lebensfundaments« an, vgl. Schröter, Xenologie, S. 22–23.

26 Vgl. Duala-M'bedy, Xenologie, S. 30. Mit Stephen Greenblatt, der die Begegnung der Spanier mit den Indigenen Mittelamerikas in den Blick genommen hat, könnte man zwischen »marvels« und »monstrosities« differenzieren. Vgl. Greenblatt, Marvelous Possessions, S. 75.

Bevölkerung der Kanaren hervor, die im Sinne eines Kreuzzugs Ergebnis einer militärischen Invasion sein sollte. Die Investitur diene der »Ausrottung der unglückseligen Rebstöcke der Ungläubigkeit«, die sich auf dem gesamten Boden der Inseln von Fortuna in verderblicher Weise ausgebreitet hätten, und zur »Anpflanzung eines dem Herrn teuren Weinbergs«.[27] Hier liegt eine eher für einen mittelalterlichen Kreuzzugskontext typische Darstellung des Heidentums vor. Dagegen wird es im Folgenden vor allem darum gehen, welche neuen Topoi entwickelt oder aus der Antike rezipiert und als Rechtfertigung des Eroberungskrieges herangezogen wurden.

Wie hier noch zu sehen sein wird, überwiegt im 14. und 15. Jahrhundert, also während der Entdeckung und Eroberung des Archipels, das negative Bild der Indigenen als Götzendiener und Barbaren. Welche andere Inszenierung der Mehrheit der Kanarier als Feinde und Gegner ist auch in den durch Konquistadoren und Hofchronisten verfassten Quellen zu erwarten, die vor allem die Rechtmäßigkeit, aber auch die Notwendigkeit von Unterwerfung und Versklavung der Kanarier zu begründen suchten?

Das Bild, welches die europäischen Quellen von der kanarischen Bevölkerung zeichnen, ist jedoch nicht ausschließlich negativ. So heißt es bei Alonso de Espinosa über die verschiedenen Stammesgruppen der *Guanchen*:

> Diese Leute (diejenigen von der südlichen Bande) sind von einer gebräunten und braunen Hautfarbe, ob sie diese Farbe nun schon über Generationen tragen, oder ob es an der warmen Erde liegt und sie von der Sonne gebräunt werden, weil sie fast nackt herumlaufen, [lässt sich nicht sagen]. Darüber hinaus sind die der nördlichen Gruppe weiß und die Frauen hübsch und blond und haben schönes Haar.[28]

Die Stammesgruppen des Nordens hatten sich bereits in Verträgen mit Diego de Herrera, später dann mit Alonso de Lugo (siehe Abschnitt 3.2) auf eine friedliche Koexistenz und schließlich eine kriegerische Unterstützung der Konquistadoren geeignet. Diese *bandos de paces*, oder *amigos* der Invasoren, werden deutlich positiver, hier durch die Hautfarbe hell-dunkel kontrastiert, als die feindlichen Stammesgruppen beschrieben (siehe dazu Abschnitt 5.3). Diese Unterscheidung, die die Europäer zwischen indigenen Freunden und Feinden trafen,

27 *[...] ad extirpandos infidelitatis palmites infelices, qui totam terram jnsularum Fortune inutiliter occupant, et plantadum uineam Die dilectam, dominum Ludouicum, consaguineum nostrum, principem elegistis.* Carta del el-rei D. Afonso IV ao papa Clemente VI 1345 (97), S. 232.

28 *Esta gente (los de la banda del Sur) de color algo tostada y morena, agora sea por trae este color de generación, agora sea por ser la tierra algo cálida y tostarlos el sol, por andar casi desnudos, como andaban. Mas los de la banda del Norte eran blancos, y las mujeres hermosas y rubias y de lindos cabellos.* Espinosa, Origen y milagros de Nuestra Señora de Candelaria, S. 20.

manifestiert sich auch in der Sonderstellung, die den Bewohnern Gran Canarias in den Quellen zugeschrieben wird. Denn auch sie gingen früh Bündnisse mit den Konquistadoren ein und standen als einziges Volk der Kanarier in direkter diplomatischer Verbindung zu den Katholischen Königen (siehe zum *Pacto de Calatayud* und zu den Besuchen des Don Fernando Guanarteme auf der Iberischen Halbinsel Abschnitt 3.2 und 4.4). Für Leonardo Torriani lag diese Besonderheit der *Canarios* an einer günstigen Sternkonstellation, die die Insel und ihre Bewohner unter den Kanaren herausstechen ließe.[29] In militärischen Belangen könne man sie durchaus, von ihrer Rohheit einmal abgesehen *(rusticità)*, mit den edlen Nationen *(nobilissima natione)* vergleichen.[30]

Ein Wandel weg von einer Verteufelung hin zu einer Idealisierung indigener Lebensweise in ihrer Gesamtheit ist allerdings erst im Verlauf des 16. Jahrhunderts zu verzeichnen. Während der Hofchronist Andrés Bernáldez (ca. 1450–1513) die Indigenen noch als Götzendiener ohne Recht *(idólatras sin ley)* bezeichnete,[31] behauptete Juan de Abreu Galindo, dass unter den *Canarios* eine gute Herrschafts- und Rechtsordnung bestanden habe und Verbrecher konsequent verfolgt und bestraft worden seien.[32] Neben diesen Verschiebungen hinsichtlich der Einschätzung des Zivilisationsgrades der indigenen Bevölkerung durch die Historiographen nahmen diese auch Korrekturen an den Überlieferungen der Chroniken vor. So kommentiert die späte Abschrift der *Relación* des Antonio Sedeño, aus der insgesamt eine starke Sympathie für die indigene Seite spricht, eine in den frühen Quellen, in der Chronikvariante *Matritense*, Diego de Valeras (1412–ca. 1488) Herrscherchronik aber auch in Francisco de López de Ulloas Variante der Eroberungsgeschichte aus der Mitte des 17. Jahrhunderts, dargestellte Selbstmordszene.[33]

Als der Sieg der spanischen Invasoren unvermeidbar schien, stürzte sich das Oberhaupt der rebellischen Stammesgruppe der *Canarios*, der *Faycán* (Valera) oder der *Guanarteme* (Ulloa), von einem Felsen in die Tiefe. Er ziehe es vor zu sterben, als eines fremden Königs Untertan zu sein, verkündet der *Guanarteme* in Ulloas Text. In Valeras Variante ruft der *Faycán* hingegen aus, er wolle lieber bei der Verteidigung der Gesetze seiner Ahnen dahinscheiden, als Christ zu werden.

29 Vgl. Torriani, Descripción e historia del reino de las Islas Canarias, S. 88.

30 Vgl. Torriani, Die Kanarischen Inseln und ihre Urbewohner, S. 98. bzw. Torriani, Descripción e historia del reino de las Islas Canarias, S. 88.

31 Vgl. Bernáldez, Memorias del reinado de los Reyes Católicos, S. 510.

32 Vgl. Abreu Galindo (2021), Historia de la conquista de las siete Islas de Canarias, S. 130.

33 Vgl. Conquista de las siete islas de Canarias (Matritense), S. 251; López de Ulloa, Historia de la Conquista de las siete Islas de Canarias, S. 148; Valera, Crónica de los Reyes Católicos, S. 503.

Diese Szenen werden durch die Anmerkungen ergänzt, dass sich außerdem zwei oder mehrere kanarische Frauen ebenfalls vom Felsen Tirma hinab in den Tod gestürzt hätten. Ebenso wie in anderen mittelalterlichen Quellen, die den Begriff des Selbstmordes noch nicht kannten, wird die Selbsttötung hier umschrieben. Schlüsselbegriff des mittelalterlichen Suizids ist die *desperatio*, die den Kanariern im Zusammenhang mit ihrer Kampfweise zum Ende der Eroberung Gran Canarias zugeschrieben wird: »Und von dieser Art war das Gefühl, das die Canarios hatten und der Geist, mit dem sie kämpften, war voller Verzweiflung.«[34] Diese Verzweiflung war im Mittelalter mit einem Zweifel an der göttlichen Barmherzigkeit konnotiert und galt als Todsünde ebenso wie der Selbstmord, der als Werk des Teufels und als Triumph des Bösen verstanden wurde.[35]

An dieser Inszenierung der aufständischen *Canarios* als gottesfern und barbarisch nimmt die Abschrift der *Relación* des Sedeño nun einige Korrekturen vor: irgendein Kanarier, jedoch keinesfalls der *Faycán* oder der *Guanarteme*, sei von Spaniern umzingelt worden, sodass ihm kein anderer Ausweg blieb, als vom Felsen hinab in die Tiefe zu springen. Auch die Frauen hätten keinen Suizid begangen. Während die Spanier versucht hätten, eine junge Kanarierin zu vergewaltigen sei sie hinabgestürzt. Um ihr zu Hilfe zu eilen, sei ihre Mutter hinterhergesprungen. Heute, wo die *Canarios* alle Christen seien, stellt Sedeño abschließend fest, würden sie wohl nicht mehr so handeln. Überdies fügt er die Selbsttötung eines Spaniers hinzu, der vor kanarischen Kriegern geflüchtet und ebenfalls, aufgrund der Ausweglosigkeit, von einer Klippe gesprungen sei, die man heute noch als *Salto del Castellano* bezeichne.[36] Sedeño nimmt hier eine klare Verteidigungshaltung ein: Statt des letzten Ausdrucks einer Verführung der ungläubigen Kanarier durch den Teufel inszeniert er die Selbsttötungen der Indigenen als Verzweiflungstaten, bedrängt durch die spanischen Konquistadoren, die im Kontext des Eroberungskrieges auch umgekehrt vorgekommen seien.

Überdies reinterpretieren die historiographischen Werke die religiösen Kulte der Kanarier – ganz ähnlich wie Bartolomé de las Casas es für die Indigenen Lateinamerikas tat, der die Menschenopfer der Azteken als höchste Form der Gottesverehrung beurteilte[37] – zunehmend als Vorformen des Christentums. So glaubten die *Guanchen* Torriani zufolge an einen Gott, der den ersten Mann und

34 *Y fue de manera el sentimiento que tuvieron los canarios y el ánimo de desesperación con que paleaban.* López de Ulloa, Historia de la Conquista de las siete Islas de Canarias, S. 117.

35 Vgl. Kühnel, »... *da erstach sich mit willn selber ...*«, S. 477.

36 Vgl. Sedeño, Conquista de la isla de Gran Canaria, S. 98.

37 Vgl. Las Casas, Apologética Historia Sumaria, Kap. 183, S. 242.

die erste Frau auf Erden erschaffen habe, an eine Hölle, die sie im Vulkankrater des Pico del Teide verorteten und der von einem Teufel namens *gualiota* bewohnt sei.[38] Darüber hinaus tauften sie ihre Kinder mit Wasser, streckten beim Gebet die Hände gen Himmel, suchten die Nähe Gottes auf Bergen und Felsen und verehrten ihn mit Prozessionen, so Espinosa.[39]

Nun nicht mehr fremde, feindliche Völker, denen es mit Überlegenheitsargumenten Paroli zu bieten galt und deren Unterwerfung einer rechtlichen Begründung bedurfte, veränderte das Zusammenwachsen und die Assimilation der kanarischen Bevölkerung an die iberische Kultur somit nicht nur die Sichtweise auf die Ereignisse der Eroberung, sondern auch den Blick auf die indigene Kultur. Dies betraf insbesondere die Mestizen, deren Stolz auf ihre indigenen Wurzeln in den literarischen Werken eines Cairasco de Figueroa und eines Viana zu spüren ist.[40]

Diese These eines Wandels der europäischen Inszenierung der Kanarier von barbarischen Götzenanbetern hin zu »edlen Wilden« mit der Jahrhundertwende steht im Gegensatz zu gängigen Forschungsmeinungen. Wie in der Einleitung bereits kurz angerissen (siehe Abschnitt 1.2), sehen Alberto Quartapelle, David Abulafia, Anthony M. Stevens-Arroyo und Marcos Martínez Hernández in den Entwürfen kanarischen Lebens in den Werken der Humanisten Giovanni Boccaccios (1313–1375) und Francesco Petrarcas (1304–1374) zwei gegensätzliche Richtungen in der Darstellungsweise fremder Völker, »dos visiones antitéticas del ›otro‹«; zwei Entwürfe des Anderen, die in der zweiten Hälfte des 14. Jahrhunderts entstanden und schließlich auch die Indianerfrage im 16. Jahrhundert beeinflusst hätten.[41] Während Petrarca den kanarischen Indigenen in seinem Werk als »wild animal of the forest«[42] inszeniere, sehen die Historiker in Boccaccios Beschreibung der Kanarier ein erstes in Erscheinung treten des »noble Canarian savage«[43] oder des »mito del ›buen guanche‹«.[44]

Der italienische Dichter und Geschichtsschreiber Francesco Petrarca erwähnt die im Jahr 1344 als päpstliches Lehen verliehenen Kanarischen Inseln in seinem Werk *De vita solitaria*. Darin lobt Petrarca die freie Einsamkeit und verdeutlicht ihren Wert an Exempla aus dem Alten und Neuen Testament sowie am Beispiel

38 Vgl. Torriani, Descripción e historia del reino de las Islas Canarias, S. 179–180.

39 Vgl. ebd., S. 103; Espinosa, Origen y milagros de Nuestra Señora de Candelaria, S. 18–19.

40 Siehe dazu: Bühner, Furchtlos vor der Macht des Schicksals.

41 Vgl. Quartapelle, Cuatrocientos años de Crónicas de las Islas Canarias, S. 29; Martínez Hernández, Boccaccio y su entorno, S. 105 und Stevens-Arroyo, The Inter-Atlantic Paradigm, S. 521.

42 Vgl. Abulafia, Neolithic meets Medieval, S. 312–313.

43 Ebd., S. 300.

44 Martínez Hernández, Boccaccio y su entorno, S. 106.

zahlreicher Kirchenväter, Päpste und antiker Dichter. Dabei unterscheidet er drei Arten von Einsamkeit: die des Ortes, der Tageszeit und der kontemplativen Geistesverfassung.[45] Trotz der Isolation der kanarischen Bevölkerung sieht Petrarca, wie Quartapelle, Abulafia und Martínez Hernández zurecht festgestellt haben, in ihnen kein positives Beispiel einsamer Lebensweise: »Petrarch identifies their solitude as that of solitary places rather than solitary lives.«[46] Obwohl sie sich mehr als andere Sterbliche an ihrer Einsamkeit erfreuen könnten, würden sie jedoch, mehr geleitet von ihrem Instinkt denn aus freiem Willen, in Einsamkeit leben. In ihrem Verhalten kämen sie eher Tieren gleich:

> Im Übrigen könnte man über jene Menschen sagen, dass sie sich zwar mehr als alle anderen der Einsamkeit erfreuen konnten, aber ihr Verhalten war so wild, dass man sie kaum von Bestien unterscheiden konnte, und sie wanderten eher aus natürlichem Instinkt in der Einsamkeit umher, als dass sie aus freier Wahl ein Leben in Einsamkeit führten.[47]

Boccaccio, Freund Petrarcas, hingegen vermittelt im kürzesten ihm zugeschriebenen Werk, *De Canaria et insulis reliquis ultra Ispaniam in Oceano noviter repertis*, ein schwer zu entschlüsselndes Bild des indigenen Kanariers. Bei dem Text, erstmals im Jahre 1826 durch Sebastian Ciampi in der Zeitschrift *L'Etnographie* veröffentlicht, handelt es sich um die Abschrift eines Briefes florentinischer Kaufmänner, die über eine Expedition zu den Kanarischen Inseln im Jahr 1341 berichten.[48] Inwieweit es sich bei der Abschrift des Renaissancehumanisten um eine reine Übersetzungsleistung vom Vulgäritalienischen ins Lateinische handelt oder gar um eine kreative Ausgestaltung des Inhalts, lässt sich bisher nicht nachvollziehen, da der Text des Originalmanuskripts unbekannt ist.[49]

Die Expedition unter der Schirmherrschaft des portugiesischen Königs, so der Inhalt des Briefes, brach im Jahr 1341 zu den bereits bekannten Kanarischen Inseln auf. Eine Flotte aus zwei Schiffen und einem Kriegsschiff stach unter den

45 Vgl. Hoffmeister, Petrarca, S. 37–40.

46 Abulafia, Neolithic meets Medieval, S. 311.

47 *Caeterem gentem illam, prae cunctis ferm é mortalibus solitudine gaudere, moribus tamé incultum, adeóque non absimilem belluis, vt naturae magis instinctu, quam electione sic agentem, non am solitariè viuere, quàm in solitudinibus errare.* Leider muss die Passage hier in dem etwas befremdlichen Latein eines frühneuzeitlichen Druckes angegeben werden, da, wie Karl A. E. Enenkel in seiner auf das erste Buch beschränkten Edition von 1990 festgestellt hat, »eine kritische Ausgabe von *De Vita solitaria* [...] trotz mehrerer Ansätze bis zum heutigen Tag nicht erschienen ist«, siehe Petrarca, De Vita solitaria, Buch I, S. 1; Petrarca, De Vita solitaria, Liber II, Sectio VI, Cap. III, S. 224.

48 Vgl. Bonnet y Reverón, La expedición portuguesa a las Canarias en 1341, S. 115.

49 Vgl. García del Rosario, Comentarios históricos, S. 53. Historikerstreit um die Autorschaft Boccaccios. Für einen Überblick über die Diskussion siehe u. a. Pino Díaz, Paralelismo entre Canarias y América, S. 187–207.

Kapitänen Angiolino del Tegghia de Corbizzi und Niccoloso da Recco und mit einer Besatzung aus Florentinern, Genuesen, Katalanen und anderen Spaniern in See.[50] Bei der Darstellung des Reiseablaufs wird nicht nur die Vegetation der besuchten Inseln, sondern auch das Aussehen und die Kultur ihrer Bewohner beschrieben. Darüber hinaus verschleppten die Kaufleute vier männliche Indigene von Gran Canaria, deren Aussehen und Verhalten ein längerer Abschnitt des Briefes gewidmet ist.[51]

Im Gegensatz zu Petrarcas Gleichsetzung der Kanarier mit Tieren, werden der indigenen Bevölkerung hier Tugenden wie *reverentia*, *obsequium* oder *fides* zugeschrieben und durch Vergleiche der Eindruck einer Ebenbürtigkeit zwischen Kanariern und Europäern evoziert.[52] So sei ihre Sprache zwar unverständlich, aber so wohlklingend wie schnelles Italienisch *(ydioma earum satis politum et more ytalico expeditum)*.[53] Auf den ersten Blick scheinen die bisherige Deutung und Kontrastierung der Entwürfe des kanarischen Fremden durch die Protagonisten des Humanismus also überzeugend. Ein Vergleich mit anderen Quellen der Zeit, den Benjamin Scheller vorgenommen hat, und die Frage nach Funktion und Intention des Briefes, lässt jedoch eine andere Interpretation deutlich plausibler erscheinen.

Das vorrangige Motiv der Expedition Corbizzis und Reccos waren Handelsinteressen, was sich an dem durch Boccaccio übersetzten Brief deutlich zeigt. So ist dem Text eine Liste des indigenen Zahlensystems von 1 bis 16 beigefügt, eine der wenigen Überlieferungen indigener, kanarischer Sprache.[54] Im Gegensatz zu Kolumbus, der seinen ersten Brief aus der Neuen Welt an das spanische Königshaus richtete und aus dem die Absicht, sich die Finanzierung für weitere Unternehmungen zu sichern, deutlich ablesbar ist, wird die Lukrativität hier eher heruntergespielt. Sämtliche attraktive Handelsgüter wie Gold, Silber und andere Edelmetalle, Waffen und Parfum seien den Kanariern völlig unbekannt.[55] Alles in allem versprächen die Inseln keine Reichtümer, und die an der Expedition beteiligten Seemänner hätten gerade die Kosten der Unternehmung decken können.[56] Überdies hätte Niccoloso da Recco, auf dessen Bericht der Brief beruht, sich bezüglich weiterer Details der Unternehmung in Schweigen gehüllt: *Ceterum et multas alias res invenere, quas hic Niccolosus noluit recitare.*[57] Nicht an den Schirmherren, sondern an andere Kaufleute und damit

50 Vgl. Boccaccio, De Canaria, S. 970, 1–3.
51 Vgl. ebd., S. 976, 12.
52 Vgl. ebd., S. 972, 4.
53 Vgl. ebd., S. 976, 12 und 972, 4.
54 Vgl. ebd., S. 978, 16.
55 Vgl. ebd., S. 978, 13.
56 Vgl. ebd., S. 976, 11.
57 Ebd.

mögliche Konkurrenten adressiert, scheint Recco auf Verschwiegenheit bezüglich von Routen und tatsächlichen Ressourcen bedacht oder sogar verpflichtet gewesen zu sein, die in dieser Zeit als wertvolles Arkanwissen gehandelt wurden. Die Kaufmänner unter portugiesischem Patronat beabsichtigten also zuvorderst den Aufbau von Handelsbeziehungen oder vielleicht sogar von Handelsstützpunkten; eine Strategie, die sich später zu einem typischen Charakteristikum portugiesischer Expansion an der afrikanischen Küste entwickeln sollte.[58] Doch welche Rolle kam der kanarischen Bevölkerung dabei zu?

Benjamin Scheller sieht in diesem Brief den Vertreter eines Genres, das er als »Kaufmannsethnographie« bezeichnet.[59] Den ethnographischen Zug des Briefes erklärt er nicht wie Quartapelle, Abulafia und Martínez Hernández aus einem humanistischen Interesse am Menschen mit dem Ergebnis einer Idealisierung der Lebensweise der Kanarier als »edle Wilde«, sondern in Verbindung mit dem sukzessiven Ausbau des westafrikanischen Sklavenhandels. Hier würde Wissen über Menschen einer fremden Kultur gesammelt, weil man sie als Ware erachtete.[60] Im Brief tauchen die Kanarier als Handelsgüter und als Handelspartner auf. So wird betont, dass die Inselbewohner reges Interesse am gemeinsamen Warenaustausch gezeigt hätten: »Viele dieser Leute zeigten ihr Begehren, mit denjenigen, die in den Schiffen waren, sich auszutauschen und Handel treiben zu wollen.«[61] Zugleich stehen aber auch die vier von Gran Canaria verschleppten Sklaven an erster Stelle, wenn es um die Aufzählung der erbeuteten Güter geht: »Und schließlich kehrten sie im Monat November in ihre Heimat zurück und führten folgendes mit sich: zunächst führten sie einige wilde Menschen von jenen Inseln mit sich, dann Felle [...]«.[62] Doch was uns heute als ein Widerspruch erscheint, so zeigt es Scheller in seinem Aufsatz am Beispiel des afrikanischen Sklavenhandels, war in dieser Zeit durchaus vereinbar: Der Handel westafrikanischer Sklaven mit westafrikanischen Herrschern,[63] bei dem der andere gleichzeitig Handelspartner sein oder zum Handelsgut erniedrigt werden konnte.[64] Ebenso versteht David Wallace die Beschreibung Boccaccios der Nacktheit der Kanarier als eine Einladung zu ihrer

58 Siehe dazu u. a. Reinhard, Kleine Geschichte des Kolonialismus.

59 Vgl. Scheller, Kaufleute als Ethnographen, S. 357.

60 Vgl. ebd.

61 *Que gentium multitudo ostendebat se cupere cum his qui in navibus eran habere commertium et moram trahere.* Vgl. Boccaccio, De Canaria, S. 972, 4.

62 *Et demum mense novembris ad propria remeasse, secum hec pariter afferentes: Primo quidem iiijor homines ex incolis illarum insularum duxere, pelles [...].* Vgl. ebd., S. 970, 2.

63 Vgl. Scheller, Kaufleute als Ethnographen, S. 359.

64 Eine ähnliche Interpretation deutet auch an: Wallace, Premodern Places, S. 211.

Versklavung, wenn er schreibt: »To be naked without shame is to be ignorant of the Fall, hence beyond the framework of Christian redemption.«[65]

Dieselbe Ambivalenz zeigt sich auch generell beim Umgang mit der kanarischen Bevölkerung. So schmiedete etwa Alvise Cadamosto (ca. 1432–1483), venezianischer Händler und Entdeckungsreisender im Auftrag Heinrichs des Seefahrers, mit einigen Gomeranern ein Bündnis, wollte aber zugleich seinen Bedarf an Sklaven decken, um nach einer eher enttäuschenden Fahrt entlang der westafrikanischen Küste nicht mit leeren Händen in die Heimat zurückzukehren. Diejenigen zu versklaven, so wird in der *Navigazioni* berichtet, mit denen er einen Pakt geschlossen hatte, konnte er aber nicht übers Herz bringen. Denn auch gegenüber indigenen Gruppen, wie wir in Kapitel 3 gesehen haben, waren die Entdecker und Eroberer von rechtstreuer Gesinnung und missachteten nur in Ausnahmefällen das Prinzip der *pacta sunt servanda.* Kurzum umsegelte er die Insel und verschleppte einige Indigene einer anderen Stammesgruppe La Gomeras in die Sklaverei.

Alles in allem ist die Interpretation von Boccaccios *De Canaria*, wonach er als Erster die Idee des »guten Guanchen« in Anlehnung an den im amerikanischen Kontext entstandenen Mythos vom »edlen Wilden« geprägt habe, nicht haltbar. Die Repräsentation der Kanarier in den Quellen der Humanisten war, wie auch in den späteren Chroniken zur Eroberung, vor allem von Handels- und Expansionsinteressen geleitet, bei deren Verfolgung den Kanariern in den Augen der Europäer allenfalls die Rolle von Gütern und Werkzeugen zukam. Wie auch anhand der Beispiele zur Völkerrechtspraxis im ersten Teil dieser Studie ersichtlich, beruhten völkerrechtliche Beziehungen zwischen Kanariern und Europäern noch nicht einmal im Falle militärischer Bündnisse auf dem Prinzip der Gleichrangigkeit. Dies lag, wie wir nachfolgend sehen werden, daran, dass die Europäer die Kanarier nicht als ebenbürtig erachteten.[66] Nicht Gleichheit, sondern die Idee einer Hierarchie bestimmte das Verhältnis von Eroberern und Eroberten, was im Hinblick auf das Mittelalter, das eine »allgemeine Gleichheit«[67] nicht kannte, auch verwunderlich gewesen wäre. Ob die Inferiorität der Kanarier kulturell bedingt oder als naturgegeben verstanden wurde, wird im Folgenden zu sehen sein.

65 Vgl. Wallace, Premodern Places, S. 211.

66 Auch für die kolonialen Chroniken der Eroberung der Amerikas hat Matthew Restall eine solche Haltung und Argumentation hervorgehoben: »Colonial chroniclers [...] found a satisfying simplicity and safety in the following circular argument: Spaniards conquered natives because they were superior, and they were superior because they conquered natives.« Restall, Seven Myths of the Spanish Conquest, S. 132.

67 Höffner, Kolonialismus und Evangelium, S. 74.

5.2 Die Alterität der Kanarier in den Augen der Konquistadoren

Wie bereits eingangs als These formuliert, übte das Menschenbild des Humanismus, der vermeintlichen spätmittelalterlichen Renaissance, keinen positiven Einfluss auf die europäisch-christliche Wahrnehmung der Völker des Archipels aus. Die europäische Gedankenwelt der Epoche war nach Antonio Tejera Gaspar stark durch zwei Traditionen geprägt gewesen, von denen sie sich nicht zu befreien vermochte: von ihrem griechisch-römischen Erbe auf der einen und von der jüdisch-christlichen Tradition auf der anderen Seite. Die Heilige Schrift, die Texte der Kirchenväter und die antike Überlieferung hätten als Wissensbasis und Maßstab zur Einordnung der Kanarier in das christliche Weltbild fungiert.[68] Auf dieser Basis wiesen die Europäer den Kanariern einen inferioren Status im *ordo*[69] zu, den sie mit deren Unglauben (Heidentum) und ihren angeblichen Unsitten (Barbarentum) begründeten.

5.2.1 *Paganos* oder *infieles*: Die Kanarier als Heiden

»Ein Ungläubiger, kein Jude oder Muslim, war konzeptionell so schwierig für den mittelalterlichen Menschen zu fassen, wie es uns mit Bewohnern eines anderen Planeten erginge.«[70] Alfonso García-Gallo inszeniert hier die Begegnung von Europäern und Kanariern als eine historische Zäsur, die eine intensive Auseinandersetzung mit einer neuen Kategorie von Menschen neben Christen, Juden und Muslimen angeregt habe. Zugleich markiert er den heidnischen Kult der Kanarier als entscheidendes Kriterium ihrer Einordnung in das christlich-abendländische Weltbild. Doch wie in der Einleitung zu dieser Studie bereits hervorgehoben, war die Begegnung des mittelalterlichen Christenmenschen mit Heidenvölkern über den Islam und das Judentum hinaus und das Nachdenken über ihre Alterität keinesfalls ein Novum der Renaissance. Den Kontakten mit »internal primitives«, wie den Basken, Walisern, Iren, Slaven und paganen Skandinaviern, die Felipe Fernández-Armesto angeführt hat,[71] seien die Mongolen und der drohende Mongolensturm an die Seite gestellt. Dieser führte zu den bekannten Auseinandersetzungen über die Rechte von außerhalb der christlichen Gemeinschaft stehenden Völkern durch die Kanonisten Heinrich von Susa (1200–1271), Hostiensis genannt, und Papst Innozenz IV. (1195–1254),

68 Vgl. Tejera Gaspar / González Antón, Las culturas aborígenes canarias, S. 19.

69 Siehe für die Begriffserklärung Abschnitt 2.2.

70 »Un infiel no judío o musulmán era algo tan dificil de concebir para el hombre medieval como para nosotros puedan serlo los habitantes de otras planetas.« García-Gallo, Las bulas de Alejandro VI, S. 614.

71 Vgl. Fernández-Armesto, Before Columbus, S. 224–225.

welche die Diskussionen der Folgejahrhunderte entscheidend prägen sollten (siehe dazu Kapitel 7.1).[72]

»Der indigene Kanarier [...] war ein Heide *(pagano)*, aber kein Ungläubiger *(infiel)*. Dies führte zu einer Unterscheidung in der Behandlung in Bezug auf die maurischen Bewohner des afrikanischen Kontinents.«[73] Neben Francisco Morales Padrón verweisen auch Eduardo Aznar Vallejo, Antonio Rumeu de Armas und David Abulafia auf diese Differenzierung. Die Kanarier seien durch ihre Unkenntnis der christlichen Lehre für ihre Entdecker und Eroberer in eine andere Kategorie von Nichtchristen gefallen als die bisher bekannten: »For it was in the Canaries that Europeans first encountered ›uncontaminated Gentiles‹, to use the phrase of a historian of the islanders, Alonso de Espinosa, writing about a hundred years later: that is, pagan peoples living on seven islands isolated from the African continent.«[74] Die hier verwendete Quellenpassage lässt sich um ein weiteres Zitat Abreu Galindos vom Ende des 16. Jahrhunderts ergänzen, der zwar die gleiche Unterscheidung zwischen Heiden vornimmt, jedoch eine andere Terminologie verwendet: »Und sie verstanden, dass sich diese nicht Ungläubige *(paganos)* [statt *infieles* spricht Espinosa von *paganos*] nannten, von wo wir sagten, dass sie herstammten, sondern Heiden *(gentiles)*.«[75] Ebenso betont Aznar Vallejo, dass man die Kanarier als Heiden (»paganos«) bezeichnet habe, da ihre Götzenanbetung nicht wie im Falle der Juden und Muslime Ausdruck einer Ablehnung, einer Untreue (»infidelidad«), gegenüber dem

72 Siehe dazu Muldoon, Popes, Lawyers, and Infidels.

73 *El indígena canario [...] era pagano, pero no infiel. Ya esto planteó una diferencia de trato en relación con el habitante moro del continente africano.* Morales Padrón, Las Islas Canarias y América, S. 229.

74 Abulafia, The Discovery of Mankind, S. 36. Die Quellenpassage, auf die Abulafia sich hier bezieht, steht in folgendem Kontext: *De lo que atrás queda dicho se ve claro y manifiesto que los naturales desta isla (no exceptuando a los de las otras, pues todos creo tuvieron un principio y origen) fueron gentiles incontaminados, sin ritos, ceremonias, sacrificios ni adoración de dioses ficticios, ni trato ni conversación con demonios, como otras naciones. Y como la tierra limpia, ganosa de producir, que, echándola buena semilla y dándole el riego necesario, produce con fortaleza, y da fruto a su tiempo; así estos naturales, como estaban sin ley, sin ceremonias, sin adoración y conocimiento perfecto de Dios (cosa que todas las racionales criaturas apetecen) hallólos el evangelio desembarazados y materia dispuesta en que obrar, cayó la semilla de la fe en sus corazones por el oído, diósele el riego necesario de la palabra divina y sacramentos, acudió esa fértil tierra y produjo varones que no sólo con la toga, no sólo con el bonete, mas también con la espada con mostrad o su valor y la virtud de sus antepasados.* Espinosa, Origen y milagros de Nuestra Señora de Candelaria, S. 25.

75 *[...] y entiendan que ni se llamaron paganos aquellos de donde decimos que descienden sino gentiles.* Abreu Galindo (2021), Historia de la conquista de las siete Islas de Canarias, S. 39.

Christentum gewesen sei.[76] Rumeu de Armas differenziert ebenso zwischen »infieles positivos«, Juden und Muslimen, die das Christentum nicht annehmen wollten, und »infieles negativos«, Polytheisten und Götzendiener, die man als *gentiles* oder *paganos* bezeichnet habe und denen bis dato ein Zugang zur Offenbarung verwehrt gewesen sei.[77]

Demnach war nach Abulafia, Aznar Vallejo, Morales Padrón und Rumeu de Armas nicht die Begegnung mit heidnischen Völkern das Neue an der Wiederentdeckung der Kanarischen Inseln, sondern die Tatsache, dass die Indigenen bisher in Isolation gelebt und nicht durch Ablehnung, sondern durch Unkenntnis des »wahren Glaubens« heidnische Götter verehrten. Die Belege, mit denen diese Argumentation untermauert wurde, stammen allerdings aus den ersten historiographischen Werken zur Eroberung der Kanarischen Inseln, die bereits unter dem Eindruck der Diskussion über die Legitimität der Eroberung des amerikanischen Kontinents geschrieben und, im Falle Espinosas, von den Thesen Bartolomé de las Casas' beeinflusst waren (siehe dazu Kapitel 7.3).[78] Daher gilt zu klären, erstens, ob diese Unterscheidung in Texten des 14. und 15. Jahrhunderts begrifflich fassbar ist, zweitens, ob in den theoretischen Traktaten der Zeitgenossen eine solche Unterscheidung gemacht wurde und drittens, ob die Kanarier in der Eroberungspraxis eine andere Behandlung als die Muslime im Kontext der *Reconquista* auf der Iberischen Halbinsel erfuhren.

Zwei Begriffe verwenden die Quellen, um die Kanarier als Nichtchristen zu kategorisieren: *paganos* und *infieles.* Des Weiteren werden die Kanarenvölker etwa im *Libro del conoscimiento* als *gente* bezeichnet.[79] Doch während *gentiles* im biblischen und patristischen Sprachgebrauch als »nicht wertneutrale Bezeichnung« einzuordnen ist,[80] so waren mit dem spanischen *gente* zunächst einmal nur eine Vielzahl von Personen, ein Volk oder eine Nation gemeint, weshalb der Begriff hier ausgeklammert werden kann.[81] *Pagani* wurde ab dem 4. Jahrhundert pejorisierend gebraucht und ging mit einer Verunglimpfung von Heiden als Ungebildete und Götzendiener, als Feinde des Christentums und in der profanen Literatur mit einer Assoziation von Heiden als Hunde einher.[82] Mit der

76 Vgl. Aznar Vallejo, Nuevas fronteras y viejas miradas, S. 46.
77 Vgl. Rumeu de Armas, Los problemas derivados del contacto, S. 61–62.
78 Vgl. Merediz, Bartolomé de las Casas in the Canary Islands, S. 330.
79 Vgl. Libro del conoscimiento, S. 50.
80 Vgl. Hödl, Art. »Heide, -ntum«, Sp. 2011–2013.
81 »Gente«, in: Diccionario Medieval Español, Bd. II, S. 1258.
82 Mehrere Chroniken sprechen von Hunden, die der *Guanarteme* in seinem Haus hielt, siehe u. a. Libro de la conquista de la ysla de Gran Canaria y de las demas yslas (Ovetense), S. 123. Die Assoziation der Kanaren mit Hunden, die auf Plinius' Bericht über die *Insulae Fortunatae* zurückgeht, der die Inseln als von großen Hunden bewohnt beschreibt, trägt sich bis heute. So sind Hunde ein

wachsenden Hochschätzung antiker Autoren, insbesondere im Zuge der Scholastik, wurde diesem negativen Heidenbild dann ein positives an die Seite gestellt, indem man die antiken Gelehrten als Vertreter einer philosophischen Gotteslehre zu rehabilitieren versuchte.[83] Im kanarischen Kontext wurden beide Begriffe, *infieles* und *paganos*,[84] in Bezug auf die indigene Bevölkerung synonym und pejorativ gebraucht.[85] So wurde unter einem Heiden *(infiel)* eine Person verstanden, »die sich nicht zur christlichen Religion bekennt«.[86] Während *infiel* wie eine Oberkategorie wirkt,[87] die auch Muslime und Juden einschloss, scheint sich *pagano* auf diejenigen bezogen zu haben, die keiner der großen monotheistischen Religionen angehörten, Götzen und viele Götter verehrten, wozu auch die Griechen und Römer der Antike zählen.[88] Der durch Morales Padrón unternommene feine terminologische Unterschied lässt sich somit nicht am Sprachgebrauch der Zeit festmachen.

Wahrzeichen der Kanaren, was die bronzenen Hundestatuen auf dem Hauptplatz vor der Kathedrale Santa Ana in Las Palmas auf Gran Canaria zeigen. Heute positiv konnotiert war die Verknüpfung von Heiden mit Hunden nicht die einzige negative Assoziation, die Hunde im Mittelalter hervorriefen, wenn man etwa an das Ritual des Hundetragens denkt, das sich mit dem 12. Jahrhundert zu einer Strafe entwickelte, vgl. Weinfurter, Ein räudiger Hund auf den Schultern, S. 218. Eine genauere Untersuchung der Bedeutung des Hundes in den Quellen zur Conquista der Kanaren wäre gewiss noch aufschlussreich.

83 Vgl. Hödl, Art. »Heide, -ntum«, Sp. 2011–2013.

84 So heißt es in den Chroniken sowohl, dass sich die Inseln in der Hand von *paganos* befänden, als auch in der von *infieles*. Vgl. Libro de la conquista de la ysla de Gran Canaria y de las demas yslas (Ovetense), S. 109; Conquista de la isla de Gran Canaria hecha por mandado de los señores Reyes Católicos Don Fernando y Doña Isabel (Lacunense), S. 188; Bernáldez, Memorias del reinado de los Reyes Católicos, S. 516. Bereits in den frühen päpstlichen Bullen, im Kontext der Schenkung der Inseln an den Fürsten von Fortuna, werden die Kanarier als *paganos* qualifiziert: *eliminate paganei erroris spurcicia*. Bula Vinee Domini Sabahot, S. 214–216. Siehe zur *spurcitia* »pagan superstition«, in: Mediae latinitatis lexicon minus, S. 985.

85 Dies gilt mit Blick auf die kanonistische Tradition, in der zwar teils zwischen verschiedenen Ungläubigen unterschieden, diese Differenzierungen aber nicht begrifflich fassbar wurden. Siehe dazu auch Becker, Die Stellung des kanonischen Rechts zu den Andersgläubigen, S. 101–123.

86 »infiel«, in: Diccionario del castellano del siglo XV en la Corona de Aragón.

87 Ebenso verweist Christoph H. F. Meyer auf die Fülle von Begriffen im *Corpus Juris Canonici* für Heiden (*barbarus, paganus, gentilis, iudaeus, saracenus* und *infidelis*) und hält *infideles* für den allgemeinsten Begriff, um Nichtchristen zu bezeichnen. Vgl. Meyer, Nichtchristen in der Geschichte des kanonischen Rechts, S. 142–143. Meyer liefert darüber hinaus mit seinem Beitrag eine aktuelle Bibliographie zum Thema Nichtchristen im kanonischen Recht.

88 »pagano, na«, in: Diccionario de la lengua española; siehe ebenso »pagano, -a«, in: Diccionario del castellano del siglo XV en la Corona de Aragón; »Pagano, -na«, in: Diccionario Medieval Español, Bd. II, S. 1464.

Obschon es zwar noch keine festen Begriffe für den Unterschied zwischen *infieles positivos* und *negativos* gab, war dieser der gelehrten Literatur des Mittelalters jedoch bekannt, wie unter anderem Hans-Werner Goetz in seiner Studie über die Wahrnehmung anderer Religionen im Früh- und Hochmittelalter festgestellt hat. Peter Abaelard (ca. 1079–1142), Vertreter der Frühscholastik, habe eingeräumt, dass Heiden nahezu entschuldbar seien, weil sie das göttliche Gesetz nicht kennen und deshalb gegen seine Gebote verstoßen würden. Wie die vormosaische Geschichte lehre, sei eine Gotteserkenntnis jedoch auch durch das Naturgesetz möglich: »Deshalb gehen Heiden ebenfalls zugrunde, nicht weil sie das göttliche Gesetz (das sie nicht kennen) wissentlich übertreten haben, sondern weil sie auch gegen das Naturgesetz verstoßen haben.«[89]

Im 16. Jahrhundert sollte zunächst Thomas de Vio (1469–1534), genannt Cajetan,[90] und dann der »Anwalt der Indianer«, Bartolomé de las Casas, diese Theorie auf einen konkreten Fall, die Indigenen der Neuen Welt, anwenden. Insgesamt vier verschiedene Arten von Barbaren und Heiden grenzt er in seiner *Apologética Historia Sumaria* voneinander ab, um die Indigenen der Neuen Welt für unschuldig an ihrem heidnischen Glauben zu erklären. Angelehnt an die aristotelische Dreiteilung beziehe sich der Begriff »Barbar« erstens im weiten und uneigentlichen Sinne auf alles Fremde *(calquiera extrañez)*.[91] Zweitens würden Menschen als Barbaren bezeichnet, die keine Schrift kennen oder auch schon die gesprochene Sprache schlecht beherrschen würden.[92] Drittens handele es sich bei Barbaren im eigentlichen Sinne, deren Existenz mit Blick auf die Perfektion der göttlichen Schöpfung eine Ausnahmeerscheinung darstelle, um grausame und wilde Menschen, denen es an Vernunft fehle *(crueles y feroces, no se rigen por razón)*.[93] Unter den vierten Typus subsumiert Las Casas sämtliche Heiden, die er dann wiederum in vier Gruppen einordnet, wobei er sich hier bis auf die Hinzufügung der Abgefallenen auf die Unterteilung Cajetans stützt:[94] erstens Häretiker und Apostaten, wobei er auf den zu seinen Lebzeiten viel diskutierten Fall Heinrichs VIII. von England (1491–1547) und die Reformation verweist;[95] zweitens Heiden, die unter Christen lebten, wie die Juden auf der Iberischen Halbinsel es vor der Vertreibung der ungetauften und rückfälligen Juden ab 1493 und dem Zwang der Muslime zur Konversion in großer Zahl

89 Goetz, Die Wahrnehmung anderer Religionen, S. 47–48.

90 Zur Dreiteilung bei Cajetan siehe u. a. Höffner, Kolonialismus und Evangelium, S. 56.

91 Vgl. Las Casas, Apologética Historia Sumaria, Kap. 264, S. 637.

92 Vgl. ebd., S. 638 ff.

93 Vgl. ebd., Kap. 265, S. 641.

94 Vgl. Hafner / Loretan / Spenlé, Naturrecht und Menschenrecht, S. 130.

95 Vgl. Las Casas, Doce Dudas, Kap. 2 und 3, S. 40–43.

taten,[96] drittens solche, die wie die Muslime widersetzlich einem anderen Glauben anhingen. Gegen diese Ungläubigen Krieg zu führen sei legitim und fiele unter die Kategorie des *bellum iustum*, ebenso wie es legitim sei, sie mit Gewalt zum christlichen Glauben zu zwingen.[97] Gegen andere Barbaren ins Feld zu ziehen sei jedoch nicht rechtens, nur weil sie Barbaren seien, so der »Anwalt der Indianer«.[98] Dazu gehört Las Casas zufolge auch die vierte Gruppe von Heiden, die noch nie etwas vom Christentum gehört hätten und zu denen Las Casas die Indigenen der Neuen Welt zählt, deren Heidentum er deshalb auch als *pure negativa* bezeichnet.[99] In den ersten theoretischen Traktaten zur Eroberung der Kanarischen Inseln, den *Allegationes* des Alonso de Cartagena und den Auftragsarbeiten der italienischen Gelehrten Antonio Menucci da Pratovecchio und Antonio Roselli, spielt die Unkenntnis des christlichen Glaubens durch die Kanarier hingegen keine Rolle. Ganz im Gegenteil stellen die Ausführungen der kanonischen Rechtsgelehrten als Antwort auf die Anfrage Papst Eugens IV. einen anderen Bezug her: »Inwieweit [es gerecht ist, wenn] ein Fürst oder ein christlicher König, der keinen Höheren über sich anerkennt, einen Krieg gegen Sarazenen beginnen will, die weder Teile seines Reiches besitzen oder besetzen, und diese Gebiete auch keinem anderen Christen gehört haben, wie es in der Berberei der Fall ist.«[100] James Muldoon führt diese Bezeichnung der indigenen Kanarier als *sarracenos* auf die geographische Nähe zum muslimischen Afrika, der hier erwähnten Berberei, zurück.[101] Der Begriff *sarracenos* wurde aber in manchen Fällen auch für Andersgläubige im Allgemeinen verwendet.[102] Dies wirft die Frage auf, inwieweit man überhaupt eine konkrete Vorstellung von den Heiden der Kanarischen Inseln im christlichen Europa hatte. In seinen Ausführungen über das vatikanische Register 62, welches zwischen 1377 und 1378 entstand und verschiedene Dokumente zu den Beziehungen der Päpste in Avignon zu den Völkern an den Rändern der christlichen Welt versammelt, stellt Muldoon fest: »Both the bull and the

96 Vgl. Specht, Spanische Spätscholastik im Kontext ihrer Zeit, S. 4.

97 Vgl. Soto, Aquí se contiene una disputa o controversia ..., S. 112.

98 Vgl. Las Casas: Apologética Historia Sumaria, Kap. 267, S. 649–650. Causae iustae bei Las Casas zur Führung eines Krieges gegen die Barbaren siehe Soto, Aquí se contiene una disputa o controversia ..., S. 120–121.

99 Vgl. Las Casas, Apologética Historia Sumaria, Kap. 266, S. 647.

100 *[Q]uidam princeps seu rex catholicus, non recognescens, superiorem, vult jnducere contra sarracenos, non possidentes nec detinentes terras que fuerunt aliorum christianorum, quemadmodum in Barbariam.* Parecer do jurista bolonhês António Menucci da Pratovecchio a consulta, S. 287; siehe ebenso Parecer de António de Rosellis, S. 322.

101 Vgl. Muldoon, Popes, Lawyers, and Infidels, S. 125.

102 Vgl. Abulafia, The Boundless Sea, S. 508.

register blend together schismatics, heretics, and infidels as if the differences among them were less significant than the differences that kept each of these groups from membership in the Latin Church.«[103] Doch weniger eine vage Vorstellung von diesen Völkern, wie es Muldoon an anderer Stelle postuliert,[104] als ihr gemeinsamer Status als Nichtchristen scheint hier als Erklärung plausibel.[105] Denn bereits in einer Bulle Clemens' VI. aus dem Jahr 1351, in der er die Missionierung der indigenen Bevölkerung der Kanaren anordnete, werden die Kanarier als *gentes ydolatras et paganos habitantes*, als Götzenanbeter und Heiden, bezeichnet.[106] Für die Einordnung der Kanarier in eine neue Kategorie von entschuldbaren Heiden lassen sich hingegen keine Belege finden. Ganz im Gegenteil hob der spanische Rechtsgelehrte Alonso de Cartagena hervor, sei es eine ehrenhafte und fromme Aufgabe gegen Heiden zu kämpfen, die gegen eine Annahme des christlichen Glaubens rebellierten, womit er die Kanarier wie die Muslime zu Glaubensfeinden des Christentums erklärte *(et pugnare contra infideles resistentes, est quid pium et honestium)*.[107] Neben dieser Gleichsetzung zwischen Kanariern und Muslimen wurden die Indigenen auch als Apostaten und Brecher der Naturgesetze verunglimpft, um die gewaltsame Unterwerfung des Archipels zu rechtfertigen.

Insbesondere die in der zweiten Hälfte des 14. Jahrhunderts vergeblichen Missionierungsversuche auf den Kanaren, deren Scheitern in der Ermordung von dreizehn Ordensbrüdern durch indigene Hand auf Gran Canaria seinen Höhepunkt fand,[108] und das Gotizismus-Argument Alonso de Cartagenas, demnach die Kanarischen Inseln zu Tingitania und Tingitania ehemals zu Hispania und damit heute zum Herrschaftsgebiet des kastilischen Königs gehört hätten (siehe ausführlich Abschnitt 6.3),[109] ließen die kanarische Bevölkerung eher als dem Christentum feindlich gesinnt, als bestrafungswürdige Apostaten erscheinen.[110] Auch aus einer Formulierung Papst Martins V. aus dem Jahr 1421

103 Vgl. Muldoon, Popes, Lawyers, and Infidels, S. 76.

104 Vgl. Muldoon, The Avignon papacy and the frontiers of Christendom, S. 149.

105 Las Casas benutzt später eine solche Argumentation zur Betonung der Einheit des Menschengeschlechtes, die alle nur einen Gott hätten, der sich für sie hingegeben hätte: *no hay distinción en esto para con indios, ni gentiles, griegos, o bárbaros, pues un solo Señor es de todos, que por todos sin diferencia murió.* Las Casas, Brevísima relación de la destrucción de África, S. 198.

106 Vgl. Clemente VI concede privilegios espirituales a los ciudadanos de Mallorca, S. 282.

107 Cartagena, Allegationes super conquesta Insularum Canariae contra portugalenses, S. 72.

108 Vgl. Aznar Vallejo, Identidad y alteridad, S. 173.

109 Vgl. Cartagena, Allegationes super conquesta Insularum Canariae contra portugalenses, S. 94, 96 und 120.

110 Cartagena berichtet von der Verbreitung der arianischen Sekte zur Zeit der Herrschaft der Westgoten über dieses Gebiet, vgl. ebd., S. 97.

lässt sich schließen, dass die Darstellung der Kanarier als Abtrünnige vom wahren Glauben zwar nicht die prominenteste, aber eine verwendete Legitimationsstrategie darstellte, denn hier schließt sich keineswegs aus, dass die Kanarier früher einmal Christen waren: »Die Menschen der Kanarischen Inseln, die für einige Zeit anderen nicht bekannt waren, haben nicht den katholischen Glauben.«[111] Alonso de Palencia, Schüler Cartagenas, rechtfertigte dann im ausgehenden 15. Jahrhundert den Eroberungskrieg mit dem Scheitern friedlicher Handels- und Missionierungsversuche und erklärte die Kanarier so zu Feinden *(enemigos)*[112] der Christenheit:

> Nicht der Mann des flammendsten Glaubens hat es geschafft, die Kanarier zum wahren Glauben zu bekehren, weder mit den überzeugendsten Gründen noch mit einer ständigen Freundlichkeit der Behandlung; im Gegenteil, viele von denen, die es versuchten, wurden von ihnen grausam ermordet, nachdem sie sie mit vorgetäuschter Freundlichkeit aufgenommen hatten. Nur die Beharrlichkeit in einem zukünftigen Krieg war für uns die einzige Hoffnung, [Gran] Canaria zu unterwerfen.[113]

Für Thomas von Aquin und andere Scholastiker galten Heiden dann als gerettet, wenn sie nach den Gesetzen des *ius naturale* lebten. Denn mithilfe ihrer menschlichen Vernunft seien auch Heiden ohne Kenntnis der Offenbarung fähig, das Gute anzustreben und böse Taten zu vermeiden.[114] In vielen Quellen zur Eroberung der Kanarischen Inseln werden die heidnischen Völker jedoch als gesetzlos, das heißt in Unkenntnis der Regeln des Naturrechts, beschrieben. Während es noch in *Le Canarien* heißt, die Inseln seien von Heiden mit verschiedenen Gesetzen und Sprachen bevölkert *(iles de canarie habi<t>ees de / gens mescreans de diuerses loys et de diuers langages)*,[115] verfestigte sich, vor allem unter dem wachsenden Legitimationsdruck gegenüber der konkurrierenden Eroberungsmacht Portugal, der Eindruck, dass die indigenen Kanarier *idólatras sin ley* seien.[116] Bereits bei Petrarca und dann in der ersten Hälfte des 15. Jahrhunderts wieder als Argument durch Cartagena aufgenommen, ging der Vergleich der kanarischen Bevölkerung mit wilden Tieren *(siluestrium anima-*

111 *Jnsularum Canarie gentes, a multis temporibus ab alijs icognitas, catholicam fidem non tenentes.* Letras Sincere deuotionis, S. 16.

112 La conquista de Gran Canaria en las Décadas de Alonso de Palencia, S. 476.

113 *Ne el hombre de fe más encendida ha podido convertir a los canarios la verdadera religión, ni con las razones más convincentes, ni con la continua afabilidad de trato; antes por lo contrario, dieron cruel muerta a muchos de los que lo intentaron, después de haberlos acogido con fingida amabilidad. Únicamente la perseverancia en una guerra futura era para los nuestros la sola esperanza de someter a Canaria.* La conquista de Gran Canaria en las Décadas de Alonso de Palencia, S. 476.

114 Vgl. Angenendt, Toleranz und Gewalt, S. 124.

115 Le Canarien, G1v, S. 5.

116 Vgl. Bernáldez, Memorias del reinado de los Reyes Católicos, S. 510.

lium)[117] ebenso mit einer Absprache einer menschlichen Rationalität und damit einer Unfähigkeit zur Einhaltung des Naturrechts einher.

Dass diese Argumente unter den Apologeten der Eroberung insbesondere im 15. Jahrhundert kursierten, belegen auch die einzigen kritischen Äußerungen, die der Heilige Stuhl im Jahr 1436 zur Eroberung der Kanaren tätigte (zu den Motivationen siehe Kapitel 7). Den Kanariern wäre zwar der christliche Glaube nicht offenbart worden, dennoch lebten sie nach dem Naturrecht und seien keine Häretiker *(quarum habitatores et incole, solam legem naturalem imitantes, nullam antea fidelium aut hereticorum secto vouerant)*.[118] Ebenso betonte Las Casas im Nachgang der Eroberung des Archipels die Vernunftfähigkeit der indigenen Bevölkerung, die Voraussetzung für ein Leben nach dem Naturrecht bildete *(son hombres y tienen ánimas racionales)*.[119]

Deutlich häufiger als die Inszenierung der Kanarier als Apostaten und Naturrechtsverletzer lässt sich aber ihre Gleichsetzung mit dem muslimischen Glaubensfeind belegen. Als handele es sich um Muslime, habe Papst Clemens VI. 1344 von Avignon aus zu einem Kreuzzug gegen die autochthone Bevölkerung der Inseln aufgerufen, so eine Beobachtung von Stevens-Arroyo.[120] In der Gesamtschau lässt sich der Eindruck bestätigen, dass die Bullen zur *Conquista* von der »idea de la Cruzada«[121] beherrscht werden. Darüber hinaus war die Interpretation der *Conquista* der Neuen Welten als ein Krieg gegen islamische Völker, als Kreuzzug und Teil der *Reconquista*, eine beliebte Rechtfertigungsstrategie, die in dieser Studie schon in anderen Kontexten angesprochen wurde und noch weiter Thema sein wird (siehe Abschnitt 3.1 und 5.4). So brüstete sich Heinrich der Seefahrer gegenüber dem Papst damit, die unbewohnte Insel Madeira aus muslimischer Hand befreit und zum Christentum zurückgeführt zu haben.[122] In dem zwischen 1460 und 1465 durch Joanot Martorell verfassten Ritterroman *Tiran lo Blanc* wird der König von Gran Canaria als *moro*, Bewohner des antiken Mauretaniens,[123] bezeichnet.

Et demourerent ledit Roy sarazin mon^{r}/ de bethencourt daccord, und der muslimische König und Béthencourt fanden zu einer Einigung,[124] heißt es in der späteren Variante B der Chronik *Le Canarien*. Im Auftrag eines Nachfahren des ersten Eroberers der Kanaren im ausgehenden 15. Jahrhundert angefertigt,

117 Cartagena, Allegationes super conquesta Insularum Canariae contra portugalenses, S. 94.

118 Letras Creator omnium, S. 121.

119 Las Casas, Brevísima relación de la destrucción de África, S. 199.

120 Vgl. Stevens-Arroyo, The Inter-Atlantic Paradigm, S. 515–543.

121 García-Gallo, Las bulas de Alejandro VI, S. 618.

122 Vgl. Russell, Prince Henry ›The Navigator‹, S. 94 und 98.

123 Vgl. Corbella, Lenguas y trujamanes, S. 182.

124 Le Canarien, B5r, S. 164.

suchte Béthencourt V. die Eroberungen seines Vorfahren nicht als Kampf zwischen Franzosen und *Mahos*, sondern als Kreuzzug gegen Sarazenen zu inszenieren.[125] Dafür spricht auch die Darstellung der indigenen Herrscher Lanzarotes und Fuerteventuras, die auf den Holzschnitten mit langem Vollbart gezeigt werden.[126] Während Antonio Tejera Gaspar in der Zeichnung der Herrscher mit den längsten Bärten ein künstlerisches Element sieht, um die sozialen Unterschiede zwischen den Indigenen zu verdeutlichen und auf die Bedeutung einer langen Haartracht als Statussymbol indigener Anführer zu verweisen,[127] wird hier die These vertreten, dass der Bart dazu diente, die indigenen Herrscher als muslimisch zu markieren. Denn der Bart war ein klares Distinktionsmerkmal zwischen spanischen Christen auf der einen und Juden und Muslimen auf der anderen Seite. Erst die Begegnung mit den bartlosen Indigenen der Neuen Welt sollte die Gesichtsbehaarung zu einem rein europäisch-christlichen Attribut erheben.[128] Darüber hinaus kursierte im Mittelalter ein Schreckensbild des Muslim als monströsen Giganten, welches auf die kanarische Bevölkerung übertragen wurde: »Giants who may be depicted as dramatically black, with the head or face of an animal, sexed as female, or possessing giant babies.«[129] In verschiedenen Quellen zur *Conquista* ist von ebensolchen, riesenhaften Indigenen die Rede.[130]

Mit Blick auf die Praxis ließe sich die These einer argumentativ-strategischen Gleichsetzung der *Conquista* der Kanaren mit der *Reconquista* auf der Iberischen Halbinsel und damit einer Identifikation der kanarischen mit der islamischen Bevölkerung weiter untermauern, denn die Situation an der iberischen *frontera* und an der *frontera* zwischen den christianisierten und den noch in indigener

125 Auch im Mittelfranzösischen kann *sarazin* auch einen Heiden meinen. Der Bezug zum Islam überwiegt jedoch: »(Celui) qui appartient à la population musulmane (du Levant, d'Afrique du Nord ou d'Espagne)«; »Qui n'appartient pas au monde chrétien, qui est musulman (ou païen)«, »Arabe«, »Oriental«. »Sarrasin«, in: Analyse et traitement informatique de la langue française. Dictionnaire du Moyen Français (1330–1500). Wenn sich der Begriff allgemein auf Heiden bezog, dann waren jedoch hier ausdrücklich Ungläubige gemeint, die den christlichen Glauben willentlich ablehnten im Gegensatz zu paganen Völkern in Unkenntnis des Christentums. Vgl. Bennett, African Kings and Black Slaves, S. 56.

126 Siehe zum Beispiel die Abbildung der Herrscher Fuerteventuras: Le Canarien, B59v, S. 383. Der Begleittext zum Bild spricht wiederum von *roys sarazins: Comment les deulx roys sarazins / de lille darbanye parlementerent por / eulx rendre et faire Crestiens Car / Jlz voient que ilz ne pouent plus durer /*, Le Canarien, B59r, S. 380.

127 Vgl. Tejera Gaspar, Majos y europeos, S. 115–116.

128 Vgl. Horowitz, The New World and the Changing Face of Europe, S. 1188.

129 Heng, Jews, Saracens, ›Black Men‹, Tartars, S. 260.

130 Siehe u. a. Torriani, Descripción e historia del reino de las Islas Canarias, S. 200.

Hand befindlichen Inseln war durchaus vergleichbar (siehe dazu Abschnitt 3.1). Die Parallelen im Umgang mit kanarischen und muslimischen Sklaven, die man beide als in einem *bellum iustum* Gefangene verstand, werden in diesem Kapitel im Folgenden noch ausführlich besprochen (siehe Abschnitt 5.4); eine Behandlung, die Las Casas im Nachgang der Eroberung aufs Schärfste kritisierte: »Und sie raubten alle Kanarier aus, die sie konnten, als wären sie Türken oder Mauren.«[131]

Insgesamt ordneten die Europäer bei ihrer Entdeckung der Kanaren die Bewohner der Inseln keiner neuen Kategorie von Heiden zu, sondern versuchten, sie mit altbekannten Gruppen von Nichtchristen zu identifizieren, um damit die Eroberung des Archipels zu legitimieren. Wie im Folgenden noch zu sehen sein wird (Kapitel 6 und 7), war es nicht der Status der Kanarier als *infieles negativos*, der die Teilnehmer des Diskurses um die Rechtmäßigkeit der Eroberung umtrieb, denn die Tatsache, dass von ihnen – im Gegensatz zu den Muslimen – vor der militärischen Intervention keine Agression gegenüber den Eroberungsmächten ausgegangen war, wie Las Casas in seiner *Brevísima relación de la destrucción de África* hervorhebt: »Die Inseln waren von paganen Völkern bewohnt; Menschen mit wenig Waffen, die sicher in ihren Häusern lebten, ohne irgendjemanden etwas Schlechtes zu tun.«[132]

5.2.2 *Bárbaros*: Die Wildheit der Kanarier

Der Topos des Barbaren ist einer von vielen Fremdheitszuschreibungen, die im Mittelalter in verschiedenen Kontexten Anwendung fand und sowohl der Abgrenzung zum Anderen als auch der Stärkung des eigenen Selbstverständnisses diente.[133] In der Antike entstanden und in seiner ursprünglichen altgriechischen Bedeutung mit »Plapperer« zu übersetzen, verstanden die Menschen des Altertums unter einem »Barbaren« zunächst einmal jeden fremdsprachigen Menschen.[134] Schließlich traten Attribute wie Wildheit, Grausamkeit und Treulosigkeit hinzu.[135] In den frühen Jahrhunderten des christlichen Mittelalters wurde dann das Barbarentum zunehmend mit dem Heidentum zusammengedacht. Zivilisation, Menschlichkeit und Katholizismus wurden Unkultur, Barbarei und Grausamkeit gegenübergestellt. Insbesondere die muslimischen

131 *Robaban todos los que podían, como sí fueran turcos o moros.* LAS CASAS, Brevísima relación de la destrucción de África, S. 202.

132 *Islas pobladas de gente pagana; gente de pocas armas y que estaban en sus casas seguros, sin hacer mal a nadie.* Ebd., S. 197–198.

133 Vgl. EBERL, Naturzustand und Barbarei, S. 82.

134 Vgl. GRUBER, Art. »Barbaren«, Sp. 1434–1436.

135 »bárbaro, ra«, in: Diccionario de la lengua española.

Völker avancierten im christlichen Weltbild zu den neuen Barbaren, wovon bis heute der Name »Berber« oder »Berberesken« für die nomadischen Stammesgruppen Nordwestafrikas zeugt.[136] Darüber hinaus wurden auch die ab dem ausgehenden Hochmittelalter in den Blick der Christenheit geratenden Mongolen als Barbaren diffamiert. Felicitas Schmieder, die die europäischen Vorstellungen von den Tartaren in ihrer Dissertation eingehend untersucht hat, verweist auf das ambivalente Bild, das die Europäer von den Mongolen zeichneten, je nachdem, ob sie sie als Bündnispartner gegen den Islam gewinnen oder als äußere Bedrohung zu verteufeln suchten.[137] Zu den negativen Attributen, die man den Völkern des Fernen Ostens zuschrieb, zählten der Verzehr von rohem Fleisch und Menschenfleisch, Treulosigkeit, die sich in Vertragsbrüchen äußere, Wildheit, durch die nicht einmal Frauen vom Kampf zurückschreckten, und Polygamie.[138] Die Barbarei der Völker des amerikanischen Kontinents umfasste in den Augen der Eroberungsmächte überdies Nacktheit, Polygamie, Sodomie, Menschenopfer und Kannibalismus.[139]

In den Quellen zu den Kanarischen Inseln wurden sowohl ihre Bewohner als auch deren Sitten als barbarisch bezeichnet und charakterisiert. Bereits der arabische Gelehrte al-Idrisi (1100–1166), dessen Werk von einer möglichen Kenntnis und Kontakten zwischen der arabischen und der kanarischen Welt zeugt, spricht davon, dass die Insel *peuplée de bêtes féroces* sei.[140] In ähnlicher Weise beschrieb Boccaccio die Kanarier um die Mitte des 14. Jahrhunderts als *hominibus et mulieribus asperis cultu et tribu.*[141] Zum Ende des 15. Jahrhunderts betitelte dann der Hofchronist und Schüler Cartagenas, Alonso de Palencia, die heidnischen Herrscher der Kanarischen Inseln mit *bárbaros dueños.*[142] Zwar wie geschildert eine altbekannte Kategorie, führte die Begegnung mit den kanarischen Völkern jedoch auch zu innovativen Ausformungen und neuen Facetten des Barbaren-Topos.

Vor allem die Konzilien von Konstanz und Basel fungierten als Informationskanäle für die Verbreitung des Wissens über die Bewohner der Neuen Welten der Kanarischen Inseln, wie im Folgenden noch zu sehen sein wird.[143] So zählt

136 Eine solche geographische Erklärung des Begriffes nahm etwa Antonio Nebrija vor, vgl. »bárbaro, -a«, in: Diccionario del castellano del siglo XV en la Corona de Aragón; vgl. Gruber, Art. »Barbaren«, Sp. 1434–1436; Rojas Donat, Derecho político y derecho natural en América, S. 123–137.

137 Vgl. Schmieder, Europa und die Fremden, S. 238.

138 Vgl. ebd., S. 226–228 und 238.

139 Vgl. Todorov, Die Angst vor den Barbaren, S. 29–31.

140 Description de l'Afrique et de l'Espagne par Edrisi, S. 34.

141 Boccaccio, De Canaria, S. 970.

142 La conquista de Gran Canaria en las Décadas de Alonso de Palencia, S. 475.

143 Vgl. Mettejiet, Art. »Hemmerlin, Felix, canonist«, Sp. 2128–2129.

Felix Hemmerli (1389–1458/59), Züricher Kanonist, Publizist und Besucher beider Kirchenversammlungen, zu den barbarischen Eigenschaften der Kanarier, die er als *homines bestiali crudeli* bezeichnete, den Verzehr von rohem Fleisch, wobei er sie mit Zyklopen verglich, ihre Sprache, die wie Hundebellen klinge, öffentlichen Beischlaf, eine Unkenntnis von Privateigentum und die Behandlung von Frauen als Gemeinschaftsgut.[144] Diese Liste ließe sich um Aspekte aus den europäischen Chroniken zur *Conquista* erweitern, wie die fehlende Scham der indigenen Bevölkerung bezüglich ihrer Bekleidung, verschiedenen Formen der Polygamie, die *hospitalidad de lecho*,[145] dem Gastrecht, das auch den Beischlaf mit einer Frau des Haushalts einschloss, Infantizid und das vermeintliche *ius primae noctis* der kanarischen Stammesfürsten.

Obwohl sich zu jedem dieser vermeintlichen barbarischen Eigenschaften der indigenen Bevölkerung der Kanaren ein ganzes Kapitel verfassen ließe, seien hier zunächst drei Merkmale exemplarisch vorgestellt. Diese zielten insbesondere darauf, den Bedarf einer Zivilisierung der indigenen Bevölkerung hervorzuheben: eine fehlende Schriftsprache und eine unverständliche gesprochene Sprache, die Kleiderordnung der Indigenen, die als nackt empfunden wurden, und schließlich ihre Sexualpraktiken, die europäischen Normenvorstellungen widersprachen.

Die Vielfalt und angebliche Unverständlichkeit der Sprachen auf dem Archipel wird in der kanarischen Historiographie durch einen Besiedlungsmythos erklärt. In der Antike seien die einsamen Inseln von römischen Delinquenten bevölkert worden, denen man zur Strafe ihre Zungen abgeschnitten hätte. Infolgedessen hätten ihre Nachkommen neue Sprachen erfinden müssen.[146] Aus dieser Erzählung lässt sich das Vorurteil einer Sprachunfähigkeit der barbarischen Bevölkerung herauslesen, insbesondere mit Blick auf die Erklärung Torrianis für die vielen Dialekte auf dem Archipel: »In dieser Weise wuchs bei ihnen die Verwirrung durch die Sprachen, so dass (fast wie beim Turmbau zu Babel) ein Volk das andere nicht verstand.«[147] Über eine verständliche Ausdrucksfähigkeit

144 Vgl. Lütolf, Acerca del descubrimiento y cristianización, S. 286.

145 Vgl. Tejera Gaspar / González Antón, Las culturas aborígenes canarias, S. 54. In diesem Fall gibt es Vermutungen, dass dieser Brauch tatsächlich praktiziert wurde, da Ähnliches auch bis in die Moderne von nordafrikanischen Berberstämmen bekannt ist.

146 In diesem Mythos sieht Dolores Corbella eine frühe Existenz von *El Silbo*, der gomeranischen Pfeifsprache, bestätigt. Corbella, Lenguas y trujamanes, S. 187.

147 *De modo que tanto creció entre ellos la confusión de las lenguas, que (casi como los de la torre de Babilonia), un pueble no comprendía al otro.* Vgl. Torriani, Descripción e historia del reino de las Islas Canarias, S. 20. Siehe ebenso Abreu Galindo (2021), Historia de la conquista de las siete Islas de Canarias, S. 36 und 38.

hinaus, so Espinosa, fehle es den Kanariern an einer Schriftsprache und damit auch an Aufzeichnungen über ihre eigene Geschichte.[148]

In die Vorstellung einer moralischen Rückständigkeit spielte die nur teilweise Bedeckung des Körpers durch Tierfälle der indigenen Bevölkerung mit hinein, die nicht im Sinne einer natürlich-paradiesischen Idylle verstanden, sondern als Zeichen ihrer Unzivilisiertheit gelesen wurde.[149] So berichtet Abreu Galindo etwa über die äußere Erscheinung der Indigenen Fuerteventuras: »Die Kleidung und Gewohnheit von denen dieser Inseln war es, Ziegenfälle wie Wilde [zu tragen].«[150] Für Alonso de Cartagena sind die Kanarier aufgrund ihrer Nacktheit mit wilden Tieren vergleichbar: »Denn eine so starke Unkultur und Rohheit oder raue Sitten wie dort gibt es nirgendwo auf der ganzen Welt, denn sie laufen nackt herum, und es ist wahrscheinlich, dass sie behaart sind und raue Körper haben, welche in wundersamer Rohheit leben, in der Weise wie es wilde Tiere tun.«[151] Die Anlegung von Kleidung wurde deshalb auch als Zivilisierungsprozess, als »ritual europeanisation«,[152] verstanden. Don Fernando Guanarteme erhielt etwa höfische Gewänder von Ferdinand von Aragón bei seinem Besuch am Hof der Katholischen Könige in Córdoba: »Er befahl, ihn mit sehr edlen Gewändern einzukleiden«[153] (siehe Kapitel 4.4). Auch in der bebilderten Fassung von *Le Canarien* wird dieser Wandel deutlich: Während der indigene Herrscher Lanzarotes, *Guadarfía*, zunächst entblößt und mit wilden Gesten dargestellt wird, zeigen die Abbildungen zur Unterwerfung und Bekehrung den Herrscher »gezähmt« und bekleidet.[154]

Wie auch im Falle der autochthonen Bevölkerung Amerikas war darüber hinaus das angebliche Sexualverhalten der indigenen Kanarier den europäischen

148 Vgl. Espinosa, Origen y milagros de Nuestra Señora de Candelaria, S. 17. Ausnahmen bildeten lediglich die Darstellungen bei Torriani, Sedeño und Marín de Cubas. Die These einer vollkommenen Illiterarität der Indigenen hielt sich bis ins 18. Jahrhundert hinein, denn barbarischen Schafhirten traute man die Fähigkeit zu schreiben offenkundig nicht zu. Vgl. Farrujia de la Rosa / Pichler / Rodrigue, The colonization of the Canary Islands, S. 84–85.

149 Mehr zur Kleidung und zum tatsächlichen Aussehen der Kanarier siehe Kapitel 2.

150 *El vestido y hábitos de los de esta isla era de pieles de carnero como salvajes.* Abreu Galindo (2021), Historia de la conquista de las siete Islas de Canarias, S. 57.

151 *Nam forte in toto mundo non est similis incultura et ruditas seu asperitas politiae, sicut ibi; incedunt enim nudi, unde uerisimile est quod sunt hirsuti, id est pilosi, et quod habent aspera corpora, quia uiuunt sub mirabili asperitate, fere ad modum siuestrium animalium.* Cartagena, Allegationes super conquesta Insularum Canariae contra portugalenses, S. 94.

152 Lowe, ›Representing‹ Africa, S. 119.

153 *le mandó uestir de muy ricos uestidos.* Libro de la conquista de la ysla de Gran Canaria y de las demas yslas (Ovetense), S. 156.

154 Von hinten entblößt zeigen die Abbildungen B11v und B23v den *Maho*-Herrscher. Gekleidet und »gezähmt« erscheint er auf B61r in *Le Canarien.*

Anhängern einer Idealvorstellung von Keuschheit und Monogamie anstößig. So heißt es bei Torriani, dass sich die kanarischen Männer mit so vielen Frauen verheirateten, wie es ihnen beliebe.[155] Häufiger jedoch taucht in den Quellen der Vorwurf der Vielmännerei auf. In den *Coloquios Matrimoniales* Pedro de Lujáns, in dialogischer Form verfasst und dem Conde de Niebla, Juan Carlos de Guzmán gewidmet, beschreibt er im Kontext des Themas Schwangerschaft den Brauch der Polyandrie auf den Inseln, den man aufgrund eines unausgewogenen Geschlechterverhältnisses eingeführt habe.[156] Zum Ende des 16. Jahrhunderts bemühte sich Abreu Galindo dann darum, die Behauptung Lujáns zu widerlegen. Die *Canarios* hätten von natürlicher Vernunft geleitet *(razón natural)* nur eine Frau geheiratet. Allenfalls aus der Not heraus wären sie anders verfahren.[157]

Die Inszenierung dieser barbarischen Attribute diente vornehmlich dazu, die moralische und zivilisatorische Rückständigkeit der Kanarenvölker hervorzuheben, um ihre Bekehrung zum christlichen Glauben als Zivilisationsinstrument zu rechtfertigen. Geradezu von einer christlichen Verpflichtung nicht nur zur Mission, sondern auch zur Zivilisation sprach König Eduard I. (1391–1438) erstmals in einem Brief an Papst Eugen IV. aus dem Jahr 1436,[158] indem der portugiesische König die Leistungen Heinrich des Seefahrers hervorhebt *(Paganos ad fidem christianam et deuocionem corone Portugalie conuertisset, leges eciam ciuiles et oliticum uiuendi modum eisdem traderet)*.[159] Dass Evangelisierung und Zivilisierung der kanarischen Bevölkerung zusammengedacht wurden, zeigt ebenso eindrücklich eine Passage aus Hemmerlis *De nobilitate et rusticitate dialogus*:

> Von diesem Rat sind einige Priester des Minoriten-Ordens und in ähnlicher Weise auch Landwirte und Menschen mit Kenntnissen der *artes mechanicae*, die sich mit dem Gebrauch der Künste in gleicher Weise auskennen, auf die besagten Inseln entsandt worden, und sie haben so weise und durch Gottes Barmherzigkeit gearbeitet, dass heutzutage die Bräuche und Gewohnheiten der Menschen vermenschlicht sind und sie dem katholischen Glauben angehören und ihren Kindern der Umgang mit dem Gebrauch der Schrift gelehrt wird.[160]

155 Vgl. Torriani, Descripción e historia del reino de las Islas Canarias, S. 41.

156 Vgl. Luján, Coloquios Matrimoniales, S. 41.

157 Vgl. Abreu Galindo (2021), Historia de la conquista de las siete Islas de Canarias, S. 126 und 128.

158 Vgl. Muldoon, Popes, Lawyers, and Infidels, S. 124.

159 Súplica dirigida pelos embaicxadores de el-rei D. Duarte ao papa Eugénio IV, S. 256.

160 *De quorum consilio sacerdotes plures de ordine Minorum similiter et agricolas et omnium artium mechanicarum ad humanum usum congruenter oportunarum artifices in prefatas insulas referentes, qui tantum Dei misericordia sagaciter operati sunt quod presentibus diebus ad assuetorum hominum manseutudinem et ritum humanalem et ad fidem catholicam et juvenes eorum ad litteratrum cognitionem experienter sunt*

Durch diplomatische Beziehungen zum Königreich Aragón seien Berichte über die Lebensweise der kanarischen Völker an den französischen Hof und schließlich zu den Gelehrten der Pariser Universität gelangt, die nach einigen Beratungen beschlossen hätten, dass es der indigenen Bevölkerung nicht nur an einer Unterweisung in den Grundsätzen des katholischen Glaubens, sondern auch an der Kenntnis der Schrift, Sitten und Gebräuchen und sämtlicher praktischer Künste fehle. Der Plan einer solchen Vermittlung ziviler Lebensweise an die Barbaren der Kanaren erscheint hier auf friedlichem Wege verfolgt worden zu sein. Die Inszenierung der Kanarier als Barbaren und ihrer angeblichen Verstöße gegen das Naturrecht dienten aber vor allem der Rechtfertigung der militärischen Unterwerfung und Versklavung der indigenen Bevölkerung. Denn zu den besonderen Bedingungen, die schon Innozenz IV. formulierte, unter denen der Papst einen Krieg gegen Heiden für legitim erklären konnte, zählten Praktiken wider die Vernunft (siehe dazu genauer Abschnitt 7.1).[161]

So wird die Herrschaft der Stammesfürsten der Kanarischen Inseln in den meisten Quellen zur *Conquista* als tyrannisch gebrandmarkt. »They are not rulers by natural law, where the son succeeds the father, but by right of the strongest.«[162] Neben dieser barbarischen Weise, einen neuen Stammesfürsten zu bestimmen, berichtet der portugiesische Seefahrer Alvise de Cadamosto von rituellen Selbstmorden, die die Initiationszeremonie eines neuen Herrschers begleitet hätten:

> When their lords enter newly into office, some freely offer themselves to die in honour of the ceremony. They all go to a certain deep valley, where, after performing certain ceremonies and saying certain words, he who wishes to die in honour of the lord throws himself into the great valley and is dashed to pieces. The lord is then under an obligation to do the very greatest honour and benefit to all the relatives of the dead man. This rough and brutal custom is said to be thus observed, as the Christians rescued from prison affirm.[163]

Während nur in zwei Quellen von diesen Ritualen der Herrschaftsübergabe berichtet wird, so wird ein Brauch in fast allen Texten zur *Conquista* der Kanaren überliefert: Das *ius primae noctis* oder das Herrenrecht der indigenen Stammesfürsten.[164] So heißt es etwa in der *Historia de las Indias* von Francisco López de

reducti […]. Lütolf, Acerca del descubrimiento, S. 286. Langmaier, Felix Hemmerli und der Dialog über den Adel und den Bauern, S. 286.

161 Vgl. Muldoon, Popes, Lawyers, and Infidels, S. 126.

162 The Voyages of Alvise Cadamosto and Pedro de Sintra, S. 12–13.

163 Ebd., S. 13–14; siehe z. B. ebenso bei Sanuto, Geografia, S. 294.

164 Vgl. Bordone, Isolario nel qual si ragiona de tute l'isole del mondo, S. 104; The Voyages of Alvise Cadamosto and Pedro de Sintra, S. 13; Bergeron, Tratado de Navegación y de los viajes de descubrimiento y de conquista modernos y principalmente de los franceses, S. 97; Petrisol (Farissol), Itinera Mundi,

Gómara (1511–1566): »Die Herren und Anführer pflückten die Bräute aus Ehre oder aus Tyrannei.«[165]

Insbesondere mit Blick auf die Traditionen der Indigenen Gran Canarias geht die ethnologische Forschung zu den Kanarischen Inseln, hier sei stellvertretend Antonio Tejera Gaspar genannt, davon aus, dass es sich um einen tatsächlich praktizierten Brauch handelt.[166] Zweifel an seiner Existenz äußerte aber bereits der Historiograph Abreu Galindo Ende des 16. Jahrhunderts: »Diesen Brauch, die verheirateten Jungfrauen dem Guanarteme vor ihren Männern in der ersten Nacht zu überlassen, wollen die Nachfahren kanarischer Indigener nicht bezeugen.«[167] Mit Blick auf die europäische Geschichte war das *ius primae noctis* weniger eine reale Praxis denn Bestandteil eines Narrativs der Aufklärung vom finsteren Mittelalter. In der Vorstellung der Aufklärer war das Herrenrecht Teil einer barbarischen Vergangenheit mit dem sie den Fortschritt der Moderne zu kontrastieren suchten.[168] Tatsächlich stellte der Vollzug des Geschlechtsaktes im Mittelalter eher eine Ausnahme dar: »Although some historical documents suggest that something similar might have happened here or there, overall the notion that a lord was entitled to sleep with the bride of a newly-wed couple borders on the absurd.«[169] Vielmehr fungierte das *ius primae noctis* als Metapher für das Zahlen der Mitgift oder als eine symbolische Demonstration der Kontrolle eines Herrn über die Eheschließungen seiner Untertanen: »Der Grundherr kam zum symbolischen Beilager zum Hochzeitsbett und legte sich neben die Braut oder schritt über sie hinweg. Der Brauch ist ein Zeichen der Unterwerfung […] der Frau und der Familie des Bauern unter die Oberhoheit des Herren.«[170] Die Projektionen des Herrenrechts auf außereuropäische Regionen in der Frühen

S. 165; Munster, Cosmographia Universalis, S. 205; Sanuto, Geografia, S. 293; Frutuoso, Las Islas Canarias, S. 93; auch der französische Reisende André Thevet (1503–1592) berichtet von diesem Ritus in seinem Werk: Aznar Vallejo (Hg.), El capítulo de Canarias en el Islario de André Thevet, S. 857.

165 *Los señores y capitanes rompían las novias por honra o por tiranía.* López de Gómara, Historia de las Indias.

166 Tejera Gaspars These basiert auf folgendem Quellenzitat: *y su vuso, y costumbre era que quando alguna se auería casar, el Guanarteme la auía de conocer primero, y por su mandado alguno de los nobles y éste tal, después que auia dormido con ella, la entregaba a su marido, y de allí adelante la tenían y reverenciaban a este noble por su padrino […].* Conquista de la isla de Gran Canaria hecha por mandado de los señores Reyes Católicos Don Fernando y Doña Isabel (Lacunense), S. 224. Siehe zur Interpretation Tejera Gaspar, Parentesco, Familia y Matrimonio, S. 339.

167 *Esta costumbre de dar al Guanarteme las doncellas desposadas primero que á sus maridos no quieren confesar los que descienden de los naturales canarios.* Abreu Galindo (2021), Historia de la conquista de las siete Islas de Canarias, S. 128.

168 Vgl. Classen, The Medieval Chastity Belt, S. 150.

169 Ebd., S. 147.

170 Wettlaufer, *Jus primae noctis*, S. 249.

Neuzeit ordnete Valentin Groebner hingegen als ein »frühes Stück europäischer kolonialer Pornographie«[171] ein. Auch Fantasien der Chronisten der *Conquista* der Kanaren, die darüber hinaus über Vielmännerei und das Gastrecht philosophierten, sind plausible Erklärungen für diesen Topos. Darüber hinaus fungierte das Herrenrecht seit der Antike als Zuschreibung, mit der eine Herrschaft als tyrannisch diffamiert und delegitimiert werden sollte.[172]

Auch in Berichten des Marco Polo über das Mongolenreich ist das Herrenrecht präsent, das auch als eine männliche Sexualstrategie zur Erhöhung des Reproduktionsvorteils gedient haben könnte, so Jörg Wettlaufer.[173] Dies stünde aber im logischen Dissens zu einem weiteren Brauch, den die europäischen Quellen den indigenen Kanariern zuschrieben: dem Infantizid, also der bewussten Tötung Neugeborener. Ähnlich wie im Falle der Menschenopfer in der Neuen Welt wurde dieser Brauch von den Historiographen verurteilt und die *Conquista* als gerechte Strafe für dieses Verbrechen interpretiert.[174] Als ein unmenschliches Gesetz, beschreibt es Torriani, dessen Grausamkeit ihresgleichen nur bei ihnen gefunden hätte, und der menschlichen Vernunft widerspräche.[175] Während hier aus dem Fundus antiker und mittelalterlicher Attribute der Barbarei ein Bild des kanarischen Heiden geformt wurde, mit dessen Hilfe das eigene Selbstverständnis gestärkt, die Notwendigkeit einer Zivilisierung der Bevölkerung betont und insbesondere die gewaltsame Eroberung des Archipels gerechtfertigt wurde, entstand aus dem Gedankengut des Humanismus eine neue Ausformung des Barbarentopos, der zunächst auf die kanarische Bevölkerung angewandt im 16. Jahrhundert größere Verbreitung erlangen sollte: der *rusticus.*

5.2.3 Der *rusticus*: Ein neuer Typus des Barbaren

Der Begriff *rusticus* ist im Kastilischen dem Lateinischen entlehnt. Antonio Nebrija (1441 oder 1444–1522), von dem eine erste spanische Grammatik stammt, bezieht den Terminus *rústico* in seinem Wörterbuch auf alle ländlichen

171 Groebner, Haben Hautfarben eine Geschichte?, S. 13.

172 Ebenso versuchte man auch im Mittelalter mit dem *ius primae noctis* die Despotie eines Grundherrn zu akzentuieren. Wettlaufer, *Jus primae noctis*, S. 246 und 257.

173 Ebd., S. 259.

174 Vgl. Torriani, Descripción e historia del reino de las Islas Canarias, S. 123–124; einmal, so Torriani, sei aufgrund dieses Brauches auch die Pest über die Indigenen gekommen, vgl. ebd., S. 116.

175 *ley inhumana, que se matasen todos los hijos después del primer parto; en cuya crueldad sólo fueron iguales a sí mismos […] es una virtud el perder una parte para salvar la totalidad […] hacer cosas contrarias a los usos y a la razón.* Ebd., S. 115.

Dinge, Dinge des Feldes und Personen, die auf dem Land leben, folglich »Bauern« oder »Landleute«.[176] In seinen Vorlesungen bezeichnete Francisco de Vitoria, Begründer der Schule von Salamanca, die Indigenen der Neuen Welt als *rustici,* die sich kaum von wilden und vernunftlosen Tieren unterschieden *(parum differentes a brutis animantibus).*[177] Diesem *rusticus*, der sich durch eine rohe Erziehung auszeichne,[178] stellte er den in der Stadt, dem Hort der Zivilisation, lebenden Menschen *(homines civiles)* gegenüber.[179] Je weiter sich ein Mensch von der Gemeinschaft abgesondert habe, desto barbarischer sei er, urteilte der Salmantiner Theologe *(inhumana brutalique natura).*[180]

Damit schloss Vitoria an die antike Idee der Polis an, die in der Vorstellung eines Aristoteles die Zivilisation verkörperte. Alle außerhalb der griechischen Ökumene Lebenden galten als Barbaren, deren Natur und Lebensweise eher den Tieren als dem Menschen ähnlich sei.[181] Auch im Mittelalter war die Bezeichnung *rusticus* nicht unbedingt wertfrei, wie Alexander Murray gezeigt hat. Der Vorstellung eines tugendhaften bäuerlichen Lebens, die insbesondere von Vertretern einer asketisch-monastischen Tradition vertreten wurde, stand eine tiergleiche Assoziation der Landbevölkerung gegenüber. So war es in philosophischen Streitgesprächen seit dem 12. Jahrhundert durchaus üblich, den Gegner als »Bauer« zu beleidigen. Grob, dumm und von schlechten Manieren diente der *rusticus* hier aber weder als Abgrenzung der Städter zur Landbevölkerung noch als soziale Grenzziehung der Kleriker zum Bauernstand, sondern als Kontrastfolie des Gelehrten zum Ungebildeten.[182] Ähnliches hat António Manuel Hespanha für den portugiesischen Juristendiskurs des 15. Jahrhunderts ermittelt. Dort wurden lokale Richter und ungeschriebenes Recht mit *rusticidad* in Verbindung gebracht und so vom gelehrten Recht abgegrenzt. Plumpheit und Ignoranz schrieben portugiesische Rechtsgelehrte so regionalem Recht und lokaler Gerichtsbarkeit zu.[183]

Der unter anderem bei Vitoria zu findende Gegensatz zwischen Stadt und Land beeinflusste auch die Darstellung der kanarischen Bevölkerung in der

176 »rústico«, in: Diccionario del castellano del siglo XV en la Corona de Aragón. Die Belegstellen wurden aus diesem Wörterbuch genommen, von der Verfasserin aber nicht nochmals an den Quellen überprüft.

177 Vitoria, De Indis, S. 403.

178 Vgl. ebd.

179 Vgl. Vitoria, De eo, ad quod tenetur homo, cum primum venit ad usum rationis, S. 120. *Civilis* bedeutete in dieser Zeit außerdem »peaceful, at peace«, hier als Gegensatz zu kriegerisch und wild. Vgl. »Civilis«, in: Mediae latinitatis lexicon minus, S. 183.

180 Vgl. Vitoria, De potestate civili, S. 124.

181 Vgl. Valenzuela-Vermehren, Empire, Sovereignty, and Justice, S. 290.

182 Vgl. Murray, Reason and Society in the Middle Ages, S. 234–241.

183 Vgl. Hespanha, As fronteiras do poder, S. 52 und 65.

Historiographie des 16. Jahrhunderts.[184] So attestierte Abreu Galindo den Kanariern einen fehlenden Gemeinschaftssinn *(no habitaban en comunicado, sino apartados, en chozas y cuevas)*[185] und Torriani betonte, dass sie nach dem Friedensschluss mit den Spaniern endlich begonnen hätten städtisch zu leben und ihr rustikales Hirtenleben hinter sich gelassen hätten *(adunarsi à uiuere urbanamente, tralasciando la uita rusticana et pastorale)*.[186] Darüber hinaus bezeichnete Torriani einen der Guanartemes Gran Canarias als *rústico Rè di Galdar.*[187]

Die Darstellung der Indianer und Kanarier der Neuen Welten als *rústicos* wertete Francisco Castilla Urbano als »una nueva versión del concepto tradicional del bárbaro«, das der Feder und dem Genius Vitorias entsprungen sei.[188] Doch sowohl die Begriffsgeschichte als auch das Studium der Quellen zur Eroberung des Kanarischen Archipels im 15. Jahrhundert belegen, dass Vitoria hier nur auf einem gedanklichen Fundament aufbaute, das bereits im Kontext des Diskurses um die Rechtfertigung der Eroberung der Kanaren angelegt worden war. Denn Belege einer Verknüpfung des Barbarendiskurses mit dem Begriff des *rústico* lassen sich bereits an anderer Stelle für das ausgehende 15. Jahrhundert finden. So verwendete der Hofchronist des Königreichs Aragón, Gauberto Fabrizio de Vagad, in seiner *Crónica de Aragón* aus dem Jahr 1499 den Begriff *bárbaro rústico* unter anderem als pejorative Bezeichnung für die Türken.[189]

Schon bei Petrarca Mitte des 14. Jahrhunderts ist das Konzept des *rusticus* als Barbar angelegt, wenn er die insular-bedingte Isolation und die große Distanz der indigenen Bevölkerung zur Zivilisation als Erklärung für ihre Wildheit anführt.[190] In seiner Chronik über die Entdeckung Guineas greift der portugiesische Historiograph Gomes Eanes de Zurara (1410–1474) die humanistische Diskussion um verschiedene Lebensformen auf, indem er drei Stufen mensch-

184 Vgl. für den Gebrauch des Begriffs *rústico* in der ersten kanarischen Literatur: Bühner, Furchtlos vor der Macht des Schicksals.

185 Abreu Galindo (2021), Historia de la conquista de las siete Islas de Canarias, S. 244.

186 Torriani, Die Kanarischen Inseln und ihre Urbewohner, S. 108; zum Abgleich Torriani, Descripción e historia del reino de las Islas Canarias, S. 99.

187 Torriani, Die Kanarischen Inseln und ihre Urbewohner, S. 132. Für die spanische Fassung siehe Torriani, Descripción e historia del reino de las Islas Canarias, S. 126.

188 Vgl. Castilla Urbano, El pensamiento de Francisco de Vitoria, S. 247.

189 »rústico«, in: Diccionario del castellano del siglo XV en la Corona de Aragón. Die Belegstellen wurden aus diesem Wörterbuch genommen, von der Verfasserin aber nicht nochmals an den Quellen überprüft.

190 Vgl. Petrarca, De Vita solitaria liber primus (secundus), Liber II, Sectio VI, Cap. III, S. 224.

licher Seienszustände unterscheidet: Halbgötter, die am humanistischen Ideal orientiert ein *vita contemplativa* führten, gefolgt von denjenigen, die in der Stadt lebten und handelten und schlussendlich solchen, die in der Wüste hausten, fernab aller Konversation. Letztere wären nicht vollkommen vernunftfähig und fristeten deshalb ein Dasein als Bestien.[191] Während Zurara hier keinen direkten Bezug zur westafrikanischen oder kanarischen Bevölkerung herstellt, urteilte etwa Valentim Fernandes über die Bewohner La Palmas zwischen 1505 und 1507: *Et sunt rustici siluestres; ac sunt feroces.*[192] Der aus Mähren stammende Drucker, Herausgeber, Übersetzer, Handelsvertreter und Schildknappe *(escudeiro)* Eleonores von Portugal (1436–1467), nahm zwar auch selbst nachweislich an einer Afrikareise teil, kompilierte in seinem Werk jedoch die Schriften verschiedener portugiesischer Chronisten wie diejenigen Zuraras.[193]

Die eindeutigste Vorlage zum *rusticus*-Konzept des Begründers der Schule von Salamanca lieferte jedoch der bereits genannte Felix Hemmerli. Sein Werk über den Adel und den Bauernstand, eine in Dialogform gehaltene Ständelehre, ist Spiegel der bereits bestehenden angespannten Situation zwischen Adel und bürgerlich-bäuerlichen Schichten am Vorabend der Reformation.[194] In der relativ wenig erforschten Quelle adressiert der Züricher Kanonist Albrecht VI. von Habsburg-Österreich (1418–1463), Bruder Kaiser Friedrichs III. und wichtigster Bundesgenosse der Züricher im Krieg gegen die Eidgenossen, gegen die er insbesondere in Kapitel 33 heftige Invektiven äußert.[195] Die Passage über eine Fahrt im Jahr 1370 zu den Kanarischen Inseln, die sowohl als lateinisches Original als auch in spanischer Übersetzung zugänglich ist,[196] fußt auf Informationen, die Hemmerli im Kontext des Konzils von Basel zwischen 1432 und 1435 erhielt, bei dem die Herrschaftsansprüche Spaniens und Portugals auf den Archipel zur Debatte standen.[197] Als Wissensquelle nennt Hemmerli den

191 Vgl. Zurara, La Crónica de Guinea, S. 109.

192 Canarias en el llamado »Manuscrito Valentim Fernandes«, S. 544.

193 Eine Übersicht zu den Quellen und Werkbezügen im Manuskript von Valentim Fernandes siehe Santiago Rodríguez, Canarias en el llamado »Manuscrito Valentim Fernandes« (Continuación), S. 208–215 und 301–306.

194 Vgl. Langmaier, Felix Hemmerli, S. 21 und 32.

195 Vgl. ebd., S. 25 und 34–35.

196 Vgl. Lütolf, Acerca del descubrimiento, S. 284–292. Es gibt bisher keine, wie Langmaier feststellt, kritische Textausgabe zu *De nobilitate et rusticitate dialogus*, vgl. Langmaier, Felix Hemmerli, S. 33–34. Die Passage zu den Atlantischen Inseln veröffentlichte Lütolf 1877 in der *Theologischen Quartalschrift*. Elías Serra Ràfols entdeckte den Artikel, übersetzte ihn ins Spanische und ließ eine Übersetzung der lateinischen Passage ins Spanische durch Emilio Gimeno anfertigen, vgl. Serra Ràfols, Más sobre los viajes catalano-mallorquines a las Canarias, S. 281.

197 Vgl. »Felix Hemmerli Malleolus«, in: Repertorium Academicum Germanicum (RAG).

Bischof von Tortosa *(porut mihi retulit espiscopus Tartusiensis, pro nunc cardinalis generosus Aragonensis)*; ein Amt, das Alois Lütolf zufolge in diesen Jahren von Otón de Moncada (gest. 1473) bekleidet wurde.[198]

Mit Recht hat Elías Serra Ràfols auf die Unsicherheit dieser Informationen aus zweiter Hand und die zeitliche Distanz zwischen Ereignis, mündlichem Bericht und schriftlicher Abfassung verwiesen.[199] Doch hier interessiert weniger die Plausibilität des Geschilderten als die Verortung des Berichts über die kanarische Bevölkerung in ein 34 Kapitel umfassendes Werk voller »Adelslob und Bauernschelte«.[200] Der *rusticus*-Begriff wird im Adelsbuch sehr weitgefasst und »schloss jegliche Art sozialer Aufsteiger des dritten Standes mit ein, die ihren angestammten Platz Richtung Herrschaftselite zu verlassen versuchten«.[201] Die soziale Grenze wird als unüberwindbar dargestellt und eine Ebenbürtigkeit des Bauern mit dem Adeligen ausgeschlossen. Darüber hinaus liefert der Nobilis im Dialog eine etymologische Begriffserklärung, die den *rusticus* in die Nähe des Barbaren rückt: So leite sich Bauer *(rusticus)* nicht von dem Begriff für Land *(rus)*, sondern für Rohheit *(ruditas)* her.[202]

Obschon Hemmerli in der Passage zu den Kanarischen Inseln die Indigenen nicht explizit als *rustici* bezeichnet, sondern als *mores bestiales* oder *homines bestiali crudeli*, so wird relativ deutlich, welchen Platz Hemmerli, der als Verfechter des Ordo-Denkens gilt,[203] den Kanariern in seiner Ordnungsvorstellung zuweist.[204] Denn sein Werk ist als ein Aufruf zur Revision, zur Rückkehr zu altbekannten Verhältnissen, wie Konstantin M. Langmeier hervorgehoben hat, zu verstehen:

> Vielmehr beabsichtigt der Züricher Chorherr darzulegen, wieso der Adel zur Herrschaft prädestiniert ist: Dies ist weniger eine Frage der Ideologie als der Erkenntnis, dass zu einer Elite feste Kriterien gehörten. Sind Reichtum, Macht, Tradition und Herkunft zentrale Elemente adeligen Daseins, lässt Hemmerli stets durchblicken, dass *virtus* und korrekte Lebensführung zur Ausübung politischer Gewalt unabdingbar sind. Das Band zwischen *rusticus* und *nobilis* ist deshalb zerrissen, weil beide dem, was ihrem Stand angemessen ist, längst nicht mehr entsprechen.[205]

In dieser idealen Ordnung, zu der Hemmerli zurückkehren möchte, kommt den Kanariern die gleiche Stellung wie den Bauern zu. Während er die *rustici* in die Nähe von Tieren rückt,[206] kommt dem *nobilis* die Aufgabe zu, diese zu

198 Vgl. Lütolf, Acerca del descubrimiento, S. 285.
199 Vgl. Serra Ràfols, Más sobre los viajes catalano-mallorquines, S. 282.
200 Vgl. Halter-Pernet, Felix Hemmerli, S. 138.
201 Vgl. ebd., S. 135.
202 Vgl. ebd., S. 144.
203 Vgl. Langmaier, Felix Hemmerli, S. 23.
204 Vgl. Lütolf, Acerca del descubrimiento, S. 286.
205 Vgl. Langmaier, Felix Hemmerli, S. 59.
206 Vgl. ebd., S. 43.

beherrschen. Darüber hinaus thematisiert Hemmerli in seinem Werk auch Gründe für einen gerechten Krieg. Dabei ist für ihn ausgeschlossen, dass Vasallen ihrem Herrn gegenüber mit einer *causa iusta* Krieg führen können: »Die Antwort des Nobilis ist eindeutig: Ob ein Krieg nun recht- oder unrechtmässig sei, ein Vasall, der gegen seinen Herrn kämpfe, sei immer im Unrecht und sollte seines Lehens behoben werden.«[207]

Mit dem Einbezug der kanarischen Völker ebnet Hemmerli hier den Weg einer Translation eines innereuropäischen Ordnungskonzepts auf die Beziehung zwischen Völkern, indem das Verhältnis zwischen Adel und Bauerntum, Herren und Vasallen, demjenigen zwischen Christen und Barbaren gleichgesetzt wird. Somit untermauerte die Diffamierung der indigenen Kanarier als *rustici* nicht nur die Überlegenheit der christlichen Invasoren, sondern auch ihr Recht, die Völker des Archipels zu unterwerfen.[208]

Der Topos des Barbaren fungierte folglich nicht nur als Abgrenzung zum Fremden, sondern auch als Legitimationsstrategie zur Untermauerung der Rechtmäßigkeit der christlichen Herrschaft über den Archipel. Während hier die Indigenen ihre Rechte zu einer selbstbestimmten Herrschaft aufgrund ihrer menschlichen Natur als Barbaren genommen werden, wird es im Folgenden darum gehen, inwieweit ihre Hautfarbe als Argument zur Rechtfertigung ihrer Versklavung diente.

5.3 Inferiorität und die Versklavung der Kanarier

> Schon legt die Karavelle ab:
> mein Herz bleibt in Gefangenschaft:
> die Schlüssel trägt sie mit sich.[209]

Wie die *Endechas*, die Klagelieder Indigener und Mestizen, verdeutlichen, war eine Verschleppung in die Sklaverei für viele Kanarier seit dem 14. Jahrhundert traurige Realität.[210] Doch wie rechtfertigten die Eroberungsmächte den Verkauf großer Teile der kanarischen Bevölkerung in die Sklaverei? Spielten hier, wie

207 Vgl. Halter-Pernet, Felix Hemmerli, S. 149–150.

208 Hespanha verweist mit Bezug auf Adriano Prosperis Studie auf die überseeische Übertragung des Konzepts, allerdings erst im 16. Jahrhundert, vgl. Hespanha, As fronteiras do poder, S. 47–105; Prosperi, Tribunali della coscienza, S. 550–555.

209 *Ya se parte la caravela / mi coraçón en prisones queda / las llaves consigo las lleba.* Klagelied Nr. 7, in: Frenk Alatorre, Studia Hispanica in honorem R. Lapesa, S. 254, schon oben S. 105 zitiert. Weitere Klagelieder mit gleicher Thematik – Gefangenschaft, Sklaverei und Verschleppung – sind Nr. 7, S. 254, Nr. 19, 20 und 21 auf S. 256, Nr. 54 auf S. 259, Nr. 44 auf S. 258.

210 Siehe ausführlicher zu den Klageliedern: Bühner, Furchtlos vor der Macht des Schicksals.

auch bei der Legitimation des Herrschaftsrechts, Inferioritätsargumente eine Rolle?

Immerhin fällt die Eroberung der Kanarischen Inseln im 15. Jahrhundert mit dem Ausgreifen der Portugiesen und Kastilier an der westafrikanischen Küste und den Anfängen des transatlantischen Sklavenhandels zusammen. Mit einer Intensivierung des Sklavenhandels ging zugleich eine rassische Deklassifizierung von Menschen mit schwarzer Hautfarbe einher, die noch bis heute in vielen Gesellschaften ihre Spuren hinterlassen hat, wovon etwa die *Black-Lives-Matter*-Bewegung zeugt.[211] Doch wo liegen die Wurzeln einer Versklavung von Millionen von Afrikanern, die auf der Annahme einer rassischen Inferiorität von Menschen mit dunkler Hautfarbe beruhte? Und für die hier untersuchte Thematik von größerer Bedeutung: Welche Rolle kam in diesem Zusammenhang der kanarischen Bevölkerung zu?

Im Gegensatz zu den antiken Sklavengesellschaften war Sklaverei im Mittelalter zwar eine bekannte, aber keine vorherrschende Form von Knechtschaft.[212] Davon zeugt auch die Unschärfe des Begriffs *servus* im Mittellateinischen, der sich als »Diener« übersetzen lässt, jedoch nichts über den persönlichen Status des Dienenden verriet und so etwa auch einen Bischof als »Gottesdiener« meinen konnte.[213] Unter den christlichen Reichen des europäischen Mittelalters kommt den iberischen Mächten als Grenzgesellschaften in Bezug auf die Geschichte der Sklaverei eine Sonderrolle zu. Im Zusammenhang mit der auf der Iberischen Halbinsel ab 711 zwischen Christen und Muslimen umkämpften *frontera* waren Gefangennahmen und Versklavungen zwischen den verfeindeten Glaubensgemeinschaften üblich (siehe dazu Abschnitt 3.1 dieser Studie).[214] Durch die atlantische Expansion kamen zu den im Zuge der *Reconquista* eingefangenen Muslimen Sklaven von den Kanarischen Inseln und vom Golf von Guinea, der so genannten Sklavenküste, hinzu.[215]

211 Die Frage, ob Rassismus zu Sklaverei geführt hat, mit Blick auf das koloniale Amerika, oder Sklaverei zu einem Rassismus, der Sklaverei rechtfertigte, wird noch immer diskutiert. Siehe dazu Engerman, Slavery without Racism, Racism without Slavery, S. 323.

212 Vgl. Blackburn, The Old World Background to European Colonial Slavery, S. 66.

213 Vgl. Mediae latinitatis lexicon minus, S. 967. Das »Bonn Center for Dependency und Slavery Studies« nimmt sich mit der Untersuchung asymmetrischer Abhängigkeiten der historischen Vielfalt von Phänomenen von Zwang und Knechtschaft an, die sich bereits im mittelalterlichen Begriff zeigt, und verschärft damit auch die Problematik einer Definition von »Sklaverei«, zu der hier keine tiefergehende Reflexion erfolgen kann. Siehe deshalb: Winnebeck et al., On Asymmetrical Dependency, S. 1–38.

214 Vgl. Phillips, Slavery in Medieval and Early Modern Iberia, S. 19.

215 Vgl. ebd., S. 22.

Entgegen der Situation in der westafrikanischen Region, wo der Handel mit Sklaven innerhalb der afrikanischen Gesellschaften bereits üblich war und die iberischen Mächte zunächst nur neue Handelspartner in einem etablierten Markt waren, kannten die kanarischen Völker des Archipels keine Sklaverei.[216] Nicht durch Verkauf, sondern durch Eroberungskriege und bewaffnete Überfälle *(cabalgadas)* auf die Inseln gerieten sie in Unfreiheit. Bereits 1342 ist ein erstes Zeugnis vom Verkauf einer kanarischen Sklavin in mallorquinischen Notariatsakten zu finden.[217] Im Zuge der Etablierung christlicher Herrschaft auf den Inseln Lanzarote, Fuerteventura und El Hierro und der damit einhergehenden Entstehung einer *frontera* wuchs die Zahl der Angriffe und Verschleppungen (siehe Abschnitt 3.1). Insbesondere zwischen 1480 und 1530 erreichte eine große Anzahl gefangener Kanarier die iberischen Sklavenmärkte, die im Kontext der *Conquista realenga*, den kriegerischen Auseinandersetzungen auf den dichtbesiedelten Inseln Gran Canaria, La Palma und Teneriffa, in die Hände der Konquistadoren gelangt waren.[218]

Im Nachgang der *Conquista* wurde dann die durch Krieg, Krankheiten und Versklavung stark dezimierte Bevölkerung durch Siedler unterschiedlicher nationaler Herkunft sowie durch afrikanische Sklaven ersetzt. Zuvor auf genuesischen und venezianischen Mittelmeerkolonien angebaut, wurde auf den Kanaren erstmals der Einsatz afrikanischer Sklaven auf Zuckerrohrplantagen erprobt; ein System, das weiter westwärts wandernd über Jahrhunderte zum Inbegriff der Ausbeutung afrikanischer Sklaven in Amerika werden sollte.[219]

Die rechtliche Basis der Sklaverei auf der Iberischen Halbinsel, später auch für den kanarischen Kontext und die spanischen Kolonien in der Neuen Welt eine wichtige Referenz, bildeten die so genannten *Siete Partidas*, aus denen hier auch schon an anderen Stellen zitiert wurde.[220] Bei den *Siete Partidas* handelt es sich um ein von Alfons X. von Kastilien-León (1221–1284) in Auftrag gegebenes Rechtsbuch, das die kastilische Gesetzgebung vereinheitlichen sollte.[221] Zur Zeit Alfons' X., auch »der Weise« genannt, war Sklaverei vor allem ein städtisches Phänomen. In der Mehrheit arbeiteten Sklavinnen im Haushalt als Dienerinnen, Köchinnen oder Dienstmädchen, weshalb der Abschnitt zur

216 Vgl. Abreu Galindo (2021), Historia de la conquista de las siete Islas de Canarias, S. 155.

217 Acta notarial – venta de una esclava canaria, S. 55.

218 Vgl. Phillips, Slavery in Medieval and Early Modern Iberia, S. 23.

219 Vgl. Schmidt-Nowara, Slavery, Freedom, and Abolition, S. 13–14.

220 Vgl. Lobo Cabrera, Las Partidas y la esclavitud, S. 121. Vgl. Phillips, Slavery in Medieval and Early Modern Iberia, S. 21.

221 Vgl. Várvaro/Sáez/Engels, Art. »Alfons X., der Weise«, Sp. 397–398. Die Bezeichnung, die sich auf die sieben Abschnitte des Werkes bezieht, entstand erst im 16. Jahrhundert. Vgl. Lalinde Abadía, Art. »Siete Partidas«, Sp. 1878–1879.

Sklaverei in den *Siete Partidas* im Kontext von Familie und Haushalt steht.[222] Sklaverei wird als ein Phänomen wider die natürliche Vernunft beschrieben, das sich in alten Zeiten entwickelt habe, womit es nicht unter das *ius naturale* falle, sondern ein Produkt des *ius gentium*, des Völkerrechts, sei.[223] Statt Kriegsgefangene zu töten habe man sich dazu entschlossen, sie am Leben zu lassen und ihre Arbeitskraft zu nutzen, wovon auch die etymologische Bedeutung des Wortes *servare*, »erhalten«, zeuge. Insgesamt nennt der Rechtstext drei Rechtsgründe für legale Sklaverei: »There are three kinds of slaves, the first is those taken captive in war who are enemies of faith; the second, those born of female slaves; the third, when a person is free and allows himself to be sold.«[224] Dabei wird Sklaverei als ein Zustand verstanden, in den jeder geraten kann, denn, wie in den *Siete Partidas* betont wird, bestünde kein Unterschied in der Natur von Freien und Sklaven.[225] Darüber hinaus galten der kaufmännische Erwerb und Fang von Sklaven im Zuge von Razzien, die man als eine Erweiterung oder Verlängerung der *Reconquista* verstand, als rechtens:[226] »In addition to war, free people could fall into slavery if they were captured in raids across religious lines, by incursions on land, by coastal raids, or by seizures at sea. Such raids continued through the centuries of later Middle Ages and into modern times.«[227] Obwohl Portugiesen und Kastilier mit den Kanariern praktisch gesehen gleichermaßen verfuhren wie mit dem muslimischen Glaubensfeind, so beförderten Zweifel und Kritik an der Rechtmäßigkeit der Eroberung und Versklavung der Kanarier, auf die im Folgenden noch genauer eingegangen wird (siehe Kapitel 7), die Suche nach neuen Legitimationsstrategien. War das Aussehen der Kanarier, ihre Hautfarbe, eine davon?

In einigen Studien wird die These vertreten, dass die Wurzeln des modernen Rassismus[228] im Spanien des 15. Jahrhunderts lägen. Die Idee der »Reinheit des

222 Vgl. Burns, Introduction, S. ix–xxxi.

223 Vgl. Kaplan, Figuring Racism in Medieval Christianity, S. 150.

224 Las Siete Partidas, Bd. 4, Title XXI, Law I, S. 977. *Et son tres maneras de siervos: la primera es de los que cativan en tiempo de Guerra seyendo enemigos de la fe: la segunda es de los que nascen de las siervas: la tercera es quando alguno que es libre se dexa vender.* Las Siete Partidas del Rey Don Alfonso el Sabio, Bd. III, S. 117.

225 Vgl. ebd., Title XXII, Law II, S. 987 oder in der spanischen Edition S. 122.

226 Vgl. Lobo Cabrera, Las Partidas y la esclavitud, S. 123.

227 Vgl. Phillips, Slavery in Medieval and Early Modern Iberia, S. 34. Hier muss zwischen dem Gefangenen und dem Sklaven unterschieden werden: Bei der Gefangenschaft handelte es sich um einen zeitlich begrenzten Status, aus dem der Gefangene als Freier oder als Sklave hervorgehen konnte. Vgl. ebd., S. 39.

228 Während »Rassismus« im Deutschen gebraucht wird, ist der deutsche Begriff »Rasse« vor dem Hintergrund seiner Instrumentalisierung im Zusammenhang mit der Ideologie des Nationalsozialismus nur noch bedingt und unter Vorbehalt zu gebrauchen. Da sich das Kapitel auf ein spezifisches Element rassischer

Blutes« *(limpieza de sangre)*, die im Kontext der Diskriminierung von Juden auf der Iberischen Halbinsel steht und erstmals 1449 in den Statuten von Toledo schriftlich fixiert wurde, hätte die Vorstellung einer religiösen Abgrenzung hin zu der einer Abstammungsgemeinschaft geformt.[229] Zum Christentum konvertierten Juden *(conversos)* wurde so zunehmend mit Argwohn begegnet; eine Haltung, die auch der Reisebericht des Nürnberger Arztes Hieronymus Münzer (1437 oder 1447–1508) widerspiegelt.[230] Der wachsende Hass gegen Minderheiten ist auch im Zusammenhang der Homogenitäts-Politik der Katholischen Könige, die zur Ausweisung von Juden (1492) und Muslimen (1502) führte, und des spanischen Staatsbildungsprozesses zu sehen, der das Wir-Gefühl der Altchristen stärkte.[231]

Der Rassismus auf der Iberischen Halbinsel traf jedoch nicht nur die bekannten Fremden, sondern auch die im Zuge der atlantischen Expansion entdeckten neuen Fremden, Afrikaner und die Indigenen Lateinamerikas. Der jahrhundertelange Kulturkontakt von Christen mit Muslimen auf der Iberischen Halbinsel führte zu einem Transfer rassistischer Kategorien, denn unter arabischen Sklavenhändlern war es üblich, dunkelhäutigen Sklaven die niedrigsten Arbeiten zuzuweisen.[232] Obschon der Begriff *raza* erst im 16. Jahrhundert vermehrt benutzt wird und sich auf die Zugehörigkeit und Abstammung von einer Familie bezieht,[233] so ist dennoch von einer Existenz von Rassismus als Phänomen *avant la lettre* im Spätmittelalter auszugehen.

Lindsay Kaplan nimmt die Ursprünge des Rassismus sogar noch früher an, indem sie auf die lange Tradition der Diskriminierung von Juden durch das Mittelalter hindurch und die Entwicklung eines Status erblicher Inferiorität mit den biblischen Figuren Kain, Ham und Ismael in der christlichen Theologie des Mittelalters verweist, die als funktionales Äquivalent zum modernen Rassismus fungiert hätte.[234] Darüber hinaus sei die Farbe Schwarz durch das Mittelalter

Zuschreibung, die Hautfarbe, bezieht, lässt sich der Begriff bequem vermeiden und es muss nicht auf sein, im englischen Sprachraum historisch ganz anders behaftetes Pendant »race« zurückgegriffen werden. Vgl. Conze, Rasse. I. Einleitung, S. 135–136.

229 Vgl. Koller, Rassismus, S. 9. Für die meisten Rassismus-Forscher liegt der Ursprung des modernen Rassismus oder zumindest eine seiner wichtigen Etappen im Spanien des 15. Jahrhunderts. Vgl. James / Burgos, Race; Isaac / Ziegler / Eliav-Feldon, Introduction, S. 1–31; Fredrickson, Racism, S. 31.

230 Vgl. Classen, Die Iberische Halbinsel, S. 334.

231 Vgl. Hering Torres, Rassismus in der Vormoderne, S. 211–212.

232 Vgl. James / Burgos, Race. Siehe dazu ebenso Goldenberg, Black and Slave, S. 117 und McKee Evans, From the Land of Canaan to the Land of Guinea, S. 27.

233 Vgl. Sommer, Rasse. II. Entstehung und Entfaltung des Rassebegriffs, S. 140.

234 Kaplan, Figuring Racism in Medieval Christianity, S. 1.

hindurch mit negativen Assoziationen wie Tod und Verdammnis verknüpft gewesen, womit Darstellungen von Juden mit dunkler Haut ihre im *ordo* untergeordnete Stellung betonte.[235] Diese gegenüber Juden angewandten »racial tropes«[236] wären schließlich im Verlauf des 15. Jahrhunderts auch auf Muslime und Afrikaner übertragen worden.[237]

Doch nicht jede Beschreibung dunkelhäutiger Menschen ist vom Mittelalter bis in die Frühe Neuzeit hinein als rassistisch einzuordnen. Denn in der mittelalterlichen Vorstellungswelt war die Körperfarbe eines Menschen abhängig von seiner *complexio*, so etwa von seiner Ernährung, seinem Geschlecht und auch von der klimatischen Zone, in der er lebte.[238] Im Katalanischen Weltatlas von 1375 finden wir beispielsweise drei Afrikaner dargestellt: auf einem Kamel sitzend sehen wir einen berberischen Nomaden, dessen untere Gesichtshälfte verschleiert ist, die obere Gesichtshälfte ist weiß, auf der anderen Seite einen Mann mit weißer Haut, der ein Krummschwert hält, der König von Organa im heutigen Algerien. In der Mitte der beiden in einem goldfarbenen Gewand und mit einer goldenen Krone thront der Herrscher von Guinea. Aus dem Begleittext erfahren wir, dass dieser »schwarze Herr« Musse Melly heiße und der Herr der »Schwarzen von Guinea« sei. Durch die Fülle an Gold, die er besitze, sei er der reichste und edelste Herr dieses ganzen Erdteils.[239] Auch die Darstellung der Anbetung der Heiligen Drei Könige des Meisters der Pollinger Tafeln aus dem Jahr 1444, von denen einer dunkelhäutig ist, ist ein Beispiel für eine Konnotation schwarzer Hautfarbe mit Fremdheit und Exotik, aber nicht zwingend mit Inferiorität.[240] Auch im *Garten der Lüste*, ca. 1503–1504, von Hieronymus Bosch gemalt, vergnügen sich gleichermaßen und bunt durchmischt weiße und schwarze Menschen.[241] Was fehlt hier, um von Rassismus zu sprechen?

Rassische Identität wird in der Regel von außen zugeschrieben, ist typischerweise hierarchisch – dem Anderen kommt aufgrund seiner rassischen Minderwertigkeit eine dem Eigenen untergeordnete Stellung zu – und wird als inhärent, also unveränderbar wahrgenommen.[242] Solch pseudobiologisches

235 Vgl. Kaplan, Figuring Racism in Medieval Christianity, S. 12–14. Darauf hat ebenso Francisco Bethencourt hingewiesen, in: Racisms, S. 45.

236 Kaplan, Figuring Racism in Medieval Christianity, S. 15–16.

237 Vgl. ebd., S. 10.

238 Vgl. Burschel, Der Moment des Pigments, S. N3.

239 Der Katalanische Weltatlas vom Jahre 1375, Erstes Doppelblatt, rechte Hälfte; vgl. Fauvelle, Das Goldene Rhinozeros, S. 216.

240 Vgl. Bethencourt, Racisms, S. 43.

241 Vgl. ebd., S. 44.

242 Darüber hinaus wird hier Rassismus als ein Resultat früher Globalisierung gesehen, aber wie Kaplan überzeugend gezeigt hat, konnte sich Rassismus auch gegenüber dem »inneren« Anderen ausdrücken. Darüber hinaus käme Rassismus in bestimmten Machtverhältnissen zum Ausdruck. Hier haben die Autoren

Gedankengut findet sich etwa in Alonso de Cartagena's *Defensorium unitatis christianae*, in dem er am Beispiel der alttestamentarischen Figur Ruth, deren Blut durch Konversion zum Christentum reingewaschen wurde, den Vorrang von Glaube über Abstammung diskutiert.[243]

Fließend sind die Übergänge von Beschreibungen schwarzer Haut als rein ethnologisches, deskriptives Element von Fremdheit und Exotik hin zu einer Ausformung zum Rassismus, wenn eine dunkle Hautfarbe mit einem unabänderlichen, negativen ontologischen Status konnotiert wird. Was uns hier aber interessiert ist ein weiterer Schritt, wenn nämlich Menschen mit dunkler Hautfarbe ein negativer ontologischer Status zugeschrieben wird, aus dem eine hierarchisch niedere Stellung im *ordo* abgleitet und dieses Inferioritätsargument dann zu einem rechtlichen Argument ausgeformt wird: Der Annahme, dass Menschen mit schwarzer Hautfarbe über keine Freiheits- und Besitzrechte verfügen und deshalb versklavt werden dürfen.

In einem 1997 veröffentlichten Artikel, »The Iberian Roots of American Racist Thought«, postulierte James H. Sweet, dass sich für die Iberer im 15. Jahrhundert entschieden hätte, dass Menschen mit der Hautfarbe der Kanarier für ein Sklavendasein prädestiniert seien. So hätte Christoph Kolumbus in seinem Bordbuch die neu entdeckten »indios« mit den Kanariern verglichen und festgestellt, dass diese sich aufgrund derselben Hautfarbe in Zukunft gewiss ebenso als »good servants« herausstellen würden.[244] Peter Burschel spannt in einem 2020 veröffentlichten FAZ-Artikel den Bogen von Giovanni Boccaccios *De Canaria* zur Eroberung der Kanaren am Ende des 15. Jahrhunderts. Während der Renaissancehumanist den Kanariern noch eine ideale Hautfarbe zwischen Schwarz und Weiß zugeschrieben und ihre Lebensweise deshalb als besonders glücklich charakterisiert habe, hätte sich ihre Hautfarbe im Verlauf des 15. Jahrhunderts abgedunkelt: »Nur konsequent war es, dass die Kanarier mit der Versklavung im Zuge der spanischen Eroberung gegen Ende des fünfzehnten Jahrhunderts auch ihre ideale Hautfarbe einbüßten. Die Farbe, die ihnen von nun an zugeschrieben wurde, war Dunkelbraun.«[245] Diese These vom »Nachdunkeln« der Kanarier und ihrer fundamen-

gewiss an das Verhältnis zwischen weißen Herren und schwarzen Sklaven gedacht. Rassismus konnte sich aber gewiss auch gegen Völker wie die Afrikaner richten, die man nicht allesamt unterworfen oder versklavt hatte. Den Autoren ist aber dahingehend recht zu geben, dass in Situationen relativen Mächtegleichgewichts Parteien aus dem Verhandlungsdruck heraus eher dazu geneigt waren, den Anderen als ebenbürtig anzusehen. James / Burgos, Race.

243 Vgl. Mariscal, The Role of Spain in Contemporary Race Theory, S. 11.

244 Vgl. Sweet, The Iberian Roots of American Racist Thought, S. 165–166.

245 Burschel, Der Moment des Pigments, S. N3. Ebenso, mit Verweis auf das Bordbuch des Christoph Kolumbus, vgl. Burschel, On the cultural coding of skin colour, S. 48.

talen Bedeutung für die Versklavung neu entdeckter indigener Völker mit Anbeginn der Frühen Neuzeit geht auf Valentin Groebner zurück, der sich in Monographien und Aufsätzen mit der Bedeutung des Pigments im Mittelalter auseinandergesetzt hat.[246] Insgesamt, so Groebner, mehrten sich mit einer Zunahme des Engagements der Europäer im Sklavenhandel die Bezüge zu kollektiver Hautfarbe in den Quellen im Verlauf des 15. Jahrhunderts.[247] Neben Boccaccio verweist er auch auf den Spanienreisenden Hieronymus Münzer, der kanarische Sklaven im Hafen von Valencia gesehen, sie als bestialisch in ihren Sitten, als Götzenanbeter beschrieben und ihre Hautfarbe nicht als schwarz, sondern braun bezeichnet habe.[248]

Obschon die These vom angeblichen »Nachdunkeln« der Kanarier, an dem der Bedeutungszuwachs des Pigments im Kontext von Sklaverei im 15. Jahrhundert ablesbar sei, rund klingt, lässt sie sich an den Quellen so nicht belegen. Entgegen dem Postulat Groebners wird in dem von Boccaccio übersetzten Brief der Kaufmänner die Hautfarbe der Kanarier nicht beschrieben. Lediglich die Farbe ihrer Kleidung sowie Haarschnitt und Haarfarbe finden Erwähnung *(Sunt autem incircumcisi et crines habent longos et flavos [...])*.[249] Gleiches gilt für die durch Boccaccios *De Canaria* inspirierten Passagen zu den Kanaren in Domenico Bandinis *Fons memorabilium universo* und Domenico Silvestris *De insulis et earum proprietatibus*.[250]

Auch der Bericht des Spanienreisenden Hieronymus Münzer legt bei genauer Betrachtung eine andere Deutung nahe. 1495 wohnt der Nürnberger Arzt, dessen Beobachtungen von einem großen Interesse an verschiedenen Kulturen zeugt und deshalb als »Fundgrube kulturgeschichtlicher Beobachtungen«[251] gilt,[252] dem Handel mit kanarischen Sklaven im Kaufhaus von Valencia bei. 73 Kinder und Erwachsene beiderlei Geschlechts von der Insel Teneriffa hätten dort zum Verkauf gestanden, »dunkelhäutige [Menschen], jedoch nicht schwarz wie die Barbaren«.[253] Obwohl er sie als gesetzlose Götzenanbeter und tierisch in ihren Gebräuchen beschreibt, spricht er ihnen dennoch ein Entwicklungspotenzial zu:

246 Vgl. Groebner, Der Schein der Person, S. 96–98.
247 Vgl. Groebner, Haben Hautfarben eine Geschichte?, S. 12.
248 Vgl. ebd., S. 10.
249 Boccaccio, De Canaria, S. 976.
250 Siehe Bandini, Fons memorabilium universo, S. 119; Silvestri, De insulis et earum proprietatibus, S. 110.
251 Vgl. Herbers, Hieronymus Münzer in Westeuropa, S. 11.
252 Vgl. Classen, Die Iberische Halbinsel, S. 338.
253 Münzer, Itinerarium Hispanicum, S. 57. Eine ähnliche Beschreibung finden wir Ende des 16. Jahrhunderts auch bei Abreu Galindo, der ihre Hautfarbe ebenso nicht als inhärente Eigenschaft beschreibt: »Die Kanarier dieser Inseln sind Menschen von zum größten Teil brauner Hautfarbe, aufgrund der Hitze und des Klimas in der Region.« *(Son los canarios de estas islas todos hombres por la mayor*

Sie sind bereit, unsere Religion anzunehmen, inzwischen benutzen sie Kleider wie wir. Oh, was bewirken Glaube und Fürsorge, dass aus Tieren im menschlichen Körper sanfte Menschen gemacht werden können! [...] Vor dem Sieg des spanischen Königs waren sie wie Tiere. Nun werden sie dank der Religion sanfter.[254]

Die barbarischen Eigenschaften der Kanarier sind für Münzer also nicht inhärent und unabänderbar, sondern durch die Konversion zum christlichen Glauben zivilisierbar. Darüber hinaus steht die ihnen zugeschriebene dunkle Hautfarbe in keinem Begründungszusammenhang mit ihrer Versklavung. Sie sind nicht von Natur aus zum Sklavendasein prädestiniert, sondern ihr Status als kriegsgefangene Nichtchristen legitimiert ihren Verkauf in die Sklaverei: »Sie waren von Tenerife, einer der Kanarischen Inseln im Atlantischen Ozean, die gegen den König von Spanien rebelliert hatten und von diesem unterworfen wurde. Er ließ sie alle verkaufen.«[255]

Kolumbus schreibt den Kanariern ebenfalls eine Hautfarbe zwischen Schwarz und Weiß zu und vergleicht sie mit den von ihm vorgefundenen »Indios« der Karibik, die auf demselben Breitengrad lebten: »und sie sind nicht dunkel, eher von der Farbe der Kanarier, und es war auch nicht anders zu erwarten, weil sie mit der kanarischen Insel El Hierro auf demselben Breitengrad liegen.«[256] Die Hautfarbe der »Indios« der Karibik und Kanarier wird folglich mit der geographischen Lage und klimatischen Zone erklärt, in der sie leben, und steht in keinem direkten inhaltlichen Zusammenhang zur Aussage, dass die Bewohner der Karibik sich als *buenos servidores* eignen würden. Kolumbus beobachtet Verletzungen an den Körpern der Insulaner und erkundigt sich durch Zeichensprache nach dem Ursprung ihrer Narben und Blessuren. Sie berichten ihm, dass sie von Zeit zu Zeit von Völkern anderer Inseln – Kolumbus vermutet eher von dem von ihm gesuchten Festland aus – überfallen und in Gefangenschaft verschleppt würden. Die Insulaner, so teilt uns Kolumbus seine Gedanken mit, eigneten sich gewiss als gute Diener und seien von hoher Auffassungsgabe, so schnell wie sie seine Zeichen interpretiert hätten. Darüber hinaus glaube er, dass man sie leicht zum Christentum bekehren könne.[257] Obschon sich hier, wie

parte morenos por el calor de la región y clima.) Vgl. Abreu Galindo (2021), Historia de la conquista de las siete Islas de Canarias, S. 40; gleiches gilt für eine weitere Quelle aus dem 16. Jahrhundert: Pérez de Torres, Discurso de mi viage, S. 284; Frutuoso, Las Islas Canarias, S. 96.

254 Münzer, Itinerarium Hispanicum, S. 58.

255 Ebd., S. 57. Zur selben Interpretation dieser Passage gelangt etwa Wallace, Premodern Places, S. 10.

256 *Y ellos ninguno prieto, salvo de la color de los canarios, ni se debe esperar otra cosa, pues está Lestoueste con la Isla de Hierro en Canarias, so una línea.* Colón, Diario de a bordo, S. 93 und ebenso S. 92.

257 Vgl. ebd., S. 93.

auch an anderen Stellen im Bordbuch und im so genannten *Ersten Brief aus der Neuen Welt*, zahlreiche Passagen finden, die auf Kolumbus' Idee einer Versklavung der Indianer als spanisches Pendant zum lukrativen portugiesischen Sklavenhandel an der westafrikanischen Küste verweisen, stehen sie jedoch nicht in direktem Zusammenhang mit einer Annahme einer auf dunkler Hautfarbe basierenden, natürlichen Inferiorität der Indianer und Kanarier.[258]

Die dunkle Hautfarbe der Kanarier war folglich kein Argument, das für die Rechtmäßigkeit ihrer Versklavung angeführt wurde. Das Studium weiterer, zu den Kanarischen Inseln von der Mitte des 14. bis zur Mitte des 16. Jahrhunderts erhaltenen Quellen erhärtet den Befund, dass im Falle der Kanarier, entgegen einigen Forschungsstimmen, kein Konnex zwischen ihrer Hautfarbe und ihrer Versklavung hergestellt wurde.[259] Auch von den auf Juden im Mittelalter projizierten rassistischen Topoi fand kein Transfer zu den Kanariern statt. In den in *Le Canarien* wiedergegebenen Bibelpassagen, die als pragmatische Literatur zur Bekehrung der Bevölkerung eingesetzt wurden, findet sich zwar die Erzählung von der Aufteilung der Welt unter Noahs Söhnen Sem, Ham und Japhet.[260] Von Hams Vergehen, seiner doppelten Verfluchung, die einerseits in der Abdunklung seiner Haut und andererseits in der Bestrafung bestand, dass er und seine Nachfahren auf ewig anderen Völkern dienen müssten, ist aber weder in der frühen Fassung, *Texto G*, noch in der späten Fassung der Chronik, *Texto B*, die Rede.[261] Ganz im Gegenteil werden die Indigenen in *Le Canarien* als weiß beschrieben. Nur aufgrund der Sonneneinstrahlung und ihrer Nacktheit sei ihre Haut gebräunt.[262]

Im Gegensatz zur Versklavung der Kanarier, mit deren Legitimation wir uns im Folgenden noch näher befassen werden, spielte die Hautfarbe der afrikanischen Bevölkerung als Begründung für ihre Versklavung von Beginn an eine Rolle. So berichtet der kastilische Hofchronist Alonso de Palencia von einer Unternehmung an der Küste von Guinea.[263] Über eine dortige Begegnung mit der Stammesgruppe der Azenegues[264] berichtet Palencia: »They call that ter-

258 Siehe dazu auch: Green, The Rise of the Trans-Atlantic Slave Trade, S. 183–184; Schmidt-Nowara, Slavery, Freedom, and Abolition, S. 15.

259 Das gesamte Quellenkorpus, welches dieser Arbeit zugrunde liegt, wurde auf diese Fragestellung hin untersucht. Für einen Überblick siehe Abschnitt 1.3.2 und 1.4.

260 Siehe dazu Le Canarien, G22v, S. 89 und B7v, S. 173.

261 Für weitere Details zur Verfluchung Hams siehe Goldenberg, Black and Slave.

262 Siehe dazu Le Canarien, G36v, S. 145.

263 Entgegen der früher populären Annahme, dass nur die Portugiesen versucht hätten, an der westafrikanischen Küste Fuß zu fassen, bereisten zwischen 1453 und 1480 ebenso viele kastilische Seemänner und Händler Guinea, dessen Herrschaft durch ihren König reklamiert wurde. Vgl. Blake, Europeans in West Africa, S. 186.

264 Von Begegnungen mit dieser Stammesgruppe, die heute Sanjaha heißt und eine der wichtigsten Gruppen der Tuareg in der Zentral- und West-

ritory that of the Azanegas, by which name they distinguish those of citrine colour from others of darker colour and of customs even darker«;[265] ein erstes Indiz, dass das Kriterium schwarzer oder weißer Hautfarbe als äußerlich sichtbares Abstammungsmerkmal im 15. Jahrhundert zunehmend Vorrang vor hierarchisch-religiösen Unterschiedenen, so etwa zwischen Christentum und Islam, gewann.[266] Doch nicht nur die Assoziation von schwarzer Haut mit Unzivilisiertheit gewann im 15. Jahrhundert an Prominenz, sondern auch die Idee des Fluchs über Ham und seiner Identifikation mit den Schwarzafrikanern. Erste Erwähnungen konnte David M. Goldenberg bereits bei Ibn Ezra im 12. Jahrhundert ausmachen. Auch im Spätmittelalter bleibt der Fluch über Ham zunächst nur Gegenstand einzelner Schriften im iberischen Raum, wie bei Moisés Arragel de Guadalajara (gest. 1493) und Gomes Eanes de Zurara (1410–1474).[267] Die *Crónica do descobrimento e conquista da Guiné* des Letztgenannten ist das einzige Zeugnis der frühen kaufmännischen Aktivitäten Portugals an der Guinea-Küste (bis 1448).[268] Während große Teile von Zuraras Chronik auf einem verschollenen Bericht des Afonso Cerveria basieren, war er bei den sich in Portugal zugetragenen Ereignissen zum Teil als Augenzeuge dabei, wie etwa bei der Sklavenauktion in Porto, bei der er sich vom Schicksal der versklavten Personen bewegt zeigt und auf ihr menschliches Wesen, der gemeinsamen Abstammung von Adam, verweist.[269] Auch die Kanarier finden in seinem Geschichtswerk Erwähnung, und es ist von ihren bestialischen Bräuchen die Rede.[270] Ihre Hautfarbe spielt jedoch keine Rolle, ganz anders als bei seiner vielzitierten Beschreibung der schwarzen Sklaven:

> Und hier müssen wir darauf hinweisen, dass diese Schwarzen Mauren waren wie die anderen und deshalb Sklaven sind im Einklang mit einem alten Brauch, der sich soweit ich weiß aufgrund des Fluches entwickelte, nach der Flut, den Noah über seinen Sohn Ham[271] sprach, so dass seine Nachkommen allen Völkern *[razas]* der Erde, die dieser Linie angehörten, unterworfen seien […].[272]

sahara ist, berichten ebenso Zurara und Cadamosto. Vgl. Crone, Introduction, S. xxii.

265 Palencia, Descriptions of the same Raid and of the events leading to it, S. 215.

266 Vgl. Heng, Jews, Saracens, ›Black Men‹, Tartars, S. 261.

267 Vgl. Goldenberg, Black and Slave, S. 134.

268 Vgl. Newitt, A History of Portuguese Overseas Expansion, S. 26.

269 Vgl. Russell, Prince Henry ›the Navigator‹, S. 244; Zurara, La Crónica de Guinea, S. 182.

270 Vgl. Zurara, La Crónica de Guinea, S. 242–234 und 245.

271 *Sobre esto debemos señalar, aunque estos negros sean moros como los demás, son sus esclavos por una Antigua costumbre que procede, según creo, de la maldición que arrojó Noé sobre su hijo Cam después del diluvio para que él y todo su linaje estuvieran sometidos; a las demás razas del mundo, y estos descienden de ese linaje […].* Ebd., S. 148.

272 Im Originaltext *Caym*. Ham und Kain werden in mittelalterlichen Texten oft durcheinandergebracht. Vgl. Braude, The Sons of Noah, S. 128.

Ähnlich wie in den *Siete Partidas*, so ist Sklaverei auch für Zurara kein Ergebnis einer gottgegebenen, unterschiedlichen Natur der Menschen, sondern zu einem späteren, heilsgeschichtlichen Zeitpunkt entstanden. Nichtsdestotrotz sind für Zurara die schwarzen Afrikaner Söhne Hams und damit auf ewig zum Sklavendasein prädestiniert. Ab 1575 wurde Hams Fluch immer häufiger rezipiert und in Verbindung mit Sklaverei gesetzt. Seine Prominenz hielt bis ins 17. Jahrhundert an.[273]

Insgesamt waren im 15. Jahrhundert nicht ein, sondern zwei ideologische Konzepte am Werk, mit denen man neue Formen von Sklaverei, die nicht mehr auf Krieg, Bestrafung oder Handel beruhten und sich gegen den Glaubensfeind richteten,[274] zu rechtfertigen suchte, worauf Luis Rojas Donat bereits 1994 und Emily Berquist Soule jüngst wieder in Aufsätzen aufmerksam gemacht haben: »One based on protean conceptions of race that increasingly linked blackness to servitude; and the other build around the idea of converting or capturing gentile people.«[275] Während die Versklavung der Afrikaner sehr wohl mit ihrer schwarzen Hautfarbe begründet worden sei, hätte man die indigenen Kanarier als Sklaven verkauft, wenn sie sich – wie wir bereits bei Münzer sehen konnten – einer Bekehrung zum Christentum verwehrt hätten und sie den Spaniern folglich als rebellische *(alzados)* oder kriegerische Gruppen *(bandos de guerra)* galten.[276] Dass insbesondere das Argument der Rebellion, etwa als Folge des Bruchs eines zuvor geschlossenen Paktes, für die Konquistadoren als Rechtfertigung zur Eroberung und Versklavung der Bevölkerung fungierte, wurde hier schon an anderer Stelle gezeigt (siehe Kapitel 3). Eine Unterscheidung zwischen *indígenas de paces* und *esclavos de buena guerra* findet sich sowohl in den *Reales Cédulas* der Katholischen Könige als auch im Kontext der Prozesse um unrechtmäßige Verkäufe von Kanariern in die Sklaverei.[277] So berichtet Espinosa über eine Beschwerde einiger *Guanchen* darüber, dass man sie versklavt habe, obwohl sie *libres* und *amigos y confederados* der Konquistadoren gewesen seien.[278] Ein Blick in Spezialstudien zum Sklavenhandel in iberischen Städten, wie die Untersuchungen von Vicenta Cortés und Debra Blumenthal zum Sklavenmarkt in Valencia des 15. Jahrhunderts, bestätigen die Annahme, dass die Versklavung der indigenen Bevölkerung nicht auf ihrer Hautfarbe, sondern auf einem

273 Vgl. Goldenberg, Black and Slave, S. 134.

274 Vgl. Berquist Soule, From Africa to the Ocean Sea, S. 2.

275 Ebd., S. 4; Rojas Donat, Posesión de territorios, S. 111.

276 Berquist Soule, From Africa to the Ocean Sea, S. 4.

277 Vgl. Rumeu de Armas, La política indigenista, S. 56; Rumeu de Armas, La colaboración del Mencey de Güímar, S. 52.

278 Vgl. Espinosa, Origen y milagros de Nuestra Señora de Candelaria, S. 57.

traditionellen völkerrechtlichen Argument, der Gefangennahme nach oder in einem *bellum iustum*, fußte.[279]

Zwar hat Vicenta Cortés herausgearbeitet, dass rassische Kategorien im Sklavenhandel des 15. Jahrhunderts eine wachsende Rolle spielten.[280] Die Kanarier jedoch, so zeigt es eine der Studie angehängte Transkription von Dokumenten über Verkauf und Preise kanarischer Sklaven, wurden immer als *blancas*, als weiß, beschrieben.[281] Nicht ihre Hautfarbe begründete somit ihre Versklavung, sondern die Tatsache, dass es sich um Gefangene eines gerechten Krieges *(bona guerra)* handelte.[282]

Ebenso zeigt Blumenthal, dass bei den so genannten *presentaciones de cautivos* sichergestellt wurde, dass der Verkauf der Gefangenen in die Sklaverei rechtmäßig war. Bevor Kanarier und versklavte Personen anderer Herkunft auf dem Markt in Valencia feilgeboten wurden, holte der Gerichtsdiener deshalb zwei Zeugenaussagen ein: zum einen eine Stellungnahme desjenigen, der sich des Sklavenstatus seiner Gefangenen versichern wollte, zum anderen eine Aussage der Gefangenen, die oftmals nur mithilfe eines Übersetzers aufgenommen werden konnte.[283] Von den 1200 von Blumenthal untersuchten Fällen sind nur fünf Freilassungen zu finden. Diese Gefangenen gaben an, dass sie früher einmal Christen waren und sich nur temporär oder unfreiwillig in feindlichem Gebiet aufgehalten hätten.[284]

Die Neuausrichtung des Sklavenhandels weg vom Mittelmeer hin zum Atlantik im ausgehenden 15. Jahrhundert brachte auch, so Blumenthal, einen Wandel der gerichtlichen Verfahrensweise mit sich. Um die Versklavung der Gefangenen weiterhin einfach legalisieren zu können, bezeichnete der Gerichtsdiener auch die ihm nun in größerer Zahl präsentierten kanarischen und

279 In den Chroniken der spanischen Hofhistoriographen wird der Begriff »Gefangener« verwendet, was implizit auf einen vorhergegangenen militärischen Konflikt verweist, womit sich die im *bellum iustum* Gefangenen legitimerweise versklaven ließen. Vgl. Pérez de Guzmán, Crónica del Señor Rey Don Juan segundo de este nombre en Castilla y en León, S. 374. Wird Kritik an unrechtmäßiger Versklavung bereits getaufter Kanarier geübt, ist von »Sklaven« die Rede. Vgl. Martínez de la Puente, Epítome de la Crónica de Juan II, S. 917. Auch der Begriff der »Rebellion« begegnet in diesem Kontext. Vgl. Mata Carriazo, El capítulo de Canarias en la »Crónica de Juan II«, S. 6–8; Pulgar, Crónica de los Señores Reyes Católicos, S. 330–331 und 382.

280 Vgl. Cortés, La conquista de las Islas Canarias, S. 480.

281 Vgl. ebd., S. 538, Nr. 119.

282 Vgl. ebd., S. 501. Siehe ebenso die Tabelle bei Baucells Mesa, Aculturación y etnicidad, S. 304–311. Auch hier werden die zwischen 1494 und 1497 verkauften *Guanchen* als *cautivas blancas* beschrieben.

283 Vgl. Blumenthal, Enemies and Familiars, S. 20–21.

284 Vgl. ebd., S. 24.

afrikanischen Sklaven als *moros* und *catius de bona guerra* und inszenierte somit den portugiesischen Sklavenfang und -handel in Westafrika und die Eroberung der Kanaren durch die Katholischen Könige als Teil des Großprojekts der *Reconquista*.[285] Zugleich machten die fehlenden Übersetzungsmöglichkeiten der Aussagen der Kanarier und Afrikaner einen Verfahrenswandel notwendig. Anstelle einer Aussage der Gefangenen finden sich Notizen des Gerichtsdieners zu ihrer äußeren Erscheinung, in der sich ihre *infidelitas* und ihre Wildheit widerspiegele, aber, so Blumenthal: »The color of their skin did not [...] determine their status as slaves.«[286]

Während Inferioritätsargumente zur Legitimation und Legalisierung der Versklavung von Afrikanern und Kanariern bereits angeführt wurden, sollte das Pigment nach ersten Erwähnungen im 15. Jahrhundert erst im Verlauf des 16. Jahrhunderts zum Hauptargument für den Sklavenstatus von Schwarzafrikanern avancieren.[287] Die Bedeutungsaufladung des Pigments im 16. Jahrhundert zeigt auch der retrospektive Blick des Bauingenieurs und Geschichtsschreibers Leonardo Torriani auf die indigene Bevölkerung der Kanaren. »Einige sagen, sie hätten ihren Namen von Cam, Sohn Noahs, aber wenn das so ist, warum werden sie dann nicht Cananeas genannt?«[288] Um die Kanarier hingegen als Teil der christlich-europäischen Gemeinschaft zu inszenieren, führt Torriani eine etymologische Erklärung an, die sie in die Abstammungslinie Japhets stellte: Die Gomeraner seien Nachfahren des Gomer, Sohn des Japhet.[289]

Obschon hier gezeigt werden konnte, dass der Sklavenhandel mit Kanariern auf der einen und Schwarzafrikanern auf der anderen Seite im 15. und 16. Jahrhundert auf unterschiedliche Weise gerechtfertigt wurde, handelt es sich keinesfalls um gänzlich unabhängige Phänomene. Im Gegenteil ist von einer Forcierung rassistischer Begründungen im Kontext des Sklavenhandels durch die Erfahrung der iberischen Mächte mit der Eroberung der Kanaren auszugehen. Wie hier anhand der Argumente zur Freilassung ersichtlich, war die Taufe, vor allem verbunden mit einer Unterstützung der Konquistadoren bei der Unter-

285 Vgl. Blumenthal, Enemies and Familiars, S. 40–41.

286 Ebd., S. 45.

287 Vgl. Berquist Soule, From Africa to the Ocean Sea, S. 3.

288 *Alcuni da Cam figliuolo di Noe dicono traen il nome, ma s'egli fosse cosi perche non si chiamauano cananee?* Torriani, Die Kanarischen Inseln und ihre Urbewohner, S. 54. Zum Abgleich der spanischen Version siehe Torriani, Descripción e historia del reino de las Islas Canarias, S. 15.

289 Vgl. ebd., S. 198. Abreu Galindos Beschreibung ist demgegenüber negativer, da die *Gomeros* bei ihm ein kriegerisches, afrikanisches Volk sind. Ein Bezug zur Hautfarbe wird jedoch auch in dieser späten Quelle nicht hergestellt. Vgl. Abreu Galindo (2021), Historia de la conquista de las siete Islas de Canarias, S. 37.

werfung des Archipels, ein Garant für die Freiheit der indigenen Bevölkerung. Das Papsttum, wie im vorherigen Abschnitt gezeigt, differenzierte sogar zwischen denjenigen Indigenen, die bereits getauft seien, die sich auf dem Weg zur Taufe befänden und solchen, die sich der Predigt des christlichen Glaubens erwehrten. Nur Letztere durften nach Maßgabe des Heiligen Stuhls bekriegt und in die Sklaverei verkauft werden.[290]

Die massenhaften Proteste Indigener, sowohl während als auch im Nachgang der *Conquista*, die in zahlreichen Prozessen an den Gerichten der Iberischen Halbinsel mündeten, verweisen auf die Schwächen der *bellum-iustum*-Legitimation der Konquistadoren (siehe Abschnitt 4.5 und Kapitel 7). Denn im Gegensatz zur naturgegebenen Unabänderlichkeit des Pigments ließ sich der schützende Status eines Christen durch Taufe erwerben. So ist wahrscheinlich, dass der in den Augen der Profiteure des Sklavenhandels durch die Möglichkeit der Indigenen zur Konversion hervorgerufene Ärger forcierte, dass Sklaverei zunehmend mit einem angeblich naturgegebenen Unterschied zwischen schwarzen und weißen Menschen begründet wurde. Die Forderungen nach Freiheit von Seiten der Kanarier beförderte somit das Argument einer naturgegebenen Unfreiheit der Schwarzafrikaner, welches alle rechtlichen Fluchtwege lückenlos verschloss.

5.4 Schlussfolgerung

Die Perspektive der Eroberten auf die Eroberer, die sich aus den zeitgenössischen europäischen Quellen nur schwer rekonstruieren lässt, wurde in diesem Kapitel nicht behandelt. Interessant sind hier insbesondere die Erzählungen von Prophezeiungen, die die Indigenen angeblich auf die Ankunft der Spanier vorbereiteten und auf mündlichen Überlieferungen basierten. So habe die indigene Prophetin Tibiabin den *Mahoreros* vorausgesagt, dass Menschen nach Fuerteventura kommen würden, um sie von der Herrschaft des Teufels zu befreien und zum rechten Glauben zu führen.[291] Auf La Gomera habe ein Wahrsager namens Eiunche prophezeit, dass nach seinem Tod Männer kämen, die den *Gomeros* zeigten, wen sie wahrhaftig anbeten sollten. Denn Orahan, den sie bisher verehrten, sei nicht ihr wahrer Gott, sondern dessen Feind.[292] Auf El Hierro erzähle man sich außerdem, dass bereits hundert Jahre vor der Ankunft Béthencourts ein gewisser Jone die Ankunft der Christen angekündigt habe. Ihr wahrer Gott würde in weißer Kleidung über das Meer kommen und als die

290 Rojas Donat, Posesión de territorios, S. 113.
291 Torriani, Descripción e historia del reino de las Islas Canarias, S. 81.
292 Ebd.

Indigenen die weißen Segel der Schiffe der Konquistadoren erblickten, hätten sie sich sofort ergeben.[293]

Hier aus dem historiographischen Werk Torrianis zitiert, findet sich eine solche Erzählung auch bei Andrés Bernáldez, also in einem Werk, das verfasst wurde, bevor sich diese Erzählung zu einem gängigen Narrativ der Chroniken über die *Conquista* Amerikas entwickeln sollte.[294] Zumeist als eine Form der Selbstinszenierung der Eroberer als Verkünder der Heilsbotschaft interpretiert, hat Antonio Tejera Gaspar über mögliche Ursprünge dieser Legenden in den indigenen Kulturen spekuliert. Denn bei den Kanariern habe man geglaubt, dass die Ahnen über das Meer zurückkehren würden (»mitos del retorno«).[295] Ob die Erzählung von den weißen, europäischen Göttern tatsächlich indigenen Ursprungs ist oder es sich um eine Erfindung der Europäer handelt, wird sich wohl nie sicher sagen lassen. Ein genaues Quellenstudium bezüglich der Frage, inwieweit die kanarischen Legenden Inspiration für die amerikanischen Chroniken lieferten, steht hingegen noch aus.

Auch wenn die Perspektive der Indigenen in diesem Kapitel weitgehend ausgeklammert wurde, soll hier zumindest zum Abschluss ein Kanarier zu Wort kommen: der *Guanarteme* von Gáldar, der den Portugiesen Diego da Silva und seine Mannschaft vor der eigentlichen Unterwerfung der Insel zu Beginn der zweiten Hälfte des 15. Jahrhunderts vor der Vergeltung seines eigenen Volkes rettete. In einer langen Rede richtet sich der *Guanarteme* in der Imagination Leonardo Torrianis unter anderem mit folgenden Worten an die portugiesischen Eroberer:

> Sag mir, wer, auch unter euch, kann schwere Knechtschaft willig ertragen? Aus der Freiheit zum Sklaven werden? Aus Reichtum arm sein? Vom Stande des Königs zum Vasallen werden? Ich glaube, es lässt sich niemand finden, der es nicht vorziehen würde, sein eigenes Leben zu riskieren und ehrenhaft sein Leben zu verlieren, anstatt der goldenen Freiheit beraubt und in das Elend unerträglicher Sklaverei gesteckt zu werden.[296]

293 Torriani, Descripción e historia del reino de las Islas Canarias, S. 214; ähnlich zu finden in »Anónimo Salazar«, S. 74, 77 und 92.

294 Eine erste Erwähnung findet sich in der Chronik des Hofhistoriographen Andrés Bernáldez: Bernáldez, Memorias del reinado de los Reyes Católicos, S. 510–511.

295 Vgl. Tejera Gaspar, El primer encuentro de los Europeos con los insulares de Canarias y el Caribe, S. 137; Tejera Gaspar, El pacto de Colón y Guacanagarí, S. 25.

296 *Dimi chi può ancor tra uuoi sofrire di buona uoglia la gieue servitù? Di libero esser fatto seruo? Di rico pouero? Di Rè diuenire uasallo? Nissuno cred' io si troua ch'anzi non arschi et honoratamente spenda la prpria uita, ch uedersi priuo de l'aurea liberà, et posto in la miseria della insoportabile seruitù.* Torriani, Die Kanarischen Inseln und ihre Urbewohner, S. 131. Zum Abgleich in der modernen, spanischen Fassung siehe Torriani, Descripción e historia del reino de las Islas Canarias, S. 124–125.

Erst ein Jahrhundert nach der Eroberung des Archipels, dem unabänderlichen Untergang der kanarischen Kulturen und den Gräueltaten der Konquistadoren, wird den Indigenen hier indirekt ein Recht auf Selbstverteidigung zugestanden und Verständnis und Sympathie für ihre Lage evoziert. Im 15. Jahrhundert dominierten dagegen Stimmen, die danach trachteten, die gewaltsame Eroberung des Archipels für legitim zu erklären. Dabei versuchten Päpste, Könige und Konquistadoren nicht nur mithilfe der Rechtstradition, wie im Folgenden noch zu sehen sein wird (Kapitel 6), sondern auch mithilfe vermeintlicher kultureller Eigenschaften der indigenen Bevölkerung ihre Unterwerfung zu rechtfertigen.

Mit der Eroberung des Archipels ging eine Abkehr vom Bild der Inseln als Hort der Glückseligen einher. Nicht mehr mit paradiesischen Vorstellungen verknüpft, die das antike Bild von den *Insulae Fortunatae* bestimmt hatten, sondern als Lebensraum von Barbaren interpretiert, wurde die Insularität nun mit Abgelegenheit, Rückständigkeit und Primitivität assoziiert. Auch für die Legitimation des Herrschaftsanspruchs der Christen, wie im Folgenden noch zu sehen sein wird, spielte die Insularität der Kanaren eine entscheidende Rolle. Neben dem Topos des Barbaren war die Gleichsetzung der *Conquista* mit der *Reconquista* und die Inszenierung der heidnischen Kanarier als Anhänger des Islam eine beliebte Legitimationstaktik der Eroberer.

Neben solchen Projektionen und dem Rückgriff auf traditionelle Argumentationsstrategien, wie dem Vorwurf einer tyrannischen Herrschaftspraxis, konnte hier auch ein neuer Topos, der des *rusticus*, ermittelt werden. Der Transfer europäischer Ordnungsvorstellungen, auf dem dieser Topos beruht, ist zugleich Spiegel eines realen Verhältnisses, welches die Konquistadoren in der Praxis schufen (siehe Kapitel 3). Ebenso wie hier die hierarchische Beziehung zwischen Adelsstand und Bauerntum auf das Verhältnis zwischen Christen und Kanariern übertragen wurde, provozierten auch die Vertragstexte den Eindruck eines Verhältnisses zwischen Konquistadoren und Indigenen als dasjenige von Herren und Vasallen. Auch hier wurden eine europäische Rechtspraxis und zugleich eine Ordnungsvorstellung auf den kanarischen Kontext angewandt.

Rassistische Deutungen, wie etwa die des Sklaven von Natur,[297] die man im 16. Jahrhundert zur Diffamierung der Indigenen Lateinamerikas nutzte, lassen sich für den kanarischen Kontext hingegen nicht feststellen. Trotz aller Diskreditierungen dominierte die Annahme, dass sich die Kanarier zu Christenmenschen »erziehen« ließen. Auch im Kontext der Versklavung der Kanarier spielten natürliche Eigenschaften, wie die Hautfarbe, als Argumente der Rechtfertigung keine Rolle. Hier argumentierte man noch ganz nach mittelalterlicher Fasson, indem man die Kanarier zu Gefangenen eines *bellum iustum* erklärte.

297 Vgl. Pagden, The peopling of the New Word, S. 297–304.

Alles in allem zeugt der große argumentative Aufwand, der für die Rechtfertigung der Eroberung betrieben wurde, von einem hohen Legitimationsdruck und zugleich von einem Bewusstsein der Akteure, dass es sich bei der *Conquista* des Archipels um einen ungerechten Angriffskrieg handelte.

6. Zur Legitimation der Eroberung der Kanarischen Inseln

> The Spaniards hold opinion that they discoverend [the island of Canaria] in their navigation toward America; but the Portingals say, that their nation first found the said islanders, in their navigation toward Aethiopia and East India. But truth it is that the Spaniards first conquered these ilands, with divers English gentlemen in their componie, whose descendents this prent daie injoyeth them.[298]

Thomas Nichols, 1532 in Gloucester geboren, lebte sieben Jahre auf Teneriffa, von denen er allerdings den Großteil hinter Gittern verbrachte. Durch Anschuldigungen des Gouverneurs Luís Melián de Béthencourt vor das Inquisitionstribunal geladen, hatte man ihn als Anhänger der als häretisch angesehenen Lehre Luthers in den Kerker geworfen.[299] In der Funktion eines Repräsentanten und Bevollmächtigten der Londoner Kaufmänner auf den Kanarischen Inseln stationiert, waren die religiösen Gründe seiner Inhaftierung vermutlich nur ein Vorwand und Nichols Opfer eines Komplottes gegen die englische Einmischung in den kanarisch-atlantischen Handel.[300] Das obige Zitat entstammt dem Werk »A pleasant description of the fortunate Ilandes, called the Ilands of Canaria, with their straunge fruits and commodities«, dessen Titel und Charakter vor dem Hintergrund der düsteren Erfahrung, die Nichols auf den Kanaren machte, doch überrascht und das er auf Basis beiläufig gesammelter Informationen zusammenstellte.[301] Weniger verwundert hingegen, dass er von einem angeblichen Beitrag von *divers English gentlemen* zur Eroberung des Archipels spricht und damit ihren Nachfahren neben den Spaniern ein Anrecht einräumte, von der Unterwerfung der Inseln zu profitieren.

Erstaunlich ist darüber hinaus die offenkundig große Bekanntheit und lange Prominenz der Argumente, die die iberischen Mächte für ihren Herrschaftsanspruch an den Inseln im Kontext des Basler Konzils vorgebracht hatten: das *ius inventionis* von Seiten Portugals und das *ius occupandi* von Seiten Kastiliens. Darüber hinaus zeigt die Passage, dass die Kanarischen Inseln, auch nachdem sie offiziell im Vertrag von Alcáçovas 1479 Kastilien zugesprochen worden waren,

298 Nichols, A pleasant description of the fortunate Ilandes, S. 105.

299 Vgl. Cioranescu, Thomas Nichols, S. 43.

300 Vgl. ebd., S. 27.

301 Vgl. ebd., S. 80.

aufgrund ihrer strategischen Lage als Zwischenstation nach Indien und Westindien weiterhin ein Zankapfel der europäischen Expansionsmächte blieben.[302] Im Folgenden wird jedoch nur die erste Etappe der Auseinandersetzungen um den Archipel interessieren (1339–1479). Dabei sollen diejenigen Rechtsgründe untersucht werden, mit denen insbesondere Portugal und Kastilien ihren Herrschaftsanspruch an den Kanaren und den Eroberungskrieg im 14. und 15. Jahrhundert legitimierten. Ein besonderes Augenmerk gilt den argumentativen Strategien, mit denen die Verfechter einer Unterwerfung des Archipels versuchten, den indigenen Völkern der Inseln ihre Herrschafts- und Eigentumsrechte abzuerkennen.

In einem ersten Teil (Abschnitt 6.1) werden die Kernbegriffe dieser Debatte, *dominium* und *superioritas*, und die *bellum iustum*-Theorie in gebotener Prägnanz und Kürze vorgestellt. Mit Blick auf die Termini *dominium* und *superioritas* behandelt der Abschnitt die Frage, inwieweit sie als Vorbegriffe eines modernen Konzepts von Souveränität verstanden werden können, die sowohl eine uneingeschränkte Herrschaftsmacht nach innen wie nach außen hin umfasst. Bezüglich der *bellum iustum*-Theorie geht es insbesondere um die Rechtfertigung einer besonderen Form des Krieges, nämlich derjenigen zwischen Christen und Nichtchristen.

Teil zwei (Abschnitt 6.2) untersucht dann, auf welche gängigen Legitimationsstrategien die Eroberungsmächte zurückgriffen, um die Unterwerfung der Kanarischen Inseln zu rechtfertigen und welche Funktion dem Heiligen Stuhl dabei zukam. Sowohl die Belehnung Luis de la Cerdas durch Papst Clemens IV. als auch die Unternehmung Béthencourts wurden als Kreuzzug inszeniert und damit den indigenen Kanariern der gleiche Status wie den Muslimen zugewiesen. Mit Blick auf die Rolle des Papstes bei der Belehnung des Fürsten von Fortuna wird die umstrittene »doctrina omni-insular« Luis Weckmanns näher beleuchtet. Im Unterkapitel zu Béthencourt wird dann der angebliche Königstitel des französi-

302 Alternativ zu Thomas Nichols hätte hier auch ein Zitat aus der Schrift Pierre Bergerons mit dem Titel *Tratado de Navegación* aus dem Jahr 1629 stehen können, in dem Bergeron moniert, dass der Ruhm für die erfolgreiche Entdeckung und *Conquista* der Kanaren eigentlich den Franzosen zustehen würde: *Lo que sirve para rebatir por eso mismo la vanidad de los portugueses y de los castellanos, que se vanaglorian de ser los primeros descubridores y conquistadores de nuevas tierras, desde hace 200 años más o menos, visto que nuestras franceses les han precedido, han roto el hielo y les han mostrado el camino que luego ellos han seguida; y que a ellos les salió mejor y les reportó más utilidad, porque aportaron más orden, paciencia y resolución, y otras cualidades en las que realmente, nos aventajan.* Bergeron, Tratado de Navegación y de los viajes de descubrimiento y de conquista modernos y principalmente de los franceses, S. 29–30. Siehe darüber hinaus dazu Vázquez de Parga y Chueca, Prefacio, S. 13–14.

schen Konquistadors und seine Vasallität zu Heinrich III. von Kastilien thematisiert.

Abschnitt 6.3 beschäftigt sich mit den neuen Legitimationsstrategien, die insbesondere aus dem gesammelten Erfahrungswissen um die geographischen Verhältnisse an der westafrikanischen Küste erwuchsen. Zunächst werden der Portolan Angelino Dulcerts (1339) und der Vertrag von Alcáçovas (1479) als Manifestationen von Herrschaftsansprüchen analysiert, die auf geographischem Wissen fußten. Im Anschluss wird der Rechtsgrund der *vicinitas* von den ersten Beschwerden des portugiesischen und kastilischen Potentaten im Jahr 1345 bis hin zum Konzil von Basel untersucht, bei dem vor allem die kastilische Position durch den Juristen Alonso de Cartagena zu einer ausführlichen, schriftlichen Fixierung fand.

Im letzten Abschnitt des Kapitels (Abschnitt 6.4) ist die Rezeption der Argumente Cartagenas in der *Pesquisa* des Esteban Pérez de Cabitos und im Kontext der Legitimation der Eroberung der Neuen Welt zu behandeln. Die amtliche Untersuchung *(Pesquisa)*, die als Reaktion auf eine Rebellion der Bewohner Lanzarotes gegen die *Señores* der Kanarischen Inseln, Inés Peraza und Diego de Herrera, entstand, fragt darüber hinaus grundsätzlich nach dem Herrschaftsrecht Kastiliens an den Kanarischen Inseln. Bisher noch an keiner anderen Stelle in der Völkerrechtsforschung zur Eroberung der Kanarischen Inseln berücksichtigt, greifen die Zeugenaussagen in der *Pesquisa* bei der Legitimation kastilischer Herrschaft auf das *vicinitas*-Argument Cartagenas zurück. Mit Blick auf die Entdeckung Amerikas ist es vor allem die Rezeption von Cartagenas Argumentation im Werk Juan López de Palacios Rubios, die die *longue durée* der Thesen des Bischofs von Burgos, zugleich aber auch die Bedeutung der kanarischen Frage für die Schule von Salamanca, aufzeigt.

6.1 Terminologische Einführung

In diesem Kapitel werden die Positionen der Apologeten der *Conquista*, der Verteidiger christlicher Herrschaftsrechte und Befürworter einer gewaltsamen Unterwerfung des Archipels, untersucht. Dabei sollen insbesondere diejenigen argumentativen Strategien beleuchtet werden, mit denen der indigenen Bevölkerung ihre Herrschaftsrechte über die Kanaren aberkannt wurden.

Wie bereits im Kapitel zu den Verträgen zwischen Indigenen und Konquistadoren festgestellt, standen die iberischen Mächte bezüglich ihrer Expansionspolitik unter hohem Legitimationsdruck, weil eine Eroberung, eine Erweiterung des eigenen Herrschaftsgebietes, nach mittelalterlichem Rechtsverständnis keinen gerechten Grund für einen Krieg darstellte.[303] Während in der älteren

303 Vgl. Russell, The Just War in the Middle Ages, S. 596.

Patristik christlicher Glaube und Waffengebrauch noch als unvereinbar angesehen wurden, hatte sich dies mit dem Kirchenvater Augustinus von Hippo (354–430) geändert, der behauptete, dass ein Krieg auch von Christen geführt werden könne. Dieser müsse aber aus einem gerechten Grund heraus begonnen werden *(causa iusta)* und auf die Wiederherstellung der Gerechtigkeit *(iustitia)* und des Friedens *(pax)* zielen.[304] Der Scholastiker Thomas von Aquin (ca. 1225–1274) fügte diesen Erfordernissen, der *causa iusta* und *intentio recta*, 1270 noch eine dritte hinzu, die *auctoritas principis*, womit ein Krieg formal von einer legitimen herrscherlichen Autorität erklärt werden musste.[305] Letztere ist später in der Praxis des *Requerimiento* wiederzuerkennen, das sowohl der formalen Erklärung der Herrschaftsübernahme als auch der autoritativen Eröffnung des Krieges diente.[306] Darüber hinaus beschäftigte die Gelehrten das ungelöste Problem, bei wem der legitime Kriegsgrund liege und wer dies entscheiden solle, das sich mit der These Francisco de Vitorias, wonach ein Krieg auch von beiden beteiligten Parteien aus gerechten Gründen geführt werden könne *(bellum iustum ex utraque parte)*, noch verschärfte.[307]

In der Traktatliteratur zur kanarischen Frage spielen die traditionellen Vorstellungen des *bellum iustum* zwar eine entscheidende Rolle, doch ging es hier um eine besondere Form des Krieges, eine militärische Auseinandersetzung zwischen »Gläubigen« und »Ungläubigen«.[308] Als erste gerechte Intention zur Eröffnung eines Krieges nennen etwa die *Siete Partidas* Alfons' des Weisen »to expand the religion of the people, and to destroy those who wish to oppose it«,[309] und bezogen sich damit auf den durch den Heiligen Stuhl autorisierten Heiligen Krieg, den Kreuzzug gegen den muslimischen Glaubensfeind.[310] Wie bereits in den Kapiteln 3 und 5 gezeigt, war die Inszenierung der *Conquista* als Kreuzzug eine beliebte Legitimationsstrategie, die sowohl bei der Belehnung Luis de la Cerdas als auch bei den Eroberungszügen Béthencourts eine zentrale Rolle zukam, wie im Folgenden noch zu sehen sein wird. Doch auch der

304 Cavanna, Art. »Bellum iustum«, Sp. 1849–1851.

305 Vgl. Ziegler, Art. »Gerechter Krieg«, Sp. 118–122. Hier brach Augustinus zugleich mit der römischen Tradition des *bellum iustum*. Vgl. Kintzinger, Bellum iustum, S. 15. Genauer zu Thomas von Aquin siehe: Thomas von Aquin über den Krieg, S. 561–562. Zur römischen Tradition siehe Herzig, Ciceros Konzept des *bellum iustum* und Augustins Überlieferung, S. 401. Hier klärt Herzig auf, dass die thematischen Schwerpunkte der Kirchenväter anders gelagert waren. Denn Cicero wäre es weniger um einen »gerechten Krieg« und mehr um einen »gerechten Staat« gegangen.

306 Vgl. Ziegler, Zum »gerechten Krieg«, S. 185.

307 Vgl. Ziegler, Art. »Gerechter Krieg«.

308 Vgl. Ziegler, Zum »gerechten Krieg«, S. 182.

309 Las Siete Partidas, Vol. 2, S. 228.

310 Vgl. Cavanna, Art. »Bellum iustum«, Sp. 1849–1851.

tatsächliche Status der Kanarier als *infideles* eröffnete weitere Möglichkeiten für einen *bellum iustum* gegen sie, die im Folgenden näher beleuchtet werden.

Die Annahme einer *causa iusta* zur Kriegsführung gegen die Kanarier ging darüber hinaus mit einer Einschränkung oder sogar einem Entzug indigener Herrschaftsrechte einher. Doch auch dieser Schritt bedurfte der Rechtfertigung, galt doch grundsätzlich, »that any human community has a natural right to an independent existence regardless of its religious beliefs«,[311] so etwa die Position Thomas von Aquins. Ebenso habe Innozenz IV. James Muldoon zufolge Herrschaft und Eigentum als universale Rechte ohne Unterschied der Religion aufgefasst: »[For Innocent] believers and infidels alike can legitimately possess land and property and can select their own rulers.«[312]

Während bereits im Kapitel zu den internationalen Verträgen zwischen Indigenen und Konquistadoren auf die verschiedenen spanischen Begrifflichkeiten des semantischen Felds von Herrschafts- und Eigentumsrechten zu verweisen war,[313] soll es hier nun um zwei lateinische Termini gehen, die in den theoretischen Traktaten Schlüsselbegriffe darstellen und die im Zentrum der Ausführungen dieses und des Folgekapitels stehen werden: *dominium* und *superioritas*, die beide zentrale Begriffe eines vormodernen Konzepts von Souveränität sind. Die Entwicklung dieser Konzepte, deren Erforschung sich trotz der in manchen Disziplinen noch stark vertretenen »state-centered idea of sovereignty«[314] wachsender Beliebtheit erfreut,[315] wird insbesondere im Kontext von folgenden zwei Diskursen verortet: erstens im Zusammenhang mit der seit dem Investiturstreit geführten Debatte um die Suprematie von Papst oder Kaiser,[316] zweitens – und hier von zentraler Bedeutung – im Kontext der Frage nach dem Herrschaftsrecht nichtchristlicher Völker, der Möglichkeit eines *dominium extra ecclesiam*, das insbesondere durch die Kontakte mit den Mongolen durch Innozenz IV. (ca. 1195–1254) eingehender besprochen wurde.[317]

311 Russell, The Just War in the Middle Ages, S. 604.

312 Vgl. Muldoon, The Nature of the Infidel, S. 115–124.

313 Zu *propriedad*, *posesión* und *senorío* siehe Abschnitt 3.2 dieser Studie.

314 Sturgis, Introduction, S. XI–XVIII; allenfalls Andeutungen von Souveränität im Spätmittelalter sieht bspw. Jackson, Sovereignty.

315 Siehe jüngst Latham, Medieval Sovereignty.

316 Im Kontext des Schismas trat dann mit den Auseinandersetzungen zwischen Papalisten und Konziliaristen eine innerkirchliche Komponente hinzu. Vgl. Miethke, Art. »Souveränität«, Sp. 2069–2071.

317 Weitere Anwendungsbereiche des Begriffs *dominium* sind etwa die Entwicklung von Eigentumsrecht und Eigentumsvorstellung, Handel und Feudalismus, siehe dazu das Kapitel zu Property and Lordship, in: Lewis, Medieval Political Ideas, S. 88–108 sowie Tierney, The Idea of Natural Rights, S. 131–169; zu *dominium utile* und *dominium directum* siehe Lange, Römisches Recht im Mittelalter, S. 90 und für die weitere Entwicklung ab dem 16. Jahrhundert Coing, Europäisches Privatrecht, S. 291–293.

Beide Debatten sind zugleich untrennbar verknüpft, wird das *dominium* von Nichtchristen und die Möglichkeit zur Intervention christlicher Herrscher doch oftmals in Abhängigkeit von der Universalität des päpstlichen Herrschaftsanspruches beschrieben, dessen Verhältnis und richterliche Verfügungsgewalt über Völker außerhalb des *orbis christianus* ein fortlaufendes Thema kanonistischer Traktate war (siehe dazu ausführlicher Abschnitt 7.1).[318]

Sowohl Souveränität nach innen, die Beziehung zwischen Herrschern und Beherrschten betreffend, als auch nach außen, auf das Verhältnis zwischen einem Herrscher zu anderen Mächten bezogen, wurde als *superioritas* bezeichnet, dem Vorläufer-Begriff der modernen Staats- und Souveränitätslehre im Mittelalter.[319] Im 14. Jahrhundert fokussierte sich der Begriff dann auf die Außenwelt und bezog sich nun zuvorderst auf eine völkerrechtliche Handlungskompetenz von Herrschern, die implizierte, dass es keine ranghöhere Macht über ihnen gab.[320] Walter Ullmann spricht hier etwa mit Blick auf die Personalität mittelalterlicher Herrschaft von einer »personal sovereignty [...] which emanated from the office which the Ruler occupied«.[321] Damit konnte der Vorstellung einer *superioritas* zugleich eine hierarchische völkerrechtliche Ordnungsvorstellung zugrundeliegen, wenn Superiorität als Suprematie ausgelegt wurde, oder ein egalitäres auf Gleichheit beruhendes Verhältnis zwischen verschiedenen Souveränen.

Mit *dominium* wiederum war im Frühmittelalter zunächst die Herrschaft eines Herrn über Land gemeint *(domini terrae)*, die auf der alttestamentarischen Vorstellung der Herrschaft des Menschen über die Erde beruhte.[322] Im Spätmittelalter sollte sich *dominium* dann zur umfassendsten Stufe der Herrschaftsgewalt entwickeln,[323] neben der Verfügungsgewalt über Land auch Liegenschaften, dazugehörige Personen und Rechte umfassen.[324] Hier hatte sich

318 Vgl. Russell, El Descubrimiento de las Canarias, S. 13.

319 Vgl. Miethke, Art. »Souveränität«, Sp. 2069–2071; »Souveraineté« bezeichnet dann mit der Definition von Jean Bodin (1529 oder 1530–1596) nicht mehr nur wie der Komparativ »superioritas« eine »nächsthöhere Gerichtsinstanz«, sondern als absoluter Superlativ den »alleinigen Inhaber aller Staatsgewalt«, vgl. Maissen, Souveräner Gesetzgeber und absolute Macht, S. 98–99. Trotz dieses etymologischen Unterschiedes wurde *superioritas* insbesondere im Spätmittelalter als universale *potestas* gedacht.

320 Vgl. Kintzinger, Recht und Macht, S. 21–22.

321 Vgl. Ullmann, The Medieval Papal Court as an International Tribunal, S. 358.

322 Vgl. Rüterwörden, dominium terrae, S. 1.

323 Vgl. Ogris, Art. »Dominium, privatrechtlich«, Sp. 1108–1109.

324 Vgl. Willoweit, Art. »Dominium«, Sp. 1233–1224. Dabei hatte *dominium* auch den Begriff *possessio* als Eigentumsterminus verdrängt, der sich nun stärker auf Objekte und ihre Zuordnung zu Personen bezog. Schermaier, Art. »Proprietas«, Sp. 851–852. Des Weiteren bildeten sich Besitz *(possessio)* und Innehabung *(detentio)* im semantischen Feld des Eigentums heraus, vgl. Ogris, Art. »Dominium, privatrechtlich«, Sp. 1108–1109.

insbesondere die Definition des Bartolus von Sassoferrato (1313–1357) durchgesetzt, der unter *dominium* ein Recht verstand, vollkommen über eine körperliche Sache zu verfügen, falls es nicht durch ein Gesetz verboten ist.[325] Auch im Feudalismus war *dominium* ein Begriff, so wurde zwischen dem *dominium directum*, der direkten Herrschaft des Lehnsherrn, und dem *dominium utile*, der Nutzherrschaft des Vasallen unterschieden.[326] Somit bezeichnet *dominium* zwar die umfassendste Stufe der Herrschaftsgewalt, meinte aber – und das ist der wesentliche Unterschied zur *superioritas* – nicht zwingend eine von anderen Mächten unabhängige Form von Herrschaft.

> As late medieval Christians confronted »nations« during their discoveries and conquests, they relied on the concept of *dominium* as the referent for sovereign power well into the sixteenth century, when the French jurist Jean Bodin theorized sovereignty into existence among the republic letters.[327]

Während Herman Bennett den *dominium*-Begriff als konzeptionelle Vorstufe der Souveränität bezeichnet, wird er hier als eine Facette des modernen Souveränitätsbegriffs im mittelalterlichen Diskurs gedeutet und als Souveränität nach innen verstanden. Im kanarischen Kontext taucht der Begriff sowohl im Streit um das Herrschaftsrecht am Kanarischen Archipel als auch in der Diskussion um das Recht auf Autonomie und Selbstverwaltung indigener Völker auf. Sowohl als Konzepte zur Untermauerung europäischer als auch zur Aberkennung indigener Herrschaftsrechte werden *dominium* und *superioritas* im Folgenden im Kontext der Legitimationsstrategien europäischer Eroberungsmächte näher untersucht. Darüber hinaus wird ermittelt, auf welche Wissensbestände die Apologeten der *Conquista* bei ihren Legitimationsstrategien zurückgriffen. Inwieweit wurden hier Argumentationsstrategien früherer Jahrhunderte weiterentwickelt? Bediente man sich neben dem Traditions- auch des neu gewonnen Erfahrungswissens? Und abschließend, in welchem Zusammenhang standen der Diskurs um die Legitimation der Eroberung der Kanarischen Inseln mit demjenigen um die Rechtfertigung der *Conquista* Lateinamerikas?

325 Vgl. Hagemann, Art. »Eigentum«, Sp. 1271–1285.

326 Vgl. Schulze, Art. »Dominium, öffentlich-rechtlich«, Sp. 1106–1108. *Dominium* ist ein Schlüsselbegriff des Diskurses der Schule von Salamanca und fand über die Herrschaftsfrage hinaus später auch Eingang in Besitz- und Landrechtsdiskussionen (»property rights«) in der Neuen Welt. Siehe z. B. Tellkamp, Rights and dominium, S. 125–153.

327 Vgl. Bennett, African Kings and Black Slaves, S. 74.

6.2 Alte Legitimationsstrategien

6.2.1 Die Belehnung Luis de la Cerdas

1344 erbat Luis de la Cerda / Luis de España (1291–1348), Sohn von Alfonso de la Cerda (1270–1334), dem Enterbten, und Urenkel des kastilischen Königs Alfons X. und des französischen Königs Ludwig IX., für ihn und seine Nachkommen die Kanaren als Lehen von Papst Clemens VI. (1290–1351).[328] Zu dieser Zeit hielt er sich noch als einer der Gesandten des französischen Königs Philipp IV. (1268–1314) am päpstlichen Hof in Avignon auf, um eine Waffenruhe zwischen England und Frankreich auszuhandeln, die 1343 in Malestroit unterzeichnet worden war.[329]

Nur eine sehr grobe Vorstellung von der Lage, der Größe und den Bewohnern des Archipels lag dieser Belehnung zugrunde, wovon vor allem die aus der antiken Mythologie und Überlieferung angeführten Namen der Inseln zeugen: »Canaria, eine andere heißt Ningaria, die dritte Pluviaria, die vierte Capraria, die fünfte Iuonia, die sechste Embrones, die siebte Athlantica, die achte Hesperidum, die neunte Cernent, die zehnte Gorgones.«[330] Nachdem Luis de la Cerda, nun »Fürst von Fortuna« *(principi Fortuniae)*,[331] bereits Vorbereitungen für eine Eroberungsfahrt getroffen hatte, verstarb er 1348, was sein Testament, wohl im Angesicht des Todes im selben Jahr verfasst, vermuten lässt.[332] Damit ging das Lehen, wie im Nachlass vorgesehen, in die Hände seines Bruders, Juan de la Cerda, über.[333] Der Titel »Fürst von Fortuna« wurde bis ins ausgehende 15. möglicherweise sogar bis zu Beginn des 16. Jahrhunderts weiterverwendet,[334] jedoch ohne Bemühungen der Familie, ihren Fürstentitel gegenüber Konkurrenten zu beanspruchen oder gar militärisch durchzusetzen.

328 Vgl. Herbers, Geschichte Spaniens im Mittelalter, S. 292; Olmedo Bernal, El dominio del atlántico en la baja edad media, S. 59. In den Briefen an die Herrscher der Iberischen Halbinsel bezeichnet der Papst Luis de la Cerda als *consanguineus tuus*, um auf diese verwandtschaftliche Nähe zu verweisen. Vgl. Bula Vinee Domini Sabahot, S. 215.

329 Vgl. Bonnet y Reverón, Don Luis de la Cerda, S. 53.

330 *Canaria, alia Ningaria, tercia Pluviaria, quarta Capraria, quinta Iuonia, sexta Embrones, septima Athlantica, octava Hesperidum, nona Cernent, decima Gorgones.* Bula »Tue devotionis sinceritas«, S. 738. Siehe dazu genauer: Bonnet y Reverón, Don Luis de la Cerda, S. 55.

331 Bula »Tue devotionis sinceritas«, S. 738–744.

332 Vgl. Bonnet y Reverón, Don Luis de la Cerda, S. 72.

333 Vgl. ebd., S. 74.

334 Vgl. ebd., S. 81. Bonnet y Reverón spricht an einer Stelle davon, dass Luis de la Cerda einen Königstitel erhalten habe. Davon ist in der Bulle aber an keiner Stelle die Rede, sondern nur von einem *principatus*, für das er eine goldene Krone verliehen bekommt. Vgl. Bula »Tue devotionis sinceritas«, S. 740.

Die Bulle *Tue devotionis sinceritas* beinhaltet sowohl die Belehnung, die Verleihung von *titulus* und *auctoritas* über die Kanaren an den Begünstigten,[335] als auch dessen Lehensschwur *(vassallagium et fidelitatis iuramentum)*.[336] Hier soll uns jedoch weniger die *dispositio* der Urkunde interessieren[337] als die Frage, mit welchem Recht der Papst die Verwandlung der Kanaren in ein ständiges, päpstliches Lehen *(feudum perpetuum)*[338] und die Schenkung des Fürstentums an Luis de la Cerda vornahm.

Für den mexikanischen Wissenschaftler Luis Weckmann ist die Bulle Papst Clemens' VI. ein weiteres Beispiel für die Anwendung der von ihm so bezeichneten »doctrina omni-insular«, der Lehre von einer weltlichen Verfügungsmacht des Papsttums über sämtliche Inseln des Erdkreises, begründet durch die Konstantinische Schenkung.[339] Weder Entstehungszeit noch Entstehungsort des *Constitutum Constantini* sind mit Sicherheit zu ermitteln, doch liegt eine Anfertigung der Urkunde im päpstlichen Skriptorium im 8. Jahrhundert nahe.[340] Das Dokument, dessen Echtheit bereits im Mittelalter angezweifelt und erst in der Zeit des Humanismus als Fälschung entlarvt wurde, veranlasste auch andere Päpste, wie Innozenz III. oder Gregor IX., durch den Inhalt seiner *donatio* zu territorialen Forderungen.[341] Die vermeintliche Gebietsschenkung Kaiser Konstantins an Papst Silvester (314–335) zum Dank für die durch seine Taufe erfolgte Heilung umfasste Judäa, Griechenland, Asien, Thrakien, Afrika und Italien und, hier entscheidend und nicht weiter konkretisiert, diverse Inseln *(diversis insulis)*.[342] Einen ersten klaren Ausdruck des abgeleiteten Anspruchs des Apostolischen Stuhls auf sämtliche Inseln, hier des Westens, findet sich in den Bullen *Cum universae insulae* und *Cum omnes insulae* Papst Urbans II. (ca. 1035–1099), womit er die Hoheitsrechte der Inseln Lipari an das Kloster Amboise und Korsika an die Kirche von Pisa übertrug: »Da alle Inseln gemäß Rechtsordnung königliches Eigentum sind, ist es fürwahr rechtmäßig, daß durch Privileg des frommen Kaisers Konstantin dem Hl. Petrus und seinen Nachfolgern alle Inseln des Westens zum Eigentum geschenkt worden sind.«[343] Am Ende vielfacher

335 Vgl. Bula »Tue devotionis sinceritas«, S. 739.

336 Ebd., S. 740.

337 Ebd., S. 739–740.

338 Ebd., S. 739.

339 Vgl. WECKMANN, Las Bulas Alejandrinas de 1493, S. 245. Das Werk Weckmanns mit den gleichen Ausführungen ist auch noch unter einem anderen Titel erschienen: WECKMANN, Constantino el Grande y Cristóbal Colón.

340 Vgl. FUHRMANN, Art. »Konstantinische Schenkung«, Sp. 1386–1387; zur mittelalterlichen Rezeptionsgeschichte der Konstantinischen Schenkung siehe MIETHKE, Die »Konstantinische Schenkung« in der mittelalterlichen Diskussion, S. 35–108.

341 Vgl. FUHRMANN, Art. »Konstantinische Schenkung«, Sp. 1386–1387.

342 Die Konstantinische Schenkung als Rechtsgrundlage, S. 616.

343 Die deutsche Übersetzung wurde hier von Grewe übernommen. *Cum universae insulae secundum instituta regalis juris sint, constat profecto qui religiosi imperatoris*

Anwendungen der »teoría omni-insular« steht für Weckmann die Bulle *Inter ceterae*, mit der Papst Alexander VI. (1431–1503) die Neue Welt den Katholischen Königen übertragen habe, die ebenso als Inselwelt gesehen worden sei.[344]

In diese Tradition reiht Weckmann nun auch die päpstliche Urkunde von 1344 ein, deren Text Ähnlichkeiten zu früheren Dokumenten aufweise, denen die »teoría omni-insular« zugrunde läge. Darüber hinaus sei Clemens VI. mit der Konstantinischen Schenkung vertraut gewesen, die er an anderer Stelle erwähne, und habe auch andere Inseln verliehen und deren Herrscher zu päpstlichen Vasallen erklärt, wie etwa im Falle Siziliens.[345] Charles Verlinden, Antonio Pérez Voituriez, Santiago Olmedo Bernal und Santiago Félix Javier Martínez Llorente adaptierten unter anderen diese Theorie Weckmanns.[346] Martínez Llorente und Olmedo Bernal unterstrichen die Prominenz der Lehre in mittelalterlichen Traktaten, wie dem Abschnitt *Tractatus de insulis* im Werk *Tractatus de fluminibus* von Bartolus von Sassoferrato, die als eine konzeptionelle Weiterführung der Rolle des Papsttums als *dominus orbis* zu interpretieren sei.[347] Demgegenüber hat jüngst Luis Rojas Donat in einem Aufsatz mit dem Titel »El Papado bajomedieval, dueño de todas las islas. A 70 años de la teoría omni-insular de Luis Weckmann« begründete Kritik an der Theorie Weckmanns geübt, womit er an die Argumentation Alfonso García-Gallos anschloss, der Weckmanns Beschränkung auf eine Suche nach Inseln in päpstlichen Dokumenten und seine Theorie schon in den 1950er Jahren für nichtig erklärte: »Weckmann sieht nicht mehr als Inseln – und nur Inseln – überall.«[348]

Obwohl Weckmann selbst eingeräumt habe, dass das Papsttum von der Konstantinischen Schenkung für seine Interessenspolitik nur sporadisch Gebrauch machte, sei diese Aussage noch weiter einzuschränken. Durch die

Constantini privilegio in jus proprium B. Pedro ejusque successoribus occidentales omnes insulae condonate sunt. Verfügung über die Insel Lipari durch Urban II. in der Bulle »Cum universae insulae«, S. 617.

344 Vgl. Weckmann, Las Bulas Alejandrinas de 1493, S. 229–236. Ein noch früherer Verweis auf diesen Zusammenhang findet sich in Meréa, Estudos de história do direito, S. 141.

345 Vgl. Weckmann, Las Bulas Alejandrinas de 1493, S. 245.

346 Vgl. Verlinden, À propos de l'inféodation des Iles Canaries, S. 83–84; Pérez Voituriez, Problemas jurídicos internacionales, S. 78–79. José Zunzunegui hatte zuvor bereits als Basis der Schenkung ein päpstliches Patonat über Inseln angenommen, vgl. Zunzunegui, Los orígenes de las misiones en las Islas Canarias, S. 367.

347 Vgl. Martínez Llorente, Expansión atlántica de la Corona Aragón en el siglo XVI, S. 53; Olmedo Bernal, El dominio del atlántico en la baja edad media, S. 63–65.

348 »Weckmann no ve más que islas – y sólo islas – por todas partes.« García-Gallo, Las bulas de Alejandro VI, S. 669.

Zweifel an der Echtheit des Dokuments und seiner damit einhergehenden geringen Glaubwürdigkeit wäre die Schenkung in der päpstlichen Politik kaum benutzt worden.[349] In der gesamten Betrachtung habe der Heilige Stuhl nur bei drei Gelegenheiten auf die »teoría omni-insular« zurückgegriffen, so García-Gallo.[350] In Bezug auf die Bulle von 1344 argumentiert Rojas Donat, dass der Papst auch andere Reiche, keine Inseln, unter seinen Schutz gestellt, als Lehen vergeben und dafür die Zahlung des *Denarius Sancti Petri* verlangt habe.[351] Bezüglich der Macht des Papsttums, die aus der Belehnung Luis de la Cerdas spräche, schließt er: »Meiner Ansicht nach [folgte die Belehnung einem Selbstverständnis des Papstes], erstens als Christi Stellvertreter auf Erden (apostolische Macht) und zweitens der Lehre von einem Weltherrschaftsanspruch [des Heiligen Stuhls] *(Dominium Mundi)*.«[352] Diese Folgerung Rojas Donats findet sich auch in der päpstlichen Urkunde bestätigt. Denn in der Bulle ist sowohl davon die Rede, dass es sich bei den Kanaren um Regalien des Heiligen Petrus handele *(Papatum Romanum et regalia Sancti Petri tam in praedictis insulis quam etia alibi existentia)*,[353] als auch von einer weltlichen Jurisdiktionsgewalt des Apostolischen Stuhls über die Inseln *(iurisdictionem omnimodam temporalem)*.[354] Ein Verweis auf die Konstantinische Schenkung oder eine Erwähnung der besonderen Verfügungsgewalt des Papstes über alle Inseln fehlt hingegen ganz.

Aus der Perspektive des apostolischen Stuhls handelte es sich bei den Kanaren um Gebiete, denen gleichermaßen die christliche Lehre als auch eine christliche Herrschaft *(dominium)* fremd sei.[355] Es handelte sich folglich um unbesetzte Gebiete in der Hand heidnischer Völker, die über kein eigenes Herrschaftsrecht verfügten, so die Argumentation in der Bulle.

> The letters concerning Lithuania and the Canary Islands suggest that Christians had the right to invade infidel societies simply because they were infidel societies. The implication is that just as there was no salvation outside the Church so too there was no legitimate political authority outside the Church.[356]

Auch Joseph F. O'Callaghan führt die Schenkung lediglich auf die apostolische Macht des Papstes *(plentitudine potestatis)*[357] zurück: »Yet since no other ruler had a claim, the pope seemed to believe that the ›plentitude of apostolic power‹

349 Vgl. Rojas Donat, El Papado bajo-medieval, S. 61–64.
350 Vgl. García-Gallo, Las bulas de Alejandro VI, S. 662.
351 Vgl. Rojas Donat, El Papado bajo-medieval, S. 61–64.
352 *A mi juicio, primero, ser Vicario de Cristo (potestad apostólica), y segundo, la doctrina del Señorío del Mundo (Dominium Mundi)*. Ebd., S. 67–72.
353 Vgl. Juramento feudal de fidelidad del príncipe de Fortuna al Papa, S. 746.
354 Bula »Tue devotionis sinceritas«, S. 739.
355 Vgl. ebd., S. 738.
356 Vgl. Muldoon, The Avignon papacy and the frontiers of Christendom, S. 188.
357 Vgl. Bula »Tue devotionis sinceritas«, S. 739.

was sufficient to confer temporal jurisdiction and *merum et mixtum imperium* upon Luis de la Cerda.«[358] Dass diese Grundannahme jedoch nicht ausreichte, um die Investitur Luis de la Cerdas als Fürst von Fortuna zu begründen, unterstreicht einerseits die Inszenierung der Unternehmung als Kreuzzug und andererseits die Darstellung der indigenen Bevölkerung als Götzenanbeter, die auch in anderen Kontexten Anwendung fanden (siehe Kapitel 3, 5 und 7). Buenaventura Bonnet y Reverón hat bereits darauf hingewiesen, dass Clemens VI. die Einsetzung seines Vasallen mit der Glaubensverkündigung rechtfertigte und seine Unternehmung somit zu einer »verdadera cruzada« erklärt habe.[359] Zwei päpstliche Folgeschreiben versprechen einen vollständigen Sündenablass für all diejenigen, die Luis de la Cerda unterstützen würden, ebenso wie es bei den Hilfeleistungen bei der Rückeroberung des Heiligen Landes gehandhabt worden sei.[360]

Die von Muldoon beschriebene Haltung des Papsttums widerspräche überdies den einflussreichen Thesen Innozenz' IV. über die Rechtsstellung von Ungläubigen. Dieser hatte heidnischen Herrschern zugestanden, dass es bei ihnen ohne Sünde eine Gerichtsgewalt, Besitz und Herrschaftsmacht geben könne (*iurisdicitiones*, *possessiones* und *dominia*).[361] Zugleich sprach er dem Papsttum eine Strafgewalt über heidnische Völker zu, die bei den folgenden drei Vergehen greife: erstens, wenn sie Missionare auf ihrem Gebiet bei der Verkündigung der christlichen Botschaft behinderten, zweitens, wenn sie gegen das Naturrecht verstießen und drittens, wenn sie Götzen anbeteten.[362] Felipe Fernández-Armesto hat herausgestellt, dass die Lehensvergabe Clemens' VI. auf eben diesen angeblichen Eigenschaften der kanarischen Bevölkerung, Idolatrie und Verletzung des Naturrechts, gefußt habe. Obwohl die heidnischen Völker des Archipels in der Bulle zwar nicht näher beschrieben werden, ist doch in den päpstlichen Schreiben an die Herrscher der Iberischen Halbinsel davon die Rede, dass die Lehensvergabe darauf ziele, den heidnischen Irrglauben auszumerzen (*ex illis eliminata pagenei erroris spurcicia*).[363]

In der Gesamtschau ist die Belehnung Luis de las Cerdas durch Papst Clemens VI. ein weiteres eindrückliches Beispiel für die Übertragung eines »innenpolitischen« Verfahrens auf einen »außenpolitischen«, völkerrechtsrelevanten Kontext (siehe ebenso die Lehensverträge zwischen Eroberern und

358 O'Callaghan, Castile, Portugal, and the Canary Islands, S. 290.

359 Vgl. Bonnet y Reverón, Don Luis de la Cerda, S. 56–59.

360 Vgl. Bula Prouenit ex tue, de Clemente VI, para Luis de Espanha ou Luis de la Cerda, S. 228–229; Bula Prouenit ex tue, de Clemente VI, para Luis de Espanha, a conceder a todos os que, S. 229–230.

361 Papst Innozenz IV. über die Rechtsstellung von Ungläubigen, S. 348.

362 Vgl. ebd., S. 350.

363 Bula Vinee Domini Sabahot, S. 215.

Indigenen in Kapitel 3). In Bezug auf die Rolle des Papsttums ist der These Weckmanns von der Anwendung der »teoría omni-insular« eine klare Absage zu erteilen. Das Papsttum begründete die Investitur mit seiner universalen Jurisdiktionsgewalt, die es ihm erlaubte, Götzendienst zu ahnden, und rief zum Kreuzzug gegen die Heiden der Kanaren auf. Gegenüber dem päpstlichen Selbstverständnis als *dominium orbis* offenbaren die im Folgenden noch näher zu untersuchenden Reaktionen der iberischen Herrscher auf die Belehnung Luis de la Cerdas darüber hinaus die tatsächlichen realpolitischen Verhältnisse der Zeit. Nicht nur die größtenteils verweigerte Unterstützung des Fürsten von Fortuna auf Bitten des Papstes durch den portugiesischen König, sondern auch die Tatsache, dass die päpstliche Schenkung an Luis de la Cerda von den konkurrierenden Mächten theoretisch zur Kenntnis genommen und abgesegnet, in der Praxis aber nicht respektiert wurde,[364] verweist auf die geschwächte Position des avignonesischen Papsttums im 14. Jahrhundert: »Although the popes at Avignon continued to speak and act as if they could lead European society as their predecessors had done, they were in reality unable to win widespread support for their plans.«[365] Insgesamt, so James Muldoon, waren die in den Bullen und Briefen des Vatikan Registers 62 verfügten Maßnahmen der avignonesischen Päpste zum Scheitern verurteilt, die sich mit den Ungläubigen an den Rändern der bekannten Welt befassten (siehe dazu auch Kapitel 5).[366] Obschon das Papsttum seinen Weltherrschaftsanspruch nur noch reklamieren konnte, bleibt der Heilige Stuhl als Mediator jedoch wichtiger Spieler auf der politischen Bühne, auf der insbesondere die iberischen Mächte im 15. Jahrhundert weiter um die Herrschaft über die Kanarischen Inseln ringen sollten.[367]

6.2.2 Der Kreuzzug Béthencourts

»Die französische Expedition auf die Kanarischen Inseln hatte ein doppeltes Ziel: das Gebiet zu erobern und zu kolonisieren. Dies trennte es von früheren, die auf Plünderung oder kommerzielle Tauschgeschäfte ausgerichtet waren.«[368] Zurecht hebt Eduardo Aznar Vallejo hier die klaren Absichten der Unterneh-

364 Um nur ein Beispiel zu nennen: Im Jahr 1366 ging von Mallorca eine militärische Expedition zu den Kanarischen Inseln aus, siehe dazu: Rumeu de Armas, La expedición militar mallorquina de 1366 a las islas Canarias, S. 15–23.

365 Muldoon, The Avignon papacy and the frontiers of Christendom, S. 191–193.

366 Vgl. ebd.

367 Vgl. Olmedo Bernal, El dominio del atlántico en la baja edad media, S. 86–88.

368 »La expedición francesa a Canarias tenía un doble objetivo: conquistar y colonizar el territorio. Esto la separaba de otras anteriores, orientadas al pillaje o al trueque comercial.« Aznar Vallejo, Conquistar y colonizar en las *regiones meridionales*, S. 63.

mung Béthencourts und La Salles hervor, die 1402 von La Rochelle in Frankreich aus in See stießen, aus denen auch die Chronik *Le Canarien* keinen Hehl macht: *faire les voyages et les conquestes sur mescreans en esperance de les tourner et convertir à la foy crestienne.*[369] Das oberste Ziel der gewaltsamen Unterwerfung sei jedoch die Christianisierung der indigenen Bevölkerung, womit die Chronik den Eroberungszug Béthencourts in die Kreuzzugsgeschichte einschreibt.[370] Es ginge den Beteiligten um die Verteidigung des Glaubens an den Außengrenzen des *orbis christianus*, um Ehre und Ritterlichkeit (*honeur* und *cheualerie*)[371] und schließlich um die Hoffnung auf ewiges Leben.[372] Die Fassung B der Chronik schließt die Darstellung des Eroberungszuges mit einem Abschiedsfest zu Ehren Béthencourts im Castillo de Rubicón, bei dem neben zweihundert edlen Gästen auch die indigenen Könige Lanzarotes und Fuerteventuras zugegen gewesen sein sollen. Béthencourt betont den großen Erfolg, den die Normannen bei der Missionierung der indigenen Bevölkerung erzielt hätten. Als Béthencourt ein Schiff besteigt, um den Inseln den Rücken zu kehren, sei das Klagen und Jammern der indigenen Bevölkerung am lautesten gewesen,[373] die den Eroberer nun als ihren neuen Herrn anerkannt hätten: *Et disoient / ainssi nostre droiturier seigneur pour quoy / nous laisse vous nous ne vous vairrons.*[374] *De facto* inszeniert die Chronik die *Conquista* also als gelungenes Projekt, da die *Mahos*, *Mahoreros* und vielleicht auch die *Bimbachos* nicht nur den christlichen Gott, sondern auch Béthencourt als ihren neuen Herrn öffentlich huldigten. Doch wie war es um den Herrschaftsanspruch Béthencourts *de iure* gestellt?

Auch in den päpstlichen Bullen, wie schon im Kontext der Belehnung Luis de la Cerdas und im Einklang mit der Darstellung in *Le Canarien*, ist die Eroberung der Kanaren ein Kreuzzug gegen Ungläubige.[375] Neben den Ablassbullen, die

369 Vgl. Le Canarien, G1v, S. 5 und B1r, S. 152. Gleiches gilt für die Darstellung der Eroberung in den Quellen zur *Conquista realenga*. Auch hier wird betont, dass sich der Archipel unter der Herrschaft von Ungläubigen befand: *las quales estauan en poder de paganos*. Libro de la conquista de la ysla de Gran Canaria y de las demas yslas (Ovetense), S. 109; Conquista de la isla de Gran Canaria hecha por mandado de los señores Reyes Católicos Don Fernando y Doña Isabel (Lacunense), S. 187; Conquista de las siete islas de Canarias (Matritense), S. 231; López de Ulloa, Historia de la Conquista de las siete Islas de Canarias, S. 62.

370 Vgl. Russell, El Descubrimiento de las Canarias, S. 11.

371 Vgl. Le Canarien, G1v, S. 5 und B1r, S. 152.

372 Ergänzen lässt sich hier noch der Aspekt des ritterlichen Abenteuers (*grans aventures*), der aber für den hier zu untersuchenden Gegenstand eine geringere Rolle spielt. Dass es sich dabei um eine reine Inszenierung der Chronik handelt, bestätigen spätere Aussagen in der *Pesquisa de Cabitos*. Vgl. Aznar Vallejo, Estudio, S. 22.

373 Vgl. Le Canarien, B74v, S. 443.

374 Ebd.

375 Vgl. García-Gallo, Las bulas de Alejandro VI, S. 671.

das gewaltsame Vorgehen des französischen Konquistadors als lobenswertes Unterfangen zur Verbreitung des christlichen Glaubens verstanden wissen wollen,[376] richtete Benedikt XIII. 1404 einen Bischofssitz in Rubicón ein. Das Bild von den verlorenen Schafen, die zur Herde zurückgebracht werden müssten, welches die Urkunde zeichnet,[377] fügt sich in die im vorherigen Kapitel gemachte Beobachtung, dass das Papsttum sich in Bezug auf die kanarischen Heidenvölker als Strafverfolger von Abtrünnigen und Naturrechtsverletzern verstand *(populi gentilium habitabant, relictis errorum suorum tenebris, ad veram lucem fidei orthodoxe)*.[378] Im Vergleich zur Investitur Luis de la Cerdas als Fürst von Fortuna durch Clemens VI. leitete das avignonesische Papsttum zu Beginn des 15. Jahrhunderts daraus keine Verfügungsmacht mehr über Territorien heidnischer Völker her.

Die Bedeutung des Heiligen Stuhls im Kontext der Streitigkeiten Portugals und Kastiliens um die Eroberung und der Unterwerfung der Kanaren umreißt Aznar Vallejo wie folgt: »Die Monarchen […] erkannten an, dass die Besetzung durch eine *causa fidei* motiviert sein sollte, und verwiesen seine Heiligkeit auf die Rolle der Bestätigung ihrer Unternehmungen und, falls erforderlich, in die Rolle eines Schiedsrichters zur Lösung ihrer Rechtsstreitigkeiten.«[379] Folgerichtig war es im Falle Béthencourts nicht Benedikt XIII., der den Archipel zu einem Lehen und den Eroberer zu seinem Gefolgsmann erklärte, sondern Heinrich III. von Kastilien (1379–1406). Die Vermittlung sowohl nach Avignon als auch nach Kastilien hatte Béthencourt der »intervención […] fundamental«[380] seines Cousins Robert oder auch Robin de Braquemont (ca. 1355–1419) zu verdanken, der seine militärische Karriere gefördert, seine Unternehmungen finanziell unterstützt hatte und über exzellente Verbindungen zu den Königshöfen und zum Papst verfügte.[381] Entgegen der von Jean de Béthencourt V.

376 Vgl. Bula Apostolatus officium, de Bento XIII, a conceder, após a conquista da ilha de Lanzarote, nas Canárias, 22. Januar 1403 (Nr. 123), S. 293–296; Bula Apostolatus officium, de Bento XIII, dirigida aos prelados, abades e priores […] que participem na conquista I, 22. Januar 1403 (Nr. 124), S. 296–299; Bula Apostolatus officium, de Bento XIII, dirigida aos prelados, abades e priores […] que participem na conquista II, 22. Januar 1403 (Nr. 125), S. 299–301; Bula Apostolatus officium, de Bento XIII, dirigida aos prelados, abades e priores […] que participem na conquista III, 22. Januar 1403 (Nr. 126), S. 301–303.

377 Vgl. Bula Romanus pontifex, de Bento XIII, S. 310.

378 Ebd.

379 »Los monarcas se arrogaban idéntica prerrogativa, aún reconociendo que la ocupación debía estar motivada por *causa fidei*, y relegaban al sumo pontífice al papel de confirmante de sus empresas y, en caso de necesidad, al de árbito en sus litigos.« Aznar Vallejo, Conquistar y colonizar en las *regiones meridionales*, S. 67.

380 Vgl. Ladero Quesada, Jean de Béthencourt, Sevilla y Enrique III, S. 27.

381 Vgl. Abreu Galindo (2021), Historia de la conquista de las siete Islas de Canarias, S. 46–47. Zu Braquemonts Stellung am kastilischen Hof und seinen

manipulierten Version B machte sein Vorfahr deshalb keine Romreise, sondern die Ausstellung der Papstbullen wurde durch die Bemühungen Braquemonts erreicht.[382] Zu Heinrich III. von Kastilien reiste Béthencourt jedoch selbst.

> Und die Seeleute zogen hinaus auf die Insel Lancarote und nahmen den König und die Königin der Insel mit hundertsechzig Menschen an einem Ort; und sie brachten viele andere Bewohner der besagten Insel und viele Ziegenfelle und Wachs, sie hörten große Dinge von denjenigen, die dabei waren. Und sie schickten jemanden los, um dem König zu sagen, was dort geschehen war und dass diese Inseln leicht zu erobern seien, wenn es mit seinem herrschaftlichen Willen durchgeführt würde, und zu einem geringen Preis.[383]

Bereits vor der eigentlichen Eroberung und Belehnung Béthencourts, so suggeriert es uns zumindest der Bericht über eine Erkundungs- und Plünderungsfahrt im Jahr 1393 in der *Crónica del reinado de Enrique III* des Pedro López de Ayala (1332–1407), hegte der kastilische König konkrete Pläne zur Integration der Kanarischen Inseln in sein Reich. Dabei wird die Lage der Inselgruppe vor der Atlantikküste des Maghreb, folglich in einer günstigen strategischen Position für Angriffe auf das dortige Sultanat von Fez,[384] ein entscheidender Punkt gewesen sein. Die Belehnung eines Franzosen als Gefolgsmann erklärt sich durch die enge Allianz zwischen Frankreich und Kastilien seit der Thronbesteigung des Hauses Trastámara.[385] Als *mi vasallo, senor de las yslas de Canaria*[386] bezeichnet Johann II. (1406–1452) Béthencourt im Kontext der Verleihung des Privilegs zur Herstellung und Prägung einer eigenen Münze, das er dem Konquistador im Jahr 1412 zusprach, von dem er jedoch kein Gebrauch machte.[387] Demgegenüber wird Béthencourt in verschiedenen anderen Quellen als »König der

Beziehungen zum Heiligen Stuhl in Avignon siehe Ladero Quesada, Jean de Béthencourt, Sevilla y Enrique III, S. 28; Vgl. Pérez Voituriez, Problemas jurídicos internacionales, S. 18–19.

382 Vgl. Le Canarien, B75v, S. 447. Der erste Bischof von Rubicón war entgegen der Darstellung in *Le Canarien* Alonso de Sanlúcar de Barrameda, nicht Alberto de las Casas. Außerdem mache eine Romreise Béthencourts keinen Sinn, da das kastilische Königshaus nur den Papst in Avignon anerkannt habe. Siehe dazu Viera y Clavijo, Historia de Canarias, Bd. I, Anmerkung des Herausgebers, S. 582.

383 *E los Marineros salieron en la isla de Lancarote, é tomaron el Rey é la Reyna de la isla, con ciento é sesenta personas, en un lugar: é trajeron otros muchos de los moradores de la dicha isla, é muchos cueros de cabrones, é cera, é ovieron muy grand pro los que allá fueron. E enviaron á decir al Rey lo que alli fallaron, é como eran aquellas islas ligeras de conquistar, si la su merced fuese, é á pequeña costa.* López de Ayala, Crónica del reinado de Enrique III de Castilla, S. 214.

384 Vgl. Ladero Quesada, Jean de Béthencourt, Sevilla y Enrique III, S. 25.

385 Aznar Vallejo, Conquistar y colonizar en las *regiones meridionales*, S. 67.

386 Privilegio de labrar moneda a favor de Bethencourt, S. 75.

387 Vgl. Serra Ràfols/Cioranescu, Le Canarien, S. 203–204.

Kanaren« tituliert: *nombres des canariens qui estoinent arriues a / la riue de la mer a lenctonre de leur roy,*[388] heißt es über seine Ankunft auf Fuerteventura in der späten Fassung B. Ebenso wird Béthencourt in den Quellen zur *Conquista* Gran Canarias als König bezeichnet.[389] Neben diesen späten Zeugnissen wird auch in der *Crónica del Señor Rey Don Juan segundo de este nombre en Castilla y en León* des Fernán Pérez de Guzmán (ca. 1377–1460) davon berichtet, dass Heinrich III. Béthencourt als König eingesetzt habe *(é á la Reyna plugo de le dar la conquista con título de Rey)*.[390] Obschon es zweifelhaft klingt, dass der König von Kastilien dem französischen Eroberer einen ebenbürtigen Titel verlieh, sei das Fürstentum von Fortuna bereits 1344 als Reich beschrieben worden, so Ángel Miguel Ladero Quesada.[391] Antonio Pérez Voituriez hingegen geht davon aus, dass Béthencourt sich in Frankreich als »König der Kanaren« bezeichnete, denn dort habe man etwa Yvetot als souveränes Allod gekannt, dessen Herren ebenfalls einen Königstitel trugen.[392] Darüber hinaus, so Luis Fernández Gallardo, war die Herrschaft Béthencourts im Vergleich mit anderen Lehensherrschaften Kastiliens außergewöhnlich autonom, denn seine Rechte als Vasall beinhalteten die volle Jurisdiktionsgewalt auf Basis normannischen Gewohnheitsrechtes und die Erlaubnis zur Münzprägung.[393]

Wenngleich sich die Titelfrage nicht abschließend klären lässt, so hat doch nicht zuletzt Pérez Voituriez wichtige Erkenntnisse zur Art der Belehnung Béthencourts zusammengetragen. Schon vor der *Conquista* habe Béthencourt im Rahmen eines Besuchs am kastilischen Hof um das Wohlwollen des Königs für seine Unternehmung geworben, der bereits ab diesem Zeitpunkt den Archipel als Lehen und Béthencourt als seinen Vasallen angesehen habe.[394] Als Besonderheit der Lehensvergabe hebt Pérez Voituriez hervor, dass es sich um ein *feudum oblatum*, also um ein aufgetragenes Lehen gehandelt habe. Es sei Béthencourt gewesen, der um die Absicherung seiner Herrschaft durch einen

388 Le Canarien, B66v, S. 411. Für weitere Stellen und Hinweise dazu siehe González Jiménez, A propósito de Le Canarien, S. 309.

389 Vgl. Libro de la conquista de la ysla de Gran Canaria y de las demas yslas (Ovetense), S. 109–110; Conquista de la isla de Gran Canaria hecha por mandado de los señores Reyes Católicos Don Fernando y Doña Isabel (Lacunense), S. 187; Conquista de las siete islas de Canarias (Matritense), S. 231; López de Ulloa, Historia de la Conquista de las siete Islas de Canarias, S. 62; Sedeño, Conquista de la isla de Gran Canaria, S. 39; Escudero, Relación de la Conquista de la Gran Canaria, S. 33.

390 Pérez de Guzmán, Crónica del Señor Rey Don Juan segundo de este nombre en Castilla y en León, S. 374.

391 Vgl. Ladero Quesada, Los señores de Canarias en su contexto sevillano, S. 126.

392 Vgl. Pérez Voituriez, Problemas jurídicos internacionales, S. 54.

393 Vgl. Fernández Gallardo, Alonso de Cartagena, S. 937.

394 Vgl. Pérez Voituriez, Problemas jurídicos internacionales, S. 20.

mächtigeren Protektor geworben,[395] Heinrich III. neue Herrschaftsgebiete und seine Gefolgschaft angeboten hätte und nicht umgekehrt.[396] Doch worauf fußte Béthencourts Anrecht auf die Herrschaft über den Archipel, worauf stützte Heinrich III. sein Recht zur Belehnung der Kanaren?

Günter Georg Kinzel sieht den legitimen Rechtsanspruch Heinrichs III. als Lehnsherrn mit den gleichen Argumenten begründet, die die kastilische Krone auch als Reaktion auf die päpstliche Belehnung Luis de la Cerdas anführte: die Nähe zum eigenen Herrschaftsgebiet.[397] Demgegenüber behauptet Luis Weckmann, dass die Basis, auf der Heinrich III. die Investitur Béthencourts vornahm, unbekannt sei.[398] Obschon Kinzels These einer kontinuierlichen Anwendung der erstmals im Jahr 1344 vorgebrachten Argumente überzeugend scheint, lässt sie sich anhand der Quellen nicht belegen. Auch über Béthencourts Herrschaftslegitimation kann allenfalls spekuliert werden.

In *Le Canarien* ist es wiederum die Ungläubigkeit der Bevölkerung, mit der die Belehnung gerechtfertigt wird, denn das *feudum* wird beschrieben als: *sont sept habitees de gens mescreans de / diuerses loys et de liuers lenguages.*[399] Im Dokument zur Belehnung Béthencourts (*pleyto* und *homenaje*), das im Rahmen der Untersuchung des Esteban Pérez de Cabitos von den Katholischen Königen als Beweismittel für ihren Herrschaftsanspruch über die Inseln vorgelegt wurde, wird das Recht des *vasallo* über die bereits unterworfenen und noch zu unterwerfenden Inseln hingegen für gegeben angenommen.[400] Bereits José Viera y Clavijo habe konstatiert, dass Béthencourt das Recht der *de facto* Besetzung (»ocupación«) des versprochenen Lehens auf seiner Seite gehabt hätte, so Pérez Voituriez: »Das Recht Béthencourts basierte darauf, der erste Besatzer [der Inseln] zu sein.«[401] Mit der *causa fidei* der Bekehrung der indigenen Bevölkerung des Archipels motiviert und von einer illegitimen Eroberung in einen Kreuzzug verwandelt, schuf man in der Praxis also die Tatsachen, die dann juristisch nachvollzogen und untermauert wurden. In umgekehrter Reihenfolge versuchten dann einige Jahrzehnte später die Portugiesen auf den Archipel zuzugreifen. Nachdem Heinrich der Seefahrer die Insel Lanzarote von Maciot de Béthencourt käuflich erworben hatte,[402] eroberte Antão Gonçalves die Insel, die 1448 und

395 Vgl. Pérez Voituriez, Aspectos jurídicos internacionales, S. 363.

396 Vgl. Pérez Voituriez, Problemas jurídicos internacionales, S. 39.

397 Vgl. Kinzel, Die rechtliche Begründung der frühen portugiesischen Landnahmen, S. 122.

398 Vgl. Weckmann, Las Bulas Alejandrinas de 1493, S. 238.

399 Vgl. Le Canarien, G6r–7r, S. 168–172.

400 Vgl. Pleito Homeanje de Juan de Bethencourt, S. 73.

401 *El derecho de Bethencourt se basaba en ser el primer ocupante*, Pérez Voituriez, Problemas jurídicos internacionales, S. 62.

402 Vgl. Abreu Galindo (2021), Historia de la conquista de las siete Islas de Canarias, S. 118–119. Maciot de Béthencourt war nicht der Einzige, der versucht

1449 in portugiesischer Hand blieb. Der Verrat Maciot de Béthencourts und seine Beziehungen zur Familie Peraza sollte den Katholischen Königen bei der Verteidigung ihres Anrechts auf den Archipel im weiteren Verlauf des 15. Jahrhunderts in die Hände spielen.[403]

Insgesamt öffnete die Belehnung und die umstrittene Verleihung eines Königstitels neben der portugiesisch-kastilischen Rivalität ein weiteres Konfliktfeld zwischen einer kastilischen Zentralmacht und den relativ autonom regierenden Herren der Kanarischen Inseln. In der Interpretation des Eroberungskrieges als Heiliger Krieg kam den kanarischen Völkern der gleiche Status wie den Muslimen zu. Für die Invasoren waren sie Feinde der Christenheit, denen man mit Fug und Recht ihr *dominium* entreißen durfte. Die Kreuzzugsdoktrin blieb bei der weiteren Expansion der iberischen Mächte eine wichtige legitimatorische Stütze imperialen Ausgreifens, zu der jedoch weitere hinzutreten sollten.[404]

Während sich eine Verwendung des Arguments der Nähe zum eigenen Herrschaftsgebiet bei Heinrich III. nicht nachweisen ließ, war das neue geographische Erfahrungswissen mit Blick auf die erste Phase der Auseinandersetzung um das Herrschaftsrecht an den Kanarischen Inseln (1339–1479) fundamental und sollte es auch für die Einverleibung weiterer Neuer Welten bleiben. Gleiches gilt für die Insularität der Kanaren, die mit Blick auf den universalen Herrschaftsanspruch des Heiligen Stuhls zwar nicht von Bedeutung war, bezüglich ihrer angeblichen Herrschaftszugehörigkeit aufgrund geographischer Gegebenheiten jedoch wirkmächtig wurde.

Der Bedeutungsverlust des Papsttums auf der internationalen politischen Bühne im Verlauf des 15. Jahrhunderts ging, wie im Folgenden noch eindrücklich zu sehen sein wird, auch mit einer Verschiebung der kanarischen Frage von einem »völkerrechtlich-außenpolitischen« zu einem »imperial-innenpolitischen« Problem einher. Während beim Konzil von Basel bzw. vor der römischen Kurie in Bologna noch Portugiesen, Kastilier und Kanarier den Papst um Unterstützung und Mediation gebeten hatten, wurde die kanarische Frage spätestens mit der Zusprechung der Inseln an Kastilien im Vertrag von Alcáçovas 1479 zu einer innenpolitischen Angelegenheit. Im Vergleich zur Debatte der Schule von Salamanca, die zwar inhaltlich einen Beitrag zur Reflexion über Völkerrecht leistete,

hatte, Herrschaftsrechte an den Kanarischen Inseln an die Portugiesen weiter zu veräußern. Vgl. Torriani, Descripción e historia del reino de las Islas Canarias, S. 135.

403 Vgl. Abulafia, The Discovery of Mankind, S. 81.

404 Vgl. Russell, El Descubrimiento de las Canarias, S. 11; Rojas Donat, Vigencia de la tradición jurídica romana, S. 245 und 258.

jedoch einen inner-imperialen Diskurs darstellte, wurde die kanarische Frage von der Belehnung Luis de la Cerdas bis in die erste Hälfte des 15. Jahrhunderts hinein als Völkerrechtsproblem verhandelt.

6.3 Neue Legitimationsstrategien

6.3.1 Zur völkerrechtlichen Relevanz von Kartographie und Geographie

Die erste Reklamation eines Herrschaftsanspruches an den Kanarischen Inseln fiel – noch vor der Belehnung Luis de la Cerdas – mit ihrer Wiederentdeckung in der ersten Hälfte des 14. Jahrhunderts zusammen und fand ihren Niederschlag in der Kartographie. Vor kurzem habe man neue Inseln entdeckt, heißt es in dem von Boccaccio übersetzten Brief der Kaufleute aus dem Jahr 1341 *(insulis noviter repertis)*,[405] womit er vermutlich auf eine Entdeckungsfahrt des Genuesen Lancelotto Malocello verwies.[406] Nur in wenigen Quellen im Zusammenhang mit den Kanarischen Inseln erwähnt, ist kaum etwas über den genuesischen Seefahrer bekannt, der zum Namensgeber der Insel »Lanzarote« wurde. Ebenso wissen wir nicht, warum die Genuesen unter seiner Führung die Kanaren bereisten, wann sie dort ankamen, wie lange sie dort verweilten und ob sie alle von dort zurückkehrten.[407] Denn im *Libro del conoscimiento* wird davon berichtet, dass Malocello auf der Insel durch indigene Hand den Tod gefunden haben soll: »Die Menschen von der Insel töteten einen Genueser, der sich Lanzarote nannte.«[408]

Hinweise in den Chroniken zur *Conquista* auf eine Festungsanlage sowie archäologische Funde stützen die Annahme eines längeren Aufenthalts der Genuesen auf Lanzarote. Auf dem Guanapay, einem der Vulkane Lanzarotes, von dem aus man die alte Inselhauptstadt Teguise, die auf den Fundamenten der ehemaligen indigenen Siedlung errichtet wurde, überblicken kann, stand bereits vor der Ankunft Béthencourts und La Salles im Jahr 1402 eine Festung,[409] wie sich auch aus der Chronik *Le Canarien* schließen lässt.[410] Damit ist im Ergebnis nicht nur von einer Entdeckung Lanzarotes, sondern auch von einer formalen Inbesitznahme der Insel durch Lancelotto Malocello auszugehen.[411]

405 Boccaccio, De Canaria, S. 970–986.

406 Vgl. Quartapelle, El redescubrimiento, S. 13 und 36.

407 Vgl. Tejera Gaspar, Lancelotto Malocello, S. 7. Siehe dazu auch Serra Ràfols, Lancelotto Malocello en las islas Canarias, S. 467–478.

408 *[...] las gentes desta isla mataron á vn ginoues que dezian lançarote.* Libro del conoscimiento, S. 50.

409 Vgl. Tejera Gaspar, Lancelotto Malocello, S. 12.

410 Vgl. Le Canarien, B23r, S. 236.

411 Auf die Manifestation von Herrschaft durch die Errichtung von Wehrtürmen siehe Kapitel 3.

Als Erstes wurde die Entdeckung und der Herrschaftsanspruch der Genuesen jedoch auf einem Portolan des mallorquinischen Kartographen Angelino Dulcert aus dem Jahr 1339 dokumentiert.[412] Insgesamt drei Inseln verzeichnet und benennt Dulcert auf seiner Karte: die bis heute so genannte Insel *laforte ventura*, *vegi marin*, womit die kleine Insel Los Lobos gemeint war auf deren Population von Mönchsrobben dieser Name verweist, und schließlich die *Insula de Lanzarotus Marocelus*, vollständig ausgefüllt mit dem Wappen Genuas, einem roten Kreuz auf weißem Grund.[413]

Obschon mittelalterliche Karten ein Spiegel von Vorstellungswelten waren und über eine historische Tiefendimension verfügten,[414] diente die Markierung Lanzarotes mit dem genuesischen Wappen, so ist sich die Forschung einig, weniger einer Erinnerung an das Ereignis ihrer Entdeckung denn als Ausdruck eines aus der Entdeckung abgeleiteten Herrschaftsrechts.[415] Denn zur Visualisierung von Herrschaftsverhältnissen wurden auf dem Portolan auch die Mittelmeerinseln mit Wappen geschmückt.[416] Auf dem Festland hingegen operierte der Kartograph mit identischen Flaggen, um die Zugehörigkeit von Gebieten zu einer Herrschaft zu symbolisieren.[417] Während Wappen auf mittelalterlichen Karten eher selten Verwendung fanden, waren Herrschaftszeichen wie Flaggen und Insignien gängig, die den Ausgangspunkt einer visuellen »Durchdringung des Raumes durch Zeichen von Herrschaft« bildeten, an deren Ende die moderne Karte mit der Einzeichnung staatlicher Grenzen stünde, so Philipp Billion.[418] Damit fällt Dulcerts Portolan zugleich in die Kategorie der »juridical

412 Der Portolan stellt damit eine Ausnahme dar. Denn die meisten kartographischen Werke der Folgezeit zeichneten die Kanaren zwar ein, bezogen sich aber nicht auf die Berichte ihrer Entdecker, sondern auf die durch Isidor von Sevilla tradierte Passage Plinius des Älteren zu den *Insulae Fortunatae*, so auch im Katalanischen Weltatlas. Vgl. Katalanischer Weltatlas des Cresques Abraham, S. 59. Dass es sich bei Dulcerts Portolan auch hinsichtlich der Markierung des genuesischen Herrschaftsanspruchs um eine Einzelerscheinung handelt, verrät ein Blick in die Gesamtgeschichte der Wiederentdeckung der Kanaren in Karten, vgl. Porro Gutiérrez, El Reflejo de las Canarias en la cartografía, S. 3310–3312.

413 Vgl. Quartapelle, El redescubrimiento, S. 17–18; Quartapelle, La mapa más antiguo, S. 323–336.

414 Vgl. Zumthor, Mappa Mundi und Performanz, S. 317–327.

415 Vgl. Jiménez González, Textos etnohistóricos de las Islas Canarias, S. 39.

416 Vgl. Billion, Graphische Zeichen auf mittelalterlichen Portolankarten, S. 149.

417 Vgl. ebd., S. 146; Steinberg, Insularity, sovereignty and statehood, S. 253–258.

418 Vgl. Billion, Graphische Zeichen auf mittelalterlichen Portolankarten, S. 132. Der Geograph Philip E. Steinberg vertritt in seinem Aufsatz die These, dass die Darstellung von Inseln auf Portolankarten als ein Vorläufer der Idee des souveränen Territorialstaates mit festen Grenzen gesehen werden könne. Überzeugend veranschaulicht er dies an der Darstellung Großbritanniens auf vielen Portolankarten des 16. Jahrhunderts, die die britische Insel in zwei Inseln teilten,

cartography«, die sich Hand in Hand mit dem wachsenden Wissen von der Welt entwickelte, so Thomas Duve. Manche Historiker gingen sogar so weit, Karten und Globen den Status einer »legal authority« zuzuweisen.[419]

Zwar weniger *factum* denn Ausdruck eines Herrschaftsanspruches Genuas, zeigt das Beispiel von Dulcerts Portolan dennoch eindrücklich, dass auch vermeintlich nicht-juristisches Quellenmaterial interessante Aufschlüsse zur Völkerrechtsgeschichte bereithalten kann. Während die Genuesen im weiteren Ringen um die Herrschaft über den Archipel keine Rolle mehr spielen sollten – vornehmlich Portugal und Kastilien, aber auch Mallorca, Aragón und Frankreich konkurrierten in der Folgezeit – blieb der Rechtsgrund der Entdeckung insbesondere in der Argumentation Portugals weiterhin ein Thema.

Ebenso stellte die Einbeziehung des neu gewonnenen geographischen Wissens zur Formulierung von Herrschaftsansprüchen, ob im Medium der Karte oder als Lagebeschreibung in Texten, eine Konstante dar. Wie in der historischen Hinführung (Abschnitt 1.1) dargestellt, zielte bereits der Vertrag von Alcáçovas, mit der die Kanarischen Inseln 1479 schließlich Kastilien zugesprochen wurden,[420] darauf, neue Herrschaftsgebiete der iberischen Mächte mithilfe von Demarkationslinien zu organisieren, die mit den Verträgen von Tordesillas (1494) und Zaragoza (1529) dann weiter ausgestaltet wurden. Die an den Portolankarten orientierten Linien klärten momentane Besitzrechte und Bereiche der freien Navigation.[421] Während der Vertrag von Alcáçovas mit Blick auf

um dem Dilemma der geteilten Souveränität (England und Schottland) graphisch Ausdruck zu verleihen. Das westfälische Staatenideal, der Weg von einer durch Untertanen definierten Souveränität über eine Territorialbindung hin zur zusätzlichen Komponente der Nation, hätte somit einen insularen Ursprung. Vgl. Steinberg, Insularity, sovereignty and statehood, S. 253–265.

419 Vgl. Duve, Spatial Perceptions, S. 438.

420 Der Vertrag wurde am 24. September 1479 ratifiziert, die Artikel zu Guinea und den Kanarischen Inseln allerdings in Trujillo am 27. September desselben Jahres ergänzt, vgl. García-Gallo, Las bulas de Alejandro VI, S. 498–499.

421 Vgl. Duve, Spatial Perceptions, S. 425. Gerade mit Blick auf die Rechte Portugals und die Einschränkungen freier Navigation wurde diskutiert, ob es hier auch um Besitzansprüche am Ozean ging oder ob das Meer weiterhin als *res commune* verstanden wurde. Vgl. zu den verschiedenen Positionen: Olmedo Bernal, El dominio del atlántico en la baja edad media, S. 400–401; Castañeda Delgado, La teocracía pontifical, S. 308–309 und 312; Newitt, Formal and Informal Empire, S. 1. Der Vertrag von Alcáçovas ist selbst eine Transkription des Vertrags von Almeirim. Die Regelungen bezüglich der Herrschaftsaufteilung der afrikanischen Küste und der Atlantischen Inseln wurde diesem hinzugefügt. Vgl. Álvarez Palenzuela, Relations between Portugal and Castile in the Late Middle Ages, S. 15. Der Vertrag von Tordesillas wird nicht mehr als eine Modifikation alexandrinischer Bullen verstanden, sondern in direkte Nachfolge des Vertrags von Alcáçovas gestellt. Auch der Vertrag von Alcáçovas wurde von Papst Sixtus IV. 1481 durch die Bulle *Aeterni Regis* bestätigt, doch die Bedeutung der

Kastilien *de iure* nachvollzog, was *de facto* schon zu Kastilien gehörte, sind die in den Folgeverträgen gezeichneten Linien stärker auf Ansprüche zukünftiger Entdeckungen fokussiert und beziehen so auch das noch Unentdeckte in den imperialen Herrschaftsraum mit ein.[422]

Diese völkerrechtliche Relevanz, die die Markierung und Abgrenzung von Räumen und daraus abgeleiteten Besitzansprüchen der Kartographie und geographischen Beschreibungen verlieh, wurde auch für spätere Epochen konstatiert.[423] So hat beispielsweise Tayyab Mahmut mit Blick auf die Aufklärung die Beziehung zwischen geographischen Entdeckungen und den politischen, ökonomischen und strategischen Interessen der europäischen Mächte betont und die Geographen dieser Zeit als »ideologues of empire« bezeichnet.[424] Für das ausgehende 19. Jahrhundert hat Brian Hudson festgestellt, dass die »new geography« vorrangig folgende Funktion hatte: »to serve the interests of imperialism in its various aspects including territorial acquisition, economic exploitation, militarism and the practice of class and race domination«.[425]

Doch sagte das neu gewonnene geographische Wissen im Medium der Karte oder als Lagebeschreibung in Texten nicht nur etwas über Herrschaftsansprüche aus, sondern wurde auch zu ihrer Rechtfertigung herangezogen. Die Verwendung geographischer Kenntnisse im Diskurs um die Legitimation der Inbesitznahme der Kanarischen Inseln wird im Folgenden an den Ausführungen des spanischen Juristen Alonso de Cartagena, dem Widerhall seiner Thesen im ausgehenden 15. Jahrhundert und im Kontext der Entdeckung Amerikas zu sehen sein. Rechte der indigenen Völker der Kanaren und Lateinamerikas spielten in diesen theoretischen Traktaten keine Rolle. Wohingegen sie in der Praxis als Akteure eigene Handlungsziele verfolgen konnten, blieben sie im gelehrten Diskurs der Apologeten der *Conquista* unerwähnt. Hier waren sie tatsächlich ohnmächtig in Anbetracht einer argumentativen Übermacht.

päpstlichen Bekräftigung und seine Rolle als *arbiter* oder *mediator* der wetteifernden imperialen Mächte wird eher gering geschätzt. Siehe dazu: Olmedo Bernal, El dominio del atlántico en la baja edad media, S. 399; Szászdi Nagy, Los Justos Títulos y la Guerra Justa a la luz del Tratado de las Alcáçovas, S. 350 und 352.

422 Vgl. Olmedo Bernal, El dominio del atlántico en la baja edad media, S. 403.

423 Vgl. Vismann, Starting From Scratch, S. 46–47.

424 Vgl. Mahmud, Geography and International Law, S. 531.

425 Vgl. Hudson, The New Geography and the New Imperialism, S. 141.

6.3.2 Die Reaktionen auf die Belehnung Luis de la Cerdas und das Argument der *vicinitas*

Wie die Genuesen ihren im Medium der Kartographie reklamierten Herrschaftsanspruch über Lanzarote mit der Entdeckung der Insel begründeten, untermauerte auch Alfons IV. (1291–1357) als Reaktion auf ein Gesuch Papst Clemens' VI. (1290–1351) sein Vorrecht an der Herrschaft über den Archipel unter anderem mit dem *ius primae inventionis (quod predictarum Insularum fuerunt prius nostri regnicole).*[426] Diese argumentative Defensivhaltung des portugiesischen Königs war durch die päpstliche Bulle aus dem Jahr 1344 provoziert worden, mit der Clemens IV. Luis de la Cerda zum Herrscher über die Kanarischen Inseln erklärt hatte.[427] Im Anschluss, genauer am 11. und 23. Dezember 1344, hatte der Papst die iberischen Herrscher, Peter IV. von Aragón und Alfons XI. von Kastilien aufgefordert,[428] Luis de la Cerda zu unterstützen *(auxilio et fauore).*[429] Weitere päpstliche Schreiben wurden zu Philip VI. von Frankreich, Andreas und Johanna von Neapel, Humbert II., dem Dauphin von Viennois, und zu Simone Boccanegra, dem Dogen von Genua ebenfalls am 23. Dezember desselben Jahres entsandt,[430] allesamt verbunden mit folgender Bitte: »Es sei besagtem Fürsten gewährt, dass er sich auf ihrem Reichsgebiet und Ländereien frei bewegen, Männer bewaffnen, Lebensmittel

426 Carta del Rey Alfonso IV de Portugal al Papa Clemente VI, S. 747. Die Entdeckung wird nicht weiter konkretisiert. Gemeint sein konnte hier sowohl die Fahrt des Lanzelotto Malocello als auch die Erkundungsfahrt des Niccoloso da Recco, die beide unter portugiesischer Beteiligung bzw. Schirmherrschaft durchgeführt worden waren. Vgl. Verlinden, À propos de l'inféodation, S. 80.

427 Vgl. Bula »Tue devotionis sinceritas«, S. 738–744.

428 Vgl. Kinzel, Die rechtliche Begründung der frühen portugiesischen Landnahmen, S. 107–108.

429 Bula Vinee Domini Sabahot, S. 214–216.

430 Vgl. O'Callaghan, Castile, Portugal, and the Canary Islands, S. 290; siehe für die weiteren Schreiben, die nicht alle erhalten sind: Cum Ludovicus de Ispania, consanguíneus Petri regis Aragonum, princeps Fortuniae deputetur, regem Aragonum rogat ut dictum principem adjuvet, S. 310–311; Reginam et regem Franciae, Humbertum Dalphinum Viennensem, regem et reginam Siciliae rogat ut Ludovicum de Ispania, principem insularum Fortunae adjuvare velint, S. 334; Clemente VI anuncia a Felipe, Rey de Francia, la concesión de la investidura y le pide auxilio y ayuda, S. 389–390; Remite otro ejemplar de la misma carta a la Reina de Francia, S. 390; La misma [carta] al Rey de Nápoles, Andrés, S. 391; Otra igual que esta última a Juana, Reina de Nápoles, S. 391; Clemente VI pide al gobernador de Génova, Simón Boccanegra, que permita a Luis de España extraer de sua dominios 3.000 lorigas, 2.000 escudos, 1.000 cajas de saetas y 1.000 ballestas, S. 392. Eine Zusammenstellung der Dokumente hat darüber hinaus vorgenommen: Vincke, Der verhinderte Kreuzzug Ludwigs von Spanien zu den Kanarischen Inseln, S. 57–71.

und anderes, die er für das oben genannte haben muss, sich frei nehmen kann, zu gerechtem Lohn und zu gerechten Preisen.«[431] Dieses Anliegen rief nicht nur die Reaktion Alfons' des Kühnen, sondern auch die des kastilischen und des englischen Königshauses hervor.[432] Der Protest des Königs von England basierte aber auf der Fehlinformation, dass sich die Lehensvergabe auf die Britischen Inseln beziehe und soll hier, ebenso wie die positive Rückmeldung Peters IV. von Aragón, deshalb nicht weiter behandelt werden.[433]

Der König von Portugal führt in seinem Antwortschreiben vom 12. Februar 1345 drei Argumente an, weshalb die Herrschaft über die Kanaren ihm zustehe. Erstens hätten die Portugiesen, wie oben bereits erwähnt, die Kanarischen Inseln zuerst entdeckt *(quod predictarum Insularum fuerunt prius nostri regnicole inventores)*,[434] zweitens lägen die Kanaren dem portugiesischen Reich am nächsten und aufgrund dieser geographischen Nähe könnten die Inseln von seinem Reich aus am besten unterworfen werden *(Insule nobis plus quam alicui principi propinquiores existant)*[435] und drittens wären von portugiesischer Seite aus bereits Unternehmungen erfolgt, die jedoch von Kriegen gegen Kastilien und die muslimischen Reiche unterbrochen worden seien. Das letzte Argument einer begonnenen *subiugatio*[436] ist schließlich mit dem Vorwurf verknüpft, dass der Papst die Schenkung hätte früher ankündigen müssen.[437]

Darüber hinaus verweigerte Alfons der Kühne dem Fürsten von Fortuna mit Ausnahme von Verpflegung sämtliche Unterstützung. Er könne nicht geben, was er nicht habe, und seine eigene Notlage und Ohnmacht entschuldigten dies. Auch an dieser Stelle verweist er wiederum auf seinen Krieg gegen die benachbarten muslimischen Reiche, für den er selbst seine Schiffe benötige.[438] Hiermit versuchte der portugiesische König wohl zugleich seinen Einsatz für die Verbreitung des christlichen Glaubens hervorzuheben und indirekt seiner Hoff-

431 *Concedas licentiam oportunam quod dictus princeps possit de regnis et terris tuis nauigia, gente armorum, victualia et alia pro predictis necessaris habere ac extrahere libere, suis tamen stipendijs et iustis precijs.* Bula Desiderabiliter afectantes, S. 216–217.

432 Vgl. Viera y Clavijo, Historia de Canarias, Bd. I, S. 499.

433 Vgl. Letras Affectionem piam, S. 237. Siehe dazu: Bonnet y Reverón, Don Luis de la Cerda, S. 72; Verlinden, À propos de l'inféodation, S. 81.

434 Auf welche Entdeckungsfahrt sich der portugiesische König hier bezieht, steht nicht im Brief. Es ist aber davon auszugehen, dass er sich hier auf die von Boccaccio überlieferte Unternehmung unter portugiesischer Schirmherrschaft bezog. Carta del Rey Alfonso IV de Portugal, S. 747.

435 Ebd.

436 Ebd.

437 Vgl. ebd.

438 Vgl. ebd., S. 749.

nung auf Belohnung und Unterstützung durch den Heiligen Stuhl Ausdruck zu verleihen.

Gegenüber dem langen Argumentationsgang des portugiesischen Königs ist der Brief Alfons' XI. von Kastilien und León (1311–1350) eher kurzgehalten.[439] Zwar sicherte er seinem Verwandten Luis de la Cerda seine Hilfe zu *(consanquineum nostrum Ludovicum de Hispania)*,[440] betonte jedoch, dass das Herrschaftsrecht an den Kanarischen Inseln doch unzweifelhaft bei ihm liege, denn bereits seine Stammväter hätten die Inseln als Teil der afrikanischen Region unter größtem Aufwand unterworfen und sie hätten somit vor langer Zeit einmal zu Kastilien gehört *(regni Africae ad nos nostrumque ius regium nullumque alium dignoscitur pertinere)*.[441] Wie auch der portugiesische König, betont Alfons XI. die geographische Nähe zwischen den Kanaren und seinem angeblichen Herrschaftsgebiet, dem Kastilien zugehörigen Afrika *(insulas in partibus Africae consistentes)*.[442] Damit griff er die Aussage Clemens' VI. über die Lage des Archipels auf, den er in seinem Brief als Teil Afrikas beschreibt *(in partibus Affrice)*.[443]

Den Kriegszug gegen die Kanarier rechtfertigten beide Könige, ebenso wie Clemens VI., mit deren Ungläubigkeit. Während Alfons von Kastilien den gesamten afrikanischen Raum als heidnisches Gebiet brandmarkt (*perfidus* und *blasphemus*),[444] inszeniert Alfons der Kühne den Eroberungszug im Sinne des Kreuzzugs als einen Feldzug gegen einen falschen Glauben, von dem diese Gebiete besetzt gehalten würden *(dum ad extirpandos infidelitatis palmites infelices, qui totam terram insularrum Fortune inutiliter occupant, et plantandum vineam Dei dilectam)*.[445] Auch der Herrschaftsfähigkeit der Bevölkerung, die er nicht als rationale Wesen, sondern als *homines quam animalia* beschreibt, erteilt er eine klare Absage. In der Bulle nur als Missionsvorhaben geschildert, offenbare das Schreiben des portugiesischen Königs Kinzel zufolge an dieser Stelle die wahrhaften Pläne der weltlichen Mächte in Bezug auf die Kanarischen Inseln: Eine militärische Unterwerfung, der erst in einem zweiten Schritt die Evangelisierung der Bevölkerung folgen sollte.[446] Tatsächlich aber zeigt schon das Schreiben Clemens' VI. an den Dogen von Genua, Simone Boccanegra, der

439 Vgl. Carta del rey Alfonso XI de Castilla, S. 750–751.
440 Ebd., S. 750.
441 Ebd., S. 751.
442 Ebd., S. 750.
443 Bula Vinee Domini Sabahot, S. 215.
444 Carta del rey Alfonso XI de Castilla, S. 751.
445 Ebd., S. 747.
446 Vgl. Kinzel, Die rechtliche Begründung der frühen portugiesischen Landnahmen, S. 109; Olmedo Bernal, El dominio del atlántico en la baja edad media, S. 71.

für die Unternehmung Luis de la Cerdas unter anderem Schilde und Pfeile zur Verfügung stellen sollte, dass auch von Seiten der Geistlichkeit der Lehensvergabe eine militärische Herrschaftsübernahme auf den Kanaren folgen sollte.[447]

Der Papst, wie oben gleichermaßen festgestellt, rief also infolge der Belehnung Luis de la Cerdas zu einem Kreuzzug auf, bei dem die kanarischen Völker gewaltsam unterworfen und missioniert werden sollten. Neben der Kreuzzugsdoktrin, die den heidnischen Glauben der Indigenen als Legitimation hervorhebt (siehe dazu auch Abschnitt 5.1), waren sie in der Argumentation des kastilischen Königs ihrer Herrschaft *(dominium)* durch die Okkupation vormals christlicher Gebiete verlustig gegangen. Mit der Betonung einer mangelnden Vernunftfähigkeit der Indigenen sprach der portugiesische König ihnen hingegen nicht als Folge eines früheren Vergehens, sondern grundsätzlich die Fähigkeit zur selbstständigen Herrschaft ab.

Als Legitimationsgrundlage für ihren Herrschaftsanspruch fällt mit Blick auf die Argumentation des kastilischen und des portugiesischen Königs auf, dass beide Herrscher die unmittelbare Nachbarschaft der Inseln zu ihrem Herrschaftsgebiet hervorhoben. Bartolus von Sassoferrato formulierte zehn Jahre nach Abfassung der Bulle *Tue devotionis sinceritas* in einem theoretischen Traktat, dass einer Provinz benachbarte Inseln, die weniger als 100 Meilen vor der Küste lägen, automatisch zu dieser gehörten *(Insulae enim illae; quae à prouincia modico spacio distant, illius prouinciae esse dicimus [...] sitam vicinum)*.[448] Dieses Argument, das aus den Digesten stammt und im mittelalterlichen *ius commune* verankert war,[449] fand darüber hinaus auch im Kontext des Diskurses um die Herrschaft über den Archipel in der Argumentation Alonso de Cartagenas Verwendung.

6.3.3 Die historische Betrachtung der *vicinitas* bei Alonso de Cartagena

Die Faszination der Erkundung überseeischer Gebiete und die Eingliederung in den eigenen Herrschaftsbereich sei mit Heinrich dem Seefahrer zu einer regelrechten Obsession geworden, so Peter Edward Russell.[450] Insbesondere nach der erfolgreichen Umsegelung des Kap Bojador im Jahr 1434 hätte der Infant die Kanarischen Inseln um jeden Preis in seinen Besitz bringen wollen.[451] Antonio

447 Vgl. Clemente VI pide al gobernador de Génova, S. 392.

448 Bartolus von Sassoferrato über die Ausdehnung der Hoheitsrechte im Küstenmeer, S. 693.

449 Vgl. Lawrance, Alfonso de Cartagena on the affair of the Canaries, S. 5.

450 Vgl. Russell, Prince Henry ›the Navigator‹, S. 83.

451 Vgl. Suárez Fernández, Relaciones entre Portugal y Castilla, S. 51; Fernández Gallardo, Alonso de Cartagena, S. 912.

Rumeu de Armas zufolge hätte die portugiesische Krone sogar eine »integración total« des Ozeans, Afrikas, des afrikanischen Festlandes und sämtlicher Inseln und Archipele angestrebt.[452]

Ebenso beharrten die Kastilier auf ihr Anrecht an den afrikanischen Gebieten, wobei die Kanaren den entscheidenden Ausgangspunkt für Eroberungszüge und Entdeckungsfahrten bilden sollten.[453] Hier hatte der kastilische König mit der 1404 durch seinen Lehnsmann Jean de Béthencourt abgeschlossenen Eroberung der Inseln Lanzarote, Fuerteventura und El Hierro bereits Tatsachen geschaffen. 1421 hatte Johann II. dann bei Papst Martin V. das Eroberungsrecht für die Inseln Gran Canaria, Teneriffa, La Gomera und La Palma für seinen Gefolgsmann Alfonso de las Casas erbeten; ein Kreuzzug, der noch im selben Jahr gewährt wurde.[454] Dennoch kam es zwischen Portugiesen und Kastiliern immer wieder zu Gefechten auf und in den Gewässern um die Kanarischen Inseln.

Einerseits versuchte man den Konflikt durch diplomatische Bemühungen zwischen den Reichen, andererseits durch päpstliche Schlichtung zu lösen. Alonso García de Santa María oder auch Alonso de Cartagena (1384–1456), Bischof von Burgos, der ziviles und kanonisches Recht an der Universität Salamanca studiert hatte, kam in diesem Kontext eine Schlüsselrolle zu. Bereits 1425 vertrat er als Gesandter am portugiesischen Hof die kastilischen Interessen Johanns II., nachdem eine Flotte unter dem Portugiesen Fernando de Castro 1424 erfolglos versucht hatte, Fuerteventura, Lanzarote und Gran Canaria zu unterwerfen, die aus Sicht Kastiliens zum Teil *de facto*, zum Teil *de jure* ihrem Herrschaftsgebiet angehörten *(occupatae et possidentur per dominum nostrum regem)*.[455] Hier kam es zu einem Austausch von Argumenten, die dann im Kontext des Basler Konzils in einem Brief Eduards I. an Papst Eugen IV. und in den *Allegationes super conquesta Insularum Canariae contra portugalenses* des Alonso de Cartagena ausgefeilt werden sollten.[456] Denn auch mit dem Einigungsvertrag von Medina de Campo im Jahr 1431 hatte die portugiesisch-kastilische Rivalität kein Ende gefunden, sondern erreichte im Gegenteil mit dem Konzil von Basel (1431–1449) einen Höhepunkt.[457]

452 Vgl. Rumeu de Armas, España en el África Atlántica, Bd. I, S. 121.

453 Ebd., S. 122.

454 Súplica de D. Joao II, rei de Castela e de Leáo, ao papa Martinho V, S. 14–16; Letras Sincere deuotionis, S. 16–17; Súplica de D. Joao II, S. 17–18.

455 Cartagena, Allegationes super conquesta Insularum Canariae contra portugalenses, S. 68; Suárez Fernández, La cuestión de las Canarias, S. 505; Salazar, El impacto humanístico de las misiones diplomáticas, S. 215–226.

456 Vgl. Pérez Embid, Los descubrimientos en el Atlántico, S. 137–138.

457 Vgl. Herbers, Geschichte Spaniens im Mittelalter, S. 294; Rojas Donat, Alonso de Cartagena.

> Basel was a raucous assembly filled with cooks and grooms bent on bringing down the papacy. The Council of Basel, in other words, suffered from a poor storyline. Constance and also the Council of Trent (1545–63) seemed more interesting – and more important – than the fruitless experiment of Basel.[458]

Obwohl das Basler Konzil mit einer Dauer von 18 Jahren das bisher längste Generalkonzil darstellt, sowohl den innerkirchlichen Autoritätsstreit als auch den Konflikt mit den böhmischen Reformisten zu lösen suchte und mehr Dokumente als alle vorherigen Kirchenversammlungen zusammen hervorbringen sollte,[459] fand es in der deutschsprachigen Forschung gegenüber anderen Generalkonzilen bezüglich der hier interessierenden Themen keine Behandlung. Das Thema Kastilien und das Basler Konzil wurde fast ausschließlich in der spanischen und portugiesischen Forschung untersucht. Während der Rangstreit zwischen Kastilien und England im September und Oktober des Jahres 1434, bei dem die Kastilier mit Unterstützung der Franzosen siegten, aufgrund der nationalen Argumentationen hier und da Beachtung fand, ist dem völkerrechtlichen Konflikt zwischen Portugal und Kastilien um den Besitz an den Kanaren, ausgefochten zwischen 1436 und 1438, bisher wenig Aufmerksamkeit geschenkt worden.[460] Das mag jedoch nicht zuletzt darin liegen, dass das Basler Konzil für diesen Konflikt nur einen Nebenschauplatz bildete, da die »diplomatischen Hauptaktivitäten«[461] in Bologna stattfanden, dem vorübergehenden Sitz der römischen Kurie und Papst Eugens IV.[462] Immerhin jedoch wurde in Basel eine Kommission eingerichtet, die den Streitfall bearbeiten sollte.[463]

Während die Rivalität der iberischen Mächte Hauptursache der völkerrechtlichen Theoriebildung darstellte, hatten die *Letras Creator omnium* das Buhlen Portugals um eine päpstliche Konzession ausgelöst, die dann wiederum eine Reaktion Kastiliens hervorrief. Mit den im Dezember des Jahres 1434 aufgesetzten Schreiben hatte der Heilige Stuhl auf Forderungen von Geistlichen und Indigenen der Kanarischen Inseln reagiert, die einen päpstlichen Schutz christianisierter Indigener vor Versklavung erwirken wollten und die uns im Folgekapitel noch genauer beschäftigen werden.[464] Unter dem Eindruck in seinen Eroberungsrechten beschnitten zu werden, verfasste Eduard I. eine Bittschrift an

458 Decaluwé / Izbicki / Christianson, Introduction, S. 2.

459 Vgl. Müller, Kirche in der Krise, S. 29; Decaluwé / Izbicki / Christianson, Introduction, S. 3–4.

460 Vgl. Helmrath, Das Basler Konzil 1431–1449, S. 247–248.

461 Ebd., S. 248.

462 Vgl. Fernández Gallardo, Alonso de Cartagena, S. 916.

463 Vgl. Pérez Embid, Los descubrimientos en el Atlántico, S. 141; vgl. Deliberación conciliar sobre el derecho de Castilla y Portugal a las Canarias y conquista de África, S. 411.

464 Vgl. Letras Creator omnium, S. 118–123.

den Papst, die Eugen IV. durch dessen Gesandten[465] in Bologna im August des Jahres 1436 vorgetragen wurde.[466]

Direkt zu Beginn des Briefes verweist der portugiesische König auf die geographische Nähe der Inseln zu Portugal und zur afrikanischen Küste, folglich ein Gebiet, das er auch zu seinem Herrschaftsbereich zählte.[467] Dabei beruft sich Eduard I. explizit auf die *experientia*, das durch Kartographen aufgezeichnete und durch Erkundungsfahrten gewonnene Erfahrungswissen. Darüber hinaus führe die portugiesische Partei die Notwendigkeit einer Bekehrung der heidnischen Bevölkerung als Argument ins Feld, so Cartagena, der die portugiesische Position in der *partitio* seiner rechtlichen Beweisführung referierte, um sie anschließend zu entkräften.[468] Laut Eduard I. zielten portugiesische Aktivitäten jedoch nicht nur auf die Christianisierung, sondern auch auf eine Zivilisierung der kanarischen Bevölkerung: »Die Heiden wurden zum christlichen Glauben bekehrt und der portugiesischen Herrschaft unterstellt, zudem wurden ihnen die Gesetze der zivilen und gemeinschaftlichen Lebensweise vermittelt.«[469] Als drittes Argument der Portugiesen nennt der Bischof von Burgos, dass die Inseln noch nicht von Christen besetzt seien.[470] Eduard I. spricht hingegen von einer bereits begonnenen Eroberung der Inseln durch seine Landsleute. Generell habe Portugal als Erstes die Initiative zur Unterwerfung des Archipels ergriffen *(tum, quia primus ipse jncepit preffatas insulas subigere)*. Das Bittschreiben schließt mit dem Gesuch des portugiesischen Königs um das Eroberungsrecht an den Kanaren.[471]

Mit den Argumenten einer begonnenen *subiugatio*, der *vicinitas* und dem *ius inventionis* zeigt sich der portugiesische Standpunkt hier wenig innovativ und knüpft an die bereits 1345 vorgetragenen Argumente für den portugiesischen

465 *[...] conde de Ourém, los obispos de Porto y Viseo, fray Gonçalo, provincial de los dominicos, fray Gil Lobo, teólogo franciscano y los doctores en leyes Diogo Afonso Mangancha y Vasco Fernandes de Lucena.* Fernández Gallardo, Alonso de Cartagena, S. 916.

466 Vgl. Súplica dirigida pelos embaicxadores de el-rei D. Duarte ao papa Eugénio IV, S. 254–258. Für eine Übersetzung der Bulle siehe Anhang Nr. 3 in: Cartagena, Allegationes super conquesta Insularum Canariae contra portugalenses.

467 Vgl. Súplica dirigida pelos embaicxadores de el-rei D. Duarte ao papa Eugénio IV, S. 255–257.

468 Vgl. Cartagena, Allegationes super conquesta Insularum Canariae contra portugalenses, S. 70–72.

469 *Paganos ad fidem christianam et deuocionem corone Portugalie conuertisset, leges eciam ciuiles et politicum uiuendi modum eisdem traderet.* Súplica dirigida pelos embaicxadores de el-rei D. Duarte ao papa Eugénio IV, S. 256.

470 Vgl. Cartagena, Allegationes super conquesta Insularum Canariae contra portugalenses, S. 70–72.

471 Vgl. Súplica dirigida pelos embaicxadores de el-rei D. Duarte ao papa Eugénio IV, S. 258.

Besitzanspruch an den Kanarischen Inseln an.[472] Für die Erreichung politischer Ziele waren neue Argumente hier allerdings auch nicht vonnöten. Bereits im Folgemonat bestätigte Eugen IV. in der Bulle *Romanus Pontifex* das Eroberungsrecht des portugiesischen Potentaten an den noch nicht besetzten Inseln und intervenierte damit erstmals in die kastilisch-portugiesischen Auseinandersetzungen.[473]

Die Nachricht vom päpstlichen Zuspruch an die Portugiesen gelangte entweder durch den kastilischen Gesandten Luis Álvarez de Paz von Bologna zu Alonso de Cartagena nach Basel oder über den kastilischen König zum Konzil, der nun seinen dortigen Gesandten Cartagena, der bereits als Experte für die kanarische Frage ausgewiesen war,[474] zum Advokaten für den kastilischen Herrschaftsanspruch bestimmte.[475] In seinen *Allegationes*, die er zwar nicht selbst vortrug, aber Paz bei der Verteidigung des Herrschaftsanspruchs Kastiliens das notwendige Argumentationsmaterial liefern sollten,[476] führt er lediglich einen Rechtsgrund, die *vicinitas*, für die Legitimität des kastilischen Besitzes an den Kanarischen Inseln an, den er historisch umfangreich herleitet. Das portugiesische Argument der begonnenen *subiugatio* durch die Attacke Fernando de Castros wehrte Cartagena damit ab, dass eine gescheiterte Einnahme keinerlei besitzrechtliche Konsequenz habe *(cum ergo non possedit nec retinuit, ille actus non habet uim occupationis)*.[477] Auf dieser Grundlage könne man nicht von einer portugiesischen Okkupation der Kanaren sprechen. Das *ius inventionis* Portugals versuchte Cartagena damit zu entkräften, dass es sich bei den Kanaren erstens nicht um neu entdeckte Inseln handelte, denn immerhin seien sie seit dem Altertum bekannt *(primo quod insula reuera de nouo nascatur)*, zweitens seien sie auch nicht unbewohnt, was eine Herrschaftsübernahme erlaubt hätte. Damit dürfe niemand die Kanaren einnehmen, der nicht die Macht bzw. das Recht dazu auf seiner Seite habe.[478]

Gegenüber dem portugiesischen Papalismus kommt dem Papsttum in Cartagenas Ausführungen eine marginale Rolle zu und wird auf seine geistliche Macht beschränkt.[479] Der Bischof von Burgos habe Jeremy Lawrance zufolge

472 Vgl. ROJAS DONAT, Vigencia de la tradición jurídica romana, S. 244.

473 Vgl. Bula Romanus pontifex, de Eugénio IV, S. 281–282; FERNÁNDEZ GALLARDO, Alonso de Cartagena, S. 915; RUMEU DE ARMAS, España en el África Atlántica, Bd. I, S. 124.

474 Vgl. FERNÁNDEZ GALLARDO, Alonso de Cartagena (1385–1456), S. 122.

475 Vgl. FERNÁNDEZ GALLARDO, Alonso de Cartagena, S. 925.

476 Vgl. RUMEU DE ARMAS, España en el África Atlántica, Bd. II, S. 123.

477 CARTAGENA, Allegationes super conquesta Insularum Canariae contra portugalenses, S. 142 und 144.

478 Vgl. ebd., S. 138–142.

479 Vgl. FERNÁNDEZ GALLARDO, Las políticas de Alonso de Cartagena, S. 920.

bewusst traditionelle Argumente des *bellum iustum* vermieden, »to shift the discussion away from debate on the powers of the pope«.[480] Der päpstliche Zuspruch des Eroberungsrechtes an den portugiesischen Potentaten sei schließlich durch falsche Informationen erfolgt, so Cartagena.[481]

Mit Blick auf das kastilische Besitzrecht an den Kanarischen Inseln sah Cartagena gewiss auch keine Notwendigkeit, weitere Gründe als die *vicinitas* anzuführen, da es sich aus Sicht der Kastilier beim Thema Herrschaftsrecht an den Kanarischen Inseln allenfalls um die Anerkennung und Bestätigung eines bereits erworbenen Rechts handelte. Denn, so stellt Cartagena in den *Allegationes* fest, ein König könne keinen Bischofssitz einrichten, wenn es sich nicht um seine Gebiete handeln würde *(Nec enim solent reges supplicare nec se impedire de prouisione ecclesiarum quae non sunt sub dominio suo)*.[482] Darüber hinaus habe es dem kastilischen König bisher nur an einer Gelegenheit zur Geltendmachung seines Rechts über den gesamten Archipel gemangelt *(non fuit propter defectum potestatis iuris, sed quia non affuit tunc opportunitas facti)*.[483]

Ehemals, so begründet Cartagena das Herrschaftsrecht Kastiliens an den Kanarischen Inseln, habe Nordafrika, ein Gebiet, welches er als *Tingitania* bezeichnet, zu *Hispani* gehört.[484] Zum Gebiet *Tingitania* hätten wiederum die Kanaren gezählt, die deshalb heute dem Erben des Reiches *Hispani*,[485] dem kastilischen König, zustehen würden *(Huic autem fundamento addiciendum est quod prope litora istuius prouinciae Tingitaniae sunt situatae insulae Canariae)*.[486] Das Argument geographischer Nähe *(vicinitas)* benutzt Cartagena hier in zweifacher Hinsicht: Zum einen bezieht er sich auf den bereits erwähnten Grundsatz von Bartolus von Sassoferrato, dass die Nähe von Inseln zum Festland ihre Zugehörigkeit zum Herrschaftsgebiet bestimme *(unus est ut acquirantur occupanti, ut supra proxime dictum est)*.[487] Da die Kanaren der afrikanischen Küste vorgelagert seien, gehörten sie zu *Tingitania* und somit heute zu Kastilien *(Ex quibus patet quod iurisdictio ac imperium insulae pertinent ad principem illius ad principem illius prouinciae cui adhaeret)*.[488] Zum anderen spreche die Nähe der noch in heidnischer Hand befindlichen zu den bereits unter kastilischer Herrschaft

480 Lawrance, Alfonso de Cartagena on the affair of the Canaries, S. 11.

481 Vgl. Cartagena, Allegationes super conquesta Insularum Canariae contra portugalenses, S. 154.

482 Ebd., S. 66.

483 Ebd.

484 Vgl. ebd., S. 84.

485 Ebd., S. 120.

486 Ebd., S. 88.

487 Ebd., S. 70.

488 Ebd., S. 128.

stehenden Inseln dafür, dass der legitime Besitzanspruch über diese Inseln ebenfalls bei Kastilien läge.[489]

Mit diesem Argument wehrte Cartagena zugleich die Rechtsansprüche Portugals wie die der Inselbewohner ab, die in seinem Narrativ – gleich den Muslimen im Kontext der *Reconquista*[490] – Okkupanten und Usurpatoren sind, Heiden, die unrechtmäßig Gebiete besetzt hielten, die eigentlich Christen gehörten.[491] Darüber hinaus begegnet uns hier wiederum der Begriff der Rebellion. Die Indigenen erwehrten sich einer rechtmäßigen, christlichen Herrschaft *(licet nunc sint in rebellione ac infidelitate)*,[492] so der Bischof von Burgos. So verwandelt sich die gewaltsame Eroberung bei Cartagena in eine rechtmäßige Rückeroberung: *et conquesta illarum nihil aliud sit quam ius eas recuperandi.*[493] Das *ius recuperandi* ist jedoch nicht der einzige Rechtsgrund, den Cartagena aus der Historie, einem dynastischen Gotizismus[494] und spanischem Einheits- und Universalgedanken,[495] herleitet. Des Weiteren greift für Cartagena in diesem Fall auch das *ius postliminii*, ein römisches Rechtsinstitut, das insbesondere über die Form der Rückeroberung und Herrschaftsübernahme *(dominium)* Aufschluss gibt, die sich der Bischof von Burgos vorstellte.[496] Das Postliminium, das »Heimkehrrecht«,

489 Vgl. Cartagena, Allegationes super conquesta Insularum Canariae contra portugalenses, S. 134.

490 Vgl. Egío / Birr, Before Vitoria, S. 59.

491 Vgl. Cartagena, Allegationes super conquesta Insularum Canariae contra portugalenses, S. 122.

492 Ebd., S. 152.

493 Ebd., S. 132.

494 Die gotische Tradition des spanischen Königtums spielte insbesondere in der Historiographie der *Reconquista* eine entscheidende Rolle. Vgl. Schmidt-Voges, Art. »Gotizismus«. Zur Gesamtgenese und Einordnung Cartagenas siehe Fernández Gallardo, Los godos en la memoria histórica castellana del medievo, S. 261–268. Jeremy Lawrance hält in diesem Zusammenhang die Verwendung von *Hispani* statt *Hispania* bei Cartagena für kalkuliert. Hiermit habe der Bischof von Burgos eine direkte Kontinuität zwischen dem Westgotenreich und Kastilien betonen wollen. Lawrance, Alfonso de Cartagena on the affair of the Canaries, S. 14; Fernández Gallardo, Alonso de Cartagena, S. 966; Villacañas Berlanga, La primera expansión atlántica, S. 64.

495 O'Callaghan sieht hier den Anschluss an eine Leonesische Idee des Imperiums, der Idee einer peninsularen Suprematie, die nun auch auf Afrika ausgeweitet wurde. Vgl. O'Callaghan, A History of Medieval Spain, S. 579. Der Herrschaftsgedanke nimmt bei Cartagena universale Züge an: *Hispania [...] monarchiam uniuersalem totius orbis.* Cartagena, Allegationes super conquesta Insularum Canariae contra portugalenses, S. 156, siehe dazu auch: Castilla Urbano, Patriotismo y legitimación monárquica, S. 152.

496 Vgl. Cartagena, Allegationes super conquesta Insularum Canariae contra portugalenses, S. 152. Siehe zum Postliminium auch Periñán Gómez, Un estudio sobre la ausencia en derecho romano.

das ihm wohl durch seine Studien des römischen Rechts geläufig war,[497] ermöglichte einem römischen Soldaten nach einer Kriegsgefangenschaft in der Fremde (*post limen* = Grenzüberschreitung)[498] bei seiner Heimkehr den vollständigen Rückerhalt seiner vorherigen Rechte und Besitztümer.[499] Dies galt sogar, wenn ein Soldat in Sklaverei geraten war, die der rechtlichen Vernichtung seiner Person gleichkam (*postliminio in bello*).[500] Trotz des Freiheitsverlusts in der Fremde erhielt der Römer in der Heimat seine vollen Bürgerrechte zurück. Die rechtlichen Verhältnisse wurden auf Basis des *ius gentium* und der *naturalis aequitas* gewissermaßen zurückgesetzt.[501] »Kehrt der Gefangene zurück, so setzt er sein früheres Eigenthum einfach fort, wie wenn er niemals in Gefangenschaft gewesen wäre.«[502] Wie im modernen Völkerrecht bezieht sich dieses Recht bei Cartagena jedoch nicht mehr auf Einzelpersonen, sondern auf Völker.[503] Die allumfassende Wiederherstellung alter Rechte beim Postliminium, vom persönlichen Status bis zum Eigentum,[504] zeigt, dass Cartagena mit der Herrschaftsübernahme der Kastilier auf den Kanarischen Inseln eine umfassende Vorstellung von *dominium* vor Augen hatte, die die Herrschaft über die Inseln, die Inbesitznahme der Gebiete und das Eigentum der Indigenen einschloss.[505]

Damit negierte Cartagena jegliches Anrecht der Kanarier auf *dominium*: »He was unconcerned with the rights of the pagan Guanches, whom he dismissed in a single passing mention«,[506] so Lawrance. Denn für den Bischof von Burgos

497 Vgl. Rojas Donat, Vigencia de la tradición jurídica romana, S. 261.

498 Vgl. Álvarez/Suárez, En torno a Captivi, S. 1–13 und Hernández-Tejero, Aproximación histórica al origen del »ius postliminii«, S. 63.

499 Vgl. ebd., S. 56.

500 Vgl. Montaña Casaní, Postliminium receptum Gallus Aelius, S. 1–14 und Bechmann, Ius Postliminii und die Lex Cornelia, S. 7.

501 Vgl. ebd., S. 8 und Mohino Manrique, *Ius Postliminii*, S. 405.

502 Vgl. ebd., S. 55. Ähnlich beschreibt es Aurora López Güeto, wenn sie auf die Vorstellung verweist, dass ein Römer, der aus der Gefangenschaft zurückkehrte, das Haus durch das Fenster und nicht durch die Tür betrat, als wäre er nie weggewesen. Vgl. López Güeto, La herencia de la cautiva, S. 121.

503 Vgl. Woltag, Postliminium.

504 Beatriz Mirta Álvarez und Marcela Alejandra Suárez klammern aus, dass der Heimkehrer seinen vorherigen Status bezüglich seiner Besitztümer und Ehe wiedererlangen konnte. Vgl. Álvarez/Suárez, En torno a Captivi, S. 1–13. Dies wird von anderen Forschungsstimmen nicht so gesehen. Hier können allenfalls veränderte Besitzverhältnisse gemeint sein. Ein vollständiger Verlust des Besitzes ist schon dahingehend auszuschließen, dass der Heimkehrer seine Position als *pater familias* wieder einnehmen konnte.

505 Rojas Donat argumentiert ebenfalls zurückhaltender und ist der Auffassung, dass es nur um Herrschaft und Jurisdiktionsgewalt ging, vgl. Rojas Donat, Vigencia de la tradición jurídica romana, S. 263.

506 Lawrance, Alfonso de Cartagena on the affair of the Canaries, S. 2. In ähnlicher Radikalität hatte zuvor Aegidius Romanus argumentiert, siehe dazu Höffner, Kolonialismus und Evangelium, S. 57–58.

war der Archipel eine *terra nullius*, zwar bewohnt, aber herrenlos, denn die Indigenen entbehrten einer »personalidad jurídica«:[507] *insulae essent uacuae per respectum ad superioritatem.*[508] Die Indigenen sind ihrem Herrschaftsrecht jedoch nicht durch ihre angeblich unrechtmäßige Besetzung kastilischer Gebiete verlustig gegangen, sondern Cartagena scheint generell ein Verfechter der These einer Unvereinbarkeit von *infidelitas* und *dominium* gewesen zu sein: »Aber diese Kanarischen Inseln, von denen gesprochen wird, sind nicht von irgendeinem christlichen Fürsten oder anderen Christen besetzt; deshalb dürfen sie besetzt werden.«[509] In seiner historischen Erzählung kommt den Kanariern überdies nicht der Status unschuldiger Heiden, sondern der von bestrafungswürdigen Häretikern zu. So berichtet der Bischof von Burgos, die Inseln seien von Afrika aus von häretischen Predigern der arianischen Sekte besiedelt worden, denen man die Zungen abgeschnitten habe.[510]

Insgesamt ordnet Cartagena die Kanarier in bekannte Kategorien ein *(barbarie et infidelitate)*[511] und beschreibt sie undifferenziert als ein Volk und die Inseln als einen Kulturraum *(unitatem politiae et ritus et similem barbariem et ritatem et omnes sunt quasi una gens).*[512] Diese ethnisch-politische Einheit, die Cartagena für die Kanaren konstatiert, sollte aber wohl zugleich auch dem Argument einer möglichen herrschaftlichen Teilung begegnen. So stand die Herrschaft über den Archipel als Ganzes, nicht über einzelne Inseln zur Debatte.[513] Schließlich ging es für den Juristen darum, den Herrschaftsanspruch seines Königs gegenüber einer konkurrierenden Macht zu verteidigen und nicht grundsätzlich infrage zu stellen. Deshalb hegte der Bischof von Burgos auch schlicht kein Interesse daran, sich mit den Kanariern als neu entdeckte Völker und Kulturen auseinanderzusetzen.

In der Zusammenfassung der Kommission aus dem Jahr 1438, die über die kanarische Frage beriet, wird die historische Argumentation Cartagenas aufgegriffen, was auf eine relative Bekanntheit seiner Thesen bei den Basilisten hindeutet.[514] Mit der Erinnerung an die Einsetzung Alfons' III. von Portugal

507 Rojas Donat, Vigencia de la tradición jurídica romana, S. 250; Rojas Donat, Infidelitas, S. 227.

508 Cartagena, Allegationes super conquesta Insularum Canariae contra portugalenses, S. 136.

509 *Sed insulae Canariae, de quibus sermo, non nunt occupatae per aliquem catholicum principem seu per aliquos catholicos; ergo occupanti conceduntur.* Ebd., S. 70.

510 Ebd., S. 97.

511 Ebd., S. 154.

512 Ebd., S. 136.

513 Vgl. Villacañas Berlanga, La primera expansión atlántica, S. 63.

514 Vgl. Deliberación conciliar sobre el derecho de Castilla y Portugal a las Canarias y conquista de África, S. 412.

(1210–1279) durch Papst Innozenz IV. wird in der Zusammenfassung der Beratungen auf das enge Verhältnis zwischen portugiesischer Krone und Papsttum verwiesen. Nun bitte Eduard I. den Papst *similes gracias* wie seinem Vorfahren zu gewähren.[515] Nach diesen kurzen Bezügen zu den Argumenten und Gesuchen der Konfliktparteien forderte die Kommission Portugal und Kastilien zum Frieden auf.[516] Als ähnlich unparteiisch sind auch die Bullen *Romanus Pontifex* Eugens IV. zu bewerten. Obschon Francisco Castilla Urbano in der Reaktion des Papstes, mit der er die Zugeständnisse an Eduard I. relativierte, einen durchschlagenden Erfolg von Cartagenas Argumentation herausliest,[517] schließt der Papst jedoch portugiesische Aktivitäten auf den noch in indigener Hand befindlichen Kanareninseln nicht aus. Eugen IV. ermahnt den portugiesischen Potentaten lediglich, falls Kastilien über ältere Rechte an dem Archipel verfüge, diese zu achten.[518]

Alles in allem ließ das gewonnene Erfahrungswissen neue geographische Vorstellungen von der afrikanischen Küste und den Atlantischen Inseln entstehen, die das Fundament der Legitimationsstrategien der iberischen Mächte bildeten. Denn sowohl Portugal als auch Kastilien betonten die angebliche Nähe der Kanaren zu ihrem (früheren) Herrschaftsgebiet. Der traditionelle Grundsatz der Zugehörigkeit von Inseln zu dem ihnen nächstgelegenen Festland bildete dabei die Basis ihrer Argumentation.

Im Kontext der Konkurrenz Portugals und Kastiliens mit Blick auf die atlantische Expansion entstanden, wurde die Rolle des Heiligen Stuhls allenfalls auf eine bestätigende oder schlichtende Funktion reduziert. Potenzielle Rechte der indigenen Bevölkerung fanden in den Ausführungen der Apologeten der *Conquista* keinen Platz. Im Gegenteil sprachen sowohl der portugiesische als auch der kastilische Potentat und in dessen Vertretung Alonso de Cartagena den indigenen Völkern jegliches Recht auf *dominium* ab. Denn hier ging es in erster Linie um die Vertretung eigener imperialer Interessen, die nur auf eine Entrechtung der Kanarier abzielen konnten.

Nicht nur »Kampfstätte[ ] einzelner weltlicher Mächte«, die »über ihre Gesandtschaften Konflikte in die Versammlung hinein[trugen]«,[519] intensivierte das Konzil von Basel auch den »Elitenkontakt«[520] und war »Knotenpunkt und

515 Vgl. Deliberación conciliar sobre el derecho de Castilla y Portugal a las Canarias y conquista de África, S. 411.

516 Vgl. González Rolán / Hernández González / Saquero Suárez-Somonte, Introducción, S. 18.

517 Vgl. Castilla Urbano, Patriotismo y legitimación monárquica, S. 151.

518 Vgl. Bula Romanus pontifex, de Eugénio IV, S. 281–282; Bula Romani pontificis, de Eugénio IV, S. 345–347.

519 Müller, Kirche in der Krise, S. 25.

520 Ebd.

Katalysator«, »Rezeptions- wie Diffusionszentrum für vielfältigste Erkenntnisse und Ideen«,[521] so Heribert Müller. Dies zeigt nicht zuletzt das Beispiel des Züricher Kanonisten Felix Hemmerli, der in seinem Werk über die Kanaren berichtet und – er nennt den Bischof von Burgos nicht explizit, doch die Aussage macht eine Adaption wahrscheinlich – sie wie Cartagena, bewohnt aber herrenlos beschreibt *(non legimus ipsas nec eius habitatores ab origine mundi dominium supremum se ab aliquo recognovisse)*.[522] Das Echo der Argumente Cartagenas reichte bis ins beginnende 16. Jahrhundert hinein. Zunächst aber soll die Rezeption und Weiterführung seiner Argumente anhand einer Quelle gezeigt werden, der *Pesquisa* des Esteban Pérez de Cabitos, die bisher noch keiner Analyse auf ihre völkerrechtlichen Argumente hin unterzogen worden ist.

6.4 Cartagenas Argumente in der *longue durée*

6.4.1 Die *Pesquisa* des Esteban Pérez de Cabitos

Ein Echo fand die Argumentation Cartagenas in den Zeugenaussagen der amtlichen Untersuchung *(Pesquisa)*[523] des Esteban Pérez de Cabitos.[524] Auslöser der *Pesquisa* war eine Revolte der Bewohner Lanzarotes gegen die Herrschaft der *Señores* Diego de Herrera und Inés Peraza gewesen. In der Inselhauptstadt Teguise hatte sich 1474 eine größere Gruppe von Lanzaroteños versammelt, die den Namen der Katholischen Könige ausriefen, die sie als ihre alleinigen Herren ansahen.[525] Zur Opposition *(realista)* und damit Jens Lüdtke zufolge zu den Verfechtern einer »royal Castilian identity«[526] zählte auch Fernán Guerra, der uns bereits als *adalid* im Kapitel zu den indigenen Akteuren begegnet ist (siehe Kapitel 4).[527] Mit Waffengewalt gingen die Inselherren gegen die Aufständischen vor, von denen einige ihr Leben verloren, andere ihre Besitztümer wie die Familie Guerra, deren geraubtes Vermögen auf eine halbe Million

521 Müller, Kirche in der Krise, S. 23.

522 Lütolf, Acerca del descubrimiento, S. 285. Anschließend geht Hemmerli jedoch fehl als er schreibt, dass die Inseln heute zu Aragón gehörten. Oder verwechselt er hier den Archipel mit Mallorca? Ebd., S. 286.

523 *Pesquisa* oder auch *Información* bildete sich als Bezeichnung für eine amtliche Untersuchung insbesondere in Abgrenzung zur *Inquisición* heraus, die durch einen Bischof oder auch Inquisitor durchgeführt wurde, und meinte eine »secular juridical investigation«. Vgl. Lüdtke, The beginnings of a new period in the overseas expansion, S. 298.

524 Vgl. O'Callaghan, Castile, Portugal, and the Canary Islands, S. 307.

525 Vgl. Ulbrich, Quellen zur Altkanarierforschung, S. 85.

526 Vgl. Lüdtke, The beginnings of a new period in the overseas expansion, S. 293.

527 Vgl. Rumeu de Armas, Fernán Guerra, S. 637–638, 650–653 und 656–659.

Maravedí geschätzt wird.[528] In der aus dem Jahr 1502 überlieferten *Información* der Tochter Fernán Guerras, Catalina Guerra, wird ersichtlich, dass sie das Ansehen der Familie zu rehabilitieren und ihre Besitztümer zurückzugewinnen versuchte. Der Fall der Familie Guerra führt beispielhaft das Schicksal der Rebellen vor Augen, an dessen Ende der ungeklärte Mord an Fernán Guerra steht. Denn ob der *adalid* auf Teneriffa durch indigene Hand oder durch ein Attentat der Familie Herrera-Peraza den Tod fand, war und ist umstritten (siehe auch Kapitel 4).[529]

Eine Delegation der revoltierenden Lanzaroteños, zu deren Mitgliedern unter anderem der Übersetzer Juan Mayor, Juan Negrín und Pedro Verde zählten, wurde zunächst durch Pedro García de Herrera, Sohn der *Señores*, abgefangen. Bei dem Versuch, auf die Iberische Halbinsel überzusetzen, wurden sie überfallen und ihrer Dokumente beraubt. Schließlich gelang es der Delegation jedoch, sich zu befreien und ihr Anliegen bei Hofe vorzutragen.[530] Als Reaktion auf die Beschwerden der Bewohner und des Rates von Lanzarote *(Consejo)* setzten die Katholischen Könige im Jahr 1476 eine Untersuchungskommission unter der Leitung des Esteban Pérez de Cabitos,[531] einem ihrer »treuen Diener«,[532] ein.[533] Doch bei »dieser Anhörung ging es den Katholischen Königen weniger um das Recht der Lanzaroteños als vielmehr um die Möglichkeit, die Vorrechte der kanarischen Feudalherren einzuschränken und die Initiative der *Conquista* mehr auf das Königshaus zu verlagern«, so Hans-Joachim Ulbrich.[534] Somit behandelte die Untersuchungskommission nicht nur die Frage zu wem die Insel Lanzarote gehöre, sondern auch wem die Eroberung an den Inseln grundsätzlich zukomme, die hier von Interesse ist.[535]

Zugleich scheint den Monarchen im Angesicht der Bedrohung ihrer Suprematie durch die Portugiesen viel an einer gestärkten Herrschaft der Familie

528 Vgl. Rumeu de Armas, Fernán Guerra, S. 639–640.

529 Vgl. ebd., S. 631–632.

530 Vgl. Ulbrich, Quellen zur Altkanarierforschung, S. 85–86.

531 Bzgl. biographischer Einzelheiten zu Esteban Pérez de Cabitos siehe Bello León / Medrano Fernández, Precisiones a la biografía del autor de la Pesquisa de Cabitos, S. 93–114.

532 »fiel servidor«, Aznar Vallejo, Estudio, S. 19.

533 Vgl. Aznar Vallejo (Hg.), Documentos Canarios en el Registro del Sello, Nr. 4, S. 1.

534 Vgl. Ulbrich, Quellen zur Altkanarierforschung, S. 86. Eduardo Aznar Vallejo argumentiert in gleicher Weise: Aznar Vallejo, Estudio, S. 17.

535 »Los Reyes Católicos deberían estar planeando por esta época la incorporación a la Corona del derecho de conquista sobre las Canarias todavía insumisas, porque en la mencionada disposición no se limitaban a encargar al pesquisidor la averiguación ›de a quién pertenesce la ysla de Lanzarote‹, sino que extendían la comisión a indagar a quién correspondía ›la conquista de Canaria[s]‹«. Rumeu de Armas, Fernán Guerra, S. 646.

Herrera-Peraza über die bereits unterworfenen Inseln gelegen zu haben.[536] Denn im Ergebnis blieben Diego de Herrera und Inés Peraza *Señores* von Lanzarote, Fuerteventura, La Gomera und El Hierro.[537] Für die Aufständischen wurde so eine Rückkehr nach Lanzarote unmöglich.[538] Ihre Eroberungsrechte veräußerten die Inselherren jedoch an die Katholischen Könige und von diesem Zeitpunkt an wurde die überseeische Expansion zu einer alleinigen Angelegenheit der Krone.[539] Pérez de Cabitos wurde für seine Dienste fürstlich entlohnt und bekam unter anderem die *alcadía mayor* der Insel Gran Canaria zugesprochen.[540]

Der zwischen Januar und April des Jahres 1477 entstandene Text der amtlichen Untersuchung ist vollständig erhalten.[541] Im Dokumentarteil finden sich die von Seiten des *Consejos* und von Seiten der *Señores* gesammelten und vorgelegten Beweismittel. Der zweite Teil der Untersuchung ist ein Protokoll der Zeugenaussagen.[542] Dass die Untersuchung nicht auf Lanzarote, sondern in Sevilla durchgeführt wurde, mag zunächst befremdlich erscheinen, doch die wirtschaftlichen, religiösen und familiären Beziehungen zwischen dem Süden Andalusiens und den Kanaren waren eng und die meisten der Befragten, so José Viera y Clavijo, hatten zuvor eine Zeit auf den Kanaren verbracht.[543]

Pérez de Cabitos, dem bei der Untersuchung die richterliche Funktion zukam, formulierte zunächst ein *interrogatorio*, das aus verschiedenen *artículos* oder auch *preguntas* bestand. Diese wurden den für das Anliegen des *Consejo* Lanzarotes gestellten Zeugen vorgelesen, von diesen beantwortet und von einem Schreiber notiert.[544] Danach folgte das *contrainterrogatorio*, bei dem die Zeugen der Inselherren Herrera-Peraza zu Wort kamen. Nicht nur für die hier verfolgte Fragestellung interessant, sondern auch als Augenzeugenberichte über die

536 Kurz vor der Einrichtung der Untersuchungskommission bestätigten die Katholischen Könige die Herrschaftsrechte der *Señores.* Vgl. Aznar Vallejo (Hg.), Documentos Canarios en el Registro del Sello, Nr. 2, 3 und 5, S. 1–2.

537 Vgl. ebd., Nr. 22, S. 5.

538 Vgl. Rumeu de Armas, Fernán Guerra, S. 647–648.

539 Vgl. Lüdtke, The beginnings of a new period in the overseas expansion, S. 295; O'Callaghan, Castile, Portugal, and the Canary Islands, S. 307.

540 Vgl. Aznar Vallejo (Hg.), Documentos Canarios en el Registro del Sello, Nr. 19, S. 5. Darüber hinaus bekam er während der Untersuchung hundert Maravedí pro Tag und Fischgründe, einen kleinen Seitenarm des Guadalquivir, zugesprochen. Vgl. Ladero Quesada, Los Señores de Canarias en su contexto Sevillano, S. 152–153.

541 Vgl. Rumeu de Armas, Fernán Guerra, S. 646.

542 Vgl. Aznar Vallejo, Estudio, S. 19.

543 Vgl. Viera y Clavijo, Historia de Canarias, Bd. II, S. 57–58; vgl. Aznar Vallejo, Estudio, S. 19.

544 Vgl. Lüdtke, The beginnings of a new period in the overseas expansion, S. 297.

Conquista von unschätzbarem Wert, ist die *Pesquisa* durch die Befragung zugleich als Quelle der »Oral History« zuzurechnen.[545]

Während das *contrainterrogatorio* lediglich nach der Herrschaft Béthencourts und seinem Verhältnis zum König von Kastilien fragt,[546] hält das *interrogatorio* die für diese Studie interessantesten Antworten bereit, denn Pérez de Cabitos formulierte als zweite Frage: »Ob sie außerdem wüssten, wem die Eroberung der besagten Inseln und der anderen Kanarischen Inseln zustand und zustehe und durch wessen Mandat sie erobert wurden zu der Zeit, als sie erobert wurden.«[547] Die Antworten zeigen, dass die Position Cartagenas nicht nur singulär durch ihn vertreten wurde, sondern als generelle Haltung des kastilischen Hofes gegenüber der kanarischen Frage interpretiert werden kann. Denn die elf Befragten sind sich einig, dass das Eroberungsrecht dem kastilischen König zustünde.[548] Dabei ist die Zugehörigkeit der Kanarischen Inseln durch ihre geographische Nähe zum ehemaligen Reich der Westgoten das Hauptargument. Exemplarisch sei hier nur die Antwort Antón Fernández Guerras' wiedergegeben, der im Auftrag des kastilischen Königs zur See fuhr *(cómitre del Rey nuestro Señor)*:

> Es sind Inseln jede vom Meer umringt und das nächstgelegene Festland sind die Gebiete, die ehemals dem König Rodrigo in ruhmreicher Erinnerung gehörten, ein König, dessen Reich sich bis zum Atlasgebirge erstreckte [...] und weil die Eroberung dieses Festlandes offenkundig der königlichen Krone Kastiliens zusteht, steht ihnen auch aufgrund derselben Tatsache besagte Inseln und ihre Eroberung zu.[549]

Juan García Bezón, ebenfalls *cómitre del Rey nuestro señor*, gibt darüber hinaus an, dass das Wissen über die Herrschaftsrechte allgemein bekannt sei *(es pública bos e fama)*.[550] Der *vicinitas* der Kanarischen Inseln zu den Reichen der Westgoten fügt der Zeuge Diego de Porras hinzu, dass man auf den Inseln mit der kastilischen Münze handele.[551] Neben der kastilischen Münze als konventio-

545 Vgl. Lüdtke, The beginnings of a new period in the overseas expansion, S. 298.

546 Vgl. Pesquisa de Cabitos, S. 181.

547 *Yten sy saben a quien pertenesçió e pertenesçe la conquista de la dicha ysla e de las otras yslas de Canaria e por cuyo mandado fue conquistada al tiempo que la conquistaron.* Ebd.

548 Siehe unter anderen die Aussage Johan Rodriquez de Gozons, einem in Sevilla ansässigen Händler. Vgl. ebd., S. 186.

549 *[...] ser yslas çercadas de mar cada una sobre sí e tener la tierra firme más çercana que a ellas es tierras que fueron del Rey Don Rodrigo de gloriosa memoria, rey que fue de estos regnos fasta los montes Claros, [...] e por que la conquista de las tierras firmes es notorio perteneçer como pertenesçe a la Corona Real de Castilla por el mesmo fecho dixo que pertenesçen las dichas yslas e la conquista dellas a la Corona Real de Castilla.* Pesquisa de Cabitos, S. 189–190.

550 Vgl. ebd., S. 194.

551 Vgl. ebd., S. 197.

nelles Geldmittel führt Juan Íñigues de Atabe weitere Argumente an, wie die Herrschaft kastilischer Fürsten über die Inseln, der Investitur kastilischer Bischöfe durch den König sowie eine kastilische Lebensweise der Inselbewohner *(costumbres)*,[552] die das *ius occupandi* und die Dauer und Tradition kastilischer Herrschaft auf den Inseln unterstreichen sollten. Auch das *ius inventionis*, eigentlich Rechtsgrund der Portugiesen, wird hier dem kastilischen König zugestanden. Juan Mayor behauptet, dass Spanier unter der Leitung eines Alvaro Becerra Castellanos die Ersten gewesen seien, die gegen die indigenen Völker Krieg geführt und versucht hätten, die Inseln zu unterwerfen. Womöglich bezog sich der Lanzaroteñer und Übersetzer hier auf den Angriff auf Lanzarote im Jahr 1393.[553] Auch das Ziel der Missionierung ist ein Rechtsgrund, der sich unter den Antworten der Zeugen findet.[554]

Die Herrschaft der Monarchen wird als souverän *(supremo Señorío)*[555] beschrieben. Bezüglich der Herrschaft der *Señores* differenziert García Bezón, dass zwar der feudale Besitz *(posesyón)* Béthencourt zugesprochen worden sei, dieser aber der *obediençia e señorío* Heinrichs III. unterstanden habe.[556] Während sich für die Zeugen eine Oberherrschaft *(superioritas)* des kastilischen Königs mit einer Feudalherrschaft *(dominium)* auf den Kanaren in Einklang bringen ließ, so sprechen sie den Indigenen jegliches Recht auf Selbstverwaltung ab. So behauptet Fernández Guerra: »Und man weiß, dass die Eroberung der Kanarischen Inseln, aller [Inseln], sowohl die heute sich schon in christlicher als auch die sich noch in ungläubiger Hand befinden, der Krone Kastiliens zustanden und zustehen.«[557] Während man hier noch einen indigenen Status gleich desjenigen von Béthencourt herauslesen könnte, wird in den anderen Aussagen deutlich, dass die Zeugen die Kanareninseln unter indigener Herrschaft als *terra nullius* verstanden. So beschrieb Juan Ruiz, königlicher Schreiber *(escriuano del Rey)*,[558] unter anderen die unter indigener Herrschaft stehenden Inseln als unbewohnt *(abitadas como por abitar)*.[559] Hier verwundert insbesondere die Haltung Juan Mayors, der später zum ständigen Begleiter Don Fernando Guanartemes werden sollte. Trotz seiner Nähe zu den indigenen Stammesgesellschaften – immerhin hatte er einen Großteil seines Lebens unter den *Canarios* gelebt – sah er sich

552 Vgl. Pesquisa de Cabitos, S. 225.
553 Vgl. ebd., S. 220.
554 Vgl. ebd., S. 212.
555 Vgl. ebd., S. 233–234.
556 Vgl. ebd., S. 194.
557 *E que sabe que la conquista de las yslas de Canaria, todas las que hoy día son de christianos como las de los ynfieles, pertenesçieron e pertenesçen a la Corona de Castilla.* Ebd., S. 189.
558 Ebd., S. 201.
559 Ebd., S. 202, 207 und 214.

nicht veranlasst, eine verteidigende Haltung bezüglich der Herrschaftsrechte der indigenen Völker einzunehmen (siehe auch Kapitel 4).

6.4.2 Cartagena und die Schule von Salamanca

Mit Blick auf die Entdeckung Amerikas und die Debatten der Schule von Salamanca behauptete Antonio Pérez Voituriez, dass Cartagenas Thesen vollkommen ignoriert worden seien.[560] Manuel Giménez Fernández konstatierte hingegen, dass der Rechtsgrund der *vicinitas*, der Zugehörigkeit von Inseln zum Herrschaftsgebiet des nächstgelegenen Festlandes oder benachbarter Inseln zur gleichen Herrschaft, zunächst auch im Kontext der Entdeckung Amerikas weiter gebräuchlich bleiben sollte, denn: »Das, was Kolumbus glaubte im Verlauf seiner ersten Expedition entdeckt zu haben [...], waren Inseln.«[561] Der Entdecker habe gezielt die Insularität der Neuen Welt und ihre Nähe zu den Kanarischen Inseln betont, um damit den Herrschaftsanspruch der kastilischen Könige zu legitimieren.[562] Diese Behauptung einer Adaption des *vicinitas*-Arguments Cartagenas durch Kolumbus entbehre, so Rojas Donat, jedoch jeglicher Quellengrundlage. Im Gegenteil habe der Entdecker mit dem Gedanken an seinen eigenen Profit eine von den Kanaren unabhängige Herrschaft in Westindien erschaffen wollen.[563] In gleicher Weise wie Giménez Fernández, aber ohne Bezug auf Kolumbus, argumentierte jüngst auch Martti Koskenniemi: »Castile's title over Hispanola was derived from the *Siete partidas* that embodied the Roman law notion of islands belonging to their first occupant.«[564]

Wohingegen diese Thesen zur Insularität und Nähe zwischen den Neuen Welten auf einer eher unsicheren Interpretation beruhen, sind mit der Edition des Werkes *Libellus de insulis oceanis* von Juan López de Palacios Rubios, der mittlerweile zur *Segunda Escuela de Salamanca* gezählt wird, und dessen genauerer Untersuchung Beziehungen und Verweise zu den Thesen Cartagenas offenkundig geworden.[565] Palacios Rubios, der uns als Verfasser des *Requerimiento* in Kapitel 3 bereits begegnet ist, wendet in seinem Werk die »geografía política«[566]

560 Vgl. Pérez Voituriez, Problemas jurídicos internacionales, S. 206.

561 *Lo que Colón pensó haber descubierto en el transcurso de su primera expedición [...] fueron islas*. Weckmann, Las Bulas Alejandrinas de 1493, S. 245; vgl. Lois, América quarta pars, S. 275.

562 Siehe u. a. Giménez Fernández, Nuevas consideraciones sobre la historia, S. 554.

563 Vgl. Rojas Donat, Posesión de territorios, S. 126.

564 Vgl. Koskenniemi, To the Uttermost Parts of the Earth, S. 156.

565 Siehe zu den Zusammenhängen und zum Vergleich der Werke: Egío / Birr, Alonso de Cartagena, S. 9–36; Birr, *Dominium* in the Indies, S. 264–283.

566 Fernández Gallardo, Alonso de Cartagena, S. 952.

Cartagenas auf die Neue Welt an, indem er den imperial gedachten Gotizismus des Bischofs von Burgos adaptiert und dem kastilischen König die Herrschaft über alle Inseln im Ozean zuschreibt:

> Daraus folgt, dass die Eroberung von allen Provinzen, die Ungläubige besitzen und irgendwann einmal zu Spanien gehörten, dem König von Spanien als universaler Nachfolger des Fürstentums Spanien gehören, »so dass niemand es leugnen kann, wie auch das Reich Granada und alle Inseln im Ozean, die da heißen Insulae Herculis, und Fortunatae und auch die Canariae, alle dem König von Kastilien gehören«. So sagt es Rodericus, Bischof von Palencia, in seiner Chronica Hispaniae, Pars I, cap. 17e, und ebenso Alfonsus, Bischof von Burgos in seinen berühmten Allegationen, die er über die Eroberung jener Inseln gemacht hat, die *ut haec materia* beginnen und schön geschrieben sind.[567]

Damit fiel die Neue Welt, die zunächst in derselben geographischen Kategorie wie die kanarischen Neuen Welten eingeordnet wurde, Palacios Rubios zufolge, den Spaniern zu.[568] Diese Argumente wurden erst ab dem Zeitpunkt obsolet, als sich klar manifestierte, dass man auf eine *tierra firme* riesigen Ausmaßes gestoßen war.

Alles in allem brachten die durch Pérez de Cabitos befragten Zeugen dieselben Argumente vor, die auch beim Konzil von Basel vorgetragen worden waren. Neben dem Verweis auf die Herrschaftspraxis, wie der Geldverkehr mit kastilischer Münze oder die Einsetzung kastilischer Bischöfe, die die Zugehörigkeit der Kanaren zu Kastilien belege, war es auch hier vorrangig die *vicinitas*, die geographische Nähe der Inseln zum früheren Westgotenreich, mithilfe derer der spanische Herrschaftsanspruch an den Kanaren begründet wurde. Diese Argumentation wurde in den ersten Jahren nach der Entdeckung Amerikas bis in das beginnende 16. Jahrhundert hinein ebenso als Legitimationsstrategie für die neu entdeckten Welten angewandt, die man zunächst für weitere Inseln und Archipele hielt. Während im Protokoll der Untersuchung zwar die Begriffe *dominium* und *superioritas* benutzt wurden, so dienten sie hier aber lediglich zur Klärung des herrschaftlichen Verhältnisses zwischen den Katholischen Königen und den *Señores* der Kanarischen Inseln. Möglichen Herrschaftsansprüchen der

567 *Ex praedictis infertur quod omnium provintiarum conquista, quas infideles possident et aliquando fuerunt Hispaniae, ad regem hispaniae ut universalem principatus Hispaniae sucessorem pertinet, »nemine inficiante, sicut regnum Granatae et omnes insulae in Oceano situae, quae vocantur Insulae Herculis, et Fortunatae atque Canariae, quarum aliquas Rex Castellae possidet«. Ita dicit Rodericus, episcopus Palentinus, in sua Chronica Hispaniae, Pars I, cap. 17e, et plenius Alfonsus, episcopus Burguensis, in sua allegationa famossa quam fecit super conquista illarum Insularum, incipit Ut haec materia, quie pulchrae loquitur.* Palacios Rubios, De las islas del mar océano (Libellus de insulis oceanis), S. 170.

568 Vgl. Lois, América quarta pars, S. 275.

Indigenen erteilten die Konquistadoren, Händler und Höflinge eine klare Absage.

6.5 Schlussfolgerung

> 1424 befahl derselbe Infant eine Armee zusammenzustellen, um [die Kanaren] zu erobern. [Die Eroberung] wurde durch einen Hauptmann namens D. Fernando de Castro durchgeführt, doch die Bewohner dieser Inseln waren sehr kriegerisch und verteidigten erfolgreich ihr Hab und Gut, und als D. Fernando seine großen Ausgaben sah, kehrte er zurück; und deshalb überließ der portugiesische König diese Inseln der kastilischen Krone für die große Unterstützung, die sie Béthencourt geleistet hatte. Die Kastilier aber erzählen dies auf eine andere Weise: dass weder der König von Portugal noch der Infant D. Henrique sie freigeben wollten, bis sie vor Papst Eugen IV., einem Venezianer, ihr Recht suchten, der, als er dies sah, per Satzung die Eroberung dieser Inseln König Johann von Kastilien [zusprach und so] im [Jahr] 1431, den Streit zwischen den Königen von Portugal und Kastilien um die Kanaren schlichtete.[569]

Entgegen dieser Darstellung in den *Saudades da Terra*, am Ende des 16. Jahrhunderts von Gaspar Frutuoso verfasst, führte die päpstliche Intervention im Kontext des Basler Konzils zu keiner Beilegung des Konflikts der iberischen Mächte um die Kanarischen Inseln. Erst mit dem Vertrag von Alcáçovas 1479 sollten die Besitzverhältnisse an den Atlantischen Inseln und Westafrikas geklärt werden.[570] Die hier von Frutuoso skizzierte unterschiedliche Interpretation der historischen Begebenheiten, auf denen Kastilien und Portugal ihre Gebietsansprüche und Herrschaftsrechte stützten, steht im Einklang mit ihren divergierenden Deutungen der Rechtslage, die in den königlichen Briefen an Clemens IV. und Eugen IV., den *Allegationes* Alonso de Cartagenas und der *Pesquisa* des Esteban Pérez de Cabitos ihre Niederschrift fanden. Während die portugiesischen Potentaten als Rechtsgründe für ihre Herrschaft über die Kanarischen Inseln die *vicinitas* zum eigenen Reich, eine begonnene *subiugatio* und das *ius inventionis* anführten, betonten die Kastilier die bereits erfolgte Unterwerfung einiger Inseln, auf denen eine kastilische Herrschaft bereits etabliert sei. Dies

569 *1424 mandó el mismo Infante hacer una armada para conquistarlas. Iba por capitán mayor D. Fernando de Castro, y como las gentes de ellas eran belicosas defendieron bien sus casas, y viendo D. Fernando el gran dispendio que consumía se volvió; y entonces el Infante dio estas islas a la Corona de Castilla por las ayudas que había dado a Betancort. Pero los castellanos cuentan esto de otra manera: que ni el Rey de Portugal ni el Infante D. Henrique las quisieron soltar hasta que llegaron a derecho ante el Papa Eugenio IV, veneciano, quien, visto esto, dio por sentencia la conquista de aquellas islas al Rey D. Juan de Castilla, en 1431, por donde cesó esta contienda de las Canarias entre los reyes de Portugal y Castilla.* Frutuoso, Las Islas Canarias, S. 89.

570 Zur weiteren Geschichte der kastilisch-portugiesischen Auseinandersetzung um überseeische Gebiete siehe Marcocci, A consciência de um império, S. 43–71.

zeige sich etwa am Gebrauch der kastilischen Münze oder kastilischem Gewohnheitsrecht auf den Kanaren. Neben dem *ius occupandi* betonten sowohl der Bischof von Burgos als auch die durch Pérez de Cabitos befragten Zeugen die geographische Nähe der Inseln zum Westgotenreich und damit zum vormals kastilischen Herrschaftsgebiet. Auf der Basis der *vicitinitas* inszenierte Cartagena darüber hinaus die *Conquista* der Kanaren als eine Rückeroberung christlicher Gebiete und erklärte sie damit zugleich zu einem *bellum iustum*. Neben diesem neuen geographisch-rechtlichen Legitimationsgrund war aber auch die traditionelle Kreuzzugsdoktrin Teil der Rechtfertigungsstrategien der Eroberungsmächte.

Wie bereits in Kapitel 5 gezeigt, inszenierten die Apologeten der *Conquista* die Kanarier in ihren Schriftzeugnissen als Häretiker, Feinde des christlichen Glaubens, Okkupanten und Usurpatoren. In den frühen Zeugnissen, insbesondere in den Briefen der iberischen Potentaten aus dem Jahr 1345 sowie in *Le Canarien*, wird darüber hinaus etwa die Götzenanbetung der Indigenen betont, die ein Interventionsrecht auf Basis einer päpstlichen Jurisdiktionsgewalt *extra ecclesiam* erlaube. Im Einklang mit der rückläufigen Bedeutung des Papsttums wurden jedoch, wie in Kapitel 5 ersichtlich, dieser kulturellen Zuschreibung weitere an die Seite gestellt, die es ermöglichen sollten, eine Intervention auch ohne päpstliche Erlaubnis zu rechtfertigen. Dazu zählt etwa die Inszenierung indigener Herrschaft, unter der das Herrenrecht gängiger *usus* sei, als Tyrannei, die ihre Beseitigung erfordere.

Insgesamt sprachen die Apologeten der *Conquista* der kanarischen Bevölkerung jegliches Recht auf *dominium* ab. Wie bei Cartagena zu sehen, umfasste dies über eine selbstständige Herrschaft hinaus auch Land und Besitztümer der Kanarier. In Anbetracht der vollständigen Negation eines *dominium* von Nichtchristen könnte man im Ergebnis folgern, dass die interessensgeleitete Argumentation der Apologeten zwar einen imperialen, aber keinen Völkerrechtsdiskurs anstieß.

Auf explizite Anfragen intervenierte der Papst im Kontext des Basler Konzils in die kanarische Frage und wurde hier als *mediator* und sogar als *arbiter* angesehen: »Es ist offensichtlich, dass beide Parteien 1434 den Papst noch als obersten Richter akzeptierten.«[571] Dies sollte sich im ausgehenden 15. Jahrhundert jedoch ändern. Insbesondere die Katholischen Könige wiesen ein Selbstverständnis des Papstes als Vikar Christi und die Annahme einer universalen Jurisdiktionsgewalt des Heiligen Stuhls zurück.[572] Nun verlagerte sich die

571 »Es evidente que en 1434 las dos partes aceptaban al Pontífice como supremo juez«. Suárez Fernández, La cuestión de derechos castellanos, S. 13; Rojas Donat, Vigencia de la tradición jurídica romana, S. 259.

572 Vgl. Szászdi Nagy, Los Justos Títulos, S. 352.

kanarische Frage und wurde von einer auf dem Konzil von Basel als internationaler politischer Bühne diskutierten Herausforderung zu einem internen Problem. Gleiches gilt für die durch die Schule von Salamanca reflektierte Legitimität der Eroberung Amerikas, die zwar innovative Gedanken zum modernen Völkerrecht hervorbrachte, jedoch eine interne imperiale Auseinandersetzung darstellte.

Obwohl sich Cartagena aufgrund seines gelehrten Œuvres, das weit über das Dargestellte hinausreicht, einer *Primera Escuela de Salamanca* zurechnen lässt, so fehlt seiner Verteidigung des kastilischen Herrschaftsrechts doch das, was die Reflexion der Schule von Salamanca über Völkerrecht im Besonderen auszeichnet: die *duda indiana*, der Zweifel an der Rechtmäßigkeit der Unterwerfung indigener Völker, der insbesondere die Weiterentwicklung des Völkerrechts vorantrieb. Doch, wie im Folgenden zu sehen seien wird, gab es als sein Pendant auch eine *duda canaria*, die vor allem durch indigenes Engagement ausgelöst wurde. Im gelehrten Diskurs zwar passive »victims of geography«,[573] förderten schließlich nicht nur die Begegnung mit den indigenen Völkern der Kanarischen Inseln, sondern insbesondere auch deren Handlungen als Akteure das Nachdenken über Völkerrecht.

7. Zur Kritik an der Eroberung der Kanarischen Inseln

»Das Geschenk wäre gewiss löblicher gewesen, wenn es auf friedliche Weise in Besitz genommen worden wäre.«[574] Für das Jahr 1344 zeichnete der Benediktiner und englische Chronist Thomas Walsingham in seiner *Historia Anglicana* die Schenkung des Fürstentums Fortuna durch Papst Clemens IV. an Luis de la Cerda auf. Der Eintrag ist kurz und zugleich inhaltsreich. Auf die Bedeutung seiner Überschrift, *Creatur novus Princeps Insularum Balearium*,[575] mit der Walsingham auf den kriegerischen Charakter und den Steinwurf als Kampftechnik der Kanarier verwies, wurde bereits eingegangen (siehe Abschnitt 2.3). Darüber hinaus stellt der englische Chronist fest, dass es sich bei den Bewohnern der Kanaren um Heiden handele, die weder dem Christentum noch dem Islam zugehörig seien *(incolae nec aunt Christiani, nec do secta Machometi)*.[576] Am bemerkenswertesten ist aber gewiss der oben zitierte kritische Kommentar, den Walsingham seinem Eintrag hinzugefügt hat: Es wäre löblicher gewesen, wenn

573 Hier angelehnt an das 2015 veröffentlichte Buch des Journalisten Tim Marshall mit dem Titel: Prisoners of Geography.

574 *Donum utique laude dignum fuisset, si possessionem pacificam contulisset.* Walsingham, Historia Anglicana, S. 256.

575 Ebd.

576 Ebd.

die Kanaren nicht gewaltsam unterworfen, sondern auf friedliche Weise in Besitz genommen worden wären.

Die externe Kritik des Benediktiners an der französischen *Conquista* ist der früheste geäußerte Zweifel an der Rechtmäßigkeit einer gewaltsamen Unterwerfung des Archipels, dem im 15. Jahrhundert die italienischen Kanonisten Antonio Menucci da Pratovecchio und Antonio Roselli, der spanische Hofchronist Alonso de Palencia und im 16. Jahrhundert dann Bartolomé de las Casas und Alonso de Espinosa folgen sollten. Während im vorherigen Kapitel die Apologeten der *Conquista* und ihre Legitimationsstrategien im Fokus standen (siehe Kapitel 6), werden im Folgenden die kritischen Stimmen zur kanarischen Frage, der Beitrag der Eroberten und die Verbindung zur Schule von Salamanca untersucht.

In einer theoretischen Einführung (Abschnitt 7.1) werden zunächst verschiedene Ursprungsnarrative zur Geschichte des Völkerrechts vorgestellt. Ziel dieses Kapitels ist es jedoch keineswegs, neue Väter des Völkerrechts zu proklamieren. So dient die Rück- und Vorausschau nur einer kontextuellen Einordnung der kanarischen Frage und nicht einer Herausstellung irgendeines Sonderstatus'. Als Rückschau werden in diesem Abschnitt die Positionen Papst Innozenz' IV. und seines Schülers Hostiensis zu den Rechten ungläubiger Völker sowie die Theorien der polnischen Schule des Völkerrechts beim Konstanzer Konzil untersucht.

Der zweite Abschnitt nimmt dann die *duda canaria* im 15. Jahrhundert in den Blick (Abschnitt 7.2). Zunächst werden die beiden *consilia* der päpstlichen Berater Antonio Roselli und Antonio Menucci da Pratovecchio untersucht. Neben *dominium* und *infidelitas* spekuliert Roselli auch über die *causae iustae* eines Krieges von Nichtchristen gegen Christen. Neben den Äußerungen zu den Eroberungsrechten Portugals und Kastiliens tritt in der Debatte um die Herrschaftsrechte der indigenen Bevölkerung in der Herrscherchronik Alonso de Palencias noch eine weitere Komponente hinzu. Während Palencia den Eroberungskrieg rechtfertigte, übte er vehemente Kritik am Sklavenfang.

Diese Kritik an der Versklavung Indigener führte auch der in Abschnitt 7.3 zunächst betrachtete Bartolomé de las Casas fort, der in seiner *Historia de las Indias* sowohl die *Conquista* Lateinamerikas als auch die Zerstörungen an der westafrikanischen Küste und auf den Kanarischen Inseln kritisierte. Der von Las Casas gebrauchte Begriff des *señor natural* wirft noch einmal die Frage nach dem Verhältnis und der Vereinbarkeit von *superioritas* und *dominium* in Bezug auf indigene Herrschaft auf. Die *duda canaria* des vermutlich durch Las Casas inspirierten Alonso de Espinosa wird anschließend genauer untersucht. Zum Abschluss des Kapitels stehen erneut die indigenen Kanarier im Fokus. Dabei gilt es zu klären, inwieweit sie Einfluss auf die theoretischen Debatten der Gelehrten ausüben konnten. Zuletzt folgt eine historische Standortbestimmung der kanarischen Frage und ihres Verhältnisses zur Schule von Salamanca.

7.1 Theoretische Einführung

Zweifel und Kritik gegenüber dem Zeitgeschehen waren in der Geschichte oftmals Motor für geistige Innovation. Ebenso stieß der Zweifel an der Rechtmäßigkeit der Eroberung Lateinamerikas und die Kritik am gewaltsamen Vorgehen der Konquistadoren vonseiten der Schule von Salamanca eine Reflexion über Völkerrecht an, die neue Ideen hervorbrachte. Gleichermaßen gilt es hier nun zu untersuchen, inwiefern die *Conquista* der Kanarischen Inseln Zweifel hervorrief und somit ein Nachdenken über Internationales Recht anregte.

Die bisherigen Einschätzungen über den Impact der *duda canaria*[577] auf die Entwicklung des modernen Völkerrechts divergieren stark, was nicht zuletzt der jeweiligen Forschungsperspektive geschuldet ist. Mit Blick auf die Epochengrenze um 1500 hat Muldoon festgestellt, dass Mediävisten zumeist Kontinuitäten zwischen den Epochen betonten, Modernisten eher Diskontinuitäten und Neuerungen in Kultur, Religion und Wissenschaft sowie die Entdeckung der Neuen Welt als einschneidendes Ereignis hervorheben würden.[578]

Dies lässt sich ebenso mit Blick auf die Einschätzung der Bedeutung der Eroberung der Kanaren für die Entwicklung des modernen Völkerrechts feststellen. Während die Verfechter einer mit dem »Spanischen Zeitalter«[579] neu einsetzenden Ära die Ereignisse des 15. Jahrhunderts bisher eher als »Sprungbrett«[580] oder »Übergang«[581] beschrieben, versuchten die kanarischen Forscher den Charakter der *Conquista* als »Laboratorium«[582] oder »Alchemieküche«[583] für die Eroberung Lateinamerikas hervorzuheben. So sieht Peter Edward Russell in den angeblich auf Anregung Portugals verfassten *consilia* Rosellis und Menucci da Pratoveccios einen »Portuguese precedent for the debates which took place in Spain from the beginning of the sixteenth century about the right of the Spanish crown to enslave the Indians«[584] und Cirilo Flórez Miguel, Maximilano Hernández Marcos sowie Robert Albares Albares rechnen Alonso de Cartagena einer »Primera Escuela de Salamanca« zu.[585] Auch die Behauptung Antonio Tejera Gaspars, dass der einzige Unterschied zwischen dem kanarischen

577 Bei der *duda canaria* handelt es sich um eine Wortschöpfung der Verfasserin. Der Begriff wird hier als Pendant zur *duda indiana* benutzt, vgl. Pereña, La Escuela de Salamanca, S. 290–344.

578 Vgl. Muldoon, Introduction, S. 2; siehe z. B. Jacques Le Goffs Konzept eines langen Mittelalters: Le Goff, Geschichte ohne Epochen?

579 Grewe, Epochen der Völkerrechtsgeschichte, S. 19.

580 Ebd., S. 270.

581 Stadtmüller, Geschichte des Völkerrechts, S. 98–99.

582 Vgl. Verlinden, Précédents médiéveaux de la colonie en Amérique, S. 60.

583 Vgl. Fernández-Armesto, The Canary Islands after the Conquest, S. 201.

584 Russell, Some Portuguese paradigms, S. 386–390.

585 Vgl. Flórez Miguel/Hernández Marcos/Albares Albares (Hg.), La primera Escuela de Salamanca.

und dem amerikanischen »Fall« in der Dimension des Problems liege,[586] erhebt zugleich Zweifel am Innovationsgrad der Schule von Salamanca und Anspruch auf eine Wahrnehmung der Debatte um die Eroberung der Kanarischen Inseln als einschneidendes Kapitel der Völkerrechtsgeschichte.[587] Obschon es auch ein Anliegen dieser Studie ist, der Geschichte des Internationalen Rechts mit der völkerrechtsgeschichtlichen Untersuchung der Eroberung der Kanaren ein weiteres Kapitel hinzuzufügen, soll hier aber keine neuerliche Suche nach den Wurzeln des modernen Völkerrechts unternommen werden, dessen Geburtsstunde im Verlauf des 19. und 20. Jahrhunderts immer weiter ins Mittelalter zurückdatiert wurde.

Bereits in der Zwischenkriegszeit erlebte Francisco de Vitoria durch Camillo Barcia Trelles (1888–1977) und James Brown Scott (1866–1943) eine internationale »Renaissance«[588] und löste damit Hugo Grotius als Begründer des modernen Völkerrechts ab.[589] Etwa seit den 1950er Jahren intensivierte sich dann die Forschung zu den polnischen Rechtsgelehrten der Universität Krakau, die im Kontext des Streits zwischen Polen und Litauen auf der einen und dem Deutschen Orden auf der anderen Seite beim Konstanzer Konzil (1414–1418) über die Rechte der nichtchristlichen Bevölkerung dieser Gebiete reflektiert hatten, was Ludwik Ehrlich 1963 dazu veranlasste, von einer »Polish school of ius gentium«[590] zu sprechen. Zu dieser »l'Ecole cracovienne de droit international«,[591] die sich zeitlich vom 15. bis ins 18. Jahrhundert erstreckt, werden insbesondere Stanislaus von Scarbimiria (1365–1431) und Paulus Vladimiri (ca. 1370–1435) gezählt. Vor allem Vladimiri gilt seither als »Wegbereiter«[592] für Francisco de Vitoria und die Ursprünge des modernen Völkerrechts werden von einigen als »plus polonaises qu'espagnoles«[593] angenommen.

586 Vgl. Tejera Gaspar, Canarios, taínos y europeos, S. 829.

587 Bezüge hat darüber hinaus auch José Luis Villacañas Berlanga hergestellt: Villacañas Berlanga, La primera expansión atlántica, S. 61–87.

588 Rasilla del Moral, In the Shadow of Vitoria, S. 3–4.

589 Vgl. Birr/Decock, Recht und Moral in der Frühen Scholastik, S. 77. Die forschungsgeschichtliche Wiederentdeckung Vitorias liegt jedoch noch weiter zurück. Im letzten Drittel des 19. Jahrhunderts wurde das Interesse am Salmantiner Theologen und seinem Werk im Kontext der Dominikanerorden (bspw. Beltrán de Heredia), im Kontext der spanischen Nationalhistoriographie (bspw. Marcelino Menéndez y Pelayo) und im Feld der Rechtsgeschichte (bspw. Eduardo de Hinojosa y Naveros) geweckt. Vgl. Rasilla del Moral, The Study of International Law in the Spanish Short Nineteenth Century, S. 122–150, besonders 144–147.

590 Vgl. Bańczyk, The Right of Infidels to Protect Their Goods, S. 39.

591 Dufour, Droit international et chrétienté, S. 100.

592 »Wladmiri preparó el camino a Vitoria.« Rodriguez-Bachiller, Paulus Wladimiri, S. 864.

593 Dufour, Droit international et chrétienté, S. 98; siehe ebenso Müller, Kirche in der Krise, S. 27.

Aufgrund der frühen Beschäftigung mit den Arbeiten der polnischen Rechtsgelehrten sind auch zahlreiche Vergleiche mit Vitoria angestellt worden, obschon der Salmantiner Theologe keine direkten Bezüge zu Vladimiri herstellte.[594] Damit ist nicht ausgeschlossen, dass Vitoria auch in Unkenntnis von Vladimiris Position zu ähnlichen Erkenntnissen gelangt sein kann.[595] Während die einen Vladmiri als Wegbereiter des vermeintlichen Vater des Völkerrechts anpriesen, führte auch hier wiederum der Rückblick in frühere Jahrhunderte zu einer ernüchternden Einschätzung. So behauptete Stanislaus F. Belch, dass die Lehre Vladimiris völlig von derjenigen Innozenz' IV. durchdrungen sei und Jürgen Miethke konstatierte unlängst, dass sie nicht über die Erkenntnisse des Papstes hinausreiche.[596] Damit schließt er vor allem an die von James Muldoon prominent gemachte Position an, dass die spätmittelalterliche Kanonistik einen entscheidenden Beitrag zur Entwicklung des modernen Völkerrechts geleistet hätte.[597] Ist nun Innozenz IV. der »Vater des Völkerrechts«, oder sind die vermeintlichen Ursprünge des Internationalen Rechts noch früher anzusetzen?

Diese Beispiele für die Suche nach der Wiege des modernen Völkerrechts zeigen, dass insbesondere das dominante Narrativ einer Geburtsstunde des Internationalen Rechts im 16. Jahrhundert die Produktion neuer Ursprungsnarrative anregte. Immer wieder wurden frühere Ansprüche auf den Titel »Vater des Völkerrechts« reklamiert, doch diese Versuche einer Integration mittelalterlicher Gelehrter in eine Ideengeschichte des Völkerrechts brachten letztendlich nur neue teleologische Narrative von den vermeintlichen Ursprüngen des Völkerrechts hervor, in die sich auch die genannten Thesen zur Bedeutung der Eroberung der Kanarischen Inseln für die Entwicklung des modernen Völkerrechts einreihen lassen.

Wenn nun im Folgenden die Positionen der Kritiker und Zweifler an der Legitimität der gewaltsamen Unterwerfung der Kanaren und der Versklavung ihrer Bewohner untersucht werden, dienen Rückblick und Vorausschau schlicht einer Kontextualisierung der völkerrechtlichen Reflexion. Die Darstellung wird chronologisch erfolgen, um Rückprojektionen, wie etwa die einer Parallelisierung des Antagonismus Las Casas / Sepúlveda auf Boccaccio / Petrarca (siehe Abschnitt 5.1), zu vermeiden. Beim Brückenschlag in die Frühe Neuzeit,[598] der Betrachtung der Beziehung zwischen der kanarischen Frage und der Schule von Salamanca, werden sowohl Kontinuitäten als auch Brüche, Parallelen wie

594 Vgl. Rodriguez-Bachiller, Paulus Wladimiri, S. 862–863; Belch, Paulus Vladimiri, S. 750–752.

595 Vgl. Bańczyk, The Right of Infidels to Protect Their Goods, S. 44.

596 Vgl. Belch, Paulus Vladimiri, S. 75; Miethke, Heiliger Heidenkrieg?, S. 125.

597 Vgl. Muldoon, The Contribution of the Medieval Canon Lawyers, S. 483–497.

598 Vgl. Muldoon, Introduction, S. 10.

Unterschiede zwischen den Diskursen aufgezeigt; ein Vergleich, der hier, insbesondere mit Blick auf die schier unüberschaubare Forschung zur Schule von Salamanca, keinesfalls erschöpfend sein kann.[599] Zunächst jedoch sei die Position der Kanonistik zu den Rechten nichtchristlicher Völker vorgestellt sowie die unmittelbar vor der aufgeworfenen kanarischen Frage geführte Debatte auf dem Konzil von Konstanz um die Rechte der Polen und Litauer.

7.1.1 Rückblick I: Zur Position Innozenz' IV.

Innozenz IV., Sinibaldo Fieschi (1195–1254), gilt aufgrund seiner gesetzgeberischen Tätigkeit und seinem *Apparatus in quinque libros decretalium*, »dem wohl wichtigsten Kommentar zu den Dekretalen Gregors IX.«,[600] als bedeutender »Juristenpapst«. Zu den Herrschaftsrechten Ungläubiger äußerte er sich in einem Kommentar zum Papstbrief *Quod super his* Innozenz' III., mit dem dieser auf eine Frage des Erzbischofs von Canterbury reagiert hatte, wie mit Personen umzugehen sei, die das Kreuzfahrergelübde gebrochen hätten. Dies nahm Innozenz IV. als Ausgangspunkt für eine weitreichende Reflexion,[601] die auch für die Debatten des 15. und 16. Jahrhunderts einen wichtigen Bezugspunkt darstellen sollte.[602]

Nach Auffassung Innozenz' IV. konnte es Herrschaftsrechte, Eigentum und Gerichtsgewalt *(dominia, possessiones, iurisdictiones)*[603] auf Basis des Naturrechts auch ohne Sünde bei Heiden geben.[604] »This was probably the first clear assertation of a universal human right to property and self-government,«[605] die sich auch in der Praxis der päpstlichen Politik Innozenz' IV. widergespiegelt habe, so Muldoon. Mit Sarazenen oder Muslimen, Preußen, Litauern und anderen Heiden des nordöstlichen Europas und den Tartaren oder Mongolen

599 Die Bibliographie zur Schule von Salamanca von Pena González zählt immerhin 6101 Titel, vgl. Pena González, Aproximación bibliográfica a la(s) »Escuela(s) de Salamanca«; eine aktualisierte Bibliographie, eine weitere Digitalisierung von Quellen und ein Wörterbuch entstehen darüber hinaus als Langzeitprojekt am Max-Planck-Institut für Rechtsgeschichte und Rechtstheorie in Frankfurt am Main, siehe Ramírez Santos / Egío, The Research on the School of Salamanca (2006–2019).

600 Roberg, Art. »Innozenz IV., Papst«, Sp. 437–438.

601 Vgl. Jäger, Innozenz IV., S. 31.

602 Für einen größeren Überblick zu den Positionen der Kanonistik gegenüber Nichtchristen siehe die online einsehbare Dissertation von Sandra Brand-Pierach: Brand-Pierach, Ungläubige im Kirchenrecht.

603 Jäger zufolge nimmt Innozenz hier keine strikte dogmatische Trennung der Begriffe vor. Vgl. Jäger, Innozenz IV., S. 43.

604 Vgl. Papst Innozenz IV. über die Rechtsstellung von Ungläubigen, S. 348.

605 Muldoon, Rights, Property, and the Creation of International Law, S. 186.

pflegte der Juristenpapst diplomatische Beziehungen, und obwohl er den Muslimen mit einem wirtschaftlichen Boykott oder den Mongolen mit Gottes Zorn gedroht habe, hätte er den Herrschern nie das Recht abgesprochen, ihre eigenen Reiche zu verwalten: »He recognized that they, in common with all men, had the right to dominium.«[606]

Zwar nicht *de facto*, aber doch *de iure* waren nichtchristliche Völker Innozenz IV. zufolge dem Heiligen Stuhl unterstellt. Die superiore Stellung des Papstes, dessen Jurisdiktionsgewalt sich auch über ungläubige Völker erstrecke, erlaube es ihm, in Ausnahmefällen, insbesondere bei Verstößen gegen das Naturrecht, eine Intervention zu veranlassen. Dazu zählte unter anderem die Idolatrie, die Anbetung von Götzen. Darüber hinaus dürfe die Bekehrung Ungläubiger zum Christentum zwar nicht durch Zwang erfolgen, doch seien Nichtchristen verpflichtet, Missionare in ihren Reichen zuzulassen. Hierbei handelte es sich aber nicht um ein reziprokes Recht, denn Muslimen, so Innozenz IV., sei es nicht gestattet, ihren Glauben in christlichen Gebieten zu predigen.[607]

Die Position Innozenz' IV. zu den Herrschaftsrechten Ungläubiger wird traditionell mit derjenigen seines Schülers Henricus de Segusio (ca. 1200–1271), genannt Hostiensis, kontrastiert, dessen geistige Leistungen zumeist – wie auch im Folgenden nicht anders möglich – auf seine Gegenposition zum Juristenpapst reduziert wird, obwohl seine Schriften als »Meisterwerke kanonistischer Kommentierungskunst«[608] gelten. Hostiensis zufolge sei Ungläubigen außerhalb der christlichen Gemeinschaft mit dem Erscheinen Jesu Christi jegliches Recht auf Herrschaftsmacht entzogen worden.[609] Sie müssten die Oberherrschaft der Kirche anerkennen, dann aber auch von dieser toleriert werden *(concedimus tamen, quod infideles, qui domnium ecclesiae recognoscunt, sunt ab ecclesia tolerandi)*.[610] Kriege gegen Heiden hielt der Schüler Innozenz' IV. grundsätzlich für gerecht.[611]

Die Lehre Innozenz' IV. habe sich zu einer communis opinio der Kanonisten entwickelt, so Herman L. Bennett.[612] In gleicher Weise argumentiert Muldoon, dass spätestens mit der Verurteilung der Thesen John Wyclifs als Häresie Hostiensis' Position, ohne den Vorwurf der Ketzerei zu riskieren, nicht mehr vertretbar gewesen seien:

606 Vgl. Muldoon, Popes, Lawyers, and Infidels, S. 29 und 45.

607 Papst Innozenz IV. über die Rechtsstellung von Ungläubigen, S. 350; siehe dazu auch Muldoon, The Nature of the Infidel, S. 118.

608 Brieskorn, Art. »Henricus, de Segusio, Cardinal, ca. 1200–1271«, Sp. 2138–2139.

609 Vgl. Jäger, Innozenz IV., S. 72.

610 Einschränkung der Lehre Innozenz' IV. über die Rechtsstellung von Ungläubigen durch Hostiensis, S. 351.

611 Sieben Arten des Krieges bei Hostiensis, S. 572.

612 Vgl. Bennett, African Kings and Black Slaves, S. 55.

> Innocent IV's position became the standard position of the lawyers, because Hostiensis's rejection of the right of nonbelievers to legitimate possession of property and power echoed the ancient Donatist heresy that had been condemned long ago. The Donatists had asserted that if a priest was in the state of sin the sacraments he administered were invalid.[613]

Mit ihrer Auffassung, dass Heiden seit der Ankunft Christi in Sünde lebten und deshalb über keine Form von *dominium* verfügten, hätten sich die Anhänger Hostiensis der Häresie schuldig gemacht. Dagegen charakterisieren José Luis Egío García und Christiane Birr Cartagenas Position als »Hostiensism« und behaupten, dass seine Haltung gegenüber heidnischen Völkern zu einer »official and very widespread position in the following years«[614] avanciert sei. Gerade in den Werken eines Matías de Paz und eines Juan López Palacios Rubios ließe sich das Argument vom Verlust legitimer Herrschaft heidnischer Völker mit der Ankunft Christi wiederfinden, so auch Kenneth Pennington.[615] Obschon in die Nähe der als häretisch denunzierten Lehre eines Jan Hus oder John Wyclif verortet, seien zwar Name und Theorie des Hostiensis in den kanonischen Texten präsent geblieben, eine große Mehrheit jedoch sei der Lehre Innozenz' IV. gefolgt.[616] Wohingegen sich der Einfluss der Positionen von Hostiensis und Innozenz IV. auf die Folgejahrhunderte schwer abschätzen lässt steht doch fest, dass beide vielleicht nicht selbst »legitimators of conquest«[617] waren, wie es Muldoon behauptet, den Apologeten der *Conquistas* des 15. und 16. Jahrhunderts jedoch genügend argumentative Schlupflöcher ließen, um ihre Vorhaben zu rechtfertigen.[618]

7.1.2 Rückblick II: Zur Position Paulus Vladimiris beim Konzil von Konstanz

Insbesondere Paulus Vladimiri (ca. 1370–1435),[619] so Muldoon, habe gezielt die Argumentation des Deutschen Ordens auf dem Konzil von Konstanz in die Nähe der Position des Hostiensis gerückt, um sie als häretische Lehre darzustellen.[620] Sein Gegenspieler, der Dominikaner Johannes Falkenberg (1364–1429), sei schließlich aus dem Verkehr gezogen und Opfer inquisitorischer Repression geworden.[621]

613 Muldoon, Rights, Property, and the Creation of International Law, S. 189; Muldoon, Popes, Lawyers, and Infidels, S. 119.
614 Egío / Birr, Before Vitoria, S. 64.
615 Vgl. Pennington, Popes, Canonists and Texts, S. 5.
616 Vgl. ebd., S. 9–10.
617 Muldoon, John Wyclif and the Rights of the Infidels, S. 309–311.
618 Muldoon, Popes, Lawyers, and Infidels, S. 119.
619 Zur Person siehe u. a. Russocki, Art. »Paulus Vladimiri, jurist«, Sp. 1803–1804.
620 Vgl. Muldoon, Popes, Lawyers, and Infidels, S. 113.
621 Vgl. ebd., S. 118; Miethke, Heiliger Heidenkrieg?, S. 124.

1415 war das Konstanzer Konzil zum Schauplatz der weltlichen Auseinandersetzung zwischen Litauen und Polen auf der einen und dem Deutschen Orden auf der anderen Seite geworden, die mit der Erschließung des Ostseeraumes als neues Betätigungsfeld der Kreuzfahrer hundert Jahre zuvor ihren Anfang genommen hatte. Die sogenannten »Preußenreisen«[622] zielten auf die gewaltsame Bekehrung der dort ansässigen heidnischen Bevölkerung, die – wie die Kanarier – ebenso oftmals als Sarazenen des Nordens inszeniert wurden.[623] Eine besondere Bedeutung kam dabei dem Deutschen Orden zu, der durch die formelle Christianisierung des Ostseeraums, die Taufe Władysław II. Jagiełłos im Jahr 1386 und die Personalunion zwischen Polen und Litauen in Bedrängnis und Rechtfertigungsnot geriet.[624] Der Konflikt eskalierte einerseits militärisch in der Schlacht bei Tannenberg (1410), aus der der König von Polen und der Großfürst von Litauen siegreich hervorgehen sollten, und andererseits theoretisch auf dem Konzil von Konstanz (1415–1418).[625]

Nach Studien der Philosophie und des kanonischen Rechts Rektor der Universität Krakau,[626] vertrat Paulus Vladimiri beim Konzil die polnischen Interessen: »His main public function however, was to serve as the king's representative at the Council of Constance (1415) and *de facto* to lead the king's delegation.«[627] Ähnlich wie Cartagena zwanzig Jahre später stand Vladimiri in den Diensten einer weltlichen Macht und seine Schrift *Opinio Hostiensis* behandelte, im Gegensatz zu Scarbimirias rein abstrakten akademischen Studien, einen konkreten politischen Streitfall.[628]

Ebenso wie bei Innozenz IV. ist das Naturrecht bei Vladimiri universal, wird durch die natürliche Vernunft diktiert und mit dem *ius gentium* gleichgesetzt:[629] »In his opinion dominions are of the law of nations.«[630] Weltliche Herrscher, ob christlich oder nichtchristlich, seien bei der Ankunft Christi ihrer Herrschaftsrechte nicht verlustig gegangen. Deshalb könne weder der Papst noch der Kaiser über Gebiete verfügen, die sich in der Hand von Heiden befänden.[631] Ein Angriff auf das *dominium* friedfertiger Ungläubiger entbehre somit jeglicher Rechtsgrundlage: »Einem Angriff auf friedfertige Heiden widerstrebt jedes

622 Paravicini, Die Preußenreisen des europäischen Adels, S. 25–38; siehe dazu auch Christiansen, The Northern Crusades.
623 Siehe dazu: Murray, The Saracens of the Baltic, S. 413–429.
624 Vgl. Miethke, Heiliger Heidenkrieg?, S. 111–112.
625 Vgl. Belch, Paulus Vladimiri, S. 62.
626 Vgl. Bańczyk, The Right of Infidels to Protect Their Goods, S. 40.
627 Ebd., S. 41.
628 Vgl. ebd., S. 43.
629 Vgl. Belch, Paulus Vladimiri, S. 257.
630 Ebd., S. 260.
631 Vgl. ebd., S. 343 und 352.

Recht.«[632] Doch, wie Innozenz IV., räumt Vladimiri dem Papst in besonderen Fällen die Möglichkeit ein, eine Intervention in die Reiche Ungläubiger zu befehlen: »Bei Ungehorsam sind die Ungläubigen durch den weltlichen Arm zu zwingen. Nur der Papst habe den Ungläubigen den Krieg zu erklären.«[633] Dazu zählen Verstöße gegen das Naturrecht wie die Sodomie oder der Götzendienst, Verbrechen gegen Christen und die christliche Religion sowie die Verweigerung christlicher Predigt in ihrem Herrschaftsgebiet.

»This part of Vladimir's theory was and still is regarded as the vulnerable spot in his system.«[634] Dies zeigt nicht zuletzt die Argumentation Falkenbergs in seiner *Satira*, die auf eben diese Punkte abzielt. So beschreibt der Dominikaner die Polen als »Götzendiener«, »Heiligtumsschänder«, »Gotteslästerer« und »schamlose Hunde«, die der Ketzerei verfallen seien.[635] Der polnische Herrscher Jagiełło wird darüber hinaus als Tyrann dargestellt – allesamt Stereotype und zugleich Legitimationsmaterial für ein *bellum iustum*, die auch für den kanarischen Kontext aktiviert wurden (siehe Kapitel 5). Während Falkenberg folgerte, dass alle Polen zu töten seien und zu einem christlich begründeten Genozid aufforderte,[636] argumentierte Vladimiri, dass bei Handlungen gegen das Naturrecht die beschuldigten Heiden zunächst eine Chance bekommen müssten, sich zu verteidigen;[637] ein Vorschlag, bei dem der moderne Leser unweigerlich an den Internationalen Strafgerichtshof für Menschenrechte denken muss.

Wie Cartagena verweist Vladimiri auch auf das *ius recuperandi*, das für ihn in Bezug auf Litauen jedoch nicht greift, da Litauen niemals zum Herrschaftsbereich eines christlichen Fürsten gezählt habe.[638] Im Falle, dass es sich tatsächlich um ehemals christliche Gebiete handele, die von Nichtchristen erobert worden wären, verweist Vladimiri wie Cartagena auf das *ius postlimini*, auf eine vollumfängliche Wiederherstellung des christlichen *dominium.*[639]

632 Deutsche Übersetzung von Wilhelm G. Grewe, lat.: *pugnantes cum infidelibus pacificis aut pocius eosdem impugnantes ut sic, numquam habuerunt iustum bellum cum eisdem*. Konklusionen des Paulus Vladimiri über die Rechtsstellung von Heiden, S. 360.

633 *In omnibus predictis, in quibus papa licite aliquid mandat infidelibus si non obediunt, sunt compellendi brachio seculari. Solus papa habet indicere bellum infidelibus et non alii, nisi ubi quis de suo iure contendit.* Ebd., S. 358.

634 Belch, Paulus Vladimiri, S. 466.

635 Die elf Punkte der Schrift werden in deutscher Übersetzung im Aufsatz abgedruckt: Miethke, Heiliger Heidenkrieg?, S. 115.

636 Vgl. ebd., S. 117.

637 Vgl. Belch, Paulus Vladimiri, S. 355.

638 Vgl. Muldoon, John Wyclif and the Rights of the Infidels, S. 309–311.

639 Vgl. Belch, Paulus Vladimiri, S. 409.

Über ein durch das *ius naturale* legitimes Herrschaftsrecht *(dominium)* hinaus gestanden sowohl Vladimiri als auch Scarbimiria Władysław Czapliński zufolge nichtchristlichen Völkern auf Basis der römischen Maxime *vim vi repellere licet* auch ein Recht auf Selbstverteidigung, auf Schutz ihres Hab und Gutes, zu: »all people (including pagans) can establish their own states, public authorities, property, [...] self-defence should be accepted and allowed, also to infidels«.[640] Damit schrieben die polnischen Rechtsgelehrten heidnischen Völkern nicht nur ein Recht auf *dominium*, sondern auch auf Souveränität zu. Diese konnte lediglich durch die ihnen zufolge höchste völkerrechtliche Instanz, den Heiligen Stuhl, beschnitten werden. Der Papst sollte jedoch nicht nur durch seine oberste Jurisdiktionsgewalt eine Intervention veranlassen können und als Schlichter in weltlichen Auseinandersetzungen fungieren, sondern sich auch als schützende Instanz für christliche wie nichtchristliche Völker einsetzen, denen Unrecht widerfahre: »das Wort Christi, Weihe deine Lämmer!« bedeutet Pastoralpflicht des Papstes auch gegen Ungläubige, sogar deren Verteidigung.«[641]

Innozenz IV. und Paulus Vladimiri räumten Heiden folglich Herrschaftsrechte ein und die polnische Schule des internationalen Rechts sprach ihnen mit dem reziproken Recht auf Selbstverteidigung sogar *superioritas* zu. Einer außenpolitischen Handlungsfähigkeit zum Trotz behielten beide dem Papst jedoch ein Interventionsrecht vor. Im Falle von Naturrechtsverletzungen konnte der Heilige Stuhl mithilfe des militärischen Arms einer weltlichen Macht in die inneren Angelegenheiten heidnischer Reiche intervenieren. Diese Ausnahme sollte auch weiterhin Konsens bleiben und war gewiss förderlich für die negative Darstellung des kanarischen Anderen (siehe dazu Kapitel 5).

7.2 Die kanarische Frage im 15. Jahrhundert

7.2.1 Antonio Menucci da Pratovecchio und Antonio Roselli

Ein Jahr vor der Abfassung der *Allegationes* Alonso de Cartagenas erstellten zwei italienische Juristen namens Antonio Menucci da Pratovecchio und Antonio Roselli Gutachten für Papst Eugen IV., in denen sie die Frage beantworten sollten, inwieweit ein Krieg gegen Ungläubige gerecht sein könne, wenn ihre Gebiete sich nie im Besitz von Christen befunden hätten. Während sich Vladimiri und Cartagena in ihren Stellungnahmen explizit auf den polnisch-litauischen und den kanarischen Fall bezogen, lässt sich der Bezug der *consilia*

640 Czapliński, A Right of Infidels to Establish Their Own State?, S. 46.

641 *Verba ad personam Petri prolata voce Cominica, videlicet: Pasce oves meas, accipienda sunt pro ovibus fidelibus et infidelibus indistincte.* Konklusionen des Paulus Vladimiri über die Rechtsstellung von Heiden, S. 357.

zur kanarischen Frage nur aus dem Entstehungskontext erschließen (siehe Abschnitt 7.3).

Ein Krieg gegen Muslime galt im kanonischen Recht grundsätzlich als legitim, wobei immer betont wurde, dass Ungläubigkeit allein noch keinen ausreichenden Kriegsgrund darstelle: »Die Grenzen zwischen einem Verteidigungs- und einem Eroberungskrieg wurden auf diese Weise durchlässig.«[642] Dass man »Heiden in Gebieten, die noch nie christlich waren, nicht mit Krieg überziehen [dürfe]«[643] war, wie einleitend gezeigt, ein Grundtenor der Kanonistik des Spätmittelalters, in den sich die *consilia* der italienischen Gelehrten fügen. Beide Kanonisten beantworteten die ihnen gestellte Frage mit einer Liste ähnlicher *dubia*. Während Menucci sich jedem der *dubia* in gleicher Ausführlichkeit widmete und an der Fragestellung wie an einer »academic exercise«[644] abarbeitete, räumte Roselli der Diskussion um die Rechte Ungläubiger größeren Raum ein und schenkte damit der aktuellen Herausforderung, der Frage nach der Legitimität der Eroberung der Kanarischen Inseln, mehr Aufmerksamkeit.[645]

Menucci fächert die Fragestellung wie folgt auf und diskutiert, ob ein Krieg auch ohne autoritative Erlaubnis geführt werden könne (1), ob ein Krieg gerecht sei, wenn er durch den Heiligen Stuhl genehmigt würde, aber Gebiete betreffe, die nie Christen gehörten (2), ob ein König seine Untertanen zu einem solchen Krieg auffordern (3) und welche Abgaben er für einen derartigen Krieg einfordern dürfe (4) und inwieweit die in einem solchen Krieg begangenen Morde sein Gewissen belasteten.[646] Angelehnt an Baldus de Ubaldis differenziert Menucci zwischen einem Verteidigungskrieg *(publice defensionis uel priuate)* und einem Rückeroberungskrieg *(bellum recuperationis)* als legitime Formen eines Krieges und dem Angriffskrieg *(bellum jnuasionis)* als *bellum iniustum*.[647] Bezüglich des *ius recuperationis* betont Menucci, dass es keine Rolle spiele, wie lang die christliche Oberhoheit über die nun von Heiden besetzten Gebiete zurückliege; ein Argument, das die historische Herleitung des kastilischen Herrschaftsrechts durch Cartagena inspiriert haben könnte:

> Es könnte folglich sein, dass jener Christ Herr der Berberei war und beraubt wurde, mit seiner eigenen Autorität einen Krieg beschließen und verlorene

642 Becker, Die Stellung des kanonischen Rechts zu den Andersgläubigen, S. 119.

643 Ebd., S. 105.

644 Muldoon, Popes, Lawyers, and Infidels, S. 126.

645 Vgl. Muldoon, A Fifteenth-Century Application of the Canonistic, S. 472.

646 Für eine kurze Zusammenfassung der wesentlichen Inhalte des *consilium* von Roselli siehe Castañeda Delgado, La teocracía pontifical, S. 294–295.

647 Vgl. Parecer do jurista bolonhés António Minucci da Pratovecchio a consulta, S. 291.

> Gebiete und Besitztümer von ungläubigen Barbaren zurückerobern kann, wie viel Zeit auch immer verstrichen ist.[648]

Eine Intervention über diese legitimen Formen des Krieges hinaus könne nur in bestimmten Fällen und nur vom Papst autorisiert werden, denn Ungläubige verfügten nach dem Völkerrecht sowohl über Herrschafts- als auch über Freiheitsrechte: »Heiden können nach dem Völkerrecht eigene Besitztümer und Ländereien und Herrschaft und Freiheit haben.«[649] Denn die Verfügungsgewalt über diese Rechte sei keine Glaubensfrage, sondern hinge von der Vernunftfähigkeit ab *(non tantum pro fidelibus sed pro omni rationali creatura facta sunt)*.[650] Wie Innozenz IV. und Vladimiri leitet Menucci die Rechtsgleichheit zwischen Christen und Nichtchristen in Bezug auf *dominium* vom *ius gentium* bzw. *ius naturale* ab, welches für alle menschlichen vernunftbegabten Kreaturen in gleicher Weise gelte. Darüber hinaus zählt für Menucci hier die Freiheit *(libertas)* zu den universalen Rechten aller Menschen, unabhängig von ihrer Glaubenszugehörigkeit. Wie im Folgenden auch bei Palencia und Las Casas zu sehen sein wird, wurde die Reflexion über Freiheitsrechte in Anbetracht der Intensivierung des Sklavenhandels neben der Debatte um das *dominium* von Nichtchristen zu einer weiteren brisanten völkerrechtlichen Frage.

Bezüglich der Ausnahmefälle folgt Menucci im Wesentlichen der Argumentation Innozenz' IV.[651] Zwar nicht *de facto* aber *de iure* erstrecke sich die Jurisdiktionsgewalt des Papstes auch über den *orbis christianus* hinaus auf heidnische Völker.[652] Zum einen dürfe der Papst einen Angriff auf heidnische Völker befehligen, wenn diese die Gesetze des Naturrechts missachteten. Zum anderen dürfe ihre Bekehrung zwar nicht durch Zwang erfolgen *(non debent cogi ad fidem, sed omnes libero arbitrio relinquendi sunt)*,[653] doch müssten sie die Predigt des christlichen Glaubens in ihren Reichen gestatten.[654] Während Menucci hier in den Grundzügen der klassischen Argumentationslinie folgte, die auf Innozenz IV. zurückgehend sich auch bei Vladimiri findet,[655] schlug Roselli in Teilen alternative Argumentationswege ein.[656]

648 *Potuisset ergo ille qui christianus fui dominus Barbarie et spoliatus, bellum propia auctoritate inducere et terras amissas et possessas per barbaros infideles recuperare, nullo temporis curso obstante*, Parecer do jurista bolonhés António Minucci da Pratovecchio a consulta, S. 295.

649 *sarraceni de iure gentium sint domini suarum possessionum et terrarum et ciuitatum et liberi sunt*, ebd., S. 300.

650 Ebd., S. 301.

651 Vgl. ebd., S. 300.

652 Vgl. ebd., S. 301.

653 Ebd., S. 302.

654 Vgl. ebd., S. 301–302.

655 Vgl. Muldoon, Popes, Lawyers, and Infidels, S. 126.

656 Vgl. O'Callaghan, Castile, Portugal, and the Canary Islands, S. 298.

Bezüglich der Unterscheidung zwischen gerechten und ungerechten Formen des Krieges sind die *consilia* im Wesentlichen kongruent. Zum einen sei ein Krieg gerecht, wenn er der Selbstverteidigung oder der Verteidigung eines anderen christlichen Fürsten diene,[657] zum anderen, wenn er die Rückforderung oder Rückeroberung von Christen geraubten Gutes bezwecke.[658] Unter einem *bellum iniustum* versteht Roselli ebenfalls einen Angriffskrieg.[659] Sowohl der Papst als auch die Fürsten dürften keinem anderen Herrscher sein *dominium (priuato dominium rey sue)* grundlos entreißen, denn auch sie seien dem Naturrecht unterworfen.[660] Hier schließt sich nun eine Differenzierung von *dominium* an, bei der Roselli zwar dem Gedankengang der Kanonisten folgt, terminologisch aber eigene Wege geht. So unterscheidet er zwischen zwei Formen von *dominia*: dem *diuinum dominium* beziehungsweise dem *naturale dominium* auf der einen und dem *dominium seculare* auf der anderen Seite. Sowohl in seinem späteren Hauptwerk, der *Monarchia* – Roselli gilt als Vorkämpfer des sich neuformierenden monarchischen Gedankens[661] –, als auch in seinem Gutachten erklärt er diese Formen von *dominium* in ihrer historischen Genese. Beim *diuinum dominium* oder *naturale dominium* handele es sich um das Allgemeingut *(omnium commune)*, Gebiete, die den Menschen von Gott gegeben seien.[662] Erst im Laufe der Zeit hätten sich menschliche Herrschaft und Besitz entwickelt *(proprium et possessio)* und das *naturale dominium* sei aufgeteilt worden:[663] »Hinsichtlich der weltlichen Gewalten betont Roselli, daß sie, vom ewigen Gott kommend, über die Kaiser dieser Zeit dem Menschengeschlecht zugewiesen, in ihm verteilt werden.«[664] Im gleichen Zuge seien die Gesetze zur Verurteilung von Raub und unrechtmäßiger Okkupation entstanden *(ius gentium)*.[665] Diese *dominia* versteht Roselli zugleich als zwei Sphären, eine geistliche *(dominium diuinum)* und eine weltliche *(dominium seculare)*, wobei der Papst über letztere keine Verfügungsgewalt habe.[666] Gegen Hostiensis argumentiert er, dass Jesus Christus die göttliche Herrschaft im Himmel und auf Erden innegehabt und die Sorge für seine Herde seinem Stellvertreter auf Erden,

657 Vgl. Parecer de António de Rosellis, S. 336.

658 Vgl. ebd., S. 337.

659 Vgl. ebd., S. 332.

660 Vgl. ebd., S. 330.

661 Vgl. Meuthen, Antonio Rosellis Gutachten für Heinrich Schlick im Freisinger Bistumsstreit, S. 467.

662 Vgl. Parecer de António de Rosellis, S. 327.

663 Vgl. ebd., S. 327.

664 Roselli behauptet sogar, die kaiserliche Gewalt *(auctoritas)* komme unmittelbar von Gott. Weitz, Der Traktat des Antonio Roselli, S. 62.

665 Vgl. Parecer de António de Rosellis, S. 328.

666 In der *Monarchia* hingegen spricht er sich aber für eine universale Herrschaftsgewalt des Kaisers aus. Ungetaufte gehörten zwar nicht zur Kirche, doch

dem Papst als Vikar Christi, anvertraut habe. Eine weltliche Vollzugsgewalt habe Christus als Mensch Roselli zufolge jedoch nicht innegehabt.[667]

Folglich seien Heiden ihrem säkularen Herrschaftsrecht mit dessen Ankunft nicht verlustig gegangen *(ex quibus concluditur quod secularia dominia et iurisdictiones seculares gentilibus iure gentium acquisitas non perdiderunt Christi aduentu)*.[668] Zugleich seien Heiden aber der Macht des Papstes unterstellt *(tamen sub pedibus Petrj subiecti quoad dominium diuinum et potestatem, iuxta illud quod de Abram legitur)*.[669] Bezüglich der Ausnahmefälle, in denen es erlaubt sei, dass der Papst einen Krieg gegen Heiden veranlasse, folgt Roselli wie Menucci der Argumentation Innozenz' IV.[670] Während Roselli mit seiner *dominium*-Differenzierung die traditionelle Diskussion um das *dominium extra ecclesiam* weiter ausgestaltete, widmete er sich im Gegensatz zu Menucci nicht nur der Suche nach einem legitimen Rechtsgrund für die Invasion der heidnischen Gebiete Nordafrikas und der Kanaren, sondern setzte sich auch mit den *causae iustae* dieser Völker für einen Krieg gegen Christen auseinander.[671] Basierend auf den Theorien Aristoteles und Ciceros zum natürlichen Recht auf Selbstverteidigung nimmt Roselli hier einen bemerkenswerten Perspektivwechsel vor.[672] So räumt der Kanonist den Indigenen über ein rechtmäßiges *dominium seculare* hinaus auch ein Recht auf Selbstverteidigung ein: »Wenn es sich sogar um Heiden oder Gentilen handelt, die nach dem Völkerrecht legitimerweise Güter besitzen dürfen, folgt daraus, dass sie legitimerweise jedem König oder Fürsten Widerstand leisten können, der sie in ihrer Freiheit bedroht, ihre Güter oder ihre weltliche Jurisdiktionsgewalt wegnehmen möchte.«[673] Folglich hätten die heidnischen Völker, auch nach göttlichem Recht und dem Gesetz der Nächstenliebe *(iure caritatis et diuino)*, bei der Verteidigung ihrer Heimat und ihrer Nächsten die *causa iusta* auf ihrer Seite:[674] »Der katholische König, der sie angriff, konnte von denen, die ihre Freiheiten und Rechte verteidigten, mit Recht zurückgeschlagen werden, denn das Prinzip der Selbstverteidigung galt

aufgrund ihres menschlichen Antlitzes seien sie dem Kaiser untertan. Siehe dazu Höffner, Kolonialismus und Evangelium, S. 38 und 39, 61.

667 Vgl. Weitz, Der Traktat des Antonio Roselli, S. 61.

668 Parecer de António de Rosellis, S. 340.

669 Ebd., S. 339.

670 Vgl. Muldoon, A Fifteenth-Century Application, S. 477.

671 Vgl. ebd., S. 473–474.

672 Vgl. ebd.

673 *Etiam si sint paganj siue gemtiles, et jure gemtium licite bona possideant, sequitur quod licite resistere poterunt talj regi siue baronj cupientj ipsos inquitare in propria libertate, siue ipsis bona aut seculares iurisdictiones auferre.* Parecer de António de Rosellis, S. 324.

674 Vgl. ebd., S. 326.

sowohl für Christen als auch für Ungläubige.«[675] Obwohl auch Vladimiri Nichtchristen ein Recht auf Selbstverteidigung als Ausdruck einer souveränen Handlungsfähigkeit einräumte,[676] ist Rosellis Einsatz für die Rechte heidnischer Völker doch umso bemerkenswerter, da er allenfalls im Sinne des Heiligen Stuhls argumentierte und nicht wie Vladimiri die Interessen von (angeblichen) Nichtchristen vertrat.

»What is abundantly clear is that the *consulta* of the two jurists, duly presented to the Curia, in no way deterred Eugenius IV or his successors from authorizing and encouraging Portuguese overseas expansion.«[677] Trotz dieser Argumentation, die das *dominium* von Nichtchristen verteidigte und die Möglichkeiten für einen legitimen Krieg gegen die heidnischen Völker der Kanaren deutlich begrenzte, gelang es den Interventionsbefürwortern jedoch insbesondere mit den argumentativen Lücken der Kanonisten – in ihren Theorien war das Recht Indigener auf Herrschaft immerhin nicht uneingeschränkt[678] – ihr Vorgehen zu rechtfertigen. So sei es nicht verwunderlich, schreibt Russell, dass in portugiesischen Suppliken und Urkunden immer wieder auf die Bestialität der Kanarier verwiesen würde, um sie als Naturrechtsverletzer darzustellen.[679] Die große Bandbreite an barbarischen Attributen, die den indigenen Kanariern zugeschrieben wurden, zeigt nicht zuletzt Kapitel 5 dieser Studie. Im Gegensatz zu Russell, der einräumt, dass der Effekt der *consilia* und ihr Einfluss an der römischen Kurie und am portugiesischen und kastilischen Hof unbedeutend gewesen sei und Papst Eugen IV. und seine Nachfolger bei der Verteidigung der indigenen Bevölkerung der Kanaren versagt hätten,[680] betont Muldoon die große Relevanz kanonischer Reflexion über Völkerrecht für die Debatten des 16. Jahrhunderts, zu der auch die *consilia* Rosellis und Menuccis zählen, was im Folgenden zu überprüfen bleibt.[681]

675 »El rey católico que les atacase podría ser repelido en justicia por aquelles en defensa de su libertas y derechos, porque el principio de legítima defensa es válido tanto para los cristianos como para los infieles.« Rojas Donat, Historia del Pensamiento Jurídico, S. 465–481.

676 Für weitere Quellenstellen aus der Kanonistik zu diesem Thema vgl. Reid, The rights of Self-Defence and Justified Warefare, S. 73–91.

677 Russell, Some Portuguese paradigms, S. 386–390.

678 Vgl. Muldoon, Popes, Lawyers, and Infidels, S. 127.

679 Vgl. Russell, El Descubrimiento de las Canarias, S. 28.

680 Vgl. ebd., S. 29.

681 Vgl. Muldoon, A Fifteenth-Century Application, S. 467 und 479.

7.2.2 Alonso de Palencia

»Die Spanier und andere Völker betrieben Plünderung und Piraterie, um sie zu fangen und zu verschleppen und in Spanien wie Pferde zu verkaufen.«[682] Kritik am kanarischen Sklavenhandel, hier von Pierre Bergeron im 17. Jahrhundert geäußert, begegnet uns bereits im ausgehenden 15. Jahrhundert bei keinem Geringeren als Alonso de Palencia, Hofchronist der Katholischen Könige, dessen Schriften bereits für den Praxisteil dieser Studie herangezogen wurden. Schüler Cartagenas, der als »formador de futuros intelectuales«[683] eine Denkschule an seinem Bischofssitz in Burgos begründet hatte und für die Organisation und Ausrüstung der Eroberungsfahrten nach Gran Canaria verantwortlich war,[684] erklärte Palencia die Eroberung der Kanaren zwar für legitim, kritisierte jedoch die Praxis des Sklavenfangs.[685]

Während die pro-kastilische Argumentation Cartagenas in verschiedenen Arbeiten zur Rechtsgeschichte zitiert wurde, hat der Beitrag Palencias zum Diskurs um die Herrschaftsfrage an den Kanarischen Inseln und den Freiheitsrechten ihrer Bewohner in seiner *Crónica de Enrique IV*, auch *Décadas* genannt, in der Forschung bisher noch keine Berücksichtigung gefunden. Zu Beginn seines Berichtes über die Eroberung Gran Canarias weist er darauf hin, dass die Kastilier im Hafen von Sanlúcar de Barrameda Schiffe ausrüsteten, die zwei unterschiedliche Ziele ansteuern sollten: zum einen die Kanarischen Inseln, zum anderen die Goldminen *(Mina de Oro)* an der afrikanischen Küste.[686] Diese Unternehmungen zielten darauf, die Einflusssphäre Portugals zu beschneiden *(delibetar el poderío de los portugueses)*, die den gesamten Ozean südlich der Iberischen Halbinsel für sich reklamierten *(adjudicaban el señorio)*. Folglich bezog sich auch für Palencia der Rechtsstreit zwischen Portugal und Kastilien auf die gesamte Expansion gen Süden und schloss sowohl die Eroberungen der Kanaren und Nordafrikas als auch die Erkundungsfahrten entlang der Küste Guineas mit ein. Ein Anrecht der Portugiesen auf diese Gebiete stellt der

682 *Los españoles y otros pueblos hacían correrías y piraterías para atraparlos y llevarlos a vender a España como si fueran caballos*. Bergeron, Tratado de Navegación y de los viajes de descubrimiento y de conquista modernos y principalmente de los franceses, S. 98.

683 González Rolán / Hernández González / Saquero Suárez-Somonte, Introducción, S. 12.

684 Vgl. Real Torres, La conquista de Canarias, S. 249; ders., Art. »Palencia, Alfonso de«, S. 639; ders., Las Islas Canarias en el Humanismo, S. 618; Álvarez Delgado, Alonso de Palencia, S. 60.

685 Die Passage und seine besitzrechtliche Argumentation wurden in der Forschung bisher kaum berücksichtigt, ein Kommentar findet sich etwa bei: Villacañas Berlanga, La primera expansión atlántica, S. 69.

686 Vgl. Blake, Europeans in West Africa, S. 189.

Hofchronist, wie schon Cartagena, durch ihre gescheiterten Angriffe auf die Kanaren in Abrede. Das Vorrecht Kastiliens begründete er mit dem Recht auf Gewalt *(derecho de las armas)*, da friedliche Missionierungsversuche der indigenen kanarischen Bevölkerung allesamt gescheitert seien:

> Nicht der Mann des flammendsten Glaubens hat es geschafft, die Kanarier zum wahren Glauben zu bekehren, weder mit den überzeugendsten Gründen noch mit einer ständigen Freundlichkeit der Behandlung; im Gegenteil, viele von denen, die es versuchten, wurden von ihnen grausam ermordet, nachdem sie sie mit vorgetäuschter Freundlichkeit aufgenommen hatten. Nur die Beharrlichkeit in einem zukünftigen Krieg war für uns die einzige Hoffnung, [Gran] Canaria zu unterwerfen.[687]

Diese Aussage bezog sich gewiss auf die in der zweiten Hälfte des 14. Jahrhunderts versuchte Evangelisierung der *Canarios*, die mit dem Tod von dreizehn Bettelordensbrüdern, Karmeliten, Franziskanern oder Dominikanern, auf Gran Canaria vorerst ein Ende gefunden hatte.[688] Wie bereits in Kapitel 5 festgestellt, sind auch bei Palencia die Kanarier durch ihre Ablehnung des Christentums wie die Angehörigen des Islam Glaubensfeinde *(enemigos)*,[689] gegen die ein Krieg gerecht sei. Hier ist bemerkenswert, dass Palencia im Gegensatz zu seinem Lehrer Cartagena die Herrschaftsrechte der Kastilier an den Kanarischen Inseln nicht auf eine geopolitische historische Fiktion, sondern auf ein historisches Faktum stützte. Dies ist auch ein wesentlicher Unterschied zur späteren Eroberung Lateinamerikas, wo zunächst unterworfen und dann missioniert wurde, was unter anderem Las Casas vehement kritisierte. Mit Blick auf den Archipel hatte man zumindest auf Gran Canaria vor der gewaltsamen *Conquista* Béthencourts friedliche Missionierungsversuche im Sinne des mallorquinischen Franziskaners Raimund Llull unternommen (siehe dazu auch Abschnitt 2.4).

Obwohl die uneinsichtigen indigenen Herrscher *(pertinaces dueños)* bei Palencia, wie bei seinem Lehrer Cartagena, so ihr Herrschaftsrecht *(dominium)* verwirkt hätten, äußert der Hofchronist hingegen Kritik an ihrer Versklavung: »So umkreisten dann die Mehrheit der Unseren, mit der Ordnung und dem Gehorsam unbekannt, mit ihren Schiffen die Küsten von Planasia [Teneriffa] und Niguaria [Las Palmas], um Sklaven zu fangen, um sie nach Spanien zu

687 *Ne el hombre de fe más encendida ha podido convertir a los canarios la verdadera religión, ni con las razones más convincentes, ni con la continua afabilidad de trato; antes por lo contrario, dieron cruel muerta a muchos de los que lo intentaron, después de haberlos acogido con fingida amabilidad. Únicamente la perseverancia en una guerra futura era para los nuestros la sola esperanza de someter a Canaria.* La conquista de Gran Canaria en las Décadas de Alonso de Palencia, S. 476.

688 Siehe Bonnet y Reverón, El testamento de los trece hermanos, S. 288–305 und Aznar Vallejo, Evangelización y organización eclesiástica en Canarias, S. 18–20.

689 La conquista de Gran Canaria en las Décadas de Alonso de Palencia, S. 476.

entführen.«[690] Im Einklang mit den *Siete Partidas* Alfons' des Weisen sei eine Versklavung, so Palencia, nur in Folge eines *bellum iustum* legitim.[691] Dazu zählten aber nicht die Überfälle auf die Kanaren, bei denen Insulaner entführt und in die Sklaverei verkauft würden. Solche Praktiken verstießen gegen das Naturrecht. Ebenso dürfe man die indigenen Machthaber auch nicht einfach – anstelle einer kriegerischen Unterwerfung – als Unfreie *(siervos)* auf die Iberische Halbinsel entführen.[692] Hier fällt auf, dass Palencia beim Schutz Indigener vor Versklavung ihre *libertas* nicht an ihren Glaubenszustand band oder dies im Abschnitt seiner Chronik zur Eroberung Gran Canarias zumindest nicht weiter ausführte.

Zwar Verfechter kastilischer Herrschaftsrechte über den Archipel, verurteilte Palencia die Versklavung Indigener, wenn sie auf der Praxis der *cabalgadas* beruhte. Weniger theoretisch-abstrakt wie bei den Kanonisten formuliert, erwuchs Palencias Kritik vermutlich Beobachtungen und Erfahrungen, die er durch seine Nähe zu Cartagena, zum kastilischen Hof und aus seiner Zeit in Sevilla gesammelt hatte. Gewiss war Palencia mit den Argumenten Kastiliens bezüglich überseeischer Besitzansprüche vertraut, die Cartagena für die Auseinandersetzung mit Portugal beim Konzil von Basel formuliert hatte. Auch ist wahrscheinlich, dass er dem einen oder anderen indigenen Potentaten, der sich mehr oder weniger freiwillig am Hof der Katholischen Könige aufhielt (siehe Kapitel 4), begegnete. Darüber hinaus war Palencia Zeitzeuge der wachsenden Sklavengesellschaft in Sevilla sowie der steigenden Anzahl an Prozessen um unrechtmäßige Versklavungen indigener Kanarier. Doch seine Kritik an der Versklavung Indigener war zu dieser Zeit autoritätskonform, denn auch die Katholischen Könige bemühten sich darum, die Freiheit getaufter Indigener – die sie als ihre neuen Untertanen verstanden – zu schützen.[693]

Während Palencia nicht die Eroberung der Kanaren an sich als Unrecht anprangerte, sondern ein rechtskonformes Vorgehen bei der Eroberungspraxis forderte, räumten die italienischen Rechtsgelehrten Roselli und Menucci da Pratovecchio Heiden Herrschaftsrechte ein. Dem *dominium* trat die *libertas* als universales Recht an die Seite, das insbesondere in Anbetracht der Ausdehnung

690 *Así, pues, la mayoría de los nuestros, desconocedores del orden y de la obediencia, discurrían con sus naves por los litorales de Planasia [Teneriffa] y Niguaria [Las Palmas] a la captura de esclavos para conducirlos a España.* Palencia benutzt hier Inselnamen aus der antiken Überlieferung. La conquista de Gran Canaria en las Décadas de Alonso de Palencia, S. 479.

691 Vgl. Las Siete Partidas, Bd. 4, Title XXI, Law I, S. 977; Las Siete Partidas del Rey Don Alfonso el Sabio, Bd. III, S. 117.

692 Vgl. La conquista de Gran Canaria en las Décadas de Alonso de Palencia, S. 476.

693 Siehe dazu Rumeu de Armas, La política indigenista.

des Sklavenhandels zu einem weiteren brisanten völkerrechtlichen Thema wurde. Die allgemeine Gültigkeit dieser Rechte sowohl für Christen und Nichtchristen – letztere wurden undifferenziert als eine Gruppe betrachtet – lag den Kanonisten zufolge die Universalität des Natur- bzw. Völkerrechts zugrunde. Mit dem Recht auf Selbstverteidigung räumten die polnischen Rechtsgelehrten und Roselli Heiden auch die Möglichkeit ein, ein *bellum iustum* zu führen. Herrscher nichtchristlicher Reiche waren in den Augen der Gelehrten aber nicht vollends souverän, sondern unterstanden der *superioritas* des Heiligen Stuhls, dem unter bestimmten Umständen eine Einmischung in ihre inneren Angelegenheiten erlaubt war.

7.3 Die kanarische Frage und die Schule von Salamanca

7.3.1 Bartolomé de las Casas

Der Dominikaner Bartolomé de las Casas ist insbesondere als Kritiker der *Conquista* Lateinamerikas im 16. Jahrhundert und Verteidiger der indigenen Bevölkerung bekannt, als deren Advokat er bei der *Junta* von Valladolid 1550/51 gegen seinen Kontrahenten Juan Ginés de Sepúlveda auftrat. Weniger bekannt und erforscht ist hingegen seine Kritik am Umgang mit der kanarischen und der westafrikanischen Bevölkerung, die er in einer später so benannten *Brevísima relación de la destrucción de África* zusammenfasste.[694] Im 18. Jahrhundert hatte der Niederländer Corneille de Pauw in seinen *Recherches Philosophiques sur les Américains ou Mémoires intéressants pour servir à l'Histoire de l'Espèce Humaine* Las Casas als Befürworter des transatlantischen Sklavenhandels denunziert.[695] Die bis heute in der Forschung kursierende *leyenda negra* über den Dominikaner, ein Feind der Schwarzen zu sein *(enemigo de los negros)*, weil er vorgeschlagen habe, sie anstelle der Indigenen Lateinamerikas zu versklaven,[696] ist gewiss eine Erklärung dafür, warum die *Brevísima relación de la destrucción de África* bisher wenig Aufmerksamkeit erfahren hat.

Die heute meist als eigenes Werk gehandelten Kapitel waren eigentlich teil der von Las Casas verfassten *Historia de las Indias* (Kapitel 1–11). Hier legte er an den kanarischen und westafrikanischen Fall dieselben moralischen und ethischen Prinzipien an, wie an die lateinamerikanische Frage. Im Unterschied zu seiner Kritik am Vorgehen bei den *Conquistas* in der Karibik und in Latein-

694 Vgl. Pérez Fernández, Estudio preliminar, S. 11.

695 Vgl. Sánchez-Godoy, Bartolomé de Las Casas, S. 1–2.

696 Vgl. Pérez Fernández, Estudio preliminar, S. 15–16; Ottmann, Geschichte des politischen Denkens, S. 118. Siehe dazu genauer Pérez Fernández, Bartolomé de las Casas ¿Contra los negros?

amerika war Las Casas jedoch kein Augenzeuge der zur Abfassungszeit der Schrift bereits seit fünfzig Jahren abgeschlossenen Eroberung des Archipels. Seine kritischen Überlegungen in diesen Kapiteln stützten sich deshalb auf kastilische und vor allem portugiesische Quellen, wie etwa die Chronik Alonso de Palencias oder die ersten Dekaden von João de Barros' *Ásia* und Gomes Eanes de Zuraras *Crónica dos Feitos da Guiné.*[697] Darüber hinaus wurde die in den 1550er Jahren entstandene *Historia de las Indias* erst 1875 gedruckt, da unter Philipp II. Bücher über Westindien ohne seine Erlaubnis nicht mehr gedruckt werden durften.[698] Im Vergleich zur breiten Wirkung seiner Thesen zur lateinamerikanischen Frage lässt sich deshalb nur eine geringe Rezeption seiner Gedanken zur »Zerstörung« Westafrikas im 16. Jahrhundert annehmen.[699]

Als »prólogo«,[700] »preludio« oder »exposición« der *Historia de las Indias* stellte Las Casas die Eroberung Amerikas mit dieser Einleitung zugleich in einen größeren Kontext,[701] der in zeitlicher Hinsicht Kontinuität zwischen den Eroberungen herstellt und in räumlicher Hinsicht eine transatlantische bzw. globalhistorische Perspektive eröffnet.[702] Der Zusammenhang zwischen den Diskursen um die Legitimität der Eroberung neu entdeckter, nichtchristlicher Reiche im 15. und 16. Jahrhundert wird hier evident.

> This entire section of Las Casas's *History of the Indies* is noteworthy, not only because of his argument in support of the Canary Islanders' sovereignty but even more so because of his defense of Muslim sovereignty in lands that had never been Christian. Las Casas explains that while Christians might have a just war against the Turks and Moors of the Mediterranean, they do *not* have a just war against all infidels.[703]

Andrew W. Devereux sieht in den ersten Kapiteln der *Historia de las Indias* eine retrospektive Verteidigung der Souveränität der indigenen kanarischen Völker und eine Infragestellung der automatischen Erklärung jeglichen Krieges gegen Ungläubige zu einem *bellum iustum.* Demgegenüber versteht Isacio Pérez Fernández, Herausgeber der *Brevísima relación de la destrucción de África*, Las Casas' Ausführungen nur als eine Kritik an der Behandlung von Kanariern und Afrikanern, bewegt durch das christlich-ethische Gedankengut des Dominikaners. Vorrangig habe die Bezugnahme auf die Kanarischen Inseln jedoch dazu gedient, den durch den Vertrag von Alcáçovas bestätigten Besitzanspruch an den Kanaren zu untermauern.[704]

697 Vgl. Sánchez-Godoy, Bartolomé de Las Casas, S. 13.
698 Vgl. Pérez Fernández, Fray Bartolomé de Las Casas, S. 147.
699 Vgl. Pérez Fernández, Estudio preliminar, S. 12–14.
700 Gruzinski, Una Historia de las Indias entre África y América, S. 15–27.
701 Vgl. ebd.
702 Vgl. ebd., S. 27; Sánchez-Godoy, Bartolomé de Las Casas, S. 10–11.
703 Devereux, The Other Side of Empire, S. 120, siehe ebenso Devereux, Apostasy, usurpation, and biblical genealogies, S. 177.
704 Vgl. Pérez Fernández, Estudio preliminar, S. 45.

Worum ging es Las Casas nun? Beabsichtigte er, wie Roselli, das *dominium* der Kanarier zu verteidigen und die Eroberungskriege als ungerecht anzuprangern oder, wie Cartagena, das Herrschaftsrecht Kastiliens am Archipel zu untermauern? Die wenigen Forschungsarbeiten und ihre Kontroversität bezüglich der Aussageabsicht des Las Casas machen es notwendig, die Inhalte der Kapitel einer genauen Analyse zu unterziehen.

Adressaten seiner Kritik in den Kapiteln zur *Conquista* der Kanaren sind nicht die kastilischen Herrscher des 15. Jahrhunderts, sondern die Portugiesen und Franzosen, deren Angriffe auf die Kanarischen Inseln er aufs Schärfste verurteilt. So trägt das erste Kapitel die Überschrift: »Über den grausamen und ungerechten Krieg, den Monsieur Jean de Béthencourt gegen ihre Bewohner, die keinen Schaden angerichtet hatten, führte, um sie zu unterwerfen.«[705] Für diesen Krieg habe es keinen gerechten Grund gegeben, sondern die Franzosen hätten schlicht danach gestrebt, über den Archipel zu herrschen *(voluntad o, por mejor decir, ambición y querer ser señor)*.[706] Als gerechte Gründe für einen Krieg gegen Ungläubige nennt Las Casas die drei aus der kanonischen Tradition bekannten: erstens, wenn Ungläubige Christen im Moment oder aus Gewohnheit bekriegten, wie es bei den Türken oder Mauren der Fall sei. Wenn Christen in einem solchen Fall gegen die Ungläubigen kämpften, handele es sich um einen gerechten Verteidigungskrieg *(legítima defensión y natural)*. Zweitens sei ein Krieg gegen Ungläubige gerecht, wenn diese ohne Grund den christlichen Glauben verfolgten oder christliche Prediger töteten. Als dritten Grund für einen gerechten Krieg nennt Las Casas das *ius recuperationis*.[707] Eine Invasion jedoch, wie Béthencourt sie durchgeführt habe, sei Christen auch in heidnische Gebiete nicht erlaubt:

> Ohne irgendeinen Unterschied zwischen Nichtchristen zu machen, nicht mehr, als dass einige Menschen keine Christen, sondern Ungläubige sind, auf welchem eigenen Land sie sich auch aufhalten oder leben, so glauben wir und halten es für die Wahrheit, dass es nicht erlaubt ist, in ihre Reiche und Länder einzufallen, sie in Aufruhe zu versetzen und zu erobern.[708]

Wie bei Innozenz IV., Roselli und Vladimiri verfügen Heiden wie Christen, aufgrund ihrer Eigenschaft als vernunftbegabte Wesen *(son hombres y tienen*

705 *La guerra cruel e injusta que mosior Juan de Betancor, para sujetarlas, hizo a los vecinos dellas, que no le habían hecho ningún daño.* Las Casas, Brevísima relación de la destrucción de África, S. 195.

706 Vgl. ebd., S. 197.

707 Vgl. ebd., S. 253–254.

708 *Sin hacer distinción alguna entre infieles, no por más de que no son cristianos algunos hombres, sino por ser infieles, en cualesquiera tierras suyas propias que vivan y estén, creamos y tengamos por verdad que nos es lícito invadir sus reinos y tierras e irlos a desasosegar y conquistar.* Vgl. ebd., S. 198–199.

ánimas racionales),[709] bei Las Casas über die gleichen Eigentums-, Besitz- und Freiheitsrechte.[710] In diesem Kontext richtet sich Las Casas außerdem explizit gegen die mit Francesco Petrarca begründete Vorstellung der Kanarier als animalisch, die durch portugiesische Geschichtsschreiber weiter bestärkt worden sei.[711]

Große Verluste hätten die Franzosen den Kanariern zugefügt, obwohl von ihnen keine Aggression ausgegangen sei. Ganz im Gegenteil handele es sich um Menschen, die nur wenige Waffen besäßen und niemandem Schlechtes zugefügt hätten.[712] Hier überzeichnet Las Casas, wie auch bezüglich der Indigenen Lateinamerikas ein beliebtes Stilmittel des Dominikaners, die Friedfertigkeit der Kanarier, um sie mit der Kriegs- und Herrschsucht der französischen Konquistadoren zu kontrastieren. Hinsichtlich seiner Kritik an den Taten der Portugiesen arbeitet er sich vornehmlich am historiographischen Werk João de Barros ab.[713] Was der Portugiese als glorreiche Taten inszeniere, seien Sklaverei, Diebstahl und Tyrannei gewesen *(esclavizaciones, latrocinios y tiranías)*.[714] Insgesamt habe sich die Tyrannei der Portugiesen sowohl gegen die Kanarier als auch gegen die Spanier gerichtet.[715]

Wie bei seiner Kritik an der Eroberung Lateinamerikas, schreibt Las Casas auch bezüglich der kanarischen Frage anderen Akteuren als der spanischen Krone Schuld zu. Während es bei der Eroberung der Kanaren die Franzosen und Portugiesen sind, standen mit Blick auf die *Conquista* Lateinamerikas vor allem die Konquistadoren und *Encomenderos* im Fokus seiner Kritik.[716] Karl V. hingegen ist zwar oftmals Adressat seiner Werke, ihm kommt bei Las Casas aber eher die Rolle eines Hüters des Völkerrechts zu. Für Las Casas ist es Karl V., der in der Praxis auf die Eroberungs- und Missionsstrategie und den Umgang der Spanier mit den indigenen Völkern der Neuen Welt einwirken sollte, was sich etwa an den 1542 verabschiedeten *Leyes Nuevas* zeigt.[717] In seiner Idealvorstellung sollten die indigenen Völker Lateinamerikas einer Integration in das spanische Imperium zustimmen und die Oberhoheit *(superioritas)* des Kaisers anerkennen,[718] dessen universalen Herrschaftsanspruch der Dominikaner an

709 Las Casas, Brevísima relación de la destrucción de África, S. 199.
710 Vgl. ebd., S. 198.
711 Vgl. ebd., S. 231–232.
712 Vgl. ebd., S. 198.
713 Vgl. ebd., S. 197.
714 Vgl. ebd., S. 243.
715 Vgl. ebd., S. 201 und 202.
716 Vgl. Eggensperger, Einleitung, S. 69–70.
717 Vgl. Specht, Spanische Spätscholastik im Kontext ihrer Zeit, S. 14.
718 Vgl. Las Casas, Principia Quedam, S. 556.

verschiedenen Stellen untermauert (*que a tan alto y sublime príncipe de todos* und *universal superior y señor*).[719] Ebenso spricht er sich in der *Brevísima relación de la destrucción de África* für eine souveräne Herrschaft Kastiliens über den Archipel aus, die nicht von Seiten Portugals untergraben werden dürfe (*usurpar el señorío soberano de los reyes de Castilla*). Immer schon, so der Dominikaner, habe die Herrschaft über den Archipel Kastilien zugestanden (*el señorío siempre fue de Castilla*).[720]

Zugleich bezeichnet Las Casas die indigenen Stammesfürsten der Kanaren als *señores naturales.*[721] Dabei handelt es sich um ein vornehmlich spanisches Konzept, das sich auch in den *Siete Partidas* Alfons' des Weisen findet und womit Las Casas auch die indigenen Potentaten Lateinamerikas betitelte.[722] In einem Aufsatz aus dem Jahr 1939 hat Robert Chamberlain den Versuch unternommen, den Begriff nach seinem zeitgenössischen Verständnis zu definieren:

> a lord who, by inherent nature of superior qualities, goodness, and virtue, and by birth of superior station, attains power legitimately and exercises dominion over all within his lands justly and in accord with divine, natural, and human law and reason, being universally accepted, recognized, and obeyed by his vassals and subjects and acknowledged by other lords and their peoples as one who rightfully possesses his office and rightfully wields authority within his territory.[723]

Die Verwendung der Bezeichnung für die indigenen Herrscher der Kanaren und Lateinamerikas verweist auf eine gewisse Breite des Konzepts, das auch heidnischen Fürsten ein aus dem *ius naturale* abgeleitetes Recht auf Herrschaft zugestand.[724] Der Definition zufolge wurde das *dominium* eines *señor* oder auch *rey natural* zwar von außen anerkannt, bezog sich jedoch auf die Ausübung einer Herrschaftsmacht nach innen. Während, wie einleitend zu Kapitel 6 erläutert, die *superioritas* eine vollumfängliche Handlungskompetenz von Herrschern, auch nach außen, umfasste, konnte der *señor natural* ebenso gut ein Fürst oder Herzog sein, der in seinem Herrschaftsbereich zwar souverän agierte, jedoch einem anderen Herrn unterstellt sein konnte.[725] Folglich hegte der Dominikaner in Bezug auf die Eroberung der Kanarischen Inseln retrospektiv die gleiche Idealvorstellung eines Einvernehmens zwischen der autochthonen Bevölkerung

719 Las Casas, Entre los remedios, S. 323 und 331.

720 Vgl. Las Casas, Brevísima relación de la destrucción de África, S. 203 und 216.

721 Vgl. ebd., S. 199.

722 Vgl. Las Siete Partidas, Bd. 2, Title VII, Law IX, S. 305; Las Siete Partidas del Rey Don Alfonso el Sabio, Bd. II, S. 51; Chamberlain, The Concept of the *Señor Natural*, S. 130; Villella, Indigenous Elites, S. 30.

723 Chamberlain, The Concept of the *Señor Natural*, S. 130.

724 Vgl. ebd., S. 135 und als Quellenbeispiel: Libro de la conquista de la ysla de Gran Canaria y de las demas yslas (Ovetense), S. 115.

725 Vgl. Chamberlain, The Concept of the *Señor Natural* (1939), S. 135.

und den Eroberern wie im Falle Lateinamerikas, bei dem sich eine selbstständige Herrschaftsausübung der Kanarier oder Indigenen Lateinamerikas nach innen *(dominium / señor natural)* mit einer Oberherrschaft Kastiliens *(superioritas)* verband. Während er also die Eingliederung der Neuen Welten in das spanische Imperium für legitim erachtete, erhob Las Casas hingegen Zweifel an der Rechtmäßigkeit der gewaltsamen Evangelisierung und Versklavung der indigenen Völker.

Unter der Überschrift *Consideraciones éticas* spricht sich der Dominikaner für eine friedliche Missionierung aller Heiden aus, unabhängig davon, ob sie Sünden begingen oder verdorbene Bräuche praktizierten.[726] Sünden wider die Natur und ein mögliches Interventionsrecht des Papstes, wie es noch die Kanonisten des 15. Jahrhunderts postulierten, erwähnt Las Casas hier nicht. Während er bezüglich des Angriffskrieges auf die Kanaren für seine Kritik nur die Franzosen und Portugiesen ins Visier nahm, äußert er im Hinblick auf die Versklavung der autochthonen Bevölkerung der Kanaren auch Bedenken gegenüber dem Verhalten seiner eigenen Landsleute. Der Abschnitt trägt die Überschrift: »Über die Bösartigkeit und abscheuliche Tyrannei der Versklavung der natürlichen Bevölkerung dieser Inseln durch die Kastilier und Portugiesen.«[727] Weder ein natürliches noch ein menschliches oder göttliches Recht existiere, das solche Taten an unschuldigen Menschen erlaube. Menschen zu versklaven, nur weil sie keine Christen seien, sei eine Todsünde, für die Las Casas von den Tätern eine Restitution fordert.[728]

Die zurückhaltende Kritik des Las Casas an der Eroberung verwundert, hätte er doch über die bereits vergangene Eroberung sichtlich harscher urteilen können. Hinsichtlich der Kanarier ließ sich jedoch im Vergleich zur Versklavung der Schwarzafrikaner und zur gewaltsamen Unterjochung der Indigenen Lateinamerikas keine politische Agenda mehr verfolgen. Damit erscheinen die Kanaren hier eher als Exemplum für die von Las Casas aufgeworfenen moralisch-ethischen Fragen.

726 Vgl. Las Casas, Brevísima relación de la destrucción de África, S. 198.

727 *Perversidad y tiranía detestable de la esclavización de los naturales de las islas por castellanos y portugueses.* Las Casas, Brevísima relación de la destrucción de África, S. 219.

728 Vgl. ebd.

7.3.2 Alonso de Espinosa

> Fest steht, dass der Krieg, den die Spanier gegen sie führten, sowohl gegen die Bewohner dieser Inseln [Kanaren] als auch gegen die Indianer in den westlichen Regionen, nach göttlichem und menschlichem Recht ungerecht war, ohne dass es einen triftigen Grund dafür gab; denn weder besaßen sie christliches Land, noch gingen sie über ihre Grenzen hinaus, um Fremde zu überfallen oder zu stören. Denn um zu sagen, dass sie ihnen das Evangelium brachten, hätte es mit Predigt und Ermahnung, nicht mit Trommel und Fahne geschehen, erbeten und nicht erzwungen werden müssen.[729]

Alonso de Espinosa, dessen historiographisches Werk über die Wunder der Jungfrau von Candelaria und die Eroberung Teneriffas bereits im Praxisteil dieser Studie eine Quellengrundlage bildete, äußerte zum Ende des 16. Jahrhunderts vehemente Kritik an der *Conquista* der Kanaren. Für ihn gab es keinen legitimen Rechtsgrund für die Angriffe der Spanier auf die Inseln, die er als *bellum iniustum* verurteilte. Weder das *ius recuperandi* noch eine Aggression der Indigenen hätten als *causae iustae* für die Eroberung der Kanaren und Lateinamerikas angeführt werden können. Die Christianisierung hätte auf friedliche Weise und nicht durch Waffengewalt erfolgen müssen. »Espinosa would later apply to the Canary Islands Las Casas's anti-slavery ideas as well as his theory about peaceful evangelization.«[730] Wie Eyda M. Merediz und Antonio M. López Alonso sahen auch schon frühe Bezugnahmen auf die *Historia de nuestra Señora de Candelaria* das Werk von der Lehre des Las Casas' beeinflusst. Merediz ging in ihrem 2018 veröffentlichten Aufsatz sogar noch einen Schritt weiter und konstatierte: »Las Casas and Espinosa's shared perspective on non-European pagan peoples and on the nature of just war operates as the basis for the emergence of Espinosa's text as a whole.«[731] Insbesondere die *Apologética Historia Sumaria* des Las Casas, deren Inhalte Merediz vergleichend heranzieht, hält sie für die fundamentale Grundlage von Espinosas Ausführungen, obwohl

729 *Cosa averiguada es, por derecho divino y humano, que la guerra que los españoles les hicieron, así a los naturales destas islas como a los indios en las occidentales regiones, fue injusta, sin tener razón alguna de bien en que estribar; porque ni ello poseían tierras de cristianos, ni salían de sus límites y términos para infestar ni molestar las ajenas. Pues decir que les traían el Evangelio, había de ser con predicación y amonestación, y no con tambor y bandera, rogados y no forzados, pero esta materia ya está ventilada en otras partes; pase ahora.* Espinosa, Origen y milagros de Nuestra Señora de Candelaria, S. 53.

730 Merediz, Bartolomé de las Casas in the Canary Islands, S. 330.

731 Ebd. Auf das Echo lascasianischer Thesen in Espinosa haben hingewiesen: Wölfel, La Curia Romana, S. 1013; Rosa Alonso, El Poema de Viana, S. 61; zuletzt: López Alonso, Esenciales (VI). Siehe dazu auch: Bonnet y Reverón, La obra del Padre Fray Alonso de Espinosa, S. 33–42 und Cioranescu, Colón humanista.

dieser Las Casas an keiner Stelle erwähnt.[732] Biographische Berührungspunkte sieht Merediz in Espinosas Zeit im Dominikanerkonvent in Guatemala; ein Ort, an dem die Prägung des früheren Bischofs von Chiapas spürbar gewesen sei.[733] Insgesamt, so zeigt sie, beeinflusste der Diskurs um die Indigenen der Neuen Welt Espinosas Darstellung der Eroberung der Insel Teneriffa und ihrer Bewohner. So habe der Dominikaner beispielsweise Anthropophagie als rituelle Praxis bei der Bestattung der *Guanchen* verteidigt, obwohl den Insulanern nie Kannibalismus vorgeworfen worden sei.[734] Darüber hinaus habe er bei der ethnographischen Beschreibung an keiner Stelle von Götzendienst gesprochen, der, wie einleitend bei der kurzen Skizze der kanonistischen Position zum *dominium extra ecclesiam* gezeigt, einen Interventionsgrund darstellte.[735] Hier vermischte sich also die Debatte um die Menschennatur und Freiheits- und Herrschaftsrechte der Völker der Neuen Welten.

Auch wenn Merediz auf überzeugende Weise argumentiert, dass Espinosas Werk von der Lehre des Las Casas durchdrungen sei, so ist seine Position zur Ungerechtigkeit des Eroberungskrieges und zu den Herrschafts- und Freiheitsrechten der indigenen Bevölkerung der Kanarischen Inseln deutlich radikaler als die seiner möglichen Inspirationsquelle. Die Versklavung der indigenen Bevölkerung sehen Las Casas und Espinosa beide äußerst kritisch. Während Las Casas hier eher abstrakt und pauschal argumentiert, macht Espinosa seine Haltung anhand von Beispielen aus der Eroberungsgeschichte deutlich. Als unmenschlich und wider die Vernunft *(inhuman hecho y fuera de toda razón)*[736] prangerte er etwa die Verschleppung eines Großteils der verbündeten *Guanchen (libres, amigos y confederados)* in die Sklaverei nach der Niederlage der Konquistadoren bei Mantanza an, mit der die Spanier ihre Verluste hätten ausgleichen wollen. Auch den Verrat an den *Canarios*, die man unter dem Vorwand eines gemeinsamen Angriffs auf Teneriffa von Gran Canaria verschleppt hätte, brandmarkt Espinosa als Vergehen und als Strategie zur Entvölkerung der Insel *(Mas como su intento no era fundar pueblo, sino desterrar los canarios que traía [...])*.[737] Ebenso sieht er in der Bezeichnung der Indigenen als Freunde *(amigos)* eine Farce der Konquistadoren, denen sie nur Sicherheit und Frieden versprochen hätten, um sie anschließend in die Sklaverei zu verkaufen *(tomándolos sobre seguro y de paz embarcándolos para venderlos esclavos)*.[738] Wenn sie so diejenigen behandelten, die

732 Merediz, Bartolomé de las Casas in the Canary Islands, S. 335.
733 Vgl. ebd., S. 330.
734 Vgl. ebd., S. 341.
735 Vgl. ebd., S. 337.
736 Espinosa, Origen y milagros de Nuestra Señora de Candelaria, S. 57.
737 Vgl. ebd., S. 50.
738 Vgl. ebd., S. 57.

sie als »Freunde« bezeichneten, wie verfuhren sie erst dann mit denjenigen, die sie als ihre Feinde erachteten?[739]

Seine Sympathie für die *Guanchen* und ihr Schicksal tritt aber vor allem dann zutage, wenn er ihre Eigenschaften und Handlungen mit denjenigen der Konquistadoren vergleicht. Während er die Konquistadoren, die Gottes Strafe fürchten müssten, als verräterisch und hochmütig inszeniert *(la altivez y soberbia españolas)*,[740] sind die *Guanchen* für ihn insbesondere durch das Erscheinen der Jungfrau von Candelaria noch vor ihrer Christianisierung ein von Gott begünstigtes Volk: »The Virgin of Candelaria became indeed the sign of the Guanches' favor with God.«[741] Vor allem die *Guanchen*-Fürsten bezeichnet er als »Könige unter Königen« *(rey, y para entre reyes)*[742] und untermauert so ihr Recht auf *dominium*: »Espinosa's portrayal of Guanche kings corresponded, not accidentally, to the ideal of a Christian monarch. In this manner, he asserted the legitimacy of Guanche self-governance.«[743]

Dieses Herrschaftsrecht der indigenen Kanarier wird bei Espinosa in keiner Weise eingeschränkt und sogar dadurch bestärkt, dass er ihnen die *causa iusta* für den Krieg gegen die Spanier zuschreibt. Während die Spanier nur für Ehre und Eigeninteressen kämpften, hätten die Indigenen ihre Heimat und ihre Freiheit gegenüber den angreifenden Konquistadoren verteidigt *(los unos les iba honra e interés, y a los otros defensión de patria y libertad)*.[744] Hinsichtlich des Herrschaftsrechts der Kanarier geht Espinosa hier deutlich über die Position des Las Casas hinaus, indem er den Indigenen eine uneingeschränkte Herrschaftsgewalt nach innen wie auch nach außen *(superioritas)* einräumte. Entgegen den kritischen Stimmen früherer Jahrhunderte – Innozenz IV., Vladirimi und Roselli – wird diese *superioritas* auch nicht durch ein Interventionsrecht des Papstes beschnitten. Während Las Casas hier wohl moderatere Töne anschlagen musste, da er immerhin im Hinblick auf die Indigenen Lateinamerikas eine klare praxisorientierte politische Agenda verfolgte, waren die *Conquistas* zum Zeitpunkt der Abfassung der *Historia* Espionsas irreversibel: »There were no encomenderos to reprimand or Indians to protect, but there was a surviving native community whose history had yet to be written and a tradition of a pre-Hispanic miraculous appearance of a Virgin whose miracles had yet to be recorded.«[745] Letztendlich konnte es Espinosa nur darum gehen, den Indigenen in der Historie Gerechtigkeit wiederfahren zu lassen.

739 Vgl. Espinosa, Origen y milagros de Nuestra Señora de Candelaria.
740 Vgl. ebd., S. 55.
741 Merediz, Bartolomé de las Casas in the Canary Islands, S. 334.
742 Espinosa, Origen y milagros de Nuestra Señora de Candelaria, S. 33.
743 Merediz, Bartolomé de las Casas in the Canary Islands, S. 346.
744 Espinosa, Origen y milagros de Nuestra Señora de Candelaria, S. 60.
745 Merediz, Bartolomé de las Casas in the Canary Islands, S. 332.

7.3.3 Die Indigenen und die gelehrte Reflexion

7.3.3.1 Indigene Kritik

Im Bericht Leonardo Torrianis über die kanarischen Festungsanlagen sind zwei Klagelieder in indigener Sprache erhalten. Heute nicht mehr zu entschlüsseln, lieferte Torriani zur indigenen Version auch eine italienische Übersetzung, die es uns ermöglicht, den Inhalt der Gesänge zu verstehen.[746] Der Text eines dieser Lieder, welches Torriani zufolge von Gran Canaria stammt, lautet:

> Seid willkommen! Die Leute aus der Fremde töteten unsere Mutter,
> aber da wir gerade zusammen sind,
> Bruder, will ich mich verheiraten, weil wir verloren sind.[747]

Mit »Mutter« *(aguahae)* kann sowohl die Mutter des Liedsängers oder der Liedsängerin als auch die Mutter Erde oder die Stammmutter der *Canarios* gemeint sein, da sich ihre Elite durch eine matrilineare Erbfolge auszeichnete.[748] Im Wissen, dass ihr Schicksal bereits besiegelt ist, will die Liedsängerin oder der Liedsänger die noch verbleibende Zeit nutzen, um ihren oder seinen Liebsten zu heiraten.

Die *Endechas*, die kanarischen Klagelieder, die sich im 16. Jahrhundert als ein Mestizenprodukt herausbildeten, sind uns in dieser Studie schon einmal begegnet (siehe Abschnitt 2.4). Die Lieder, in denen das lyrische Ich die kollektiven Erfahrungen der Eroberten zum Ausdruck bringt, sind indirekt auch als Kritik an der Eroberung des Archipels und insbesondere an der Verschleppung und Versklavung seiner Bewohner zu verstehen. Damit sind die *Endechas* die frühesten bisher bekannten Zeugnisse indigener Kritik. Mit Blick auf die Praxis konnte in dieser Studie bereits gezeigt werden, dass die Kanarier die völkerrechtlichen Regeln der europäischen Eindringlinge durchschauten und für die Verteidigung ihrer Interessen zu nutzen verstanden (siehe Kapitel 4). Doch konnten sie auch Einfluss auf die dargestellte gelehrte Reflexion über Völkerrecht nehmen oder gar an ihr partizipieren, die bis dato als ein rein europäisches Verdienst gilt?

746 Vgl. Lama, Dos endechas canarias indígenas, S. 118.

747 *Aicà maragà, aititù aguahae / Maicà guere, demacihani / Neigà haruuiti alemalai.* Torriani, Descripción e historia del reino de las Islas Canarias, S. 203. Torriani überlieferte uns zur Version des Klageliedes in indigener Sprache seine Übersetzung ins Italienische. Hier die spanische Version aus der Edition von Cioranescu: »*Aicà* significa sed; *maragà*, bien venido; *aititù*, mataron; *aguahae*, nostra madre; *Maicà*, esta gente; *guere*, forastera; *demacihani*, pero ya que estamos juntos; *Neigà*, hermano; *haruuiti*, quiero casarme, *alemalai*, pues estamos perdidos.«

748 Vgl. Jiménez González, Gran Canaria y los Canarios, S. 68.

Weithin bekannt ist Las Casas' Konversion vom Besitzer einer *Encomienda* hin zum Anwalt der Indigenen Lateinamerikas. Der Herausgeber der *Brevísima relación de la destrucción de África*, Isacio Pérez Fernández, hat sich in einer weiteren Arbeit aus dem Jahr 1995 mit der Frage auseinandergesetzt, wodurch Las Casas zur Verteidigung der Interessen der westafrikanischen Bevölkerung angeregt wurde.[749] Einen großen Einfluss sieht er in der Veröffentlichung von João de Barros' *Ásia*; ein Werk, das der Dominikaner in den ersten Kapiteln seiner *Historia de las Indias* direkt zitiert und angreift. Darüber hinaus sei er nach einer seiner Atlantiküberquerungen in Lissabon an Land gegangen, das zu dieser Zeit eine Monopolstellung im westafrikanischen Sklavenhandel innehatte und bei dem Dominikaner gewiss kritische Eindrücke hinterlassen habe. Hauptgrund seiner Konversion sei jedoch die Begegnung mit dem Schwarzen Pedro de Carmona gewesen. Trotz einer testamentarischen Freilassung durch seinen Herrn waren Carmona und seine Frau mehrmals unrechtmäßig versklavt und weiterverkauft worden, bis er die Entscheidung getroffen habe, dass ihm nur Gerechtigkeit widerfahren könne, wenn er auf der Iberischen Halbinsel direkt vor dem *Consejo de Indias* die ihm und seiner Frau rechtmäßig zustehende Freiheit einfordere.[750] Die Begegnung mit Las Casas, der ihn zu diesem Gedanken angeregt haben mag, ihn aber vor allem bei der Durchführung unterstützte, fand in Honduras, in Gracias a Dios, statt. Der *Consejo de Indias* erscheint als unpassender Adressat für dieses Anliegen, doch gab es zu dieser Zeit ansonsten keine Institution, die von einem schwarzen Exsklaven aus Westindien für seine Freilassung hätte angerufen werden können.[751]

Während Las Casas zuvor Schwarze *(negros)* nicht als einzelne Gruppe verstanden, sondern unter den Mauren und Türken *(moros y turcos)* subsumiert habe, hätte die Begegnung mit und das Schicksal des Carmona Las Casas 1547 zu einem Wandel in seiner Haltung zum westafrikanischen Sklavenhandel bewegt.[752] Hier nun scheint er die westafrikanische Frage nicht mehr als Teil der *Reconquista*, sondern als neue, von ihr losgelöste Herausforderung begriffen zu haben. Zugleich wuchs für Las Casas die lateinamerikanische, westafrikanische und kanarische Frage in der *Historia de las Indias* so zu einem globalen Problemkomplex zusammen, einer generellen Frage nach einem moralisch-ethischen Umgang mit indigenen Völkern. Während sich für Las Casas durch die Begegnung mit Carmona also die westafrikanische Problemperspektive inklusive der Kanarischen Inseln eröffnete, stellt sich nun die Frage, inwieweit die indigenen Kanarier die gelehrte Reflexion über Völkerrecht beeinflussen

749 Vgl. Pérez Fernández, Fray Bartolomé de Las Casas.
750 Vgl. ebd., S. 117–119.
751 Vgl. ebd., S. 148.
752 Vgl. ebd., S. 123.

oder gar an ihr partizipieren konnten. Dazu blicken wir noch einmal zurück auf das Konzil von Basel und die von Eugen IV. in Auftrag gegebenen *consilia* Antonio Rosellis und Antonio Menucci da Pratovecchios und wollen nach dem Auslöser des völkerrechtlichen Gelehrtendiskurses um die Herrschaft über den Archipel und die Rechte ihrer Bewohner fragen. Wie sich im Folgenden zeigen wird, war die portugiesisch-kastilische Rivalität nämlich nur ein Faktor, der die Reflexion über Herrschafts- und Freiheitsrechte provozierte.

7.3.3.2 Die Verteidiger indigener Rechte

In der bisher übersichtlichen Forschung zu den *consilia* der Bologneser Juristen kursieren zwei Thesen auf welche Initiative hin die Gutachten erstellt wurden. Die erste beruht auf einer Passage aus der *Chronica d'el-Rei D. Duarte* des portugiesischen Historiographen Rui de Pinas (1440–1522), der als Archivar des Torre do Tombo die Reichschronik führte und neun Königschroniken verfasste, darunter auch eine über das Leben und Wirken Eduards I.[753] Pina berichtet, dass der portugiesische Potentat den Papst bezüglich der Vorhaben seiner zwei jüngeren Brüder, Heinrich und Ferdinand, die einen Kreuzzug gegen Tanger in Nordafrika planten, um Rat ersucht hätte. Anschließend wird die Argumentation der Gelehrten als Antwort Papst Eugens IV. an Eduard I. in den wesentlichen Zügen wiedergegeben: Ein Krieg sei nur gerecht, wenn er der Verteidigung oder Rückeroberung von durch Heiden besetzte Gebiete diene. Die Reiche heidnischer Herrscher, die sich nie in christlicher Hand befunden hätten, dürften nur dann unterworfen werden, wenn sie sich der Idolatrie oder Sünden wider die Natur schuldig gemacht hätten. Grundsätzlich gelte es immer erst mit Worten und gutem Beispiel vom Christentum zu überzeugen und erst danach zum Schwert zu greifen.[754]

Neben Joseph F. O'Callaghan und Charles-Martial de Witte und António Domingues de Sousa Costa ist auch Peter Edward Russell der Auffassung, dass die Gutachten auf Anfrage des portugiesischen Königs erstellt worden seien und sich mit den Streitigkeiten um die aggressive Expansionspolitik Heinrich des Seefahrers erklären ließen: »Um zu verstehen, wie dies geschah, muss man bedenken, dass es am portugiesischen Hof viel Widerstand gegen die von Heinrich dem Seefahrer propagierte Expansionspolitik gab und dass dieser Widerstand einflussreiche Unterstützung hatte.«[755] Doch wie passt es zusam-

753 Vgl. Briesemeister, Art. »Rui de Pina, historian«.

754 Vgl. Pina, Chronica d'el-Rei D. Duarte, S. 90–91.

755 »Para comprender cómo ocurrió esto hay que recordar que había mucha oposición en la corte portuguesa a la política de expansión patrocinada por Enrique el Navegante y que esa oposición tenía influente apoyo.« Russell, El

men, dass Eduard I. zugleich die portugiesischen Expansionsbestrebungen zu einer Frage des Gewissens *(consciencia)*[756] erhob und nur knapp zwei Jahre später vehement das Recht auf die Eroberung der Kanarischen Inseln einforderte? Obwohl etwa Francisco de Vitorias *De Indis* auch auf Anfrage Karls V. entstand, der wissen wollte, ob es richtig sei, indianische Kinder ohne Einverständnis ihrer Eltern zu taufen,[757] erscheint es unplausibel, dass ein Herrscher die Rechtmäßigkeit seines imperialen Machtstrebens grundsätzlich zur Debatte stellte. Russell geht sogar so weit, von einem portugiesischen Vorläufer der Schule von Salamanca zu sprechen: »I wish, in conclusion, to draw attention to what seems to be a Portuguese precedent for the debates which took place in Spain from the beginning of the sixteenth century about the right of the Spanish crown to enslave the Indians.«[758]

Die zweite These basiert auf der Annahme, dass die Gutachten Rosellis und Menuccis nicht nur im Kontext afrikanischer Aspirationen der Portugiesen, sondern auch im Zusammenhang mit der portugiesisch-kastilischen Rivalität um den kanarischen Archipel zu sehen sind. »Inwieweit [es gerecht ist, wenn] ein Fürst oder ein christlicher König, der keinen Höheren über sich anerkennt, einen Krieg gegen Sarazenen beginnen will, die weder Teile seines Reiches besitzen oder besetzen, und diese Gebiete auch keinem anderen Christen gehört haben, wie es in der Berberei der Fall ist.«[759] Zwar scheint die Fragestellung sich hier klar auf Muslime (für die problematische Polysemie des Lateinischen *sarracenos* siehe Kapitel 5) und auf Nordwestafrika (Berberei) zu beziehen, aber wie in dieser Studie bereits festgestellt, wurden die afrikanischen und kanarischen Unternehmungen, die *Reconquistas* und *Conquistas* der iberischen Mächte, oftmals zusammengedacht. Während James Muldoon in einer seiner Veröffentlichungen zunächst von »two obvious errors«[760] sprach, die die Fragestellung der Gutachten enthalte, konstatierte er in seiner später erschienenen Monographie »Popes, Lawyers, and Infidels«, dass die Kanarier hier wohl aufgrund der geographischen Nähe zur Berberei als Glaubensangehörige des Islam beschrieben worden seien.[761] Auch O'Callaghan und Russell räumen ein, dass die

Descubrimiento de las Canarias, S. 24. Siehe ebenso: O'Callaghan, Castile, Portugal, and the Canary Islands, S. 296–297; Witte, Les bulles pontificales, S. 701; Sousa Costa, O factor religioso, S. 105.

756 Vgl. Witte, Les bulles pontificales, S. 700.

757 Vgl. Janssen, Die Theorie des gerechten Krieges, S. 212.

758 Russell, Some Portuguese paradigms, S. 386–390.

759 *Quidam princeps seu rex catholicus, non recognoscens superiorem, vult jnducere bellum contra sarracenos, non possidentes nec detinentes terras ipsius regis, sed detinentes terras que fuerunt aliorum christianorum, quemadmodum in Barbariam.* Parecer do jurista bolonhés António Minucci da Pratovecchio, S. 287.

760 Muldoon, A Fifteenth-Century Application, S. 472.

761 Vgl. Muldoon, Popes, Lawyers, and Infidels, S. 125.

Gutachten im Zusammenhang mit der Eroberung der Kanaren standen oder doch zumindest auf diesen Fall angewandt werden können: »Although this did not relate directly to the Canary Islands, the principles elucidated could be applied there as well as anywhere.«[762] Darüber hinaus hat Russell auf die Positionierung der Gutachten in der umfangreichen *consilia*-Sammlung des vatikanischen Archivs verwiesen, die direkt nach der Petition Eduards I. folge, mit der er die päpstliche Zustimmung zur Eroberung der Kanarischen Inseln für seinen Bruder Heinrich erbat.[763]

Die Annahme zugrunde legend, dass sich die Gutachten vorrangig auf den kanarischen Fall bezogen, wird sich hier der, unter anderem durch Muldoon vertretenen,[764] zweiten These angeschlossen. Sowohl der argumentative Aufwand, der von Seiten Portugals und Kastiliens im Kontext des Basler Konzils für die Rechtfertigung der Eroberung der Kanarischen Inseln betrieben wurde, als auch die von Papst Eugen IV. erlassenen Bullen zum Schutz indigener Neophyten und die *consilia* der italienischen Gelehrten Antonio Roselli und Antonio Menucci da Pratoveccio werden hier als eine Reaktion auf eine Beschwerde interpretiert, die ein Bruder des Franziskanerordens auf den Kanaren, Juan de Baeza, und ein indigener Übersetzer von Gran Canaria namens Juan Alfonso de Idubaren dem Heiligen Stuhl vortrugen. In den *Letras Regimini gregis* Eugens IV. vom 29. September 1434 werden diese zwei Personen erwähnt, die den Papst insbesondere auf die Situation auf La Gomera und Gran Canaria hingewiesen hätten. Dort seien bereits große Teile der indigenen Bevölkerung zum Christentum konvertiert. Dennoch fielen sie immer wieder Raubzügen und Sklavenfang zum Opfer. Auch wenn sie versuchten, die Inseln per Schiff zu verlassen, gerieten sie trotz ihres Übertritts zum Christentum oftmals in die Hände von Sklavenhändlern.[765]

Diese Beschwerde richtete sich sowohl gegen portugiesische Angriffe als auch gegen die Übergriffe spanischer Siedler und ist als eine äußere Kritik zu verstehen.[766] Während die Diskussionen der Schule von Salamanca in der ersten Hälfte des 16. Jahrhunderts eher einer selbstkritischen Auseinandersetzung, einem Gelehrtendiskurs innerhalb des spanischen Imperiums gleichkam, so

762 O'Callaghan, Castile, Portugal, and the Canary Islands, S. 297; Russell, El Descubrimiento de las Canarias, S. 27.

763 Vgl. Russell, Some Portuguese paradigms, S. 389.

764 Möglicherweise, so Muldoon, konsultierte Eugen IV. noch weitere Kardinäle, Mitglieder der päpstlichen Kurie, Juristen und Theologen, die entweder mündlich Stellung bezogen oder deren Stellungnahmen heute nicht mehr überliefert sind. Muldoon, A Fifteenth-Century Application, S. 468–469 und 471.

765 Vgl. Letras Regimini gregis, S. 89–93. Siehe dazu auch Abulafia, The Discovery of Mankind, S. 85.

766 Vgl. Fernández Gallardo, Alonso de Cartagena, S. 913.

geht die Kritik hier von indigener Seite aus und richtete sich an das Papsttum, das für diese Belange wohl als völkerrechtliche Instanz angesehen wurde, von der man sich Schutz und Vermittlung erhoffte. Darüber hinaus lässt sich feststellen, dass, sobald der gesamte Archipel spanischer Herrschaft unterstand, sich Beschwerden nicht mehr an den Papst als Adressaten, sondern direkt an die Katholischen Könige richteten: »Nach 1465 wird die Verteidigung der Eingeborenen von den Bischöfen der Kanarischen Inseln übernommen und ihre Klagen gehen an den Hof der Könige von Kastilien, die die Indigenen mit all ihrer Macht schützten.«[767]

Hier wandelte sich nun die kanarische Frage im ausgehenden 15. Jahrhundert von einer »außenpolitisch« völkerrechtlichen zu einer »innenpolitischen« Angelegenheit. Unter den Urkunden, die Eugen IV. als Reaktion auf die Bitten, Berichte und Beschwerden Beazas und Idubarens erstellen ließ, ist der Inhalt der Bulle *Creator omnium* vom 17. Dezember 1434 besonders hervorzuheben. Hier verurteilt der Papst die Angriffe auf die indigene Bevölkerung *(contra eos diuersa illicita et nepharia commiserunt)*[768] und setzt unter Androhung der Exkommunikation eine Frist zur Befreiung unrechtmäßig versklavter Kanarier und zur Restitution der ihnen geraubten Güter. Darüber hinaus sicherte Eugen IV. den Kanariern freies Geleit zu, auch über den Archipel hinaus.[769] Neben *conversos* werden auch Indigene miteingeschlossen, die sich auf dem Weg zur Taufe befänden *(eosdem canarios baptisatos aut ad baptisimum uoluntarie uenientes)*.[770]

767 *Después de 1465 la defensa de los naturales la hacen los obispos de Canarias y sus quejas van a la corte de los reyes de Castilla los cuales protegían los indígenas con todo su poder.* Wölfel, La Curia, S. 1020. Mit diesem Wandel wurde der christianisierte Teil der indigenen Bevölkerung zunehmend als Untertanen der spanischen Krone verstanden. Der Schutz der indigenen Bevölkerung durch die Katholischen Könige wird auch in späteren Arbeiten noch überzeichnet, vgl. Rumeu de Armas, La política indigenista. In aktuelleren Studien betont etwa Luis Rojas Donat, dass das politische Klima der Zeit, insbesondere die Rivalität mit Portugal, kaum förderlich für den Schutz der indigenen Bevölkerung gewesen sei. Vgl. Rojas Donat, España y Portugal ante los otros, S. 71.

768 Letras Creator omnium, S. 123.

769 Vgl. Olmedo Bernal, El dominio del Atlántico en la baja edad media, S. 195. In Bezug auf das freie Geleit gibt es noch ein weiteres Dokument, das sich auf einen speziellen Indigenen bezieht, auf den nach seiner Taufe sogenannten Pedro Chymboyo, einem *dux* von La Gomera. Ob es sich bei diesem Gomeraner nur um einen Hochrangigen seines Volkes oder sogar um einen der vier Stammesfürsten der Insel handelte, lässt sich schwer nachweisen. Auch für ihn nimmt Dominik Josef Wölfel an, dass er Beziehungen zur Römischen Kurie pflegte, womit nicht auszuschließen ist, dass auch andere Indigene den Papst über die Geschehnisse auf den Kanaren informierten und zur Intervention aufforderten. Salvo-conduto Deuotionis tue, S. 87–89, siehe dazu auch: Wölfel, Un jefe de tribu de Gomera, S. 103.

770 Vgl. Letras Creator omnium, S. 123.

Mit den *Letras Dudum nostras* an die Bischöfe von Rimini, Badajoz und Córdoba vom 13. Januar 1436, in denen Eugen IV. sich auf seine Bulle *Creator omnium* bezieht, wiederholte er seinen Aufruf zur Befreiung unrechtmäßig versklavter Kanarier und zur Wiedergutmachung.[771]

Als bemerkenswert an *Creator omnium* haben Christiane Birr und José Luis Egío hervorgehoben, dass der Papst nicht nur die Versklavung, sondern auch die Attacken auf das *dominium rerum* der Indigenen verurteilte. Zugleich habe der Papst jedoch die Möglichkeit der Indigenen, überhaupt über irgendeine Form von *dominium* zu verfügen, an ihren Glauben gebunden. Denn von einem *dominium rerum* heidnischer Kanarier sei hier keine Rede. Darüber hinaus habe Eugen IV. auch die problematische Frage nach einem *dominium iurisdictionis* der Heiden ausgespart, so Birr und Egío.[772] Zu einer ähnlichen Einschätzung gelangt Santiago Olmedo Bernal. Obschon die Bulle eine natürliche Gleichheit aller Menschen als Ebenbild Gottes in der Präambel einräume, habe der Papst keine radikale Kehrtwende mit Blick auf die Rechte heidnischer Völker eingeschlagen und weiterhin gestattet, dass christliche Fürsten zum Zwecke der Mission die Kanarenvölker unterwarfen.[773]

»Der Vatikan war immer auf Seiten der alten Kanarier«,[774] behauptete ein Bericht über die Kontakte der Kanarier zum Vatikan in der Zeitung *ABC Canarias* im Jahr 2018. Im Gegenteil jedoch war die päpstliche Politik insbesondere im Angesicht von Konziliarismus und Schisma eine Interessenspolitik, die keinesfalls nur die Rechte unterdrückter Völker im Blick hatte. Im Antwortschreiben des Papstes an Eduard I., der sich durch die Bulle in seinem Eroberungsrecht beschnitten fühlte, stellt Eugen IV. klar, dass sich das Verbot von Übergriffen ausschließlich auf bereits christianisierte Inseln beziehe und kam damit einem seiner Unterstützer im innerkirchlichen Machtkonflikt entgegen *(sub excommunicacionis pena, ne quis jnsulis Canarie bellum aut grauamen inferre auderet, per nos dudum factam, solum ad cristianas jnsulas se extendere declarare et alias tibi, in premissis, oportune prouidere dignaremur)*.[775] Obwohl die Konsequenz und auch die Wirkung der päpstlichen Intervention für den Schutz der kanarischen Bevölkerung eher geringzuschätzen ist, so ist doch ihr Auslöser höchst bemerkenswert: eine Beschwerde Indigener und Geistlicher, die aus der Praxis berichtend auf die internationale Politik einzuwirken versuchten und schließlich eine völkerrechtliche Reflexion über Freiheits- und Herrschaftsrechte indigener Völker anregten.

771 Vgl. Letras Dudum nostras, S. 184–185.

772 Vgl. Egío / Birr, Before Vitoria, S. 56–57.

773 Vgl. Olmedo Bernal, El dominio del Atlántico en la baja edad media, S. 198.

774 »El Vaticano siempre ha estado de lado de los antiguos canarios«, in: »Los contactos diplomáticos de los canarios con el Vaticano en 1434«.

775 Bula Romanus pontifex, de Eugénio IV, S. 282.

Im Zuge der Eroberung der Kanarischen Inseln durch die Europäer kam es zwar zu einer Begegnung, jedoch zu keiner Vermischung indigenen und europäischen Völkerrechts (siehe Kapitel 2). Ganz im Gegenteil mussten sich die Kanarier den Rechts- und Normativitätsvorstellungen der Europäer unterordnen. Doch sie lernten nicht nur die Spielregeln mittelalterlichen Völkerrechts zu durchschauen und als Advokaten ihrer Freiheit aufzutreten (siehe Kapitel 4), sondern beförderten mit ihrem Einsatz für die Rechte ihrer Völker auch die Reflexion über und damit eine Weiterentwicklung vormodernen Völkerrechts. Somit sind die theoretischen Überlegungen der italienischen Gelehrten, Cartagenas, Palencias, Las Casas und Espinosas zwar als ein Produkt christlich-europäischer gelehrter Reflexion zu verstehen, jedoch kein rein europäisches, sondern auch ein indigenes Verdienst.

7.3.4 Die Eroberung der Kanaren und die Schule von Salamanca

»Francisco de Vitoria was doubtless and exceptional figure and an impressive teacher, but, in the final analysis, he was also the pupil of others and an interlocutor for many.«[776] Mit den ersten Ergebnissen des laufenden Projekts zur Schule von Salamanca am Max-Planck-Institut für Rechtsgeschichte und Rechtstheorie gelang erstmals eine Einordnung der Rolle Vitorias in einen globalen Kontext, indem die Wissenszirkulation und Normativitätsproduktion zwischen Alter und Neuer Welt, die Translation der Methoden der Schule von Salamanca untersucht wird.

Neben dieser Relativierung in globalhistorischer Perspektive tritt die einer Abschwächung vor dem Hintergrund antiker und mittelalterlicher Vordenker hinzu, die in dieser Studie bereits eingehend thematisiert wurde. Wiederum kann man mit Thomas Duve schlussfolgern: »The more Salamantine authors are investigated, the clearer their links to tradition become.«[777] Im Folgenden soll nun ein Vergleich und eine historische Standortbestimmung der Debatte um die Legitimität der Eroberung und den Herrschaftsrechten an den Kanarischen Inseln in der Völkerrechtsgeschichte und ihr Verhältnis zur Schule von Salamanca erfolgen. Zuvorderst sei jedoch eingeräumt, dass mit der *duda indiana* bzw. *duda canaria* nur ein rechtsgeschichtlicher Aspekt des breiten Themenspektrums beleuchtet wurde, das zum geistigen Erbe der Schule zählt.[778] Zugleich war es insbesondere der starke Fokus auf die Geschichte des

776 Duve, The School of Salamanca, S. 11–12.

777 Ebd., S. 11. Siehe dazu bspw. auch: Bain, Saving the innocent, S. 609; Tellkamp, Ius est idem quod dominium, S. 35; Koeck/Hermida del Llano, La contribución al desarrollo de la Filosofía del Derecho, S. 237.

778 Vgl. Pereña, La Escuela de Salamanca, S. 338; Belda Plans, Hacia una noción crítica de la »Escuela de Salamanca«, S. 372.

internationalen Rechts, der der Schule einen historischen Sonderstatus verschaffte.[779]

Die Bezeichnung »Schule von Salamanca« taucht wahrscheinlich erstmals 1917 in einem Aufsatz von Martin Grabmann auf.[780] Seither wird über die Definition sowie die zeitliche und räumliche Abgrenzung des Phänomens debattiert.[781] Im Moment befindet sich die »Schule von Salamanca« im Prozess der Redefinition und Erweiterung bis hin zu Vorschlägen, die den Begriff verabschieden und stattdessen allgemein von einer »spanischen Denkschule« sprechen wollen, um die Bedeutung der Universität von Salamanca und des Dominikanerkonvents San Esteban als Wissenszentren vor der Globalität des Phänomens in den Hintergrund rücken zu lassen.[782] Darunter verfolgt gewiss das Frankfurter Projekt den innovativsten Ansatz, welches den Fokus von Autoren hin zu Praktiken verschiebt: »And why [...] do we define the School as a group of authors and not as a community of practices?«[783] Im engen und traditionellen Verständnis jedoch zählen Vitoria und seine Schüler, zugleich Universitäts- und Ordensangehörige, mit Blick auf die gelehrte Tradition Thomisten und Neo-Aristoteliker, zur Schule von Salamanca:[784] »The ›School of Salamanca‹ is a shorthand for the group of theologians and lawyers that had been tought or inspired by the work of Vitoria in the sixteenth and early seventeenth centuries«,[785] so Martti Koskenniemi in seinem kürzlich erschienenen monumentalen Werk »To the Uttermost Parts of the Earth«. Die Berufung Vitorias auf den theologischen Lehrstuhl in Salamanca im Jahr 1526 gilt gemeinhin als Gründungsjahr der Schule,[786] die dann nochmal in zwei Phasen, in eine *Primera Escuela* (1526–1576) und eine *Segunda Escuela* (ca. 1570–1607) eingeteilt werden kann.[787] Dem Modell-, Laboratoriums- oder Vorläufer-Charakter der völkerrechtlichen Debatte um die Kanarischen Inseln für die Schule von Salamanca und einer neuerlichen Erhebung Rosellis und Cartagenas zu den wahren Vätern des Völkerrechts wurde in dieser Studie bereits eine klare Absage

779 Vgl. Duve, The School of Salamanca, S. 11.

780 Grabmann spricht sowohl von einer Theologenschule, an deren Anfang er den Meister Vitoria und seine Schüler setzt. Vgl. Grabmann, Die Disputationes metaphysicae des Franz Suarez, S. 30. Thomas Duve hat den Text Grabmanns als mögliche erste Erwähnung der Schule von Salamanca ermittelt. Vgl. Duve, Law, S. 67.

781 Vgl. Zorroza, Hacia una delimitación de la Escuela de Salamanca, S. 54.

782 Vgl. Egío, Siete propuestas para la renovación historiográfica de la Escuela de Salamanca, S. 277.

783 Duve, The School of Salamanca, S. 5.

784 Vgl. Pagden, The School of Salamanca, S. 246–247.

785 Koskenniemi, To the Uttermost Parts of the Earth, S. 135.

786 Vgl. Martín Gómez, Francisco de Vitoria, S. 872.

787 Vgl. Belda Plans, Hacia una noción crítica de la »Escuela de Salamanca«, S. 381.

erteilt (siehe dazu die Kapitel 1.2 und 7.1). Als eine weitere Möglichkeit ließe sich die kanarische Frage auch als Teil der Schule von Salamanca verstehen, die etwa bei Christiane Birr und José Luis Egío bereits zeitlich zur *Junta* von Burgos, Matías de Paz und Juan López de Palacios Rubios, und mit dem Einbezug Alonso de Cartagenas deutlich vor 1526 zurückgerückt ist.[788] Lässt sich die kanarische Frage als Teil einer *Primera Escuela de Salamanca* interpretieren?

Wenn wir nun die hier gewonnenen Erkenntnisse zur kanarischen Frage bündeln und mit der Schule von Salamanca und den Theorien Francisco de Vitorias vergleichen, lassen sich sowohl Gemeinsamkeiten als auch große Unterschiede zwischen den Debatten des 15. und des 16. Jahrhunderts feststellen. Mit Blick auf die Diskursteilnehmer ist zunächst ihre unterschiedliche disziplinäre Herkunft hervorzuheben. Während im 15. Jahrhundert mit Roselli, Menucci da Pratovecchio und Cartagena vornehmlich Juristen über ein potenzielles *dominium extra ecclesiam* debattierten, waren es im 16. Jahrhundert Theologen, die durch ihre moralisch-ethische Betrachtungsweise María Martín Gómez zufolge eine besondere Sichtweise auf die *duda indiana* gehabt hätten.[789] Doch auch bei Menucci da Pratovecchio und Roselli, wie wir gesehen haben, wurden Fragen besprochen, die etwa das Seelenheil derer betrafen, die durch ihren Herrn zu einem Kampf in einem ungerechten Krieg verpflichtet wurden. Darüber hinaus kritisierte Palencia, gewiss auf Basis seiner Begegnungen mit kanarischen Sklaven in Sevilla, das Vorgehen bei den *cabalgadas*. Weniger abhängig von der fachlichen Ausbildung beeinflusste deshalb wohl eher das Erleben und Erfahren des Umgangs der Eroberer mit den Eroberten, ob die Gelehrten die Behandlung der *infideles* als moralische Frage oder akademische *quaestio* betrachteten. Während Las Casas' Perspektive in Bezug auf die Indigenen Lateinamerikas von tatsächlichen Erlebnissen gefärbt war, beurteilten Cartagena, Roselli und Menucci da Pratovecchio wie Vitoria die Problematik aus großer geographischer wie innerer Distanz. Auch die Rolle und der Impact der Indigenen auf die Diskurse unterscheidet sich, gab es doch deutlich stärkere Kontakte und Verflechtungen zwischen den Kanarischen Inseln, der römischen Kurie und den iberischen Höfen während ihrer Eroberung als in der ersten Phase der *Conquista* Lateinamerikas. Auch das Umfeld der jeweiligen Debatten und die Abhängigkeiten von Auftraggebern divergieren stark mit Blick auf die Vertreter der Schule von Salamanca und die Diskutanten im Kontext des Konzils

788 Vgl. Egío / Birr, Alonso de Cartagena, S. 9–36; Egío / Birr, Before Vitoria, S. 53–77.

789 Vgl. Martín Gómez, Francisco de Vitoria, S. 882. Sie spricht sich explizit dafür aus, dass Francisco de Vitoria weiterhin als Begründer der Schule von Salamanca angesehen werden soll.

von Basel. Der Gelehrtendiskurs der Spätscholastiker wurde zwar in vielen Fällen auch durch herrschaftliche Gewissensfragen angestoßen – hier ist die Frage Karls V. an Vitoria das bekannteste Beispiel, inwieweit indianische Kinder auch ohne die Erlaubnis ihrer Eltern getauft werden dürften, die zur Abfassung von *De Indis* führte[790] –, die Universitätsangehörigen standen jedoch nicht in den Diensten irgendeines Potentaten und konnten so freier über das moralische Problem der *Conquista* Lateinamerikas philosophieren. Darüber hinaus kann mit Vitoria und seinen Schülern die Entstehung einer tatsächlichen gelehrten »Schule« gesprochen werden.[791] In Anbetracht der geringen überlieferten Textmenge und der wenigen Bezüge zwischen den Diskutanten der kanarischen Debatte wäre eine solche Bezeichnung für diesen Fall jedoch irreführend. Mit Blick auf die Überlegungen Vitorias zur *duda indiana*, die er insbesondere in seinen *Relectiones*[792] *De indis recenter inventis* (1538 oder 1539) und *De Iure Belli* (1539) entfaltete, zeigt sich, dass die Schule von Salamanca in Bezug auf die theoretische Entwicklung des Völkerrechts sowohl Neues schuf als auch der Tradition verhaftet war.

> Erst Francisco de Vitoria fand einen Weg, auf dem konsequent aus dem natürlichen Recht der Völker und dem Kriegsrecht eine Legitimierung der Conquista erreicht werden konnte, ohne daß es einer Berufung auf die päpstliche Autorität bedurfte, die man in allen Theorien vor ihm nicht entbehren konnte, da die Tatsache der Entdeckung kein ausreichender Rechtstitel war, um sich der Neuen Welt zu bemächtigen.[793]

Die Ablehnung einer universalen Jurisdiktionsgewalt des Heiligen Stuhls und zugleich die Erhebung des *ius gentium* zur einzigen *superioritas* wurden auch von anderen als Eberhard Straub als ein innovativer Aspekt der Theorie Vitorias auf dem Weg hin zu einem säkularen Völkerrecht interpretiert.[794] Ein weiterer

790 Vgl. Janssen, Die Theorie des gerechten Krieges, S. 212.

791 Dies betrifft nicht nur die nahe persönliche Beziehung des »Lehrers« Vitoria zu seinen akademischen Schülern, sondern auch die inhaltliche Nähe der von ihnen produzierten Texte. Mit Bezug auf Merio Scattola hat Thomas Duve betont, dass es sich bei der Schule von Salamanca um eine »community of discourse« handelte. Vgl. Duve, Law, S. 64.

792 *Relectiones* waren öffentliche Vorträge von etwa zwei Stunden Dauer, die jeder Lehrstuhlinhaber der Universität von Salamanca einmal im Jahr halten musste. Im Bezug auf ihren Inhalt lassen sie sich als »problemorientierte[ ] Wiederholungskurse« charakterisieren, die die behandelten Themen zusammenfassten und einen aktuellen Bezug herstellen sollten. Vgl. Grawert, Francisco de Vitoria, S. 114.

793 Straub, Das bellum iustum des Hernán Cortés, S. 42.

794 Vgl. Muldoon, Rights, Property, and the Creation of International Law, S. 203; Czapliński, A Right of Infidels to Establish Their Own State?, S. 51, zuletzt Koskenniemi, To the Uttermost Parts of the Earth, S. 173.

Aspekt ist die Idee eines »zwischenstaatlichen« Rechts,[795] die aus folgender Aussage Vitorias gewonnen wurde: »Der Schluß wird erstens mit dem Völkerrecht bewiesen, das entweder natürliches Recht ist oder aus dem natürlichen Recht hergeleitet wird.«[796] Aus derselben Aussage des Salmantiner Theologen schloss Hans-Gerhard Justenhoven jedoch, dass die eigentliche Bedeutung des Spätscholastikers darin läge, die Menschheit als Ganzes begriffen zu haben: »Francisco de Vitorias Bedeutung liegt nicht darin, das Völkerrecht als zwischenstaatliches Recht definiert zu haben. Seine Leistung ist eher darin zu sehen, daß er die Menschheit angesichts der Verschiedenheit der Kulturen und Traditionen als Einheit begreift.«[797]

»Der Papst ist nicht der Herr der ganzen Welt im politischen oder zeitlichen Sinne, sofern man über die politische Herrschaftsgewalt und Vollmacht im eigentlichen Sinne spricht.«[798] Die Rolle des Papstes wurde durch Vitoria zwar auf den spirituellen Bereich begrenzt und ihm wurde jegliche Macht über Ungläubige abgesprochen,[799] seine traditionelle Funktion als *mediator* zwischen streitenden Fürsten sprach Vitoria dem Heiligen Stuhl jedoch nicht ab. Während die Kanonisten den Papst als Hüter des Naturrechts verstanden, vertrat er bei Vitoria lediglich die Interessen der Religion. Zurecht hat Stanislaus F. Belch in Bezug auf diesen Punkt den Unterschied der Positionen Vladimiris und Vitorias relativiert: »In details, however, and in application, both authors differ in terminology rather than in the subject itself.«[800] Die gleiche Einschränkung lässt sich auch bezüglich Vitorias Vorstellung machen, dass er die Menschheit als Ganzes begriffen habe *(totus orbis, qui aliquando est una respublica)*.[801] Die Erweiterung der Welt in Vitorias Konzept, die nicht mehr mit dem *orbis christianus* identisch war, führte nicht automatisch, wie Kirstin Bunge es behauptet, zu einer egalitären Ordnungsvorstellung.[802] Zwar stellte er wie

795 Vgl. Kaufmann, Francisco de Vitorias Beitrag zur Ablösung des *ius gentium* vom *ius naturale*, S. 400.

796 *Quod naturalis ratio inter omnes gentes constituitur, uocat ius gentium.* Vitoria, Relectiones Theologicae XII, S. 535 oder Vitoria, De Indis, S. 461. Dieser Edition wurden hier und im Folgenden die deutschen Übersetzungen entnommen.

797 Justenhoven, Francisco de Vitoria zu Krieg und Frieden, S. 70–71.

798 *Papa, quòd non sit dominus ciuilis, aut temporalis totius orbis, loquendo propriè de dominio, & potestate ciuili.* Vitoria, Relectiones Theologicae XII, S. 284 oder Vitoria, De Indis, S. 423.

799 Vgl. ebd., S. 304 oder ebd., S. 424.

800 Belch, Paulus Vladimiri, S. 756.

801 Vitoria, Relectiones Theologicae XII, S. 208 oder Vitoria, De potestate civili, S. 156.

802 Vgl. Bunge, Universale Rechtsgemeinschaft und partikulare Gemeinwesen, S. 202.

Roselli und Menucci da Pratovecchio eine potenzielle Rechtsgleichheit auf Basis des *ius naturale* und des *ius gentium* zwischen Christen, Juden und Heiden her (beide Rechte sind hier wie bei den Kanonisten kongruent),[803] diese beinhaltete im Detail aber verschiedene rechtliche Asymmetrien zwischen Christen und Nichtchristen. Diese basierten jedoch nicht mehr wie bei den Kanonisten auf einer universalen Jurisdiktionsgewalt des Papstes, sondern auf bestimmten weltlichen Sonderrechten, die Vitoria christlichen Völkern einräumte. Zu den rechtlichen Asymmetrien zählen unter anderem die Missions- und Reisefreiheit von Christen in heidnischen Gebieten sowie das Gastrecht, welches bei Vitoria Ausformungen annimmt, die an das Vorgehen der Konquistadoren bei der Eroberung der Kanaren erinnern. So dürften die »Gäste« bei der Verletzung ihrer Rechte und Angriffen der Gewalt mit Gewalt begegnen, Bauwerke und Befestigungen errichten.[804]

»Ungläubigkeit verhindert nicht, daß jemand echter Herr ist.«[805] Wie die Kanonisten erklärt auch Vitoria indigene Völker zu echten Herren ihrer Reiche, die nicht ihrer Besitztümer beraubt werden dürften, was auch für den lateinamerikanischen Fall gelte: »Die indianischen Barbaren waren, bevor die Spanier zu ihnen kamen, echte Herren im öffentlichen wie im privaten Bereich.«[806] In gleicher Weise wie die kanonistische Tradition band der Salmantiner Theologe die Herrschafts- an die Vernunftfähigkeit und klammerte etwa Tiere, Wahnsinnige oder Verrückte von einer Verfügungsgewalt über *dominium* aus.[807] Auch eine Souveränität nach außen sprach Vitoria indigenen Herrschern in gleicher Weise zu, wenn er konstatierte, dass jegliches Gemeinwesen das Recht habe, einen Krieg zu erklären oder zu beginnen.[808]

Trotz neuer Aspekte fand die kanonistische Tradition ihren Widerhall in den Theorien Vitorias. Wie wäre es auch anders zu erwarten gewesen, ist doch in der ideengeschichtlichen Betrachtungsweise das Alte zumeist »Geburtshelfer des Neuen«.[809] Wenn wir nun den Blick von der Ideengeschichte abwenden und auf

803 Vgl. Vitoria, Relectiones Theologicae XII, S. 352 oder Vitoria, De Indis, S. 460.

804 Vgl. ebd., S. 376–375 oder ebd., S. 460 und 468.

805 *Infidelitas non est impedimentum, quo minus aliquis sit uerus dominus.* Vitoria, Relectiones Theologicae XII, S. 300 oder Vitoria, De Indis, S. 393.

806 *Indi barbari, utrum essent ueri domini ante aduentum Hispanorum priuatim, &publicè.* Ebd., S. 282 oder ebd., S. 385.

807 Vgl. ebd., S. 306 oder ebd., S. 398. Vitoria kennt zwei Formen von *dominium*, die einer menschlichen Verfügungsgewalt über sich selbst *(dominium naturale)* und als politische Herrschaft *(dominium iurisdictionis)*. Vgl. Bunge, Gleichheit und Gleichmass, S. 41.

808 *Respublica quaelibet, quòd habeat authoritatem indicendi, &inferendi bellum.* Vitoria, Relectiones Theologicae XII, S. 375 oder Vitoria, De iure belli, S. 551.

809 Dorschel, Ideengeschichte, S. 130.

den historischen Kontext ihrer Entstehung blicken wird deutlich, warum die Eroberung der Kanarischen Inseln als eigenständiges Kapitel der Völkerrechtsgeschichte betrachtet und nicht unter das Label der Schule von Salamanca subsumiert werden sollte. Zwar ließen sich Gemeinsamkeiten (Vitoria, Cartagena und Roselli), Rezeptionen (Palacios Rubios und Cartagena) und Bezüge (Las Casas und Espinosa) zwischen der kanarischen und der amerikanischen Frage feststellen, doch auch bei der Betitelung *Primera Escuela de Salamanca* schwingt die Vorstellung eines Modells für die Spätscholastik des 16. Jahrhunderts mit. Die Eroberung der Kanarischen Inseln sollte aber keinesfalls hinter diesem Label verschwinden. Gleiches gilt für die im ersten Teil dieser Studie betrachteten Praktiken. Insbesondere der globale, aber zugleich auch imperiale Diskurscharakter der Schule von Salamanca auf der einen und die internationale Dimension der kanarischen Frage auf der anderen Seite machen letztere zu einem eigenständigen historischen Phänomen der Völkerrechtsgeschichte. Während die Spätscholastiker Innovatives im Hinblick auf die Völkerrechtstheorie erdachten, aber in einem herrschaftlichen Rahmen diskutierten, war die Debatte um die kanarische Frage zwar inhaltlich weniger originell, fand jedoch auf internationaler Bühne statt. So riefen Portugiesen, Kastilier und Kanarier den Papst als völkerrechtliche Autorität an, ihre Streitigkeiten in Bezug auf Herrschafts- und Freiheitsrechte zu schlichten.[810] Der Globalität der Schule von Salamanca steht damit die Internationalität der kanarischen Frage gegenüber und machen sie beide zwar zu teils verflochtenen, jedoch in erster Linie eigenständigen Forschungsgegenständen der Völkerrechtsgeschichte.[811]

7.4 Schlussfolgerung

In diesem Kapitel konnte gezeigt werden, dass es bezüglich der Eroberung der Kanarischen Inseln nicht nur einen Legitimationsdiskurs, sondern auch eine *duda canaria* gab, die durch Geistliche und indigene Kanarier hervorgerufen wurde. Die Beschwerde der Indigenen stieß eine Debatte beim Konzil von Konstanz an, die den Papst dazu veranlasste, die Kanonisten Antonio de Menucci da Pratovecchio und Antonio Roselli um Stellung zu bitten. Roselli gelang es wie später Francisco de Vitoria, *dominium* auch außerhalb des *orbis christianus* zu konstruieren. Doch während der Salmantiner Theologe in der Anbindung Lateinamerikas an Spanien die Lösung der westindischen Frage sah, scheint Roselli – zumindest in der Theorie – als ein grundsätzlicher Verteidiger des Herrschaftsrechts nichtchristlicher Völker. Mit dem Recht auf Selbstver-

810 Vgl. Ullmann, The Medieval Papal Court, S. 356–373.
811 Vgl. Duve, The School of Salamanca, S. 3.

teidigung sprachen die Kanonisten den Indigenen auch eine *superioritas* zu. Hinter dieser Position tritt die des Las Casas' deutlich zurück, der weniger Kritik an der Eroberung und der spanischen Herrschaftsübernahme denn an der Behandlung der indigenen Bevölkerung übte. Denn für ihn war ein *dominium* der *Señores naturales* mit einer *superioritas* Kastiliens durchaus vereinbar. Ebenso wie Alonso de Palencia nahm er vielmehr die Ungerechtigkeit der Sklaverei in den Blick.

Die radikalste Position zur kanarischen Frage ist zugleich auch die späteste. Alonso de Espinosa ist der Einzige, der einräumte, dass in Anbetracht des spanischen Angriffskrieges die *causa iusta* eigentlich auf Seiten der Indigenen lag und die Ungerechtigkeit des Vorgehens der Eroberer an Beispielen verdeutlichte. Inwieweit seine Position von Las Casas' Haltung zur Unterwerfung der indigenen Völker Lateinamerikas beeinflusst war, musste hier offenbleiben.

Die unterschiedlichen Positionen, die die Gelehrten bezüglich der *duda canaria* vertraten, sind zugleich Ausdruck ihrer divergierenden Einschätzung der Gesamtsituation. Während Las Casas in der Retrospektive die kanarische Frage als ein – modern gesprochen – herrschaftlich innenpolitisches Problem betrachtete, diskutierten Cartagena und Roselli die Frage nach einer *causa iusta* zum Angriff auf nichtchristliche Gebiete als ein völkerrechtlich außenpolitisches Problem; eine Perspektive, die mit der Eingliederung der Kanarischen Inseln in das entstehende spanische Imperium mehr und mehr der einer inneren politischen Angelegenheit weichen sollte.

Gleiches gilt für die Schule von Salamanca in ihrer Gesamtheit, die zwar auf theoretisch-abstrakter Ebene innovative Gedanken zum Völkerrecht äußerte und eine globale Wissenszirkulation darstellte, als Diskurs jedoch im Rahmen des spanischen Imperiums geführt wurde. Die kanarische Frage hingegen wurde auf der internationalen Bühne vor der römischen Kurie als internationalem Tribunal, dem Heiligen Stuhl als höchste völkerrechtliche Instanz und auf dem Konzil von Konstanz als internationalem Kongress debattiert. Im Ergebnis ließen sich zwar Gemeinsamkeiten (Vitoria, Cartagena und Roselli), Rezeptionen (Palacios Rubios und Cartagena) und Bezüge (Las Casas und Espinosa) zwischen der kanarischen und der amerikanischen Frage feststellen, doch die Globalität der Schule von Salamanca und die Internationalität der kanarischen Frage lassen letztere als eigenständiges Phänomen erscheinen.

An den schriftlichen Äußerungen und gelehrten Diskursen konnten die indigenen Kanarier zwar nicht aktiv partizipieren, waren aber Auslöser für den Zweifel an der Rechtmäßigkeit ihrer Unterwerfung und Versklavung. Nicht nur die Begegnung mit den Konquistadoren, sondern auch ihr eigener Einsatz regte folglich das Nachdenken über Völkerrecht an. Damit konnte hier und im Kapitel zu den Rollen indigener Kanarier während der Eroberung (siehe Kapitel 4) eindrücklich gezeigt werden, dass Indigene in der Völkerrechtsgeschichte nicht nur als Statisten zu behandeln, sondern als Akteure ernst zu nehmen sind. Die These, dass die Entwicklung des modernen Völkerrechts ein rein europäisches Verdienst sei, ist deshalb so nicht mehr haltbar.

Auch dem Mythos einer Geburtsstunde des Völkerrechts zu Beginn des 16. Jahrhunderts lässt sich eine klare Absage erteilen. Der Vergleich zwischen den Kanonisten, die sich zur kanarischen Frage äußerten, und der Völkerrechtstheorie Vitorias zeigte eindeutig, dass der vermeintliche Vater des internationalen Rechts zwar Innovatives schuf, ihm dies aber nur auf Basis einer langen Tradition gelang. Der Diskurs um die kanarische Frage war zwar Teil dieser Tradition, sollte aber nicht unter dem Label einer *Primera Escuela de Salamanca* geführt, sondern als eigenständiges Kapitel der Völkerrechtsgeschichte behandelt werden.

Teil IV: Schluss

8. Zusammenfassung und Ergebnisse

8.1 Die Eroberung der Kanaren als Kapitel der Völkerrechtsgeschichte

> Die bisherige, europazentrische Ordnung des Völkerrechts geht heute unter. Mit ihr versinkt der alte Nomos der Erde. Er war aus der märchenhaften, unerwarteten Entdeckung der Neuen Welt hervorgegangen, aus einem unwiederholbaren geschichtlichen Ereignis. Eine moderne Wiederholung könnte man sich nur in phantastischen Parallelen denken, etwa so, daß Menschen auf dem Wege zum Mond einen neuen, bisher völlig unbekannten Weltkörper entdecken, den sie frei ausbeuten und zur Entlastung ihres Erdenstreites nutzen könnten.[1]

Preiswerte Raketen, Weltraumtourismus, globale Echtzeit-Überwachung, Rohstoffausbeutung und Fabriken im All sind im neuen Jahrtausend nicht mehr nur Gegenstand fantastischer Vorstellungen, sondern im Begriff Realität zu werden.[2] Während Carl Schmitts Zukunftsvorstellung aus dem Jahr 1950 heute wie eine Prophezeiung klingt, ist seine Behauptung einer Einmaligkeit des Ereignisses der Entdeckung Amerikas hingegen zurückzuweisen.

Bereits seit dem 14. Jahrhundert öffnete sich der Atlantische Ozean als »Matrix des Möglichen«,[3] wurden geographische Annahmen durch die Erkundungen der afrikanischen Westküste erschüttert und Kontakte mit fremden Kulturen aufgenommen und Kriege mit ihnen ausgefochten. Die Geschichte der in diesen Jahrhunderten entdeckten und eroberten Neuen Welten des Kanarischen Archipels war jedoch nicht nur Exerzierboden, Modell oder Laboratorium für den 1492 entdeckten Kontinent, sondern ist in ihrer Bedeutung erst in einer globalgeschichtlichen Perspektive zu verstehen. Diese schließt sowohl verschiedene Akteure wie Genueser, Mallorquiner, Franzosen, Portugiesen, Kastilier und

1 Schmitt, Der Nomos der Erde, Vorwort; auf dieselbe vereinende Einmaligkeit der Ereignisse weist auch hin: Restall, Seven Myths of the Spanish Conquest, S. 2.

2 Vgl. Schneider, Goldrausch im All, S. 12.

3 Frenschkowski, Fortunatae Insulae, S. 43.

die indigenen Völker der Kanaren als auch historische Kontexte wie die Erkundungsfahrten und Raubzüge an der afrikanischen Küste und den fortwährenden Krieg zwischen Muslimen und Christen auf der Iberischen Halbinsel und in Nordafrika mit ein.

Insbesondere das Verständnis oder die bewusste Inszenierung der Eroberung der Kanarischen Inseln als Teil der *Reconquista*, wobei jeder Kampf gegen Andersgläubige ob auf See, in Nordwestafrika oder auf den Kanaren keines weiteren Rechtsgrundes bedurfte, zeigte sich sowohl im praktischen Umgang mit den Kanariern als auch in der theoretischen Reflexion über sie und den gegen sie geführten Krieg. So wurde die Grenze zwischen den bereits besetzten und noch unter indigener Herrschaft stehenden Inseln als Glaubensgrenze *(frontera)* verstanden. Der hier vorherrschende dauerhafte Kriegszustand führte wie auf der Iberischen Halbinsel zu Raubüberfällen *(cabalgadas)*, Sklavenfang und Gefangenenloskauf. Die Kanarier wurden, wie Muslime, als in einem *bellum iustum* gefangene Nichtchristen auf der Iberischen Halbinsel in die Sklaverei verkauft. Auch die Herausbildung von interkulturellen Experten, Übersetzern und Vermittlern, kennzeichneten die Kanareninseln als Grenzregion. In gleicher Weise machten die päpstlichen Kreuzzugs- und Ablassbullen den Eroberungskrieg zu einem Heiligen Krieg gegen die Kanarier, die damit wie die Muslime zu Glaubensfeinden erklärt wurden. Die Vorstellung von größeren Festungen auf den Inseln und hünenhaften Kriegern mit langen Bärten sind ebenfalls Ausdruck dieses Verständnisses der *Conquista* als *Reconquista*, die das Vorbringen weiterer völkerrechtlicher Begründungen unnötig machte. Auch im Fall Amerikas war die Gleichsetzung des Eroberungskrieges mit der *Reconquista* eine Legitimationsstrategie.[4]

Neben dieser Inszenierung der Kanaren – als seien sie ein Teil der islamischen Welt – wurden ihre Bewohner auch als Apostaten, Usurpatoren und Okkupanten sowie Rebellen hingestellt, um ihre gewaltsame Unterwerfung zu rechtfertigen. Im Gegensatz zur *Conquista* Lateinamerikas wurde vor dem Kriegszug Béthencourts in der zweiten Hälfte des 14. Jahrhunderts der Versuch einer friedlichen Missionierung der kanarischen Bevölkerung unternommen, wovon die Einrichtung eines Bischofssitzes in Telde auf Gran Canaria und die Entstehung der indigenen Bezeichnung *Almogaren* für die Gebetshäuser der Bettelordensbrüder zeugt.[5] Diese Tatsache sowie die Annahme einer Besiedlung der Inseln durch Angehörige der arianischen Sekte nährten den Vorwurf der bewussten Ablehnung der christlichen Heilsbotschaft und der Apostasie.

4 Vgl. Jaspert, Die Reconquista, S. 14–17.

5 Dazu Rumeu de Armas, El obispado de Telde.

Zu Usurpatoren und Okkupanten machte die Kanarier der Vorwurf einer unrechtmäßigen Besetzung vormals christlicher Gebiete, die die militärische Unternehmung zugleich zu einer Rückeroberung erklärte. Durch Alonso de Cartagena beim Konzil von Basel vorgebracht, zeigt die Zeugenbefragung bei der Untersuchung des Esteban Pérez de Cabitos, dass dies ein bekannter und verbreiteter Rechtsgrund war, mit dem Konquistadoren und Angehörige des kastilischen Herrschaftsapparats ihr Handeln rechtfertigten. Die Annahme, dass die Kanaren zur kastilischen Herrschaft gehörten, stellte die Gegenwehr der Indigenen zugleich als Ungehorsam gegen eine legitime Obrigkeit dar und machte sie so zu Rebellen, deren Widerstand gebrochen werden musste. In der Praxis wurde dieses Verhältnis durch die zwischen Indigenen und Konquistadoren geschlossenen Verträge hergestellt, die die Kanarier zu Vasallen des kastilischen Königshauses erklärten. Auch Sünden wider die Natur wie Infantizid oder Götzenanbetung und die Tyrannei waren Argumente, die eine Intervention rechtfertigen sollten.

Obwohl die Apologeten der *Conquista* ihre Argumente in der Mehrheit aus der antiken und mittelalterlichen Tradition schöpften, waren Naturrechtsverletzungen, die dem Apostolischen Stuhl auch in den Argumentationen der Kanonisten ein Interventionsrecht in heidnisches Gebiet einräumten, nur ein Grund unter vielen. Dies lag nicht zuletzt daran, dass mit der europäischen Expansion und der Entstehung der Kolonialreiche ein Bedeutungsverlust des Heiligen Stuhls einherging. Karl V. war im 16. Jahrhundert der *global player*, nicht der Papst, weshalb Bartolomé de las Casas nicht diesen, sondern den Kaiser um Schutz für die Indigenen Lateinamerikas aufforderte.

Die These Robert A. Williams, dass bei der Eroberung Amerikas das Völkerrecht als »instrument of empire«[6] fungiert habe, ist für den kanarischen Kontext folglich nicht haltbar. Ebenso wenig kann für das 15. Jahrhundert mit Sundhya Pahuja von einer »dual quality of international law«, »both an imperial and counter-imperial dimension«,[7] gesprochen werden. Im Interesse der Eroberer lag es gerade nicht, nach internationalem Recht zu verfahren oder zu argumentieren und die kanarische Frage zu einem völkerrechtlichen Streitfall zu erklären. Vielmehr subsumierten sie den Konflikt mit den Kanariern entweder unter der außenpolitischen Agenda des Heiligen Krieges oder erklärten die *Conquista* zu einer innenpolitischen Angelegenheit, womit auch potenzielle Besitzansprüche etwa vonseiten Portugals sich von vornherein als null und nichtig betrachten ließen.

Hier wird zugleich deutlich, dass die kanarische Frage im Kern vor allem ein Konflikt um Deutungsmacht war. Denn die Kritiker der *Conquista* gelangten

6 Williams, The American Indian in Western Legal Thought, S. 108.
7 Pahuja, Decolonising International Law, S. 1.

selbstredend zu einer anderen Interpretation der Verhältnisse, indem sie die kanarische Frage als internationalen Streitfall zwischen Portugiesen, Kastiliern und Kanariern betrachteten, der wiederum die grundsätzliche Frage nach dem internationalen Rechtsstatus von Nichtchristen aufwarf. Antonio Roselli, Antonio Menucci da Pratovecchio und Alonso de Espinosa gestanden indigenen Völkern in Anknüpfung an die kanonistische Tradition Herrschaft und Eigentum *(dominium)* zu und räumten ihnen sogar ein Recht auf Selbstverteidigung und somit eine außenpolitische Handlungsfähigkeit ein.

Las Casas und Alonso de Palencia beschränkten sich hingegen in ihrer Kritik auf die Ungerechtigkeit des Sklavenfanges. Die Besitzansprüche Kastiliens an den Kanaren bestätigten sie hingegen beide. Im Vergleich zur Auseinandersetzung um den Umgang mit der indigenen Bevölkerung Lateinamerikas setzten sich die zeitgenössischen Kritiker der Eroberung des Archipels kaum mit den Eigenschaften der indigenen Bevölkerung auseinander. In der Praxis versuchten insbesondere indigene Übersetzer, Vermittler und Gesandte, die durch ihre Zweisprachigkeit dazu in der Lage waren, sich der Deutungsmacht der Apologeten entgegenzustellen und die Völkerrechtsgewohnheiten der Christen für die Vertretung ihrer Eigeninteressen zu nutzen. Davon zeugen nicht zuletzt die zahlreichen Prozesse um zu Unrecht versklavte Kanarier, die vor ihrer Gefangenschaft entweder Verbündete der Christen gewesen waren, sich auf dem Weg zur Taufe befanden oder bereits den christlichen Glauben angenommen hatten. Die Verteidigung der *Auaritas* durch Francisca de Gazmira war dabei nur ein Fall von vielen. Nach dieser Argumentation diente das Völkergewohnheitsrecht der Christenheit den Eroberern nicht als Instrument zur Durchsetzung imperialer Machtinteressen, sondern dem Selbstschutz der Eroberten.

Somit orientierten sich die Indigenen und ihre Fürsprecher in der Praxis wie in der Theorie bei der Verteidigung ihrer Interessen am Völkergewohnheitsrecht; und die Eroberer und Apologeten der *Conquista* verfuhren – modern gesprochen – nach innerstaatlichem Recht, weil für sie ihr Besitzanspruch an den Kanaren nicht zur Disposition stand. Letzteres führte zu einem Transfer von Rechtsgewohnheiten und Inferioritätsargumenten in den außenpolitischen Kontext. So nutzten die Konquistadoren das Lehensrecht, um die Völker der Kanaren zu Vasallen der kastilischen Krone zu erklären.[8] Überdies wurde die Vorstellung einer fast tierischen Lebensweise der Landbevölkerung, der Barbaren unter den Christen *(rústicos)*, auf die Hirtenvölker der Kanaren übertragen.

In Bezug auf die Cultural Brokers ließ sich das Modell christlicher Gesandtschaften, die aus den eigenen, herrschaftsnahen Reihen zusammengesetzt wur-

8 Die Transposition von Landesrecht in Völkerrecht stellte im Mittelalter einen typischen Vorgang dar, vgl. Mitteis, Politische Verträge im Mittelalter, S. 85.

den und repräsentative und vertrauenswürdige Personen bevorzugten, nicht übertragen. In diesem Fall mussten die Eroberungsmächte neue Wege einschlagen, Indigene aus der sozialen Unterschicht oder Frauen als Übersetzer hingenommen werden. Der Erfolg dieses Vorgehens führte zu einer Anpassung an das andere und zum Überdenken eigener Verfahrensweisen.

Die Argumentation der Kanarier auf Basis christlicher Völkerrechtsgewohnheiten steht jedoch erst am Ende der Auseinandersetzung indigener und europäischer Rechts- und Normativitätsvorstellungen. Zunächst griffen die Kanarier bei der Begegnung mit den Fremden auf die ihnen bekannten Rechtsgewohnheiten und Verfahrensweisen zurück. So verhandelten Tibiabin und Tamonante, Schlichterinnen zwischen den Stammesgruppen der *Mahoreros*, mit den französischen Eroberern. Mit Hernán Peraza schlossen die *Gomeros* einen Pakt der Blutsbruderschaft, der ihn zu Ihresgleichen machte. Ebenso wie die Konquistadoren unternahmen sie so den Versuch, neue Bündnispartner zu gewinnen oder die Eroberer in ihre eigene Stammesordnung zu integrieren. In Auseinandersetzung mit den Konquistadoren folgte schließlich eine Anpassung indigener Rechtsgewohnheiten an europäische Verfahrensweisen, was am Beispiel der Verschonung bzw. Tötung Kriegsgefangener gezeigt wurde. Schlussendlich sahen sich die Indigenen gezwungen, die Rechtsgewohnheiten des mächtigeren Gegners anzuerkennen und mit diesen zu argumentieren.

Alles in allem spielte Völkerrecht als Instrument expansiver Interessen bei der Eroberung des Kanarischen Archipels keine Rolle, sondern diente allenfalls den Verteidigern indigener Rechte als Argumentationsgrundlage. Auch für den Ausgang des Konfliktes war nicht das Recht entscheidend, sondern die Macht über die Deutung der Ereignisse, dessen Übergewicht bei den Konquistadoren und Eroberungsmächten lag. Wo hingegen die kanarische Frage im Gegensatz zur *duda indiana* weniger in ihren Inhalten als Völkerrechtskonflikt besprochen wurde, war sie jedoch hinsichtlich ihrer Diskussionsdimension, die Kanarier, Kastilier, Portugiesen und den Heiligen Stuhl als *arbiter* einschloss, ein international besprochenes Völkerrechtsproblem. Das normative Wissen der Schule von Salamanca hingegen fand zwar zu einer globalen Verbreitung und Besprechung und brachte innovative Praktiken und Gedanken zum Völkerrecht hervor, war letztlich aber ein moraltheologischer Diskurs, der über das eigene Verhalten sowie die Expansion des spanischen Imperiums reflektierte und es zu humanisieren suchte.

Vor dem Hintergrund dieses fundamentalen Gegensatzes ist die Eroberung der Kanarischen Inseln zwar ein wichtiges Kapitel der Völkerrechtsgeschichte, jedoch nicht nur auf seine Funktion als Alchemieküche für die Eroberung Lateinamerikas zu reduzieren. Denn im Kontext der Unterwerfung der Kanaren wurde sowohl Neues geschaffen als auch an die Tradition angeknüpft. Diese Traditionen und Innovationen trugen sich nicht alle bis ins 16. Jahrhundert fort, sodass sich auch klare Unterschiede, Brüche und Diskontinuitäten zwischen den atlantischen Expansionen erkennen lassen. Neben der Internationalität der kanarischen Frage und der Globalität der Schule von Salamanca ist nochmals die unterschiedlich gewichtige Rolle des Heiligen Stuhls hervorzuheben. Immerhin wurde der Papst im 15. Jahrhundert noch als völkerrechtliche Instanz, als *mediator* und sogar als *arbiter*, von den konkurrierenden Expansionsmächten sowie Kanariern und Missionaren angerufen, und die Römische Kurie und das Konzil von Basel waren zentrale Austragungsorte des Konflikts. Außerdem lag ein entscheidender Unterschied in der Distanz zwischen Zentrum und Peripherie. Während die Nähe zwischen den Kanaren und der Iberischen Halbinsel sowie zum Sitz des Papstes Kontakte zwischen europäischen Eliten und indigenen Kanariern erlaubten, war es Indigenen in der Neuen Welt zu Beginn des 16. Jahrhunderts kaum möglich, Beschwerden vor höchsten Stellen vorzutragen oder gar Bündnisse und Heiratsbeziehungen mit dem kastilischen Königshaus aufzubauen. Auch die Existenz von kanarischen Sklavengemeinden in den Städten Andalusiens beschleunigten eine Akkulturation und ließen die kanarischen Exoten den Bewohnern des spanischen Südens näherkommen.

Die eindrücklichste Kontinuität, die in dieser Studie ermittelt werden konnte, ist die Entwicklung der Vasallenverträge hin zum *Requerimiento*. Mit der Monographie Saliha Belmessous' lässt sich auch für die Zeit von 1600 bis 1900 der Befund stützen, dass Verträge ein beliebtes Instrument imperialer Expansion darstellten.[9] Außerdem entstand als neues Stereotyp der *rústico* im 15. Jahrhundert, das im Kontext der Debatte über die Menschennatur der indigenen Völker der Neuen Welt in den Werken Francisco de Vitorias adaptiert und weiter ausgeformt wurde. Die Insularität und das Argument der *vicinitas* aus der kanarischen Debatte wurde darüber hinaus so lange auf die neuentdeckten Gebiete übertragen, bis man erkannte, dass es sich nicht nur um weitere Inseln und Archipele, sondern um ein Festland größeren Ausmaßes handelte. Als historisch vergleichbares Ereignis, eine Entdeckung und Eroberung noch unbekannter Gebiete und indigener Kulturen, gewiss in vielen Punkten Vorbild für die *Conquista* Lateinamerikas, sollte die Eroberung der Kanarischen Inseln als ein Ergebnis dieser Studie jedoch nicht als schlichtes Modell, sondern als eigenständiges Kapitel der Völkerrechtsgeschichte behandelt werden.

8.2 Die Eroberung der Kanaren als »alternative history of international law«

Als »alternative history of international law« wurden die völkerrechtlichen Aspekte der Eroberung der Kanaren hier von der Peripherie und dem Lokalen

9 Vgl. Belmessous, Empire by treaty, S. 1.

aus erzählt, die Eroberung als Begegnung normativer Ordnungen verstanden und indigene Kanarier und ihre Rollen im Verlauf der *Conquista* ins Zentrum der Untersuchung gerückt, sowohl Völkerrechtstheorie als auch Völkerrechtspraxis berücksichtigt und die Epochengrenze und der Modellcharakter der kanarischen Frage für die Schule von Salamanca auf den Prüfstein gestellt.[10] Im Folgenden sollen nun zum Abschluss der Ertrag der Studie und ihre methodische Herangehensweise kritisch reflektiert werden.

Die Erzählung von der Peripherie her, beginnend bei den indigenen kanarischen Kulturen, eröffnete einen kritischen Blick auf die Perspektivität der europäischen Quellen, der es erlaubte, einige der vermeintlich ethnographischen Beschreibungen als Topoi zu entlarven. Der Fokus auf die Peripherie offenbarte darüber hinaus die Komplexität der Ereignisse der Unterwerfung und Eingliederung der Kanareninseln in das entstehende spanische Imperium, die sonst womöglich verborgen geblieben wären. So sollte man im Ergebnis nicht von Eroberung im Singular, sondern im Plural sprechen und die *Conquistas* als komplexe Prozesse zwischen Konsens und Konflikt beschreiben, bei denen sich die Grenzen von Eroberern und Eroberten nicht so einfach ziehen lassen. Zugleich zielt eine solche differenzierte Betrachtung aber nicht darauf, die eigentlichen Opfer als Mittäter erscheinen zu lassen und damit womöglich das Narrativ der Europäer des 16. Jahrhunderts von einem friedlichen Einvernehmen – statt einer gewaltsamen Eroberung zu stützen. Doch, wie auch im lateinamerikanischen Kontext, gehörten neben Krieg und Gewalteskalation auch Bündnisse, Verträge und friedliche Koexistenz zur Geschichte der *Conquistas*.

Als Verbindung des Lokalen zum Globalen wurden die indigenen internationalen Beziehungen vor der *Conquista* wie auch die sukzessive Vernetzung der Kanarischen Inseln im Zuge der atlantischen Expansion beleuchtet. Durch die Insularität und die geographische Lage des Archipels sowohl Station auf dem Seeweg nach Indien als auch nach Westindien, sind die Inseln ein Paradebeispiel für die Untersuchung mit dem methodischen Zugriff der »glocalization«,[11] der die Beziehungen von lokalen und globalen Sphären untersucht. Neben den Verbindungen zur Iberischen Halbinsel, die hier in besonderer Weise berücksichtigt wurden, würde sich noch eine genauere Betrachtung der Beziehungen zu den Atlantischen Inseln, den Azoren und Madeira, zum arabischen Raum

10 Dieser Ansatz hätte auch anders ausgestaltet werden können, da es vor allem darum geht, neue methodische Wege einzuschlagen und neue Perspektiven aufzuzeigen. Lauren Bentons und Lisa Fords »Rage for Order« ist etwa ein eindrückliches Beispiel. Sie setzten Peripherien, Nicht-Eliten, koloniale Praxis und das Lokale ins Zentrum ihrer Untersuchung, vgl. Benton / Ford, Rage for Order, S. 14.

11 Duve, Global Legal History, S. 12–14.

und im 16. Jahrhundert dann zur Neuen Welt anbieten. Durch die räumliche Begrenzung konnte hier außerdem das Lokale in Bezug auf große Fragen untersucht und in umfassendere Zusammenhänge gesetzt werden. Überlegungen zu komplexen Themen wie der Selbstständigkeit heidnischer Herrschaft oder der Geschichte des Rassismus konnten hier nur ansatzweise mitbedacht werden.

Die Begegnung der Völkerrechtsordnungen der Spanier, Franzosen und Portugiesen auf der einen und der Kanarier auf der anderen Seite führte im Verlauf des 15. Jahrhunderts zu einer Unterordnung der Indigenen unter europäisches internationales Recht. Damit ist die Eroberung der Kanaren zugleich als eine Expansion europäischen Völkerrechts zu verstehen. Für die indigene Bevölkerung stellte ihre Unterwerfung einen klaren Bruch in allen Lebensbereichen dar, was traditionelle Rechts- und Normativitätsvorstellungen miteinschloss. Die Europäer integrierten die Kanarier zwar in ihre (Völker-) Rechtsordnung, sollten aber ebenfalls verändert aus der Begegnung mit den Völkern der Inseln hervorgehen: durch die Anpassung an neue Gegebenheiten (z. B. Rekrutierung und Ausbildung indigener Übersetzer) und die Entwicklung neuer Eroberungsstrategien (z. B. Vasallenverträge bis hin zur Formulierung des *Requerimiento*) und die Argumentation zur Rechtfertigung ihres Vorgehens (z. B. Barbarentypus des *rústico*).

»The convener, the audience and the opponents were all Europeans.«[12] Arnulf Becker Lorca schließt in seiner Arbeit mit dem Titel »Mestizo International Law« mit Blick auf das 19. Jahrhundert eine Partizipation außereuropäischer Völker an Diskursen über das internationale Recht in vorherigen Jahrhunderten aus. Erst 1878 hätten zum ersten Mal eine chinesische und eine japanische Delegation einer Zusammenkunft von Völkerrechtlern beigewohnt.[13] Die Teilnahme Kuo-Taj-Ins und Kagenori Wooyenos am Treffen der *Association of the Reform and Codification of the Law of Nations* hätte am Anfang eines Engagements nichtwestlicher Akteure gestanden, die die Sprache des internationalen Rechts gebraucht hätten, um sich Machteinflüssen von außen zu erwehren.[14] In dieser Studie konnte hingegen gezeigt werden, dass auch für einen Eroberungskontext des 15. Jahrhunderts gilt, dass die Eroberten und Besiegten ihr Schicksal nicht einfach teilnahmslos hinnahmen. An verschiedenen Beispielen offenbarte sich eindrücklich, dass Indigene eigene Handlungsziele verfolgten, ihren Status als hybride Akteure mit besonderem Expertenwissen nutzten, um auf den Verlauf der Eroberung einzuwirken und die Regeln des neuen dominanten Rechts-

12 Becker Lorca, Mestizo International Law, S. 5.

13 Vgl. ebd., S. 1.

14 Vgl. ebd., S. 4.

systems durchschauten und ihre Interessen vertraten. Dabei hatten sie zumeist nicht nur eine Funktion, sondern fungierten neben ihrer Übersetzertätigkeit etwa auch als Vermittler und Gesandte; Funktionen, die sich zusammengenommen mit dem Begriff der *Cultural Brokerage* fassen lassen. Auch der gelehrte Diskurs um die *duda canaria*, an dem sie zwar nicht direkt partizipieren konnten, wurde durch den Einsatz Indigener angestoßen. Insbesondere ihre Fähigkeit, die Sprache der Eroberer zu sprechen und mit den herrschenden europäischen Eliten in Kontakt zu treten, ließ ein alternatives Verständnis neben der Deutungshoheit der Apologeten der *Conquista* über sie als Menschen und den Eroberungskrieg entstehen. Die teils intensiven Kontakte zwischen europäischer Herrschaft und Indigenen sind mit Blick auf die Ausbildung der Imperien in der Frühen Neuzeit als eine Besonderheit der Eroberung des kanarischen Archipels zu sehen. In der Folge sollte den reziproken Verträgen der Kanaren, die zum Teil sogar zwischen den Katholischen Königen und indigenen Eliten geschlossen worden waren, das *Requerimiento* folgen, welches allenfalls eine Akklamation Indigener erforderte. Darüber hinaus waren die Kaziken der *Taínos* und die Menceyes der *Guanchen*, die sich 1494 am Hof der spanischen Monarchen begegneten, für Jahrhunderte die letzten indigenen Herrscher, die noch als königliche Gäste an europäischen Höfen empfangen werden sollten.

Einer größeren Aufmerksamkeit für die indigenen Kulturen und Akteure zum Trotz ist den Fallstricken des Eurozentrismus kaum zu entrinnen. Die Probleme beginnen bereits bei den Quellen, so hat auch Jerome A. Offner bei seiner Untersuchung präkolonialen, aztekischen Rechts festgestellt, dass dessen Rekonstruktion aus späteren alphabetischen Nahuatl-Quellen unsicher sei. Denn letztendlich sei nicht gewiss, ob es sich tatsächlich um Hinweise auf das aztekische Rechtssystem oder eine ethnographische Interpretation der Spanier handele.[15] Die Unsicherheit der Aussagen über die indigene Völkerrechtsordnung wurden in dieser Studie ebenso reflektiert, und es gelang, Lücken und Ungereimtheiten durch einen interdisziplinären Zugriff, durch den Einbezug etwa archäologischer und ethnographischer Forschungsergebnisse, zu schließen.

Darüber hinaus ist insbesondere der Versuch, imperialen und eurozentrischen Überlegenheitsdiskursen mit einem Plädoyer für die Ebenbürtigkeit der Kulturen zu begegnen, letztlich nur eine eurozentrische Darstellung in neuem Gewand. Obwohl die Anlegung von Preisers Analyseschema an die kanarischen Kulturen fruchtbare Ergebnisse hervorbrachte, wurde die vermeintliche Völkerrechtsordnung der Kanarier hier an europäischen Maßstäben gemessen. Durch die Hintertür wurde so entgegen der angestrebten Provinzialisierung Europa wiederum globalisiert und die kanarischen Völker durch europäische Kategorien

15 Vgl. Offner, The Future of Aztec Law, S. 1–32.

vereinnahmt.[16] Dies wirft die Frage auf, ob man sich nicht sogar vom Begriff des »Internationalen Rechts«, vor allem von dem des »Völkerrechts« bei der Betrachtung außereuropäischer Phänomene regelhafter außenpolitischer Interaktion gänzlich verabschieden sollte. Auch in Außereuropa, wie im Mittelalter zumeist ein Phänomen *avant la lettre*, lässt sich aber kaum eine adäquate und konsensfähige Lösung finden, diese begriffliche Lücke zu schließen.[17] Wie lässt sich also als europäischer Wissenschaftler ein solcher Imperialismus vermeiden, ohne am Ende ohne Begriffe und Methoden als wichtigste wissenschaftliche Arbeitsinstrumente dazustehen? Offenkundig ist ein impliziter, allerdings notwendig kontrollierter »Eurozentrismus« – verstanden als unhintergehbare biographische und methodologische Prägung durch den eigenen Kulturkreis – nicht grundsätzlich vermeidbar. Er muss und kann aber, sofern er bewusst reflektiert wird, den Zugang zu neuen Methoden und Selbstvergewisserungen der Perspektivität und zur Erschließung neuer Themenkomplexe öffnen, wie es in dieser Studie angestrebt wird.

Quoniam ex facto oritur ius,[18] schrieb Cartagena und betonte damit die große Relevanz der Praxis für die Rechtsentwicklung. Wie für das Mittelalter in seiner Gesamtheit zeigte auch die Analyse völkerrechtlicher Aspekte der Eroberung der Kanarischen Inseln, dass eine an neue Herausforderungen angepasste Praxis das *movens* völkerrechtlicher Entwicklung war, die sich zu Theorien verdichten konnte, die dann möglicherweise wiederum auf die Praxis zurückwirkten. Für diesen Zusammenhang konnten sowohl einige belegbare als auch hypothetische Beispiele ermittelt werden.

Als sich die militärische Eroberung der großen und dichtbevölkerten Inseln für die *Señores* Diego de Herrera und Inés Peraza als aussichtslos erwies, wechselten sie in den 1460er Jahren zur Strategie der Landnahme durch Diplomatie. Die in diesen Kontext besiegelten Verträge wurden schließlich im Kontext der *Junta* von Burgos als Vorbild für die Abfassung des *Requerimiento* genommen, das anschließend im neuen Kontext der Eroberung Lateinamerikas zu einem praktischen Gebrauchstext werden sollte. Durch die Beschwerden Indigener, Theorien zum legitimen Herrschaftsrecht von Nichtchristen und der

16 Beispiel für eine solche Kritik ist der von Thomas Bauer abgelehnte Begriff des »islamischen Mittelalters«, an dem er ebenso die imperialistische Vereinnahmung der islamischen Welt kritisiert. Bauer, Der Orient und das Mittelalter.

17 Um den europäischen Begriff des »Rechts« zu vermeiden, ließe sich natürlich mit Thomas Duve auch für den Bereich der Geschichte des internationalen Rechts von »Normen« sprechen. Vgl. Duve, Rechtsgeschichte als Geschichte von Normativitätswissen?, S. 53 und 56.

18 Cartagena, Allegationes super conquesta Insularum Canariae contra portugalenses, S. 126.

Zuwendung päpstlicher Politik zum Schutz der Kanarier herausgefordert, stellte Cartagena die Theorie einer historischen *vicinitas* auf, in der das Wissen der Tradition (Gotizismus) mit dem aus der Praxis gewonnenen Erfahrungswissen (Geographie) verschmolz. Der Einfluss der Theorie Cartagenas auf die politische Praxis belegen die Zeugenaussagen in der *Pesquisa* des Esteban Pérez de Cabitos. Um der Herausforderung begegnen zu können, dass man allenfalls christliche Ortskundige *(farfanes)* als Begleiter bei Erkundungs- und Eroberungsfahrten zur Verfügung hatte, griff man schließlich auf Indigene zurück, die sich zumeist aufgrund einer Gefangenschaft als hybride Akteure eigneten. Der Erfolg des Vorgehens, die kanarischen Völker durch ihre eigenen Leute von einer Unterwerfung unter christliche Herrschaft zu überzeugen, mag einen Wechsel in der herkunftsspezifischen Auswahl von Gesandtschaftspersonal bewirkt haben. Darüber hinaus lässt sich vermuten, dass die um 1500 herum geführten Gerichtsprozesse und die anschließende Freilassung vieler Kanarier aus der Sklaverei rassistische Deutungen gefördert haben könnten, sodass in der Folgezeit nicht mehr der Unglaube, sondern die Hautfarbe zum entscheidenden Kriterium für Freiheit oder Knechtschaft wurde.

Wie bereits zu Beginn dieser Studie problematisiert, ist die Unterscheidung zwischen Völkerrechtstheorie und Völkerrechtspraxis oftmals schwierig zu treffen. Obwohl die Studie in zwei große Abschnitte gegliedert wurde, muss eingeräumt werden, dass die Kapitel zur Völkerrechtspraxis partiell von Theorien und die Kapitel zur Völkerrechtstheorie partiell von Praktiken handeln. Schon bei der Beschäftigung mit Rechtsgewohnheiten stellt sich die Frage, inwieweit diese zwar nicht schriftlich fixiert, dennoch aber theoriegeleitet waren. Insbesondere die assoziative Verbindung von Theorie und Schriftlichkeit und der Mangel an Komplexität, der oralen Kulturen dadurch unterstellt wird, sollte unter dem Eindruck des *global turn* überdacht werden. Darüber hinaus entpuppe sich, wie Lauren Benton behauptet, jede Theorie zumeist als Praxis:[19] Neben der Niederschrift eines Traktats als praktischer Akt, einer Thematisierung der Praxis und der Hervorbringung praktischen Wissens ist auch an den Einsatz von theoretischen Argumenten in der politischen Praxis zu denken. Merio Scattola hat hier etwa auf die Schüler Vitorias verwiesen, die zugleich Universitätsprofessoren waren und politische Ämter bekleideten.[20] In Cartagenas Fall etwa ist die Praxis seiner Theorie an vielen Stellen zu sehen: im Inhalt der *Allegationes*, der sich auf die Eroberungspraxis der Kanaren bezog, in der Funktion des Traktats als Gebrauchstext für Luis Álvarez de Paz, der beim Basler

19 Für einen Überblick über die verschiedenen Positionen siehe Fitzmaurice, Context in the History of International Law, S. 20.

20 Vgl. Scattola, Krieg des Wissens – Wissen des Krieges, S. 54.

Konzil das Anrecht Kastiliens auf den Archipel verteidigte, als politische Agenda für den kastilischen Herrschaftsapparat und die an der Eroberung unmittelbar Beteiligten. Umgekehrt entstanden die Pakte in der Praxis, beinhalteten Praktiken wie die symbolische Inbesitznahme der Inseln oder den Lehenskuss, waren aber zugleich schriftliche Dokumente, die sich an den formal-theoretischen Vorgaben europäischer Lehensverträge orientierten. Sollte am Ende einer Integration von Praktiken in das Untersuchungsspektrum der bisher stärker ideengeschichtlich ausgerichteten *History of International Law* also eine Verabschiedung der Kategorien »Theorie« und »Praxis« stehen, da sie untrennbar sind? Ist der Ruf nach einer Einbindung von Praktiken am Ende nur Ausdruck der Forderung nach einer stärkeren Kontextualisierung von Ideen in der Völkerrechtsgeschichte?

Trotz der Überschneidungen scheint der Gegensatz im Ergebnis dieser Studie nicht vollends auflösbar, zeigt doch gerade das Gefühl einer Unvollständigkeit der Völkerrechtsgeschichte, wenn sie nur als Ideengeschichte betrieben wird, dass zwar eine klare Definition von Ideen / Theorien auf der einen und Praktiken / Kontext auf der anderen Seite schwerfällt, aber ein Unterschied dennoch besteht. Schließlich bleibt die Frage nach dem analytischen Mehrwert dieser Differenzierung. Zum einen eröffnet die Integration von Praktiken neue Erkenntnisse für die Ideengeschichte. So gibt sie Aufschluss über die Ursprünge des Innovativen, die Entstehung von Ideen und ihren Wandlungsprozessen. Zum anderen scheint sie so lange unüberwindbar, bis eine vollständige Integration Außereuropas in das Untersuchungsspektrum der Völkerrechtsgeschichte gelingt. Denn ohne eine Betonung der Erfindungskraft der Praxis lässt sich der Beitrag indigener Völker zur Entwicklung des modernen Völkerrechts nicht würdigen, und die Annahme eines europäischen Ursprungs des Völkerrechts bleibt bestehen.

Im Rückblick können die Ergebnisse der Studie zu weiterer Dekonstruktionsarbeit an der Brücke, die bisher das Mittelalter von der Frühen Neuzeit trennte, ermutigen. Denn im Ergebnis konnte in dieser Studie gezeigt werden, dass die kanarische Frage nicht nur ein Modell für die Schule von Salamanca, die Eroberungszüge auf den Inseln nicht nur ein Exerzierboden für die *Conquista* Lateinamerikas waren, sondern Eigenheiten aufwiesen, die es notwendig machen, sie als eigenständiges historisches Phänomen zu betrachten. Insbesondere die Bezüge und Perspektiven der Zeitgenossen, die die Eroberung der Kanaren als Teil der *Reconquista* inszenierten oder sogar als kriegerische Gesamtunternehmung gegen Andersgläubige empfanden, lassen einen Vergleich zwischen diesen *Conquistas* am Ende womöglich ertragreicher erscheinen als zwischen den Eroberungen der Kanaren und Lateinamerikas. Während die Kanarischen Inseln in einigen entscheidenden Punkten sich hier weniger als

Modell für Amerika darstellten, sind sie doch ein Exempel für den Transfer von Konzepten und Praktiken der *Reconquista* in einen atlantischen Kontext.

Darüber hinaus wurde die Untersuchung auf die Ereignisse der Eroberung begrenzt. Eine Beschäftigung mit der zum Teil bereits parallel beginnenden Kolonialzeit hätte womöglich noch eine stärkere Auseinandersetzung zwischen europäischen und indigenen Rechts- und Normativitätsvorstellungen offenbart. Im Hinblick auf die Mission und die Verteidigung Indigener durch Geistliche der Mendikantenorden ließe sich durch weitere Quellenrecherche über päpstliche Dokumente hinaus vermutlich noch ein weiteres Panorama entfalten. Dasselbe gilt für das Basler Konzil und Äußerungen zur kanarischen Frage. Das Beispiel Felix Hemmerlis, der dem Konzil beigewohnt hatte und anschließend in einer Passage seines Werkes über den Adels- und den Bauernstand die Kanarier als Exemplum heranzieht, lässt noch weitere Rezeptionen vermuten.

Die Liste der Desiderate ließe sich noch weiter verlängern, denn wie jede forschende Arbeit, hat die völkerrechtsgeschichtliche Betrachtung der Eroberung der Kanarischen Inseln zugleich einige Antworten gefunden und unzählige Fragen aufgeworfen. So ist die Reise, die wir hier zu Neuen Welten unternommen haben, zugleich ergebnisreich und ergebnisoffen, nur eine Etappe auf dem Weg zu weiteren Entdeckungen.

Anhang

Pakte zwischen Kanariern und Europäern 1402–1496

Inhaltsübersicht

Lanzarote, 1402. Pakt zwischen den Franconormannen Gadifer de La Salle und Jean de Béthencourt und dem indigenen *Maho*-Herrscher Guadarfía[1]

Le Canarien, G4r, S. 14.

Le Roy uendroit en certain lieu et ainsi fu il Car/ gadifer ne vouloit mie faire nul accord a euls sans/ Bettencourt son compaignon qui estoit demoure/ au port et vindrent ala iournee dune part et dautre/ et se misterent en la mistance des cheualiers dessus/ dis cõme amis nõmie cõme subgiez que les pmi/drent a garder tous ceuls qui leur voudroient/ mal faire a leur pouoir Mais bettencourt en a depuis/ mal fait son deuoir ainsi que vous verrez vn pou/ cy apres. Et demourerent euls et ceuls de lisle lan/celot en bon accord. Apres cõmencerent vn chastel/ qui sapelle Rubicom.

Der König sollte an einen bestimmten Ort kommen, wie er es auch tat, aber Gadifer wollte keinen Vertrag mit ihnen [den Bewohnern der Insel Lanzarote] abschließen, ohne seinen Partner Béthencourt, der im Hafen geblieben war. Und als beide Parteien zusammentrafen, schlossen sie eine ritterliche Freundschaft mit ihnen, wie Freunde nicht wie Untergebene, und sie versprachen ihnen alles Mögliche zu tun, um sie vor all denen zu beschützen, die ihnen schaden wollen. Aber Béthencourt sollte diese Pflicht schlecht erfüllen, wie ihr ein bisschen weiter sehen werdet. Sie [die Franconormannen] und die [Bewohner] der Insel Lanzarote verblieben in gutem Einvernehmen. Danach begannen sie eine Festung zu bauen, die sie Rubicón nannten.

Le Canarien, B5r, S. 164.

Et appointe/rent que le Roy du pais vendroit parler a mon$_{\$}^{r}$*/ de bethencourt en Certain lieu et ainssi fut fait/ CL si ~~vidrent~~ led– Roy du pais vers bethenco*^{rt}*/ en la pnce gadiffer pleusieurs autres gentiz/ hommes Et se mist led– Roy en lobeissance dud–/ Bethencourt de sa compagnye Comme amys/ non mye come Subgez Et leur promit on/ que on leur garderoit a lencontre de tous ceulx/ qui leur voudroient mal faire mais on ne/ leur a mye bien tenu cõuenant Ainssi comme/ vous orres plus applain Ci appres desclare/ CL Et demourerent ledit Roy sarazin*[2] *mon*$_{\$}^{r}$*/ de bethencourt daccord et fit faire led–* $_{\$}^{r}$*/ de bethencourt vng Chastel qui sapelle Rubycũ/*

Und sie veranlassten, dass der König des Landes kommen sollte, um mit Monsieur de Béthencourt an einem bestimmten Ort zu sprechen, und so wurde es gemacht. Und der besagte König des Landes kam zu Béthencourt in Anwesenheit Gadifers und vieler anderer Edelleute, und der besagte König setzte sich unter den Gehorsam des Béthencourt und seiner Kompanie wie Freunde, nicht wie Untergebene. Und er versprach ihnen, sie vor all denjenigen zu beschützen, die ihnen Schlechtes tun wollten. Aber dieses Versprechen blieb unerfüllt, wie ihr später noch genauer hören werdet. Und der besagte muslimische König und Monsieur de Béthencourt blieben in gutem Einvernehmen, und der besagte Monsieur de Béthencourt ließ eine Festung errichten, die er Rubicón nannte.

1 Die folgenden Übersetzungen sind textnahe Übertragungen in die deutsche Sprache. Zwar zum Teil aufgrund der endlosen Sätze anstrengend zu lesen, war es das Ziel, die Passagen möglichst unverfälscht zu übersetzen.

2 Im Mittelfranzösischen kann *sarazin* auch einen Heiden meinen. Der Bezug zum Islam überwiegt jedoch: »(Celui) qui appartient à la population musulmane (du Levant, d'Afrique du Nord ou d'Espagne)«; »Qui n'appartient pas au monde chrétien,

Abreu Galindo, S. 47–48.

Y comenzaron á hacer una torre de piedra y barro, ayudando en la obra los naturales con toda diligencia sin rehusar cosa que se mandaba en el puerto de Rubicón. [...] Vista por Juan de Bethencourt y Gadifer de la Salle la quietud y obediencia que tenían los gentiles, recibieron gran contento y determinaron pasar á la otra isla que veían tan cercana.

Und sie begannen, im Hafen von Rubicón einen Turm aus Stein und Lehm zu bauen, ein Werk, bei dem die Inselbewohner mit großer Sorgfalt halfen, ohne eine Sache zu verweigern, die ihnen aufgetragen wurde. [...] Und als Juan de Bethencourt und Gadifer de la Salle die Ruhe und den Gehorsam sahen, den die Heiden hatten, waren sie sehr zufrieden und beschlossen, auf die andere Insel überzugehen, die sie ganz in der Nähe sehen konnten.

Gran Canaria, 1461. Pakt zwischen Diego de Herrera und den *Guanartemes* von Telde (und Gáldar) *(Acta de Las Isletas)*

Matritense, S. 234.

[Diego de Herrera] hazer paz con el Guadarteme de Telde con toda promeza y seguridad, y diole Diego de Herrera treinta hijos de los más prinçipales de sus bazallos en rexenes, y con esta seguridad le dexó hazer vna cassa-torre en Gando.

Diego de Herrera machte Frieden mit dem *Guadarteme* von Telde mit allen Versprechen und Sicherheiten, und Diego de Herrera gab ihm dreißig Kinder seiner höchsten Vasallen als Geiseln, und mit dieser Sicherheit ließ er ihn einen Haus-Turm in Gando bauen.

Ovetense, S. 119.

[Diego de Herrera] *trató pases con otro Guadarteme rrei y señor de Telde, que no estaua muy bien con el otro de Gáldar debajo de promesa y siguridad y rrhenes que Diego de Errera le dio de treynta hijos de lo más principales de sus basallos, y con esta siguridad le dejó haser una torre en Gando junto a la playa del mar y puerto donde auía desenbarcado.*

Diego de Herrera führte Friedensverhandlungen mit dem anderen *Guanarteme*, König und Herr von Telde, der sich nicht gut mit dem von Gáldar verstand, der ihm unter dem Versprechen von Sicherheit und Geiseln, dreißig Kinder der höchsten unter seinen Vasallen, das Diego de Herrera ihm gab, unter dieser Gewähr einen gemeinsamen Turm in Gando am Meeresstrand und am Hafen, wo sie an Land gegangen waren, bauen ließ.

qui est musulman (ou païen)«, »Arabe«, »Oriental«. »SARRASIN«, in: Analyse et traitement informatique de la langue française. Dictionnaire du Moyen Français (1330–1500).

Lacunense, S. 195.

[Diego de Herrera] *trató pases con otro Guanarteme Rey y Señor de la vanda de Telde, que no estaba muy bien con el de Gáldar debaxo de promessa o seguridad, y rehenes que el Diego de Herrera de treinta hijos de los más Principales de sus bassallos en Rehenes, y con esta seguridad le dexó haçer vna torre en Gando junto a la playa del mar y puerto donde auía desembarcado.*

Diego de Herrera führte Friedensverhandlungen mit dem anderen *Guanarteme*, König und Herr der Bande von Telde, der sich nicht gut mit dem von Gáldar verstand, der ihm unter dem Versprechen oder der Sicherheit und Geiseln, die Diego de Herrera ihm [gab], dreißig Kinder der höchsten unter seinen Vasallen als Geiseln, unter dieser Gewähr einen gemeinsamen Turm in Gando am Meeresstrand und am Hafen, wo sie an Land gegangen waren, bauen ließ.

Abreu Galindo, S. 97.

Pero el obispo, por medio de la lengua que traía, y él que era conocido entre ellos, los hizo sosegar, que no querían con ellos sino amistad y tener trato; y estuvieron algunos días dando de lo que tenían los unos á los otros, y aquí tomó posesión Diego de Herrera de la isla de Gran Canaria en el puerto de las Isletas, miércoles, 12 de agosto del año 1461, presentes los dos Guanartemes de Telde y de Gáldar, y el domingo siguiente, 16 de agosto, le besaron la mano los dichos Guanartemes, siendo testigos el obispo de Rubicón D. Diego López de Illescas y Juan Negrín, rey de armas; y el bachiller Antón López, provisor del obispo; y el gobernador Alonso de Cabrera, capitán general de las islas de Gran Canaria; y Pedro de Padilla, Álvaro Becerra de Valdevega y Alonso Rodríguez Cabezudo, Mateo Alonso, Marcos Gómez, Francisco de Morales, Lope de Surita; era escribano Hernando de Párraga. Con esta sola diligencia se contentó Diego de Herrera; y, dejando contentos los canarios, se tornó a embarcar y volvió á Lanzarote.

Aber der Bischof, mittels eines Übersetzers, den er bei sich hatte, und der bekannt unter ihnen war, besänftigte sie, dass sie mit ihnen nichts anderes wollten als Freundschaft und Umgang mit ihnen haben. Und sie waren dort einige Tage, während derer sie einander gaben, was sie hatten. Und hier nahm Diego de Herrera die Insel Gran Canaria in Besitz, im Hafen der *Isletas*, am Mittwoch, den 12. August 1461, unter Anwesenheit der *Guanartemes* von Telde und Gáldar. Und am folgenden Sonntag, den 16. August, küssten ihm die besagten *Guanartemes* die Hand, es waren Zeugen der Bischof von Rubicón, Diego López de Illescas und Juan Negrín, Mateo Alonso, Marcos Gómez, Francisco de Morales, Lope de Surita. Schreiber war Hernando de Párraga. Mit dieser einzigen Maßnahme gab sich Diego de Herrera zufrieden, und die *Canarios* zufrieden zurücklassend, stieg er wieder an Bord und kehrte zurück nach Lanzarote.

Abreu Galindo, S. 105–106.

Los cuales después de muchas pláticas y promesas se hicieron paces entre Diego de Herrera, y los dos guanartemes, tratándose algunos días con muestras de mucho contento, porque en esto de ser amorosos, y mostrarlo, y hacerlo, y guardar palabra excedían los de esta isla de Gran Canaria á todos los demás. Estando en esta amistad, procuró el obispo hiciesen una torre ó casa fuerte por consejo de Diego de Herrera como casa de oración, para que cuando los cristianos viniesen á contratar, tuviesen en qué se recoger y albergar, y hacer oración a Dios, y allí en Gando, sin darles pesadumbre y para que estuviesen seguros y ciertos de la amistad, les dio doce cristianos de sus vasallos en rehenes que los tuviesen los canarios consigo y que los presos que había de una parte y otra fuesen libres, y que toda orchilla[3] *que en esta isla de Gran Canaria se cogiese fuese para Diego de Herrera, por vía de reconocimiento de señorío, dando a los cogedores ciertas cosas. Se comenzó luego á hacer la torre fuerte de piedra y barro, ayudando los naturales con gran contento y regocijo, allegando piedra, amasando barro, cortar madera y traerla, y, como andaba mucha gente de una y otra parte, en pocos días fue acabada la torre, capaz de gente y para defenderse, pueste en un cerro alto, en un llano cerca de la mar; Diego de Herrera estuvo con ellos algunos días, y, dejando la torre bien abastecida de lo necesario se volvió á Lanzarote con el obispo; dejó por capitán y alcaide de la torre á Pedro Chemida, hombre conocido de ellos, y bien quisto.*

Nach vielen Gesprächen und Versprechungen wurde Frieden zwischen Diego de Herrera und den beiden *Guanartemes* geschlossen, und sie verkehrten einige Tage mit großer Zufriedenheit; in ihrer Weise freundlich zu sein und ihre Worttreue zu zeigen, einzuhalten und zu hüten, übertreffen diese von Gran Canaria alle anderen. Im Zustand dieser Freundschaft, versuchte der Bischof einen Turm oder ein Fort zu bauen, auf Rat von Diego de Herrera hin, wie ein Haus für das Gebet, damit, wenn die Christen zum Handeln kommen würden, sie einen Ort besäßen, wo sie sich sammeln und eine Herberge hätten und Gebete zu Gott sprechen könnten, hier in Gando, ohne Schwierigkeiten. Und, weil sie sich der Freundschaft gewiss und sicher waren, gaben sie ihnen zwölf Christen ihrer Vasallen als Geiseln, die die *Canarios* mit sich nahmen, und die Gefangenen der einen und der anderen Seite waren Freie; und sie sammelten die gesamte Orseille die es auf der Insel Canaria gab, und Diego de Herrera, durch die Anerkennung seiner Herschaft, gab den Sammlern einige Dinge. Dann begannen sie einen starken Turm aus Lehm und Stein zu bauen, wobei die Inselbewohner mit großer Zufriedenheit und Freude halfen, Steine anhäuften, Lehm anmachten und Holz schnitten und herbeitrugen. Und, wie viele Leute der einen und der anderen herbeikamen, war der Turm in wenigen Tagen fertig, wehrhaft für Menschen, um sich zu verteidigen, gebaut auf einem hohen Hügel, auf einer Ebene nahe dem Meer. Diego de Herrera verbrachte einige Tage mit ihnen; und, den Turm gut mit allem Notwendigen ausgestattet zurücklassend, kehrte er mit dem Bischof nach Lanzarote zurück. Als Hauptmann und *Alcaide* überließ er den Turm Pedro Chemida, einem bekannten und gern gesehenen Mann.

3 Die *Roccella canariensis* wächst an den Felsen und Klippen der Kanarischen Inseln. Aus der violetten Flechte ließ sich der kostbare Farbstoff Purpur gewinnen und war damit neben der Sklaverei das einträglichste Handelsgut der Kanaren. Vgl. »orchilla«, in: Diccionario básico de canarismos.

Torriani, S. 132.

E uisto l'Herrera il poco effetto che si faceua in questa guerra et quanti forti et ualerosi erano i nemici, per non essere affatta spinto e scacciato de l'isola diede gli hostaggi al Rè di Galdar et al Rè de Telde con cui fece pace sotto pretesto ch'in pochi di se n'anderebbe con tutti i suoi soldati, non hauendo alhora comodità di uasselli per poterlo fare. Mentre le cose stuano quiete, et correa l'anno 1461. secretamente ci fabricò una piccola fortezza sopra il porto di Gando, ch'era la parte più commoda per la nauigatione de l'altre Isole.

Und als Herrera die wenigen Ergebnisse sah, die sie in diesem Krieg erzielten, wie stark und tapfer ihre Gegner waren, um sich nicht zurückgewiesen und gänzlich von der Insel verstoßen zu sehen, überließ er dem König von Gálder und dem König von Telde, mit denen er Frieden geschlossen hatte, Geiseln, mit dem Vorwand, dass er in wenigen Tagen mit all seinen Soldaten abziehen würde, und dass, weil er im Moment nicht genug Schiffe hätte, um dies zu tun. In Anbetracht der Tatsache, dass sich die Dinge so ruhig verhielten, und das Jahr 1461 näher rückte, errichtete er heimlich eine kleine Festung oberhalb des Hafens von Gando, die für die Schifffahrt von den anderen Inseln her am günstigsten gelegen war.

Sedeño, S. 53–54.

Y visto esto [Diego de Herrera] determinó de hacer paz con el faican de Telde, era como Gobernador de aquella parte y cuñado del Guanarteme, hermano de su muger, éste era el tuerto qe. llamaban en la conquista, qe. no estaba bien quisto con los de Telde, porqe. no querian consentir qe. los gobernase menos qe. el señor. Hechas sus paces Diego de Herrera con los Canarios, usando de maña dijo qe. queria hacer una casa de oración y hizo una torre con sus almenas y saeteras. Tenian los cristianos una moza qe. servia á Diego de Herrera, natural de Canaria, la cual avisó hombres principales de Lanzarote qe. los habían dejado Diego de Herrera en rehenes de la paz qe. había concertado.

Und als er dies sah, beschloss [Diego de Herrera] mit dem *Faican* von Telde Frieden zu schließen, er war wie ein Gouverneur dieses Teils und Schwager des *Guanarteme*, der Bruder seiner Frau, dieser war derjenige, den sie während der Eroberung den Einäugigen nannten, der mit denen von Telde nicht gern gesehen wurde, weil sie einer geringeren Herrschaft als unter ihrem Herrn nicht zustimmten. Diego de Herrera machte seinen Frieden mit den *Canarios*, eine List benutzend, indem er behauptete, er wolle ein Gebetshaus errichten und eigentlich einen Turm mit Zinnen und Schießscharten baute. Die Christen hatten ein Mädchen bei sich, dass Diego de Herrera diente, und von Canaria stammte, die die hohen Herren von Lanzarote benachrichtigte, dass Diego de Herrera verabredet habe, ihnen Friedensgeiseln zu überlassen.

Escudero, S. 45–46.

Trató Herrera mañosamente de hacer paces con un tuerto canario, hombre rubusto y ancho de mienbros, llamado Tarira, astuto y mañoso, y muy valeroso, que vivía dos leguas de Gando, apartado de Agüímes mas a el Oriente, habitaba en cuevas de peña tosca, cavadas, y dentro muy capaces; habia casas de piedra sola y cubiertas de enmade//rado, y por cima terradas muy fuertes y de aguante; dijéronle que si les permitiese hacer una torre o casa de oración en el puerto de Gando, y para ello dio Herrera treinta muchachos, hijos de Lanzarote y Fuerteventura en rehenes o en confianza de qu no era su intento hacer mal, antes prediarles la fe verdadera, hicieron buen rostro los canarios que eran contentos, dieron permsio a ello y quiso Herrera que fuese Silva el Alcaide de aquella fortaleza, y no lo admitió; habían ayudado a hacerla muchos canarios.

Und Herrera versuchte geschickt, einen Frieden mit einem einäugigen *Canario* zu schließen, einem robusten Mann mit breiten Gliedern, der sich Tarira nannte, gewieft und listig, und sehr tapfer war, der zwei Meilen von Gando entfernt lebte, von Agüímas abgewandt mehr Richtung Osten, er lebte in Höhlen aus Kalkstein, in die Erde gegraben, und innen mit viel Raum; es gab Häuser nur aus Stein und mit Holz bedeckt und an der Spitze mit sehr starken und langlebigen Dächern; und sie sagten ihm, wenn er ihnen erlauben würde, einen Turm zu bauen oder ein Gebetshaus im Hafen von Gando, würde Herrera ihm dreißig Jungen geben, Kinder von Lanzarote und Fuerteventura als Geiseln, oder im Vertrauen, dass es nicht seine Absicht sei, Böses zu tun. Nachdem ihnen der wahre Glaube verkündet worden war, machten die *Canarios* frohe Gesichter, die zufrieden waren, fragten Herrera um Erlaubnis, dass sie gerne wollten, dass Silva der Alcaide diese Festung würde, aber es wurde ihnen nicht zugestanden; viele *Canarios* halfen dabei, sie zu errichten.

Ulloa, S. 77–78.

[Diego de Herrera] trató paces con otro Guadarteme rey y señor de Telde, que está diferente con el otro de Galdar debajo de promesa y seguridad de rehenes que Diego de Herrera le dio de treinta hijos de los mas principales de sus vasallos. Y con esta seguridad le dejó hacer una torre en un sitio que llaman Gando junto a la playa y mar del puerto donde había desembarcado, cuyas ruinas y cimientos se ven hasta el día de hoy, la cual proveyó muy bien de todo lo necesario y nombró capitán en ella que quedase gobernando la gente.

Diego de Herrera führte Friedensverhandlungen mit dem anderen *Guadarteme*, König und Herr der von Telde, der sich von dem anderen in Gáldar unterschied unter dem Versprechen und der Sicherheit von Geiseln, die Diego de Herrera ihm [in Form von] dreißig Kindern seiner höchsten Vasallen gab. Unter dieser Gewähr ließ er ihn einen Turm bauen an einem Ort der Gando heißt und den Strand und das Meer des Hafens, wo sie an Land gegangen waren, verband, dessen Ruinen und Fundament bis zum heutigen Tag zu sehen sind, den er mit allem Nötigen ausstattete und einen Hauptmann ernannte, der zum Regieren der Leute dort bleiben sollte.

Teneriffa, 1464. Pakt zwischen Diego de Herrera und den *Menceyes* von Teneriffa

Edition der *Acta de Bufadero*

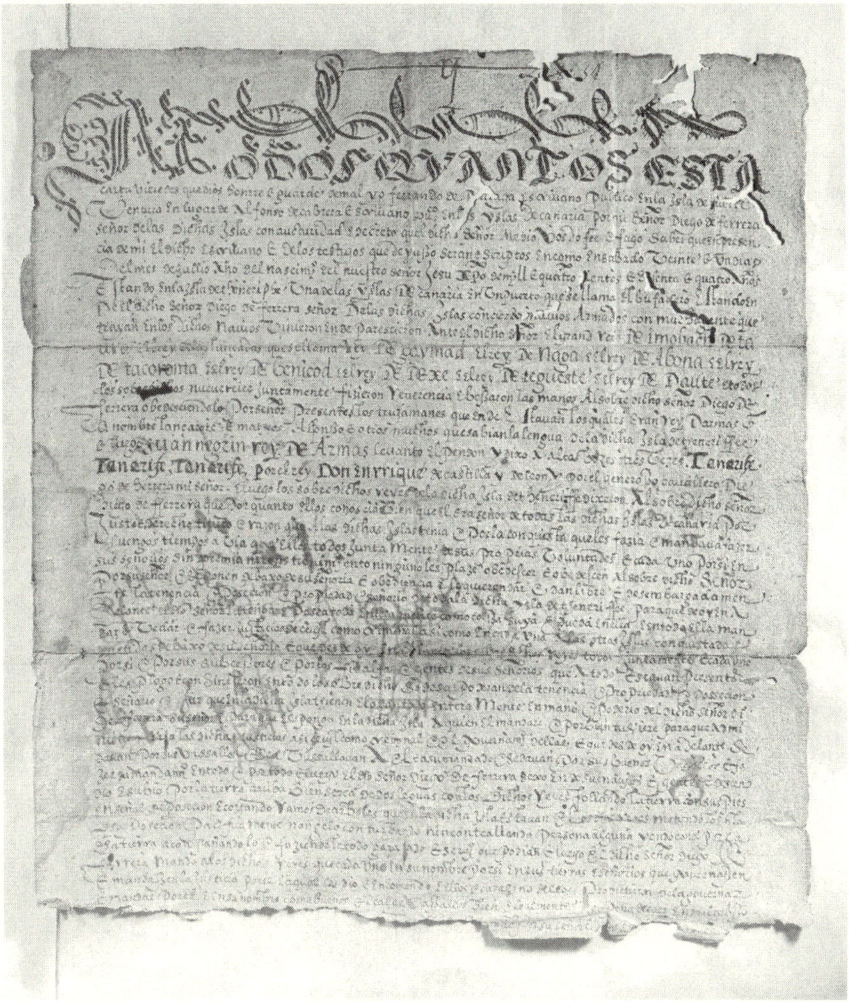

Abb. 5: Archivo Histórico Provincial de Santa Cruz de Tenerife, Sección Histórico de Protocoles Notariales, no. 1106, folio 54 (recto).

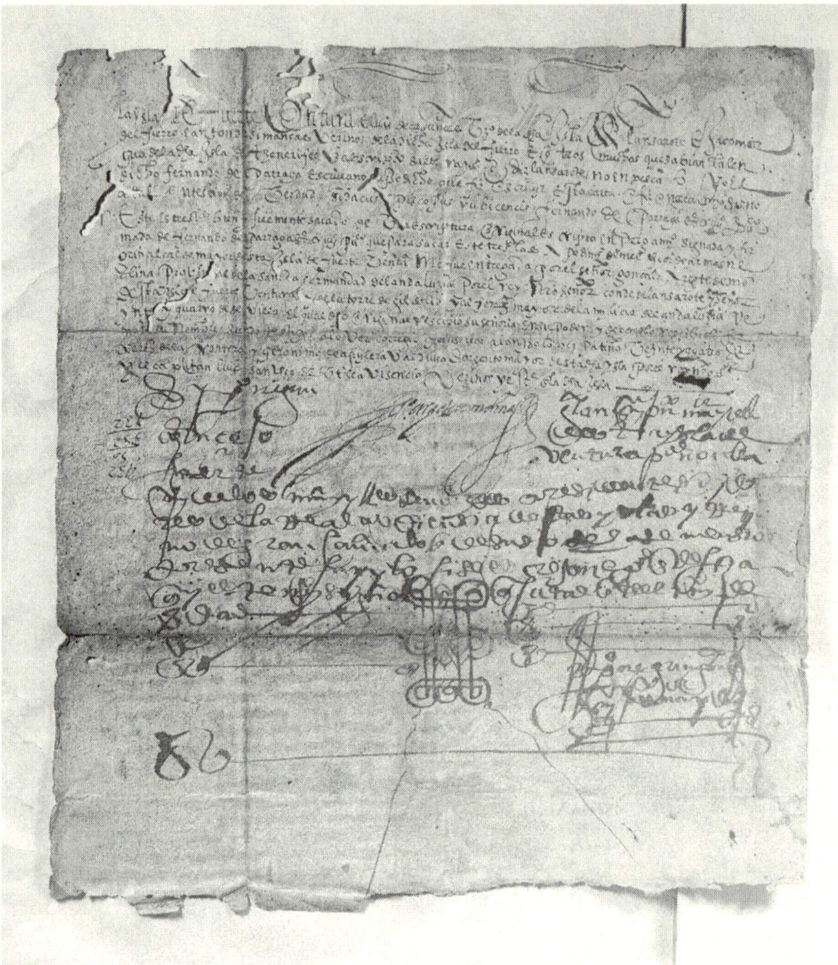

Abb. 6: Archivo Histórico Provincial de Santa Cruz de Tenerife, Sección Histórico de Protocoles Notariales, no. 1106, folio 54 (verso).

1. Einleitende Bemerkungen

Die sogenannte *Acta de Bufadero* ist das einzige überlieferte Dokument, welches ein Abkommen zwischen Konquistadoren und Indigenen im Rahmen der Eroberung der Kanarischen Inseln (1402–1496) belegt. Von anderen Pakten erfahren wir in den historiographischen Quellen zur *Conquista.* Der Pakt wurde am 21. Juli 1464 auf Teneriffa im Hafen von Bufadero (daher der Name), nahe dem heutigen Santa Cruz de Tenerife, geschlossen.[4] Als Vertragspartner wird von Seiten der Christen Diego García de Herrera y Ayala (1417–1485) genannt, durch seine Ehe mit Inéz Peraza de las Casas und dem Tod ihrer männlichen Verwandten seit 1452 Eroberer und Herr der bereits in spanischer Hand befindlichen Inseln Lanzarote, Fuerteventura und El Hierro.[5] Von Seiten der Indigenen waren dem Dokument zufolge alle Herrscher Teneriffas, die *Menceyes* genannt wurden, bei der Ausfertigung anwesend. Das Dokument wurde vom Schreiber Fernando de Párraga verfasst und darüber hinaus vom Bischof von Rubicón unterzeichnet, was dem Abkommen gewiss mehr Gewicht und Autorität verleihen sollte. Bischof der kanarischen Diözese war zwischen 1460 und 1468 Diego López de Illescas, der über dieses Abkommen hinaus auch an dem so genannten Pakt von *Las Isletas* zwischen Diego de Herrera und den *Guanartemes* von Gran Canaria beteiligt war. Im Anschluss an den Freundschaftspakt von Bufadero handelte Diego García de Herrera mit dem *Mencey* von Anaga aus, dass er einen Turm oder eine Festung auf seinem Herrschaftsgebiet errichten durfte, was vermutlich zwischen 1465 und 1466 in die Tat umgesetzt wurde.[6] Wahrscheinlich 1468 präsentierte dann Diego de Herrera Heinrich IV. von Kastilien das unterzeichnete Dokument.[7]

Die wenigen Erwähnungen der *Acta de Bufadero* in der Literatur zur Geschichte der Kanarischen Inseln haben insbesondere den Charakter des vermeintlichen Vertrages und infolgedessen seine Existenz zwar nicht als Dokument, sondern als historisches Ereignis zur Diskussion gestellt. So spricht Antonio M. López Alonso nicht von einem Vertrag Gleichrangiger, sondern von einer »pleito homenaje«,[8] mit der sich die *Menceyes* zu Vasallen des kastilischen Königs erklärt hätten. Auch in der Zeitschrift »Documentos para la historia de Canarias« trägt die Transkription den Untertitel: »Toma de posesión de Tenerife por Diego de Herrera y actos de homenaje vasallático de los menceyes de la

4 Für die genaue Argumentation um die Plausibilität der Datumsangabe siehe López Alonso, Los pactos indígenas de Gran Canaria y Tenerife, S. 57–58.

5 Vgl. Ladero Quesada, Los señores de Canarias en su contexto sevillano, S. 146.

6 Vgl. Rumeu de Armas, La conquista de Tenerife, S. 104.

7 Vgl. López Alonso, Los 520 Esplendores de la luna.

8 López Alonso, Los pactos indígenas de Gran Canaria y Tenerife, S. 59.

isla.«[9] Doch ist eine freiwillige Unterwerfung der neun *Menceyes* von Teneriffa, denen riesige Heere von *Guanchen*-Kriegern unterstanden, wirklich anzunehmen? Oder handelt es sich nicht vielleicht eher um eine Urkunde, die von Herrera gefälscht wurde, um seinen Herrschaftsanspruch auf die Insel zu untermauern?

Bereits José Viera y Clavijo (1731–1813), ein spanischer Universalgelehrter, der eine mehrbändige Geschichte des Kanarischen Archipels verfasste, bezeichnete die Interpretation des Vertrages durch die Konquistadoren, wonach die *Guanchen*-Fürsten sich unterworfen hätten, als ein Hirngespinst, zweifelte jedoch nicht an der *Acta de Bufadero* als historische Begebenheit.[10] Dass dieser Unterwerfungsakt tatsächlich stattgefunden hat, lassen zahlreiche Verweise in den Zeugenaussagen von Konquistadoren in der *Pesquisa* des Esteban Pérez de Cabitos aus dem Jahr 1477 annehmen.[11] Inwieweit der beschriebene Verlauf jedoch dem tatsächlichen Ablauf entspricht, lässt sich natürlich nicht nachweisen. Eine Erklärung der Akzeptanz der Bedingungen durch die *Menceyes* könnte in der kulturellen und sprachlichen Differenz von *Guanchen* und Spaniern liegen, die überhaupt nur mithilfe von Übersetzern kommunizieren konnten. Gewiss hätten die typisch mittelalterlichen Praktiken, wie die Inbesitznahme des Landes durch das Berühren mit den Füßen *(follando la tierra con sus pies)* und das Abschneiden von Ästen *(cortando ramas de arboles)* sowie der feierliche Ruf des Juan Negrín[12] *(Tenerife, Tenerife, Tenerife)* zur Besiegelung des Paktes bei den Indigenen nur Erstaunen, aber kein tieferes Verständnis ihrer symbolischen Bedeutung hervorgerufen, so Rumeu de Armas.[13] Ebenso war es den schriftlosen *Guanchen* nicht möglich, das Dokument zu lesen. Hier war gewiss auch eine Grenze der Kompetenz indigener Dolmetscher erreicht. Nur als Kopie vorliegend, lassen Aussagen sowohl bei Antonio de Viana als auch bei Espinosa darauf schließen, dass das verlorene Originaldokument von den *Guanchen*-Fürsten unterzeichnet wurde: *trataron de paces y amistad, y la firmaron con el dicho Diego de Herrera ante Fernando de Párraga.*[14] Hier ist etwa an eine Unterschrift ähnlich eines Vollziehungsstriches von analphabetischen Herrschern des Mittelalters zu denken. Im Ergebnis hätten die Expeditionen Herreras, so Viera y Clavijo, also zu keiner *de facto* Unterwerfung der Inseln

9 Acta del Bufadero (Emilio Alfaro Hardisson), S. 2–3.

10 Viera y Clavijo, Historia de Canarias, Bd. II, S. 371.

11 Vgl. López Alonso, Los pactos indígenas de Gran Canaria y Tenerife, S. 59; Pesquisa de Cabitos, S. 258. Eine Zusammenstellung findet sich bei Rumeu de Armas, La conquista de Tenerife, S. 103–104.

12 Siehe Rosa Olivera, El adivino Aguamue, S. 205–206.

13 Vgl. Rumeu de Armas, La conquista de Tenerife, S. 100.

14 Siehe dazu Álvarez Delgado, La División de la isla de Tenerife en nueve reinos, S. 72.

Gran Canaria und Teneriffa geführt, *de jure* aber zu einer Absicherung seines Herrschaftsrechts. So bezeichnet Viera y Clavijo die *Acta de Bufadero* als eine Beglaubigung auf Pergament (»una gran certifiación en pergamino«).[15]

Wie bereits erwähnt ist das Dokument kein Autograph, sondern eine Abschrift des Originals, die durch den Schreiber Pedro Negrín Galán auf Fuerteventura erstellt wurde.[16] Der Weg, auf dem der Text in seine Hände gelangte, wird am Ende des Dokuments beschrieben und lässt Aussagen über die Anfertigungszeit der Kopie zu. Zum einen wird die *Real Audiencia* erwähnt, die auf den Kanarischen Inseln erst 1526 eingerichtet worden war, womit die Abschrift in jedem Fall nach diesem Datum angefertigt worden sein muss. Zum anderen ist im Dokument von einer bekannten Persönlichkeit die Rede, und zwar von Gonzalo Argote de Molina (ca. 1551–1596):[17] *gonçalo Argote de molina provinçial de la sancta hermandad del andaluzia porel rey N[uest]ro señor conde de lansarote y señor DE esta isla de fuerte Ventura y dela torre de gildolid y alferez mayor dela milicia de andaluzia vynte y quarto de Sevilla.*[18] Durch eine Heirat mit Constanza de Herrera im Jahr 1586, der unehelichen Tochter des Don Agustín de Herrera y Rojas, Graf und Marquis von Lanzarote, der Constanza zunächst zur Erbin seines Titels bestimmt hatte, gelangte der Militär, Humanist und berühmte Genealogist sowie Verfasser der *Nobleza del Andaluzía* (1588) für eine Weile in die Position des Herrn über Lanzarote.[19] Ob Argote de Molina mit Recht den Grafentitel führte oder es sich um eine juristische Fiktion handelte, lässt sich nicht mit Gewissheit sagen.[20] Tatsache ist jedoch, dass die erneute Eheschließung seines Schwiegervaters, spätestens aber die Geburt von dessen

15 Viera y Clavijo, Historia de Canarias, Bd. I, S. 675.

16 Dieser Passus wurde nur in einer von drei bisher vorliegenden Transkriptionen berücksichtigt, und zwar bei: Acta de Bufadero (Emilio Alfaro Hardisson), S. 2–3.

17 Menéndez Pidal de Navascués, Argote de Molina.

18 Siehe S. 415 dieses Anhangs. Gonzalo Argote de Molina wird in den Arbeiten von Rumeu de Armas und Lobo Cabrera unterschiedlich dargestellt. Während Rumeu de Armas den Konflikt zwischen den Herren von Lanzarote und Fuerteventura in den Vordergrund rückt und Argote de Molina als Strategen präsentiert, wirkt er in der Darstellung Lobo Cabreras, der den Konflikt mit seinem Schwiegervater Agustín de Herrera stärker beleuchtet, nur wie eine Spielfigur, die der mächtige Marquis in seine Familie integrierte, als es ihm passte, und loszuwerden versuchte, als ihm ein legitimer, männlicher Nachfolger in Aussicht stand. Siehe dazu Lobo Cabrera/Bruquetas de Castro, Don Agustín de Herrera y Rojas; Rumeu de Armas, El señorío de Fuerteventura en el siglo XVI, S. 18–127.

19 Vgl. Clar Fernández, Pleitos por la sucesión al marquesado de Lanzarote, S. 50 und Rumeu de Armas, El señorío de Fuerteventura en el siglo XVI, S. 102.

20 Vgl. ebd., S. 103 und 108.

legitimen, männlichen Nachkommen im Jahr 1594 Argote de Molinas mögliche Träume von sozialem Aufstieg durch die Integration eines Grafentitels in sein Familiengeschlecht zunichte machte. Diese Desillusionierung, die mit der Ehe des schon hochbetagten Agustín de Herrera im Jahr 1588 einherging, verschlechterte das Verhältnis von Schwiegervater und Schwiegersohn derart, dass sie ihre Streitigkeiten bis vor das kanarische Inquisitionstribunal austrugen.[21]

Zur Herrschaftsübernahme Argote de Molinas auf Fuerteventura sollte es durch zwei Umstände kommen: Die gewaltsame Entführung seiner Ehefrau Constanza sowie der drohende Verlust der Herrschaft über die Inseln. Agustín de Herrera hatte durch zahlreiche bewaffnete Überfälle auf die afrikanische Küste einen Angriff maurischer Korsaren auf Lanzarote provoziert, der zur Geiselnahme Constanzas führte.[22] Durch einen Friedensvertrag mit den Mauren und hohe Lösegeldzahlungen gelang es Argote de Molina jedoch, seine Frau aus der Gefangenschaft zu befreien, die, auf der Rückkehr nach Lanzarote, wohl in die Hände der Familie Saavedra auf Fuerteventura geriet und dort eine schändliche Behandlung erfuhr.[23] Kurzerhand marschierte Argote de Molina nach Betancuria und nahm die Regierungsgeschäfte der Insel in die eigenen Hände.[24]

Die Fehde zwischen den Häusern Saavedra und Herrera y Rojas hatte bereits 1567 mit Verleihung des Grafentitels an Agustín de Herrera begonnen. Der Schwiegervater Argote de Molinas hatte sich durch die zahlreichen *cabalgadas* an der afrikanischen Küste profiliert, die es ihm ermöglichten, eine starke Miliz aus afrikanischen Mauren *(Naturales Berberiscos)*[25] auf Lanzarote aufzubauen.[26] Mit dieser Armee intervenierte er auch in die Kriege um die Azoren, was wiederum zu seiner Erhebung 1584 durch Philipp II. zum Marquis von Lanzarote führte und die auf Fuerteventura residierende Verwandtschaft höchst verärgerte.[27] Insgesamt waren die Herrschaftsbefugnisse der Saavedras und Agustín de Herreras auf Lanzarote und Fuerteventura, die in zwölf Parzellen unterteilt

21 Vgl. Lobo Cabrera / Bruquetas de Castro, Don Agustín de Herrera y Rojas, S. 101–102 und 112; siehe ebenso Viera y Clavijo, Historia de Canarias, Bd. II, S. 344 und 346.

22 Diese Korsarenangriffe führten auch zum Auftrag des Bauingenieurs Leonardo Torriani, die Befestigungsanlagen des Archipels zu verstärken, vgl. Lobo Cabrera / Bruquetas de Castro, Herrera y Rojas, Agustín de. Marqués de Lanzarote (I), p. s. xvi – 16.II.1598.

23 Vgl. Rumeu de Armas, El señorío de Fuerteventura en el siglo XVI, S. 105.

24 Vgl. ebd.

25 Vgl. Viera y Clavijo, Historia de Canarias, Bd. II, S. 333.

26 Lobo Cabrera / Bruquetas de Castro, Herrera y Rojas, Agustín de. Marqués de Lanzarote (I).

27 Ebd.

waren, höchst undurchsichtig. Streitpunkte zwischen der *Casa Herrera* und der *Casa Saavedra* betrafen die Rechte am Orseille-Handel und die Jurisdiktionsgewalt über Fuerteventura.[28]

Durch seine guten Beziehungen zum Inquisitor der Kanarischen Inseln, Don Francisco Madaleno,[29] gelang Argote de Molina eine Festnahme und Anklage der Saavedras, die angeblich über die mütterliche Linie von konvertierten Juden abstammten, jedoch 1591 die »Reinheit ihres Blutes« *(limpieza de sangre)* beweisen konnten.[30] Bei seinem angeblichen Rachefeldzug – vermutlich versuchte er nur einen Teil des gefährdeten Erbes seines Schwiegervaters für sich zu reklamieren – wurde Molina stets vom Schreiber des Dokuments, Pedro Negrín Galán, unterstützt.[31] Denn bei der Herrschaftsübernahme ging es lediglich um die militärische Durchsetzung eines Vorrechts über die Inseln, das die Familie Herrera schon lange für sich reklamierte und durch die Sammlung von Dokumenten zu beweisen suchte. Neben dem hier edierten Dokument, das mit großer Wahrscheinlichkeit in diesem Kontext entstanden ist, wird Argote Molina von der Forschung mittlerweile auch die Abfassung der *Historia de la conquista de las siete islas de Gran Canaria* unter dem Pseudonym »Fray Juan de Abréu Galindo« zugeschrieben, die mit derselben Intention verfasst worden sein könnte.[32] Sowohl in der *Historia* Abreu de Galindos als auch in der *Historia de Nuestra Señora de Candelaria* des Fray Alonso de Espinosa wird der Inhalt der *Acta de Bufadero* kurz wiedergegeben. Die Ausschnitte werden hier nach der Edition und Übersetzung des Dokuments angefügt.[33] Das genealogische Interesse Argotes de Molina wird sich hier mit dem Versuch verbunden haben, seinen eigenen Platz in der Rangfolge der vormaligen »Könige«[34] von Lanzarote, Diego de Herrera und Inés Peraza, einzuschreiben.[35]

Das Dokument ist, bis auf die erste verzierte Zeile, insgesamt relativ schmucklos und zum Ende hin in hastiger Handschrift verfasst. Die Hand eines Schreibers (Pedro Negrín Galán) hat den gesamten Text kopiert. Der Unter-

28 Vgl. Viera y Clavijo, Historia de Canarias, Bd. II, S. 336.

29 Vgl. Lobo Cabrera/Bruquetas de Castro, Don Agustín de Herrera y Rojas, S. 101.

30 Vgl. Rumeu de Armas, El señorío de Fuerteventura en el siglo XVI, S. 108.

31 Vgl. ebd., S. 103.

32 Vgl. López Alonso, Esenciales (III); Rumeu de Armas, Fray Juan de Abréu Galindo, S. 843–844.

33 Weitere Bezüge durch Chronisten hat Rumeu de Armas zusammengestellt, darunter: Viana, Núñez de la Peña, Marín de Cubas und Viera y Clavijo, siehe Rumeu de Armas, La conquista de Tenerife, S. 100, Fußnote 6.

34 Der Königstitel der Herren von Lanzarote ist höchst umstritten.

35 Vgl. Lobo Cabrera/Bruquetas de Castro, Herrera y Rojas, Agustín de. Marqués de Lanzarote (I).

schrift Argotes de Molina folgen einige, schwer leserliche Zeilen von anderer Hand. Die stilistische Nähe zwischen der Unterschrift Argote de Molinas und der Handschrift des Haupttextes legt nahe, dass nicht der Schreiber Pedro Negrín Galán, sondern Argote de Molina das Dokument kopiert hat und lediglich die Ergänzung am Ende vom offiziellen Schreiber stammt. Der Verweis auf den Beschreibstoff des Originals, Pergament, lässt annehmen, dass das Original des Unterwerfungsvertrages kunstvoller gestaltet war. An mehreren Stellen ist das Papier beschädigt und es lassen sich nicht alle Buchstaben erkennen. Ein unterer Teil ist abgerissen. Einige Wörter sind besonders groß geschrieben, denen der Schreiber wohl Gewicht verleihen wollte, und zwar die Aufzählung der Könige von Teneriffa sowie der Name des kastilischen Königs, der Inselname Fuerteventura und der Name und Ruf des Herolds Juan Negrín *Tenerife, Tenerife, Tenerife.* Der Name Diego de Herreras sticht allerdings nicht durch Majuskelschreibung hervor.

Insgesamt dreimal wurde die *Acta de Bufadero* bisher transkribiert. Zunächst durch den spanischen Geschichtsschreiber Juan Núñez de la Peña (1641–1721), der das damals noch vollständige Dokument in seiner Monographie »Conquista y antiguedades de las Islas de la Gran Canaria« aus dem Jahr 1676 wiedergab, allerdings nicht bis zum Ende.[36] Seine Transkription endet mit der Nennung des Schreibers Fernando de Párraga, der das Originaldokument verfasst hat, und verzichtet auf die Wiedergabe der Angaben, die sich auf die Kopie beziehen, was die noch offene Frage aufwirft, ob ihm das Originaldokument vorlag. Darüber hinaus wurde die einzige fragmentarische Kopie, die heute noch im *Archivo Histórico Provincial de Santa Cruz de Tenerife* aufbewahrt wird,[37] vollständig durch Emilio Alfaro Hardisson und zuletzt, allerdings nur das erste Blatt, durch López Alonso transkribiert.[38]

36 Acta de Bufadero (Juan Núñez de la Peña), S. 67–70.

37 Das *Archivo Histórico Provincial de Santa Cruz de Tenerife* entstand 1931. Lediglich eine moderne Kopie des Dokuments befindet sich im *Archivo Rodríguez Moure*, 20/19 der *Real Sociedad Económica de Amigos del País de Tenerife*, La Laguna. Vgl. http://www.gobiernodecanarias.org/cultura/archivosantacruzdetenerife/ historia/ (15.04.2023). Das Dokument befindet sich in der Abteilung zu den Notariatsakten (Sección Histórica de Protocolos Notariales, destrito San Cristóbal de La Laguna 1505–1911), vgl. López Alonso, Los pactos indígenas de Gran Canaria y Tenerife, S. 137.

38 Acta del Bufadero (Emilio Alfaro Hardisson), S. 2–3; Acta de Bufadero (Antonio M. López Alonso), S. 137–140.

2. Bibliographie zur *Acta de Bufadero*

a) Transkriptionen

Acta de Bufadero, Original transkribiert durch Juan Núñez de la Peña, in: Conquista y antiguedades de las Islas de la Gran Canaria, hg. von dems., Madrid 1676, S. 67–70.

Acta del Bufadero. Toma de posesión de Tenerife por Diego de Herrera y actos de homenaje vasallático de los menceyes de la isla. Año 1464, Fragment transkribiert durch Emilio Alfaro Hardisson, in: Documentos para la Historia de Canarias I, Archivo Histórico Provincial de Santa Cruz de Tenerife o. D., S. 2–3.

Acta de Bufadero, Fragment transkribiert durch Antonio M. López Alonso, in: Los pactos indígenas de Gran Canaria y Tenerife con el señorío de las islas de Canaria: una revisión cronológico-contextual, hg. von dems., Santa Cruz de Tenerife 2016, S. 137–140.

b) Literatur

Álvarez Delgado, Juan, La División de la isla de Tenerife en nueve reinos. Primera parte: Las sorpresas y los enigmas del tema. Los nueve reinos Guanches de Tenerife, in: Anuario de Estudios Atlánticos 31 (1985), S. 61–132.

Clar Fernández, José Manuel, Pleitos por la sucesión al marquesado de Lanzarote, in: Jornadas de Estudios sobre Lanzarote y Fuerteventura XII (2008), S. 47–64.

Ladero Quesada, Miguel Ángel, Los señores de Canarias en su contexto sevillano (1403–1477), in: Anuario de Estudios Atlánticos 23 (1977), S. 125–164.

Lobo Cabrera, Manuel / Fernando Bruquetas de Castro, Don Agustín de Herrera y Rojas, I Marqués de Lanzarote, Puerto del Rosario u. a. 1995.

Lobo Cabrera, Manuel / Bruquetas de Castro, Fernando, Herrera y Rojas, Agustín de. Marqués de Lanzarote (I). Villa de Teguise (Lanzarote), p. s. xvi – 16.II.1598. Capitán general de Madeira, criado del Rey y del Consejo de Su Majestad, https://dbe.rah.es/biografias/33932/agustin-de-herrera-y-rojas (15.04.2023).

López Alonso, Antonio M., Esenciales (III): Historia de la conquista de las siete islas de Gran Canaria, in: Proyecto Tarha 2016-04-22, https://proyectotarha.org/2016/04/22/esenciales-iii-historia-de-la-conquista-de-las-siete-islas-de-gran-canaria/ (15.04.2023).

López Alonso, Antonio M., Los 520 Esplendores de la luna, in: Proyecto Tarha 2016-07-18, https://proyectotarha.org/2016/07/18/los-520-esplendores-de-la-luna/ (15.04.2023).

López Alonso, Antonio M., Los pactos indígenas de Gran Canaria y Tenerife con el señorío de las islas de Canaria: una revisión cronológico-contextual, Santa Cruz de Tenerife 2016.

Menéndez Pidal de Navascués, Faustino, Argote de Molina, Gonzalo, https://dbe.rah.es/biografias/7876/gonzalo-argote-de-molina (15.04.2023).

Rosa Olivera, Leopoldo de la, El adivino Aguamue y los reyes de Armas, in: El Museo Canario 75–76 (1960), S. 199–233.

Rumeu de Armas, Antonio, El señorío de Fuerteventura en el siglo XVI, in: Anuario de Estudios Atlánticos 32 (1986), S. 18–127.

Rumeu de Armas, Antonio, Fray Juan de Abréu Galindo, Historiador de Canarias, in: Anuario de Estudios Atlánticos 50 (2004), S. 839–851.

Rumeu de Armas, Antonio, La conquista de Tenerife 1494–1496, La Laguna 2006.

Viera y Clavijo, José, Historia de Canarias, Bd. I, hg. von Manuel de Paz Sánchez (Viera y Clavijo. Obras completas), Santa Cruz de Tenerife 2016.

Viera y Clavijo, José, Historia de Canarias, Bd. II, hg. von Manuel de Paz Sánchez (Viera y Clavijo. Obras completas), Santa Cruz de Tenerife 2016.

3. Edition der *Acta de Bufadero*

A todos cuantos esta carta vieredes que Dios honrre E guarde de mal yo fernando de Párraga escriuano publico en la Isla de fuerte Ventura en lugar de Alfonso de cabrera escriuano pu[bli]co en las yslas de canaria por mi Señor Diego de ferrera señor delas dichas Islas con aucturidad[40] *e decreto quel dicho Señor me dió Vos do fee e fago saber que en presencia de mi el dicho escriuano E delos testigos que de yußo seran escriptos en como en sabado veinte E un dias Del mes de jullio año del nacimi[ento] de nuestro señor Jesucristo de mill E quatro centos e Sesenta E quatro años*[41] *Estando en la isla de thenerife Una de las yslas DE canaria en Un puerto que se llama el bufadero*[42] *estando en De el dicho Señor Diego de ferrera señor Delas dichas islas con ciertos nauios Armados con mucha gente que trayan en los dichos nauios vinieron en de parescieron ante el dicho señor el gran rei DE imobach de tauro. El Rey delas Lanzadas,*[43] *que sellama Rey DE gaymad*[44] *el rey DE Naga el rey DE Abona e el rey DE tacoronta el rey DE benicod e el rey DE DEXE e el rey DE teguestee el rey DE Daute.*

All diejenigen, die dieser Brief erreicht, dass ihr Gott achtet und er euch vor Bösem behüte: Ich, Fernando de Párraga, öffentlicher Schreiber, auf der Insel Fuerteventura anstelle des öffentlichen Schreibers Alfonso de Cabrera der Kanarischen Inseln; für meinen Herrn Diego de Herrera, Herr der besagten Inseln, mit der Autorität und dem Recht, dass mir besagter Herr verliehen hat, möchte ich euch glauben und wissen lassen, dass unter meiner, des besagten Schreibers Anwesenheit und von Zeugen, deren Nutzen beschrieben wird, an einem Samstag, 21. Juli, im Jahre der Geburt unseres Herrn Jesus Christus 1464 auf der Insel Teneriffa, eine der Inseln der Kanaren, in einem Hafen, der sich Bufadero nannte, waren daher der besagte Herr Diego de Herrera, Herrscher der besagten Inseln, mit einigen bewaffneten Schiffen mit vielen Menschen, die mit den besagten Schiffen gekommen waren, kamen und tauchte folglich vor dem besagten Herrn der große König Imobach von Taoro auf. Der König von Lanzadas, der sich König von Güímar nannte. Der König von Anaga. Der König von Abona. Der König von Tacoronte. Der König von Benicod. Der König von Adeje. Der König von Tegueste. Der König von Daute.

40 Hardisson liest hier *auctoridad,* was aber keine Konsequenz für die Wortbedeutung hat. Siehe »Auctoridad« und »Auctoridat«, in: Diccionario Medieval Español, Bd. I, S. 447.

41 Die nach Ermittlung von López Alonso korrekte Datumsangabe: 21. Juli 1464.

42 Hafen in der Nähe des heutigen Santa Cruz de Tenerife.

43 *Golpe, que se da con la lanza.* »Lanzada«, in: Diccionario Medieval Español, Bd. II, S. 1291. Dass der Herrscher von Güímar als »König der Lanzen« bezeichnet wird, könnte als Verweis auf den *añepa* gelesen werden, einen Stab und zugleich königliches Zeichen, das nur die *Menceyes* mit sich trugen. Möglicherweise kannten die Konquistadoren diese lanzenartige Waffe bis dato nur vom König von Güímar. Siehe zum *añepa* Tejera Gaspar / González Antón, Las culturas aborígenes canarias, S. 89.

44 Hardisson liest hier *Goymad.* Es ist bemerkenswert, dass mit Ausnahme von Imobach von Tauro nur die Namen der Herrschaftsgebiete oder *menceyatos* angegeben werden, aber nicht die Namen der Herrscher. In anderen Quellen ist die Bezeichnung der Stammesgebiete, die Antonio Tejera Gaspar rekonstruiert hat, nur zum Teil leicht abweichend in ihrer Schreibweise: Taoro statt *Tauro,* Güímar statt *Gaymad,* Anaga statt *Naga,* Abona, Tacaronte statt *Tacoronta,* Icod statt *Benicod,* Adeje statt *Dexe,* Tegueste, Daute. Vgl. Tejera Gaspar / González Antón, Las culturas aborígenes canarias, S. 86.

e todos los sobredichos nueue reies juntamente fizieron reuerencia e beßaron las manos Al sobre dicho señor Diego DE ferrera obedeciendolo por señor presentes los trugamanes[45] *que en de estauan los quales Eran rey Darmas [que] a nombre Lancarote e matheos Alfonßo E otros muchos que sabian la lengua de la dicha isla de teneriffee E luego juan negrin rey DE Armas leuanto el pendon y dixo a altas vozes tres vezes: Tenerife, Tenerife, Tenerife, por el rey Don Enrrique de castilla y de leon, y por el generoßo cauallero Diego de herrera mi señor e luego los sobre dichos reyes dela dicha isla de theneriffe, dixeron al sobre dicho señor diego de Herrera que por cuanto ellos conocian bien que el Era señor de todas las dichas islas de canaria por justo E derecho titulo e razon que A las dichas islas tenia e por la conquista queles fazia e mandaua fazer luengos tiempos abia que ellos todos junta Mente de sus proprias voluntades E cada uno por si en sus señorios sin premia*[46] *ni constenimiento*[47] *ninguno les plaze obedescer E obedescen al Sobre dicho señor por su señor ese ponen debaxo de su señoria E obediencia e le quieren dar, e dan libre E desembargadamente la tenencia e posesion e propiedad e señorio de todala dicha ysla de theneriffe para que de oy en a Delante el dicho señor la tenga e posea toda enteramente como coßa suya e pueda en ella e en toda ella mandar e vedar e fazer justicia asi civjl como criminal*[48] *asi como en cada una isletas otra conquistadas metidas Debaxo de su señorio E que desde oy en adelante los sobre dichos reyes todos juntamente E cada uno por si E por sus subceßores e por los fidalgos e gentes*[49] *de sus señorios*

Und alle der obengenannten neun Könige knieten vor dem obengenannten Diego de Herrera nieder und küssten seine Hände und gelobten ihm Gehorsam als ihren Herrn; anwesend waren die Übersetzer, die folglich da waren, welche Wappenkönige (Herolde) waren und den Namen Lanzarote, und Matheos Alfonso und andere weitere trugen, die die Sprache der besagten Inseln Teneriffa kannten, und dann hob Juan Negrín, Herold, das Banner und sagte mit lauter Stimme drei Mal: Teneriffa, Teneriffa, Teneriffa, für König D. Enrique von Kastilien und von León, und für den großzügigen Ritter Diego de Herrera meinen Herrn, und dann sagten die obengenannten Könige der besagten Inseln Teneriffa, dem obengenannten Herrn Diego de Herrera, dass ihnen wohl bekannt sei, dass er durch einen gerechten und rechtmäßigen Titel der Herr aller Kanarischen Inseln sei, und aus gutem Grund, und ihm durch die Eroberung die besagten Inseln gehörten, zu der er vor langer Zeit befehligt worden sei, und dass sie allesamt und nach ihrem eigenen Willen, und jeder einzelne für sich in seinem Reich, weder durch Gewalt oder Zwang es gefallen würde, ihm zu gehorchen, und sie leisteten dem obengenannten Herrn als ihrem Herrn Gefolgschaft, und wollten dies tun, und gaben frei und ungehindert Zugehörigkeit, und Besitz und Eigentum und Herrschaft über die gesamte besagte Insel Teneriffa, sodass heute und in der Zukunft der besagte

45 Hardisson liest hier *trujamanes*. Beide Schreibweisen sind möglich. Der Begriff entstammt dem Arabischen des al-Andalus (kl. ar. *turǧumān = intérprete*) und meint einen Übersetzer (siehe dazu ausführlich Abschnitt 4.2). »trujamán«, in: Diccionario del castellano del siglo XV en la Corona de Aragón.

46 *Apremio fuerza, coacción, violencia.* »Premia«, in: Diccionario Medieval Español, Bd. II, S. 1517.

47 Ableitbar von *constreñir*: Obligar, precisar, compeler por fuerza a uno a que haga y ejecute alguna cosa. »Constreñir«, in: Diccionario Medieval Español, Bd. I, S. 767.

48 In der Übersetzung wurden moderne Begriffe gewählt, die den Wortbedeutungen der Zeit natürlich nicht exakt entsprechen: *civil* als *cosa de la ciudad* ließe sich vielleicht noch treffender mit »bürgerlich« übersetzen. »Civil«, in: Diccionario Medieval Español, Bd. I, S. 700; auch für *criminal* in der Bedeutung *concerniente al crimen* lässt sich nicht so leicht ein passenderes deutsches Pendant finden. »Criminal«, in: ebd., S. 814.

49 Der Begriff *gentes* verdeutlicht, dass die Spanier die Insulaner nicht als eine Gruppe, sondern als viele Völker mit ihren jeweiligen Königen verstanden. *Gente*

Estauan presentes E les plogo[50] *con Sintieron en todo lo sobre dicho se desapoderan dela tenencia e propiedad e possecion E señorio e juz que en la dicha isla thienen elo dan todo entera Mente en mano e poderio del dicho señor diego de ferrera su señor e para que el ponga en la dicha isla a quien el mandare por bien tuviere para que administre, rija las dichas justicias asi civjl como creminal e el gouernami[ento] dellas E que des de oy en adelante se dauan por sus vassallos e se avassalluan a el E a su mandado e se dauan por sus buenos vassallos E fazer su mandami[entos] en todo E por todo. E luego el dicho señor Diego de ferrera dexo en de sus E naujos gentes E desiendio e subio por la tierra arriba bien serca de dos leguas con los dichos Reyes follando la tierra con sus pies en señal de posecion e cortando ramas de arboles que a la dicha isla estauan e los dichos reyes metiendolo en la dicha posecion pacificamente nongelo con Sintieron en todo lo sobre dicho se desapoderan dela tenencia e propiedad e possecion E señorio e juz que en la dicha isla thienen elo dan todo entera Mente en mano e poderio del dicho señor diego de ferrera su señor e para que el ponga en la dicha isla a quien el mandare por bien tuviere para que administre, rija las dichas justicias asi civjl como creminal e el gouernami[ento] dellas E que des de oy en adelante se dauan por sus vassallos e se avassalluan a el E a su mandado e se dauan por sus buenos vassallos E fazer su mandami[entos] en todo E por todo. E luego el dicho señor Diego de ferrera dexo en de sus E naujos gentes E desiendio e subio por la tierra arriba bien serca de dos leguas con los dichos Reyes follando la tierra con sus pies en señal de posecion e cortando ramas de arboles que a la dicha isla estauan e los dichos reyes metiendolo en la dicha posecion pacificamente nongelo*[51] *conturbando*[52] *nin contrallando*[53] *persona alguna yendo con el por la dicha tierra acompañandole E faziendole todo gazajado*[54] *E servi[cio] que podian E luego el dicho señor*

Herr sie hat, und alles völlig besitzt, wie seine eigene Sache, und kann auf ihr, und überall auf ihr befehlen und verbieten, und Gericht sprechen, sowohl zivil- als auch strafrechtlich, genauso wie auf den anderen bereits eroberten, unter seine Herrschaft gebrachten Inseln, und dass heute und in der Zukunft die obengenannten Könige, alle gemeinsam und jeder für sich, und durch ihre Nachfolger und durch ihre Edelleute und Leute in ihren Reichen, die alle anwesend waren, und es allen gefiel, dem vorgenannten zuzustimmen, sich freisprachen von der Zugehörigkeit, dem Eigentum; und dem Besitz und der Herrschaft und der Jurisdiktion, die sie auf der besagten Insel hatten, und wirklich alles in die Hand, die Macht des besagten Herrn Diego de Herrera, ihrem Herrn, gaben, damit er auf dieser Inseln einsetzen kann, wen immer er dorthin schickt, um sie zum Guten zu verwalten, nach besagter Gerechtigkeit zu regieren, sowohl zivil- als auch strafrechtlich, und die Herrschaft über diese, und seit heute und in Zukunft sie als Vasallen hat, und sich ihm unterwerfen und seinen Befehlen, und dass sie ihm als gute Vasallen folgen, und seine Befehle gab überall und zu allem. Und dann beließ der besagte Herr Diego de Herrera in seinen Schiffen Leute, und stieg herab, und kletterte oben auf die Erde, in gut zwei Meilen Entfernung, mit den besagten Königen, und betrat die Erde mit seinen Füßen zum Zeichen des Besitzes, und schnitt Zweige von Bäumen ab, die auf dieser Insel standen, und die besagten Könige nahmen diese Inbesitznahme friedlich auf, wobei sie nicht störten oder überwacht wurden durch irgendeine Person, sie begleiteten ihn bei seinem Weg über das Land und erwiesen ihm jeden Dienst und jede Bewirtung, die sie konnten.

wurde seit dem 14. Jahrhundert auch als *pueblo*, *nación* verstanden, siehe: »Gente«, in: Diccionario Medieval Español, Bd. I, S. 1194.

50 Hardisson liest hier ebenso *plogo*, Núñez de la Peña *plugo.* Beide Schreibweisen sind möglich und sind das Präteritum von *placer*, vgl. »Plogo«, in: Diccionario Medieval Español, Bd. II, S. 1503.

51 Pronomen mit der Bedeutung *se lo, se la*, vgl. »Gelo, -la«, in: Diccionario Medieval Español, Bd. II, S. 1193.

52 Ableitbar von *conturbado, -da*: *revuelto, tubulento.* »Conturbado, -da«, in: Diccionario Medieval Español, Bd. I, S. 779.

53 *Contrariar, contradecir.* »Contrallar«, in: ebd., S. 776.

54 Núñez de la Peña liest hier *agasajo*, was irreführend ist. Gemeint ist *agasajado*, »Gasajado, -da«, in: Diccionario Medieval Español, Bd. II, S. 1191.

Diego de ferrera mando alos dichos reyes que cada uno en su nombre porsi en sus tierras e señorios que gouernaßen E mandaßen la justicia por el la qual les dio E encomendo e ellos e cada uno dellos prometieron dela gobernar E mandar por el en su nombre como buenos E leales vaßalos bien E lealmente so pena de caer en cabßo[55] [...]

Und dann befahl der besagte Herr Diego de Herrera den besagten Königen, dass ein jeder für sich in seinem Namen auf seinen Ländereien und Herrschaftsbereichen für ihn herrschen und die Jurisdiktionsgewalt ausüben sollte, und ein jeder von ihnen versprach zu herrschen, und in seinem Namen zu befehlen, wie gute, treue Vasallen, gut, und treu, unter Androhung des Falls [...]

Ende des Fragments (recto)

Transkription von Juan Núñez de la Peña

é en las penas que caen, é incurren aquellos, que no guardan la justicia *que* ***por su señor se*** *les* ***es encomendada lealmente,***[56] ***é los susodichos Reyes en la manera susodicha, hicieron juramento, é juraron de tener, é guardar, é cumplir, é aver por firme todo lo contenido, é cada cosa, é parte dello, é que no irán, ni vendrán contra ello ni contra parte dello en algun tiempo ni por alguna manera, é el sobredicho gran Rey hizo juramento por si, y por todos los otros Reyes de lo facer, tener, guardar, y cumplir todo lo susodicho, como dicho es, en tal manera, que siempre jamás sea firme todo cuanto en esta carta es contenido é cada cosa, y parte de ello, so pena de caer en mal caso, en las penas que caen, é incurren aquellos que ván contra su señor, é non facen, ni cumplen las cosas que buenos y leales vasallos pueden, ó deben hacer cumplir. E luego el dicho señor Diego de Herrera, dijo que tomaba, y tomó la dicha tenencia, y posesion de la dicha isla, debajo de la corona Real, y señorio de Castilla, asi como bueno, y leal vasallo del dicho señor Rey de Castilla, so cuyo señorio vive, y esto en como pasó el dicho señor Diego de Ferrera, pidió á mi el dicho escribano, que se lo diese asi por fee, é por testimonio, para guarda, é conservacion de su derecho, en manera, que ficiese fee; yo dile ende este en la manera, que dicha es, según que ante mi pasó en el dicho dia, mes, y año sobredicho; testigos, que fueron presentes, los sobredichos Trujamanes,***[57] ***Rey de***

und in den Strafen, die anfallen und die sie sich zuziehen, wenn sie die Gerechtigkeit nicht hüten, die ihnen treu von ihrem Herrn anvertraut wurde, und die vorgenannten Könige in besagter Weise, einen Schwur leisten und schwören zu haben, zu behüten, zu befolgen, und an allem Gesagten festhalten, und an jeder Sache, und jedem Teil davon, und dass sie nicht gehen und nicht kommen gegen ihn oder einen Teil von ihnen zu irgendeiner Zeit oder in irgendeiner Weise, und der obengenannte große König leistete für sich seinen Schwur, und alle anderen Könige taten es, zu haben, zu hüten und zu befolgen all das Gesagte, wie es gesagt worden ist, in jener Weise, und immerdar dem Inhalt dieses Briefes in jeglichem Punkt treu zu sein, und jeder Sache und jedem Teil davon, unter Androhung der Bestrafung als schlimmer Fall und der Strafen, die anfallen, und die denen auferlegt werden, die sich gegen ihren Herrn erheben, und nicht tun, und nicht die Dinge tun, die gute und treue Vasallen tun können, oder befolgen müssen. Und dann sagte der besagte Herr Diego de Herrera, dass er die besagte Insel als sein besagtes Eigentum und seinen Besitz einnehme, unter der königlichen Krone, der Herrschaft von Kastilien, als guter und treuer Vasall des besagten Königs von Kastilien, dessen Herrschaft lebt, und so kam er zu mir, dem besagten Schreiber, dass ich es für den Glauben und für das Zeugnis, und zur Einhaltung und

55 Wahrscheinlich *caso* oder *causa*: »Cabsa«, in: Diccionario Medieval Español, Bd. I, S. 776.

56 Die Wörter und Wortteile, die hier im spanischen Text nur kursiv und nicht fettgedruckt stehen, sind noch auf dem Fragment zu erkennen.

57 Siehe oben.

armas, y Matheos Alonso, vecinos de la isla de Lanzarote, y Alvaro Becerra de Valdevega, é Garcia de Vergara, vecino de Sevilla, é Juan de Aviles maestro vecino de S. Lucar de Barrameda é Luis de Morales, vecino de

Rechtes, in glaubwürdiger Weise, dass es Glauben gemacht wird; ich erzähle es in dieser Weise, wie es gesagt worden ist, gemäß dem, was vor mir an dem besagten Tag und Monat und dem oben genannten Jahr geschehen ist; Zeugen, die anwesend waren, sind die oben genannten Übersetzer, Herold, und Matheos Alonso, von der Insel Lanzarote, und Alvaro Becerra de Valdevega und Garcia de Vergara, aus Sevilla, und Juan de Aviles Magister in der Stadt S. Lúcar de Barrameda und Luis de Morales von der

Zweite Seite des Fragments (verso)

la ysla DE fuerte Ventura E luis de casañas v[e]z[ino] dela dicha isla DE Lansarote e Jacomar del fierro e anton de simancae vezinos dela dicha isla del Fierro E otros muchos que sabian la lengua de la dicha isla de thenerifee va escripto siete rayos[58] *o diz Lansarote no en pesca e yo el dicho fernando de parraga escriuano [...]*[59] *dicho que fiz escrivir esta carta e fiz en ella mio signo a tal en testimoni[o] de verdad didacus Episcopus rubicencis*[60] *e fernando de Parraga escriuano pu[blico].*

Insel Fuerteventura und Luis de Casañas von Lanzarote, und Iaconar von El Hierro, und Anton de Simancas, Bewohner der besagten Insel Hierro, und einige andere, die die Sprache der besagten Insel Teneriffa beherrschten, die sieben oder acht rayos per Schiff von Lanzarote entfernt [liegt], und ich der besagte Fernando de Párraga, Schreiber, wie gesagt, der diesen Bericht geschrieben und mit seinem Zeichen versehen hat, als Zeugnis der Wahrheit. Didacus Episcopus Rubisensis. Fernando de Párraga, öffentlicher Schreiber.

Este es treslado bien e fielmente sacado de u[n]a escriptura original escripta en pergami[no] signada y firmada de fernando de parraga escribano pu[blico] que para sacar este treslado a pedimi[ento] de melchior de armas negrin alcalde mayor desta isla de fuerte Ventu[ra] me fue entregada por el señor gonçalo Argote de molina provinçial de la sancta hermandad del andaluzia porel rey N[uest]ro señor conde de lansarote y señor DE esta isla de fuerte Ventura y dela torre de gildolid y alferez mayor dela milicia de andaluzia vynte y quarto de Sevilla El qual dicho original rescibio su señoria en su poder y como lo rescibirlo firmo de su Nombre siendo testigos alo Ver corregir y consertar alonßo lopez Patiño veyntyquatro de Xerez dela frontera y geronimo de Agujlera Valdiuia Sargento mayor desta

Dies ist ist die gute und wortgetreue Übertragung, entnommen von der auf Pergament geschriebenen und vom öffentlichen Schreiber Fernando de Párraga unterzeichneten und signierten Originalhandschrift, die mir, um diese Abschrift auf Ersuchen des *Alcalde Mayor* dieser Insel Fuerteventura, Melchior de Armas Negrín, anzufertigen, übergeben wurde von Herrn Gonçalo Argote de Molina, *Provinçial* der *Sancta Hermandad del Andaluzia* und durch den König, unseren Herrn, den Graf von Lanzarote und Herrn der Insel Fuerteventura und des Turmes Gildolid und Alferez Mayor der Miliz der Vierundzwanzig von Sevilla, und das besagte Original bekam Euer Gnaden in seinen Besitz, und als er es erhielt, unterschrieb er mit seinem Namen,

58 Von lat. *radius*, Längenangabe. »Rayo«, in: Diccionario Medieval Español, Bd. II, S. 1544.

59 Stelle, an der das Dokument beschädigt ist. Aus den vorhandenen Buchstaben lässt sich schwerlich ein Wort rekonstruieren.

60 Im Original wohl gezeichnet vom Bischof Diego López de Illescas.

dicha ysla el rey n[uest]ro s[eño]r.[61] por Y el calzo[62] *Citan luis sanchez de Utilla visencio vezino de esta dicha isla ____G. argote de molina*[63]

als Zeugen, die es gesehen, korrigiert und abgemacht haben, waren dabei: Alonso Lopez Patiño, einer der Vierundzwanzig aus Xerez de la Frontera, und Geronimo de Aguilera Valdivia, *Sargento Mayor* der genannten Insel durch den König, unseren Herrn. Und der [...] Citan Luis Sanchez de Utilla Visencio, Bewohner der besagten Insel. ____ G. Argote de Molina

Von zweiter Hand geschrieben:

Pedro Negrín Galan escrivano publico mayor y el conçejo desta ysla de Fuerteventura por nombramiento de los muy ilustres señores presidente e oidores de la rreal audiençia[64] *destas yslas y vesino de Gran Canaria a lo que de suso se hase mension presente soy y lo hise escrevir e po ende fiz aquí el testimonio signo que es a tal en testimonio de verdad, Pedro Negrin Galan, escribano publico.*[65]

Pedro Negrín Galán, oberster öffentlicher Schreiber und Ratsmitglied der genannten Insel Fuerteventura durch die Ernennung durch die illustren Herren Präsidenten und *Oidores* der Real Audiencia dieser Inseln und Bewohner von Gran Canaria, zu dem, was oben Erwähnung findet, ich bin präsent, und ich ließ es aufschreiben, und daher machte ich hier das Zeichen des Zeugnisses, dass es so zum Zeugnis der Wahrheit wird. Pedro Negrín Galán, öffentlicher Schreiber.

61 Die Genannten haben an dieser Stelle das Dokument unterzeichnet.
62 Schwer zu entziffern.
63 Unterschrift des Gonzalo Argote de Molina.
64 Eine *Real Audiencia* wurde 1526 auf den Kanarischen Inseln eingerichtet.
65 Äußerst schwer zu entziffern, hier ist Hardisson zu danken, der bei dieser Transkription als Orientierung diente.

Abreu Galindo, S. 98.

Determinaron pasar á Tenerife, y tomaron puerto en Bufadero, y los naturales quisieron defenderles la entrada; mas el Obispo y Diego de Herrera les hablaron diciendo no se alterasen, que no iban por quitarles su tierra ni hacienda, mas antes querían tenerlos por amigos y tratar con ellos como vecinos, y el obispo les dijo algunas cosas tocantes á su conversión y quietud,[66] *y con consentimiento de los naturales tomó posesión de la isla de Tenerife Diego de Herrera, haciendo algunos autos de ello, y con esto se contentó. Teniendo atención á la mucha gente de los naturales que se había juntado para defenderles la entrada, y, viendo que por entonces no se podía ganar con ellos, sino perder, se embarcó.*

Er beschloss nach Teneriffa überzusetzen, und sie legten in Bufadero an, und die Inselbewohner versuchten ihnen den Einlass zu verwehren; dazu sprachen der Bischof und Diego de Herrera mit ihnen, und sagten ihnen, dass sie sich nicht erheben sollten, dass sie sie nicht ihres Landes und ihrer Behausungen berauben würden, sondern vielmehr sie zu Freunden haben und mit ihnen wie Nachbarn umgehen wollten; und der Bischof sagte ihnen einige Dinge bezüglich ihrer Bekehrung und Ruhe. Und mit dem Einverständnis der Inselbewohner nahm Diego de Herrera Besitz von der Insel Teneriffa, machte einige Notizen davon; und damit sich zufriedengebend, widmete er den vielen Inselbewohner Aufmerksamkeit, die sich zur Verteidigung der Insel versammelt hatten; und, als er dann sah, dass er nicht gegen sie gewinnen, nur verlieren konnte, ging er an Bord.

Espinosa, S. 48.

Diego de Herrera (como adelante se verá), habiendo entendido la fertilidad de la tierra y sabido las fuerzas de los naturales que la habitaban, y no hallándose con fuerzas para por fuerza hacer la entrada y conquistarla, quiso tratar de paces con los reyes della, y por esta fía ganarla; y así vino a ella, a doce julio del año de 1464, al puerto del bufadero, donde jutándose los nueve reyes de la isla, que eran el gran rey de Imobach de Taoro, el rey de las lanzadas, que se llamaba rey de Güímar, el rey de Anaga, el rey de Abona, el rey de Tacoronte el rey de Tegueste, el rey de Icos, el de Adeje, y el de Daute, trataron de paces y amistad, y la firmaron con el dicho Diego de Herrera, ante Fernando de Párraga, escribano público, y en alguna manera le dieron la obediencia, como consta por auto público; mas no fundó por entonces pueblo alguno, ni torreón, y así se volvía a su tierra, quedando en paz la isla.

Diego de Herrera (wie sich später zeigen wird), hatte die Fruchtbarkeit des Landes erkannt und wusste um die Stärken der Inselbewohner, die es bewohnten, und fand nicht die Kräfte, sie mit Gewalt zu betreten und zu erobern, er wollte versuchen, mit den Königen diesen einen Frieden zu schließen, und sie über diesen Weg zu gewinnen; und so kam er dort an, am 12. Juli des Jahres 1464, zum Hafen von Bufadero, wo sich die neun Könige der Insel versammelt hatten, diese waren der große König Imobach von Taoro, der König der Speere, der sich der König von Güímar nannte, der König von Anaga, der König von Abona, der König von Tacoronte, der König von Tegueste, der König von Icos, der von Adeje, der von Daute, sie handelten Frieden und Freundschaft aus, und bekräftigten sie mit dem besagten Diego de Herrera, vor Fernando de Párraga, öffentlicher Schreiber, und auf eine bestimmte Art und Weise sagten sie ihm Gehorsam zu, wie es die öffentliche Ordnung vorschreibt; aber für diesen Moment gab es noch keinen gegründeten Ort, keinen Turm und so kehrte er zu seinem Land zurück, und ließ die Insel in Frieden.

66 Ruhe ist hier im Sinne einer Befriedung *[paz]* im Zuge der Unterwerfung zu verstehen, als Gegenteil von Krieg und Aufstand (siehe Abschnitt 3.3 zur Terminologie).

Gran Canaria, 1476. Pakt zwischen Diego de Herrera und den *Guanartemes* von Telde und Gáldar *(Acta de Zumeta)*

Abreu Galindo, S. 111–112.

Los canarios que habían pero al capitán, Pedro de Chimida y á los demás de la torre de Gando, hicieron buen tratamiento regalándolos; y el dicho capitán los supo tan bien atraer á su voluntad, que hizo con los canarios que arrepentidos de lo hecho entrasen en acuerdo y determinaron que de toda la isla se juntasen con los guanartemes los gayres y los faycayes y los más principales de los pueblos, y se fuesen á pedir perdón de todo lo hecho á Diego de Herrera y le besasen la mano, y le diesen la obediencia, y le llevasen todos los cautivos que tenían, y los rehenes; y así se hizo que en una barca que había venido á ver lo que pasaba se metió el capitán Pedro Chemida con diez canarios nombrados por todos los pueblos, y fueron á Lanzarote y le besaron la mano á Diego de Herrera y á Doña Inés Peraza, á los cuales hizo muchas caricias y mercedes, dándoles todos los canarios que había en Lanzarote y Fuerteventura que se quisieron ir con los embajadores, asentando paces, dándole toda la orchilla que en esta isla se cogiese. Pasó este acto domingo 11 del mes de enero de 1476, ante Juan Ruiz de Cumeta, escribano de Lanzarote. Los canarios que vinieron por embajadores, y de donde, son los siguientes:
Acosayda, de Telde;
Egenenacar, de Agüimes;
Vildacane, de Tejeda;
Aridañy, de Aquerata; y
Saco, de Agaete;
Achutinday, de Gáldar;
Adeun, de Tamaraseyte;
Arteneyfac, de Artevirgo;
Ahuteyga, de Atiacar;
Guriruquian, de Arucas.

Die Kanarier, die nun aber den Hauptmann Pedro de Chimida und die anderen, die für den Turm Gando zuständig waren, [in ihrer Nähe hatten], behandelten sie gut und beschenkten sie; und der Hauptmann Pedro Chimida wusste so gut sie für seine Interessen zu gewinnen, dass die Kanarier mit ihm, reumütig aufgrund ihrer Taten, eine Übereinkunft eingingen. Und sie bestimmten, dass sich die ganze Insel zusammenfinden sollte mit den *guanartemes* und *gayres* und *facays* und den anderen Obersten der Völker, und Diego de Herrera für das Getane um Verzeihung zu bitten und sie küssten seine Hand und schworen ihm Gehorsam, und sie brachten alle Gefangenen, die sie hatten und die Geiseln. Und es wurde so gemacht, dass in einem Schiff, das gekommen war, um zu sehen, was passierte, der Hauptmann Pedro de Chemida zehn durch die Völker ernannten Kanarier mitschmuggelte, und sie gingen nach Lanzarote, wo sie die Hand von Diego de Herrera und Doña Inés Peraza küssten, denen sie viele Zuwendungen und Gunstbezeugungen entgegenbrachten, gaben ihnen alle Kanarier, die sich auf Lanzarote und Fuerteventura aufhielten und mit den Botschaftern gehen wollten, schlossen einen Frieden ab, gaben ihnen alle Orseille, die sich auf dieser Insel sammeln ließ. Dieser Akt wurde am Sonntag, dem 11. Januar 1476 verabschiedet, von Juan Ruiz de Cumeta, Schreiber von Lanzarote. Es folgen die Namen der Kanarier, die als Botschafter kamen und woher [sie stammten]:
Acosayda, aus Telde;
Egenenacar, aus Agüimes;
Vildacane, aus Tejeda;
Aridañy, aus Aquerata; und
Saco, aus Agaete;
Achutinday, aus Gáldar;
Adeun, aus Tamaraseyte;
Arteneyfac, aus Artevirgo;
Ahuteyga, aus Atiacar;
Guriruquian, aus Arucas.

Gran Canaria, 1478. Pakt zwischen den Portugiesen und dem *Guanarteme* von Gáldar

Matritense, S. 237.

Siete carauelas [...] de Portugal [...] surguieron en el puerto de el Agaete, y de allí tuuieron habla con los canarios, dándoles a entender que venían a echar los nuestros de la isla; que les aiudassen, y ellos irían a saltar a el puerto de las Isletas y que yendo ellos por la mar y los canarios por tierra, tomarían a nuestros en medio y de ellos harían su voluntad. El [Guanarteme?] y los canarios con gran contento les rindieron las gracias poniéndolo por obra i viniendo de los navíos al puerto con gran regocijo de atambores y trompetas y muchos pendones.

Sieben Karavellen [...] aus Portugal [...] erschienen im Hafen von Agaete, und dort sprachen sie mit einigen Kanariern und gaben ihnen zu verstehen, dass sie gekommen seien, um die Unsrigen von der Insel zu werfen, dass sie ihnen helfen und dass sie zum Hafen von Las Isletas gehen würden und dass sie vom Meer und die Kanarier vom Land kommen sollten, uns in die Mitte nehmen und ihren Willen tun würden. Der *Guanarteme* und die Kanarier bedankten sich mit großer Zufriedenheit, setzten es in die Tat um, und die Schiffe kamen zum Hafen mit viel Jubel, Trommel- und Trompetenspiel und vielen Bannern.

Ovetense, S. 127–128.

Siete carauelas de Portugal [...] surjieron en vn puerto del Agaete y allí tuvieron habla con algunos de los canarios a los quales dieron a entender que uenían a echar de aquella ysla a sus contrarios los castellanos, que procurasen ayudarles, que no lo perderían y que ellos yrían a desenbarcar a el puerto de las Ysletas y que yendo los canarios por tierra los cojerían en medio y harían dellos su boluntad acabándolos todos en vna ues, de lo qual quedaron los canarios alegres y contentísimos deseando mucho uerlo ya executado, de que dieron las gracias a los portugueses estimando sus ofresimientos, aceptándolo y pidiéndoles lo hiziesen luego sin dilación, y les dieron el rresfresco de carne, leche y queso y pescado y así se hisieron luego a la uela las carabelas la buelta del puerto de las Ysletas y los canarios se esparisieron luego por toda la tierra con la alegre nueba para todos y el consierto hecho; vuo general plaser en toda ella y mucha alegría y todos se aprestaron para conplir de su parte lo consertado.

Sieben Karavellen aus Portugal [...] erschienen in einem Hafen von Agaete, und dort sprachen sie mit einigen Kanariern und gaben ihnen zu verstehen, dass sie gekommen seien, um ihre Gegner, die Kastilier, von der Insel zu werfen, dass sie versuchen würden ihnen zu helfen, dass sie [die Inseln] nicht verlieren und dass sie im Hafen von *Ysleta* an Land gehen würden und dass die Kanarier über Land kommen und sie [die Kastilier] in der Mitte ergreifen und es mit ihrem Willen mit einem Schlag beenden würden, worüber die Kanarier sehr erfreut und höchst zufrieden waren und sich sehr wünschten, es durchgeführt zu sehen, so dass sie den Portugiesen Danke sagten, deren Angebot sie schätzten, und es annahmen und sie aufforderten, es ohne Verzögerung durchzuführen, und sie gaben ihnen Erfrischungen in Form von Fleisch, Milch und Käse und Fisch, und dann segelten die Karavellen um den Hafen von *Ysleta* herum und die Kanarier verbreiteten überall die freudige Nachricht über die gemachte Übereinkunft; dies fand allgemein viel Gefallen und viel Freude, und sie machten sich bereit, das Verabredete ihrerseits zu erfüllen.

Lacunense, S. 200.

Siete carauelas [de Portugal] […] surgieron en el puerto de la Gaete, y allí tuuieron habla con algunos Canarios y les dieron a entender que venían a echar de aquella isla a sus contrarios los Castellanos, que procurassen ayudarles que no lo perderían, y que ello irían a desembarcar al puerto de las Isletas, y que iendo los Canarios por tierra los coxerían en medio, y harían dellos su voluntad acabándolos todos de vna vez. Los Canarios quedaron de oirles contentos, y alegres deseando verlo ya executado, rindieron de ello las gracias a los portugueses estimando su ofrecimiento, y aceptándolo y pidiéndoles que se hiciesse luego, y sin dilación, diéronles refrescos de carne, leche, y quesso, y pescado, y se hicieron luego a la vela, las carauelas la vuelta del puerto de las Isletas y los canarios esparcieron luego por toda la tierra la alegra nueua para todos y el concierto hecho de que en toda ella vbo general plaçer y todos se aprestaron para cumplir de su parte lo consertado.

Sieben Karavellen aus Portugal […] erschienen in einem Hafen von Gaete und dort sprachen sie mit einigen Kanariern und gaben ihnen zu verstehen, dass sie gekommen seien, um ihre Gegner, die Kastilier, von der Insel zu werfen, dass sie versuchen würden ihnen zu helfen, dass sie [die Insel] nicht verlieren und dass sie im Hafen von *Ysleta* an Land gehen würden und dass die Kanarier über Land kommen und sie [die Kastilier] in der Mitte ergreifen und es mit ihrem Willen mit einem Schlag beenden würden. Die Kanarien waren sehr zufrieden dies zu hören und sehr froh und wünschten es durchgeführt zu sehen, so dass sie den Portugiesen Danke sagten, deren Angebot sie schätzten, und es annahmen und sie aufforderten, es ohne Verzögerung durchzuführen, und sie gaben ihnen Erfrischungen in Form von Fleisch, Milch und Käse und Fisch und dann segelten die Karavellen um den Hafen von *Ysleta* herum und die Kanarier verbreiteten überall die freudige Nachricht über die gemachte Übereinkunft; dies fand allgemein viel Gefallen und viel Freude und sie machten sich bereit, ihren Teil des Vereinbarten zu erfüllen.

Abreu Galindo, S. 151.

[Los portugueses] *armaron 17 carabelas bien aderezadas de gente y lo necesario, y vinieron a surgir en Agaete, de la banda del poniente de esta isla, término del Guanarteme de Gáldar. Los canarios entendieron eran de la compañía de los que estaban en el real de Guiniguada, y pusiéronse en defenderles la entrada, los portugueses certificaron al guanarteme por lenguas que tenían cautivos, no ir ellos á darles molestia, ni quitarles su tierra, mas antes iban contra los castellanos con quienes traían guerra, y que tenían nuevas habían venido a aquella isla; que les dijesen á qué parte estaban, que ellos irían á echarlos de ella y les ayudarían. Los canarios como estuvieron certificados eran enemigos de los que procuraban quitarles su tierra, confederáronse, haciendo paces y amistad, pensando, viendo tantos navíos y gente, libertarse y vengarse de los daños que de los cristianos habían recibido, y concertaron los portugueses fuesen por la mar al puerto de Las Isletas y desembarcasen, y si los castellanos les defendiesen la entrada, ellos por la banda de tierra los acometerían y fácilmente los matarían y prenderían á todos y parirían la presa.*

[Die Portugiesen] bewaffneten 17 Karavellen gut hergerichtet mit Leuten und allem Nötigen und sie kamen, um in Lagaete zu erscheinen, bei der Stammesgruppe am Poniente dieser Insel, Gebiet des *Guanarteme* von Gáldar. Die Kanarier dachten, dass sie Verbündete derjenigen seien, die sich im Real von Guiniguada befanden und machten sich bereit, um ihr Eindringen zu verhindern. Die Portugiesen bescheinigten dem *Guanarteme*, durch Übersetzer, die sie als Gefangene bei sich hatten, dass sie ihnen keine Scherereien bereiten, und sie nicht von ihrer Erde vertreiben wollten, sondern vielmehr gegen die Kastilier vorgehen wollten, mit denen sie sich im Krieg befänden, und von denen sie Kunde hätten, dass sie zu dieser Insel gekommen seien; und dass sie ihnen sagen sollten, in welchem Teil sie sich aufhielten, und dass sie gehen sollten, um sie von ihr herunterzuwerfen und sie ihnen helfen würden. Die Kanarier, als sie sich sicher waren, dass es sich um Feinde derjenigen handelte, die versuchten, sie von ihrem Land zu vertreiben, verbündeten sich mit ihnen, machten Frieden und Freundschaft, in der Annahme, dass sie mit so vielen Schiffen und Leuten kamen, um sie zu befreien und den Schaden zu rächen, den sie von den Christen bekommen hatten; und sie verabredeten mit den Portugiesen, dass sie über das Meer bis zum Hafen von *Las Isletas* fahren und dort an Land gehen würden, und sie sollten sie über den Landweg angreifen und könnten sie leicht töten und sie alle gefangen nehmen, und sich die Beute aneignen.

Torriani, S. 138.

Mentre le cose stauano in questo termine, et si mostrauano ogni di più fauoreuoli à i Spagnuoli, si scopersero in mare 17 carauelle che ueniuano cariche di soldati Portuguesi, iquali per l'antica pretensione c'haueuano à queste Isole, erano del lor Rè mandati à scaciare i Castiglioani di Ferdinando con accordo de gli Isolani istessi, iquali hauean promesso loro di fauorirli con l'armi fin che gli hauessero uinti ò scacciati da i lidi di Canaria.

Als sich die Dinge in diesem Zustand zeigten und sich jeden Tag für die Spanier günstiger darstellten, entdeckten sie im Meer 17 Karavellen, die mit portugiesischen Soldaten beladen kamen, diese, durch einen alten Anspruch, den sie auf diese Inseln hatten, waren von ihrem König geschickt worden, um die Kastilier von Fernando herunterzuwerfen, mit dem Einverständnis derselben Insulaner, denen sie versprochen hatten mit Waffen zu helfen, bis sie gesiegt und sie bis an die Küsten von Canaria vertrieben hätten.

Escudero, S. 61.

Vieron un canario metido en el agua haciendo señas a las Caravelas, fué cojido esta espía y llevado a el Real[67] *y dijo ser inviado por el Rey Ganet Arhemy o Guadarteme a saber del Capitán de aquellos navíos, que porque no echaba la gente, que ya estaba dispuest toda la isla para acometer por las espaldas a los Castellanos, y matarlos a todos, que en eso habían quedado, y dádoles refresco de carne, leche, pescado, y que habían venido por mandado de su Rey a hecharlos de allí y que quedase libre la isla de Castellanos, y esta nueva se había divulgado por toda la tierra para animar gente y apellidarlos y que había sido el placer de sumo gozo. Supimos de algunos portugueses que era venida aquella flota de siete carabelones por mandado del Rey Dn. Alfonso V. de Portugal para apoderarse de la Isla, diciendo que tenía todo el derecho a ellas todas: este Canario dijo quería ser cristiano, bautizole el Deán y fue padrino Jaimez de Sotomayor.*

Und sie sahen einen beleibten Kanarier im Wasser, der den Karavallen Zeichen gab, dieser Spion wurde gefangen und zum Real gebracht, und er sagte, dass er vom König Ganet Arhemy oder Guadarteme geschickt worden sei, um den Kapitän dieser Schiffe wissen zu lassen, dass wenn er die Leute nicht hinauswerfen würde, dass die gesamte Insel schon bereit stünde, die Kastilier von hinten anzugreifen, um sie alle zu töten, die auf der Insel geblieben waren, und den Portugiesen Erfrischungen wie Fleisch, Milch und Fisch geben würden, und dass sie [die Portugiesen] im Auftrag ihres Königs gekommen seien, um sie von hier zu vertreiben und dass die gesamte Insel frei bleiben solle von Kastiliern, und dass sich diese Nachricht über das ganze Land verbreitet hätte, um Leute zu ermuntern und zu rufen und dass es ihm eine große Freude gewesen sei. Wir erfuhren von einigen Portugiesen, die gekommen waren mit einer Flotte von sieben Karavellen im Auftrag des Königs Don Alfonso V. von Portugal, um sich der Insel zu bemächtigen, dabei sagten sie, dass er jedes Recht über sie alle habe: dieser Kanarier sagte, dass er gerne Christ wäre, er wurde vom Dekan getauft und sein Taufpate war Jaimez de Sotomayor.

67 *Real* bezeichnet den ersten Stützpunkt bzw. die erste Siedlung auf Gran Canaria. Möglicherweise auch als bereits dem spanischen Königshaus zugehöriges Gebiet auf der Insel Gran Canaria zu verstehen, denn *real* bedeutete *concerniente o relativo al rey o a la realeza.* »Real«, in: Diccionario Medieval Español, Bd. II, S. 1545.

Ulloa, S. 91–92.

Siete carabelas de Portugal [...] surgieron en un puerto del Agaete y allí tuvieron habla con algunos de los canarios a los cuales dieron a entender que venían a echar de aquella isla a sus contrarios, los castellanos, que procurasen ayudarles y que con eso quedarían pacíficos en su tierra y se librarían de aquella opresión, para cuyo efecto ellos irían a desembarcar al puerto de las isletas y que yendo los canarios por tierra los cogerían en medio y harían de ellos su voluntad acabándoles todos de una vez, de lo cual quedaron los canarios alegres y contentísimos, deseando mucho verlo ya ejecutado <y> de que dieron las gracias a los portugueses estimando su ofrescimiento y aceptándolo y pidiéndoles lo hiciesen luego sin dilación. Y los canarios en señal de agradecimiento y no conociendo la malicia como personas sencillas, les dieron refresco de carne, leche y queso y pescado. Y así se hicieron luego a la vela las carabelas la vuelta del puerto de las Isletas. Y los canarios se esparcieron luego por toda la tierra con tan alegre nueva para todos ellos de que hicieron entre si muchas alegrías aprestándose todos para cumplir de su parte lo concertado.

Sieben Karavellen aus Portugal [...] erschienen in einem Hafen von Gaete, und dort sprachen sie mit einigen Kanariern und gaben ihnen zu verstehen, dass sie gekommen seien, um ihre Gegner, die Kastilier, von der Insel zu werfen, und dass sie damit friedlich in ihrem Land bleiben und sich von dieser Unterdrückung befreien könnten, um dies zu erreichen, würden diese im Hafen von *Isleta* an Land gehen und die Kanarier über Land [die Kastilier] in der Mitte ergreifen und es [die Besetzung durch die Kastilier] mit ihrem Willen mit einem Schlag beenden, was die Kanarier fröhlich und höchst zufrieden [stimmte], die sich wünschten, es wäre schon geschehen, und sie sagten den Portugiesen Dank, deren Angebot sie schätzten, das sie annahmen und ohne Verzögerung durchführen wollten. Und die Kanarier gaben ihnen zum Zeichen ihrer Dankbarkeit und durch ihre schlichte Unkenntnis der Boshaftigkeit Erfrischungen in Form von Fleisch, Milch und Käse und Fisch. Dann segelten die Karavellen um den Hafen von *Ysleta* herum. Die Kanarier verbreiteten überall die Nachricht, durch die sich unter ihnen viel Freude ausbreitete, und sie bereiteten alles vor, um ihren Teil der Abmachung zu erfüllen.

Calatayud, 1481. Pakt zwischen den Katholischen Königen und einer Delegation der *Canarios*

Der *Pacto* oder auch die *Carta de Calatayud* ist als Teil eines Briefes überliefert, den Johanna I., »die Wahnsinnige«, im Januar des Jahres 1515 verfasste. In dem Schreiben antwortet sie auf die Proteste von zwei christianisierten *Canarios*, Juan Beltrán und Juan Cabello, die die Einhaltung eines von den Katholischen Königen unterzeichneten Schreibens vom 30. Mai 1481 forderten. Die Resolution liegt nur als Teil des Briefes, in der Sammlung des *Registro del Sello de la Corte* im *Archivo de Simancas*[68] und nicht als Original vor. Die folgende Transkription ins moderne Spanisch stammt von Antonio M. López Alonso. Fehlende Passagen wurden aus der Transkription von Dominik Josef Wölfel ergänzt.[69]

68 Signatur: RGS-LEG-1515-01-32.

69 Das Dokument wurde erstmals entdeckt und transkribiert von Wölfel, Don Juan de Frías, S. XVL–XLIX. Weitere moderne Transkriptionen finden sich in: Gil Marín, Codex Canariensis, S. 33 sowie zuletzt López Alonso, El Pacto de Calatayud (1/3).

[…] sabed que al tiempo que los guanartemes y caballeros y otras personas del común de la Gran Caballería [Gran Canaria ?], después de ser por la gracia de Dios reducidos y convertidos a nuestra santa fe católica, enviaron a darnos y prestarnos obediencia y felicidad, y nos reconocieron por su rey y reina y señores naturales, y al príncipe don Juan, nuestro amado y caro hijo, despues de nuestros días y a los otros reyes, nuestros descendientes, que después de él descendiesen, fueron por su parte, ante nos, presentados ciertos capítulos por escrito entre los cuales se contiene un capítulo con una respuesta, el tenor de la cual, con dicha nuestra respuesta, es este que sigue:

[…] wisset, dass in der Zeit als die *Guanartemes* und Edelleute und andere Personen der Gemeinde von *Gran Caballería* [Gran Canaria] geschickt worden sind, nachdem sie durch die Gnade Gottes unterworfen und zu unserem katholischen Glauben bekehrt worden waren, um uns Gehorsam zu leisten und Glück zu verleihen, und uns als ihren König und ihre Königin anzuerkennen, ihre natürlichen Herren, und Prinz Don Juan, unseren geliebten und werten Sohn, nach unseren Tagen und an die anderen Könige, unsere Nachfahren, die nach ihm folgen, von ihrer Seite aus präsentierten sie uns gewisse geschriebene Kapitel, darunter ein Kapitel mit einer Antwort, deren Tenor, mit unserer besagten Antwort, der folgende ist:

Ítem por cuanto los dichos canarios no podrían vivir sin venir a estos nuestros reinos de Castilla y de León a mercar y llevar algunos bastimentos y otras cosas para la dicha isla de Gran Canaria, suplican a VV. AA. que ahora y en todo tiempo y de aquí en adelante puedan los de la dicha isla andar como cristianos, pues lo son libremente, por todas las partes y lugares de los dichos reinos donde quisieren y que por ellos ser canarios no sea persona ni personas osados de cautivarlos.

Ebenso für wie viel die besagten *Canarios* nicht leben können, ohne zu unseren Königreichen Kastilien und León zu kommen, um zu handeln und einige Vorräte und andere Dinge auf die besagte Insel Gran Canaria zu bringen, erbitten sie von unseren Hoheiten, dass jetzt und für alle Zeit und von nun an die von den besagten Inseln sich bewegen können wie Christen, denn sie sind frei, in alle Teile und Orte der besagten Königreiche zu gehen wie sie es wünschen und weil sie Kanarier sind, dürfte keine Person oder Personen so kühn sein, sie gefangen zu nehmen.

A esto respondemos que lo que piden por este capítulo es justo y que así lo mandaremos hacer dando nuestras cartas y provisiones para ello como lo piden.

Darauf antworten wir, dass das, was sie in diesem Kapitel verlangen, gerecht ist und dass wir es tun werden, und geben unsere Briefe und Bestimmungen dafür wie gewünscht.

Y ahora, por los dichos guanartemes y caballeros y otras personas del común de la dicha isla de Gran Canaria, nuestros vasallos, nos fue suplicado y pedido por merced que les mandásemos proveer acerca de lo contenido en el dicho capítulo, según y como en él se contiene. Y nos tuvímoslo por bien y mandamos dar esta nuestra carta en la dicha razón, por la cual mandamos a vosotros y a cada uno de vos que cada cuando los dichos canarios

Und jetzt, für die besagten *Guanartemes* und Edelleute und andere Personen der Gemeinschaft dieser Insel Gran Canaria, unsere Vasallen, die uns angefleht und gebeten haben um die Gunst, dass wir ihnen den Inhalt dieses besagten Kapitels erlauben, dem folgend und wie es dort enthalten ist. Und wir halten es für immer gut und senden diesen unseren Brief mit der besagten Absicht, und wenn zu den euren

de la dicha isla y común y de la dicha Gran Canaria, o cualquiera o cualesquiera de ellos vinieren a cualquiera o cualesquiera de estas dichas ciudades y villas y lugares a comprar los dichos mantenimientos y otras cosas cualesquiera de cualquier calidad que sean, se las dejéis y consintáis libremente comprar y sacar y cargar, así por tierra como por mar, sin ponerles en ello embarazo ni otro impedimento alguno, pagando los derechos acostumbrados que las otras personas de estos dichos nuestros reinos por las semejantes acostumbran dar y pagar. Asimismo, les dejéis libremente venir y pasar y estar y volver a la dicha isla de la Gran Canaria, así por tierra como por mar, libre y seguramente con las dichas mercaderías y otras cosas susodichas y sin ellas y que no los cautivéis, ni prendáis, ni embarguéis, ni hiráis ni lisiéis, ni matéis, ni consintáis ni hagáis hacer otros males ni daños ni desaguisados algunos en sus personas y bienes contra derecho, por cuanto nos recibimos por esta nuestra carta y por el dicho su traslado, como dicho es, a los dichos canarios y a cada uno de ellos y a sus personas y bienes y mercaderías y cosas de ellos y de cada uno de ellos bajo nuestra guarda y amparo y defendimiento real, y queremos y es nuestra merced y voluntad que, por ser como son nuestros vasallos, sean tratados y defendidos y amparados como lo son los otros nuestros vasallos, súbditos y naturales de estos nuestros reinos

und zu jedem von euch und zu allen von diesen besagten Kanariern der besagten Insel und Gemeinschaft und der besagten Gran Canaria, oder irgendeiner oder irgendwelche von diesen zu irgendeinem oder irgendwelchen von diesen Städten und Dörfern und Orten kommen, um die besagten Unterhalte und anderen Dinge zu erwerben, irgendetwas in irgendeiner Qualität, die sie möchten, dass man sie lässt und frei gestattet zu kaufen und zu nehmen und aufzuladen, auf dem Land wie auf dem Wasser, ohne sie dabei anzugreifen oder in irgendeiner anderen Weise zu behindern, sich an die gleichen Gewohnheitsrechte haltend wie auch andere Personen unserer besagten Reiche für das gleiche gewöhnlich geben und bezahlen und wenn sie zurückkehren nach der besagten Inseln Gran Canaria, ob über Land oder über das Meer, frei und sich mit diesen Handelsgütern und anderen oben erwähnten und ohne diese und dass sie nicht gefangen, nicht gefesselt, nicht verhaftet, nicht verletzt, nicht verstümmelt, nicht getötet werden, es ist weder gestattet noch dürfen an ihren Personen und ihren Habseligkeiten andere Schlechtigkeiten oder Schäden oder Unrecht gegen das Gesetz verübt werden, denn wir haben auf diesem Weg unseren Brief erhalten und für die besagte Überfahrt, wie es gesagt wurde, an die besagten Kanarier und an einen jeden von ihnen und an ihre Personen und Habseligkeiten und Handelsgüter und Dinge, die sie und ein jeder von ihnen unter unserer königlichen Aufsicht und Schutz und Verteidigung [stehen], und wir wollen und es ist unser herrschaftlicher Wille, dass, weil sie wie unsere Vasallen sind, sie behandelt und verteidigt und beschützt werden wie unsere anderen Vasallen, Untergebenen und Bewohner dieser unserer Reiche

e sy alguna o algunas personas fueron o pasaren o quisieren yr e pasar contra lo en esta nuestra carta contenido o contra cosa alguna o parte dello, mandamos a vos las dichas nuestras justicias e cada vno e a cualquier de vos en vuestros lugares e jurisdiciones que pasedes o procedades contra las tales personas e contra cada vna dellas por todo rrigor de derecho como contra aquellos quebrantan (sic) e pasan seguro puesto por su Rey

und wenn eine oder einige Personen gegen den Inhalt unseres Briefes oder gegen eine Sache oder einen Teil dessen handeln oder vorgehen oder vorgehen wollen, senden wir euch unsere besagten Richter, und jedem für sich und jedem von euch in euren Orten und Jurisdiktionsbereichen, die vorgehen oder handeln gegen diese Personen und gegen jeden von ihnen mit der ganzen Härte des Gesetzes wie gegen all diejenigen, die eine durch den König und die

e Reyna e señores naturales, esecutando en ellos y en cada vno dellos las penas que las leys destos dichos nuestros reynos en tal caso quieren e disponen. E los vnos nin los otros no fagades nin fagan endeal so pena de la mi merced y de diez mil maravedís para la mi cámara a cada vno por quien fincare de lo ansy fazer e conplir, e demás mandamos al omen que les esta carta mostrare que los enplaze que parescan ante nos en la nuestra corte doquier que nos seamos del día que los enplazare fasta quince días primeros sygientes so la dicha pena so la qual mandamos a cualquier escribano publico que para ello fuere llamado que de ende al que vos la mostrare testimonio synado con su signo porque nos sepamos en como se cunple nuestre mandado.

Königin und ihre natürlichen Herren gegebene Gewähr vorgehen und sie brechen, gegen die und einen jeden von ihnen werden die Strafen vollstreckt, die die Gesetze unserer besagten Reiche für diesen Fall wollen und vorsehen. Und den einen wie den anderen, die sich nicht an das Abkommen halten, droht die hochherrschaftliche Bestrafung und die Strafzahlung von 10.000 Maravedí für meine Kammer und ein jeder einzelne wird dort erreicht und gemacht von dem einzutreiben, und darüber hinaus befehlen wir dem Mann, ihnen diesen Brief zu zeigen, damit sie sich an unserem Hof einfinden und dort erscheinen werden überall, wo wir uns gerade aufhalten, und sich in den ersten fünfzehn Tagen, die nach der Straftat folgen, dort einfinden, was wir einem jeden öffentlichen Schreiber befehlen, der dafür gerufen wird, dass er vor uns eine mit seinem Zeichen unterschriebene Zeugenaussage zeigt, weil wir nur so unseren Auftrag erfüllt wissen.

dada en la ciudad de Calatayud a treinta días del mes de mayo del nacimiento de nuestro Señor Jesucristo de mil y cuatrocientos y ochenta y un años. Yo, el rey. Yo, la reina. Yo, Alonso de Ávila, secretario del rey y de la reina, nuestros señores, la hice escribir por su mandado. Andrés, doctor. Registrada. Doctor Diego Vázquez, chanciller.

gegeben in der Stadt Calatayud am dreißigsten Tag des Monats Mai der Geburt unseren Herrn Jesus Christus im Jahr 1481. Ich, der König. Ich, die Königin. Ich, Alonso de Ávila, Sekretär des Königs und der Königin, unseren Herren, auf deren Befehl hin ich schrieb. Andrés, Doktor. Eingetragen. Doktor Diego Vázquez, Kanzler.

Teneriffa, [o. D.]. Verhandlungsversuche des Sancho de Herrera oder Diego de Herrera mit den *Menceyes* von Teneriffa um die Herausgabe der *Virgen de Candelaria*

Espinosa, S. 39.

Sabido por Sancho de Herrera, que era señor de las dichas islas, deseando haber en su poder esta reliquia, pospuso cualquier otro interés que haber pudiera, y trató de hacer paces, con los naturales del reino de Güimar, donde la santa imagen estaba, dándoles su palabra de no enojarlos, ni consentir que en su término diesen sus vasallos, algún disgusto. No fueron muy difíciles de asentar estas paces, por evitar los naturales los daños que los recibían de los mahoreros, que así se llamaban los naturales de aquellas islas de Lanzarote y Fuerteventura. Tratadas y firmadas las paces entre ellos, entra Sancho de Herrera en tierra, y verla y holgarse en ella, y por la amistad concluida pide la santa imagen, poniéndoles por delante que aquella reliquia pertenece a los cristianos.

Es war Sancho de Herrera bekannt, der Herr der besagten Inseln war, und er wünschte sich diese Reliquie in seiner Macht zu haben, schob jedwedes andere Interesse auf, das er gehabt haben könnte, und versuchten einen Frieden zu machen, mit den Bewohnern des Königreiches Güímar, wo das heilige Bildnis war, gab ihnen sein Wort, dass er sie nicht verärgere und auch nicht, dass seine Vasallen in seinem Namen irgendein Missfallen hervorrufen würden. Es war nicht sehr schwierig, diesen Frieden abzuschließen, weil die Inselbewohner den Schaden vermeiden wollten, den sie durch die Mahoreres erhielten, wie sich die Bewohner derjenigen Inseln von Lanzarote und Fuerteventura nannten. Nachdem sie den Friedensvertrag abgeschlossen und unterschrieben hatten, drang Sancho de Herrera in das Land ein, und sah sich das Land an und ließ es sich dort gutgehen, und aufgrund der abgeschlossenen Freundschaft forderte er das Heiligenbild und brachte vor, dass diese Reliquie den Christen gehöre.

Abreu Galindo, S. 253–254.

De las entradas que Diego de Herrera, Señor de Lanzarote, hacía en esta isla de Tenerife, de algunos guanches que prendía vino a tener noticia de esta santa imagen, de los muchos milagros y mercedes que les hacía, y así procuró armarse para hacer entrada en Tenerife llevando algunos guanches que sabían la tierra y lugar donde estaba y por vía de paz y treguas que con el rey de Güímar hizo procuró haber esta santa imagen, y así, sin que lo entendiese el rey ni los que guardaban la preciosa imagen la hurtó y llevó á Lanzarote.

Über die Einfälle, die Diego de Herrera, Herr von Lanzarote, auf der Insel Teneriffa machte, über einige *Guanchen*, die Kenntnis von diesem heiligen Bildnis genommen hatten, und von den vielen Wundern und Diensten, die es ihnen erwies; und dann rüstete er sich, um einen Überfall auf Teneriffa durchzuführen, nahm dabei einige *Guanchen* mit, die das Land kannten und den Ort, wo sie sich aufhielten. Und durch Frieden und Waffenruhe, die sie mit dem König von Güímar geschlossen hatten, versuchten sie das heilige Bildnis zu beschaffen; und dann, ohne dass weder der König noch die Wachen des wertvollen Bildnisses es durchschauten, stahl er es und nahm es mit nach Lanzarote.

Teneriffa, [o. D.]. Pakt zwischen Sancho de Herrera und dem Herrscher von Güímar zur Errichtung eines Turmes

Abreu Galindo, S. 256.

Y debajo de ellas, después de algunos meses, fué Sancho de Herrera con algunos navíos de armada para ver si podía tener entrada para conquistar la isla de Tenerife. Como el rey de Güímar lo vio por la buena obra que había recibido, le dio entrada y consintió hiciese una torre para que estuviese cuando viniese para contratar, para conservar la paz y amistad que había contraído cuando trajo la santa imagen su huéspeda para que estuviese recogida en esta torre y casa fuerte con su gente, y se hiciesen buen tratamiento los unos á los otros, poniendo leyes y conciertos. Hizo la torre en el puerto de Santa Cruz, que primero se llamaba Añaza.

Und unter ihnen, nach einigen Monaten, war Sancho de Herrera mit einigen bewaffneten Schiffen, um zu sehen, ob er einen Angriff auf die Insel Teneriffa machen könnte, um sie zu erobern. Als der König von Güímar ihn sah, für die gute Tat, die er erhalten hatte, gewährte er ihm Einlass und erlaubte ihm, einen Turm zu bauen, wo er sich aufhalten könne, wenn er käme, um Handel zu treiben, um den Frieden und die Freundschaft zu bewahren, die sie geschlossen hatten, als sie das Heiligenbild an sich genommen hatten, damit er mit seinen Leuten in diesem Turm und befestigten Haus versammelt sei und sie einander gut behandeln würden. Und, Vereinbarungen und Gesetze festlegend, bauten sie einen Turm im Hafen von Santa Cruz, der zuerst *Añaza* genannt wurde.

Entre otras condiciones y conciertos que hicieron fué que cualquiera de los cristianos que hiciese algún agravio y mal á algún natural, habiendo querella de ello, fuese entregado á la parte contraria para que hiciese su voluntad, y lo mismo se hiciese de los naturales que hiciesen mal a los cristianos, entregárselo para hacer lo mismo.

Unter anderen Bedingungen und Absprachen, die sie trafen, war diejenige, dass, wer auch immer von den Christen irgendeinem Inselbewohner Unrecht oder etwas Schlechtes antue und es darüber eine Beschwerde gebe, würde er der Gegenpartei übergeben, damit nach ihrem Willen über ihn entschieden würde; und das gleiche würde mit den Inselbewohnern geschehen, die den Christen Schlechtes antun würden, auch sie würden ausgeliefert, um dasselbe zu tun.

Espinosa, S. 48.

Dendo algunos años vino Sancho de Herrera, hijo del sobredicho, a esta isla, con intento de ganarla y poblarla, y saltó en tierra en el puerto de Santa Cruz, término de anaga, que llamaban Añazo, donde, permitiéndolo los naturales, hizo un torreón en que él y los suyos vivían, y allí venían los naturales a tratar y contratar con los cristianos. Sucedió que los españoles hicieron un ganado, de que los naturales se sintieron y se quejaron a Sancho de Herrera de sus vasallos, y para conservar la amistad entre ellos firmada, hicieron una ley, que si algún cristiano cometiese delito alguno o les agraviase en algo, que se lo entregasen a ellos, para que hiciesen dél a su voluntad, y si natural contra español, por el contrario. Hecha esta ley o conveniencia […]

Es vergingen einige Jahre, bis Sancho de Herrera, Sohn des obengenannten, auf diese Insel kam, mit der Absicht, sie zu gewinnen und zu besiedeln, und er ging im Hafen von Santa Cruz an Land, im Gebiet von Anaga, dass sie Añazo nannten, wo sie, mit Erlaubnis der Inselbewohner, einen Turm errichteten, in dem sie leben konnten, und wohin die Inselbewohner kamen, um mit den Christen zu handeln und zu verhandeln. Und es begab sich, dass die Spanier eine Viehherde züchteten, was die Inselbewohner bemerkten und worüber sie sich bei Sancho de Herrera und seinen Vasallen beschwerten, und um die geschlossene Freundschaft zwischen ihnen zu bewahren, machten sie ein Gesetz, dass wenn irgendein Christ ein

Delikt oder ein Unrecht verübte, dann würde er ihnen ausgeliefert, damit sie nach ihrem Willen mit ihm verfahren konnte, und wenn ein Inselbewohner gegen einen Spanier, machten sie es umgekehrt. Das ist das Gesetz oder die Vereinbarung [...]

La Palma, 1490. Pakt zwischen Alonso de Lugo und den Stammesfürsten der *Auaritas*

Abreu Galindo, S. 233–234.

Fortificado [Lugo] que hubo, puesta su gente en orden, fué marchando la vuelta de Los Llanos, donde no hallando resistencia pasó á las Cuevas de Herrera, donde todos los vecinos de aquella comarca se le dieron, dándoles seguridad de que no les quitaría sus haciendas, y les daría buen tratamiento. De aquí vino sobre Tihuya y acabó de conquistar y ganar el término de Mayantigo, no por fuerza de armas, porque ninguno se puse en defensa sino por halagos, promesa y amistad, porque los palmeros todos de Aridane, que era el Señorío de esta Mayantigo, y los vasallos todos de Ehedey, Tamanca y Ehentire y Azuquahe, capitanes de los términos que hemos referido, habían hecho treguas y amistades con los vecinos de la isla de El Hierro, que cae á aquella banda, por estar seguros de los daños que les hacían, y así, los atrajeron con facilidad á someterse á la obediencia de Alonso Fernández de Lugo, haciéndoles buen tratamiento, y debajo de esta ocasión fué Alonso de Lugo corriendo la tierra por los términos que tengo referidos en torno de la isla, porque por su aspereza no se podía marchar con gente, y todos se le dieron debajo de las dichas amistades hasta que llegó á Tigalate y Mazo, territorio y término del capitán Juguiro y Garehagua, donde halló la gente toda alterada y puesta en armas porque como no tenían hechas amistades con los herreños ó por no tenerlos tan á la vista, ó por tener el capitán belicoso, se pusieron todos en forma de defensa.

Dort rüstete sich Lugo, brachte seine Heer in Ordnung und marschierte um Los Llanos herum, wo er ohne Widerstand zu den Höhlen des Herrera gelangte, wo sie allen Bewohnern dieses Gebietes sagten, dass sie ihnen Sicherheit geben, dass sie sie nicht ihrer Landgüter berauben und gut behandeln würden. Von hier aus kam er nach Tihuya, um das Erobern zu beenden und das Ende von Mayantigo zu erreichen; nicht durch Waffengewalt, weil niemand sich in Gegenwehr setzte, sondern durch Schmeicheleien, Versprechungen und Freundschaft, weil alle *Palmeros* von Aridane, welches das Herrschaftsgebiet dieses Mayantigo war, und alle Vasallen von Ehedey, Tamanca und Ehentire und Azuquahe, an den Absprachen beteiligte Anführer, über die wir berichtet haben, hatten Waffenstillstände und Freundschaften mit den Bewohnern der Insel Hierro geschlossen, welche in diese Gruppen fallen, um sich der Schäden zu vergewissern, die ihnen zugefügt wurden. Und so konnten sie sie mit Leichtigkeit dazu gewinnen, sich dem Gehorsam des Alonso Fernández de Lugo zu unterstellen, der sie gut behandelte. Und bei dieser Gelegenheit war es Alonso de Lugo, der das Land zu den Bedingungen verwaltete, auf die ich mich bezogen habe, um die Insel herum, weil es aufgrund seiner Härte nicht möglich war, mit Menschen zu gehen; und alle wurden ihm unter den besagten Freundschaften gegeben; bis er nach Tigalate und Mazo kam, Land und Herrschaft der Anführer Juguiro und Garehagua, wo er alle Leute aufgeregt und in Waffen vorfand; weil, wie sie keine Freundschaften mit den Bewohnern von Hierro gemacht hatten (oder weil sie sie nicht in ihrem Blick oder weil sie einen kriegerischen Anführer hatten), sich alle in Gefechtsformation begaben.

Torriani, S. 199.

Alonso de Lugo (del quale habbiamo fatto mentione) doppo la conquista di Canaria, sendo elletto à questa impresa, uenne à disbarcare al porto di Tazzacorte à 29 di d'Aprile de l'anno 1493 et fortificatosi quiui presso il mare procuró la confederatione d'alcuni Capitane de l'Isola per disunirli como egli haueua fatto in Tenerife.

Alonso de Lugo, den wir schon erwähnt hatten, kam nach der Eroberung Canarias, eine Aufgabe, für die er ernannt worden war, um im Hafen von Tazacorte, am 29. April des Jahres 1493 an Land zu gehen; und nachdem er am Meer eine Festung errichtet hatte, versuchte er, sich mit einigen Hauptmännern der Insel zu verbünden, um sie zu entzweien, wie er es auf Teneriffa getan hatte.

Ulloa, S. 177.

Y así, aunque se [los palmeses] comenzaron a resistir habiendo entendido por medio de la lengua que les prometían libertad y buen tratamiento, se rindieron y todos se bautizaron y fueron cristianos. De modo que sin derramamiento de sangre se comenzó y acabó de ganar esta isla.

Und obschon die *[Palmeros]* begonnen hatten sich zu wehren, hatten sie mittels eines Übersetzers verstanden, dass sie ihnen Freiheit und gute Behandlung versprachen, und so ergaben sie sich alle, ließen sich taufen und wurden Christen. Auf diese Weise wurde der Gewinn dieser Insel ohne Blutvergießen begonnen und beendet.

Teneriffa, 1493. Pakt zwischen Alonso de Lugo und einigen Stammesgruppen der *Guanchen*

Torriani, S. 168 und 170.

Hebbe per sottile industria intelligentia et confederatione con tre di loro, ciòe quel d'Abona, quel die Naga, et quel d'Adexe; iquali faceuano guerra à Benchomo Rè di Taoro più di loro potentissimo, perche, como d'innanzi s'e detto, egli solo haueua sei miglio huomini da guerra. [...] Mentre Alonso di Lugo metteua gente insieme et si preparua per ritornare à questo Isola, ogni dì mandaua messageri a i Ré confederati auisandogli ch'il danno ch'egli hauea receuto non era di consideratione, et ch'ei s'era retirato à Canaria solamente per pigliar uittouaglie et maggior numero de soldati per dar fine con più prestezza alla guerra, pregandoli uolessero conseruare la fede data, ch'ei presto si ritouarebbe con essi loro.

Mit Feinheit und Klugheit schloss [Alonso de Lugo] ein Bündnis mit Dreien von ihnen, um es zu sagen, mit dem von Abona, dem von Naga und dem von Adexe, welche Krieg gegen Benchomo, König von Taoro führten, der der Mächtigste von ihnen war, er allein hatte sechstausend Krieger [...]. Währenddessen Alonso de Lugo Kriegsvolk zusammenführte und sich vorbereitete, um auf die Insel zurückzukehren, sandte er jeden Tag Boten zu den verbündeten Königen, um sie wissen zu lassen, dass der Schaden, der im zugefügt worden war, kaum beachtenswert sei, und dass er nur nach Canaria abgerückt sei, um sich zu rüsten und eine größere Zahl Soldaten zu sammeln, um die Eroberung zu einem schnelleren Ende zu führen; und er fragte sie, ob sie den beschworenen Glauben auch beibehielten und dass er selbst schnell zurückkehren und sich mit ihnen vereinen werde.

Abreu Galindo, S. 258.

Y desembarcando toda su [Alonso de Lugo] gente subió luego la cuesta arriba, hacia La Laguna, y asentó su campo en un llano donde está al presente una ermita que dicen de Garcia. Aquí vino Acaymo, rey de Güímar, y asentó paz con él, y más con el rey de Anaga y con el de Adeje, y con el de Abona, de los cuales se informó Alonso de Lugo, capitán, de las fuerzas que el rey de Taoro, que se decía Bencomo, tenía. Informado fuese la vuelta donde estaba el rey de Taoro, que andaba de guerra con los demás reyes de la isla.

Und alle Männer des Alonso de Lugo gingen an Land, er stieg dann die Anhöhe empor, nach La Laguna, und schlug sein Lager auf einer Ebene auf, wo sich heute eine Einsiedelei befindet, die sich Garcia nennt. Hierhin kam Acaymo, König von Güímar und schloss einen Frieden mit ihm und darüber hinaus mit dem König von Anaga und mit dem von Adeje und mit dem von Abona; von denen erfuhr Alonso de Lugo, Hauptmann, von den Streitkräften, die der König von Taoro, der sich Bencomo nannte, besaß. Informiert, kehrte er dahin zurück, wo sich der König von Taoro befand, der entgegen ging und Krieg gegen ihn mit den anderen Königen der Insel führte.

Espinosa, S. 52.

De allí subió, marchando con su campo en ordenanza, hacia La Laguna, y lo asentó en un campo, donde después fundaron una ermita que llaman de Garcia, que es del reino de Tegueste. Aquí vino el rey de Güímar, Acaimo, a sentar y confirmar las paces, que con Diego de Herrera y otros capitanes había firmado; porque este rey (por respeto de la imagen de Candelaria que en su poner tenía), siempre fue amigo de los cristianos. Deste se informó el gobernador de la conquista Alonso de Lugo, de las fuerzas y gente que el rey de Taoro, llamado Quebihi Benchomo, tenía.

Von hier stieg er hoch, mit seiner Kompanie in Heeresordnung, nach La Laguna, und dort ließen sie sich auf einem Feld nieder, wo sie später eine Einsiedelei, die sie Garcia nannte, gründeten, die zum Königreich Tegueste gehört. Hierhin kam der König von Güímar, Acaimo, um sich niederzulassen und den Frieden zu bestätigen, den er mit Diego de Herrera und anderen Hauptmännern geschlossen hatte; weil dieser König (aus Respekt, den er vor dem Bildnis der Candelaria hatte, die sich in seiner Hand befand), immer Freund der Christen war. Von ihm erfuhr der Gouverneur der Conquista Alonso de Lugo über die Streitkräfte und Leute, die der König von Taoro, der Quebihi Benchomo hieß, besaß.

Übersicht über die verwendeten Quelleneditionen

Abreu Galindo, Fray Juan de, Historia de la conquista de las siete islas de Canarias, hg. von Francisco Osorio Acevedo, Madrid 2021.

Conquista de la isla de Gran Canaria hecha por mandado de los señores Reyes Católicos Don Fernando y Doña Isabel (Lacunense), in: Canarias: Crónicas de su Conquista, hg. von Francisco Morales Padrón, 3. Aufl. Las Palmas de Gran Canaria 2008, S. 185–228.

Conquista de las siete islas de Canarias (Matritense), in: Canarias: Crónicas de su Conquista, hg. von Francisco Morales Padrón, 3. Aufl. Las Palmas de Gran Canaria 2008, S. 229–259.

Escudero, Pedro Gómez, Relación de la Conquista de la Gran Canaria. Las Relaciones de Gáldar [1484–1500], hg. von Francisco Osorio Acevedo, Las Palmas de Gran Canaria 2009.

Espinosa, Fray Alonso de, Origen y milagros de Nuestra Señora de Candelaria [La primera historia de Tenerife], hg. von Eduardo Martinon Cejas, in: Bloc de las Islas Canarias 4 (2018), S. 13–88.

Le Canarien. Manuscritos, transcripción y traducción, hg. von Berta Pico / Eduardo Aznar / Dolores Corbella, La Laguna 2003.

Libro de la conquista de la ysla de Gran Canaria y de las demas yslas (Ovetense), in: Canarias: Crónicas de su Conquista, hg. von Francisco Morales Padrón, 3. Aufl. Las Palmas de Gran Canaria 2008, S. 107–183.

López Alonso, Antonio M., El Pacto de Calatayud (1/3), in: Proyecto Tarha 2017-06-05, https://proyectotarha.org/2017/06/05/el-pacto-de-calatayud-13/ (15.04.2023).

López de Ulloa, Francisco, Historia de la Conquista de las siete Islas de Canarias, hg. von Daniel García Pulido / Jorge Sörgel de la Rosa, Santa Cruz de Tenerife u. a. 2010.

Sedeño, Antonio, Conquista de la isla de Gran Canaria. Las Relaciones de Gáldar [1484–1500], hg. von Francisco Osorio Acevedo, Santa Cruz de Tenerife 2008.

Torriani, Leonardo, Die Kanarischen Inseln und ihre Urbewohner. Eine unbekannte Bilderhandschrift vom Jahre 1590. Im italienischen Urtext und in deutscher Übersetzung sowie mit völkerkundlichen, historisch-geographischen, sprachlichen und archäologischen Beiträgen (Quellen und Forschungen zur Geschichte der Geographie und Völkerkunde 6), hg. von Dominik Josef Wölfel, Leipzig 1940.[70]

70 Aufgrund des italienischen Urtextes wurde für den Anhang auf diese Edition von Wölfel zurückgegriffen. Die Seitenangaben im Fließtext der Studie beziehen sich – bis auf in den Kapiteln zur Terminologie –, wenn nicht anders angegeben, auf die Edition aus dem Jahr 1959: Torriani, Descripción e historia del reino de las Islas Canarias.

Quellen und Literatur

Unveröffentlichte Quellen

Acta de Bufadero, in: Archivo Histórico Provincial de Santa Cruz de Tenerife, Sección Histórica de Protocolos Notariales, Nr. 1106, Folio 54.

Le Canarien. Histoire de la conquête des Canaries, in: Bibliothèque municipale de Rouen (Ms mm-129).

Veröffentlichte Quellen

Abano, Petrus de, Conciliator differentiarum, dissertation n. 67, in: Cuatrocientos años de Crónicas de las Islas Canarias, hg. von Alberto Quartapelle, Santa Cruz de Tenerife 2015, S. 46.

Abreu Galindo, Fray Juan de, Historia de la conquista de las siete Islas de Canaria, hg. von Alejandro Cioranescu, Santa Cruz de Tenerife 1977.

Abreu Galindo, Fray Juan de, Historia de la conquista de las siete Islas de Canarias, hg. von Francisco Osorio Acevedo, Madrid 2021.

Acta de Bufadero, Original transkribiert durch Juan Núñez de la Peña, in: Conquista y antiguedades de las Islas de la Gran Canaria, hg. von dems., Madrid 1676, S. 67–70.

Acta de Bufadero, Fragment transkribiert durch Antonio M. López Alonso, in: Los pactos indígenas de Gran Canaria y Tenerife con el señorío de las islas de Canaria: una revisión cronológico-contextual, hg. von dems., Santa Cruz de Tenerife 2016, S. 137–140.

Acta del Bufadero. Toma de posesión de Tenerife por Diego de Herrera y actos de homenaje vasallático de los menceyes de la isla. Año 1464, Fragment transkribiert durch Emilio Alfaro Hardisson, in: Documentos para la Historia de Canarias I, Archivo Histórico Provincial de Santa Cruz de Tenerife o. D., S. 2–3.

Acta notarial – venta de una esclava canaria, in: Cuatrocientos años de Crónicas de las Islas Canarias, hg. von Alberto Quartapelle, Santa Cruz de Tenerife 2015, S. 55.

»Anónimo Salazar«. Una relación inédita de las Islas Canarias, hg. von Agustín Millares Carlo, in: El Museo Canario 6 (1935), S. 70–80.

Aquinas, St. Thomas, Summa Theologiae, Prima Pars, 50–119 (Latin / English Edition of the Works of St. Thomas Aquinas 14), übers. von Fr. Laurence Shapcote, O. P., Greenbay 2017.

Aquinas, St. Thomas, Summa Theologiae, Prima Secundae, 71–114 (Latin / English Edition of the Works of St. Thomas Aquinas 16), übers. von Fr. Laurence Shapcote, O. P., Greenbay 2017.

Aznar Vallejo, Eduardo (Hg.), Documentos Canarios en el Registro del Sello (1476–1517) (Fontes Rerum Canarium XXV), La Laguna 1981.

Aznar Vallejo, Eduardo (Hg.), El capítulo de Canarias en el Islario de André Thevet, in: Coloquio de Historia Canario-Americana 2 (1988), S. 833–862.

Bandini, Domencio, Fons memorabilium universi, in: Las Islas Canarias en los Islarios (I), hg. und übers. von José Manuel Montesdeoca Medina, in: Fortvnatae 18 (2007), S. 116–121.

Barrantes Maldonado, Pedro, Crónica del rey don Enrique terzero deste nombre, in: Cuatrocientos años de Crónicas de las Islas Canarias, hg. von Alberto Quartapelle, Santa Cruz de Tenerife 2015, S. 187–188.

Bartolus von Sassoferrato über die Ausdehnung der Hoheitsrechte im Küstenmeer, in: Fontes Historiae Iuris Gentium, Bd. 1: 1380 v. Chr.–1493, hg. von Wilhelm G. Grewe, Berlin u. a. 1995, S. 692–693.

Bergeron, Pierre, Tratado de Navegación y de los viajes de descubrimiento y de conquista modernos y principalmente de los franceses, hg. und übers. von María José Vázquez de Parga y Chueca, Santa Cruz de Tenerife 2009.

Bernáldez, Andrés, Memorias del reinado de los Reyes Católicos, in: Canarias: Crónicas de su conquista, transcripción, estudio y notas (Ínsulas de la Fortuna 2), hg. von Francisco Morales Padrón, 3. Aufl. Las Palmas de Gran Canaria 2008, S. 505–520.

Beuter, Pero-Antón, Primera parte de la Coronica general de toda España y especialmente del reyno de Valencia, in: Cuatrocientos años de Crónicas de las Islas Canarias, hg. von Alberto Quartapelle, Santa Cruz de Tenerife 2015, S. 195–196.

Boccaccio, Giovanni, De Canaria et insulis reliquis ultra Ispaniam in Oceano noviter repertis, in: Tutte le opere di Giovanni Boccaccio, a cura di Vittore Branca, Bd. V, 1, hg. von Manlio Pastore Stocchi, Milan 1992, S. 970–986.

Bordone, Benedetto, Isolario nel qual si ragiona de tute l'isole del mondo, in: Las Islas Canarias en los Islarios (II), hg. und übers. von José Manuel Montesdeoca Medina, in: Fortvnatae 19 (2008), S. 102–104.

Botero Benese, Giovanni, Relationi universali, realizada por Fr. Jayme Rebullosa, in: Las Islas Canarias en los Islarios (II), hg. und übers. von José Manuel Montesdeoca Medina, in: Fortvnatae 19 (2008), S. 106.

Bula «Tue devotionis sinceritas» del Papa Clemente VI, erigiendo las islas Afortunadas en principado feudatario de la Santa Sede y constituyendo príncipe de Fortuna al Infante don Luis de la Cerda (28 noviembre 1344), in: García-Gallo, Alfonso, Los orígenes españoles de las instituciones americanas. Estudios de derecho indiano, Madrid 1987, S. 738–744.

Bula Apostolatus officium, de Bento XIII, a conceder, após a conquista da ilha de Lanzarote, nas Canárias, 22. Januar 1403 (Nr. 123), in: Monumenta Henricina I, Coimbra 1960, S. 293–296.

Bula Apostolatus officium, de Bento XIII, dirigida aos prelados, abades e priores [...] que participem na conquista I, 22. Januar 1403 (Nr. 124), in: Monumenta Henricina I, Coimbra 1960, S. 296–299.

Bula Apostolatus officium, de Bento XIII, dirigida aos prelados, abades e priores [...] que participem na conquista II, 22. Januar 1403 (Nr. 125), in: Monumenta Henricina I, Coimbra 1960, S. 299–301.

Bula Apostolatus officium, de Bento XIII, dirigida aos prelados, abades e priores [...] que participem na conquista III, 22. Januar 1403 (Nr. 126), in: Monumenta Henricina I, Coimbra 1960, S. 301–303.

Bula del Papa Pio II, dirigida à D. Diego de Illescas, Obispo de Rubicon, concediendole diversos Privilegios. *Ex Regest. Bullar. De Curia Pii II. tom 21 fol 113*, in: José Viera y Clavijo, Noticias de la Historia General de las Islas de Canaria, Bd. IV, Madrid 1783, S. 621–625.

Bula Desiderabiliter afectantes, de Clemente VI, dirigida a el rei D. Afonso IV, permita a Luis de Espanha, tomar a extrair livremente dos reinos, 11. Dezember 1344 (Nr. 91), in: Monumenta Henricina I, Coimbra 1960, S. 216–217.

Bula Dum diligenter, de Clemente VI, dirigida aos malhorquinos João de Auroia e Jacob Sagriara, 15. Mai 1351 (Nr. 101), in: Monumenta Henricina I, Coimbra 1960, S. 237–239.

Bula Prouenit ex tue, de Clemente VI, para Luis de Espanha ou Luis de la Cerda, 13. Januar 1345 (Nr. 95), in: Monumenta Henricina I, Coimbra 1960, S. 228–229.

Bula Prouenit ex tue, de Clemente VI, para Luis de Espanha, a conceder a todos os que, 13. Januar 1345 (Nr. 96), in: Monumenta Henricina I, Coimbra 1960, S. 229–230.

Bula Romani pontificis, de Eugénio IV, a declarar nula a concessao que fizera a el-rei D. Duarte da conquista das ilhas Canárias ainda em posse de pagaos, 6. November 1436 (Nr. 143), in: Monumenta Henricina V, Coimbra 1963, S. 345–347.

Bula Romanus pontifex, de Bento XIII, a erigir Rubicao, na ilha de Lanzarote, emsede do bispado dos Canárias, 7. Juli 1404 (Nr. 129), in: Monumenta Henricina I, Coimbra 1960, S. 309–310.

Bula Romanus pontifex, de Eugénio IV, dirigida a el-rei D. Duarte, a conceder-lhe, para propagacao do nome cristao, a conquista das ilhas Canárías, 15. September 1436 (Nr. 137), in: Monumenta Henricina V, Coimbra 1963, S. 281–282.

Bula Vinee Domini Sabahot, de Clemente VI, dirigida a el-rei D. Afonso IV, bem como aos reis de Aragáo e de Castela, a comunicar-lhe que, desejando Luis de Espanha, 11. Dezember 1344 (Nr. 90), in: Monumenta Henricina I, Coimbra 1960, S. 214–216.

Canarias en el llamado «Manuscrito Valentim Fernandes» (conclusión), hg. von Miguel Santiago Rodríguez, in: Revista de Historia 80 (1947), S. 539–550.

Carta del Rey Alfonso IV de Portugal al Papa Clemente VI sobre la erección del principado de las Canarias (12 febrero 1345), in: Alfonso García-Gallo, Los orígenes españoles de las instituciones americanas. Estudios de derecho indiano, Madrid 1987, S. 747–750.

Carta del rey Alfonso XI de Castilla al papa Clemente VI sobre la erreción del principado de las Canarias (13 marzo 1345), in: Alfonso García-Gallo, Los orígenes españoles de las instituciones americanas. Estudios de derecho indiano, Madrid 1987, S. 750–751.

Cartagena, Alonso de, Allegationes super conquesta Insularum Canariae contra portugalenses, in: Diplomática y humanismo en el siglo XV: Edición crítica, traducción y notas de las Allegationes super conquesta Insularum Canariae contra portugalenses de Alfonso de Cartagena, hg. von Tomás González Rolán et al., Madrid 1994, S. 55–164.

Clemente VI anuncia a Felipe, Rey de Francia, la concesión de la investidura y le pide auxilio y ayuda (23. Dic. 1344), in: José Zunzunegui, Los orígenes de las misiones en las Islas Canarias, in: Revista Española de Teología 1 (1940), S. 389–390.

Clemente VI concede privilegios espirituales a los ciudadanos de Mallorca Juan Doria, Jaime Sagarra y otros que les acompañen en le prepósito de evangelizar las Islas con auxilio de esclavos canarios redimidos (1351), in: Elías Serra Ràfols, Los mallorquines en Canarias: documentos, in: Revista de Historia 55 (1941), S. 282.

Clemente VI nombra a Fray Bernardo Obispo de las Islas Afortunadas para evangelizarlas con ayuda de canarios cristianizados 1351, in: Elías Serra Ràfols, Los mallorquines en Canarias: documentos, in: Revista de Historia 55 (1941), S. 283–284.

Clemente VI pide al gobernador de Génova, Simón Boccanegra, que permita a Luis de España extraer de sua dominios 3.000 lorigas, 2.000 escudos, 1.000 cajas de saetas y 1.000 ballestas, in: José Zunzunegui, Los orígenes de las misiones en las Islas Canarias, in: Revista Española de Teología 1 (1940), S. 392.

Colón, Cristóbal, Diario de a bordo, hg. von Luis Arranz Márquez, 9. Aufl. Madrid 2020.

Concierto entre el capitán Alonso de Lugo y diversos indígenas de la Gomera y Gran Canaria para tomar parte en las conquistas de La Palma y Tenerife, in: Antonio Rumeu de Armas, La política indigenista de Isabel La Católica (Documentos 2), Valladolid 1969, S. 231.

Conquista de la isla de Gran Canaria hecha por mandado de los señores Reyes Católicos Don Fernando y Doña Isabel (Lacunense), in: Canarias: Crónicas de su Conquista (Ínsulas de la Fortuna 2), hg. von Francisco Morales Padrón, 3. Aufl. Las Palmas de Gran Canaria 2008, S. 186–228.

Conquista de las siete islas de Canarias (Matritense), in: Canarias: Crónicas de su Conquista (Ínsulas de la Fortuna 2), hg. von Francisco Morales Padrón, 3. Aufl. Las Palmas de Gran Canaria 2008, S. 229–259.

Cortés, Hernán, Cartas de relación. Secunda relación, in: Cartas de relación, hg. von Ángel Delgado Gómez, Madrid 1993, S. 159–309.

Cum Ludovicus de Ispania, consanguíneus Petri regis Aragonum, princeps Fortuniae deputetur, regem Aragonum rogat ut dictum principem adjuvet, 11. Dezember 1344 (Nr. 1314), in: Clément VI (1342–1352). Lettres closes, patentes et curiales. Publiées ou analysées d'après les registres du Vatican, Bd. 1, hg. von Eugène Déprez, Paris 1925, S. 310–311.

Cuneo, Miguel, Sobre las novedades de las islas del Océano Hespérico descubiertas por Don Cristóbal Colón, in: Cartas de particulares a Colón, hg. von Nicolás Esquilache, Madrid 1984, S. 239–260.

D'Anania, Lorenzo, L'universale fabbrica del mondo, in: Cuatrocientos años de Crónicas de las Islas Canarias, hg. und übers. von Alberto Quartapelle, Santa Cruz de Tenerife 2015, S. 273.

Deliberación conciliar sobre el derecho de Castilla y Portugal a las Canarias y conquista de Africa, 1438, mayo 9 a 30, Basilea (Nr. 165), A. G. S. Estado. Francia. K–1711, fol. 416r–416v. Registro de la época, in: Luis Suárez Fernández, Castilla, el cisma y la crisis conciliar (1378–1440), Madrid 1960, S. 411.

Denuncia formulada contra Alonso de Lugo por la inicua cautividad de doscientos palmeses del bando aliado de Gazmira, que habitaban en las Cuevas de Ferrera, in: Antonio Rumeu de Armas, La política indigenista de Isabel La Católica (Documentos 2), Valladolid 1969, S. 342–343.

Der Katalanische Weltatlas vom Jahre 1375 nach dem in der Bibliothèque Nationale, Paris, verwahrten Original farbig wiedergegeben (Quellen und Forschungen zur Geschichte der Geographie und der Reisen 11), mit einer Einführung und Übersetzung von Hans-Christian Freiesleben, Stuttgart 1977.

Description de l'Afrique et de l'Espagne par Edrisi. Texte arabe publié la première fois d'après les man. de Paris et d'Oxford avec une traduction, des notes et un glossaire, hg. von R. Dozy und M. J. de Goeje, Leiden 1866.

Die Konstantinische Schenkung als Rechtsgrundlage, in: Fontes Historiae Iuris Gentium, Bd. 1: 1380 v. Chr.–1493, hg. von Wilhelm G. Grewe, Berlin u. a. 1995, S. 615–616.

Einschränkung der Lehre Innozenz' IV. über die Rechtsstellung von Ungläubigen durch Hostiensis, in: Fontes Historiae Iuris Gentium, Bd. 1: 1380 v. Chr.–1493, hg. von Wilhelm G. Grewe, Berlin u. a. 1995, S. 351.

El Requerimiento (1514), in: Teoría y leyes de la conquista, hg. von Francisco Morales Padrón, 2. Aufl. Sevilla 2008, S. 338–345.

El tratado de Alcaçovas-Toledo (1479–1480), in: Teoría y leyes de la conquista, hg. von Francisco Morales Padrón, 2. Aufl. Sevilla 2008, S. 41–43.

Escudero, Pedro Gómez, Relación de la Conquista de la Gran Canaria. Las Relaciones de Gáldar [1484–1500], hg. von Francisco Osorio Acevedo, Santa Cruz de Tenerife 2009.

Escudo de Armas de Don Fernando de Guadartheme, in: Pedro Gómez Escudero, Relación de la Conquista de la Gran Canaria. Las Relaciones de Gáldar [1484–1500], hg. von Francisco Osorio Acevedo, Santa Cruz de Tenerife 2009, S. 201–202.

Espinosa, Fray Alonso de, Origen y milagros de Nuestra Señora de Candelaria [La primera historia de Tenerife], hg. von Eduardo Martinon Cejas, in: Bloc de las Islas Canarias 4 (2018), S. 13–88.

Frenk Alatorre, Margit, Studia Hispanica in honorem R. Lapesa, Madrid 1974.

Frutuoso, Gaspar, Las Islas Canarias (de »Saudades da Terra«) (Fontes Rerum Canariarum XII), hg. und übers. von E. Serra/J. Régulo/S. Pestana, La Laguna de Tenerife 1964.

Garibay de Zamalloa, Esteban, Compendio historial de las crónicas y universal historia, in: Cuatrocientos años de Crónicas de las Islas Canarias, hg. von Alberto Quartapelle, Santa Cruz de Tenerife 2015, S. 266.

Grewe, Wilhelm G. (Hg.), Fontes Historiae Iuris Gentium. Quellen zur Geschichte des Völkerrechts, Bd. 1: 1380 v. Chr.–1493, Berlin u. a. 1995.

Humboldt, Alexander von, Reise in die Aequinoctial-Gegenden des neuen Continents, in: Alexander von Humboldt. Seine Woche auf Teneriffa 1799. Beginn der Südamerika-

Reise. Sein Leben – sein Wirken, hg. von ALFRED GEBAUER, Santa Úrsula 2017, S. 19–178.
IBN JALDÚN, al-Muqaddima, in: ELÍAS SERRA RÀFOLS, Los árabes y las Canarias prehispánicas, in: Revista de Historia 86–87 (1949), S. 171–172.
Información de méritos de don Fernando Guanarteme, in: GREGORIO CHIL Y NARANJO, Estudios históricos, climatológicos y patológicos de las islas Canarias, Bd. 3, Las Palmas de Gran Canaria 1891, S. 203–234.
Información de méritos de Fernán Guerra, adalid mayor de la conquista de Gran Canaria, in: ANTONIO RUMEU DE ARMAS, Fernán Guerra, adalid mayor de la conquista de Gran Canaria y promotor de fundación de Las Palmas, in: Anuario de Estudios Atlánticos 36 (1990), S. 665–686.
ISIDORE OF SEVILLE, The Etymologies of Isidore of Seville, hg. von STEPHEN A. BARNEY / W. J. LEWIS / J. A. BEACH / OLIVER BERGHOF, Cambridge 2006.
ISIDORUS HISPALENSIS EPISCOPUS, De insvulis, in: Etymologiarum sive Originum libri XIV (De terra et partibus), hg. von WALLACE M. LINDSAY, Oxford 1911, https://archive.org/details/isidori01isiduoft (15.04.2023).
JACOBO AURIE [JACOBO DORIA], Annales ad annum 1291, in: Annali Genovesi di Caffaro e de' suoi continuatori dal MCCLXXX al MCCLXXXXIII (Fonti per la Storia d'Italia publicate dall'Instituto Storico Italiano, Scrittori, Secolo XIII), Bd. V, hg. von CESARE IMPERIALE, Rom 1929, S. 124.
Juramento feudal de fidelidad del príncipe de Fortuna al Papa (28 noviembre 1344), in: ALFONSO GARCÍA-GALLO, Los orígenes españoles de las instituciones americanas. Estudios de derecho indiano, Madrid 1987, S. 746.
Katalanischer Weltatlas des Cresques Abraham, in: Die mittelalterlichen Ursprünge der europäischen Expansion (Dokumente zur Geschichte der europäischen Expansion 1), hg. von CHARLES VERLINDEN / EBERHARD SCHMITT, München 1986, S. 57–62.
KOLUMBUS, CHRISTOPH, Der erste Brief aus der Neuen Welt, Lateinisch / Deutsch. Mit dem spanischen Text des Erstdrucks im Anhang, übers., komm. und hg. von ROBERT WALLISCH, Stuttgart 2015.
Konklusionen des Paulus Vladimiri über die Rechtsstellung von Heiden, in: Fontes Historiae Iuris Gentium, Bd. 1: 1380 v. Chr.–1493, hg. von WILHELM G. GREWE, Berlin u. a. 1995, S. 357–362.
La conquista de Gran Canaria en las Décadas de Alonso de Palencia, in: Canarias: Crónicas de su Conquista (Ínsulas de la Fortuna 2), hg. von FRANCISCO MORALES PADRÓN, 3. Aufl. Las Palmas de Gran Canaria 2008, S. 471–498.
La emisaria indígena Francisca Gazmira logra la alianza de dos de los bandos indígenas de la isla de La Palma, en vísperas de la conquista militar. Denuncias formuladas por la misma contra la inicua actuación del capitán Alonso de Lugo, quien con mendaces informes redujo a esclavitud a los leales, in: ANTONIO RUMEU DE ARMAS, La política indigenista de Isabel La Católica (Documentos 2), Valladolid 1969, S. 311–312.
La emisaria indígena Francisca de Gazmira reclama la información testifical efectuada, en 1495, por el gobernador Alonso Fajardo, en defensa de la libertad de los palmeses de los bandos de »las paces«, in: ANTONIO RUMEU DE ARMAS, La política indigenista de Isabel La Católica (Documentos 2), Valladolid 1969, S. 357–358.
La esclavitud en Valencia Junio, 28, 1494, Valencia, in: La esclavitud en Valencia durante el reinado de los Reyes Católicos (1479–1516) (Publicaciones del Archivo Municipal de Valencia 1), hg. von VICENTA CORTÉS, Valencia 1964, Nr. 350, S. 269.
La misma [carta] al Rey de Nápoles, Andrés. Le pide, además permiso para extraer de su reino armas, naves, etc. (23. dic 1344), in: JOSÉ ZUNZUNEGUI, Los orígenes de las misiones en las Islas Canarias, in: Revista Española de Teología 1 (1940), S. 391.
La reina Isabel de Castilla da a conocer públicamente que »he mandado conquistar las yslas de Tenerife e La Palma, que están en poder de infieles, e que para ello e enviado mis gentes e capitanes que están en la dicha conquista …«, Valladolid, 17 de enero de 1481, A. S.:

Registro del Sello. Fol. 194, in: La conquista de Tenerife 1494–1496, hg. von Antonio Rumeu de Armas, Madrid 1975, S. 414.

Ladero Quesada, Manuel Ángel, Las cuentas de la conquista de Gran Canaria, in: Anuario de Estudios Atlánticos 12 (1966), S. 11–104.

Lanckmann, Nicolás, Historia desponsationis Frederici III cum Eleonora lusitana, in: Cuatrocientos años de Crónicas de las Islas Canarias, hg. von Alberto Quartapelle, Santa Cruz de Tenerife 2015, S. 103.

Las Casas, Bartolomé de, Apologética Historia Sumaria (Serie de historiadores y cronistas de Indias 1), hg. von Edmundo O'Gorman, Bd. 1–2, Mexiko 1967.

Las Casas, Bartolomé de, Brevísima relación de la destrucción de África. Preludio de la destrucción de Indias. Primera defensa de los guanches y negros contra su esclavización, hg. von Isacio Pérez Fernández, Salamanca 1989.

Las Casas, Bartolomé de, Doce Dudas, in: ders., Obras completas 11.2: Doce Dudas, hg. von J. B. Lassegue, Madrid 1992.

Las Casas, Bartolomé de, Entre los remedios. El octavo en orden, in: ders., Obras completas 10: Tratados de 1552. Impresos por Las Casas en Sevilla, hg. von Ramón Hernández / Lorenzo Galmés, Madrid 1992, S. 291–360.

Las Casas, Bartolomé de, Principia Quedam, in: ders., Obras completas 10: Tratados de 1552. Impresos por Las Casas en Sevilla, hg. von Ramón Hernández / Lorenzo Galmés, Madrid 1992, S. 548–583.

Las Siete Partidas del Rey Don Alfonso el Sabio. Cotejadas con varios códices antiguos por la Real Academia de la Historia, Bd. II: Partida segunda y tercera, Madrid 1807.

Las Siete Partidas del Rey Don Alfonso el Sabio. Cotejadas con varios códices antiguos por la Real Academia de la Historia, Bd. III: Partida quarta, quinta, sexta y septima, Madrid 1807.

Las Siete Partidas, Bd. 2: Medieval Government. The World of Kings and Warriors, übers. von Samuel Parsons Scott und hg. von Robert I. Burns, Philadelphia 2001.

Las Siete Partidas, Bd. 3: Medieval Law. Lawyers and Their Work, übers. von Samuel Parsons Scott und hg. von Robert I. Burns, Philadelphia 2001.

Las Siete Partidas, Bd. 4: Family, Commerce, and the Sea. The Worlds of Women and Merchants, übers. von Samuel Parsons Scott und hg. von Robert I. Burns, Philadelphia 2001.

Le Canarien. Manuscritos, transcripción y traducción, hg. von Berta Pico / Eduardo Aznar / Dolores Corbella, La Laguna 2003.

Letras Affectionem piam, de Clemente VI, para D. Pedro, rei de Aragao, Luis de Expanham, 20. November 1345 (Nr. 100), in: Monumenta Henricina I, Coimbra 1960, S. 237.

Letras Creator omnium, do papa Eugénio IV, a ordenar a todos os fiéis cristaos que, no prazo de 15 dias após o conhecimento das presentes, restitutam à liberadade os indígensas das ilhas Canárias, 17. Dezember 1434 (Nr. 52), in: Monumenta Henricina V, Coimbra 1963, S. 118–123.

Letras Dudum nostras, do papa Eugénio IV, dirigidas aos bispos de Rímini, Badajoz e Córdova, para que urjam pelo cumprimento das letras Creator omnium do mesmo papa, a ordenar a libertacao dos indígenas das Canárias, 13. Januar 1436 (Nr. 93), in: Monumenta Henricina V, Coimbra 1963, S. 184–185.

Letras Regimini gregis, do papa Eugénio IV, a proibir, sob pena de excomunhao reservada à Santa Sé, fora do artigo de morte, quese escravizemou roubem os fiéis das ilhas Canárias, 29. September 1434 (Nr. 38), in: Monumenta Henricina V, Coimbra 1963, S. 89–93.

Letras Sincere deuotionis, de Martinho V, para o sevilhano Afonso de las Casas, a confirmal a concessao, 2. Mai 1421 (Nr. 9), in: Monumenta Henricina III, Coimbra 1961, S. 16–17.

Libro de la conquista de la ysla de Gran Canaria y de las demas yslas (Ovetense), in: Canarias: Crónicas de su Conquista (Ínsulas de la Fortuna 2), hg. von Francisco Morales Padrón, 3. Aufl. Las Palmas de Gran Canaria 2008, S. 107–183.

Libro del conoscimiento de todos los reinos y tierras y señoríos que son por el mundo, escrito por un franciscano español a mediados del siglo XIV, Madrid, Imprenta de T. Fortanet 1877, hg. von Marcos Jiménez de la Espada, Barcelona 1980.

López de Ayala, Pedro, Crónica del reinado de Enrique III de Castilla, in: Crónicas de los reyes de Castilla desde Don Alfonso El Sabio, hasta los católicos Don Fernando y Doña Isabel (Biblioteca de Autores Españoles 68), Bd. 2, hg. von Cayetano Rosell, Madrid 1953, S. 160–267.

López de Gómara, Francisco, Historia de las Indias, Alicante 1999, Biblioteca Virtual Miguel de Cervantes, edición basada en la edición de Caracas, Biblioteca Ayacucho 1978: http://www.cervantesvirtual.com/nd/ark:/59851/bmcz8963 (15.04.2023).

López de Ulloa, Francisco, Historia de la Conquista de las siete Islas de Canarias, hg. von Daniel García Pulido und Jorge Sörgel de la Rosa, Santa Cruz de Tenerife u. a. 2010.

Los Triunfos Canarios de Vasco Días Tanco, hg. von A. R. Rodríguez Moñino, in: El Museo Canario 4 (1934), S. 11–35.

Luján, Pedro de, Coloquios Matrimoniales, hg. von Asunción Rallo Gruss, Biblioteca Virtual de Andalucia 2010.

Mackley, J. S., The Legend of St Brendan. A Comparative Study of the Latin and Anglo-Norman Versions, Leiden u. a. 2008.

Mariana, Juan de, Historia general de España, in: Cuatrocientos años de Crónicas de las Islas Canarias, hg. von Alberto Quartapelle, Santa Cruz de Tenerife 2015, S. 319–321.

Marín de Cubas, Tomás, Conquista de las siete yslas de Canaria (1687), hg. von Antonio M. López Alonso, Santa Cruz de Tenerife 2021.

Martínez de la Puente, José, Epítome de la Crónica de Juan II, hg. von Maximiano Trapero / Manuel Lobo Cabrera, Un capítulo o desconocido de la historiografía de Canarias: El »Epítome de la crónica de Juan II« de J. Martínez de la Puente (1678), in: Coloquio de Historia Canario-Americana 10, Bd. 2 (1994), S. 906–918.

Mata Carriazo, Juan de, El capítulo de Canarias en la »Crónica de Juan II« (Versión original, inédita, de Alvar García de Santa María), in: Revista de Historia 1946 (73), S. 6–8.

Medina, Pedro de, Grandeza y cosas notables de España, in: Cuatrocientos años de Crónicas de las Islas Canarias, hg. von Alberto Quartapelle, Santa Cruz de Tenerife 2015, S. 197–200.

Montesdeoca Medina, José Manuel, Los islarios de la época del humanismo: el de insulis de Domenico Silvestri. Edición y traducción, Universidad de La Laguna 2004.

Morales, Ambrosio de, Los cinco libros postreros de la Crónica General de España, in: Cuatrocientos años de Crónicas de las Islas Canarias, hg. von Alberto Quartapelle, Santa Cruz de Tenerife 2015, S. 270.

Munster, Sebastian, Cosmographia Universalis, in: Cuatrocientos años de Crónicas de las Islas Canarias, hg. und übers. von Alberto Quartapelle, Santa Cruz de Tenerife 2015, S. 205.

Münzer, Hieronymus, Itinerarium Hispanicum, in: Der Reisebericht des Hieronymus Münzer. Ein Nürnberger Arzt auf der »Suche nach der Wahrheit« in Westeuropa (1494/1495), hg. und übers. von Klaus Herbers, Tübingen 2020.

Nichols, Thomas, A pleasant description of the fortunate Ilandes, called the Ilands of Canaria, with their straunge fruits and commodities, in: Thomas Nichols. Mercader de azúcar, hispanista y hereje. Con la edición y traducción de su Descripción de las Islas Afortunadas (Monografías Sección I: Ciencias Históricas y Geográficas XIX), hg. von Alejandro Cioranescu, La Laguna de Tenerife 1963, S. 93–130.

Otra igual que esta última a Juana, Reina de Nápoles, in: José Zunzunegui, Los orígenes de las misiones en las Islas Canarias, in: Revista Española de Teología 1 (1940), S. 391.

Palacios Rubios, Juan López de, De las islas del mar océano (Libellus de insulis oceanis), hg. von Paulino Castañeda Delgado / José Carlos Martín de la Hoz / Eduardo Fernández, Pamplona 2013.

Palencia, Alonso de, Descriptions of the same Raid and of the events leading to it, in: Europeans in West Africa, 1450–1560. Documents to illustrate the nature and scope of Portuguese enterprise in West Africa, the abortive attempt of Castilians to create an empire there, and the early English voyages to Barbary and Guinea, hg. von John William Blake, Nendeln u. a. Nachdruck 1967, S. 213–217.

Papst Innozenz IV. über die Rechtsstellung von Ungläubigen, in: Fontes Historiae Iuris Gentium, Bd. 1: 1380 v. Chr.–1493, hg. von Wilhelm G. Grewe, Berlin u. a. 1995, S. 348–350.

Parecer de António de Rosellis, jurista bolonhés e advogado consistorial, sobre a guerraue certo rei católigico, nao reconhecendo superior, in: Monumenta Henricina V (1434–1436), Coimbra 1963, Nr. 141, S. 320–343.

Parecer do jurista bolonhés António Minucci da Pratovecchio aconsulta que lhe fora enderecada sobra a legitimidade da guerra os infiéis, in: Monumenta Henricina V (1434–1436), Coimbra 1963, Nr. 140, S. 285–320.

Pérez de Guzmán, Fernán, Crónica del Señor Rey Don Juan segundo de este nombre en Castilla y en León, in: Crónicas de los reyes de Castilla desde Don Alfonso El Sabio, hasta los católicos Don Fernando y Doña Isabel (Biblioteca de Autores Españoles 68), Bd. 2, hg. von Cayetano Rosell, Madrid 1953, S. 277–715.

Pérez de Torres, Simón, Discurso de mi viage, in: Cuatrocientos años de Crónicas de las Islas Canarias, hg. und übers. von Alberto Quartapelle, Santa Cruz de Tenerife 2015, S. 284.

Pesquisa de Cabitos, hg. von Eduardo Aznar Vallejo, Las Palmas de Gran Canaria 1990.

Petrarca, Francesco, De Vita solitaria, liber primus (secundus), hg. von Joannes Le Preux, [Bern oder Genf] 1600, https://doi.org/10.3931/e-rara-921 (15.04.2023).

Petrarca, Francesco, De Vita solitaria. Buch I: kritische Textausgabe und ideengeschichtlicher Kommentar, hg. von Karl A. E. Enenkel, Leiden 1990.

Petrisol (Farissol), Habraham, Itinera Mundi, in: Cuatrocientos años de Crónicas de las Islas Canarias, hg. von Alberto Quartapelle, Santa Cruz de Tenerife 2015, S. 165.

Pina, Ruy de, Chronica d'el-Rei D. Duarte (Bibliotheca de Classicos Portuguezes), Lissabon 1901.

Pleito Homeanje de Juan de Bethencourt, in: Pesquisa de Cabitos, hg. von Eduardo Aznar Vallejo, Las Palmas de Gran Canaria 1990, S. 73–74.

Plinius Secundus d. Ä., C., Naturkunde Lateinisch-deutsch Buch VI. Geographie: Asien, hg. und übers. von Kai Brodersen, Zürich u. a. 1996.

Poder otorgado por Don Fernando Guanarteme y otros, en 1514, para solicitar de la Reina y del Rey, su padre, no se les haga ir a guerras fuera de las islas, in: Pedro Gómez Escudero, Relación de la Conquista de la Gran Canaria. Las Relaciones de Gáldar [1484–1500], hg. von Francisco Osorio Acevedo, Santa Cruz de Tenerife 2009, S. 213–217.

Privilegio de labrar moneda a favor de Bethencourt, in: Pesquisa de Cabitos, hg. von Eduardo Aznar Vallejo, Las Palmas de Gran Canaria 1990, S. 75–76.

Provisión de los Reyes Católicos, gestionada por don Fernando Guanarteme, sobre el buen tratamiento de los aborígenes de la isla de Gan Canaria desterrados en Sevilla, in: Antonio Rumeu de Armas, La política indigenista de Isabel La Católica (Documentos 2), Valladolid 1969, S. 231.

Pulgar, Fernando del, Crónica de los Señores Reyes Católicos Don Fernando y Doña Isabel de Castilla y de Aragón, in: Crónicas de los reyes de Castilla desde Don Alfonso El Sabio, hasta los católicos Don Fernando y Doña Isabel (Biblioteca de Autores Españoles 70), Bd. 3, hg. von Cayetano Rosell, Madrid 1953, S. 363–512.

Quartapelle, Alberto, Cuatrocientos años de Crónicas de las Islas Canarias, Santa Cruz de Tenerife 2015.

Reformación del repartimiento de Tenerife en 1506 (Fontes rerum Canarium VI), Santa Cruz de Tenerife 1953.

Reginam et regem Franciae, Humbertum Dalphinum Viennensem, regem et reginam Siciliae rogat ut Ludovicum de Ispania, principem insularum Fortunae adjuvare velint (Nr. 1348), 23. Dezember 1344, in: Clément VI (1342–1352). Lettres closes, patentes et curiales. Publiées ou analysées d'après les registres du Vatican, Bd. 1, hg. von Eugène Déprez, Paris 1925, S. 334.

Remite otro ejemplar de la misma carta a la Reina de Francia (23. Dic. 1344), in: José Zunzunegui, Los orígenes de las misiones en las Islas Canarias, in: Revista Española de Teología 1 (1940), S. 390.

Rosa Olivera, Leopoldo de la, Dos cédulas reales sobre don Fernando de Guanarteme, in: Revista de Historia canaria 169 (1971–1972), S. 139–140.

Rumeu de Armas, Antonio, España en el África Atlántica, Bd. II: Documentos, Madrid 1957.

Salvo-conduto Deuotionis tue, passado pelo papa Eugénio IV ao nativo cristao Pedro Chymboyo, da ilha de Gomeira, 29. September 1434 (Nr. 37), in: Monumenta Henricina V, Coimbra 1963, S. 87–89.

Sanuto, Livio, Geografia, in: Cuatrocientos años de Crónicas de las Islas Canarias, hg. von Alberto Quartapelle, Santa Cruz de Tenerife 2015, S. 294.

Sedeño, Antonio, Conquista de la isla de Gran Canaria. Las Relaciones de Gáldar [1484–1500], hg. von Francisco Osorio Acevedo, Santa Cruz de Tenerife 2009.

Sedeño, Antonio, Naturalesa y costumbres particulares según otros Autores, in: Canarias: Crónicas de su Conquista (Ínsulas de la Fortuna 2), hg. von Francisco Morales Padrón, 3. Aufl. Las Palmas de Gran Canaria 2008, S. 378–381.

Sepúlveda, Juan Ginés de, Democrates secundus, sive de iustis belli causis, in: Obras completas III, hg. von Coroleu A. Lletget, Pozoblanco 1997, S. 39–134.

Sieben Arten des Krieges bei Hostiensis, in: Fontes Historiae Iuris Gentium, Bd. 1: 1380 v. Chr.–1493 hg. von Wilhelm G. Grewe, Berlin u. a. 1995, S. 572.

Silvestri, Domenico, De insulis et earum proprietatibus, in: José Manuel Montesdeoca Medina, Las Islas Canarias en los Islarios (I), in: Fortvnatae 18 (2007), S. 109–116.

Soto, Domingo de, Aquí se contiene una disputa o controversia …, in: Fray Bartolomé de Las Casas. Obras completas 10. Tradados de 1552, hg. von Ramón Hernández / Lorenzo Galmés, Madrid 1992, S. 102–193.

Súplica de D. Joao II, rei de Castela e de Leáo, ao papa Martinho V, a rogar-lhe confrima ao nobre Afonso de las Casas da conquista das ilhas livres de Gra Canária, Tenerife, La Gomera e Las Palmas, 2. Mai 1421 (Nr. 8), in: Monumenta Henricina III, Coimbra 1961, S. 14–16.

Súplica dirigida pelos embaicxadores de el-rei D. Duarte ao papa Eugénio IV, August 1436 (Nr. 129), in: Monumenta Henricina V, Coimbra 1963, S. 256.

Testamento de Don Fernando de Guanartheme, último Rey de esta Isla de la Gran Canaria, in: Pedro Gómez Escudero, Relación de la Conquista de la Gran Canaria. Las Relaciones de Gáldar [1484–1500], hg. von Francisco Osorio Acevedo, Santa Cruz de Tenerife 2009, S. 197–198.

The Voyages of Alvise Cadamosto and Pedro de Sintra, in: The Voyages of Cadamosto and Other Documents on Western Africa in the Second Half of the Fifteenth Century, hg. von G. R. Crone, 7. Aufl. online 2017, https://doi.org/10.4324/9781315551562 (15.04.2023).

Thomas von Aquin über den Krieg, in: Fontes Historiae Iuris Gentium, Bd. 1: 1380 v. Chr.–1493, hg. von Wilhelm G. Grewe, Berlin u. a. 1995, S. 561–562.

Torriani, Leonardo, Descripción e historia del reino de las Islas Canarias antes Afortunadas, con el parecer de su fortificaciones, aus dem Italienischen übers. und hg. von Alejandro Cioranescu, Santa Cruz de Tenerife 1959.

Torriani, Leonardo, Die Kanarischen Inseln und ihre Urbewohner. Eine unbekannte Bilderhandschrift vom Jahre 1590. Im italienischen Urtext und in deutscher Übersetzung sowie mit völkerkundlichen, historisch-geographischen, sprachlichen und archäologischen Beiträgen (Quellen und Forschungen zur Geschichte der Geographie und Völkerkunde 6), hg. von Dominik Josef Wölfel, Leipzig 1940.

Treaty Between Spain and Portugal, Concluded at Alcáçovas, September 4, 1479, in: European Treaties Bearing the History of the United States to 1648, Washington DC 1917, hg. von Frances Gardiner Davenport, übers. von J. A. Robertson, online zugänglich: Yale Law School. The Avalon Project. Document in Law, History and Diplomacy, https://avalon.law.yale.edu/15th_century/sppo01.asp#1 (15.04.2023).

Valera, Mosén Diego de, Crónica de los Reyes Católicos, hg. von Juan de M. Carriazo, in: Canarias: Crónicas de su Conquista (Ínsulas de la Fortuna 2), hg. von Francisco Morales Padrón, 3. Aufl. Las Palmas de Gran Canaria 2008, S. 497–504.

Verfügung über die Insel Lipari durch Urban II. in der Bulle »Cum universae insulae«, in: Fontes Historiae Iuris Gentium, Bd. 1: 1380 v. Chr.–1493, hg. von Wilhelm G. Grewe, Berlin u. a. 1995, S. 617–619.

Verlinden, Charles / Schmitt, Eberhard (Hg.), Die mittelalterlichen Ursprünge der europäischen Expansion (Dokumente zur Geschichte der europäischen Expansion 1), München 1986.

Viana, Antonio de, La Conquista de Tenerife I, hg. von Alejandro Cioranescu, Santa Cruz de Tenerife 1968.

Viana, Antonio de, La Conquista de Tenerife II, hg. von Alejandro Cioranescu, Santa Cruz de Tenerife 1971.

Vitoria, Francisco de, De eo, ad quod tenetur homo, cum primum venit ad usum rationis, in: Vorlesungen II (Relectiones). Völkerrecht, Politik, Kirche (Theologie und Frieden 8), hg. von Ulrich Horst / Heinz-Gerhard Justenhoven / Joachim Stüben, Stuttgart u. a. 1997, S. 92–187.

Vitoria, Francisco de, De Indis, in: Vorlesungen II (Relectiones). Völkerrecht, Politik, Kirche (Theologie und Frieden 8), hg. von Ulrich Horst / Heinz-Gerhard Justenhoven / Joachim Stüben, Stuttgart u. a. 1997, S. 370–541.

Vitoria, Francisco de, De potestate civili, in: Vorlesungen I (Relectiones). Völkerrecht, Politik, Kirche (Theologie und Frieden 7), hg. von Ulrich Horst / Heinz-Gerhard Justenhoven / Joachim Stüben, Stuttgart u. a. 1995, S. 114–161.

Vitoria, Francisco de, Relectiones Theologicae XII (2018 [1557]), in: The School of Salamanca. A Digital Collection of Sources, https://www.salamanca.school/de/workDetails.html?wid=W0013 (15.04.2023).

Walsingham, Thomas, Historia Anglicana, Bd. 1 (A. D. 1272–1381), London Repr. 1965.

Zurara, Gomes Eanes de, La Crónica de Guinea, in: La *Crónica de Guinea*. Un modelo de etnografía comparada, hg. und übers. von Eduardo Aznar / Dolores Corbella / Antonio Tejera, Barcelona 2012.

Zurita, Jerónimo, Anales de Aragón, hg. von Ángel Canellas López, Bd. 4 und Bd. 8, Edición electrónica de José Javier Iso (coord.) / María Isabel Yagüe / Pilar Rivero, Zaragoza 2003, http://ifc.dpz.es/publicaciones/ebooks/id/2448 (15.04.2023).

Literatur

Abril-Castelló, Vidal, La bipolarización Sepúlveda-Las Casas y sus consequencias. La revolución de la duodecima replica, in: Consejo Superior de Investigaciones Científicas (Hg.), Francisco de Vitoria y la Escuela de Salamanca. La ética en la conquista de America (Corpus Hispanorum de Pace XXV), Madrid 1984, S. 229–290.

Abulafia, David, Neolithic meets Medieval: First Encounters in the Canary Islands, in: Joan-Pau Rubiés (Hg.), Medieval Ethnographies. European Perceptions of the World Beyond (The Expansion of Latin Europe 1000–1500 9), Cornwall 2009, S. 291–314.

Abulafia, David, The Boundless Sea. A Human History of the Oceans, London 2019.

Abulafia, David, The Discovery of Mankind. Atlantic Encounters in the Age of Columbus, New Haven 2008.

Abun-Nasr, Jamil M., A History of the Maghrib in the Islamic Period, Cambridge 1987.

Adler, Emanuel, World Ordering. A Social Theory of Cognitive Evolution, Cambridge 2019.

Alfaro Hardisson, Emilio, Los moriscos de Tenerife en el siglo XVI: el caso de los adalides, in: Coloquio de Historia Canario-Americana XIII (2000), S. 2287–2299.

Alonso, B., Art. »Cartagena, Alfonso de«, in: Diccionario de Historia Eclesiastica de España, Bd. I: A–C, hg. von Quintín Aldea Vaquero / Tomás Marin Martínez / José Vives Gatell, Madrid 1972, S. 366–367.

Alonso Morales, Enrique C., Jean Le Verrier, el santo coadjutor notas para una posible biografía del capellán de Béthencourt, in: Anuario de Estudios Atlánticos 69 (2023), S. 1–19.

Althoff, Gerd, Belehnung und symbolische Dienste, in: Enzyklopädie des Mittelalters 1, hg. von Gert Melville / Martial Staub, 3. Aufl. Darmstadt 2017, S. 252–253.

Althoff, Gerd, Die Macht der Rituale. Symbolik und Herrschaft im Mittelalter, Darmstadt 2012.

Althoff, Gerd, Friendship and political order, in: Julian Haseldine (Hg.), Friendship in Medieval Europe, Stroud 1999, S. 91–105.

Althoff, Gerd, Spielregeln der Politik im Mittelalter. Kommunikation in Frieden und Fehde, 2. Aufl. Darmstadt 2014.

Althoff, Gerd, Verwandte, Freunde und Getreue. Zum politischen Stellenwert der Gruppenbindungen im früheren Mittelalter, Darmstadt 1990.

Althoff, Gerd, Zur Bedeutung symbolischer Kommunikation für das Verständnis des Mittelalters, in: Frühmittelalterliche Studien 31,1 (1997), S. 374–383.

Altwicker, Tilmann / Oliver Diggelmann, How is Progress Constructed in International Legal Scholarship?, in: European Journal of International Law 25,2 (2014), S. 425–444.

Alvar Nuño, Guillermo, Estudio, edición crítica y traducción de la »Compendiosa historia Hispánica« de Rodrigo Sánchez de Arévalo, Madrid 2017.

Álvarez, Beatriz Mirta / Marcela Alejandra Suárez, En torno a Captivi: captivitas, postliminium y redempio ab hostibus, in: Revista General de Derecho Romano 12 (2009), S. 1–13.

Álvarez Delgado, Juan, Alonso de Palencia (1423–1492) y la historia de Canarias, in: Anuario de Estudios Atlánticos 9 (1963), S. 51–79.

Álvarez Delgado, Juan, El Episodio de Iballa, in: Anuario de Estudios Atlánticos 5 (1959), S. 255–374.

Álvarez Delgado, Juan, La División de la isla de Tenerife en nueve reinos. Primera parte: Las sorpresas y los enigmas del tema. Los nueve reinos Guanches de Tenerife, in: Anuario de Estudios Atlánticos 31 (1985), S. 61–132.

Álvarez Palenzuela, Vicente Ángel, Relations between Portugal and Castile in the Late Middle Ages – 13th–16th centuries, in: e-JPH 1,1 (2003), S. 3–18.

Alzola González, José Miguel, Breve historia de las Islas Canarias, Las Palmas 1991.

Amorosa, Paolo, Rewriting the History of the Law of Nations. How James Brown Scott Made Francisco de Vitoria the Founder of International Law, Oxford 2019.

Analyse et traitement informatique de la langue française. Dictionnaire du Moyen Français (1330–1500), http://zeus.atilf.fr/dmf/ (15.04.2023).

Anaya Hernández, Luis Alberto, Creación y primeros años del Tribunal del Santo Oficio de la Inquisición de las Islas Canarias, in: Coloquio de Historia Canario-Americana XVI (2004), S. 2018–2031.

Angenendt, Arnold, Toleranz und Gewalt. Das Christentum zwischen Bibel und Schwert, 5. Aufl. Münster 2012.

Angenendt, Arnold, Verschriftlichte Mündlichkeit – vermündlichte Schriftlichkeit. Der Prozess des Mittelalters, in: Heinz Duchhardt / Gert Melville (Hg.), Im Spannungsfeld von Recht und Ritual. Soziale Kommunikation in Mittelalter und Früher Neuzeit (Norm und Struktur 7), Köln u. a. 1997, S. 3–25.

Anghie, Antony, Imperialism, Sovereignty, and the Making of International Law, Cambridge 2005.

Anghie, Anthony, Welcoming the TWAIL Review, in: TWAIL Review 1 (2020), S. 1–6.

Aparisi y García, José, Art. »Leonardo Turriano«, in: ders. (Hg.), Biografía de ingenieros que existieron en España en el siglo XVI, Madrid 1851, S. 82–87.

Armenteros Lizana, Concepción, García de Santa María, Alfonso, in: Real Academia de la Historia, https://dbe.rah.es/biografias/10943/alfonso-garcia-de-santa-maria (15.04.2023).

Art. »Glas, George (1725–1765)«, in: Dictionary of National Biography, Bd. XXI, hg. von Leslie Stephen, New York 1890, S. 415–417.

Artiles, Joaquin / Ignacio Quintana, Historia de la Literatura Canaria, Las Palmas 1978.

Aznar Vallejo, Eduardo, Conquistar y colonizar en las *regiones meridionales*, in: ders. / Dolores Corbelle / Berta Pico / Antonio Tejera (Hg.), Le Canarien. Retrato de dos mundos. II. Contextos (Fontes Rerum Canarium XLII), La Laguna 2006, S. 63–90.

Aznar Vallejo, Eduardo, Estudio, in: ders. (Hg.), Pesquisa de Cabitos, Las Palmas de Gran Canaria 1990, S. 15–48.

Aznar Vallejo, Eduardo, Evangelización y organización eclesiástica en Canarias (siglos XIV–XVI), Santa Cruz de Tenerife 2007.

Aznar Vallejo, Eduardo, Identidad y alteridad en los procesos de expansión ultramarina. El ejemplo de Le Canarien, in: Cuadernos del CEMyR 10 (2002), S. 169–183.

Aznar Vallejo, Eduardo, La conquista en primera persona. Las fuentes judiciales, in: Coloquio de Historia Canario-Americana XII, Las Palmas de Gran Canaria 1998, S. 364–393.

Aznar Vallejo, Eduardo, La integración de las Islas Canarias en la Corona de Castilla (1478–1526), 2. Aufl. Las Palmas de Gran Canaria 1992.

Aznar Vallejo, Eduardo, Los inicios de la bula de cruzada en Canarias, in: REDC 44 (1987), S. 205–219.

Aznar Vallejo, Eduardo, Nuevas fronteras y viejas miradas. La apertura del Atlántico en los relatos de viajes, in: Vegueta 18 (2018), S. 31–54.

Aznar Vallejo, Eduardo, Organización económica de las Islas Canarias después de la Conquista, 1478–1525, Las Palmas de Gran Canaria 1979.

Aznar, Eduardo / Dolores Corbella / Berta Pico, Introducción, in: dies. (Hg.), Le Canarien. Manuscritos, Transcripción y Traducción, La Laguna 2006, S. XV–XVIII.

Aznar, Eduardo / Dolores Corbella / Antonio Tejera, Introducción, in: dies. (Hg.), La *Crónica de Guinea.* Un modelo de etnografía comparada (Biblioteca de estudios africanos 22), Barcelona 2012, S. 15–102.

Bain, William, Saving the innocent, then and now: Vitoria, dominion and world order, in: History of Political Thought 34,4 (2013), S. 588–613.

Baltrusch, Ernst / Julia Wilker (Hg.), Amici – socii – clientes? Abhängige Herrschaft im Imperium Romanum (Berlin Studies of the Ancient Word 31), Berlin 2015.

Bańczyk, Wojciech, The Right of Infidels to Protect Their Goods from the Perspective of the 15th Century Polish School of *Ius gentium*, in: Ethical Perspectives 24,1 (2017), S. 39–58.

Barney, Stephen A. / W. J. Lewis / J. A. Beach / Oliver Berghof, Introduction, in: dies. (Hg.), Isidore of Seville: The Etymologies of Isidore of Seville, Cambridge 2006, S. 3–28.

Barrios García, José, Abreu Galindo: Una revisión necesaria con la transcripción de los fragmentos relativos a Lanzarote y Fuerteventura en un extracto inédito de finales del siglo XVII, in: Jornadas de estudios sobre Lanzarote y Fuerteventura IV (1995), S. 113–137.

Barrios García, José, La trasmisión textual de la crónica de la conquista de Gran Canaria atribuida a Antonio Cedeño, in: Anuario de Estudios Atlánticos 63 (2017), S. 1–28.

Baucells Mesa, Sergio, Aculturación y etnicidad. El proceso de interacción entre guanches y europeos (siglos XIV–XVI), La Laguna 2013.

Baucells Mesa, Sergio, Las fuentes narrativas Canarias y la construcción ideológica del indígena, in: Revista Tabona 18 (2009–2010), S. 9–34.

Bauer, Thomas, Der Orient und das Mittelalter. Was den Blick verstellt, in: FAZ, 23.08.2018, https://www.faz.net/aktuell/feuilleton/debatten/warum-man-sich-vom-begriff-mittelalter-verabschieden-sollte-15750694.html (15.04.2023).

Bechmann, August, Ius Postliminii und die Lex Cornelia. Ein Beitrag zur Dogmatik des römischen Rechts, Erlangen 1872.

Becker, Hans-Jürgen, Die Stellung des kanonischen Rechts zu den Andersgläubigen: Heiden, Juden und Ketzer, in: Ludger Grenzmann / Thomas Haye / Nikolaus Henkel / Thomas Kaufmann (Hg.), Wechselseitige Wahrnehmung der Religionen im Spätmittelalter und in der Frühen Neuzeit, Bd. I: Konzeptionelle Grundfragen und Fallstudien (Heiden, Barbaren, Juden) (Abhandlungen der Akademie der Wissenschaften zu Göttingen. Neue Folge 4), Berlin u. a. 2009, S. 101–123.

Becker Lorca, Arnulf, Eurocentrism in the History of International Law, in: Bardo Fassbender / Anne Peters / Simone Peter (Hg.), The Oxford Handbook of the History of International Law, Oxford 2012, S. 1034–1057.

Becker Lorca, Arnulf, Mestizo International Law. A Global Intellectual History 1842–1933, Cambridge University Press 2014.

Belch, Stanislaus F., Paulus Vladimiri and his doctrine concerning international law and politics, Bd. 1, London u. a. 1965.

Belda Plans, Juan, Hacia una noción crítica de la »Escuela de Salamanca«, in: Scripta Theologica 31,2 (1999), S. 367–411.

Bello León, Juan Manuel / Violeta Medrano Fernández, Precisiones a la biografía del autor de la Pesquisa de Cabitos, in: Anuario de Estudios Atlánticos 56 (2010), S. 93–114.

Belmessous, Saliha, Empire by treaty. Negotiating European expansion, 1600–1900, Oxford u. a. 2015.

Belmessous, Saliha, Native Claims: Indigenous Law against Empire, 1500–1920, Oxford 2012.

Bennett, Herman L., African Kings and Black Slaves. Sovereignty and Dispossession in the Early Modern Atlantic, Philadelphia (PA) 2019.

Benton, Lauren, Made in Empire. Finding the History of International Law in Imperial Locations, in: Leiden Journal of International Law 31 (2018), S. 473–478.

Benton, Lauren / Lisa Ford, Rage for Order. The British Empire and the Origins of International Law, 1800–1850, Cambridge u. a. 2016.

Berquist Soule, Emily, From Africa to the Ocean Sea: Atlantic slavery in the Origins of the Spanish Empire, in: Atlantic Studies 2017, S. 1–24.

Bethencourt, Francisco, Racisms. From the Crusades to the Twentieth Century, Princeton u. a. 2013.

Billion, Philipp, Graphische Zeichen auf mittelalterlichen Portolankarten. Ursprünge, Produktion und Rezeption bis 1440, Marburg 2011.

Birr, Christiane, *Dominium* in the Indies. Juan López de Palacios Rubios' *Libellus de insulis oceanis quas vulgus indias appelat* (1512–1516), in: Rechtsgeschichte – Legal History Rg 26 (2018), S. 264–283.

BIRR, CHRISTIANE / WIM DECOCK, Recht und Moral in der Frühen Scholastik 1500–1750, Oldenburg 2016.

BLACKBURN, ROBIN, The Old World Background to European Colonial Slavery, in: The William and Mary Quarterly 54,1 (1997), S. 65–102.

BLAKE, JOHN WILLIAM, Europeans in West Africa, 1450–1560. Documents to illustrate the nature and scope of Portuguese enterprise in West Africa, the abortive attempt of Castilians to create an empire there, and the early English voyages to Barbary and Guinea, Bd. 1, Nendeln u. a. 1967 (Nachdruck der Originalfassung aus dem Jahr 1942).

BLUMENTHAL, DEBRA, Enemies and Familiars. Slavery and Mastery in Fifteenth-Century Valencia, Ithaca u. a. 2009.

BOCK, NILS / GEORG JOSTKLEIGREWE / BASTIAN WALTER, Politische Grenzen als Faktum und Konstrukt. Einführung, in: DIES. (Hg.), Faktum und Konstrukt. Politische Grenzziehungen im Mittelalter: Verdichtung – Symbolisierung – Reflexion, Münster 2011, S. 9–23.

BONNET Y REVERÓN, BUENAVENTURA, Don Luis de la Cerda, Príncipe de la Fortuna, in: El Museo Canario 19–20 (1958), S. 43–104.

BONNET Y REVERÓN, BUENAVENTURA, El testamento de los trece hermanos, in: Revista de Historia 055 (1941), S. 288–305.

BONNET Y REVERÓN, BUENAVENTURA, La conquista de Gran Canaria, in: Revista de Historia 100 (1952), S. 308–333.

BONNET Y REVERÓN, BUENAVENTURA, La expedición portuguesa a las Canarias en 1341, in: Revista de Historia 9 (1943), S. 112–133.

BONNET Y REVERÓN, BUENAVENTURA, La obra del Padre Fray Alonso de Espinosa, in: Revista de Historia 34 (1932), S. 33–42.

BONNET Y REVERÓN, BUENAVENTURA, Las Canarias y la conquista franco-normanda I: Juan de Béthencourt, La Laguna 1944.

BONNET Y REVERÓN, BUENAVENTURA, Los primitivos habitantes de Canarias, in: Revista de Historia 2 (1926), S. 97–04.

BORGOLTE, MICHAEL, Die Welten des Mittelalters. Globalgeschichte eines Jahrtausends, München 2022.

BORGOLTE, MICHAEL, Experten der Fremde. Gesandte in interkulturellen Beziehungen des frühen und hohen Mittelalters, in: Le Relazioni internazionali nell'alto Medioevo. Spoleto, 8–12 aprile 2010 (Settimane di studio della Fondazione Centro italiano di studi sull'alto Medioevo 58), Spoleto 2011, S. 954–992.

BORGOLTE, MICHAEL, Mittelalter in der größeren Welt. Eine europäische Kultur in globaler Perspektive, in: Historische Zeitschrift 295 (2012), S. 35–61.

BORGOLTE, MICHAEL, Über europäische und globale Geschichte des Mittelalters. Historiographie im Zeichen kognitiver Entgrenzung, in: KLAUS RIDDER / STEFFEN PATZOLD (Hg.), Die Aktualität der Vormoderne. Epochenentwürfe zwischen Alterität und Kontinuität, Berlin 2013, S. 47–65.

BORGOLTE, MICHAEL / NIKOLAS JASPERT, Maritimes Mittelalter. Zur Einführung, in: DIES. (Hg.), Maritimes Mittelalter. Meere als Kommunikationsräume, Ostfildern 2016, S. 9–34.

BOURDIEU, PIERRE, Entwurf einer Theorie der Praxis, 5. Aufl. Frankfurt am Main 2018.

BRAND-PIERACH, SANDRA, Ungläubige im Kirchenrecht. Die kanonistische Behandlung der Nichtchristen als symbolische Manifestation politischen Machtwillens, Konstanz 2004.

BRAUDE, BENJAMIN, The Sons of Noah and the Construction of Ethnie and Geographical Identities in the Medieval and Early Modern Periods, in: The William and Mary Quarterly 54,1 (1997): Constructing Race, S. 103–142.

BRAUNER, CHRISTINA, Das »globale Mittelalter« und die Gegenwart der Geschichtswissenschaft, in: traverse. Zeitschrift für Geschichte 29 (2022), Vormoderne postkolonial?, S. 41–62.

BRAUNER, CHRISTINA, Don't Let Me Be Misunderstood. Stories of Misunderstandings, Concepts and Culture and the Process of European Expansion, in: STEPHANIE WODIANKA /

Christoph Behrens (Hg.), Chaos in the Contact Zone. Unpredictability, Improvisation and the Struggle for Control in Cultural Encounters, Bielefeld 2017, S. 81–108.

Brendecke, Arndt, Von Postulaten zu Praktiken. Eine Einführung, in: Praktiken der Frühen Neuzeit. Akteure – Handlungen – Artefakte (Frühneuzeit-Impulse 3), Köln u. a. 2015, S. 13–20.

Brett, Stephen Francis, The Justification of Slavery. A Comparative Study of the Use of the Concepts of *jus* and *dominium* by Thomas Aquinas, Francisco de Vitoria and Domingo de Soto in Relationship to Slavery, Washington D. C. 1990.

Briesemeister, Dietrich, Art. »Rui de Pina, historian«, in: Lexikon des Mittelalters Online, Bd. 7, Sp. 1093, http://apps.brepolis.net/lexiema/test/Default2.aspx (15.04.2023).[1]

Brieskorn, Norbert, Art. »Henricus, de Segusio, Cardinal, ca. 1200–1271«, in: Lexikon des Mittelalters Online, Bd. 4, Sp. 2138–2139.

Brittnacher, Hans Richard, Die Insel: Idylle und Desaster, in: ders. (Hg.), München 2017, geringfügig verändertes Vorwort unter https://literaturkritik.de/die-insel-idylle-und-desaster,23343.html (15.04.2023).

Bühner, Julia, Furchtlos vor der Macht des Schicksals. Die Wiederentdeckung der »Insulae Fortunatae« im Spätmittelalter, in: Andreas Bihrer / Rike Szill (Hg.), Eroberte im Mittelalter. Umbruchssituationen erleben, bewältigen, gestalten (Europa im Mittelalter 39), Berlin u. a. 2023, S. 267–294.

Bühner, Julia, Histories Hidden in the Shadow: Vitoria and the International Ostracism of Francoist Spain, in: Journal of the History of International Law 22,2–3 (2020), S. 427–439.

Bühner, Julia, *Menceyes* und *Guanartemes*: Zur Rolle indigener Eliten bei der Eroberung des Kanarischen Archipels (1402–1496), in: Sven Jaros / Eric Böhme / Marie Ulrike Jaros / Stefan Magnussen / Wolfgang Huschner (Hg.), Monarchische Herrschaftswechsel des Spätmittelalters im Vergleich. Aushandlungen – Akteure – Ambivalenzen (Europa im Mittelalter 44), Berlin / Boston 2024, S. 375–399.

Bullón y Fernandez, Eloy, Un colaborador de los Reyes Católicos. El Doctor Palacios Rubios y sus obras, Madrid 1927.

Bunge, Kirstin, Gleichheit und Gleichmaß. Zur Rechtsphilosophie von Francisco de Vitoria (PPR 7), Stuttgart 2018.

Bunge, Kirstin, Universale Rechtsgemeinschaft und partikulare Gemeinwesen, in: Kirstin Bunge / Anselm Spindler / Andreas Wagner (Hg.), Die Normativität des Rechts bei Francisco de Vitoria (PPR II, 2), Stuttgart 2011, S. 201–228.

Bungert, Heike, Die Indianer. Geschichte der indigenen Nationen in den USA, München 2020.

Burns, Robert I., Introduction, in: ders. (Hg.), Las Siete Partidas, Bd. 4: Family, Commerce, and the Sea. The Worlds of Women and Merchants, Philadelphia (PA) 2001, S. ix–xxxi.

Burschel, Peter, Der Moment des Pigments. Wann setzte sich die Hautfarbe als Markierung hierarchisch gedachter kultureller Unterschiede durch? Albert Eckhouts brasilianische Paarbilder in Kopenhagen bezeugen den Wandel des europäischen Blicks, in: FAZ, 15. Juli 2020, Nr. 162, S. N3, https://www.faz.net/aktuell/wissen/geist-soziales/moment-des-pigments-in-der-vorgeschichte-des-rassismus-16859682.html (15.04.2023).

Burschel, Peter, On the cultural coding of skin colour in early modern contact zones, in: Stephanie Wodianka / Christoph Behrens (Hg.), Chaos in the Contact Zone. Unpredictability, Improvisation and the Struggle for Control in Cultural Encounters, Bielefeld 2017, S. 43–58.

Cabrera Pérez, José Carlos, Fuerteventura y los Majoreros (La Prehistoria de Canarias), Santa Cruz de Tenerife 1993.

1 Der Link zum Lexikon des Mittelalters Online, aus dem einige Artikel zitiert wurden, ist immer derselbe, weshalb er hier nicht wiederholt angegeben wird.

Cabrera Pérez, José Carlos, Lanzarote y los Majos (La Prehistoria de Canarias), Santa Cruz de Tenerife 1992.

Cabrera Pérez, José Carlos, Organización política de los aborígenes de Fuerteventura, in: Tebeto / Anuario del Archivo Histórico Insular de Fuerteventura (Sección Prehistoria) 2 (1989), S. 213–222.

Campagna, Norbert, Francisco de Vitoria. Leben und Werk. Zur Kompetenz der Theologie in politischen und juridischen Fragen (Einführungen Philosophie 15), Berlin 2010.

Carty, Anthony, Doctrine versus State Practice, in: Bardo Fassbender / Anne Peters / Simone Peter (Hg.), The Oxford Handbook of the History of International Law, Oxford 2012, S. 972–996.

Castañeda Delgado, Paulino, La teocracía pontifical en las controversias sobre el Nuevo Mundo, Mexiko 1996.

Castilla Urbano, Francisco, El pensamiento de Francisco de Vitoria. Filosofía política e indio americano (Pensamiento crítico, pensamiento utópico 9), Barcelona u. a. 1992.

Castilla Urbano, Francisco, Patriotismo y legitimación monárquica en el pensamiento de Alonso de Cartagena: Los escritos de Basilea, in: Revista Española de Filosofía Medieval 19 (2012), S. 139–157.

Castillo, Francisco Javier Martín, Las Canarias Orientales en George Glas, in: Tebeto 19 (2006), S. 47–106.

Cavallar, Georg, Vitoria, Grotius, Pufendorf, Wolff and Vattel: Accomplices of European Colonialism and Exploitation or True Cosmopolitans?, in: Journal of the History of International Law 10,2 (2008), S. 181–209.

Cavanna, Adriano, Art. »Bellum iustum«, in: Lexikon des Mittelalters Online, Bd. 1, Sp. 1849–1851.

Cebrián Latasa, José Antonio, Apuntes para un catálogo de autores que han tratado sobre la historia de Canarias, in: Cartas diferentes: revista canaria de patrimonio documental 3 (2007), S. 109–151.

Cebrián Latasa, José Antonio, Gonzalo Argote de Molina y su Historias de Canarias inacabada, in: Cartas diferentes. Revista canaria de patrimonio documental 4 (2008), S. 17–104.

Chamberlain, Robert S., The Concept of the *Señor Natural* as Revealed by Castilian Law and Administrative Documents, in: Hispanic American Historical Review 19,2 (1939), S. 130–137.

Christiansen, Eric, The Northern Crusades. The Baltic and the Catholic Frontier 1100–1525, London u. a. 1980.

Cioranescu, Alejandro, Alejandro de Humboldt en Tenerife (Ciencias Históricas y geográficas XV), La Laguna de Tenerife 1960.

Cioranescu, Alejandro, Colón humanista. Estudios de humanismo atlántico, Madrid 1967.

Cioranescu, Alejandro, Introducción, in: ders. (Hg.), Fray Alonso de Espinosa: Historia de nuestra Señora de Candelaria, Santa Cruz de Tenerife 1967, S. IX–XXXVII.

Cioranescu, Alejandro, Introducción, in: ders. (Hg.), Fray Juan de Abreu Galindo: Historia de la conquista de las siete Islas de Canaria, Santa Cruz de Tenerife 1977, S. V–XLIII.

Cioranescu, Alejandro, Introducción, in: ders. (Hg.), Leonardo Torriani. Descripción e historia del reino de las Islas Canarias antes Afortunadas, con el parecer de sus fortificaciones, Santa Cruz de Tenerife 1959, S. XI–XLIII.

Cioranescu, Alejandro, Thomas Nichols. Mercader de azúcar, hispanista y hereje. Con la edición y traducción de su Descripción de las Islas Afortunadas (Monografías Sección I: Ciencias Históricas y Geográficas XIX), La Laguna de Tenerife 1963.

Cioranescu, Alejandro, Una amiga de Cristóbal Colón, Doña Beatriz de Bobadilla. Confederación de Cajas de Ahorros, Santa Cruz de Tenerife 1989.

Clar Fernández, José Manuel, Pleitos por la sucesión al marquesado de Lanzarote, in: Jornadas de Estudios sobre Lanzarote y Fuerteventura XII (2008), S. 47–64.

Classen, Albrecht, Die Iberische Halbinsel aus der Sicht eines humanistischen Nürnberger Gelehrten Hieronymus Münzer: Itinerarium Hispanicum (1494–1495), in: Mitteilungen des Instituts für Österreichische Geschichtsforschung 111 (2003), S. 317–340.

Classen, Albrecht, The Medieval Chastity Belt. A Myth-Making Process (The new middle ages), New York 2007.

Clauss, Martin, Kriegsniederlagen im Mittelalter. Darstellung – Deutung – Bewältigung (Krieg der Geschichte 54), Paderborn u. a. 2010.

Clayton, Lawrence A., Bartolomé de las Casas and the Conquest of the Americas (Viewpoints / Puntos de Vista), Chicester u. a. 2011.

Coing, Helmut, Europäisches Privatrecht, Bd. I: Älteres Gemeines Recht (1500–1800), München 1985.

Colom, Francisco Sevillano, Los viajes medievales desde Mallorca a Canarias, in: Anuario de Estudios Atlánticos 18 (1972), S. 27–57.

Conze, Werner, Rasse. I. Einleitung, in: Otto Brunner / Werner Conze / Reinhard Koselleck (Hg.), Geschichtliche Grundbegriffe. Historisches Lexikon zur politisch-sozialen Sprache in Deutschland, Bd. 5: Pro–Soz, Stuttgart 1984, S. 135–136.

Corbella, Dolores, Lenguas y trujamanes en la expansión atlántica bajomedieval, in: Uno de los buenos del reino. Homenaje al Prof. Fernando D. Carmona, coordinado por Antonio Martínez Pérez / Carlos Alvar / Francisco J. Flores, San Millán de la Cogolla 2013, S. 181–192.

Cortés, Vicenta, La conquista de las Islas Canarias a través de las ventas de esclavos en Valencia, in: Anuario de Estudios Atlánticos 1 (1955), S. 470–547.

Cortés, Vicenta, La esclavitud en Valencia durante el reinado de los Reyes Católicos (1479–1516) (Publicaciones del Archivo Municipal de Valencia 1), Valencia 1964.

Crone, G. R., Introduction, in: ders. (Hg.), The Voyages of Cadamosto and Other Documents on Western Africa in the Second Half of the Fifteenth Century, 7. Aufl. online 2017, S. xi–xlii, https://doi.org/10.4324/9781315551562 (15.04.2023).

Czapliński, Władysław, A Right of Infidels to Establish Their Own State? Remarks on the Writing of Paulus Vladimiri and Francisco de Vitoria, in: Robert Uepermann-Wittzack / Evelyne Lagrange / Stefan Oeter (Hg.), Religion and International Law. Living together, Leiden u. a. 2018, S. 37–56.

Dartmann, Christoph, Politische Interaktion in der italienischen Stadtkommune (11.–14. Jahrhundert) (Mittelalter-Forschungen 36), Ostfildern 2012.

Decaluwé, Michiel / Thomas M. Izbicki / Gerald Christianson, Introduction: A Gathering of People and Ideas, in: A Companion to the Council of Basel (Brill's Companions to the Christian Tradition 74), Leiden u. a. 2016, S. 1–7.

Delgado, Juan Álvarez, Primera conquista y cristianización de La Gomera, in: Anuario de Estudios Atlánticos 6 (1960), S. 445–492.

Delgado, Mariano, Die Zustimmung des Volkes in der politischen Theorie von Francisco de Vitoria, Bartolomé de Las Casas und Francisco Suárez, in: Frank Grunert / Kurt Seelmann (Hg.), Die Ordnung der Praxis. Neue Studien zur Spanischen Spätscholastik (Frühe Neuzeit 68), Tübingen 2001, S. 157–182.

Delgado, Mariano, Einleitung. Las Casas als »Anthropologe des Glaubens«, in: ders. (Hg.), Bartolomé de Las Casas. Werkauswahl, Bd. 2: Historiographische und ethnographische Schriften, Paderborn u. a. 1995, S. 327–342.

Devereux, Andrew W., Apostasy, usurpation, and biblical genealogies: The question of sovereignty in Iberian encounters in the tropics (15th–16th centuries), in: Pedralbes 40 (2020), S. 167–184.

Devereux, Andrew W., The Other Side of Empire. Just War in the Mediterranean and the Rise of early modern Spain, Ithaca u. a. 2020.

Diccionario básico de canarismos, in: Academia Canaria de la Lengua, https://academiacanarialengua.org/diccionario (15.04.2023).

Diccionario de la lengua española. Real Academia Española, https://dle.rae.es/acuerdo?m=form (15.04.2023).
Diccionario del castellano del siglo XV en la Corona de Aragón, http://ghcl.ub.edu/diccaxv/ (15.04.2023).
Diccionario del Español Medieval, Bd. I: a–además, hg. von Bodo Müller, Heidelberg 1994.
Diccionario Histórico de la Lengua Española, Bd. I: A, hg. von der Academia Española, Madrid 1933.
Diccionario Histórico del Español de Canarias (DHECan) (Documentos para la historia lingüística de Canarias II), hg. von Cristóbal Corrales / Dolores Corbella, La Laguna 2001, auch online einsehbar unter https://apps2.rae.es/DHECan.html (15.04.2023).
Diccionario Medieval Español. Desde las Glosas Emilianenses y Silenses (s. X) hasta el siglo XV, Bd. I: A–C, hg. von Martín Alonso, Salamanca 1986.
Diccionario Medieval Español. Desde las Glosas Emilianenses y Silenses (s. X) hasta el siglo XV, Bd. II: CH–Z, hg. von Martín Alonso, Salamanca 1986.
Diggelmann, Oliver, The Periodization of The History of International Law, in: Bardo Fassbender / Anne Peters / Simone Peter (Hg.), The Oxford Handbook of the History of International Law, Oxford 2012, S. 997–1011.
Disney, Anthony R., A History of Portugal and the Portuguese Empire. From Beginnings to 1807, Bd. 2: The Portuguese Empire, Cambridge 2009.
Dorschel, Andreas, Ideengeschichte, Göttingen 2010.
Duala-M'bedy, Munasu, Xenologie. Die Wissenschaft vom Fremden und die Verdrängung der Humanität in der Anthropologie, Freiburg u. a. 1977.
Dube, Angelo / Lindelwa Mhlongo, The Forgotten Continent? A South African Perspective on the Development of African International Legal Thought, in: Raphael Schäfer / Anne Peters (Hg.), Politics and the Histories of International Law. The Quest for Knowledge and Justice, Leiden u. a. 2021, S. 270–297.
Duchhardt, Heinz, Zwischen Friedensvision und Konturierung des »modernen« Völkerrechts. Die Epoche Karls V., in: Christoph Strosetzki (Hg.), Aspectos históricos y culturales bajo Carlos V. (Studia Hispanica 9), Frankfurt am Main 2000, S. 138–145.
Dufour, Alfred, Droit international et chrétienté. Des origines espagnoles aux origines polonaises du droit international. Autour du sermon *De bellis justis* du canoniste polonais Stanislas de Scarbimierz (1360–1431), in: Pierre-Marie Dupuy / Peter Haggenmacher (Hg.), The Roots of International Law. Liber amicorum Peter Haggenmacher. Les fondements du droit international, Leiden u. a. 2014, S. 95–119.
Duque, Adriano, Kissing the Hand: Body and Ritual in the Cantar de Mío Cid, S. 23–35, https: //www.academia.edu /25518117 /_Kissing_the_Hand_Body_and_Ritual_in_the_Cantar_de_M%C3%ADo_Cid_(15.04.2023).
Duve, Thomas, Global Legal History. A Methodological Approach, in: Oxford Handbooks Online – Law 2017, S. 12–19.
Duve, Thomas, Global Legal History: Setting Europe in Perspective, in: The Oxford Handbook of European Legal History, online 2018, S. 1–29.
Duve, Thomas, Law, in: Harald E. Braun / Erik De Bom / Paolo Astorri (Hg.), A Companion to the Spanish Scholastics, Leiden u. a. 2022, S. 57–84.
Duve, Thomas, Legal History as a History of the Translation of Knowledge of Normativity, Max Planck Institute for Legal History and Legal Theory Research Paper Series 2022-16, Frankfurt am Main.
Duve, Thomas, Legal History as an Observation of Historical Regimes of Normativity, Max Planck Institute for Legal History and Legal Theory Research Paper Series 2022-17, Frankfurt am Main.
Duve, Thomas, Pragmatic Normative Literature and the Production of Normative Knowledge in the Early Modern Iberian Empires (16th–17th Centuries), in: Thomas Duve / Otto Danwerth (Hg.), Knowledge of the *Pragmatici*. Legal and Moral Theological Literature and the Formation of early modern Ibero-America, Leiden u. a. 2020, S. 1–39.

Duve, Thomas, Rechtsgeschichte als Geschichte von Normativitätswissen?, in: Rechtsgeschichte – Legal History Rg 29 (2021), S. 41–68.

Duve, Thomas, Spatial Perceptions, Juridical Practices, and Early International Legal Thought around 1500. From Tordesillas to Saragossa, in: Stefan Kadelbach / Thomas Kleinlein / David Roth-Isigkeit (Hg.), System, Order, and International Law. The Early History of International Legal Thought from Machiavelli to Hegel, Oxford 2017, S. 418–442.

Duve, Thomas, The School of Salamanca. A Case of Global Knowledge Production, in: Thomas Duve / José Luis Egío / Christiane Birr (Hg.), The School of Salamanca: A Case of Global Knowledge Production (Max Planck Studies in Global Legal History of the Iberian Worlds 2), Leiden u. a. 2021, S. 1–42.

Duve, Thomas, What is global legal history?, in: Comparative Legal History 8,2 (2020), S. 73–115.

Duve, Thomas / Matthias Lutz-Bachmann / Christiane Birr / Andreas Niederberger, The School of Salamanca: A Digital Collection of Sources and a Dictionary of its Juridical-Political Language. The Basic Objectives and Structure of a Research Project, in: The Salamanca Working Paper Series 2014, S. 1–29.

Eberl, Oliver, Naturzustand und Barbarei. Begründung und Kritik staatlicher Ordnung im Zeichen des Kolonialismus, Hamburg 2021.

Eff-Darwich Peña, Ángel Ignacio, Bibliotheca de autores que han escrito de Canarias. Una bibliografía canaria del siglo XVIII, in: Anuario de Estudios Atlánticos 55 (2009), S. 390–481.

Eff-Darwich Peña, Ángel Ignacio, Dos apuntes sobre las endechas a la muerte de Guillén Peraza, in: Coloquio de Historia Canario-Americana XXI (2014), S. 1–17.

Eggensperger, Thomas, Der Einfluss des Thomas von Aquin auf das politische Denken des Bartolomé de Las Casas im Traktat »De imperatoria vel regia potestate«. Eine theologisch-politische Theorie zwischen Mittelalter und Neuzeit (Philosophie 42), Freiburg (Schweiz) 2000.

Eggensperger, Thomas, Einleitung: Die encomienda – Dreh- und Angelpunkt der Kritik des Las Casas an der Kolonisierung Westindiens, in: Mariano Delgado (Hg.), Bartolomé de las Casas. Werkauswahl, Bd. 3,2: Sozialethische und staatsrechtliche Schriften, Paderborn u. a. 1997, S. 76–81.

Egío, José Luis, Siete propuestas para la renovación historiográfica de la Escuela de Salamanca y la revisión de su concepto: Maestros transfertados, teología sacramental y géneros pragmáticos, in: Simona Langella / Rafael Ramis Barceló (Hg.), ¿Qué es la Escuela de Salamanca?, Madrid 2021, S. 273–307.

Egío, José Luis / Christiane Birr, Alonso de Cartagena y Juan López de Palacios Rubios. Dilemas suscitados por las primeras conquistas atlánticas en dos juristas Salmantinos (1436–1512), in: Azafea 20 (2018), S. 9–36.

Egío, José Luis / Christiane Birr, Before Vitoria: Expansion into Heathen, Empty, or Disputed Lands in Late-Medieval Salamanca Writings and Early 16th-Century Juridical Treatises, in: Jörg Tellkamp (Hg.), A Companion to Early Modern Spanish Imperial Political and Social Thought (Brill's Companions to European History), Leiden u. a. 2020, S. 53–77.

Eickels, Klaus van, Freundschaft im (spät)mittelalterlichen Europa: Traditionen, Befunde und Perspektiven, in: Klaus Oschema (Hg.), Freundschaft oder »amitié«? Ein politisch-soziales Konzept der Vormoderne im zwischensprachlichen Vergleich (15.–17. Jahrhundert) (Zeitschrift für Historische Forschung Beiheft 40), Berlin 2007, S. 23–34.

Elias, Taslim Olawale, Africa and the Development of International Law, Leiden 1971.

Engerman, Stanley, Slavery without Racism, Racism without Slavery, in: Journal of Global Slavery 5 (2020), S. 322–356.

Epp, Verena, Amicitia. Zur Geschichte personaler, sozialer, politischer und geistlicher Beziehungen im Frühen Mittelalter, Stuttgart 1999.

Espinosa López, Antonio, Granada, Canarias, América. El uso de prácticas aterrorizantes en la praxis de tres conquistas, 1782–1577, in: Historia 45,2 (2012), S. 369–398.

Estal Sánchez, Héctor del, Rez. von: Cirilo Flórez Miguel / Maximiliano Hernández Marcos / Roberto Albares Albares (Hg.), La Primera Escuela de Salamanca (1406–1516), Universidad de Salamanca 2012«, in: Revista española de filosofía medieval 20 (2013), S. 237–239.

Fajardo Spínola, Francisco, Las víctimas del Santo Oficio. Tres siglos de actividad de la Inquisición de Canaria, Las Palmas de Gran Canaria 2003.

Farrujia de la Rosa, A. José, En busca del pasado guanche. Historia de la Arqueología en Canarias (1868–1968), Santa Cruz de Tenerife 2010.

Farrujia de la Rosa, A. José, The Canary Islands under Franco's dictatorship: Archaeology, national unity, and African aspirations, in: Journal of Iberian Archeology 5 (2003), S. 209–222.

Farrujia de la Rosa, A. José, Neighbouring lands … neighbouring cultures? The North African (Amazigh) roots of the Canary Islands, in: Expression 14 (2016), S. 31–37.

Farrujia de la Rosa, A. José / Carmen del Arco Aguilar, La arqueología en canarias durante el régimen franquista: el tema del primitivo poblamiento de las islas como paradigma (1939–1969), in: Trabajados de Prehistoria 61 (2004), S. 7–22.

Farrujia de la Rosa, A. José / Werner Pichler / Alain Rodrigue, The colonization of the Canary Islands and the Libyco-Berber and Latino-Canarian scripts, in: Sahara 20 (2009), S. 83–100.

Fassbender, Bardo / Anne Peters, Prospects and Limits of a Global History of International Law: A Brief Rejoinder, in: European Journal of International Law 25,1 (2014), S. 337–341.

Fauvelle, François-Xavier, Das Goldene Rhinozeros. Afrika im Mittelalter, München 2017.

»Felix Hemmerli Malleolus«, in: Repertorium Academicum Germanicum (RAG), https://rag-online.org/datenbank/abfrage.p/datenbank/abfrage (15.04.2023).

Fernández Gallardo, Luis, Alonso de Cartagena (1385–1456). Una biografía política en la Castilla del siglo XV, Junta de Castilla y León 2002.

Fernández Gallardo, Luis, Alonso de Cartagena. Iglesia, política y cultura en la Castilla del siglo XV, tesis doctoral, Madrid 1998, http://biblioteca.ucm.es/tesis/19972000/H/0/H0041301.pdf (15.04.2023).

Fernández Gallardo, Luis, Las políticas de Alonso de Cartagena, in: Res publica 18 (2007), S. 413–426.

Fernández Gallardo, Luis, Los godos en la memoria histórica castellana del medievo, in: AnTard 23 (2015), S. 261–268.

Fernández González, Etelvina / Fernando Galván Freile, La ilustración de los manuscritos de *Le Canarien*, in: Eduardo Aznar / Dolores Corbelle / Berta Pico / Antonio Tejera (Hg.), Le Canarien. Retrato de dos mundos Bd. II: Contextos (Fontes Rerum Canarium XLII), La Laguna 2006, S. 179–208.

Fernández-Armesto, Felipe, Before Columbus. Exploration and Colonisation from the Mediterranean to the Atlantic 1229–1492 (University of Pennsylvania Middle Ages series), Philadelphia 1994.

Fernández-Armesto, Felipe, Las Islas Canarias después de la conquista. La creación de una sociedad colonial a principios del siglo XVI, Las Palmas de Gran Canaria 1997.

Fernández-Armesto, Felipe, The Canary Islands after the Conquest. The Making of a Colonial Society in the Early Sixteenth Century, Oxford 1982.

Fernández-Carrión, Miguel-Héctor, Art. »Bernáldez, Andrés«, in: Diccionario Biográfico electrónico de la Real Academia de la Historia, https://dbe.rah.es/biografias/8543/andres bernaldez (15.04.2023).

Fernández-Santamaria, J. A., The State, War and Peace. Spanish Political Thought in the Renaissance 1516–1559, Cambridge u. a. 1977.

Fernando Guanarteme en Calatayud, un »falso mito« sobre la Conquista de Canarias. El historiador Manuel Lobo refuta la idea generalizada de que el rey aborigen pactó la paz con la Corona en la ciudad aragonesa, 16/09/2013, https://www.abc.es/local-canarias/20130916/abci-conquista-guanarteme-calatayud-201309141605.html (15.04.2023).

Fisch, Jörg, Krieg und Frieden im Friedensvertrag. Eine universalgeschichtliche Studie über Grundlagen und Formelemente des Friedensschlusses (Sprache und Geschichte 3), Stuttgart 1979.

Fitzmaurice, Andrew, Context in the History of International Law, in: Journal of the History of International Law 20 (2018), S. 5–30.

Flórez Miguel, Cirilo / Maximiliano Hernández Marcos / Robert Albares Albares (Hg.), La primera Escuela de Salamanca (1406–1516), Universidad de Salamanca 2012.

Frederickson, George M., Racism. A Short History, with a new foreword by Albert M. Camarillo, Princeton u. a. 2002 (2015).

Fregel, Rosa / Jose Pestano / Matilde Arnay, Vicente M. Cabrera / Jose M. Larruga / Ana M. González, The maternal aborigine colonization of La Palma (Canary Islands), in: European Journal of Human Genetics 17 (2009), S. 1314–1324.

Frenschkowski, Marco, Fortunatae Insulae: Die Identifikation mythischer Inseln mit realen geographischen Gegebenheiten in der griechischen und römischen Antike, in: Nikolas Jaspert / Sebastian Kolditz / Reinhard von Bendemann / Annette Gerstenberg (Hg.), Konstruktionen mediterraner Insularitäten, Paderborn 2016, S. 43–74.

Fuhrmann, Horst, Art. »Konstantinische Schenkung«, in: Lexikon des Mittelalters Online, Bd. 5, Sp. 1386–1387.

Fünf vor acht / Denkmalstürze. Gegen die Statuen – und das ganze System. Eine Kolumne von Michael Thumann, in: Zeit online, 12. Juni 2020, https://www.zeit.de/politik/ausland/2020-06/denkmalstuerze-protesteanti-rassismus-boston -washington-5vor8?utm_referrer =https%3A%2F%2Fwww.google.com%2F (15.04.2023).

Füssel, Marian / Frank Rexroth / Inga Schürmann, Experten in vormodernen und modernen Kulturen. Zur Einführung, in: dies. (Hg.), Praktiken und Räume des Wissens. Expertenkulturen in Geschichte und Gegenwart, Göttingen 2019, S. 7–18.

Gabriel, Fernando / Martín Rodríguez, La primera imagen de Canarias. Los dibujos de Leonardo Torriani, Santa Cruz de Tenerife 1986.

Gambín García, Mariano, »En nombre del Rey«. Los primeros gobernadores de Canarias y América 1480–1526, Las Palmas de Gran Canaria 2006.

Gambín García, Mariano, Los procesos judiciales de liberación de esclavos palmeses y guanches en Sevilla (1496–1512). Nuevos Datos para su estudio, in: Coloquio de Historia Canario-Americana XXI (2014), S. 1–10.

Gambín García, Mariano, Un rey guanche en la corte de los Reyes Católicos. Tras los pasos de don Enrique Canario, el último mencey de Icod, in: Revista de Historia Canaria 185 (2003), S. 125–158.

Gandini, María Juliana, Las islas de los paganos. El humanismo y sus otros en la primera expansión atlántica (1341), in: Revista Estudios del Investigaciones Socio Históricas Regionales 8 (2014), S. 21–36.

García de Gabiola, Javier, La conquista de las Canarias: un ensayo bélico para América (1402–1501), in: Medievalia 51 (2019), S. 155–179.

García del Rosario, D. Cristóbal, Comentarios históricos sobre la obra de Boccaccio »De Canaria y de las otras islas nuevamente halladas en el océano allende España«, discurso leído en el acto de su recepción como Académico Numerario, in: Discursos Académicos 62 (2016).

García García, Alicia María, Juba II, rey de Mauritania: traducción y comentario de sus fragmentos. Tesis doctoral publicada por el Servicio de Publicaciones de la ULL 2006/2007, Disponible en línea en acceso abierto, ftp://tesis.bbtk.ull.es/ccssyhum/cs231.pdf (15.04.2023).

García-Gallo, Alfonso, El pactismo en el Reino de Castilla y su proyección en América, in: Luis Legaz y Lacambra / Jaume Sobrequés Callicó / Juan Vallet de Goytisolo / Jesús Lalinde Abadía / Alfonso García-gallo / Luis Sánchez Agesta (Hg.), El pactismo en la historia de España, Madrid 1980, S. 143–168.

García-Gallo, Alfonso, Las bulas de Alejandro VI y el ordenamiento jurídico de la expansión portuguesa y castellana en Africa y Indias, in: Anuario de Historia del Derecho Español 27–28 (1957–1958), reprinted in: García-Gallo, Alfonso, Los orígenes españoles de las instituciones americanas. Estudios de derecho indiano, Madrid 1987, S. 311–656.

García-Gallo, Alfonso, Los orígenes españoles de las instituciones americanas. Estudios de derecho indiano, Madrid 1987.

García Pulido, Daniel / Jorge Sörgel de la Rosa, Introducción, in: Historia de la conquista de las siete Islas de Canarias. Francisco López de Ulloa, Santa Cruz de Tenerife 2010, S. 1–55.

Garnier, Claudia, Amicus amicis – inimicus inimicis (Monographien zur Geschichte des Mittelalters 46), Stuttgart 2000.

Gaurier, Dominique, Histoire du droit international. De l'Antiquité à la creation de l'ONU, 2. Aufl. Rennes 2014.

Gibson, Charles, Conquest, Capitulation, and Indian Treaties, in: The American Historical Review 38,1 (1978), S. 1–15.

Gibson, Charles, Spain in America (The New American Series), New York u. a. 1966.

Gil Marín, José Carlos, Codex Canariensis. Compilación de los documentos constitutivos del hecho diferencial archipelágico, Madrid 2009.

Giménez Fernández, Manuel, Nuevas consideraciones sobre la historia, sentido y valor de las bulas alejandrinas de 1493. Referentes a las Indias, in: Anuario de Estudios Americanos 1 (1944), S. 171–429.

Goetz, Hans-Werner, Die Wahrnehmung anderer Religionen und christlich-abendländisches Selbstverständnis im frühen und hohen Mittelalter (5.–12. Jahrhundert), Bd. 1, Berlin 2013.

Goldenberg, David M., Black and Slave. The Origins and History of the Curse of Ham (Studies of the Bible and its Reception 10), Berlin u. a. 2017.

González de Reufels, Delia, Amazonen in der Neuen Welt. Der wiederentdeckte Mythos?, in: asien afrika lateinamerika 22 (1994), S. 447–460.

González Jiménez, Manuel, A propósito de Le Canarien: Relato de la primera conquista de las Islas Canarias, in: Minervae Baeticae. Boletín de la Real Academia Sevillana de Buenas Letras 42 (2014), S. 369–376.

González Rolán, Tomás / Fremiot Hernández González / Pilar Saquero Suárez-Somonte, Introducción, in: dies. (Hg.), Diplomacia y humanismo en el siglo XV. Edición crítica, traducción y notas de las Allegationes super conquesta Insularum Canariae contra portugalenses de Alfonso de Cartagena, Madrid 1994, S. 7–34.

González Zalacain, Roberto J., El mar como frontera en la época de los descubrimientos: la Baja Andalucía y Canarias, in: Vegueta. Anuario de la Facultad de Geografía e Historia 15 (2015), S. 111–132.

Goody, Jack, Die Logik der Schrift und die Organisation von Gesellschaft, übers. von Uwe Opolka, Frankfurt am Main 1990.

Grabmann, Martin, Die Disputationes metaphysicae des Franz Suarez in ihrer methodischen Eigenart und Fortwirkung, in: ders. / Karl Six (Hg.), P. Suárez S. J. Gedenkblätter zu seinem dreihundertjährigen Todestag (25. September 1617). Beiträge zur Philosophie des P. Suárez, Innsbruck 1917, S. 29–73.

Grawert, Rolf, Francisco de Vitoria. Naturrecht – Herrschaftsordnung – Völkerrecht, in: Der Staat 39,1 (2000), S. 110–125.

Green, Leslie, The Normativity of Law: What is the Problem?, https://www.uvic.ca/victoria-colloquium/assets/docs/Green_Normativity.pdf (15.04.2023).

Green, Toby, The Rise of the Trans-Atlantic Slave Trade in Western Africa, 1300–1589, Cambridge 2012.

Greenblatt, Stephen, Marvelous Possessions. The Wonder of the New World, Oxford 1991.

Grewe, Wilhelm G., Epochen der Völkerrechtsgeschichte, 2. Aufl. Baden-Baden 1984.

Grewe, Wilhelm G., Vom europäischen zum universellen Völkerrecht. Zur Frage der Revision eines »europazentrischen« Bildes der Völkerrechtsgeschichte, in: Zeitschrift für ausländisches Öffentliches Recht und Völkerrecht 42,3 (1982), S. 449–479.

Grewe, Wilhelm G., Was ist »klassisches«, was ist »modernes« Völkerrecht?, in: Alexander Böhm / Klaus Lüderssen / Karl-Heinz Ziegler (Hg.), Idee und Realität des Rechts in der Entwicklung internationaler Beziehungen. Festgabe für Wolfgang Preiser, Baden-Baden 1983, S. 111–131.

Grieser, Heike / Nicole Priesching, Einleitung, in: dies. (Hg.), Gefangenenloskauf im Mittelmeerraum. Ein interreligiöser Vergleich. Akten der Tagung vom 19. bis 21. September 2013 an der Universität Paderborn, Hildesheim u. a. 2015, S. XI–XXIV.

Groebner, Valentin, Der Schein der Person. Steckbrief, Ausweis und Kontrolle im Europa des Mittelalters, München 2004.

Groebner, Valentin, Haben Hautfarben eine Geschichte? Personenbeschreibungen und ihre Kategorien zwischen dem 13. und dem 16. Jahrhundert, in: Zeitschrift für Historische Forschung 30 (2003), S. 1–17.

Gruber, Joachim, Art. »Barbaren«, in: Lexikon des Mittelalters Online, Bd. 1, Sp. 1434–1436.

Gruzinski, Serge, Una Historia de las Indias entre África y América, in: Mélanges de la Casa de Velázquez. Conexiones imperiales en ultramar 48,2 (2018), S. 15–27.

Hafner, Felix / Adrian Loretan / Christoph Spenlé, Naturrecht und Menschenrecht. Der Beitrag der Spanischen Spätscholastik zur Entwicklung der Menschenrechte, in: Frank Grunert / Kurt Seelmann (Hg.), Die Ordnung der Praxis. Neue Studien zur Spanischen Spätscholastik (Frühe Neuzeit 68), Tübingen 2001, S. 123–154.

Hagemann, Hans-Rudolf, Art. »Eigentum«, in: Handwörterbuch zur deutschen Rechtsgeschichte (HRGdigital), hg. von Albrecht Cordes / Heiner Lück / Dieter Werkmüller / Christa Bertelsmeier-Kierst, Bd. 1, 2. Aufl. Berlin 2008, Sp. 1271–1285, https://www.hrgdigital.de/id/eigentum/stichwort.html (15.04.2023).

Halter-Pernet, Colette, Felix Hemmerli. Zürichs streitbarer Gelehrter im Spätmittelalter, Zürich 2017.

Hanke, Lewis, The »Requerimiento« and its Interpreters, in: Revista de Historia de Américas 1 (1938), S. 25–34.

Hanke, Lewis, The Spanish Struggle for Justice in the Conquest of America, Philadelphia 1949.

Hardisson y Pizarroso, Emilio, Sobre la rendición de Gran Canaria, in: Revista de Historia 085 (1949), S. 42–64.

Helmrath, Johannes, Das Basler Konzil 1431–1449. Forschungsstand und Probleme, Köln u. a. 1987.

Heng, Geraldine, Jews, Saracens, »Black Men«, Tartars: England in a World of Racial Difference, in: Peter Brown (Hg.), A Companion to Medieval English Literature and Culture, c.1350–c.1500, Oxford 2007, S. 247–269.

Heng, Geraldine, The Global Middle Ages. An Introduction, Cambridge 2021.

Herbers, Klaus, Die Eroberung der Kanarischen Inseln – Ein Modell für die spätere Expansion Portugals und Spaniens nach Afrika und Amerika?, in: Heinz Duchhardt / Jörg A. Schlumberger / Peter Segl (Hg.), Afrika. Entdeckung und Erforschung eines Kontinents (Bayreuther historische Kolloquien 3), Köln u. a. 1989, S. 51–95.

Herbers, Klaus, Geschichte Spaniens im Mittelalter. Vom Westgotenreich bis zum Ende des 15. Jahrhunderts, Stuttgart 2006.

Herbers, Klaus, Hieronymus Münzer in Westeuropa: Person, Reise, Bericht. Eine Hinführung, in: ders. (Hg.), Der Reisebericht des Hieronymus Münzer. Ein Nürnberger Arzt auf der »Suche nach der Wahrheit« in Westeuropa (1494/95), Tübingen 2020, S. 11–26.

Hering Torres, Max Sebastián, Rassismus in der Vormoderne. Die »Reinheit des Blutes« im Spanien der Frühen Neuzeit, Frankfurt am Main u. a. 2006.

Hernández-Tejero, Manuel, Aproximación histórica al origen del »ius postliminii«, in: Gerión 7 (1989), S. 53–63.

Herzig, Heinz E., Ciceros Konzept des *bellum iustum* und Augustins Überlieferung, in: Christian Hesse et al. (Hg.), Personen der Geschichte. Geschichte der Personen. Studien zur Kreuzzugs-, Sozial- und Bildungsgeschichte. Festschrift für Rainer Christoph Schwinges zum 60. Geburtstag, Basel 2003, S. 393–401.

Hespanha, António Manuel, As fronteiras do poder. O mundo dos rústicos, in: Revista Seqüência 51 (2005), S. 47–105.

Hödl, Ludwig, Art. »Heide, -ntum«, in: Lexikon des Mittelalters Online, Bd. 4, Sp. 2011–2013.

Hoffmeister, Gerhart, Petrarca, Stuttgart u. a. 1997.

Höffner, Joseph, Kolonialismus und Evangelium. Spanische Kolonialethik im Goldenen Zeitalter, 3. Aufl. Trier 1972.

Horowitz, Elliott, The New World and the Changing Face of Europe, in: The Sixteenth Century Journal 28,4 (1997), S. 1181–1201.

Huber, Vitus, Die Konquistadoren. Cortés, Pizarro und die Eroberung Amerikas, München 2019.

Hudson, Brian, The New Geography and the New Imperialism: 1870–1918, in: Antipode 9,2 (1972), S. 140–153.

Hueck, Ingo J., The Discipline of the History of International Law – New Trends and Methods on the History of International Law, in: Journal of the History of International Law 3 (2001), S. 194–217.

Isaac, Benjamin / Joseph Ziegler / Miriam Eliav-Feldon, Introduction, in: dies. (Hg.), The Origins of Racism in the West, Cambridge 2009, S. 1–31.

Jackson, Robert, Sovereignty. Evolution of an Idea, Cambridge 2007.

Jäger, Johannes M., Innozenz IV. – Juristenpapst, Machtpolitiker und Vordenker der völkerrechtlichen Souveränitätslehre (Aus Religion und Recht 23), Berlin 2021.

James, Michael / Adam Burgos, Race, in: The Stanford Encyclopedia of Philosophy, hg. von Edward N. Zalta, Summer 2020 Edition, https://plato.stanford.edu/entries/race/ (15.04.2023).

Jankrift, Kay Peter, Missverständnisse im »Haus des Krieges«. Sprachliche Defizite und kulturelles Unwissen in der interreligiösen Diplomatie bis zum Ende der ersten Mamlukenherrschaft 1517, in: Martin Espenhorst (Hg.), Unwissen und Missverständnisse im vormodernen Friedensprozess (Veröffentlichungen des Instituts für Europäische Geschichte Mainz. Abteilung für Universalgeschichte Beiheft 94), Göttingen 2013, S. 129–143.

Janssen, Dieter, Die Theorie des gerechten Krieges im Denken des Francisco de Vitoria, in: Frank Grunert / Kurt Seelmann (Hg.), Die Ordnung der Praxis. Neue Studien zur Spanischen Spätscholastik (Frühe Neuzeit 68), Tübingen 2001, S. 205–244.

Janssen, Wilhelm, Die Anfänge des modernen Völkerrechts und der neuzeitlichen Diplomatie. Ein Forschungsbericht (Teil I), in: Deutsche Vierteljahresschrift für Literaturwissenschaft und Geistesgeschichte 38,3 (1964), S. 450–485.

Jaspert, Nikolas, Die Reconquista. Christen und Muslime auf der Iberischen Halbinsel 711–1492, München 2019.

Jaspert, Nikolas, Interreligiöse Diplomatie im Mittelmeerraum. Die Krone Aragón und die islamische Welt im 13. und 14. Jahrhundert, in: Claudia Zey (Hg.), Aus der Frühzeit europäischer Diplomatie. Zum geistlichen und weltlichen Gesandtschaftswesen vom 12. bis zum 15. Jahrhundert (Geschichte Europas 940), Zürich 2008, S. 151–189.

Jaspert, Nikolas / Sebastian Kolditz, Christlich-muslimische Außenbeziehungen im Mittelmeerraum, in: Zeitschrift für Historische Forschung 41 (2014), S. 1–53.

Jaspert, Nikolas / Jenny Oesterle / Marc Von der Höh, Courts, Brokers and Brokerage in the Medieval Mediterranean, in: dies. (Hg.), Cultural Brokers at Mediterranean Courts in the Middle Ages (Mittelmeerstudien 1), Paderborn 2013, S. 9–31.

Jiménez Gómez, Maria de la Cruz, El Hierro y los Bimbaches (La Prehistoria de Canaria), Santa Cruz de Tenerife 1993.

Jiménez González, José Juan, El discreto caso de Andrés Bernáldez, »juglar de la memoria«, 27. November 2012, https://www.museosdetenerife.org/blog/relatos-etnohistoricos-el-discreto-caso-de-andres-bernaldez-juglar-de-la-memoria-por-jose-juan-jimenez-gonzalez/ (15.04.2023).

Jiménez González, José Juan, Gran Canaria y los Canarios (La prehistoria de Canarias), Las Palmas de Gran Canaria 1992.

Jiménez González, José Juan, Textos etnohistóricos de las Islas Canarias. Nuevas lecturas, in: Revista Tabona 18 (2009–2010), S. 35–62.

Jostkleigrewe, Georg, Vom Umgang mit Verträgen. Probleme diplomatischer Verbindlichkeit und ihrer Erforschung, in: ders. (Hg.), Der Bruch des Vertrages. Die Verbindlichkeit spätmittelalterlicher Diplomatie und ihre Grenzen (Zeitschrift für historische Forschung Beiheft 55), Berlin 2018, S. 9–42.

Jussen, Bernhard, Verwandtschaftssysteme, in: Enzyklopädie des Mittelalters I, hg. von Gert Melville / Martial Staub, Darmstadt 2017, S. 168–171.

Justenhoven, Heinz-Gerhard, Francisco de Vitoria zu Krieg und Frieden (Theologie und Frieden 5), Köln 1991.

Kamen, Henry, Empire. How Spain became a world power 1492–1763, London 2002.

Kaplan, Lindsay, Figuring Racism in Medieval Christianity, Oxford Scholarship Online 2018.

Karstens, Simon, Gescheiterte Kolonien – Erträumte Imperien. Eine andere Geschichte der europäischen Expansion 1492–1615, Wien u. a. 2021.

Kaufmann, Matthias, Francisco de Vitorias Beitrag zur Ablösung des ius gentium vom ius naturale, in: Kirstin Bunge / Andreas Spindler / Andreas Wagner (Hg.), Die Normativität des Rechts bei Francisco de Vitoria (PPR II,2), Stuttgart-Bad Cannstatt 2011, S. 393–410.

Kemmerer, Alexandra, Towards a Global History of International Law? Editor's Note, in: European Journal of International Law 25 (2014), S. 287–295.

Kicza, John E., Patterns of Early Spanish Overseas Expansion, in: The William and Mary Quarterly 49,2 (1992), S. 229–253.

Kintzinger, Martin, Bellum iustum – gerechter Krieg oder Recht zum Krieg?, in: Ulrich Lappenküper / Reiner Marcowitz (Hg.), Macht und Recht. Völkerrecht in den internationalen Beziehungen (Otto von Bismarck-Stiftung, Wissenschaftliche Reihe 13), Paderborn u. a. 2010, S. 3–30.

Kintzinger, Martin, Der neutrale Ort: Konstruktion einer diplomatischen Realität. Ein methodisches Experiment, in: Nils Bock / Georg Jostkleigrewe / Bastian Walter (Hg.), Faktum und Konstrukt. Politische Grenzziehungen im Mittelalter: Verdichtung – Symbolisierung – Reflexion, Münster 2011, S. 111–138.

Kintzinger, Martin, Diplomatie als Wissen und Professionalisierung. Eine Zusammenfassung, in: Stefan Jörg / Michael Jucker (Hg.), Spezialisierung und Professionalisierung. Träger und Foren städtischer Außenpolitik während des Mittelalters und der frühen Neuzeit (Trierer Beiträge zu den Historischen Kulturwissenschaften 1), Wiesbaden 2010, S. 229–239.

Kintzinger, Martin, From the Late Middle Ages to the Peace of Westphalia, in: Bardo Fassbender / Anne Peters / Simone Peter (Hg.), The Oxford Handbook of the History of International Law, Oxford 2012, S. 607–627.

Kintzinger, Martin, Geiseln und Gefangene im Mittelalter. Zur Entwicklung eines politischen Instruments, in: Andreas Gestrich / Gerhard Hirschfeld / Holger Sonnabend (Hg.), Ausweisung und Deportation. Formen der Zwangsmigration in der Geschichte (Stuttgarter Beiträge zur historischen Migrationsforschung 2), Stuttgart 1995, S. 41–59.

Kintzinger, Martin, Ignorantia diplomatica. Konstruktives Nichtwissen in der Zeit des Hundertjährigen Krieges, in: Martin Espenhorst (Hg.), Unwissen und Mißverständnisse im vormodernen Friedensprozess (Veröffentlichungen des Instituts für Europäische Geschichte Mainz. Abteilung Universalgeschichte, Beiheft 94), Göttingen 2013, S. 13–39.

Kintzinger, Martin, Kontakt und Konflikt. Herausforderungen der Diplomatie im Spätmittelalter, in: Oliver Auge / Felix Biermann / Matthias Müller / Dirk Schultze (Hg.), Bereit zum Konflikt. Strategien und Medien der Konflikterzeugung und Konfliktbewältigung im europäischen Mittelalter, Ostfildern 2008, S. 275–297.

Kintzinger, Martin, Recht und Macht? Eine Einführung, in: Michael Jucker / ders. / Rainer Christoph Schwinges (Hg.), Rechtsformen internationaler Politik. Theorie, Norm und Praxis vom 13. bis 18. Jahrhundert (Zeitschrift für Historische Forschung, Beiheft 45), Berlin 2011, S. 9–26.

Kintzinger, Martin, Rex superior. Die Internationalität der Hofkultur und die Regionalität ihrer Konfliktlösung im westeuropäischen Spätmittelalter, in: Serge Dauchy / Miloš Vec (Hg.), Les conflits entre peuples. De la résolution libre à la résolution imposée (Studien zur Geschichte des Völkerrechts 24), Baden-Baden 2011, S. 23–50.

Kintzinger, Martin, Servir deux princes. Les *familiares* étrangers au xve siècle, in: Revue du Nord 345–346 (2002), S. 453–476.

Kintzinger, Martin, Strategien des Scheiterns. Alternative Erfolge in der Diplomatie des europäischen Mittelalters, in: Regula Schmid / Klara Hübner / Heinrich Speich (Hg.), Bündnisdynamik. Träger, Ziele und Mittel politischer Bünde im Mittelalter (Geschichte: Forschung und Wissenschaft), Wien u. a. 2019, S. 145–178.

Kintzinger, Martin, Voyages et messageries. Diplomatie in Frankreich zwischen Familiarität und Funktion, in: Claudia Märtl / Claudia Zey (Hg.), Aus der Frühzeit europäischer Diplomatie. Zum geistlichen und weltlichen Gesandtschaftswesen vom 12. bis zum 15. Jahrhundert, Zürich 2008, S. 191–229.

Kintzinger, Martin, Westbindungen im spätmittelalterlichen Europa. Auswärtige Politik zwischen dem Reich, Frankreich, Burgund und England in der Regierungszeit Kaiser Sigmunds (Mittelalterforschungen 2), Stuttgart 2000.

Kinzel, Günter Georg, Die rechtliche Begründung der frühen portugiesischen Landnahmen an der westafrikanischen Küste zur Zeit Heinrichs des Seefahrers. Untersuchungen über Voraussetzungen, Vorgeschichte und Geschichte der portugiesischen Expansion in Nordafrika, Westafrika und auf den Inseln im Atlantik bis zum Jahre 1460, Göppingen 1976.

Kirmse, Stefan B., Sleepy Side Alleys, Dead Ends, and the Perpetuation of Eurocentrism, in: European Journal of International Law 25,1 (2014), S. 307–311.

Kleinschmidt, Harald, Kultur der Diplomatie. Beobachtungen zu den Bedingungen der Genese internationaler Beziehungen, in: Saeculum 65,1 (2015), S. 71–113.

Koeck, Franz Heribert / Cristina Hermida del Llano, La contribución al desarrollo de la Filosofía del Derecho por parte de la Primera Escuela de Salamanca, in: Cirilo Flórez Miguel / Maximiliano Hernández Marcos / Roberto Albares Albares (Hg.), La Primera Escuela de Salamanca (1406–1516) (Aquilafuente 183), Universidad de Salamanca 2012, S. 223–237.

Köhler, Theodor W., Gleiche Menschennatur – naturgegebene soziale Unterschiede. Die Rezeption der aristotelischen Lehre vom *physei doulos*, in: Alexander Fidora / Johannes Fried / Matthias Lutz-Bachmann / Luise Schorn-Schütte (Hg.), Politischer Aristotelismus und Religion im Mittelalter und Früher Neuzeit (Wissenskultur und Gesellschaftlicher Wandel 23), Berlin 2007, S. 47–66.

Koller, Christian, Rassismus, Paderborn 2009.

König, Daniel G., Muslim Perception(s) of »Latin Christianity«: Methodological Reflections and a Reevaluation, in: Comparativ: Zeitschrift für Globalgeschichte und vergleichende Gesellschaftsforschung 20,4 (2010), S. 18–42.

König, Daniel G./Akira Iriye/Jürgen Osterhammel/Anna Leube/Wolf Heinrich Leube/Andreas Wirthensohn/Martin Richter/Werner Roller/Christopher S. Beekman (Hg.), Geschichte der Welt 600–1350. Geteilte Welten, München 2023, S. 11–46.

Koskenniemi, Martti, Law of Nations and the »Conflict of Faculties«, in: History of the Present. Law at the Intersection of Theory and History 8 (2018), S. 4–28.

Koskenniemi, Martti, The Gentle Civilizer of Nations, Cambridge 2010.

Koskenniemi, Martti, To the Uttermost Parts of the Earth. Legal Imagination and International Power, 1300–1870, Cambridge University Press 2021.

Koskenniemi, Martti, Vitoria and Us. Thoughts on Critical Histories of International Law, in: Rechtsgeschichte – Legal History Rg 22 (2014), S. 119–138.

Koskenniemi, Martti, Why History of International Law Today?, in: Rechtsgeschichte – Legal History Rg 4 (2004), S. 61–66.

Kühnel, Harry, »... *da erstach sich mit willn selber* ...«. Zum Selbstmord im Spätmittelalter und in der frühen Neuzeit, in: Karl Hauck/Karl Kroeschell/Stefan Sonderegger/Dagmar Hüpper/Gabriele von Olberg (Hg.), Sprache und Recht. Beiträge zur Kulturgeschichte des Mittelalters. Festschrift für Ruth Schmidt-Wiegand zum 60. Geburtstag, Bd. 1, Berlin u. a. 1986, S. 474–489.

Ladero Quesada, Miguel Ángel, El gobernador Pedro de Vera en la conquista del reino de Granada, in: Anuario de Estudios Atlánticos 12 (1966), S. 105–116.

Ladero Quesada, Miguel Ángel, Jean de Béthencourt, Sevilla y Enrique III, in: Eduardo Aznar/ Dolores Corbella/Berta Pico/Antonio Tejera (Hg.), Le Canarien. Retrato de dos mundos. II. Contextos (Fontes Rerum Canarium XLII), La Laguna 2006, S. 17–50.

Ladero Quesada, Miguel Ángel, Los Señores de Canarias en su contexto sevillano (1403–1477), in: Anuario de Estudios Atlánticos 23 (1977), S. 125–164.

Ladero Quesada, Miguel Ángel, Reconquista y definiciones de frontera, in: Revista da facultad de letras 15,1 (1998), S. 655–691.

Lalinde Abadía, Jesús, Art. »Siete Partidas«, in: Lexikon des Mittelalters Online, Bd. 7, Sp. 1878–1879.

Lama, Victor de, Dos endechas canarias indígenas: Estado de la cuestión, in: Estudios de literatura 18 (1993), S. 109–122.

Lange, Hermann, Römisches Recht im Mittelalter, Bd. I: Die Glossatoren, München 1997.

Langmaier, Konstantin M., Felix Hemmerli und der Dialog über den Adel und den Bauern (De nobilitate et rusticitate dialogus). Seine Bedeutung für die Erforschung der Mentalität des Adels im 15. Jahrhundert, in: Zeitschrift für die Geschichte des Oberrheins 166 (2018), S. 21–76.

Latham, Andrew, Medieval Sovereignty, Leeds 2022.

Lawrance, Jeremy, Alfonso de Cartagena on the affair of the Canaries (1436–37): Humanist rhetoric and the idea of the nations-state in fifteenth-century Castile, in: Historians of Medieval Iberia (2013), S. 1–27.

Lawrance, Jeremy, Art. »Cartagena, Alfonso de«, in: Medieval Iberia. An Encyclopaedia, hg. von E. Michael Gerli, London u. a. 2002, S. 203–205.

Le Brun, Nathalie, Un aspect de la conquête des îles Canaries par les Européens : Les Pactes avec les Canariens (XIVème et XVème siècles), Université de Poitiers 2003 (unveröffentlichte Dissertation).

Le Goff, Jacques, Geschichte ohne Epochen? Ein Essay, Darmstadt 2016.

Lemistre, Annie, Les origines du »Requerimiento«, in: Mélanges de la Casa de Velázquez 6 (1970), S. 161–209.

Lesaffer, Randall, International Law and its history: The story of an unrequited love, in: Matthew Craven / Malgosia Fitzmaurice / Maria Vogiatzi (Hg.), Time, History and International Law (Developments in International Law 58), Leiden u. a. 2007, S. 27–41.

Lesaffer, Randall, Introduction, in: ders. (Hg.), Peace Treaties and International Law in European History. From the Late Middle Ages to World War One, Cambridge 2004, S. 1–8.

Lesaffer, Randall, Peace Treaties from Lodi to Westphalia, in: ders. (Hg.), Peace Treaties and International Law in European History. From the Late Middle Ages to World War One, Cambridge 2004, S. 9–44.

Lesaffer, Randall, The Medieval Canon Law of Contract and Early Modern Treaty Law, in: Journal of the History of International 2 (2000), S. 178–198.

Levaggi, Abelardo, Los tratados entre la Corona y los indios, y el plan de conquista pacífica, in: Revista Complutense de Historia de América 19 (1993), S. 81–91.

Lewis, Ewart, Medieval Political Ideas, Bd. 1, London 2012.

Liebsch, Katharina, Identität und Habitus, in: Hermann Korte / Bernhard Schäfers (Hg.), Einführung in die Hauptbegriffe der Soziologie, 6. Aufl. Opladen 2002, S. 79–100.

Livesey, Steven J., Art. »Alfonsus de Carthagena, Bishop of Burgos, 1384–1456«, in: International Encyclopaedia for the Middle Ages-Online. A Supplement to LexMA-Online, Turnhout 2006.

Llabrés Martorell, Pere-Joan, La inspiración Luliana de la misión mallorquina en las Canarias y la creación del obispado de Telde (1351), in: Agustín Hevia Ballina (Hg.), Memoria Ecclesiae XXVII. Geografía eclesiástica hispana y archivos de la iglesia santoral hispano-mozárabe en las diócesis de España, Oviedo 2005, S. 63–78.

Lobo Cabrera, Manuel, La conquista de Gran Canaria (1478–1483), Las Palmas de Gran Canaria 2012.

Lobo Cabrera, Manuel, Las Partidas y la esclavitud: Reminisciencias en el sistema esclavista Canario, in: Genèse de l'état moderne en mèditerranée. Aproches Historiques et anthropologique des pratiques et des représentations, École française de Rome 1993, S. 121–130.

Lobo Cabrera, Manuel, Los indígenas tras la conquista. Comportamiento y mentalidad a través de los testamentos, in: Instituto de Estudios Canarios. 50 Aniversario (1932–1982). II Humanidades, Santa Cruz de Tenerife 1982, S. 225–250.

Lobo Cabrera, Manuel, Nuevos datos sobre la descendencia de Don Fernando Guanarteme, in: Boletín de Millares Carlo 1 (1980), S. 138–149.

Lobo Cabrera, Manuel / Fernando Bruquetas de Castro, Don Agustín de Herrera y Rojas, I Marqués de Lanzarote, Puerto del Rosario u. a. 1995.

Lobo Cabrera, Manuel / Fernando Bruquetas de Castro, Herrera y Rojas, Agustín de. Marqués de Lanzarote (I). Villa de Teguise (Lanzarote), p. s. xvi – 16.II.1598. Capitán gerneral de Maderia, criado del Rey y del Consejo de Su Majestad, https://dbe.rah.es/biografias/33932/agustin-de-herrera-y-rojas (15.04.2023).

Lois, Carla, América quarta pars: ¿isla o continente? El debate conceptual sobre el status geográfico del Nuevo Mundo en el siglo XVI, in: Fronteras de la Historia 13,2 (2008), S. 259–279.

López Alonso, Antonio M., Dos Reyes Canarios, in: Proyecto Tarha 2017-05-01 https://proyectotarha.org/2017/05/01/dos-reyes-canarios/ (15.04.2023).

López Alonso, Antonio M., El Pacto de Calatayud (1/3), in: Proyecto Tarha 2017-06-05 05 https://proyectotarha.org/2017/06/05/el-pacto-de-calatayud-13/ (15.04.2023).

López Alonso, Antonio M., El Pacto de Calatayud (2/3), in: Proyecto Tarha 2017-07-24 https://proyectotarha.org/2017/07/24/el-pacto-de-calatayud-23/ (15.04.2023).

López Alonso, Antonio M., El Pacto de Calatayud (3/3), in: Proyecto Tarha 2017-10-27 https://proyectotarha.org/2017/10/27/el-pacto-de-calatayud-33/ (15.04.2023).

López Alonso, Antonio M., Esenciales (III): Historia de la conquista de las siete islas de Gran Canaria, in: Proyecto Tarha 2016–04–22, https://proyectotarha.org/2016/04/22/esenciales-iii-historia-de-la-conquista-de-las-siete-islas-de-gran-canaria/ (15.04.2023).

López Alonso, Antonio M., Esenciales (VI): Historia de nuestra Señora de Candelaria, in: Proyecto Tarha 2016–07–01,https://proyectotarha.org/2016/07/01/esenciales-vi-historia-de-nuestra-senora-de-candelaria/ (15.04.2023).

López Alonso, Antonio M., Esenciales (X): Las cuentas de la conquista de Gran Canaria, in: Proyecto Tarha 2017–04–05, https://proyectotarha.org/2017/04/05/esenciales-x-las-cuentas-de-la-conquista-de-gran-canaria/ (15.04.2023).

López Alonso, Antonio M., Esenciales (XI): La Información Guanartémica, in: Proyecto Tarha 2017–07–02 https://proyectotarha.org/2017/07/02/esenciales-xi-la-informacion-guanartemica/ (15.04.2023).

López Alonso, Antonio M., Los 520 Esplendores de la luna, in: Proyecto Tarha 2016–07–18 https://proyectotarha.org/2016/07/18/los-520-esplendores-de-la-luna/ (15.04.2023).

López Alonso, Antonio M., Los pactos indígenas de Gran Canaria y Tenerife con el señorío de las islas de Canaria: una revisión cronológico-contextual, Santa Cruz de Tenerife 2016.

López Güeto, Aurora, La herencia de la cautiva, in: Vergentis. Revista de Investigación de la Cátedra Internacional Conjunta Inocencio 3,9 (2019), S. 117–153.

»Los contactos diplomáticos de los canarios con el Vaticano en 1434«, in: ABC Canarias, 29/09/2018, https://www.abc.es/espana/canarias/abci-contactos-diplomaticos-canarios-vaticano-1434-201712231539_noticia.html?ref=https%3A%2F%2Fwww.google.com%2F (15.04.2023).

Lowe, Kate, »Representing« Africa: Ambassadors and Princes from Christian Africa to Renaissance Italy and Portugal, 1402–1608, in: Transactions of the Royal Historical Society 17 (2007), S. 101–128.

Lower, Michael, The Papacy and Christian Mercenaries of Thirteenth-Century North Africa, in: Speculum 89,3 (2014), S. 601–631.

Lüdtke, Jens, The beginnings of a new period in the overseas expansion of Spanish: The Pesquisa de Esteban Pérez de Cabitos (Seville 1477), in: Bruno Staib (Hg.), Linguistica romanica et Indiana. Festschrift für Wolf Dietrich zum 60. Geburtstag, Tübingen 2000, S. 291–301.

Lütolf, Alois, Acerca del descubrimiento y cristianización de las Islas del Occidente de Africa, in: Revista de Historia 64 (1943), S. 284–292.

Machado, José-Luis, Del Mediterráneo hacia el Atlántico. La aventura colonizadora. La financiación de la conquista y colonización de las Islas Canarias como precedente a la expansión americana de España y Portugal, Seattle 2014.

Magnaghi, Albert, Precursori di Colombo? Il tentativo di viaggio transoceanico dei genovesi fratelli Vivaldi nel 1291; memoria del Prof. Alberto Magnaghi, Rom 1935.

Mahmud, Tayyab, Geography and International Law: Towards a Postcolonial Mapping, in: Santa Clara Journal of International Law 5,2 (2007), S. 525–561.

Maissen, Thomas, Souveräner Gesetzgeber und absolute Macht. Calvin, Bodin und die mittelalterliche Tradition, in: Christoph Strohm / Heinrich de Wall (Hg.), Konfessionalität und Jurisprudenz in der frühen Neuzeit (Historische Forschungen 89), Berlin 2009, S. 91–114.

Malzner, Sonja / Anne Peiter (Hg.), Der Träger. Zu einer »tragenden« Figur der Kolonialgeschichte, Bielefeld 2018.

Marchall, Tim, Prisoners of Geography: Ten Maps that tell you everything you need to know about Global Politics, 2. Aufl. London 2016.

Marcocci, Guiseppe, A consciência de um império. Portugal e o seu mundo (sécs. XV–XVII), Coimbra 2012.

Mariscal, George, The Role of Spain in Contemporary Race Theory, in: Arizona Journal of Hispanic Cultural Studies 2 (1998), S. 7–22.

Martín, Fernando Gabriel, Rez. von: Leonardo Torriani, Descripción e historia del reino de las Islas Canarias antes Afortunadas, con el parecer de sus fortificaciones, in: Revista de Historia canaria 184 (2002), S. 369–371.

Martín Gómez, María, Francisco de Vitoria y la Escuela Ibérica de la Paz, in: Revista Portuguesa de Filosofía 75,2 (2019), S. 861–890.

Martín Gómez, María, Rez. von: Cirilo Flórez Miguel / Maximiliano Hernández Marcos / Roberto Albares Albares (Hg.), La Primera Escuela de Salamanca (1406–1516), Universidad de Salamanca 2012, in: Revista de Hispanismo Filosófico 18 (2013), S. 215.

Martínez Hernández, Marcos, Boccaccio y su entorno en relación con las Islas Canarias, in: Cuadernos de Filología Italiana, Sonderheft (2001), S. 95–118.

Martínez Hernández, Marcos, Las Islas Afortunadas en la edad media, in: Cuadernos del CEMyR 14 (2006), S. 55–78.

Martínez Llorente, Félix Javier, Expansión atlántica de la Corona Aragón en el siglo XVI: las expediciones y colonización de las Islas Canarias, in: José Ignacio Ruiz Rodríguez (Hg.), Más allá de los mares conocidos. Cinco siglos de la expedición Magallanes-Elcano, Madrid 2020, S. 29–73.

Martinon Cejas, Eduardo, Nota de la editora, in: ders. (Hg.), Espinosa, Fray Alonso de: Origen y milagros de Nuestra Señora de Candelaria [La primera historia de Tenerife], in: Bloc de las Islas Canarias 4 (2018), S. 5–10.

Matthies, Volker, Im Schatten der Entdecker. Indigene Begleiter europäischer Forschungsreisender, Berlin 2018.

McKee Evans, William, From the Land of Canaan to the Land of Guinea: The Strange Odyssey of the »Sons of Ham«, in: The American Historical Review 85,1 (1980), S. 15–43.

Mederos Martín, Alfredo / Gabriel Escribano Cobo, Los aborígenes Canarios y la navegación, in: Mayurqa 30 (2005), S. 849–867.

Mediae latinitatis lexicon minus. Lexique latin médiéval français-anglais, hg. von Jan Frederik Niermeyer, Leiden 1993.

Mendes Drumond Braga, Isabel M. R., Imagenes de África nos textos de Ehingen, Rosmital, Popplau e Münzer, in: Bulletin of Hispanic Studies (Liverpool) 71 (1994), S. 55–66.

Menéndez Pidal de Navascués, Faustino, Argote de Molina, Gonzalo, https://dbe.rah.es/biografias/7876/gonzalo-argote-de-molina (15.04.2023).

Mercer, John, The Canary Islanders. Their Prehistory, Conquest and Survival, London 1980.

Meréa, Manuel Paulo, Estudos de história do direito, Coimbra 1923.

Merediz, Eyda M., Bartolomé de las Casas in the Canary Islands, in: David Thomas Orique, O.P. / Rady Roldán-Figueroa (Hg.), Bartolomé de las Casas, O.P. History, Philosophy and Theology in the Age of European Expansion (Studies in the History of Christian Traditions 189), Leiden u. a. 2018, S. 327–347.

Merediz, Eyda M., Refracted Images: The Canary Islands Through a New World Lens. Transatlantic Readings (Medieval and Renaissance Texts and Studies 276), Tempe 2004.

Mettejiet, Ulrich, Art. »Hemmerlin, Felix, canonist«, in: Lexikon des Mittelalters Online, Bd. 4, Sp. 2128–2129.

Meuthen, Erich, Antonio Rosellis Gutachten für Heinrich Schlick im Freisinger Bistumsstreit (1444), in: Hubert Mordek (Hg.), Aus Kirche und Reich. Studien zur Theologie, Politik und Recht im Mittelalter, Sigmaringen 1983, S. 461–472.

Meyer, Christoph H. F., Mittelalterliche Rechts- und Verfassungsgeschichte. Die Methodenfrage aus anthropologischer Sicht. Forschungserträge und Perspektiven, in: Heinz Duchhardt / Gert Melville (Hg.), Im Spannungsfeld von Recht und Ritual. Soziale Kommunikation in Mittelalter und früher Neuzeit (Norm und Struktur 7), Köln u. a. 1997, S. 71–102.

MEYER, CHRISTOPH H. F., Nichtchristen in der Geschichte des kanonischen Rechts. Beobachtungen zu Entwicklung und Problemen der Forschung, in: Rechtsgeschichte – Legal History Rg 26 (2018), S. 139–160.

MEYER, HEINZ, Das Enzyklopädiekonzept des »Fons memorabilium universi« des Domenico Bandini im Verhältnis zur Tradition, in: Frühmittelalterliche Studien 27 (1993), S. 220–240.

MIETHKE, JÜRGEN, Art. »Souveränität«, in: Lexikon des Mittelalters Online, Bd. 7, Sp. 2069–2071.

MIETHKE, JÜRGEN, Die »Konstantinische Schenkung« in der mittelalterlichen Diskussion. Ausgewählte Kapitel einer verschlungenen Rezeptionsgeschichte, in: ANDREAS GOLTZ / HEINRICH SCHLANGE-SCHÖNINGE (Hg.), Konstantin der Große. Das Bild des Kaisers im Wandel der Zeiten (Beihefte zum Archiv für Kulturgeschichte 66), Köln u.a. 2008, S. 35–108.

MIETHKE, JÜRGEN, Heiliger Heidenkrieg? Theoretische Kontroversen zwischen Deutschem Orden und dem Königreich Polen vor und auf dem Konstanzer Konzil, in: KLAUS SCHREINER (Hg.), Heilige Kriege. Religiöse Begründungen militärischer Gewaltanwendung: Judentum, Christentum und Islam im Vergleich (Schriften des Historischen Kollegs 78), Oldenburg 2009, S. 109–125.

MITRE FERNÁNDEZ, EMILIO, Los límites entre estados: La idea de la frontera en el medievo y el caso de los reinos hispano-cristianos, in: MARTÍN RÍOS SALOMA (Hg.), El mundo de los conquistadores, Madrid 2015, S. 99–117.

MITTEIS, HEINRICH, Politische Verträge im Mittelalter, in: Zeitschrift der Savigny-Stiftung für Rechtsgeschichte / Germanistische Abteilung 76 (1950), S. 76–140.

MOEGLIN, JEAN-MARIE, Récrire l'histoire de la Guerre de Cent Ans. Une relecture historique et historiographique du traité de Troyes (21 mai 1420), in: Revue historique 664 (2012), S. 887–919.

MOHINO MANRIQUE, ANA, Ius Postliminii y mantenimiento de la situación posesoria en derecho romano, in: JENARO LÓPEZ DE AYALA Y GENOVÉS (Hg.), Ad amicam amicissime scipta. Homenaje a la Profesora María José López de Ayala y Genovés, Bd. II, Madrid 2005, S. 397–406.

MOLLAT, MICHEL, Art. »Braquet de Braquemont, Robert de«, in: Lexikon des Mittelalters Online, Bd. 2, Sp. 578–579.

MONOD, THEODORE, Notes sur George Glas (1725–1765) fondateur de Port Hillsborough (Sahara Marocain), in: Anuario de Estudios Atlánticos 22 (1976), S. 1–104.

MONTAÑA CASANÍ, AMPARO, Postliminium receptum Gallus Aelius in libro significationum, quae ad ius pertinent, in: Revista General de Derecho Romano 17 (2011), S. 1–14.

MONTESDEOCA MEDINA, JOSÉ MANUEL, Los islarios de la época del humanismo: el de insulis de Domenico Silvestri. Edición y traducción, Universidad de La Laguna 2004.

MORALES PADRÓN, FRANCISCO, Canarias en los cronistas de Indias, in: Anuario de Estudios Atlánticos 10 (1964), S. 179–234.

MORALES PADRÓN, FRANCISCO, Introducción, in: Canarias: Crónicas de su conquista. Transcripción, estudio y notas, Las Palmas de Gran Canaria 1978, S. 9–106.

MORALES PADRÓN, FRANCISCO, Las Islas Canarias y América, in: AGUSTÍN MILLARES TORRES, Historia General de las Islas Canarias. Complementada con elaboraciones actuales de diversos especialistas, Las Palmas de Gran Canaria 1977, S. 225–240.

MORALES PADRÓN, FRANCISCO, Teoría y leyes de la conquista, 2. Aufl. Sevilla 2008.

MORALES PADRÓN, FRANCISCO (Hg.), Canarias: Crónicas de su conquista. Transcripción, estudio y notas, Las Palmas de Gran Canaria 1978.

MOYA GARCÍA, CRISTINA, La influencia de Alfonso de Cartagena en la Valeriana, in: Boletín de la Biblioteca de Menéndez Pelayo LXXXVII (2011), S. 13–28.

MULDOON, JAMES, A Fifteenth-Century Application of the Canonistic Theory of Just War, in: STEPHAN KUTTNER (Hg.), Proceedings of the Fourth International Congress of Medieval

Canon Law (Monumenta Iuris Canonici, Series C: Subsidia 5), Biblioteca Apostolica Vaticana 1976, S. 467–480.
Muldoon, James, Introduction. Bridging the Medieval-modern Divide, in: ders. (Hg.), Bridging the Medieval-Modern Divide. Medieval Themes in the World of the Reformation, Farnham 2013, S. 1–22.
Muldoon, James, John Wyclif and the Rights of the Infidels: The Requerimiento Re-Examined, in: The Americas 36,3 (1980), S. 301–316.
Muldoon, James, Popes, Lawyers, and Infidels. The Church and the Non-Christian World 1250–1550 (The Middle Ages), University of Pennsylvania Press 1979.
Muldoon, James, Rights, Property, and the Creation of International Law, in: ders. (Hg.), Bridging the Medieval-Modern Divide. Medieval Themes in the World of the Reformation, Farnham 2013, S. 175–204.
Muldoon, James, The Avignon papacy and the frontiers of Christendom: The evidence of Vatican Register 62, in: Archivum Historiae Pontificiae 17 (1979), S. 125–195.
Muldoon, James, The Contribution of the Medieval Canon Lawyers to the Formation of International Law, in: Traditio 28 (1972), S. 483–497.
Muldoon, James, The Nature of the Infidel: The Anthropology of the Canon Lawyers, in: Scott Westrem (Hg.), Discovering New Worlds. Essays on Medieval Exploration and Imagination, New York u. a. 1991, S. 115–124.
Müller, Harald, Das Mittelalter (Akademie Studienbücher), 2. Aufl. München 2015.
Müller, Heribert, Kirche in der Krise II. Die Konzilien von Konstanz und Basel – Am Vorabend der Reformation, in: Klaus Herbers/Florian Schuller (Hg.), Europa im 15. Jahrhundert. Herbst des Mittelalters – Frühling der Neuzeit?, Regensburg 2012, S. 22–36.
Muñoz Abad, Rafael, Corsarios y piratas británicos en aguas canarias durante el siglo XVI: John Hawkins, Francis Drake y Walter Raleigh, in: Tebeto, Anexo 7 (2014), S. 91–105.
Murray, Alan V., The Saracens of the Baltic: Pagan and Christian Lithuanians in the Perception of English and French Crusaders to Late Medieval Prussia, in: Journal of Baltic Studies 41,4 (2010), S. 413–429.
Murray, Alexander, Reason and Society in the Middle Ages, 2. Aufl. Oxford 1985.
Mutua, Makau, What is TWAIL?, in: American Society of International Law Proceedings 94 (2000), S. 31–40.
Navarro Mederos, Juan Francisco, La Gomera y los Gomeros (La Prehistoria de Canarias), Santa Cruz de Tenerife 1993.
Newitt, Malyn, A History of Portuguese Overseas Expansion, 1400–1668, London u. a. 2004.
Newitt, Malyn, Formal and Informal Empire in the History of Portuguese Expansion, in: Portuguese Studies 17 (2001), S. 1–21.
Nussbaum, Arthur, Geschichte des Völkerrechts in gedrängter Darstellung, München u. a. 1960.
Nuzzo, Luigi, Law, Religion and Power: Texts and Discourse of Conquest, in: Ignacio de la Rasilla/Ayesha Shahid (Hg.), International Law and Islam. Historical Explorations, Leiden/Boston 2019, S. 199–227.
O'Callaghan, Joseph F., A History of Medieval Spain, Cornell University Press 1983.
O'Callaghan, Joseph F., Castile, Portugal, and the Canary Islands: Claims and Counterclaims, 1344–1479, in: Viator 24 (1993), reprinted in: José-Juan López Portillo (Hg.), Spain, Portugal and the Atlantic Frontier of Medieval Europe (The expansion of Latin Europe, 1000–1500 8), Farnham u. a. 2013, S. 287–309.
Oexle, Otto Gerhard, Art. »Ordo (Ordines)«, in: Lexikon des Mittelalters Online, Bd. 6, Sp. 1436–1441.
Offner, Jerome A., The Future of Aztec Law, in: Elizabeth Lambourn (Hg.), Legal Encounters on the Medieval Globe, Amsterdam 2017, S. 1–32.
Ogris, Werner, Art. »Dominium, privatrechtlich«, in: Handwörterbuch zur deutschen Rechtsgeschichte (HRGdigital), hg. von Albrecht Cordes/Heiner Lück/Dieter

Werkmüller/Christa Bertelsmeier-Kierst, Bd. I, 2. Aufl. Berlin 2008, Sp. 1108–1109, www.HRGdigital.de/HRG.dominium_privatrechtlich (15.04.2023).
Olmedo Bernal, Santiago, El dominio del Atlántico en la baja edad media. Los títulos jurídicos de la expansión peninsular hasta el Tratado de Tordesillas, Valladolid 1995.
Onrubia Pintado, Jorge/María del Cristo González Marrero, Gran Canaria 1402–1478: Comercio, Evangelización y Aculturación, in: Coloquio de Historia Canario-Americana XV (2004), S. 2044–2057.
Oschema, Klaus, Auf dem Weg zur Neutralität: Eine neue Kategorie politischen Handelns im spätmittelalterlichen Frankreich, in: Zeitschrift für Historische Forschung Beiheft 40 (2007), S. 81–108.
Oschema, Klaus, Bilder von Europa im Mittelalter (Mittelalter-Forschungen 43), Ostfildern 2013.
Oschema, Klaus, Einführung, in: Freundschaft oder »amitié«? Ein politisch-soziales Konzept der Vormoderne im zwischensprachlichen Vergleich (15.–17. Jahrhundert) (Zeitschrift für Historische Forschung Beiheft 40), Berlin 2007, S. 7–22.
Oschema, Klaus, Freundschaft und Nähe im spätmittelalterlichen Burgund. Studien zum Spannungsfeld von Emotion und Institution (Norm und Struktur 26), Köln 2006.
Osorio Acevedo, Francisco, Introducción, in: Antonio Sedeño, Conquista de la isla de Gran Canaria. Las Relaciones de Gáldar [1484–1500], hg. von dems., Las Palmas de Gran Canaria 2009, S. 9–27.
Osorio Acevedo, Francisco, Presentación de la edición/Introducción al volumen uno (Relación de Escudero y *Apéndices*), in: Pedro Goméz Escudero, Relación de la Conquista de la Gran Canaria. Las Relaciones de Gáldar [1484–1500], Las Palmas de Gran Canaria 2009, S. 9–27.
Osterhammel, Jürgen, Imperien, in: Oliver Janz/Sebastian Conrad/Gunilla Budde (Hg.), Transnationale Geschichte. Themen, Tendenzen und Theorien [Jürgen Kocka zum 65. Geburtstag], 2. Aufl. Göttingen 2010, S. 56–67.
Osterhammel, Jürgen, Weltgeschichte (Basistexte Geschichte 4), Stuttgart 2008.
Osterhammel, Jürgen, Weltgeschichte und Gegenwartsdiagnose, Düsseldorf 2013.
Ottmann, Henning, Geschichte des politischen Denkens, Bd. 3.1: Neuzeit. Von Machiavelli bis zu den großen Revolutionen, Stuttgart u. a. 2006.
Owensby, Brian P., Empire of Law and Indian Justice in Colonial Mexico, Stanford 2008.
Özsu, Umut, Formalizing Displacement. International Law and Population Transfers, Oxford University Press 2015.
Pagden, Anthony, The peopling of the New Word: ethnos, race and empire in the early-modern worlds, in: Miriam Eliav-Feldon/Benjamin Isaac/Joseph Ziegler (Hg.), The Origins of Racism in the West, Cambridge 2009, S. 292–312.
Pagden, Anthony, The School of Salamanca, in: George Klosko (Hg.), The Oxford Handbook of the History of Political Philosophy, Oxford University Press 2011, S. 247–257.
Pahuja, Sundhya, Decolonising International Law. Development, Economic Growth and the Politics of Universality (Cambridge Studies in International and Comparative Law), Cambridge University Press 2011.
Panzram, Sabine, Kleine Geschichte der Balearen, in: Klio 95,1 (2013), S. 5–39.
Paravicini, Werner, Die Preußenreisen des europäischen Adels, in: Historische Zeitschrift 232 (1981), S. 25–38.
Pena González, Miguel Anxo, Aproximación bibliográfica a la(s)«Escuela(s) de Salamanca», Salamanca 2008.
Pennington, Kenneth, Popes, Canonists and Texts, 1150–1550, Aldershot u. a. 1993.
Péquignot, Stéphane, Über den Gebrauch von Zurita in der Mittelalterlichen Geschichte, in: Ménestrel. Médiévistes sur le net: sources, travaux et références en ligne, 2016, http://www.menestrel.fr/?-zurita-&lang=fr&art=de (15.04.2023).
Peraza de Ayala, José, El Derecho en la Prehistoria de las islas Canarias, in: Revista de Historia 2 (1930), S. 17–24.

Pereña, Luciano, La Escuela de Salamanca, in: La ética en la conquista de América (Corpus Hispanorum de Pace XXV), Madrid 1984, S. 290–344.

Pérez, Joseph, Ferdinand und Isabelle. Spaniens Katholische Könige, München 1995.

Pérez Embid, Florentino, Los descubrimientos en el Atlántico y la rivalidad castellano-portuguesa hasta el Tratado de Tordesillas (Escuela de Estudios Hispano-Americanos de Sevilla XIX), Sevilla 1948.

Pérez Fernández, Isacio, Bartolomé de las Casas ¿Contra los negros? Revisión de una leyenda, Madrid 1991.

Pérez Fernández, Isacio, Estudio preliminar, in: ders. (Hg.), Las Casas, Fray Bartolomé de: Brevísima relación de la destrucción de África. Preludio de la destrucción de Indias. Primera defensa de los guanches y negros contra su esclavización, Salamanca 1989, S. 9–125.

Pérez Fernández, Isacio, Fray Bartolomé de Las Casas, O.P. De defensor de los indicios a defensor de los negros. Su intervención en los orígenes de la deportación de esclavos negros a Amércia y su denuncia de la previa esclavización en Africa (Monumenta Historica Iberoamericana de la Orden de Predicadores VIII), Salamanca 1995.

Pérez Ortega, Julio, La conquista de Canarias, Santa Cruz Tenerife 1986.

Pérez Priego, Miguel Ángel, »Díaz Tanco de Frenegal, Vasco«, in: Real Academcia de la Historia, https://dbe.rah.es/biografias/33360/vasco-diaz-tanco-de-fregenal (15.04.2023).

Pérez Saavedra, Francisco, El episodio de Iballa y sus motivaciones, in: Anuario de Estudios Atlánticos 32 (1986), S. 417–443.

Pérez Saavedra, Francisco, Una matriarca insular: la abuela de Tenesoya, in: Revista de Historia canaria. Antropología 175 (1984–1985), S. 985–1002.

Pérez Tostado, Igor, The Spanish Destruction of the Canary Islands. The Template for the Carribean Genocide, in: Tristan S. Taylor / Tristan T. M. Lemos / Ben Kierna (Hg.), The Cambridge World History of Genocide, Bd. 1: Genocide in the Ancient, Medieval and Premodern Worlds, Cambridge University Press, 2022, S. 594–621.

Pérez Voituriez, Antonio, Aspectos jurídicos internacionales, in: Agustín Millares Torres, Historia general de las Islas Canarias de, complementada con elaboraciones actuales de diversos especialistas, Bd. II, Las Palmas de Gran Canaria 1977, S. 330–380.

Pérez Voituriez, Antonio, Problemas jurídicos internacionales de la conquista de Canarias, Universidad de La Laguna 1958.

Periñán Gómez, Bernardo, Un estudio sobre la ausencia en derecho romano: absentia y postliminium, Granada 2008.

Phillips, Kim M., Gendering the Medieval Expansion of Europe: Men Washed Up, in: 95th Annual Meeting of the Medieval Academy of America, März 2020, https://www.youtube.com/watch?v=XV7g0PRCHHc (15.04.2023); das Manuskript des Vortrags wurde der Verfasserin von Kim M. Phillips zur Verfügung gestellt.

Phillips, William, Slavery in Medieval and Early Modern Iberia, Philadelphia 2014.

Pietschmann, Horst, Aristotelischer Humanismus und Inhumanität? Sepúlveda und die amerikanischen Ureinwohner, in: Wolfgang Reinhard (Hg.), Humanismus und Neue Welt (Mitteilungen der Kommission für Humanismusforschung XV), Weinheim 1987, S. 143–166.

Pietschmann, Horst, Art. »Jean de Béthencourt, French nobleman«, in: Lexikon des Mittelalters Online, Bd. 1, Sp. 2083–2084.

Pino Díaz, Fermín del, Paralelismo entre Canarias y América: utilización etnológica de sus primeros cronistas, in: Coloquio de Historia Canario-Americana 1 (1976), S. 187–207.

Porro Gutiérrez, Jesús Ma, El Reflejo de las Canarias en la cartografía anterior al siglo XVI, in: Coloquio de Historia Canario-Americana 13 (1998), S. 3305–3322.

Preiser, Wolfgang, Die Völkerrechtsgeschichte. Ihre Aufgaben und ihre Methode (Sitzungsberichte der wissenschaftlichen Gesellschaft an der Johann-Wolfgang-Goethe-Universität Frankfurt/Main 2), Wiesbaden 1964.

PREISER, WOLFGANG, Frühe völkerrechtliche Ordnungen der außereuropäischen Welt. Ein Beitrag zur Geschichte des Völkerrechts, Wiesbaden 1976.

PREISER, WOLFGANG, Macht und Norm in der Völkerrechtsgeschichte. Kleine Schriften zur Entwicklung der internationalen Rechtsordnung und ihrer Grundordnung, Baden-Baden 1978.

PROSPERI, ADRIANO, Tribunali della coscienza, Torino 2009.

PRÜGL, THOMAS, Art. »Roselli, Antonio«, in: Lexikon des Mittelalters Online, Bd. 7, Sp. 1033.

PUENTE LUNA, JOSÉ CARLOS DE LA, The Many Tongues of the King: Indigenous Language Interpreters and the Making of the Spanish Empire, in: Colonial Latin American Review 23,2 (2014), S. 143–171.

QUARTAPELLE, ALBERTO, El redescubrimiento de las Islas Canarias en el Anno Domini 1339, in: Revista de Historia Canaria 199 (2017), S. 11–37.

QUARTAPELLE, ALBERTO, La circunnavegación de África por parte de los hermanos Vivaldi en 1291: precursores de Vasco da Gama, in: Revista de Historia Canaria 204 (2022), S. 287–304.

QUARTAPELLE, ALBERTO, La mapa más antiguo de las Islas Canarias: El MS 25691 de Angelino Dulcerti en la British Library de Londres, in: Revista de Historia Canaria 205 (2023), S. 323–336.

RAMÍREZ SANTOS, CELIA ALEJANDRA / JOSÉ LUIS EGÍO, The Research on the School of Salamanca (2006–2019). A conceptual and multidisciplinary bibliography, Max Planck Institute for European Legal History Research Paper Series 2020-9, Frankfurt am Main.

RANDO, DANIELA, »Cum barbaris nationibus et linguis incobnitis commercia humanitatis«, in: MICHAEL BORGOLTE / NIKOLAS JASPERT (Hg.), Maritimes Mittelalter. Meere als Kommunikationsräume, Ostfildern 2016, S. 303–320.

RANDO, DANIELA, Kulturaustausch an der Universität. Antonio Roselli und Johannes Hinderbach, *praeceptor* und *scholaris* in Padua (1440–1447), in: KLAUS ARNOLD / FRANZ FUCHS / STEPHAN FÜSSEL (Hg.), Venezianisch-deutsche Kulturbeziehungen in der Renaissance. Akten des interdisziplinären Symposions vom 8. bis zum 10. November 2001 im Centro Tedesco di Studi Veneziani in Venedig (Pirckheimer Jahrbuch für Renaissance- und Humanismusforschung 18), Wiesbaden 2003, S. 44–53.

RASILLA DEL MORAL, IGNACIO DE LA, In the Shadow of Vitoria: A History of International Law in Spain (1770–1953), Leiden u. a. 2018.

RASILLA DEL MORAL, IGNACIO DE LA, International Legal Theory. The Shifting Origins of International Law, in: Leiden Journal of International Law 28 (2015), S. 419–440.

RASILLA DEL MORAL, IGNACIO DE LA, Medieval International Law, in: Oxford Bibliographies, 30. Juni 2014, https://www.oxfordbibliographies.com/view/document/obo-97801997953/obo-9780199796953-0112.xml#firstMatch (15.04.2023).

RASILLA DEL MORAL, IGNACIO DE LA, The Problem of Periodization in the History of International Law, in: Law and History Review (2019), S. 275–308.

RASILLA DEL MORAL, IGNACIO DE LA, The Study of International Law in the Spanish Short Nineteenth Century (1808–1898), in: Chicago-Kent Journal of International and Comparative Law 13,2 (2013), S. 122–150.

REAL TORRES, CAROLINA, Apuntes sobre el humanista Alfonso de Palencia y su obra, in: Revista de Filología de la Universidad de La Laguna 17 (1999), S. 657–670.

REAL TORRES, CAROLINA, La conquista de Canarias en las crónicas de Alfonso de Palencia, in: Coloquio de Historia Canario-Americana XVII (2006), S. 249–258.

REAL TORRES, CAROLINA, Las Islas Canarias en el Humanismo: Alfonso de Palencia, in: Actas del Congreso Internacional »Humanismo y Renacimiento«, Bd. 1, León (Universidad) 1998, S. 617–624.

REAL TORRES, CAROLINA, Art. »Palencia, Alfonso de«, in: Diccionario biográfico y bibliográfico del Humanismo español (siglos XV–XVII), hg. von JUAN FRANCISCO DOMÍNGUEZ DOMÍNGUEZ, Madrid 2012, S. 639–645.

Reid, Charles J., The rights of Self-Defence and Justified Warefare in the Writings of the Twelfth- and Thirteenth-Century Canonists, in: Kenneth Pennington / Melodie Harris Eichbauer (Hg.), Law as Profession and Practice in Medieval Europe. Essays in Honor of James A. Brundage, New York 2011, S. 73–91.

Reinhard, Wolfgang, Die Unterwerfung der Welt. Globalgeschichte der europäischen Expansion 1415–2015 (Historische Bibliothek der Gerda Henkel Stiftung), München 2016.

Reinhard, Wolfgang, Kleine Geschichte des Kolonialismus, 2. Aufl. Stuttgart 2008.

Reitano, Emir, La construcción del mundo atlántico: Gomes Eanes de Zurara y su *Crónica de Guiné*, in: Víctor Osvaldo Pereyra et al. (Hg.), Conflictos y resistencias: La construcción de la imagen del »otro«. Selección de documentos fundamentales para la comprensión de la expansión atlántica, Archivo Digital 2021, S. 111–126.

Restall, Matthew, Seven Myths of the Spanish Conquest, Oxford 2004.

Rexroth, Frank / Teresa Schröder-Stapper, Woran man Experten erkennt. Einführende Überlegungen zur performativen Dimension von Sonderwissen während der Vormoderne, in: dies. (Hg.), Experten, Wissen, Symbole. Performanz und Medialität vormoderner Wissenskulturen (Historische Zeitschrift 71), Berlin u. a. 2018, S. 7–28.

Reyes García, Ignacio, Dos endechas en el amazighe insular del siglo XVI, in: Coloquio de Historia Canario-Americana 15 (2002), S. 2276–2296.

Rinke, Stefan, Conquistadoren und Azteken. Cortés und die Eroberung Mexikos, München 2019.

Roberg, Burkhart, Art. »Innozenz IV., Papst«, in: Lexikon des Mittelalters Online, Bd. 6, Sp. 437–438.

Rodríguez Martín, Ernesto, La Palma y los Auaritas (La prehistoria de Canarias), Santa Cruz de Tenerife 1992.

Rodríguez Moñino, A. R., Preliminar, in: ders. (Hg.), Los Triunfos Canarios de Vasco Días Tanco, in: El Museo Canario 4 (1934), S. 12–13.

Rodríguez Wittmann, Kevin, »Closest to Where the Sun Sets«: The Fortunate Islands and the Limits of the World, Medieval Geography and Cartography, in: H. Piercy / A. Richards / A. Steeds (Hg.), Darkness and Illumination. The Pursuit of Knowledge in the Medieval and Early Modern World, Durham 2016, S. 63–80.

Rodríguez Wittmann, Kevin, El mar verde de la melancolía. Las Islas Canarias en las fuentes medievales (siglos IV–IX), in: Medievalismo 23 (2013), S. 348–354.

Rodríguez Wittmann, Kevin, Plinio, Isidoro de Sevilla, Hugo de San Víctor. Referencias interrelacionadas en el conocimiento medieval de Canarias», in: J. Soler Segura (Hg.), Actas de las V Jornadas Prebendado Pacheco de Investigación Histórica, Tegueste 2013, S. 68–79.

Rodríguez Yanes, José Miguel, George Glas y su prisión en Canarias (1764–1765), un asunto de estado, in: Revista de Historia canaria 182 (2000), S. 177–197.

Rodriguez-Bachiller, Angel, Paulus Wladimiri. Precursor de Francisco de Vitoria, in: Christian Wenin (Hg.), L'homme et son univers au moyen âge (Philosophes Médiévaux XXVII), Louvain-La-Neuve 1986, S. 863–868.

Rojas Donat, Luis, Alonso de Cartagena, jurista y diplomático del humanismo español, in: Revista de estudios histórico-jurídicos 22 (2000), S. 77–85, https://www.scielo.cl/scielo.php?script=sci_arttextpid=S071 6-54552000002200005 (15.04.2023).

Rojas Donat, Luis, Derecho Internacional público a fines del siglo XV. Los tratados de Alcáçovas y Tordesillas, in: Revista de derecho y ciencias penales: Ciencias Sociales y Políticas 3 (2001), S. 131–156.

Rojas Donat, Luis, Derecho natural y cristianización. El caso de los Canarios en el siglo XV, in: Revista de estudios histórico-jurídicos, Sección Historia del Derecho XVI (1994), S. 95–103.

Rojas Donat, Luis, Derecho político y derecho natural en América. La Junta de Burgos y el Requerimiento (1512), in: Revista de Derecho, Criminología y Sciencia Penales 123–137,1 (1999), S. 123–137.

Rojas Donat, Luis, Dos análisis histórico-jurídicos en torno al descubrimiento de las Indias: La accesión y la ocupación, in: Revista de estudios histórico-jurídicos 19 (1997), S. 153–166, https://www.scielo.cl/scielo.php?script=sci_arttext&pid=S0716-54551997000100006 (15.04.2023).

Rojas Donat, Luis, El origen de la potestad apostólica de los Papas y su proyección en los descubrimientos y conquistas portuguesas y castellanas en el siglo XV, in: Revista de derecho y ciencias penales: Ciencias Sociales y Políticas 2 (2002), S. 107–122.

Rojas Donat, Luis, El Papado bajo-medieval, dueño de todas las islas. A 70 años de la teoría omni-insular de Luis Weckmann, in: Teología y Vida 61,1 (2020), S. 47–72.

Rojas Donat, Luis, España y Portugal ante los otros, [Concepción (Chile)] 2002.

Rojas Donat, Luis, Historia del Pensamiento Jurídico. Dos informes en derecho del siglo XV sobre las relaciones entre cristianos y sarracenos. Eurocentrismo y alteridad jurídica, in: Revista de estudios histórico-jurídicos 30 (2008), S. 465–481, https://scielo.conicyt.cl/scielo.php?script=sci_abstract&pid=S0716-54552008000100016&lng=es&nrm=iso (15.04.2023).

Rojas Donat, Luis, Infidelitas. Esbozo para la historia de un concepto en los siglos XIV y XV, in: Revista de estudios histórico-jurídicos 11 (1986), S. 215–241.

Rojas Donat, Luis, Posesión de territorios de infieles durante el siglo XV. Las Canarias y Las Indias, in: Coloquio de Historia Canario-Americana X (1994), S. 108–140.

Rojas Donat, Luis, Vigencia de la tradición jurídica romana a fines de la edad media en las Allegationes de Alonso de Cartagena, in: Revista de estudios histórico-jurídicos VIII (1996), S. 239–277.

Rosa Alonso, María, El Poema de Viana. Estudio histórico-literario de un poema épico del siglo XVII (Anejos de cuadernos de literatura 9), Madrid 1952.

Rosa Olivera, Leopoldo de la, Bailadores Canarios en unas bodas reales europeas en 1451, in: Anuario de Estudios Atlánticos 23 (1977), S. 661–663.

Rosa Olivera, Leopoldo de la, Canarios en la Conquista y Repoblación de Tenerife, Las Palmas de Gran Canaria 1980.

Rosa Olivera, Leopoldo de la, El adivino Aguamue y los reyes de Armas, in: El Museo Canario 75–76 (1960), S. 199–233.

Rosa Olivera, Leopoldo de la, El Rey Don Diego de Adexe y su familia, in: Anuario de Estudios Atlánticos 25 (1979), S. 175–217.

Rosa Olivera, Leopoldo de la, Guillén Castellano, in: Revista de Historia 105–108 (1954), S. 1–36.

Rosa Olivera, Leopoldo de la, Notas sobre los reyes de Tenerife y sus familias, in: Revista de Historia 115–116 (1956), S. 1–17.

»Roselli (Antoine de)«, in: Dictionnaire de droit canonique, Bd. 7: Placentin–Zype (Van de), hg. von R. Naz, Paris 1965, S. 731.

Rosenstock, Bruce, Against the pagans: Alonso de Cartagena, Francisco de Vitoria, and converso political theology, in: Amy I. Aronson-Friedman / Gregory B. Kaplan (Hg.), Marginal Voices. Studies in Converso Literature of Medieval and Golden Age Spain (The Medieval and Early Modern Iberian World 46), Leiden u. a. 2012, S. 117–140.

Rumeu de Armas, Antonio, Colección de bulas y letras expedidas por los pontífices Benedicto XIII, Martín V, Eugenio IV y Nicolás V promoviendo la primera cristianización de las Islas Canarias: la diócesis de Rubicón, in: Anuario de Estudios Atlánticos 52 (2006), S. 109–134.

Rumeu de Armas, Antonio, Don Fernando Guanarteme y las princesas Guayarmina y Masequera en la corte de los Reyes Católicos, in: Revista de Historia Canaria 149–152 (1965–1966), S. 35–40.

Rumeu de Armas, Antonio, El Obispado de Telde: misioneros mallorquines y catalanes en el Atlántico, Telde 2001.

Rumeu de Armas, Antonio, El señorío de Fuerteventura en el siglo XVI, in: Anuario de Estudios Atlánticos 32 (1986), S. 17–127.

Rumeu de Armas, Antonio, España en el África Atlántica, Bd. I, 2. Aufl. Las Palmas de Gran Canaria 1996.

Rumeu de Armas, Antonio, Fernán Guerra, adalid mayor de la conquista de Gran Canaria y promotor de fundación de Las Palmas, in: Anuario de Estudios Atlánticos 36 (1990), S. 631–686.

Rumeu de Armas, Antonio, Fray Juan de Abréu Galindo, Historiador de Canarias, in: Anuario de Estudios Atlánticos 50 (2004), S. 839–851.

Rumeu de Armas, Antonio, La colaboración del Mencey de Güímar en la conquista de Tenerife, in: Anuario de Estudios Atlánticos 29 (1983), S. 49–62.

Rumeu de Armas, Antonio, La conquista de Tenerife 1494–1496, La Laguna 2006.

Rumeu de Armas, Antonio, La expedición militar mallorquina de 1366 a las islas Canarias, in: Anuario de Estudios Atlánticos 27 (1981), S. 15–23.

Rumeu de Armas, Antonio, La política indigenista de Isabel La Católica (Documentos 2), Valladolid 1969.

Rumeu de Armas, Antonio, Los problemas derivados del contacto de razas en las albores del renacimiento, in: Cuadernas de la historia. Anexos de la Revista Historia 1 (1967), S. 61–104.

Rumeu de Armas, Antonio, Piraterías y ataques navales contra las Islas Canarias, Bd. II, Madrid 1947.

Russell, Frederick H., The Just War in the Middle Ages, Cambridge u. a. 1975.

Russell, Peter Edward, El descubrimiento de las Canarias y el debate medieval acerca de los derechos de los príncipes y pueblos paganos, in: Revista de Historia Canaria 171 (1978), S. 10–32.

Russell, Peter Edward, Prince Henry »the Navigator«. A Life, New Haven u. a. 2001.

Russell, Peter Edward, Some Portuguese paradigms for the discovery and conquest of Spanish America, in: Renaissance Studies 6,3/4 (1992), S. 377–390.

Russell, Peter Edward, Some socio-linguistic problems concerning the fifteenth-century Portuguese discoveries in the African Atlantic. English translation of »Problemas socio-lingüísticos relacionados com os descobrimentos portugueses no Atlântico Africano«, Acadameia Portuguese de Histórica, 2ª série 2, Bd. 2, Lissabon 1980, S. 229–250, in: ders. (Hg.), Portugal, Spain and the African Atlantic, 1343–1490. Chivalry and Crusade from John of Gaunt to Henry the Navigator, Norfolk 1995, XIV, S. 1–15.

Russocki, Stanislaw, Art. »Paulus Vladimiri, jurist«, in: Lexikon des Mittelalters Online, Bd. 8, Sp. 1803–1804.

Rüterwörden, Udo, dominium terrae. Studien zur Genese einer alttestamentlichen Vorstellung (Beihefte zur Zeitschrift für die alttestamentliche Wissenschaft 215), Berlin u. a. 1993.

Sadourny, Alain, Les expéditions de Jean de Béthencourt aux Canaries: une préfiguration des expéditions du début des temps modernes?, in: Mathieu Arnoux/Anne-Marie Flambard Héricher (Hg.), La Normandie dans l'économie européenne (XIIe–XVIIe siècle), Caen 2006, S. 201–218.

Salafranca Ortega, Jesús Felipe, La cuestión de las cabalgadas canarias a Berbería, in: Coloquio de Historia Canario-Americana XVI (2004), S. 499–507.

Salazar, Abdón M., El impacto humanístico de las misiones diplomáticas de Alonso de Cartagena en la Corte de Portugal entre medievo y renacimiento (1421–31), in: A. D. Deyermond (Hg.), Medieval Hispanic Studies presented to Rita Hamilton, London 1976, S. 215–226.

Salicrú i Lluch, Roser, Más allá de la medicación de la palabra: negociación con los infieles y mediación cultural en la baja edad media, in: Negociar en la Edad Media. Actas del coloquio celebrado en Barcelona los días 14, 15 y 16 de octubre de 2004, S. 409–439.

Salvador Miguel, Nicasio / Cristina Moya García, Art. »Diego de Valera«, in: Diccionario Biográfico electrónico de la Real Academia de la Historia, https://dbe.rah.es/biografias/4811/diego-de-valera (15.04.2023).

Sánchez Herrero, José, El tratado de doctrina cristiana incluida en Le Canarien, in: Coloquio de historio canario-americana VI (1984), S. 743–764.

Sánchez Rodríguez, Julio, Panorama histórico-geográfico del establecimiento de la jerarquía episcopal en las islas Canarias: siglos XVI–XV (obispados de Telde, Rubicón y Fuerteventura), in: Agustín Hevia Ballina (Hg.), Memoria Ecclesiae XXVII. Geografía eclesiástica hispana y archivos de la iglesia santoral hispano-mozárabe en las diócesis de España, Oviedo 2005, S. 13–24.

Sánchez-Godoy, Rubén A., Bartolomé de Las Casas crítico de las esclavizaciones portuguesas en las islas Canarias y la costa occidental de África, in: Victorien Lavou Zoungbo (Hg.), Face à l'esclavage des Noir-e-s en Amériques / Caraïbes. L'aberration du Onzième Remède (1516), Perpignan 2011, S. 135–157.

Santiago Rodríguez, Miguel, Canarias en el llamado »Manuscrito Valentim Fernandes« (Continuación), in: Revista de Historia 78 (1947), S. 208–215.

Santiago Rodríguez, Miguel, Los viajes de Don Fernando Guanarteme a la península y el final de la conquista de Gran Canaria (precisiones cronológicas) (Homenaje a Elías Serra Ràfols IV), La Laguna 1973, S. 328–377.

Sarmiento Pérez, Marcos, Cautivos que fueron intérpretes. La comunicación entre europeos, aborígenes canarios y berberiscos durante la conquista de Canarias y los conatos en el Norte de África (1341–1569), Málaga 2008.

Sarmiento Pérez, Marcos, La mediación en la frontera canario-africana en los siglos XV y XVI: el resurgir del Adalid, in: Traducción y representaciones del conflicto desde España y América: una perspectiva interdisciplinar, Salamanca 2015, S. 69–87.

Sarmiento Pérez, Marcos, The role of interpreters in the conquest and acculturation of the Canary Archipelago, in: Interpreting 13,2 (2011), S. 155–175.

Satori, Andrew, Intellectual History and Global History, in: Richard Whatmore / Brian Young (Hg.), A Companion to Intellectual History, Hoboken 2015, S. 201–212.

Scattola, Merio, Krieg des Wissens – Wissen des Krieges. Konflikt, Erfahrung und System der literarischen Gattungen am Beginn der Frühen Neuzeit, Padova 2006.

Scheller, Benjamin, Kaufleute als Ethnographen. Die Berichte über die Expeditionen zu den Kanarischen Inseln und an die Küste Afrikas des 14. und 15. Jahrhunderts, in: Raimund Schulz (Hg.), Maritime Entdeckung und Expansion. Kontinuitäten, Parallelen und Brüche von der Antike bis in die Neuzeit, Berlin u. a. 2019, S. 335–360.

Schermaier, Martin, Art. »Proprietas«, in: Handwörterbuch zur deutschen Rechtsgeschichte (HRGdigital), hg. von Albrecht Cordes / Heiner Lück / Dieter Werkmüller / Christa Bertelsmeier-Kierst, Bd. IV, 2. Aufl. Berlin 2024, Sp. 851–852, www.HRGdigital.de/HRG.proprietas (15.04.2023).

Schmidt-Nowara, Christopher, Slavery, Freedom, and Abolition in Latin America and the Atlantic World, Albuquerque 2011.

Schmidt-Rösler, Andrea, »Uneinigkeit der Zungen« und »Zwietracht der Gemüther«. Aspekte von Sprache, Sprachwahl und Kommunikation frühneuzeitlicher Diplomatie, in: Martin Espenhorst (Hg.), Unwissen und Missverständnisse im vormodernen Friedensprozess (Veröffentlichungen des Instituts für Europäische Geschichte Mainz. Abteilung für Universalgeschichte Beiheft 94), Göttingen 2013, S. 167–201.

Schmidt-Voges, Inken, Art. »Gotizismus«, in: Enzyklopädie der Neuzeit Online, https://referenceworks.brillonline.com/entries/enzyklopaedie-der-neuzeit/gotizismus-SIM_275191?lang=de (15.04.2023).

Schmieder, Felicitas, »Den Alten den Glauben zu entziehen, wage ich nicht …«. Spätmittelalterliche Welterkenntnis zwischen Tradition und Augenschein, in: Gian Luca Potestà (Hg.), Autorität und Wahrheit. Kirchliche Vorstellungen, Normen und Verfahren (XIII.–XV. Jahrhundert), München 2012, S. 65–77.

Schmieder, Felicitas, Europa und die Fremden. Die Mongolen im Urteil des Abendlandes vom 13. bis in das 15. Jahrhundert, Sigmaringen 1994.

Schmieder, Felicitas, Paradise Islands in the East and West – Tradition and Meaning in some Cartographical Places on the Medieval Rim of the World, in: Torstein Jorgensen / Gerhard Jaritz (Hg.), Isolated Islands in Medieval Nature, Culture and Mind, Budapest 2011, S. 3–22.

Schmitt, Carl, Der Nomos der Erde im Völkerrecht des Jus Publicum Europaeum, 2. Aufl. Darmstadt 1974 (unveränderter Nachdruck der Ausgabe von 1950).

Schneider, Peter M., Goldrausch im All. Wie Elon Musk, Richard Branson und Jeff Bezos den Weltraum erobern, München 2018.

Schröter, Kathrin, Xenologie. Zur Theorie des Fremden bei Munasu Duala-M'bedy, in: Christian Bremshey / Hilde Hoffmann / Yomb May / Marco Ortu (Hg.), Den Fremden gibt es nicht. Xenologie und Erkenntnis, Münster 2004, S. 18–29.

Schubert, Ernst, Die Capitulatio de partibus Saxoniae, in: Dieter Brosius / Christine von der Heuvel / Ernst Hirnichs (Hg.), Geschichte in der Region. Zum 65. Geburtstag von Heinrich Schmidt (Veröffentlichungen der historischen Kommission für Niedersachsen und Bremen), Hannover 1993, S. 3–28.

Schulze, Hans K., Art. »Dominium, öffentlich-rechtlich«, in: Handwörterbuch zur deutschen Rechtsgeschichte (HRGdigital), hg. von Albrecht Cordes / Heiner Lück / Dieter Werkmüller / Christa Bertelsmeier-Kierst, Bd. I, 2. Aufl. Berlin 2008, Sp. 1106–1108, www.HRGdigital.de/HRG.dominium_oeffentlich_rechtlich (15.04.2023).

Seed, Patricia, Ceremonies of Possession in Europe's conquest of the New World, 1492–1640, Cambridge 1995.

Serra Ràfols, Elías, Alonso Fernández de Lugo, primer colonizador español, 3. Aufl. Las Palmas de Gran Canaria 2005.

Serra Ràfols, Elías, Canarias en las »Crónicas de Castilla«, in: Revista de Historia Canaria 165–168 (1970), S. 39–46.

Serra Ràfols, Elías, El redescubrimiento de las Islas Canarias en el siglo XIV, in: Revista de Historia Canaria 135–136 (1961), S. 219–234.

Serra Ràfols, Elías, Lancelotto Malocello en las islas Canarias, in: Actas. Congresso Internacional de historia dos Descobrimientos (1961), S. 467–478.

Serra Ràfols, Elías, Los árabes y las Canarias prehispánicas, in: Revista de Historia 86–87 (1949), S. 161–177.

Serra Ràfols, Elías, Los mallorquines en Canarias, in: Revista de Historia 54 (1941), S. 195–209.

Serra Ràfols, Elías, Los primeros ataques piráticos a Canarias, in: Anuario de Estudios Atlánticos 14 (1968), S. 383–403.

Serra Ràfols, Elías, Más sobre los viajes catalano-mallorquines a las Canarias, in: Revista de Historia 64 (1943), S. 280–283.

Serra Ràfols, Elías / Buenaventura Bonnet / Néstor Alamo, Introducción, in: dies. (Hg.), Fray Alonso de Espinosa: Historia de nuestra Señora de Candelaria, Santa Cruz de Tenerife 1952, S. V–VIII.

Serra Ràfols, Elías / Alejandro Cioranescu, Le Canarien. Crónicas francesas de la conquista de Canarias, Bd. 1: Introducción, La Laguna u. a. 1959.

Sievernich, Michael, Recht und Mission in der frühen Neuzeit. Normative Texte im kirchlichen Leben der Neuen Welt, in: Rechtsgeschichte – Legal History Rg 20 (2012), S. 125–137.

Sneath, David, Tribe, in: The Cambridge Encyclopedia of Anthropology, 2016, http://doi.org/10.29164/16tribe (15.04.2023).

SOMMER, ANTJE, Rasse. II. Entstehung und Entfaltung des Rassebegriffs. 1. Vorwissenschaftlicher Begriff (16.–18. Jahrhundert), in: OTTO BRUNNER / WERNER CONZE / REINHARD KOSELLECK (Hg.), Geschichtliche Grundbegriffe. Historisches Lexikon zur politisch-sozialen Sprache in Deutschland, Bd. 5: Pro–Soz, Stuttgart 1984, S. 137–146.

SOUSA COSTA, ANTÓNIO DOMINGUES DE, O factor religioso, razão jurídica dos Descobrimientos Portugueses, in: Congresso internacional de Histórica dos descobrimentos. Actas IV, Lissabon 1961.

SPECHT, RAINER, Spanische Spätscholastik im Kontext ihrer Zeit, in: FRANK GRUNERT / KURT SEELMANN (Hg.), Die Ordnung der Praxis. Neue Studien zur Spanischen Spätscholastik (Frühe Neuzeit 68), Tübingen 2001, S. 3–18.

STADTMÜLLER, GEORG, Geschichte des Völkerrechts. Teil 1: Bis zum Wiener Kongreß (1815), Hannover 1951.

STECKEL, SITA, Kulturen des Lehrens im Früh- und Hochmittelalter. Autorität, Wissenskonzepte und Netzwerke von Gelehrten (Norm und Struktur 39), Köln u. a. 2011.

STEIGER, HEINHARD, Die Ordnung der Welt. Eine Völkerrechtsgeschichte des karolingischen Zeitalters (741 bis 840), Köln 2010.

STEINBERG, PHILIP E., Insularity, sovereignty and statehood: the representation of islands on portolan charts and the construction of the territorial state, in: Geografiska Annaler Series B, Human Geography 87,4 (2005), S. 253–265.

STEVENS-ARROYO, ANTHONY M., The Inter-Atlantic Paradigm: The Failure of Spanish Medieval Colonization of the Canary and Caribbean Islands, in: Comparative Studies in Society and History 35,3 (1993), S. 515–543.

STRAUB, EBERHARD, Das bellum iustum des Hernán Cortés in Mexico (Beihefte zum Archiv für Kulturgeschichte 11), Köln u. a. 1976.

STURGIS, ROBERT S., Introduction: Laws and Sovereignties in the Middle Ages and the Renaissance, in: DERS. (Hg.), Law and Sovereignty in the Middle Ages and the Renaissance (Arizona Studies in the Middle Ages and the Renaissance 28), Turnhout 2011, S. XI–XVIII.

SUÁREZ FERNÁNDEZ, LUIS, La cuestión de derechos castellanos a la conquista de Canarias y el Concilio de Basilea, in: Anuario de Estudios Atlánticos 9 (1963), S. 11–21.

SUÁREZ FERNÁNDEZ, LUIS, La cuestión de las Canarias, ante el concílio de Basilea, in: Congresso internacional de histórica dos descobrimientos. Actas VI, Lissabon 1961, S. 505–511.

SUÁREZ FERNÁNDEZ, LUIS, Relaciones entre Portugal y Castilla en la época del Infante Don Enrique 1393–1460 (Escuela de Estudios Medievales XXXVI), Madrid 1960.

SWEET, JAMES H., The Iberian Roots of American Racist Thought, in: The William and Mary Quarterly 54,1 (1997), S. 143–166.

SZÁSZDI NAGY, ÁDÁM, Los Justos Títulos y la Guerra Justa a la luz del Tratado de las Alcáçovas, in: IACOBVUS 23–24 (2008), S. 337–358.

TANZI, HECTOR JOSÉ, El derecho de guerra en la América Hispana, in: Revista de Historia de América 75/76 (1973), S. 79–139.

TEJERA GASPAR, ANTONIO, Canarios, taínos y europeos en los siglos XIV y XV (Un modelo de contacto interétnico), in: Anuario de Estudios Atlánticos 50,2 (2004), S. 809–836.

TEJERA GASPAR, ANTONIO, El pacto de Colón y Guacanagarí en La Española (Los precedentes de las islas Canarias), Las Palmas de Gran Canaria 2018.

TEJERA GASPAR, ANTONIO, El primer encuentro de los Europeos con los insulares de Canarias y el Caribe, in: Anuario de Estudios Atlánticos 54,2 (2008), S. 133–165.

TEJERA GASPAR, ANTONIO, Lancelotto Malocello, redescubridor de las Islas Canarias, in: Jornadas de Patrimonio Histórico VIII (2012), S. 2–20.

TEJERA GASPAR, ANTONIO, Majos y europeos. El contacto de culturas en Lanzarote en los siglos XIV y XV (Un precedente americano), Universidad de La Laguna (Tenerife) 1992.

TEJERA GASPAR, ANTONIO, Parentesco, familia y matrimonio en las culturas prehistóricas de las Islas Canarias, in: Sémata 2 (1989), S. 321–332.

Tejera Gaspar, Antonio, Sobre las Fortunatae Insulae de Plinio el Viejo, in: Fortvunatae 34,2 (2021), S. 205–213.

Tejera Gaspar, Antonio, Tenerife y los Guanches (La prehistoria de Canarias), Santa Cruz de Tenerife 1992.

Tejera Gaspar, Antonio / Juan Capote / Marcel Amills / Luis López / Justo Hernández, Para una historia atlántica. El contacto de los europeos con las sociedades canarias y caribeñas (Taller de Historia 46), Santa Cruz de Tenerife 2011.

Tejera Gaspar, Antonio / Rafael González Antón, Las culturas aborígenes canarias, Santa Cruz de Tenerife 1987.

Tellkamp, Jörg Alejandro, Ius est idem quod dominium: Conrad Summenhart, Francisco de Vitoria y la conquista de América, in: Veritas 54,3 (2009), S. 34–51.

Tellkamp, Jörg Alejandro, Rights and dominium, in: Alexander Aichele / Mathias Kaufmann (Hg.), A Companion to Luis de Molina (Brill's Companions to the Christian Tradition 50), Leiden u. a. 2014, S. 125–153.

Tierney, Brian, The Idea of Natural Rights. Studies on Natural Rights, Natural Law and Church Law 1150–1625 (Studies in Law and Religion 5), Atlanta 1997.

Todorov, Tzvetan, Die Angst vor den Barbaren. Kulturelle Vielfalt versus Kampf der Kulturen, Hamburg 2010.

Todorov, Tzvetan, Die Eroberung Amerikas. Das Problem des Anderen, Frankfurt am Main 1985.

Toro, José López de, La conquista de Gran Canaria en la »Cuarta Década« del cronista Alonso de Palencia 1478–1480, in: Anuario de Estudios Atlánticos 16 (1970), S. 325–393.

Trapero, Maximiano, La Gomera entre la historia, la literatura y a la leyenda: El episodio de Iballa, in: Gobierno de Canarias: Viceconsejería de Cultura y Deportes (Hg.), Encuentro de Escritores, Isla de La Gomera 1994, S. 237–252.

Trapero, Maximiano, Las endechas »De Canarias«, in: Yolanda Arencibia / Rafael Fernández (Hg.), Historia Crítica de la Literatura Canaria, Las Palmas de Gran Canaria 1 (2000), S. 51–113.

Travesía Internacional La Bocaina, https://tripasioneventos.com/de/event/la-bocaina-2/ (15.04. 2023).

Trujillo Cabrera, José, Episodios gomeros del siglo XV, 2. Aufl. Santa Cruz de Tenerife 2010.

Turner, Victoria, Paratext and the Politics of Conquest: Questing Knights and Colonial Rule in Le Canarien, in: dies. / Rosalind Brown-Grant / Patrizia Carmassi / Gisela Drossbach / Anne D. Hedemann / Iolanda Ventura (Hg.), Inscribing Knowledge in the Medieval Book. The Power of Paratexts, Berlin u. a. 2019, S. 225–246.

Ulbrich, Hans-Joachim, Quellen zur Altkanarierforschung: die Pesquisa de Cabitos, in: Almogaren XXIII (1992), S. 85–107.

Ullmann, Walter, The Medieval Papal Court as an International Tribunal, in: Virginia Journal of International Law 11,3 (1971), S. 356–373.

Valenzuela-Vermehren, Luis, Empire, Sovereignty, and Justice in Francisco de Vitoria's International Thought. A Reinterpretation of »De Indis« (1532), in: Revista Chilena de Derecho 40,1 (2013), S. 261–299.

Várvaro, Alberto / Emilio Sáez / Odilio Engels, Art. »Alfons X., der Weise«, in: Lexikon des Mittelalters Online, Bd. 1, Sp. 397–398.

Vázquez de Parga y Chueca, María José, Prefacio, in: dies., Tratado de Navegación y de los viajes de descubrimiento y de conquista modernos y principalmente de los franceses, Santa Cruz de Tenerife 2009, S. 13–15.

Vázquez de Parga y Chueca, María José, Redescubrimiento y conquista de las Afortunadas con los documentos originales de la época de la conquista de las Islas Canarias por los normandos, Madrid 2003.

Verdross, Alfred, Völkerrecht (Rechts- und Staatswissenschaften 10), 5. Aufl. Wien 1964.

Verlinden, Charles, À propos de l'inféodation des Iles Canaries par le pape Clément VI à l'Infant Don Luis de la Cerda (1344), in: Bulletin de l'Institut Historique Belge de Rome 55–57 (1985), S. 75–84.

Verlinden, Charles, El encuentro con el requerimiento en Canarias antes de America, in: Coloquio de Historia Canario-Americana X (1992), S. 100–106.

Verlinden, Charles, Précédents médiéveaux de la colonie en Amérique, Mexiko 1954.

Verne, Julio, Jean de Béthencourt, Santa Cruz de Tenerife 2006.

Vernet, Juan, Textos árabes de viajes por el Atlántico, in: Anuario de Estudios Atlánticos 17 (1971), S. 401–472.

Viera y Clavijo, José, Biblioteca de los autores Canarios, in: Noticias de la Historia General de las Islas Canarias Bd. 4, Madrid 1772–1783, S. 514–592.

Viera y Clavijo, José, Historia de Canarias, Bd. I, hg. von Manuel de Paz Sánchez (Viera y Clavijo. Obras completas), Santa Cruz de Tenerife 2016.

Viera y Clavijo, José, Historia de Canarias, Bd. II, hg. von Manuel de Paz Sánchez (Viera y Clavijo. Obras completas), Santa Cruz de Tenerife 2016.

Viguera Molíns, María J., Eco árabe de un viaje genovés a las Islas Canarias antes de 1340, in: Medievalism 2, S. 257–258.

Villacañas Berlanga, José Luis, La primera expansión atlántica, in: Francisco Colom González (Hg.), Modernidad Iberoamericana. Cultura, política y cambio social, Madrid 2009, S. 61–87.

Villarroel González, Óscar, La formación de los diplomáticos en la Castilla bajomedieval, in: Studia historica 36,2 (2018), S. 117–146.

Villella, Peter B., Indigenous Elites and Creole Identity in Colonial Mexico 1500–1800, Cambridge University Press 2016.

Viña Brito, Ana del Carmen, La mujer en Canarias en el siglo XVI. Fuentes para su estudio, in: Revista de Historia Canaria 179 (1997), S. 181–194.

Vincke, Johannes, Der verhinderte Kreuzzug Ludwigs von Spanien zu den Kanarischen Inseln, in: Gesammelte Aufsätze zur Kulturgeschichte Spaniens 17 (1961), S. 57–71.

Vismann, Cornelia, Starting From Scratch: Concepts of Order in No Man's Land, in: Bernd Hüppauf (Hg.), War, Violence and the Modern Condition, Berlin u. a. 1997, S. 46–64.

Vizcaya Cárpenter, Antonio, Textos históricos perdidos, in: El Museo Canario 75–76 (1960), S. 385–404.

Vizcaya Cárpenter, Antonio, ¿Un médico sevillano autor de una crónica sobre la conquista de Gran Canaria?, in: Revista de Historia 19 (1953), S. 102–111.

Vones, Ludwig, Schule, Theologie und Mission. Sprache als Medium bei der Bekehrung von Heiden und Ungläubigen im Spätmittelalter, in: Peter Gemeinhardt / Tobias Georges (Hg.), Theologie und Bildung im Mittelalter (Archa Verbi. Subsidia 13), Münster 2015, S. 331–358.

Wallace, David, Premodern Places. Calais to Surinam, Chaucer to Aphra Behn, Victoria 2004.

Walther, Helmut G., Regnum magis assimilatur dominio quam simplici regimini. Zur Attraktivität der Monarchie in der politischen Theorie gelehrter Juristen des 15. Jahrhunderts, in: Jürgen Miethke / Klaus Schreiner (Hg.), Sozialer Wandel im Mittelalter. Wahrnehmungsformen, Erklärungsmuster, Regelungsmechanismen, Sigmaringen 1994, S. 383–400.

Weber, Benjamin, Toward a Global Crusade? The Papacy and the Non-Latin World in the Fifteenth Century, in: Norman Housley (Hg.), Reconfiguring the Fifteenth-Century Crusade, London 2017, S. 11–44.

Weckmann, Luis, Constantino el Grande y Cristóbal Colón. Estudio de la supremacía papal sobre islas, 1091–1493, eingeleitet von Ernst H. Kantorowicz, México 1992.

Weckmann, Luis, Las Bulas Alejandrinas de 1493 y la Teoría Política del Papado Medieval. Estudio de la supremacía papal sobre las islas 1091–1493, eingeleitet von Ernst H. Kantorowicz (Publicaciones del Instituto de Historia 11), Mexico 1949.

Weinfurter, Stefan, Ein räudiger Hund auf den Schultern: Das Ritual des Hundetragens im Mittelalter, in: Claus Ambos et al. (Hg.), Die Welt der Rituale. Von der Antike bis heute, Darmstadt 2005, S. 213–219.

Weitz, Thomas A., Der Traktat des Antonio Roselli »De Conciliis ac Synodis Generalibus«. Historisch-kanonistische Darstellung und Bewertung (Konziliengeschichte Reihe B: Untersuchungen), Paderborn u. a. 2002.

Weitzel, Tim, Kreuzzug als »Heiliger Krieg«?, Der Erste Kreuzzug im Spannungsfeld zwischen Gewalt und Frieden, in: Historische Zeitschrift 311 (2020), S. 321–350.

Wendt, Reinhard, Vom Kolonialismus zur Globalisierung. Europa und die Welt seit 1500, 2. Aufl. Paderborn 2016.

Wengler, Wilhelm, Völkerrecht, Bd. 1: Erster und zweiter Teil (Enzyklopädie der Rechts- und Staatswissenschaft: Abteilung Rechtswissenschaft), Berlin u. a. 1964.

Wettlaufer, Jörg, *Jus primae noctis*: Historisch-anthropologische Überlegungen zum Verständnis eines »mittelalterlichen Feudalrechts«, in: Francia. Forschungen zur westeuropäischen Geschichte 21,1 (1994), S. 245–262.

White, Richard, The Middle Ground: Indians, Empires, and Republics in the Great Lakes Region, 1650–1815 (Studies in North American Indian History), Cambridge 2010.

Who First Circled the Globe? Not Magellan, Spain Wants You to Know, in: The New York Times, 20. September 2019, https://www.nytimes.com/2019/09/20/world/europe/spain-portugal-magellan.html (15.04.2023).

Wieland, Georg, Die Ordnung des Kosmos und die Unterordnung der Welt, in: Bernd Schneidmüller / Stefan Weinfurter (Hg.), Ordnungskonfigurationen im hohen Mittelalter. Reichenautagung des Konstanzer Arbeitskreises für Mittelalterliche Geschichte vom 30. September bis zum 3. Oktober 2003 (Vorträge und Forschungen / Konstanzer Arbeitskreis für Mittelalterliche Geschichte 64), Ostfildern 2006, S. 19–36.

Wilde, Guillermo, Forging the Catholic Monarchy. Religious Orders as Elites in the Iberian Transatlantic World (16th Century), in: Gert Melville / James D. Mixson (Hg.), Virtuosos of Faith. Monks, Nuns, Canons, and Friars as Elites of Medieval Cultures, Zürich 2020, S. 303–319.

Williams, Robert A., The American Indian in Western Legal Thought. The Discourses of Conquest, Oxford 1992.

Willoweit, Dietmar, Art. »Dominium«, in: Lexikon des Mittelalters Online, Bd. 3, Sp. 1233–1224.

Winnebeck, Julia / Ove Sutter / Adrian Hermann / Christoph Antweiler / Stephan Conermann, On Asymmetrical Dependency, Concept Paper. Bonn Center for Dependency and Slavery Studies 1 (2021), S. 1–38.

Wirth, Gerhard, Art. »Stamm«, in: Brepolis Medieval Encyclopaedias – Lexikon des Mittelalters Online, Bd. 8, Sp. 42.

Witte, Charles-Martial de, Les bulles pontificales et l'expansion portugaise au XVe s., in: Revue d'Histoire Ecclésiastique 48 (1953), S. 683–718.

Wölfel, Dominik Josef, Don Juan de Frías. El gran conquistador de Gran Canaria, Las Palmas de Gran Canaria 1953.

Wölfel, Dominik Josef, La Curia Romana y la Corona de España en la defensa de los aborígenes Canarios. Documentos inéditos y hechos desconocidos acerca de las primicias de las misiones y conquistas ultramarinas españolas, in: Anthropos 25 (1930), S. 1011–1083.

Wölfel, Dominik Josef, Monumenta Linguae Canariae: Die kanarischen Sprachdenkmäler. Eine Studie zur Vor- und Frühgeschichte Weißafrikas, Graz 1965.

Wölfel, Dominik Josef, Un jefe de tribu de Gomera y sus relaciones con la Curia Romana, in: Investigacíon y Progreso, año IV (1930), S. 103–105.

Woltag, Johann-Christoph, Postliminium, in: Max Planck Encyclopedias of International Law, online 2009, https://opil.ouplaw.com/display/10.1093/law:epil/9780199231690/law-9780199231690-e378 (15.04.2023).

YUN-CASTILLA, BARTOLOMÉ, Iberian World Empires and the Globalization of Europe 1415–1668, Singapore 2019.

ZAKHARINE, DMITRI, Medieval perspectives in Europe: Oral culture and bodily practices, in: CORNELIA MÜLLER / ALAN CIENKI / ELLEN FRICKE / SILVA LADEWIG / DAVID MCNEILL / SEDINHA TESSENDORF (Hg.), Body – Language – Communication. An International Handbook on Multimodality in Human Interaction 1, Berlin u. a. 2013, S. 343–363.

ZAPATERO, PABLO, Francisco de Vitoria and the Postmodern Grand Critique of International law, in: JOSÉ MARÍA BENEYTO / JUSTO CORTI VARELA (Hg.), At the Origins of Modernity. Francisco de Vitoria and the Discovery of International Law, Berlin 2017, S. 177–195.

ZAPATERO, PABLO, Legal Imagination in Vitoria. The Power of Ideas, in: Journal of the History of International Law 11 (2009), S. 221–271.

ZAVALA, SILVIO, La Conquista de Canarias y América. Estudio comparativo, Las Palmas de Gran Canaria 1991.

ZIEGLER, KARL-HEINZ, Art. »Gerechter Krieg«, in: Handwörterbuch zur deutschen Rechtsgeschichte (HRGdigital), hg. von ALBRECHT CORDES / HEINER LÜCK / DIETER WERKMÜLLER / CHRISTA BERTELSMEIER-KIERST, Bd. 2, 2. Aufl. Berlin 2012, Sp. 118–122, https://www.hrgdigital.de/id/gerechter_krieg/stichwort.html (15.04.2023).

ZIEGLER, KARL-HEINZ, Völkerrechtliche Aspekte der Eroberung Lateinamerikas, in: Zeitschrift für Neuere Rechtsgeschichte 23 (2001), S. 1–29.

ZIEGLER, KARL-HEINZ, Völkerrechtsgeschichte. Ein Studienbuch (Juristische Kurz-Lehrbücher), 2. Aufl. München 2007.

ZIEGLER, KARL-HEINZ, Zum »gerechten Krieg« im späteren Mittelalter und in der Frühen Neuzeit – vom Decretum Gratiani bis zu Hugo Grotius, in: Zeitschrift der Savigny-Stiftung für Rechtsgeschichte: Romanistische Abteilung 122 (2005), S. 177–194.

ZOLLMANN, JAKOB, African International Legal Histories – International Law in Africa: Perspectives and Possibilities, in: Leiden Journal of International Law 31 (2018), S. 897–914.

ZORROZA, MARÍA IDOYA, Hacia una delimitación de la Escuela de Salamanca, in: Revista Empresa y Humanismo 16,1 (2013), S. 53–72.

ZUMTHOR, PAUL, Mappa Mundi und Performanz. Die mittelalterliche Kartographie, in: JAN-DIRK MÜLLER (Hg.), »Aufführung« und »Schrift« in Mittelalter und Früher Neuzeit, Stuttgart u. a. 1996, S. 317–327.

ZUNZUNEGUI, JOSÉ, Los orígenes de las misiones en las Islas Canarias, in: Revista Española de Teología 1 (1940), S. 361–408.